适应新常态，推进绿色化

2016 中国绿色发展指数报告

——区域比较

China Green Development Index Report 2016

Regional Comparison

北京师范大学经济与资源管理研究院
西 南 财 经 大 学 发 展 研 究 院　著
国家统计局中国经济景气监测中心

北京师范大学出版集团
BEIJING NORMAL UNIVERSITY PUBLISHING GROUP
北京师范大学出版社

图书在版编目(CIP)数据

2016中国绿色发展指数报告——区域比较/北京师范大学经济与资源管理研究院，西南财经大学发展研究院，国家统计局中国经济景气监测中心著. —北京：北京师范大学出版社，2017.1

ISBN978－7－303－21476－1

Ⅰ.①2… Ⅱ.①北… ②西… ③国… Ⅲ.①区域经济发展－对比研究－研究报告－中国－2016 Ⅳ.①F127

中国版本图书馆CIP数据核字(2016)第251274号

营销中心电话 010-58805072 58807651
北师大出版社学术著作与大众读物分社 http://xueda.bnup.com

2016 ZHONGGUO LÜSE FAZHAN ZHISHU BAOGAO

出版发行：北京师范大学出版社 www.bnup.com
北京市海淀区新街口外大街19号
邮政编码：100875

印　　刷：鸿博昊天科技有限公司
经　　销：全国新华书店
开　　本：889 mm×1194 mm 1/16
印　　张：28
字　　数：780千字
版　　次：2017年1月第1版
印　　次：2017年1月第1次印刷
定　　价：180.00元

策划编辑：马洪立　　责任编辑：戴　铁　王艳平
美术编辑：王齐云　　装帧设计：李尘工作室
责任校对：陈　民　　责任印制：马　洁

课题负责人

关成华（北京师范大学经济与资源管理研究院院长、校务委员会副主任）

李晓西（北京师范大学经济与资源管理研究院名誉院长、西南财经大学发展研究院名誉院长）

潘建成（国家统计局中国经济景气监测中心副主任）

课题执行负责人

韩　晶（北京师范大学经济与资源管理研究院教授、博士生导师）

协作与支持单位

国家统计局中国经济景气监测中心及相关研究处所

中国科学院预测科学研究中心

环境保护部环境与经济政策研究中心

北京师范大学城市绿色发展科技战略研究北京市重点实验室

北京师范大学经济与工商管理学院

北京师范大学政府管理学院

北京师范大学资源学院

北京师范大学地理学与遥感科学学院

北京师范大学环境学院

北京师范大学生命科学学院

北京师范大学水科学研究院

北京师范大学国民核算研究院

北京师范大学中国公益研究院

西南财经大学经济与管理研究院

西南财经大学经济学院

西南财经大学公共管理学院

西南财经大学能源经济研究所

首都科技发展战略研究院

课题联系人

陈超凡　酒二科

评审专家

厉以宁 北京大学光华管理学院名誉院长

张卓元 中国社会科学院学部委员

魏礼群 中国行政体制改革研究会会长

陈锡文 全国政协常委会委员、全国政协经济委员会副主任委员

刘世锦 国务院发展研究中心原副主任

辜胜阻 全国人大常委会委员、全国人大财政经济委员会副主任委员

潘　岳 中央社会主义学院党组书记

徐庆华 中国环境与发展国际合作委员会副秘书长

周宏仁 国务院信息化专家咨询委员会常务副主任

卢　迈 中国发展研究基金会秘书长

刘　伟 中国人民大学校长

葛剑平 北京师范大学副校长

边慧敏 西华大学党委书记

许宪春 国家统计局副局长

王　毅 全国人大常委会委员、中国科学院科技战略咨询研究院副院长

魏　杰 清华大学中国经济研究中心主任

潘家华 中国社会科学院可持续发展研究中心主任

范恒山 国家发展和改革委员会副秘书长

夏　光 环境保护部环境与经济政策研究中心主任

苏　伟 国家发展和改革委员会国际司司长

贾　康 全国政协委员、全国政协经济委员会委员

邱　东 北京师范大学长江学者特聘教授

王世春 联合国工业发展组织总干事办公室主任

序 一

人与自然的关系是人类永恒的话题。人类在利用自然环境为人类社会生存发展提供基础条件的同时，也需要尊重自然规律，实现与自然和谐共生。然而，回顾人类文明发展进步的历史轨迹，从原始文明、农业文明到工业文明，在人类生产的物质财富前所未有增长的同时，自然资源和生态环境也受到了前所未有的消耗甚至破坏。特别是进入21世纪以来更是出现了许多新挑战，重度雾霾、沙尘暴、酸雨、温室效应、冰川消融、厄尔尼诺等自然灾害频频发生，对自然的伤害最终伤及人类自身。面对日趋复杂严峻的生态环境问题，人们越来越多地反思传统发展方式，从索取自然、消耗自然、破坏自然，到尊重自然、顺应自然、保护自然，努力走出一条生产发展、生活富裕、生态良好的绿色发展道路，已成为人类发展的共同主题。2015年9月25日，联合国可持续发展峰会通过了具有里程碑意义的《2030年可持续发展议程》，为全球发展描绘了新愿景。绿色发展日益成为全球发展的共识，国际社会正进一步形成合力，努力建设人类共同的美好家园。

长期以来，中国都是世界推动绿色发展的坚定力量。我国不仅是第一个自主承诺减少碳排放的发展中国家，还通过产业结构调整、制定节能减排刚性约束性指标、加强重点污染物和重点区域污染治理等方式，努力实现资源节约、环境友好的经济发展模式。党的十八大以来，以习近平同志为核心的党中央决定将生态文明建设纳入社会主义现代化建设“五位一体”总体布局之中，提出绿色发展新理念。2015年，中共中央、国务院发布《关于加快推进生态文明建设的意见》和《生态文明体制改革总体方案》等纲领性文件；2016年，全国人大审议通过《中华人民共和国国民经济和社会发展第十三个五年规划纲要》，将绿色发展确立为引领未来五年我国经济社会发展的五大发展理念之一。这些都彰显了我国建设生态文明、推动绿色发展的决心，为加强生态文明建设指明了前进方向。

近年来，中国统计部门围绕加快生态文明建设重大战略任务，立足中国实际，借鉴国际先进经验，多方面开展工作，积极反映中国绿色发展进程和成就，建立起了较为科学完备的能源资源环境统计调查体系，全面开展了应对气候变化统计工作，积极探索编制自然资源资产负债表，抓紧研究制定绿色发展指标体系。

国家统计局中国经济景气监测中心与北京师范大学、西南财经大学组成的联合课题组，自 2010 年起持续开展"中国绿色发展指数"课题研究，不断探索和完善对绿色发展水平的测算工作，迄今已历时七年，为国家统计局制定绿色发展指标体系积累了丰富的经验。2016 年课题组通过方法上的创新，在保持每年各地区绿色发展指数横向可比的基础上，测算了 2010—2015 年纵向可比的全国和省际绿色发展指数，为动态监测全国和各地区绿色发展水平及其影响因素的变化提供了重要的参考依据。2016 年的课题报告中，还增加了"绿色企业评级方法与标准"，为从微观层面推动绿色发展进行了有益的探索。

习近平总书记指出，"绿水青山就是金山银山"，近日在青海考察时进一步强调："生态环境保护和生态文明建设，是我国持续发展最为重要的基础"。绿色发展，已成为我们这个时代发展鲜明的旗帜；对绿色发展的动态监测，也因而日益成为擎旗的力量。希望课题组的同志们一如既往，开拓创新，为建设天蓝、地绿、山青、水净的美丽中国贡献新的智慧和力量。

国家统计局局长 宁吉喆

序 二

2016 年是“十三五”规划的开局之年，也是推进结构性改革的攻坚之年。这一年，“十三五”规划纲要全文发布，纲要以“创新、协调、绿色、开放、共享”五大理念构筑起经济新常态下中国改革与发展的新蓝图。在五大发展理念中，“绿色发展”是浓墨重彩的一笔，再一次被提到了国家战略的高度。可以预见，未来五年，中国的发展模式将发生全局性变革，绿色将成为经济社会发展的主色调。

中国经济在保持多年高速增长之后，资源约束、环境污染问题日益凸显。只有坚持“绿色发展”的战略引领，实现经济增长方式转型，才能解决当前以及未来较长时间内我国面临的资源环境问题，才能真正收获“金山银山”和“绿水青山”，才能最终让我们的经济积聚起足够的力量，冲击更高水平的增长，实现中国经济的再次腾飞。

为研究和总结国内外绿色发展的相关理论和实践，评估中国绿色发展的现状和各地区绿色转型的进展情况，自 2010 年以来，北京师范大学经济与资源管理研究院、西南财经大学发展研究院和国家统计局中国经济景气监测中心连续 6 年联合编著、发布了“中国绿色发展指数系列报告”。今年是第七个报告。

今年报告对指标体系、研究方法和研究内容三方面进行了改进及完善，进一步增强了科学性、创新性和可借鉴性。第一，就指标体系而言，为了反映绿色发展的新实践和时代特征，今年的省际指标体系新增了“技术市场成交额占 GDP 的比重”和“人均互联网宽带接入端口”两个指标；今年的城市指标体系新增了“互联网宽带接入用户数”一个指标。第二，今年的绿色发展指数在测度方法上具有较大的改进及创新，采用了全新的“定基极差法”对数据进行标准化处理，使得测度结果更加直观、可比。第三，在研究内容上，今年绿指重新测度了 2010—2015 年中国 30 个省(区、市)的绿色发展指数，使绿色发展指数第一次实现了时间维度上的纵向可比。随着研究报告的逐年推出，研究广度、深度不断增强，《中国绿色发展指数报告》已经成为我校的品牌成果，对推动我国绿色发展理论与实践的进步，推进我国生态文明的建设，具有重大意义。

多年来，北京师范大学着力加强绿色发展的研究、教育、培训、国际合作等工作，并取得了显著的成效。自 2013 年成功申请了“城市绿色发展科技战略研究北京市重点实验室”后，2014 年同联合国工业发展组织、联合国环境规划署共同成立了“联合国工业发展组织—联合国环境规划署（UNIDO-UNEP）绿色产业平台中国办公室”，我校关成华教授担任办公室主任。未来，学校将继续立足于发展定位，整合各方面的资源与力量，支持在绿色发展领域的教学与研究，希望能够将其打造成为我校的新特色、新优势，为我国乃至全球的绿色发展贡献更大的力量！

北京师范大学原党委书记 刘川生

北京师范大学校长 董奇

序 三

绿色发展作为我国五大发展理念之一，是“十三五”乃至更长时期我国经济社会发展的一个基本战略。恰逢“十三五”开局之年，《2016 中国绿色发展指数报告——区域比较》如期和大家见面了。自 2010 年以来，北京师范大学、西南财经大学和国家统计局三家单位每年联合发布中国绿色发展指数，全面测度和评估中国各省(区、市)的绿色发展。七年来，报告的内容不断丰富，方法持续创新，指数不断完善，对政府制定绿色发展政策和社会凝聚绿色发展共识产生了广泛的影响，得到党和国家领导人的高度重视。

绿色是永续发展的必要条件，也是人民向往美好生活的主要体现。实现经济社会发展与生态环境协同共进的绿色发展，已成为当今世界各国的普遍共识和谋求发展的主要潮流。绿色发展是最重要的发展理念和最根本的发展模式，关系人民福祉，关乎民族未来，事关“两个一百年”奋斗目标和中华民族伟大复兴中国梦的实现。“十三五”期间是我国全面建成小康社会的决定性阶段，贯彻落实绿色发展理念，要以绿色发展为主线，推动形成绿色发展方式和生活方式，引领我国全面建成小康社会，建设天更蓝、地更绿、水更清、环境更优美的美丽中国，走向生态文明新时代。

绿色发展理念与西南财经大学的育人理念在“精神底色”方面高度一致。加强绿色发展理论与实践的研究，是西南财经大学作为中国特色新型高校智库的社会责任之所在。西南财经大学将一如既往，进一步与各方积极开展协同创新，推动绿色发展研究，为实现全面建成小康社会目标贡献力量。

西南财经大学党委书记 赵德武

西南财经大学校长 张宗益

专家评议

厉以宁： 我认为2016年报告的明显改进之处包括三个方面：第一，反映了绿色发展的新实践和时代特征。第二，在测度方法上有较大改进和创新，采用了全新的“定基极差法”，使测度结果更加直观和可比。第三，在研究内容上，今年绿指的突出亮点是对2010—2015年中国30个省(区、市)的绿色发展指数第一次实现了时间维度上的纵向可比。此外，今年的报告中还新增了标准篇和战略篇，这都有助于规范中国对绿色发展指数的研究。

张卓元： 首先，完全赞成这次报告对评价指标体系、研究方法和研究内容的改进和完善。其次，我特别赞成采用“定基极差法”对数据进行标准化处理，使各项数据处于0～1的区间内。最后，今年的报告增加了三大块内容，即中国绿色发展指数的回顾与展望、绿色企业评级方法与标准、新常态下中国经济绿色发展战略研究，课题组都下了很大功夫，内容丰富，论证比较到位。

魏礼群： 总体来看，本报告比较全面、系统地体现了绿色发展的理念、内涵和实践发展的要求，特别是在内容上的三大创新，即回顾总结2010—2015年中国绿色发展指数变化，建立绿色企业评级方法与标准，研究提出中国绿色发展战略，反映出中国绿色发展指数研究的水平又有新的提升。

陈锡文： 经过多年的不懈探索，课题组关于评估绿色发展状况的方式方法已经比较成熟，2016年关于数据标准化方法、指标体系及权重的调整，都比较严谨。利用前几年的研究基础，课题组今年开展的年度纵向比较研究，科学严谨地得出了关于绿色发展水平不断提升、绿色发展前景看好的重要结论，让人感到振奋。总体而言，这项研究开展的时间长，视野比较开阔，基础工作扎实，研究方法合理，研究结论可信度高。

刘世锦： 今年的报告较为全面地测度了我国30个省(区、市)和100个主要城市的绿色发展情况，并深入分析了其绿色发展方面的最新进展和变化，对持续有效地推进绿色发展具有非常重要的现实意义。报告延续了量化和定性相结合、理论探讨和实地调研相结合、全局和区域层面相结合的分析特色，同时创新了测度方法以保证不同年份测度结果的可比性。此外，与时俱进地增加了一些反映互联网和创新精神的相关指标，丰富了绿色发展的内涵。

辜胜阻： 今年的绿色发展指数报告在指标、方法和内容上进行了改进和完善，特别是基于我国发展现实与绿色发展指数的测度，加入了绿色发展战略篇，提出了推进我国绿色发展的战略思考。

潘岳：对《2016 中国绿色发展指数报告——区域比较》研究成果给予肯定。第一，为定量评价、确定省市级政府落实绿色发展理念，提供了可操作的、定量化的指标，对促进绿色发展理念落实具有重大实践意义。报告对 2010—2015 年的中国绿色发展指数进行了纵向测评和比较，将互联网在中国社会的应用纳入测评，指标体系不断完善，更加规范、准确，便于应用。第二，有关省（区、市）绿色指数排名与目前大气环境质量监测结果基本吻合。

徐庆华：《2016 中国绿色发展指数报告——区域比较》有了新的创新和进展。今年的报告增加了数个新的指标，如人均互联网宽带接入端口等，从而使得数据反映的内容更加全面和准确。在新增的“回顾与展望”中，各地区既可以对近年来绿色发展方面的实际情况进行横向的对照和比较，也可以开展本地区的纵向比对，从而发现差距和变化的因素，找到努力的方向和着力点，必将对各地区和各城市的绿色发展起到有力的推动作用。

周宏仁：本报告是“绿色发展指数”系列年度报告的第七本，随着时间的推移，“绿色发展指数”报告系统记载中国绿色发展进程的价值将越发凸显。尤为欣喜的是，今年的报告在指标体系中增加了能够反映信息化水平的变量，这是非常有价值的开始，而且课题组重新测度了 2010—2015 年中国 30 个省（区、市）的绿色发展指数，使绿色发展指数第一次实现了时间维度上的纵向可比，这对客观掌握我国绿色发展最新进展具有重要价值。

卢迈：本年度报告在此前年度报告研究的基础上，对中国绿色发展指数测度方法及指标体系做了进一步的改进和创新，使中国绿色发展指数的评价和测度更加科学、客观；建立的绿色企业评级方法与标准，为促进企业绿色发展提供了一个可执行的方法；特别地，报告基于绿色发展指数的测度结果，提出了中国经济绿色发展战略，对中国绿色发展政策的制定具有重要的参考意义。

刘伟：《2016 中国绿色发展指数报告——区域比较》有很大的改进：一是在指标体系上结合社会经济发展又有了进一步的完善和丰富；二是在测度方法上提高了可比性，进而提高了说服力；三是对权重展开了较为深入具体的再研究；四是在新增内容中突出了标准的讨论；五是提升了分析高度，对新的发展理念下的绿色发展战略做出了深入阐述。此外，在本报告中，对 2010—2015 年绿色发展指数进行了重新处理，这种修正对于提高报告的纵向可比性和长期可观测性意义重大。

葛剑平：“指数报告”充分体现了精雕细琢、精益求精、更完美的“工匠精神”。值得关注的是，连续七年的“指数报告”揭示了一系列深层次的绿色发展建设和管理模式等问题。今年报告的最大特点是对全国各省和主要城市连续七年绿色“体检”的回顾和总结，追踪了绿色发展历程，为政府提供了可回顾、可比较和可瞻望的“专家诊断”结果，这才是真正的“高端咨询”。

边慧敏：《2016 中国绿色发展指数报告——区域比较》三大特色令人印象深刻。第一，绿色发展研究理念“不忘初心，继续前行”。第二，绿色发展研究内容不断丰富，更加完整。一方面在微观层面增加了对企业发展的绿色评价；另一方面增加了对中国绿色发展战略的分析。第三，绿色发展研究方法不断创新，更加科学。一方面是指标体系逐年改进，逐步完善；另一方面是今年的绿色发展指数测度使用了新方法，采用“定基极差法”代替了原有的“标准差法”。

许宪春：本报告在指标体系方法论方面进行了重大改进与完善。一是对数据标准化方法进行改进，实现了测算结果的纵横可比；二是针对技术进步和互联网在经济社会发展中的作用不断增强，对指标体系进行调整补充；三是对指标权重的确定进行改进。本报告的一大亮点是将绿色发展研究领域进一步拓展。一方面，提出了一套企业绿色发展评级办法与标准；另一方面，提出了中国经济绿色发展战略建议。

王毅：本年度报告在往年报告的基础上做了较大的改进，包括对绿色发展指数测度方法及指标体系进行了改进，力求使评价结果更加客观科学，能更好地反映中国绿色发展的实践；开展了2010—2015年中国绿色发展的回顾、评估和总结；依据绿色发展指数的测算结果及其政策含义，新增了战略篇，提出国家绿色发展战略。通过历年的改进，报告的科学性、系统性日渐完善。

魏杰：《2016中国绿色发展指数报告——区域比较》所用的指标体系越来越完善，越来越具有说服力，越来越具有中国特色，并没有照搬现有西方的一些指标体系，而是形成了具有中国特色的中国化的指标体系。尤其是将有关绿色的技术因素引入评价体系中，这是非常有意义的，因为绿色发展需要有技术创新，节能环保的最终路径在于技术创新。

潘家华：该报告延续往年风格，汇集大量信息，做出比较分析，考察变化特点，对决策者、研究人员和社会具有较大的参考价值。本年度报告在方法论上有进一步的提升，数据的标准化和可比性更优。在指标体系构建方面纳入互联网和创新，针对性更强。关于绿色企业评级的方法分析，也具有创新性，对新常态下中国经历的绿色转型战略分析有深度、有价值。

范恒山：报告基于独特的绿色发展评价体系，从多个角度评估了我国各省(区、市)和主要城市的绿色发展水平，是各级政府推进绿色发展的重要依据。报告还对新常态下中国经济绿色发展的战略做了较为深入的研究，进一步提高了研究的高度和完整性。在方法上，进一步改进数据标准化模式，完善指标体系，优化指标权重，使研究结果更具客观性。总体上看，报告结构完整，内容丰富，资料翔实，建议可行，有较强的借鉴价值和应用意义。

夏光：本报告至少在两个方面做出了重要的贡献：一是再次对各省(区、市)和主要城市进行了绿色“体检”，使我们看到绿色发展的进展和地区分布状况；二是对“体检”方法进行了重要改进，使绿色发展评估作为一门相对独立的学科更加完善。此外，本报告所做的中国绿色发展指数的回顾与展望研究具有非常重要的学术价值。在国际上，也很难见到连续七年进行指数计算的案例，何况报告还实现了对历年绿色发展指数的纵向比较。

苏伟：本年度报告进一步完善了指标设置、研究方法和内容，对我国各省(区、市)和主要城市的绿色发展水平进行了更为全面的测评。应对气候变化、推进低碳发展是绿色发展的重要方面，该报告在指标设置上考虑了单位地区生产总值二氧化碳排放量、单位土地面积二氧化碳排放量、人均二氧化碳排放量等指标，有效反映了各地区低碳发展水平，对促进我国绿色低碳发展具有重要意义和积极作用。

贾康：2016 年报告在对我国绿色发展指数的构建和完善进行回顾并对其未来做出展望之后，又对 2010—2015 年中国绿色发展指数给出专门的比较分析，其后还以城市、公众评价、标准和战略等视角各自成篇。报告的内容对于研究和关注绿色发展问题的各界人士、国内外读者，都是十分有价值的。这一年的报告内容，也延伸了原已形成的多年时间序列数据信息资料。

邱东：中国绿色发展指数的编制一直注重把握中国经济社会发展的大格局，服务于社会和时代，服务于百姓和企业，体现了中国当代知识分子的人文关怀和担当。本年度报告对绿色指数编制的方法做了较大的改进，并且首次实现了 2010 年至 2015 年时段的纵向可比，这也是绿色指数编制以来的一个突出优点，在进行实证分析的同时持续地关注方法论的研究和改进，才能形成一个在中国和世界经济与社会评价中知名的测度品牌。

王世春：今年的报告新增了“技术市场成交额占 GDP 的比重”和“人均互联网宽带接入端口”两个指标，突出反映了创新和互联网的时代特征。“中国绿色发展指数报告”系列，已连续编写七年，报告的重点部分绿色发展指数指标体系每年都会做相应调整，指标体系的完善与创新在一定层面上为实施全球发展议程提供了有益的支撑。

目 录

省际绿色发展“体检”表目录

城市绿色发展“体检”表目录

表　目

图　目

总 论

绿色发展是当今世界关注的热点问题。刚刚结束的“二十国集团(G20)领导人杭州峰会”提出：要“开创全球经济增长和可持续发展的新时代”“创新经济增长的理念和政策”，注重“经济社会发展与环境保护共进”①。坚持绿色发展，已经逐步成为世界各国的共识。2016 年年初联合国通过的《2030 年可持续发展议程》制定的 17 个目标中，一半以上都与绿色发展相关。②

对于中国而言，绿色发展更是一个具有时代性、紧迫性和战略性的命题。改革开放 30 多年来，中国经济发展取得了辉煌成就，居民生活水平大幅提高。但是由于过去中国经济增长主要依赖要素投入，发展方式较为粗放，对于环境、资源可持续关注不够，因此带来了不利影响。当前中国面临着资源环境的强约束压力，绿色发展形势十分紧迫。资源约束方面，土地资源情况不容乐观③，水资源供需矛盾尖锐④，能源资源对外依存度不断升高⑤。环境压力方面，大气污染、水污染⑥、

---

① 《二十国集团领导人杭州峰会公报》，G20 官方网站，http://www.g20.org/hywj/dncgwj/201609/t20160906_3392.html，2016-09-06。

② 《2030 年可持续发展议程》中以下目标都与“绿色发展”相关：“目标 2. 消除饥饿，实现粮食安全，改善营养状况和促进可持续农业；目标 6. 为所有人提供水和环境卫生并对其进行可持续管理；目标 7. 确保人人获得负担得起的、可靠和可持续的现代能源；目标 9. 建造具备抵御灾害能力的基础设施，促进具有包容性的可持续工业化，推动创新；目标 11. 建设包容、安全、有抵御灾害能力和可持续的城市和人类住区；目标 12. 采用可持续的消费和生产模式；目标 13. 采取紧急行动应对气候变化及其影响；目标 14. 保护和可持续利用海洋和海洋资源以促进可持续发展；目标 15. 保护、恢复和促进可持续利用陆地生态系统，可持续管理森林，防治荒漠化，制止和扭转土地退化，遏制生物多样性的丧失。”

③ 第二次全国土地调查显示，中国人均耕地仍处于下降进程中，耕地总体质量不高、后备资源不足的国情没有改变。资料来源：国土资源部：《第二次全国土地调查：人多地少基本国情不变》，http://www.mlr.gov.cn/xwdt/mtsy/people/201312/t20131231_1298980.htm，2013-12-31。

④ 水利部数据显示，全国近 2/3 城市不同程度缺水，水资源供需矛盾尖锐，部分地区水资源开发已经接近或超出水资源和水环境承载能力。资料来源：《水利部：全国近 2/3 城市不同程度缺水 水资源承载力预警机制将建》，人民网，http://legal.people.com.cn/n/2015/1109/c188502-27795031.html，2015-11-09。

⑤ 从能源资源来看，我国油气资源人均占有量很低，仅为世界平均水平的 5.3% 和 7.7%，能源对外依存度不断抬高。资料来源：努尔·白克力：《走中国特色能源发展道路》，载《求是》，2016(11)。

⑥ 环境保护部发布的 2016 年上半年全国空气和地表水环境质量状况数据表明，在全国 338 个地级及以上城市中，仅有 78 个城市空气质量达标，占比 23.1%，除此之外，260 个城市空气质量超标，占比 76.9%，虽然与 2015 年同期相比空气质量有所改善，但大气污染形势依然严峻；在全国地表水环境质量监测网 1 940 个断面中，水质优良(Ⅰ～Ⅲ类)断面比例为 68.8%，Ⅳ、Ⅴ类占 20.6%，劣Ⅴ类占 10.5%，主要污染物为化学需氧量、总磷和氨氮，水体污染状况仍在持续。资料来源：环境保护部：《环境保护部发布上半年全国空气和地表水环境质量状况》，http://www.mep.gov.cn/gkml/hbb/qt/201607/t20160717_360820.htm，2016-07-18。

土壤污染[①]以及中国面临的节能减排压力依然十分严峻[②]。在这样的背景下，如何加快绿色发展，推动发展方式转变，形成可持续发展的局面，关乎中国未来。

2015 年 4 月，《中共中央国务院关于加快推进生态文明建设的意见》出台，提出了“新五化”（新型工业化、信息化、城镇化、农业现代化和绿色化），将发展与绿色融合列为国家战略。[③] 2016 年 3 月，《中华人民共和国国民经济和社会发展第十三个五年规划纲要》发布，绿色发展被列为“五大发展理念”（创新、协调、绿色、开放、共享）之一，“关系我国发展全局”。[④] 习近平总书记指出，“坚持绿色发展，就是要坚持节约资源和保护环境的基本国策，坚持可持续发展，形成人与自然和谐发展现代化建设新格局，为全球生态安全做出新贡献”[⑤]。

2016 年是“十三五”开局之年，希冀《2016 中国绿色发展指数报告——区域比较》的发布能为引导各地区深入贯彻落实国家战略要求、更好探索实践绿色发展提供决策参考，为规范企业绿色发展提供一套可执行的方法，为推动中国绿色发展战略实施提供新思路，更希望借此提升社会对生态环境的关注，鼓励大众积极参与绿色发展，使绿色发展的理念深入人心。“十三五”时期，绿色发展必将成为经济社会发展的主流，衷心期盼中国在这条道路上阔步前行，未来中国“山更绿、水更清、天更蓝、百姓生活更幸福”。

>>一、中国绿色发展指数测度方法及指标体系的改进<<

《2016 中国绿色发展指数报告——区域比较》相比此前各年份出版的报告有了较大的改进及创新，课题组力求通过这些改进及创新，使中国绿色发展指数的评价和测度更加客观科学，更好地反映中国绿色发展的实践。经过课题组的反复研讨及论证，最终确定了对数据标准化方法、指标体系和指标权重三方面进行改进及创新，具体如下。

1. 数据标准化方法的创新：定基极差法

有别于以往年份采用“标准差标准化法”（本报告统一将其简称为“标准差法”）对数据进行处理，在 2016 年的中国绿色发展指数测度中，我们采用了全新的“定基极差标准化法”（本报告统一将其简称为“定基极差法”）对数据进行无量纲处理。该方法是对“极差标准化法”（本报告统一简称为“极差法”）的创新，我们将分两部分内容做详细介绍。

（1）从“标准差法”到“极差法”

数据的标准化是将数据按比例缩放，使之落入一个小的特定区间。这样去除数据的单位限

---

① 环境保护部、国土资源部发布的最新《全国土壤污染状况调查公报》显示，全国土壤环境状况总体不容乐观，部分地区土壤污染较重，耕地土壤环境质量堪忧，工矿业废弃地土壤环境问题突出。全国土壤总的超标率为 16.1%，其中轻微、轻度、中度和重度污染点位比例分别为 11.2%、2.3%、1.5%和 1.1%。资料来源：环境保护部、国土资源部：《全国土壤污染状况调查公报》，2014-04-17。

② 步入新时期，面对经济转型升级，虽然我国能耗强度有所下降，但节能减排压力仍然较大。中国在“国家自主贡献”中提出将于 2030 年左右使二氧化碳排放达到峰值并争取尽早实现，2030 年单位国内生产总值二氧化碳排放比 2005 年下降 60%～65%，非化石能源占一次能源消费比重达到 20%左右，这需要付出艰苦的努力。《强化应对气候变化行动——中国国家自主贡献》，国务院新闻办公室网站，http://www.scio.gov.cn/xwfbh/xwbfbh/wqfbh/2015/20151119/xgbd33811/Document/1455864/1455864.htm，2015-11-18。

③ 《中共中央国务院关于加快推进生态文明建设的意见》，人民网，http://politics.people.com.cn/n/2015/0506/c1001-26953754.html，2015-05-06。

④ 《中华人民共和国国民经济和社会发展第十三个五年规划纲要》，新华网，http://news.xinhuanet.com/politics/2016lh/2016-03/17/c_1118366322.htm，2016-03-17。

⑤ 《习近平总书记谈绿色》，人民网，http://env.people.com.cn/n1/2016/0303/c1010-28166910.html，2016-03-03。

制，将其转化为无量纲的纯数值，便于不同单位或量级的指标能够进行比较和加权。其中，最典型的就是“极差法”和“标准差法”。“极差法”是以指标数据的极值为参照系，对原始数据进行线性变换，使结果落到0～1的区间内。“标准差法”是以指标数据的均值为参照系，经过处理后的数据符合标准正态分布，即均值为0，标准差为1。“标准差法”具有较强的科学性且能直观展现数据结果，指标数值小于0表示低于平均水平，大于0表示高于平均水平。然而，该方法在使用过程中经常会出现两个问题：一是标准化后的数值分布区间分散，最大值和最小值差异较大；二是会出现数值大于1或小于－1的情况。与此相反，采用“极差法”进行数据标准化时，标准化后的数值结果始终处于0～1的区间内，数值之间差异较小，分布紧凑，且无负值产生。

2010—2015年的中国绿色发展指数报告均使用了“标准差法”，标准化后的数值介于－1～1的区间，北京绿色发展指数始终处于第1位，且与第2位、第30位差距增大。若采用“标准差法”对2016年报告进行数据处理，北京绿色发展指数依旧是第1位，且数值大于1，与第2位、第30位的差距变得更大。虽然历年报告得到的结果与中国绿色发展实践吻合度较好，但此方法下得到的绿色发展指数第1位与第2位及第30位的差距只会越变越大。课题组预测2016年报告以后，“标准差法”计算的结果与中国绿色发展实践两者拟合的程度可能会有所偏差，故我们决定采用“极差法”。为了避免测算方法改变引起的结果偏差，我们用“极差法”重新测度了2010—2015年报告数据，中国30个省(区、市)排名的相对位次与“标准差法”下各省(区、市)相对位次变化情况基本一致。总体而言，采用“极差法”，与历史结果是一脉相承的，是科学合理的。

(2)从“极差法”到“定基极差法”

在《2016中国绿色发展指数报告——区域比较》中，我们加入了“2010—2015年中国绿色发展指数比较分析”一章，完成了对2010—2015年中国30个省(区、市)绿色发展指数的纵向测评。从一致性和可比性原则出发，有必要做基期处理。基于此，考虑了“基期”因素后的“极差法”即是本报告定义的“定基极差法”。该方法的核心思想是在“极差法”的基础上，以初始年份为基期，其余各年相应地做基期调整处理。具体地，在2010—2015年中国绿色发展指数纵向比较指标体系中共有62个三级指标，在全部指标正向化处理后，对各指标进行标准化时，“分母”为某个三级指标2010年的最大值与最小值之差，“分子”为该指标当年值与2010年该指标最小值之差，“分子”除以“分母”即为该指标相应年份的标准化值。在运用“定基极差法”时，三级指标处理后的数值可能会大于1或小于0。如大于1，即意味着该地区在该年比2010年该指标表现最好的地区还要好；如小于0，即意味着比2010年该指标表现最差的地区还要差；一般而言，多数地区会介于0～1，意味着它们会比2010年最差的好，比最好的差。通过这样的基准式规范化处理，使指标本身无论是横向还是纵向都具有可比性。总体而言，该方法的优点在于：第一，既保留了普通“极差法”的优点，同时又针对基期进行了改进；第二，数据做了无量纲处理，处理后的三级指标数值在同一尺度上，且基本介于0～1；第三，处理后的各指标在时间和空间维度上均具有可比性；第四，指标计算方法具有连贯性和一致性，后期计算不影响或者颠覆历史值。

因此，课题组认为从“极差法”到“定基极差法”这样的改进是科学合理的。为了保持报告的前后统一性，《2016中国绿色发展指数报告——区域比较》的“2010—2015年中国绿色发展指数”“2016年中国省际绿色发展指数”“2016年中国城市绿色发展指数”在测度过程中，均采用“定基极差法”对三级指标进行标准化处理。具体地，我们将2010—2015年中国绿色发展指数纵向比较指标体系中62个三级指标以及2016年中国省际绿色发展指数指标体系中62个三级指标按照2010年数据进行定基处理①；将2016年中国城市绿色发展指数指标体系中45个三级指标按照

① 2010年是课题组首次对中国省际绿色发展指数进行测度，2010年为报告期，文中“2010年数据”所指代的原始数据为2008年。

2013 年数据进行定基处理①。

2. 指标体系的完善：反映创新和互联网的时代特征

严格意义上说，中国绿色发展指数包括中国省际绿色发展指数和中国城市绿色发展指数两套体系。中国省际绿色发展指数指标体系于 2010 年建立，经过不断地调整和完善，已形成了相对稳定的指标体系。2016 年，课题组经过研究决定，中国省际绿色发展指数指标体系在去年基础上新增两个三级指标。中国城市绿色发展指数指标体系于 2013 年建立，几年来，城市指标体系逐年改进、逐步完善。2016 年，课题组经过研究决定，中国城市绿色发展指数指标体系在去年基础上新增一个三级指标。此外，课题组 2016 年首次完成了对 2010—2015 年中国绿色发展指数的纵向测评，构建了一套适用于绿色发展指数纵向评价的指标体系，为了保证一致性和连贯性，中国绿色发展指数纵向比较指标体系与中国省际绿色发展指数指标体系相同。

(1)中国绿色发展指数纵向比较指标体系

2016 年是“十三五”规划的开局之年，课题组决定对 2010—2015 年中国绿色发展指数做纵向比较，以反映“十二五”以来中国各省(区、市)绿色发展的历程，详见报告中的“2010—2015 年中国绿色发展指数比较分析”。经过多次研讨，秉承继承基础上的创新原则，课题组最终确定了 2010—2015 年纵向比较指标体系，指标体系由经济增长绿化度、资源环境承载潜力和政府政策支持度 3 个一级指标及 9 个二级指标、62 个三级指标构成。总体来说，6 年统一的中国绿色发展指数纵向比较指标体系的构建原则为：系统性与科学性原则、一致性与可比性原则、权威性与时代性原则。从一致性与可比性原则出发，为了使 2010—2015 年纵向指标体系与 2016 年中国省际绿色发展指数指标体系保持前后一致，故纵向比较指标体系与 2016 年中国省际绿色发展指数指标体系完全相同，为了避免重复列式，中国绿色发展指数纵向比较指标体系请参见下文列出的中国省际绿色发展指数指标体系。

(2)中国省际绿色发展指数指标体系

2016 年中国省际绿色发展指数由经济增长绿化度、资源环境承载潜力和政府政策支持度 3 个一级指标及 9 个二级指标、62 个三级指标构成。相比 2015 年，2016 年的省际指标体系中新增了反映创新水平及互联网发展水平的两个指标，分别是“技术市场成交额占 GDP 的比重”和“人均互联网宽带接入端口”，集中体现了中国绿色发展的新实践和时代特征。需要说明的是，该指标体系也同样适用于“2010—2015 年中国绿色发展指数比较分析”。为方便读者的阅读与理解，现将指标体系列出如表 0-1 所示。

表 0-1　　中国省际绿色发展指数指标体系

一级指标	二级指标	三级指标	
经济增长绿化度	绿色增长效率指标	1. 人均地区生产总值 2. 单位地区生产总值能耗 3. 非化石能源消费量占能源消费的比重 4. 单位地区生产总值二氧化碳排放量 5. 单位地区生产总值二氧化硫排放量	6. 单位地区生产总值化学需氧量排放量 7. 单位地区生产总值氮氧化物排放量 8. 单位地区生产总值氨氮排放量 9. 技术市场成交额占 GDP 的比重 10. 人均城镇生活消费用电

① 2013 年是课题组首次对中国城市绿色发展指数进行测度，2013 年为报告期，文中“2013 年数据”所指代的原始数据为 2011 年。

续表

一级指标	二级指标	三级指标	
经济增长绿化度	第一产业指标	11. 第一产业劳动生产率 12. 土地产出率	13. 节灌率 14. 有效灌溉面积占耕地面积比重
	第二产业指标	15. 第二产业劳动生产率 16. 单位工业增加值水耗 17. 规模以上工业增加值能耗	18. 工业固体废物综合利用率 19. 工业用水重复利用率 20. 六大高载能行业产值占工业总产值比重
	第三产业指标	21. 第三产业劳动生产率 22. 第三产业增加值比重	23. 第三产业从业人员比重
资源环境承载潜力	资源丰裕与生态保护指标	24. 人均水资源量 25. 人均森林面积 26. 森林覆盖率	27. 自然保护区面积占辖区面积比重 28. 湿地面积占国土面积比重 29. 人均活立木总蓄积量
	环境压力与气候变化指标	30. 单位土地面积二氧化碳排放量 31. 人均二氧化碳排放量 32. 单位土地面积二氧化硫排放量 33. 人均二氧化硫排放量 34. 单位土地面积化学需氧量排放量 35. 人均化学需氧量排放量 36. 单位土地面积氮氧化物排放量	37. 人均氮氧化物排放量 38. 单位土地面积氨氮排放量 39. 人均氨氮排放量 40. 单位耕地面积化肥施用量 41. 单位耕地面积农药使用量 42. 人均公路交通氮氧化物排放量
政府政策支持度	绿色投资指标	43. 环境保护支出占财政支出比重 44. 环境污染治理投资占地区生产总值比重	45. 农村人均改水、改厕的政府投资 46. 单位耕地面积退耕还林投资完成额 47. 科教文卫支出占财政支出比重
	基础设施指标	48. 城市人均绿地面积 49. 城市用水普及率 50. 城市污水处理率 51. 城市生活垃圾无害化处理率 52. 城市每万人拥有公交车辆	53. 人均城市公共交通运营线路网长度 54. 农村累计已改水受益人口占农村人口比重 55. 人均互联网宽带接入端口 56. 建成区绿化覆盖率
	环境治理指标	57. 人均当年新增造林面积 58. 工业二氧化硫去除率 59. 工业废水化学需氧量去除率	60. 工业氮氧化物去除率 61. 工业废水氨氮去除率 62. 突发环境事件次数

注：1. 本表内容由课题组在 2016 年及之前历次研讨会上讨论确定、确认。2. 中国绿色发展指数纵向比较指标体系也同样采用此表。

(3)中国城市绿色发展指数指标体系

2016 年中国城市绿色发展指数指标体系由 3 个一级指标、9 个二级指标和 45 个三级指标组成。相比 2015 年，为了反映中国绿色发展的新实践和突出时代特征，在数据可得性的基础上，城市指标体系增加了“互联网宽带接入用户数”这一反映互联网发展水平的指标。为了方便读者阅读与理解，现将指标体系列出如表 0-2 所示。

表 0-2　　　　中国城市绿色发展指数指标体系

一级指标	二级指标	三级指标
经济增长绿化度	绿色增长效率指标	1. 人均地区生产总值 2. 单位地区生产总值能耗 3. 人均城镇生活消费用电 4. 单位地区生产总值二氧化碳排放量 5. 单位地区生产总值二氧化硫排放量 6. 单位地区生产总值化学需氧量排放量 7. 单位地区生产总值氮氧化物排放量 8. 单位地区生产总值氨氮排放量
	第一产业指标	9. 第一产业劳动生产率
	第二产业指标	10. 第二产业劳动生产率 11. 单位工业增加值水耗 12. 单位工业增加值能耗 13. 工业固体废物综合利用率 14. 工业用水重复利用率
	第三产业指标	15. 第三产业劳动生产率 16. 第三产业增加值比重 17. 第三产业就业人员比重
资源环境承载潜力	资源丰裕与生态保护指标	18. 人均水资源量
	环境压力与气候变化指标	19. 单位土地面积二氧化碳排放量 20. 人均二氧化碳排放量 21. 单位土地面积二氧化硫排放量 22. 人均二氧化硫排放量 23. 单位土地面积化学需氧量排放量 24. 人均化学需氧量排放量 25. 单位土地面积氮氧化物排放量 26. 人均氮氧化物排放量 27. 单位土地面积氨氮排放量 28. 人均氨氮排放量 29. 空气质量达到二级以上天数占全年比重 30. 首要污染物可吸入颗粒物天数占全年比重 31. 可吸入细颗粒物(PM2.5)浓度年均值
政府政策支持度	绿色投资指标	32. 环境保护支出占财政支出比重 33. 城市环境基础设施建设投资占全市固定资产投资比重 34. 科教文卫支出占财政支出比重
	基础设施指标	35. 人均绿地面积 36. 建成区绿化覆盖率 37. 用水普及率 38. 城市生活污水处理率 39. 生活垃圾无害化处理率 40. 互联网宽带接入用户数 41. 每万人拥有公共汽车
	环境治理指标	42. 工业二氧化硫去除率 43. 工业废水化学需氧量去除率 44. 工业氮氧化物去除率 45. 工业废水氨氮去除率

注：本表内容由课题组在 2016 年及之前历次研讨会上讨论确定、确认。

2016 年的城市测算中有一个需要特别说明的变化：中国城市绿色发展指数一直包含“可吸入细颗粒物(PM2.5)浓度年均值”这一重要指标，由于以前该指标缺乏权威数据，2010—2014 年课题组在进行测算时均将该指标做“无数列表”处理。2015 年，课题组根据环境保护部公开的 47 个城市监测数据，单独测算了包含 PM2.5 指标的 47 个城市的绿色发展指数。随着党和政府对大气污染防治的更加重视及我国环保监测制度的进一步完善，2016 年，我们根据最新的《中国环境统计年鉴》已经获得了 100 个城市全部的 PM2.5 数据，我们将这一重要指标数据纳入指标体系进行了测算，使测算结果能更加全面、客观地反映中国城市的绿色发展水平。

3. 指标权重的改进：三级指标全部均权

《2016 中国绿色发展指数报告——区域比较》中的指标权重包括三部分：“2010—2015 年中国绿色发展纵向比较指标权重”“2016 年中国省际绿色发展指标权重”以及“2016 年中国城市绿色

发展指标权重”。我们研究认为，此前确定的一级指标权重是科学、合理的，在经济、社会环境没有发生重大变化的条件下，今年可以继续沿用。与此同时，由于三级指标数量较多且能从不同侧面反映绿色发展的情况，对三级指标做过分细致的权重处理意义不大，因此三级指标在一级指标下做平均权重处理更加客观合适。基于此，“2010—2015 年中国绿色发展指数纵向比较指标体系”和“2016 年中国省际绿色发展指数指标体系”一级指标权重按 30%、40%、30%确定，各三级指标在一级指标下平均权重，然后“倒推加总”计算出相应的二级指标权重；“2016 年中国城市绿色发展指数指标体系”一级指标权重按 33%、34%、33%确定，各三级指标在一级指标下平均权重，然后“倒推加总”计算出相应的二级指标权重。

>>二、中国省际绿色发展指数测算结果及分析<<

在中国省际绿色发展指数指标体系的基础上，根据 2014 年的数据，我们测算得到了 30 个省(区、市)的结果，并进行了相应的分析。

1. 省际绿色发展指数测算结果

中国 30 个省(区、市)绿色发展指数及排名如表 0-3 所示。①

表 0-3　　中国 30 个省(区、市)绿色发展指数及排名

地　区	绿色发展指数		一级指标					
			经济增长绿化度		资源环境承载潜力		政府政策支持度	
	指数值	排　名	指数值	排　名	指数值	排　名	指数值	排　名
北　京	0.722	1	0.332	1	0.096	11	0.294	1
上　海	0.542	2	0.233	3	0.079	19	0.230	5
浙　江	0.523	3	0.196	5	0.087	16	0.241	3
天　津	0.521	4	0.235	2	0.057	27	0.229	7
内蒙古	0.501	5	0.160	9	0.112	6	0.229	6
福　建	0.494	6	0.179	6	0.096	10	0.218	11
江　苏	0.491	7	0.201	4	0.064	24	0.226	9
广　东	0.485	8	0.178	7	0.084	18	0.223	10
黑龙江	0.466	9	0.150	11	0.133	2	0.183	27
海　南	0.453	10	0.144	13	0.109	7	0.200	18
山　东	0.449	11	0.168	8	0.054	29	0.227	8
青　海	0.448	12	0.091	29	0.173	1	0.185	26
陕　西	0.445	13	0.156	10	0.088	15	0.201	15
四　川	0.436	14	0.127	17	0.114	5	0.194	19
重　庆	0.427	15	0.124	18	0.089	14	0.215	12
辽　宁	0.424	16	0.147	12	0.075	22	0.201	16
新　疆	0.420	17	0.106	24	0.078	20	0.235	4
云　南	0.410	18	0.093	28	0.128	3	0.189	22

① 由于数据等原因，西藏自治区、香港特别行政区、澳门特别行政区和台湾省未参与测算，以后篇章与此相同。

续表

地　区	绿色发展指数		一级指标					
			经济增长绿化度		资源环境承载潜力		政府政策支持度	
	指数值	排　名	指数值	排　名	指数值	排　名	指数值	排　名
吉　林	0.409	19	0.132	15	0.096	12	0.182	28
广　西	0.407	20	0.113	22	0.106	8	0.188	24
湖　北	0.403	21	0.135	14	0.077	21	0.191	20
宁　夏	0.401	22	0.110	23	0.048	30	0.243	2
江　西	0.394	23	0.105	25	0.099	9	0.190	21
河　北	0.394	24	0.128	16	0.056	28	0.210	13
湖　南	0.393	25	0.119	20	0.086	17	0.188	23
贵　州	0.391	26	0.086	30	0.119	4	0.186	25
安　徽	0.389	27	0.119	21	0.071	23	0.200	17
山　西	0.370	28	0.100	26	0.062	25	0.207	14
甘　肃	0.362	29	0.096	27	0.095	13	0.170	30
河　南	0.351	30	0.119	19	0.057	26	0.175	29

注：1. 本表根据省际绿色发展指数测算体系，依各指标 2014 年数据测算而得。2. 本表各省(区、市)按照绿色发展指数的指数值从大到小排序。3. 本表中绿色发展指数等于经济增长绿化度、资源环境承载潜力和政府政策支持度 3 个一级指标指数值之和。4. 以上数据及排名根据《中国统计年鉴 2015》《中国环境统计年鉴 2015》《中国环境统计年报 2014》《中国城市统计年鉴 2015》《中国水利统计年鉴 2015》《中国工业经济统计年鉴 2015》《中国沙漠及其治理》等测算。5. 为了便于后文进行比较分析，基于算术平均方法，我们测算得到所有参评省(区、市)绿色发展的平均水平为 0.444，所有参评省(区、市)经济增长绿化度的平均水平为 0.146，所有参评省(区、市)资源环境承载潜力的平均水平为 0.090，所有参评省(区、市)政府政策支持度的平均水平为 0.208。

2. 省际绿色发展指数的区域分布与比较①

省际绿色发展指数排在前 10 位的省(区、市)依次是北京、上海、浙江、天津、内蒙古、福建、江苏、广东、黑龙江和海南。位于第 11～20 位的 10 个省(区、市)分别是山东、青海、陕西、四川、重庆、辽宁、新疆、云南、吉林和广西。位于第 21～30 位的 10 个省(区、市)分别是湖北、宁夏、江西、河北、湖南、贵州、安徽、山西、甘肃和河南。

为了直观比较绿色发展指数的区域分布，我们绘制了全国地理分布图。其中，指数排名前 10 位的为绿色发展水平最好的地区，用“深绿色”表示；第 11～20 位为绿色发展水平较好的地区，用“中度绿色”表示；后 10 位为绿色发展水平一般的地区，用“浅绿色”表示。

从图 0-1 可以看出，东部地区的绿色发展水平相对较高，多数省(区、市)为深绿色；东北部地区和西部地区的绿色发展水平整体处于中游，黑龙江、内蒙古、青海等相对较好；而中部地区的绿色发展水平相对较弱，所有省(区、市)均为浅绿色。

接下来，我们对中国省际绿色发展指数以及经济增长绿化度、资源环境承载潜力和政府政策支持度 3 个分指数进行分区域对比分析，如图 0-2 所示，中国省际绿色发展水平呈现较明显的区域差异。

---

① 本书根据“十一五”规划区域发展战略提出的四大区划即东、中、西和东北地区为区域比较的基础。其中，东部地区包括北京、天津、河北、上海、江苏、浙江、福建、山东、广东和海南 10 省(区、市)；中部地区包括山西、安徽、江西、河南、湖北和湖南 6 省份；西部地区包括内蒙古、广西、重庆、四川、贵州、云南、西藏、陕西、甘肃、青海、宁夏和新疆 12 省(区、市)；东北地区包括辽宁、吉林和黑龙江 3 省份。

图 0-1　中国绿色发展指数排名区域分布

注：本图根据表 0-3 制作。

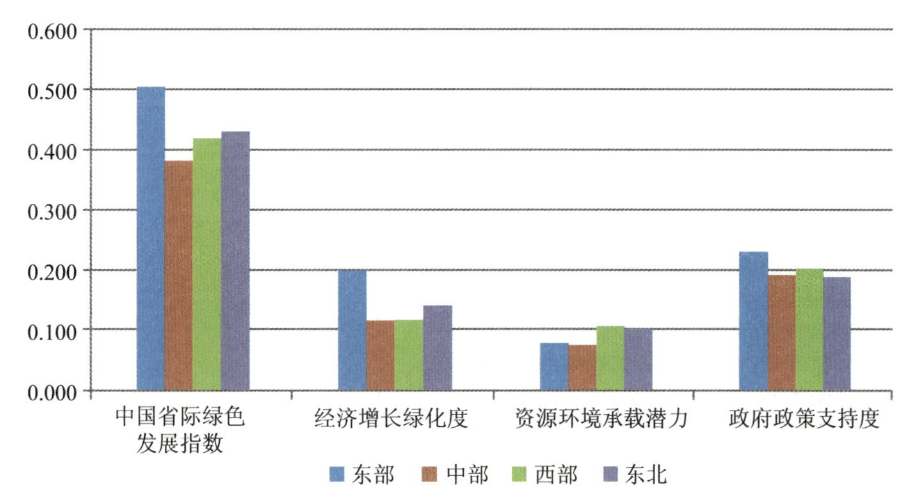

图 0-2　中国省际绿色发展指数区域比较

注：图中数据为四大区域各省(区、市)指标的算术平均值。

东部地区政府政策支持度及经济增长绿化度优势明显，因此绿色发展指数排名靠前。总指数方面，东部 10 个省(区、市)中，除山东、河北以外，其余 8 个省(区、市)排名位居全国前 10 位，与上年一致；除河北绿色发展水平低于全国平均水平外，其余 9 个省(区、市)均高于全国平均水平。经济增长绿化度方面，东部 10 个省(区、市)中仅海南和河北排名位居全国前 10 位以外，其余各省(区、市)分别位居第 1～8 位。政府政策支持度方面，东部 10 个省(区、市)有 7 个排名位居全国前 10 位，仅福建、河北、海南排名相对靠后。东部地区受资源环境的约束较为明显，资源环境承载潜力相对较弱。

西部地区经济增长绿化度及政府政策支持度相对较低，但资源环境表现较为突出。总指数方面，西部 11 个参评的省(区、市)仅内蒙古排名全国前 10 位，青海、陕西、四川、重庆位居第 12～15 位，其余各省(区、市)排名位居全国中下游。西部各省(区、市)资源环境承载潜力明显好于其他三个地区，有 6 个省(区、市)位居全国前 10 位，4 个省(区、市)位居第 11～20 位，仅宁夏位居全国 20 位以后。西部各省(区、市)经济增长绿化度与其他地区差距明显，政府政策支持度进步较大但仍不及东部省(区、市)，未来仍有较大的提升空间。

东北 3 省进步明显，中部地区绿色发展水平有待提高，整体仍缺乏突出优势。总指数方面，黑龙江已经进入全国前 10 位，辽宁和吉林进入前 20 位，而中部 6 省全部位于第 21～30 位，绿色发展水平处于全国下游。除黑龙江外，东北和中部所有省(区、市)绿色发展水平均低于全国平均水平，经济增长绿化度、资源环境承载潜力及政府政策支持度有待进一步改善。

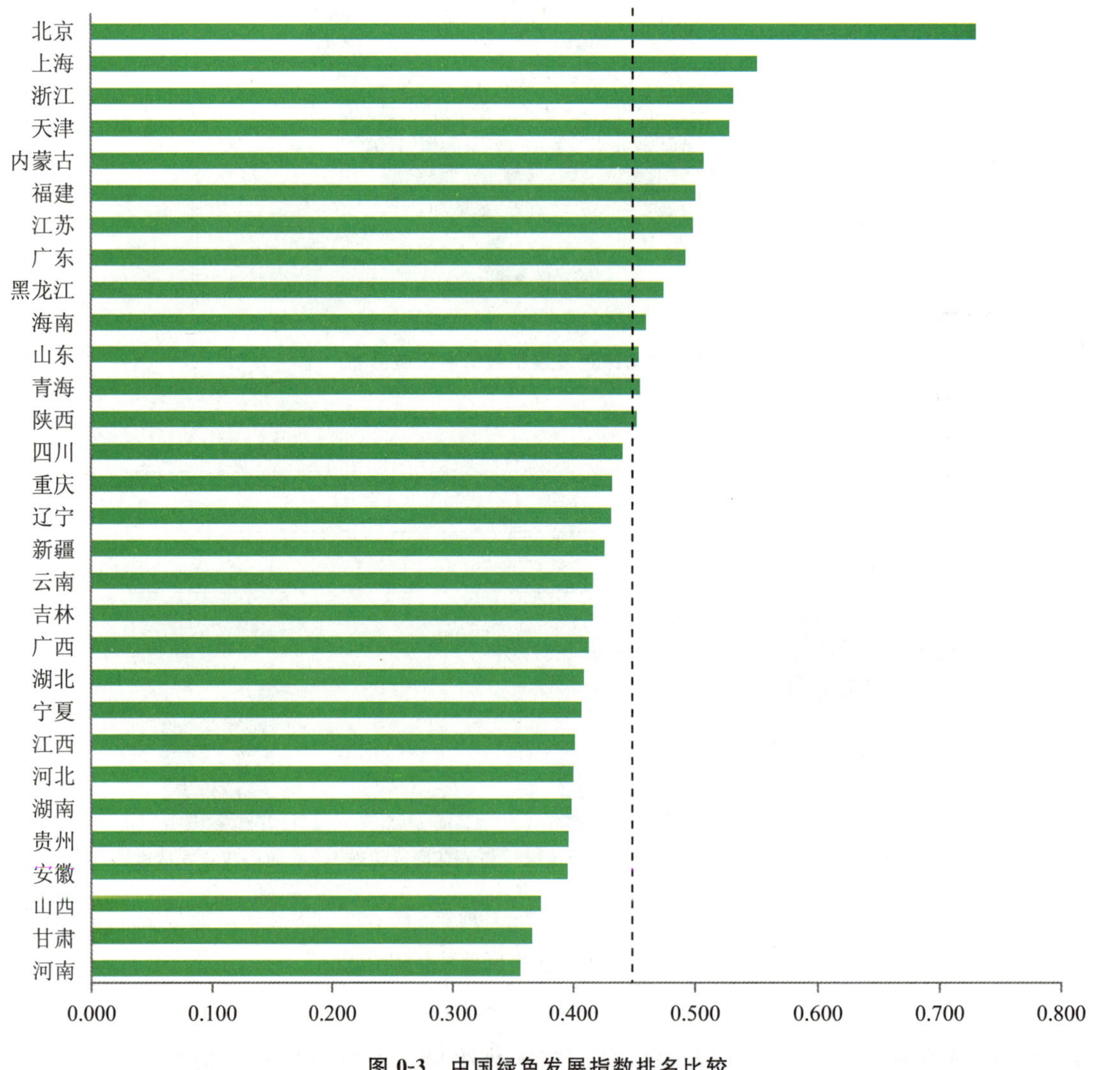

图 0-3 中国绿色发展指数排名比较

注：本图根据表 0-3 制作。指数值由高到低排列，虚线表示所有参评省(区、市)绿色发展指数的平均值。

测算结果显示，在参与测算的 30 个省(区、市)中，有 13 个省(区、市)绿色发展水平高于全国平均水平，按指数值高低排序依次是北京、上海、浙江、天津、内蒙古、福建、江苏、广东、黑龙江、海南、山东、青海和陕西；其他 17 个省(区、市)的绿色发展水平低于平均水平(见图 0-3)。在前文中我们已经提到，今年采用的“定基极差法”虽然与往年不同，但测度结果中各省(区、市)

的排名是符合历年变动趋势的。与去年报告相比，我们发现，有8个省(区、市)在2016年仍排在前10位，只有个别省(区、市)排名位次稍有变动；而有6个省(区、市)在2016年仍在后10位，不仅说明今年采用的测度方法是科学合理的，与往年是一脉相承的，同时也说明中国省际绿色发展指数评价体系日臻成熟，测算结果相对稳定。

>>三、中国100个城市绿色发展指数测算结果及分析<<

在中国城市绿色发展指数指标体系的基础上，根据2014年的数据，我们测算得到了2016年100个城市的绿色发展指数，并进行了相应的分析。

1. 城市绿色发展指数测算结果

中国100个城市的绿色发展指数及其排名如表0-4所示。

表0-4　　中国100个城市绿色发展指数及排名

城　市	绿色发展指数		一级指标					
			经济增长绿化度		资源环境承载潜力		政府政策支持度	
	指数值	排　名	指数值	排　名	指数值	排　名	指数值	排　名
海　口	0.615	1	0.209	2	0.264	1	0.142	85
深　圳	0.552	2	0.249	1	0.064	9	0.239	1
克拉玛依	0.393	3	0.124	10	0.075	6	0.195	9
长　沙	0.379	4	0.182	3	0.034	40	0.163	62
青　岛	0.366	5	0.119	11	0.050	16	0.197	8
北　海	0.361	6	0.094	36	0.068	7	0.199	6
广　州	0.360	7	0.130	7	0.029	53	0.201	5
湛　江	0.360	8	0.089	46	0.078	4	0.192	10
北　京	0.359	9	0.127	8	0.014	82	0.219	2
苏　州	0.358	10	0.156	4	0.016	81	0.186	16
烟　台	0.348	11	0.134	5	0.038	35	0.176	34
无　锡	0.346	12	0.132	6	0.030	47	0.184	21
厦　门	0.344	13	0.091	42	0.045	22	0.209	3
常　州	0.336	14	0.126	9	0.028	56	0.182	23
宁　波	0.334	15	0.110	12	0.040	30	0.185	18
福　州	0.333	16	0.096	33	0.049	20	0.188	14
温　州	0.324	17	0.100	26	0.044	23	0.180	26
赤　峰	0.322	18	0.073	82	0.091	2	0.158	67
遵　义	0.315	19	0.094	37	0.054	14	0.167	52
昆　明	0.311	20	0.081	68	0.080	3	0.150	79
呼和浩特	0.309	21	0.103	20	0.034	39	0.172	43
乌鲁木齐	0.308	22	0.098	28	0.021	71	0.188	13
南　宁	0.308	23	0.084	62	0.050	18	0.174	39
日　照	0.307	24	0.092	41	0.027	59	0.188	15

续表

城 市	绿色发展指数		一级指标					
			经济增长绿化度		资源环境承载潜力		政府政策支持度	
	指数值	排 名	指数值	排 名	指数值	排 名	指数值	排 名
南 京	0.307	25	0.102	23	0.003	98	0.202	4
上 海	0.305	26	0.108	13	0.022	70	0.175	38
泉 州	0.304	27	0.080	70	0.047	21	0.178	33
潍 坊	0.304	28	0.103	21	0.012	86	0.188	12
芜 湖	0.301	29	0.103	18	0.025	61	0.172	42
杭 州	0.301	30	0.103	19	0.024	67	0.174	40
宝 鸡	0.300	31	0.071	86	0.032	43	0.197	7
济 南	0.299	32	0.107	15	0.004	96	0.189	11
石家庄	0.299	33	0.102	24	0.011	87	0.185	17
扬 州	0.297	34	0.097	30	0.020	74	0.180	27
长 春	0.297	35	0.093	39	0.041	29	0.164	61
太 原	0.296	36	0.079	72	0.039	32	0.178	32
珠 海	0.295	37	0.088	49	0.039	34	0.169	50
延 安	0.294	38	0.090	43	0.077	5	0.126	96
银 川	0.293	39	0.086	54	0.037	36	0.170	46
曲 靖	0.293	40	0.069	91	0.067	8	0.157	69
湖 州	0.293	41	0.096	32	0.021	72	0.176	35
南 通	0.292	42	0.087	53	0.031	45	0.173	41
大 连	0.292	43	0.097	31	0.042	26	0.153	75
徐 州	0.292	44	0.088	51	0.028	55	0.176	36
秦皇岛	0.291	45	0.077	75	0.030	50	0.184	19
合 肥	0.290	46	0.094	34	0.013	85	0.183	22
唐 山	0.290	47	0.093	40	0.018	79	0.179	29
武 汉	0.289	48	0.105	16	0.003	97	0.181	25
南 昌	0.288	49	0.082	65	0.041	28	0.165	58
绵 阳	0.288	50	0.085	60	0.052	15	0.151	77
成 都	0.287	51	0.093	38	0.024	65	0.170	47
泰 安	0.287	52	0.089	47	0.017	80	0.182	24
天 津	0.286	53	0.104	17	0.002	99	0.179	30
柳 州	0.285	54	0.078	74	0.039	31	0.167	51
汕 头	0.285	55	0.082	66	0.043	25	0.160	66
包 头	0.285	56	0.107	14	0.011	88	0.167	53
常 德	0.284	57	0.101	25	0.033	41	0.149	81
绍 兴	0.283	58	0.099	27	0.018	78	0.166	57
桂 林	0.282	59	0.085	57	0.062	11	0.135	92

续表

城市	绿色发展指数		一级指标					
			经济增长绿化度		资源环境承载潜力		政府政策支持度	
	指数值	排名	指数值	排名	指数值	排名	指数值	排名
株洲	0.281	60	0.087	52	0.029	54	0.165	59
洛阳	0.279	61	0.085	58	0.027	60	0.167	54
马鞍山	0.279	62	0.086	56	0.023	69	0.170	45
贵阳	0.279	63	0.070	88	0.039	33	0.169	48
哈尔滨	0.277	64	0.088	50	0.032	42	0.158	68
济宁	0.277	65	0.090	44	0.007	93	0.180	28
沈阳	0.276	66	0.102	22	0.035	38	0.139	88
淄博	0.276	67	0.094	35	−0.002	100	0.184	20
九江	0.276	68	0.071	85	0.043	24	0.161	64
石嘴山	0.274	69	0.081	67	0.023	68	0.169	49
焦作	0.273	70	0.073	83	0.024	64	0.175	37
大同	0.272	71	0.070	89	0.049	19	0.153	74
攀枝花	0.270	72	0.064	96	0.054	13	0.151	76
铜川	0.267	73	0.077	77	0.019	77	0.171	44
重庆	0.267	74	0.069	90	0.031	46	0.166	56
西安	0.265	75	0.098	29	0.005	94	0.163	63
湘潭	0.265	76	0.085	61	0.024	66	0.156	72
韶关	0.264	77	0.075	80	0.050	17	0.139	89
咸阳	0.263	78	0.089	48	0.025	62	0.149	80
泸州	0.262	79	0.075	81	0.037	37	0.151	78
安阳	0.260	80	0.072	84	0.010	89	0.178	31
长治	0.260	81	0.068	93	0.025	63	0.166	55
临汾	0.260	82	0.075	79	0.028	57	0.156	71
宜宾	0.257	83	0.071	87	0.030	49	0.156	70
吉林	0.257	84	0.083	64	0.031	44	0.142	84
郑州	0.255	85	0.086	55	0.008	91	0.160	65
岳阳	0.254	86	0.089	45	0.028	58	0.136	91
牡丹江	0.253	87	0.081	69	0.063	10	0.110	99
锦州	0.252	88	0.084	63	0.030	48	0.139	87
平顶山	0.246	89	0.079	71	0.013	83	0.153	73
抚顺	0.240	90	0.069	92	0.029	52	0.141	86
本溪	0.237	91	0.064	97	0.029	51	0.143	83
宜昌	0.236	92	0.077	76	0.013	84	0.146	82
兰州	0.232	93	0.085	59	0.020	76	0.127	95
齐齐哈尔	0.230	94	0.064	95	0.060	12	0.105	100

续表

城市	绿色发展指数		一级指标					
			经济增长绿化度		资源环境承载潜力		政府政策支持度	
	指数值	排名	指数值	排名	指数值	排名	指数值	排名
开封	0.229	95	0.076	78	0.020	73	0.134	93
阳泉	0.223	96	0.054	98	0.004	95	0.164	60
金昌	0.220	97	0.040	100	0.042	27	0.138	90
西宁	0.212	98	0.079	73	0.020	75	0.113	98
荆州	0.195	99	0.054	99	0.009	90	0.131	94
鞍山	0.192	100	0.066	94	0.008	92	0.119	97

注：1. 本表根据中国城市绿色发展指数体系，依据各指标 2014 年数据测算而得。2. 本表城市按城市绿色发展指数的指数值从高到低排序。3. 以上数据及排名根据《中国城市统计年鉴 2015》《中国环境统计年报 2014》《中国城市建设统计年鉴 2015》《中国区域经济统计年鉴 2015》等测算。4. 由于拉萨部分指标数据暂不全，因此本次测算不包含拉萨。5. 经计算，100 个参评城市绿色发展的平均水平为 0.293，100 个参评城市经济增长绿化度的平均水平为 0.093，100 个参评城市资源环境承载潜力的平均水平为 0.035，100 个参评城市政府政策支持度的平均水平为 0.166。总指数方面，在参与测算的 100 个城市中，有 38 个城市的绿色发展水平高于全国平均水平；有 3 个城市的绿色发展水平与全国平均水平持平；有 59 个城市的绿色发展水平低于全国平均水平。

2. 城市绿色发展指数的特点与比较

城市绿色发展指数位于全国前 20 位的城市依次是海口、深圳、克拉玛依、长沙、青岛、北海、广州、湛江、北京、苏州、烟台、无锡、厦门、常州、宁波、福州、温州、赤峰、遵义和昆明。位于全国后 20 位的城市依次是长治、临汾、宜宾、吉林、郑州、岳阳、牡丹江、锦州、平顶山、抚顺、本溪、宜昌、兰州、齐齐哈尔、开封、阳泉、金昌、西宁、荆州和鞍山。图 0-4 绘出了排名前 20 位城市和后 20 位城市的比较图。

同时，我们绘制了 2016 年中国城市绿色发展指数区域比较图①，具体如图 0-5 所示。

由上可知，2016 年中国城市绿色发展指数呈现以下几个特点：

东部城市绿色发展优势明显，三项分指数基本都处于领先位置。总指数方面，排名前 10 位的城市中，东部城市高达 7 个，其中第 1 位和第 2 位分别为海口和深圳；排名前 20 位的城市中，东部城市也有 14 个，东部 25 个城市均值高于全国平均水平，绝大部分城市排名位于全国中上游，仅汕头、淄博等部分东部城市绿色发展水平相对较低。三项分指数方面，东部城市经济增长绿化度与政府政策支持度指数值均值分别为 0.109、0.183，远高于其他地区城市，优势明显；资源环境承载潜力指数值均值为 0.036，略低于西部和东北城市均值，高于中部城市均值。

西部城市资源环境承载潜力优势进一步凸显，绿色发展水平稳步提高。2013 年和 2014 年中国城市绿色发展指数测度结果表明，西部城市绿色发展水平略低于中部地区城市，或与中部地区城市持平。2015 年的测度结果显示，西部地区城市总指数已高于中部和东北地区城市。而

① 报告对城市区域的划分源自“十一五”规划区域发展战略。参与测算的东部城市包括北京、天津、上海、深圳、南京、海口、无锡、烟台、青岛、湛江、福州、潍坊、济宁、唐山、苏州、珠海、徐州、日照、杭州、南通、厦门、扬州、淄博、济南、广州、常州、石家庄、绍兴、湖州、泰安、泉州、秦皇岛、宁波、汕头、韶关、温州 36 个城市。中部城市包括武汉、长沙、合肥、太原、南昌、株洲、常德、安阳、洛阳、临汾、长治、阳泉、马鞍山、九江、湘潭、焦作、芜湖、开封、郑州、平顶山、岳阳、荆州、大同、宜昌 24 个城市。西部城市包括重庆、成都、昆明、呼和浩特、乌鲁木齐、贵阳、克拉玛依、延安、赤峰、绵阳、曲靖、桂林、遵义、宝鸡、北海、咸阳、南宁、柳州、银川、金昌、西安、石嘴山、攀枝花、西宁、铜川、兰州、宜宾、泸州、包头 29 个城市。东北城市包括长春、沈阳、哈尔滨、大连、吉林、牡丹江、锦州、本溪、抚顺、齐齐哈尔、鞍山 11 个城市。

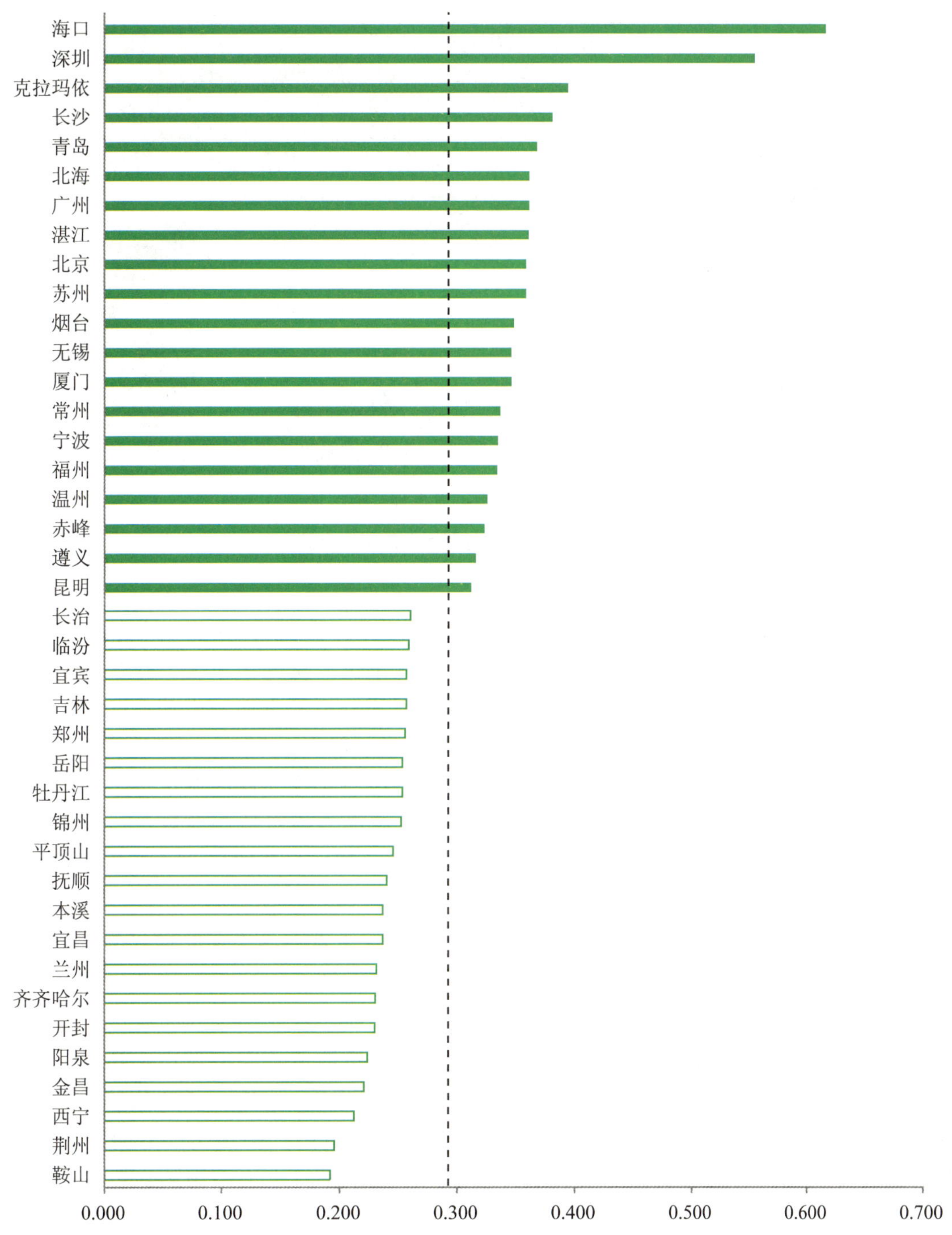

图 0-4 中国城市绿色发展指数排名前 20 位城市和后 20 位城市比较图

注：本图根据表 0-4 制作。指数值由高到低排列，虚线表示所有参评城市绿色发展指数的平均值。

2016 年的测度结果显示，西部地区城市总指数继续高于中部和东北地区城市，优势得以保持。三项分指数方面，西部地区城市的资源环境承载潜力表现仍然突出，在四个区域中高居首位，均值达到 0.042；西部地区城市的经济增长绿化度与中部和东北地区城市差距不大，低于东部地区城市，西部地区城市政府政策支持度也有了一定的进步，低于东部地区城市，但与中部地区城市持平。整体而言，西部地区城市绿色发展水平虽在稳步前进，但仍有待进一步提高。

中部和东北地区城市绿色发展水平相对较低，未来仍有较大提升空间。总指数方面，绿色发展水平排名全国后 10 位的城市中，中部和东北地区城市共 7 个，其与全国平均水平差距明显；

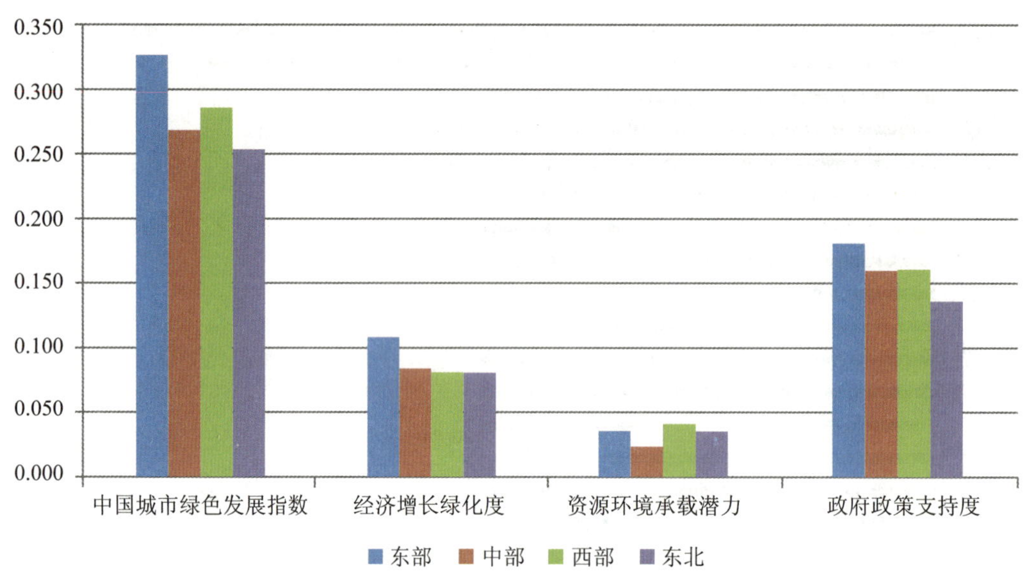

图 0-5　中国城市绿色发展指数区域比较

注：本图数据为四大区域中各城市指标的算术平均值。

排名全国后 20 位的城市中，中部和东北地区城市高达 16 个，占到后 20 位城市个数的 80%，该比例相比去年进一步提高；中部和东北地区绝大部分城市位居全国中下游，仅长沙、长春、太原、合肥、武汉、南昌 6 个城市排名全国 50 位以前。三项分指数方面，中部地区城市缺乏突出优势，资源环境承载潜力均值位居四个区域最后一位，指数值为 0.024，经济增长绿化度进步较快，仅次于东部地区城市，政府政策支持度表现相对平稳，与西部地区城市持平，高于东北地区城市，低于东部地区城市；东北地区城市资源环境承载潜力指数值相对较高，位居四个区域的第 2 位，但政府政策支持度指数值则相对偏低，仅有 0.137，与其他三个区域的指数值差距较为明显。

总的来看，2016 年城市绿色发展指数测度结果与 2016 年省际绿色发展指数测度结果略有差异，省际方面是东部地区指数值较高，东北部和西部地区次之，中部相对较低；城市方面是东部地区指数值较高，西部地区次之，中部和东北部相对较低。东北部省际和城市指数值差异反映了区域内部绿色发展水平存在较大差异。但总体来看，指数值较高的城市，其所在的省(区、市)指数值也普遍较高，如苏州、无锡之于江苏，深圳、广州之于广东；指数值较低的城市，其所在的省(区、市)指数值也普遍较低，如临汾、阳泉之于山西，平顶山、开封之于河南。仅 40%左右的省(区、市)和城市绿色发展水平高于全国平均水平，未来中国的绿色发展仍有较长的路要走。

四、中国绿色发展指数的回顾与展望

2010 年以来，北京师范大学经济与资源管理研究院、西南财经大学发展研究院和国家统计局中国经济景气监测中心连续 6 年联合编著、发布了“中国绿色发展指数系列报告”。进入“十三五”时期，课题组认为，有必要对过去 6 年来中国绿色发展指数进行回顾，并在此基础上对未来中国绿色发展指数进行展望。可以说，“回顾与展望篇”是《2016 中国绿色发展指数报告——区域比较》的一大突出亮点。本篇总共分为两个章节，分别是“绿色发展指数的回顾与展望”以及“2010—2015 年中国绿色发展指数比较分析”。

在本篇的第一章中，我们从“绿色发展指数的构建”“绿色发展指数的完善”和“未来中国绿色发展指数的展望”三个方面展开，在系统回顾中国绿色发展指数的编制思路、中国绿色发展指数指标体系的构建、中国绿色发展指数的评价测度方法、中国绿色发展指数的改进与完善等方面的基础上，对未来中国的绿色发展指数进行了展望。可以说，该章节是对课题组6年来辛勤工作成果的总结，不仅能帮助我们发现中国绿色发展指数研究中存在的不足，也能为下一阶段课题组更好地展开绿色发展研究提供思路。

在本篇的第二章中，我们在重新测度2010—2015年中国绿色发展指数的基础上，对6年来中国绿色发展指数的变化状况进行了分析与总结。应该说，该项研究凝聚了课题组所有成员的辛勤汗水。6年来，我们一直在努力尝试进行绿色发展指数的纵向比较，但由于年度指标体系的调整、基于截面的中国绿色发展的指标数据、纵向比较实现方法尚未确定等原因，要想实现年度指数的纵向比对甚为困难。经过课题组十余次基于不同方法和模型的尝试与反复验证，我们最终确定了“2010—2015年中国绿色发展指数比较分析”即纵向比较的研究思路与方法。课题组在构建了6年统一的“中国绿色发展指数纵向比较指标体系”的基础上，采用“定基极差法”和“纵向堆叠数据法”对2010—2015年中国30个省(区、市)的绿色发展指数进行了重新测度，并基于测度结果，对30个省(区、市)的绿色发展指数、经济增长绿化度、资源环境承载潜力和政府政策支持度进行了时空比较分析。主要有四大研究结论：第一，整体而言，中国各省(区、市)的绿色发展水平在不断提升，绿色发展前景良好；第二，中国绿色发展水平体现出明显的省际差异，整体而言，东部省(区、市)水平最高，西部省(区、市)水平居中，中部和东北部省(区、市)水平相对较弱；第三，大多数地区绿色发展的增长水平与绝对水平呈现反向关系，有利于缩小省际差异，但一些省(区、市)仍要警惕低水平陷阱；第四，中国各省(区、市)绿色发展水平的提升主要依靠经济增长绿化度和政府政策支持度的拉动，资源环境承载潜力有恶化趋势。

>>五、城市绿色发展公众满意度调查结果与分析<<

城市绿色发展公众满意度调查与中国城市绿色发展指数的统计测度是相互配合的，是客观统计数据分析与主观民意问卷调查分析的结合。自2012年以来，我们连续在38个重点城市开展“城市绿色发展公众满意度调查”，了解居民对所在城市绿色发展状况的主观感受和评价，并量化分析重点城市的绿色发展状况及其走势。公众满意度调查结果及时有效地反映了城市绿色发展的真实水平，获得了业内专家和社会各界的广泛认可，成为以客观统计数据为基础的“城市绿色发展指数测评指标体系”的重要补充。2016年，此项调查在4～5月仍由国家统计局中国经济景气监测中心组织实施，调查方法、调查范围和样本量、调查指标体系与测算方法均与去年保持一致。

调查结果显示，2016年中国重点城市绿色发展公众综合满意度为0.147①，连续三年有所提升。大多数城市的居民对其所在城市的绿色发展状况持总体肯定态度，不过多数城市的公众综合满意度得分仍然较低。城市绿色发展水平分化明显，地区城市公众综合满意度呈现西部地区最高、东部和东北地区较高、中部地区较低的特征；与2015年相比，四大地区的公众综合满意度升降互现，西部和东部城市有所提升，东北和中部城市有所下降。从公众综合满意度三项构成指数看，居民对城市基础设施的满意度仍然最高，对城市环境的满意度较高，对政府绿色行

---

① 满意度得分在－1～1，0为“满意”和“不满意”的临界值。得分为正，处于“满意区间”，表示“满意”，越趋近于1满意程度越高；反之，处于“不满意区间”，表示“不满意”，越趋近于－1不满意程度越高。

动总体仍不满意；与 2015 年相比，三项构成指数的满意度稳中有升，其中，城市环境和政府绿色行动的满意度略有提升，城市基础设施的满意度持平。从具体指标来看，居民对 9 项指标表示满意，其中对城市公共交通便利程度、政府环保工作重视程度和近三年城市环境变化的满意度较高；对 7 项指标表示不满意，其中对环境投诉方式、城市交通畅通情况和日常食品放心程度最不满意。与 2015 年相比，居民对 12 项指标的满意度有所改善，其中对城市街道卫生、城市生活垃圾处理和政府环保工作重视程度的满意度提升最多；对城市绿化的满意度持平；对 3 项指标的满意度降低，其中对垃圾分类设施配置和日常食品放心程度的满意度略有下降，城市交通畅通情况的满意度降幅较大。

绿色发展公众满意度调查排名前 10 位(第 1～10 位)的城市分别为克拉玛依、厦门、银川、西宁、青岛、海口、珠海、宁波、乌鲁木齐和苏州；排名后 10 位(第 29～38 位)的城市分别为济南、天津、合肥、兰州、石家庄、长沙、广州、呼和浩特、北京和郑州。

>>六、绿色企业评级方法与标准<<

企业是实践绿色发展战略的核心微观主体，企业绿色发展的质量不仅是企业社会环境责任的直接体现，同时也关系到中国绿色发展战略的大局。

绿色企业是适应绿色发展要求的一种新型的企业发展模式，本质上要求生产经营活动的扩张不以资源损耗和环境污染的扩大为代价。绿色企业有强和弱两个概念，前者指企业经营发展的同时，其对环境的损害逐步减少，即发展与损害绝对脱钩。后者指企业经营发展的速度不低于其对环境损害的速度，尽管企业发展的同时环境也许持续受到损害，即发展与损害相对脱钩。具体来看，绿色企业应该至少具备以下几个基本特征：①企业应有明确的绿色发展意识、理念、意向、战略、部署和行动；②企业的资源环境表现应达到良好临界水平以上；③企业的资源环境生产率应呈现不断提高的趋势；④企业没有引致外部经济产生显著的资源消耗和环境污染；⑤企业引致的外部经济的资源消耗和环境污染表现应呈现不断改进的趋势；⑥企业没有给相关的外部社会环境带来显著或潜在重大威胁。

企业在绿色发展方面的实际表现或进步程度需要明确的测算和评价，这对于企业的内外部绿色管理意义重大。从外部来说，企业需要响应各方面利益相关者的要求，树立和建立良好的社会形象和投资环境。从内部来说，企业需要通过测算和评价来发现与绿色经营管理相关的问题、机会和解决途径。本报告中的“绿色企业评级方法与标准”主要包括以下四大部分内容：绿色企业发展与评价、绿色企业评价方法、绿色企业评级方法、绿色企业评价评级指标体系。

>>七、新常态下中国经济绿色发展战略<<

中国经济在保持多年高速增长之后，资源约束、环境污染问题凸显，中高速增长已经成为中国经济的新常态，适应新常态就要转变经济发展方式。在主动积极适应新常态下坚持绿色发展，形成经济增长的内生动力机制，这不仅是中华民族长远发展的战略性选择和必然要求，也是对全球可持续发展的积极贡献，将对人类发展产生重要的影响。

为了对新常态下中国经济绿色发展的政策制定提供启示和参考，课题组在分析中国绿色发展指数测算结果的基础上提出“新常态下中国经济绿色发展战略”。在本篇中，课题组首先论述了绿色是经济发展新常态的底色；接着从绿色发展水平不断提高、绿色发展区域间差异明显、资源环境承载潜力有下降风险、绿色增长率与绿色发展水平呈现反相关、中国绿色发展水平与发达国家相比仍有较大差距五个方面阐述了中国绿色经济发展的特征，并从制度设计缺陷、国际压力、绿色科技创新与应用不足、经济发展的阶段性障碍四个方面论述了新常态下中国绿色发展面临的障碍；最后，本篇提出了中国经济绿色发展的路径选择，主要包括四大方面：积极推动产业转型升级、形成区域均衡的绿色发展模式、进一步采取市场化手段推动绿色发展、完善官员晋升的绿色考评体系。

>>八、本报告的框架结构及分析重点<<

《2016 中国绿色发展指数报告——区域比较》由序、专家评议、总论、回顾与展望篇、省际篇、城市篇、公众评价篇、标准篇、战略篇和附录等组成。各部分围绕绿色发展这一主题，从不同角度对 30 个省(区、市)和 100 个城市的绿色发展进行了测度、分析和专题研究。同时，我们还首次建立了绿色企业评级方法与标准，并针对中国绿色发展指数测度结果提出了新常态下中国经济绿色发展战略，本报告框架如下。

报告继续聘请国内 23 位资深专家进行专业评审。专家们的热情肯定与专业建议使我们受益颇多，推动了报告的不断进步与完善。与往年一样，我们将专家评审意见编辑为“专家评议”，置于报告之前，与大家共勉。

“总论”重点介绍了 2016 年中国绿色发展指数测度方法及指标体系的改进，展示了 30 个省(区、市)和 100 个城市的测算结果及排序，并对报告的整体框架进行了分析。

报告的主体内容分为六篇。

第一篇为回顾与展望篇，共 2 章。分别为绿色发展指数的回顾与展望和 2010—2015 年中国绿色发展指数比较分析。前者对绿色发展缘起、指标构建、指数完善历程进行了梳理，对中国绿色发展的未来进行了展望；后者则对 2010—2015 年的中国绿色发展进行了纵向比较，对绿色发展指数、经济增长绿化度、资源环境承载潜力、政府政策支持度分别进行了时空比较。该篇既是对绿色发展指数的总结，也开辟了绿色发展指数研究的一个新的起点，同时对于探析 6 年来中国绿色发展的历程具有重要的借鉴意义。

第二篇为省际篇，共 3 章。该篇与省际绿色发展指数的 3 个一级指标(经济增长绿化度、资源环境承载潜力和政府政策支持度)相对应，对省际 3 个一级指标的测度及结果进行分析。

第三篇为城市篇，共 3 章。该篇与城市绿色发展指数的 3 个一级指标(经济增长绿化度、资源环境承载潜力和政府政策支持度)相对应，对城市 3 个一级指标的测度及结果进行分析。

第四篇为公众评价篇，共 1 章，即“城市绿色发展公众满意度调查结果及分析”。该章介绍了自 2012 年以来我们连续在 38 个城市开展的“城市绿色发展公众满意度调查”，并公布了 2016 年的调查结果。与去年报告相同，我们将“城市绿色发展公众满意度调查方案及组织实施情况”放在附录中，置于文后。

第五篇为标准篇，共 1 章，即“绿色企业评级方法与标准”。该章推出了“绿色企业评价评级指标体系”。该指标体系通过设立“企业基本情况”“企业资源环境表现”“企业社会环境表现”等指标来实现对绿色企业的综合评价。绿色企业评价标准的制定，有助于规范企业绿色发展，为企业提供一个可执行的方法，促进中国绿色增长。

第六篇为战略篇，共 1 章，即“新常态下中国经济绿色发展战略”。该章立足新常态下中国经济发展的现实背景，依据前文中国绿色发展指数的测度结果，提出中国经济绿色发展战略。这使报告的结构更加完整，报告的政策意义更加明晰。

本报告的最后部分为附录。分别呈现了“省区绿色发展指数测算指标解释及数据来源”“城市绿色发展指数测算指标解释及数据来源”“定基极差法说明”“省际绿色发展‘体检’表”“城市绿色发展‘体检’表”“城市绿色发展公众满意度调查方案及组织实施情况”“UNIDO-UNEP 绿色产业平台中国办公室简介”“华盛绿色工业基金会简介”八个附录。

当前，我国生态环境问题已经成为全面建成小康社会的突出短板。为实现全面小康目标，必须转变发展方式，提高经济发展绿色水平，着力改善生态环境、着力提供生态产品、着力建设生态文明，坚持绿色发展提升我国综合国力，推动绿色富国、绿色惠民，形成人与自然和谐发展的现代化建设新格局。

第一篇

回顾与展望篇

本篇共分为两章，即“第一章　绿色发展指数的回顾与展望”和“第二章　2010—2015年中国绿色发展指数比较分析”。前者对绿色发展指数编制思路、指标构建、指数完善历程进行了梳理，对未来中国绿色发展指数进行了展望；后者则对2010—2015年的中国绿色发展进行了纵向测评，对绿色发展综合指数、经济增长绿化度、资源环境承载潜力、政府政策支持度分别进行了时空比较。该篇既是对绿色发展指数的总结，也开辟了绿色发展指数研究的一个新起点，同时对于探析6年来中国绿色发展的历程具有重要的借鉴意义。

第一章

绿色发展指数的回顾与展望

十八大以来，党中央、国务院对绿色发展做出了全面部署，创新提出“绿色化”，将“新四化”发展为“新五化”。2015 年 10 月 29 日，十八届五中全会审议通过《中共中央关于制定国民经济和社会发展第十三个五年规划的建议》，首次提出“创新、协调、绿色、开放、共享”五大发展理念，将绿色发展放在了更加突出、更加重要的地位。2016 年 3 月 17 日，《中华人民共和国国民经济和社会发展第十三个五年规划纲要》正式对外公布，全文共 45 次提到“绿色”，5 次提到“绿色发展”，并强调坚持“创新、协调、绿色、开放、共享”五大发展理念，是关系中国发展全局的一场深刻变革，是确保中国全面建成小康社会的基本条件。

绿色发展开启了中华民族可持续发展的新征程，开辟了人类文明建设的新境界。为研究和总结国内外绿色发展的相关理论和实践，评估中国绿色发展的现状和各地区绿色转型的进展情况，自 2010 年以来，北京师范大学经济与资源管理研究院、西南财经大学发展研究院和国家统计局中国经济景气监测中心连续 6 年联合编著、发布了“中国绿色发展指数系列报告”。课题组通过研究比对国内外相关理论及指标，在国内 30 多名资深专家学者的指导和共同修订下，形成了当前中国省际绿色发展指数和中国城市绿色发展指数两套体系，全面评估了中国 30 个省(区、市)及 100 个城市的绿色发展水平。

>>一、绿色发展指数的构建<<

绿色发展指数编制的主要思路、指标体系的建立及权重的确定，是整项研究的重点和难点，经过大量的分析与调研，课题组确立了研究的逻辑框架，明确了研究的主要方法。

1. 绿色发展指数编制的主要思路

一是突出绿色与发展的结合。绿色发展的核心是“既要发展，又要绿色”。绿色发展指数将二者结合在产业发展的绿化程度、环境资源的保护程度、政府在规划与领导经济发展中对绿色发展的关注程度三个方面。正因为如此，绿色发展指数课题组中不仅有经济学家，也有生态专家、资源专家和环境专家。

二是突出各省(区、市)和城市绿色发展水平与进度的比较。绿色发展指数选取的样本是 30 个省(区、市)和 100 个城市。中国作为一个大国，各省(区、市)和城市资源禀赋及经济发展各具特色，各有短长。比较各省(区、市)和城市的绿色发展，既可交流先进经验，也可促进后起奋进。

三是突出政府绿色管理的引导作用。政府行为、科技能力及公众参与，是推动绿色发展的三支重要力量，尤其是政府行为，是最为重要的。在中国，政府在经济社会中的主导作用非常大，因此，绿色发展指数在选择指标和分类时，希望突出地方政府业绩评价，希望能够督促各地政府在绿色发展方面争先创优。当然，我们认为企业的绿色发展也是非常重要的，这些已在相关的专题和调研中进行了讨论。

四是突出绿色生产的重要性。绿色经济是多方面的，绿色消费就是其中非常重要的内容。美国国家地理学会设立的“绿色指数”，旨在测量消费者选择的生活方式在住房、交通、食品和商品四个方面对环境的影响。但考虑到中国绿色发展的矛盾重点还是在生产方面，尤其是工业生产方面，这里，不仅体现着企业的力量，还体现着政府的作用，因此，绿色发展指数重点评估绿色生产的影响。但在相关专题研究中，我们同样也反映了对绿色消费的看法。

五是在数据搜集中强调来源的公开性与权威性。绿色发展指数的基础数据全部来源于公开出版的年鉴或者相关部门公布的权威指标数据，如《中国统计年鉴》《中国环境统计年鉴》《中国城市统计年鉴》《中国能源统计年鉴》《中国工业经济统计年鉴》《中国环境统计年报》等。

2. 绿色发展指数指标体系的建立

绿色发展指数包括 3 个一级指标：经济增长绿化度、资源环境承载潜力和政府政策支持度。经济增长绿化度反映的是生产对资源消耗以及对环境的影响程度，资源环境承载潜力体现的是自然资源与环境所能承载的潜力，政府政策支持度反映的是社会组织者处理解决生态、资源、环境与经济增长矛盾的水平与力度。

这 3 个一级指标如何确定？首先，从测度绿色发展指数的目的看，我们希望突出经济增长中蕴含的绿色程度，希望强调政府政策的支持力度，也希望反映资源与环境承载的潜力。其次，3 个一级指标符合状态、压力、响应的分类思路。经济绿色增长的程度和水平是绿色发展的现实状态，资源环境承载潜力是绿色发展的压力体现，政府政策支持则反映了政府的响应。再次，3 个一级指标体现了“一体双力”，经济绿色增长是主体，资源环境是基础推力，政府政策是引导拉力，三者结合为经济绿色发展提供了基础性保证。最后，3 个一级指标是反复取舍的结果。课题组对分类有多种建议，如分 4 类包括经济、社会、资源、环境，分 5 类包括经济发展、能源与资源、环境与生态、政府与政策、社会和谐发展，分 6 类包括经济结构、经济效能、社会发展、文化事业、资源利用、环境保护，但为了体现我们的特色，经多次研究讨论选用了上述 3 个一级指标。

绿色发展指数包括 9 个二级指标：绿色增长效率指标、第一产业指标、第二产业指标、第三产业指标、资源丰裕与生态保护指标、环境压力与气候变化指标、绿色投资指标、基础设施指标、环境治理指标。二级指标的确定采取的方法是两次归类、适度调整。其含义就是，在确定了一级指标和选择三级指标后，三级指标先按一级指标指向归类，然后，一级指标内的众三级指标按其性质接近程度再度归类。

二级指标方面，因省(区、市)和城市的差异，省际绿色发展指数和城市绿色发展指数略有不同。省际绿色发展指数于 2010 年建立，最初包括 55 个三级指标，经多年完善，目前调整为 62 个指标。城市绿色发展指数于 2011 年建立，最初包括 43 个三级指标，目前经完善调整为 45 个指标。所有三级指标从近 1 500 个相关指标中经多次筛选后确定，其选择遵循如下的标准：

一是所选指标或与经济增长绿化度，或与资源环境承载潜力，或与政府政策支持度有重要的联系，能对二级指标指数形成有实质性的贡献。二是数据的可得性。我们搜集了各种统计年鉴，进行了排查。同时，我们要求数据是连续可得的，不能是随机抽样数据。三是正指标或逆指标要明确。有些指标，到底是数据高了评价高还是相反，一定要明确。四是强调了水平指标而弃用了变化指标。换言之，我们用了绿色发展状态指标，没有用变化率指标。因为通过统计分析，我们发现年度变化率很不稳定，有多个指标变化率出现奇异值，高过同类指标百倍以上，很难进入体系中计算。五是选择用典型性或代表性指标。在复杂的类型中，有多种指标都有一定意义，但需要精选。比如，在电力能耗的指标上，我们选择了火电供电煤耗，原因是火电在我们供电比重中最大，火电耗煤量大小是各个省(区、市)普遍面临的问题。六是重视指标的相互制约关系。同一指标，尤其是排放量，是人均、地均还是占人均 GDP 的比重，均有不同意义。比如，对人口大省，对面积大省，对经济发展程度不同的省，其评价结果是不同的。因此，我们在测算的大体系中，按三大类将此分别列入，以形成较为合理的体系结果。所有三级指标均表征中国省(区、市)或城市的绿色发展情况，体现了中国省(区、市)或城市的绿色发展水平。

3. 绿色发展指数权重的确定

绿色发展指数的权重，经过课题组多次分析研究确定。对于 3 个一级指标，第一个基本判断是：资源环境承载潜力是绿色发展的基础，权重应最高；经济增长绿化度是我们追求的目标，权重要高于政府政策支持度。第二个基本判断是：一级指标权重要受三级指标权重的制约，即判断三级指标重要性相对好操作，加上一级分类包含的三级指标数量，就可以大致制约一级指标的权重。第三个基本判断是：权重是相对的，因此不必过细，以 5%或 10%为最小单位即可。还有一个规律在起作用，就是经济增长绿化度和政府政策支持度相关度高，也与省(区、市)经济发达程度正相关度高，而资源环境承载潜力与自然禀赋相关度高，与不发达的中西部地区正相关度高。因此，如果是仅强调绿色，就可提高资源环境承载潜力权重；若仅强调发展，就可压低资源环境承载潜力权重；如果既强调绿色又强调发展，就要对资源环境承载潜力有一个合理的权重。经过不同情景和模式的多角度全方位的模型计算，在不断对照现实中各省(区、市)的多项考核情况后，课题组最后确定了对权重的分配。

二级指标的权重是在一级指标框架内分别确定的，即每个一级指标下，二级指标合成为 100%。在经济增长绿化度中，效率指标与第二产业的权重分别为 40%和 35%，我们研究认为，社会总的投入产出效率和工业化对环境资源的有效利用是实现绿色增长的主体，是关键。在资源环境承载潜力一级指标下，环境与气候变化指标占到 80%的权重，反映出一个基本事实：废物、废水和废气的排放对环境与气候的影响已成为最令人担忧的危害。而在政府政策支持度下，绿色投资指标、基础设施和城市管理指标及环境治理指标权重接近，绿色投资略高一些，反映了政府全面关注资源、环境与经济增长的关系。因此，课题组对于指标权重的确定具有相当的客观性。

三级指标权重的确定与一级指标和二级指标基本相同。

二、绿色发展指数的完善

绿色发展指数的完善，不仅仅是指标体系的修订，还包括研究方法的改进、权重的调整、测评城市的增加、绿色发展“体检”表的建立、城市绿色发展公众满意度的补充、相关专题研究与实地调研等。

1. 指标体系的修订

绿色发展指数的 3 个一级指标从确定至今，一直都没有任何修订。二级指标方面，2011 年的研究报告对其中的 3 个二级指标名称进行了修订：一是“资源与生态保护指标”修订为“资源丰裕与生态保护指标”，主要侧重资源丰裕和生态保护这两个方面，从资源存量的角度进行衡量，所以用了“资源丰裕”这样的专有名词；二是“环境与气候变化指标”修订为“环境压力与气候变化指标”，因为三级指标中涉及的排放量等指标都是对环境造成的压力，从压力角度反映资源环境承载潜力；三是“基础设施和城市管理指标”修订为“基础设施指标”，因为 2011 年专门针对城市建立了测度体系，所以就没有再提及城市。之后二级指标名称沿用至今，城市绿色发展指数指标体系也继承了这一修订。

三级指标方面，在课题组深入研究的基础上，结合数据的可得性、直观性与重要性，省际绿色发展指数总共进行了 2 次修订。第一次是 2011 年，新增 10 个指标：人均城镇生活消费用电、节灌率、有效灌溉面积占耕地面积比重、湿地面积占国土面积的比重、人均活立木总蓄积量、人均公路交通氮氧化物排放量、人均城市公共交通运营线路网长度、农村累计已改水受益人口占农村总人口比重、建成区绿化覆盖率、突发环境事件次数；删除了 5 个指标：火电供电煤耗、单位地区生产总值工业固体废物排放量、单位土地面积工业固体废物排放量、人均工业固体废物排放量、矿区生态环境恢复治理率；对 8 个指标的名称进行了规范；对 5 个指标的计算方法进行了调整。第二次是 2016 年，新增了表征创新和信息化的两个指标：技术市场成交额占 GDP 的比重、人均互联网宽带接入端口。

城市绿色发展指数总共进行了 4 次修订。第一次是 2013 年，考虑到空气质量对绿色发展的重要性，我们增加了可吸入细颗粒物(PM2.5)浓度年均值这一指标。但由于该指标数据不可得，暂以无数列表的形式纳入指标体系。第二次是 2014 年，由于统计口径的原因，工业环境污染治理投资占地区生产总值比重数据不再公布，课题组以城市环境基础设施建设投资占全市固定资产投资比重这一指标进行替代。第三次是 2015 年，环保部公布了 47 个城市可吸入细颗粒物(PM2.5)浓度年均值的数据，课题组测算了包含这一指标数据的城市绿色发展指数。第四次是 2016 年，新增了表征信息化的 1 个指标：人均互联网宽带接入端口；同时对于可吸入细颗粒物(PM2.5)浓度这一指标，2016 年环保部进一步公开了 100 个城市的数据，课题组将其全部纳入指标体系进行测算。

2. 研究方法的改进及权重的调整

2010—2015 年中国绿色发展指数是以标准差标准化的方法进行测算的，该方法由于标准化后的数值区间较为分散，最大值和最小值的差异较大，且会出现数值大于 1 或小于－1 的情况，不符合普通大众的认知，从 2016 年开始，课题组以固定基期的 0-1 标准化法进行标准化。

较之于标准差标准化法，固定基期的 0-1 标准化法具有如下几个方面的优势：标准化后的数值区间较为集中，最大值和最小值差异较小；标准化后的结果都聚集在 0～1，比较符合大众对指数的认知；固定基期实现了对不同年份指数值的纵向可比，有利于分析测评对象在时间维度上的变化。

为了保证测算结果的客观性、科学性和稳定性，研究方法的改变要求指标权重也要做相应调整。课题组多次研讨后认为，2016 年中国省际绿色发展指数指标体系一级指标按 30％、40％、30％确定权重，三级指标在一级指标下平均权重，然后“倒推加总”计算出相应的二级指标权重；2016 年中国城市绿色发展指数一级指标按 33％、34％、33％确定权重，三级指标在一级指标下平均权重，然后“倒推加总”计算出相应的二级指标权重。调整后的权重避免了部分指标因占比过高对最后的指数产生较大的影响等问题。

3. 城市绿色发展指数测评城市的增加

城市绿色发展指数测评城市源于环保部公布的 113 个环境监测重点城市。2011 年确定测评城市时，由于大部分城市数据缺失，因此最终选择了 34 个城市，即 4 个直辖市、5 个计划单列市和 25 个省会城市(因数据原因，拉萨和乌鲁木齐暂未列入)。

2012 年，课题组以“人均 GDP 位于当年全国城市前 20 位”和“数据完备”这两条原则，新增 4 个城市：克拉玛依、苏州、珠海和乌鲁木齐。2012 年共计 38 个测评城市。

2013 年，环保部公布的数据显示，113 个重点监测城市中，绝大部分城市数据已经完备。因此，2013 年中国城市绿色发展指数测评城市由 2012 年的 38 个新增为 100 个，且一直延续至今。

4. 绿色发展“体检”表的建立

2011 年的报告发布以后，课题组受地方政府邀请，到部分省(区、市)和城市考察当地的绿色发展情况。在实地调研过程中我们发现，有的省(区、市)不仅关心绿色发展指数的排名，更关心他们在哪些具体方面或具体指标上做得不足。鉴于此，课题组制作了绿色发展“体检”表，向大家展示各省(区、市)和测评城市绿色发展指数的三级指标数值、排名及前后两年排名变化，作为对绿色发展指数的补充。

在考察中，地方政府希望课题组能为其绿色发展提供指导、帮助规划，而我们感到，中国绿色发展指数的研究还缺乏全面实地考察的协同进行，因此还满足不了为各地绿色发展“治病开方”的要求。我们的绿色指数测度，尤其是三级指标的展示，只能供各省(区、市)进行若干项目的系统“体检”，因此我们将这部分内容称为绿色发展“体检”表。

5. 城市绿色发展公众满意度的补充

在进行城市绿色发展指数的测评过程中，以及在绿色发展指数报告的发布会上，课题组与各界都认为，绿色发展指数的省区和城市排序，如果只根据统计数据测算，可能与公众的实际感受有差距。鉴于此，从 2012 年开始，课题组增加了城市绿色发展公众满意度调查，反映居民对本城市的主观感受和评价，以更加全面地反映城市绿色发展情况。

城市绿色发展公众满意度调查以了解居民对所居住城市环境、基础设施、政府绿色行动的综合评价为主要内容，以 38 个测评城市为调查对象，以电话调查为主要方式，从每个城市随机抽取 700 个城区居民进行访问。调查通过城市环境满意度、基础设施满意度、政府绿色行动满意度和以上三项的综合满意度，测算出了居民对城市绿色发展的满意情况。调查是课题组在绿色发展理论与实践研究中的一种大胆尝试，其与中国绿色发展指数测评指标体系的侧重点不同，所得出的结果差异较大，既是对绿色发展指数的补充和完善，也有很多矛盾的结论有待解释。

6. 相关专题研究与实地调研

为了对绿色发展进行更为深入和广泛的研究，课题组设置了“教授论坛”“专家论坛”等篇章，邀请国内外权威学者就某一问题进行专题讨论。受邀的权威学者从绿色发展的方方面面提出了自己的意见与建议，如中国绿色消费的现状与发展趋势、科技在推进绿色经济增长中的作用、环境统计法制与改革探索、战略性新兴产业引领绿色发展、构建中国绿色金融体系的基本框架、绿色发展的人本意义、治理北京“大城市病”实现首都绿色发展，等等。

2013 年，课题组组织研究团队深入青海、浙江、山西、湖北、四川等省(区、市)进行调研，并分赴中国香港、台湾地区，以及韩国首尔都市圈等地进行绿色发展实地考察，以求更加深刻地评判中国绿色发展现状，促进中国绿色发展。

2014 年，课题组继续进行绿色发展实地考察，分别赴北京市密云县、延庆县和顺义区进行了调研，全面了解北京“美丽乡村”建设和农村地区绿色发展情况。

2015 年，课题组突出了企业的绿色发展，先后深入北京、天津、山东、浙江、湖南等国内 13 家企业，全面研究了这些企业在污染治理、技术创新、转型升级等方面的成功经验。同时，为研究绿色发展在“一带一路”战略中的定位与作用，课题组先后邀请了来自国务院研究室、国务院参事室、国务院发展研究中心、国家发展和改革委员会、环境保护部等多家单位的 40 多位权威专家学者进行座谈。专家们从各自研究领域出发做了精彩发言，并对在“一带一路”战略中推行中国绿色发展实践寄予厚望。

>>三、未来中国绿色发展指数的展望<<

近年来，中国经济进入了转型升级的关键时期，进入了中高速增长的新常态时期，进入了着力进行供给侧结构性改革的攻坚时期，绿色发展指数的研究也必须与时俱进，适应新形势，以更加客观、科学、全面地评价绿色发展。

1. 指标体系将进一步完善

《中共中央关于制定国民经济和社会发展第十三个五年规划的建议》首次提出“创新、协调、绿色、开放、共享”五大发展理念，这将是“十三五”乃至更长一段时间内中国经济社会发展的主要方向。目前绿色发展指数以“绿色”这一理念为主，部分指标兼具“创新、协调、开放、共享”的内容。未来课题组将尝试选取更多、更具代表性的指标，力争全部涵盖五大发展理念，实现五大发展理念的融合。

经济新常态时期，供给侧结构性改革是中国面临的首要任务。“去产能、去库存、去杠杆、降成本、补短板”作为供给侧结构性改革的主要内容，其内涵体现了绿色发展的基本理念。绿色发展要求资源的最优配置，因此需要“去产能、去库存”；绿色发展明确降低经济风险，因此要“去杠杆”；绿色发展推动经济的可持续发展，因此要“降成本、补短板”。绿色发展指数将结合供给侧结构性改革的主要内容与基本内涵，进一步完善指标体系。

十八大以来，为进一步提高中国对外开放水平，国家创新性地提出了“一带一路”等发展战略，中国融入世界经济体系的程度越来越高。然而，目前中国绿色发展指数主要以国内的省（区、市）和城市为研究对象，对国际绿色发展的研究相对较少。进一步分析中国绿色发展在全球的水平，学习借鉴国际绿色发展的先进经验，结合国际绿色发展的成功实践，构建具有全球视野的绿色发展指数将是本研究进一步完善的一个重要方向。

2. 研究深度将进一步增强

绿色发展是一门涉及经济、社会、生态、资源、环境等文理科融合、多学科交叉的领域，已有的研究大都是以定量的数据分析或定性的案例分析为主，国内外尚缺乏对绿色发展系统的理论阐释与内在机理剖析。

中国绿色发展指数将围绕绿色发展的演进脉络，梳理国内外经典文献，归纳国内外权威机构、学者的主要观点，在总结目前绿色发展最新研究进展的基础之上，分析绿色发展的内在机理，建立绿色发展框架模型，力争创新形成绿色发展经济学。

绿色发展经济学有助于为中国经济社会的可持续发展提供依据，为缓解经济与生态、资源、环境之间的矛盾提供可行的路径。绿色发展经济学有助于推动供给侧结构性改革，为供给侧结构性改革的实现提供一种有效的理论指导，为全面推动各地贯彻落实“创新、协调、绿色、开放、共享”五大发展理念，实现中国的生态文明，建设美丽中国提供重要的理论依据。

3. 研究范围将进一步扩大

中国绿色发展指数以国内的 30 个省（区、市）和 100 个城市作为主要研究对象，对绿色发展的其他主体研究相对较少。未来，中国绿色发展指数将从以下几个方面扩大其研究范围。

一是加强对企业绿色发展的研究。企业作为经济社会的主体，其绿色发展是经济可持续增长的基础和前提。做好企业的绿色发展，对促进我国经济的转型升级，实现我国经济的“绿色化”具有重要意义。事实上，现有的报告已经开展了对企业绿色发展的调研和考察，但尚不全面、系统，需要进一步完善。

二是加强对产业绿色发展的研究。产业的绿色发展与供给侧结构性改革高度吻合。中国能源资源消耗过高的产业，如煤炭、钢铁、有色和建材等，大都是产能过剩的产业。做好产业的绿色发展，既有利于实现产业的可持续增长，提高产业的资源节约度与环境友好度，又有利于推动供给侧结构性改革，加快转变经济发展方式，优化产业结构。

三是加强对国外绿色发展实践的调研。环境与生态保护是世界各国经济发展共同面临的重大问题，越来越多的国家和地区把绿色发展作为国家发展战略的重要组成部分。目前国际社会已有较多的绿色发展成功经验，加强对国外绿色发展实践的调研，对推动中国的绿色发展具有较好的借鉴和指导意义。

2014 年 9 月，中国绿色发展指数课题组依托的研究单位同联合国工业发展组织、联合国环境规划署共同成立了“联合国工业发展组织—联合国环境规划署(UNIDO-UNEP)绿色产业平台中国办公室”。这一平台既有利于开展对企业、产业绿色发展的研究，又有利于加强对国外绿色发展实践的调研，助力中国的绿色发展。

4. 研究方法将进一步提高科学性

中国绿色发展指数是以绿色发展相关的统计指标为基础，利用不同层级的子指数构建指标体系，通过对指标的无量纲处理和加权处理计算的一个综合指数。该研究方法因指标的选取、权重的确定、无量纲标准化等因素，存在一定的主观性。随着大数据、地理信息系统(GIS)等研究方法的广泛运用，中国绿色发展指数将不只基于统计数据进行分析，而将借鉴多元化的研究方法，以进一步提高其科学性。

一是引入大数据的方法。在中国绿色发展指数研究中引入大数据，能够更加准确、客观地测度、评价中国的绿色发展水平。大数据比统计数据更加全面，对绿色发展水平的测度更加真实。大数据比统计数据更加精确，能避免统计过程中的一些主观干扰因素。大数据比统计数据更具时效性，能实时地发现绿色发展中存在的问题。

二是与地理信息系统(GIS)相结合。在现代信息技术的支持下，地理信息系统(GIS)能对地球表层空间中有关地理分布的数据进行采集、储存、运算和分析，对绿色发展指数的研究来说，可以将过去在统计上得不到的数据通过这一方法进行完善。地理信息系统(GIS)使绿色发展指数的研究更加全面、有效、可信，将大大提高研究结果的科学性、客观性和真实性。

第二章
2010—2015 年中国绿色发展指数比较分析

2016 年是“十三五”规划的开局之年，是具有承前启后意义的转折之年。过去的 5 年左右时间，是中国环境治理的攻坚与破冰时期，也是生态文明理念与实践的深入贯彻时期，特别是在党的十八大之后，“绿色”成为一切发展的底色要求，绿色发展成为党治国理政的新思想、新理念和新战略，习近平总书记多次强调“绿水青山就是金山银山”。“十三五”时期，绿色发展作为党和国家五大发展理念之一，是经济新常态下中国生态文明建设的有力抓手和全面建成小康社会的基本保障。建设现代文明必须坚持绿色发展，推动绿色富国、绿色惠民，形成人与自然和谐发展的新格局。

2010—2015 年“中国绿色发展指数系列报告”是对绿色发展的深度诠释与解析。在经济步入新周期以及一系列党和国家战略新部署的起承转合之年，对过去 6 年中国绿色发展进行一次系统的评估与总结意义重大。“2010—2015 年中国绿色发展指数比较分析”是纵向比较，即通过对中国绿色发展指数的跨时空分析，深入解读自 2010 年以来绿色发展指数的省际变化趋势，不仅能为鉴别当前中国各省(区、市)绿色发展的阶段性特征及进一步找寻绿色发展潜力奠定重要基础，同时也能为未来中国绿色发展的研究提供有价值的参考。

>>一、中国绿色发展指数纵向比较指标体系与研究方法<<

延续 2010—2015 年《中国绿色发展指数报告》的基本思路，秉承继承基础上的创新原则，中国绿色发展指数纵向比较通过构建 6 年统一的评价指标体系、采用全新可比的测算方法，最终实现了中国各省(区、市)6 年绿色发展指数的纵向比对，集中体现了绿色发展“思想观”“实践观”与“系统观”的统一。

1. 中国绿色发展指数纵向比较指标体系

中国绿色发展指数包括中国省际绿色发展指数和中国城市绿色发展指数两套体系。中国省际绿色发展指数指标体系于 2010 年建立，经过 7 年的调整及完善，已形成了相对稳定的评价体系。考虑到中国绿色发展指数纵向比较侧重于宏观层面的时空比对，故纵向比较以中国省际绿色发展指数指标体系为蓝本，经过课题组深入地分析及研讨，在统筹考虑 2010—2015 年评价指标的基础上，确定 62 个核心指标作为纵向评价指标体系的三级指标。延续中国绿色发展指数的总体框架，最终形成由经济增长绿化度、资源环境承载潜力和政府政策支持度 3 个一级指标及 9 个二级指标、62 个三级指标构成的 2010—2015 年中国绿色发展指数纵向比较评价指标体系，我们已在表 0-1 中展示。

在表 0-1 的评价指标体系中，对于一级指标和二级指标的确定以及三级指标的归类标准我们延续了历年《中国绿色发展指数报告》的经典框架，这一点无须过多的解释。我们需要进一步解释的是，纵向比较指标体系中的 62 个三级指标是如何确定的。课题组研究认为，应当以下面三点作为构建中国绿色发展指数纵向比较指标体系的基本原则。

第一，系统性与科学性原则。中国绿色发展指数纵向比较指标体系应当是一个具有层次的、自上而下的、从宏观至微观的有机整体。基于系统性原则，我们选择的 62 个三级指标不仅具有内在逻辑关联，且能从不同侧面反映上级子系统的特征，能与一、二级指标共同构成一个有机统一体。就科学性而言，三级指标的筛选统筹考虑了 6 年来中国绿色发展的实际，选择的指标能够对上级指标形成实质性贡献，且对绿色发展具有明确的正向或负向影响。这两大原则不仅是历年中国绿色发展指数指标体系构建的核心原则，同时也是纵向比较指标体系确定三级指标坚持的基本原则。

第二，一致性与可比性原则。为了使构建的评价指标体系在时间维度上保持统一，我们需要建立一套与 2016 年中国省际绿色发展指数指标体系相一致的纵向比较指标体系。因此，我们确定的纵向比较三级指标与 2016 年省际三级指标完全相同。同时，由于历年省际绿色发展指数指标体系在三级指标的筛选上略有不同，如 2010 年首创的指标体系涵盖 55 个三级指标，而到 2015 年新增至 60 个，如此一来，实现各年份之间的纵向比较甚为困难。为了解决这个问题，我们需要统一各年份的三级指标，课题组认为 2015 年省际指标体系是历年指标体系不断完善的结果，可以反映前 5 年指标体系的综合价值，故课题组决定以 2015 年省际指标体系为基础实现 6 年三级指标的前后统一。

第三，权威性与时代性原则。对于每一个一级和二级指标来说，可以反映其特征的三级指标数量众多，且随着评价指标体系的不断完善，可新增的三级指标也不乏少数。然而，我们需要考虑三级指标数据来源的权威性，基于此，纵向比较指标体系中的各三级指标基础数据均来自公开出版的年鉴或相关部门公布的权威指标数据，这保证了纵向测度结果的真实性和有效性。同时，考虑到绿色发展作为一个综合系统应当反映时代特性，我们需要将新时期对绿色发展有重要影响的因素考虑到评价指标体系中，基于此，课题组在 2015 年省际指标体系的基础上新增了“技术市场成交额占 GDP 的比重”“人均互联网宽带接入端口”这两个指标，分别反映了创新和互联网发展水平，集中体现了中国绿色发展的时代特征。

还需要说明的是，在构建纵向比较指标体系过程中，难免会出现由于个别年份统计误差及统计标准的变化出现的奇异值，而这些奇异值的出现会使得某些三级指标的变化非常不稳定从而严重影响绿色发展指数的变化趋势。因此，我们采用了统计修正法对个别奇异值进行了调整以使其符合整体的变化趋势。当然，要做到 6 年评价指标的前后统一还需要对个别年份缺失的数据进行补值，我们采用的方法主要有临近年份内插法及三年滑动平均法，最终使得 2010—2015 年中国各省(区、市)的数据平稳且完整。由于 2016 年是课题组首次对过去 6 年来中国绿色发展指数进行纵向测评，可能存在不完善或值得商榷之处，这些问题将留待以后进一步补充及完善。

2. 中国绿色发展指数纵向比较测算方法

基于 2010—2015 年纵向可比的绿色发展评价指标体系，对绿色发展指数的测算需要解决三大问题：一是如何确定指标权重？二是如何对指标进行无量纲处理？三是如何实现纵向比较？对于这三个问题的解决，纵向比较采用了全新的思路及测度方法，最终获得 2010—2015 年中国各省(区、市)的绿色发展指数。

(1)纵向比较指标体系中各级指标的权重设定

在本次纵向测度中，课题组经过多次分析、讨论及调研，最终确定了中国绿色发展指数纵向比较体系中各级指标的权重。

指标权重的确定是基于这样的考虑：第一，资源环境承载潜力是绿色发展的基础，权重应该最高。第二，经济增长绿化度是我们追求的目标，它是一类结果导向型指标，而政府政策支持度对中国的绿色发展至关重要，它是一类目标导向型指标，故纵向比较中将这两类一级指标的权重做相同处理。第三，三级指标应当在一级指标下以均权处理更为合适。考虑到纵向比较横跨 6 年周期，而每一个三级指标在各年份的作用和意义不尽相同，且每一个三级指标做过分细致的权重处理意义不大，因此，每一个三级指标在一级指标下以均权处理既能受一级指标权重的制约，又能获得相对平均的权重属性，该方法较为科学。第四，由三级指标权重倒推出二级指标权重。从本质上来说，三级指标受一级指标的制约，而二级指标的设置是为了更好地区分三级指标的属性，因此由三级指标权重加总反推二级指标权重更加合理。经过不同情景和模式的多角度全方位的模型计算，在不断对照现实情况的变化后，我们一致认为当前的权重分配额度是合理的。表 2-1 展示了纵向比较评价指标体系中的权重分配。

表 2-1　　中国绿色发展指数纵向比较指标权重

一级指标	权　重	二级指标	三级指标个数	三级指标权重
经济增长绿化度	30%	绿色增长效率指标	23 个	第 1～23 个三级指标权重均为 1.30%
		第一产业指标		
		第二产业指标		
		第三产业指标		
资源环境承载潜力	40%	资源与生态保护指标	19 个	第 24～42 个三级指标权重均为 2.11%
		环境与气候变化指标		
政府政策支持度	30%	绿色投资指标	20 个	第 43～62 个三级指标权重均为 1.50%
		基础设施和城市管理指标		
		环境治理指标		

注：三级指标的序号与表 0-1 一致。

(2)纵向比较指标体系中指标处理与标准化方法

绿色发展指数是我们进行评价的核心指标，该指数是对所有评价指标数据进行合成的相对数。绿色发展指数值是在各评价指标标准化数值的基础上，按照事先赋予的权数，加权综合而成。对于正向和逆向指标的处理，我们延续了此前的绿色发展指数的处理方法，在 62 个评价指标中，有 38 个指标为正指标，无须进行同向化处理，而另有 24 个指标为逆指标，我们采用倒数法和求补法对此进行了正向化处理。在测度中，除了单位地区生产总值氮氧化物排放量、六大高载能行业产值占工业总产值比重、单位土地面积氮氧化物排放量、人均氮氧化物排放量 4 个指标采用求补法进行处理外，其他逆向指标均采用倒数法进行处理。

在年度比较中，由于各评价指标的计量单位多数不相同，不能直接进行合成，需要消除指标量纲带来的影响，故需要对三级指标进行标准化处理。诚如总论中阐述的，在以往研究中，我们均采用“标准差法”对指标进行无量纲处理，但随着中国绿色发展实践的深入，我们认为该方法运用于纵向分析会出现指数值差异悬殊从而偏离实际的问题，且不利于直观比较绿色发展指数在时空双重维度上的差异。另一个问题是，中国绿色发展指数的纵向比较由于充分考虑了时间维度因素，因此需要设定一个参照标准，才能反映出各年份各省(区、市)绿色发展指数的实际变化，才能客观判断各省(区、市)绿色发展究竟是“进步了”还是“退步了”。而这个参照标准就是总论中详细说明的“定基”。因此，基于这两点的考虑，课题组最终采用了“定基极差法”对纵向比较指标体系中的三级指标进行了无量纲处理。

(3)纵向比较的实现方法

以往各年的绿色发展指数由于指标体系的调整变动以及基于横截面的数据处理无法实现纵向分析，要想实现纵向比对，不仅需要构建统一的评价指标体系，还需要建立各年统一的指标数据参照系、采用统一的标准化测度方法。经过课题组十余次基于不同方法及模型的尝试，最终确定采用“纵向堆叠数据”的方法解决各年横向数据的可比问题。该方法的基本思路是，以62个三级指标为基础，将2010—2015年6年的三级指标数据依次堆叠，实则上构建了一个涵盖时间和空间双重维度的面板数据结构。这样，每一个三级指标均涵盖180个数据(30个省际单位，共6年)，且每一个三级指标均具有统一的极差参照系(2010年报告期各三级指标的最大值与最小值)，再利用“定基极差法”对每一个三级指标原始数据进行无量纲处理，最终与对应的权数相乘可以获得各省(区、市)绿色发展指数。在此基础上，我们将获得的指数值纵向“切割”成6份，则可以得到对应年份可比较的绿色发展指数。“纵向堆叠”的方法在投入产出效率分析等问题中已经得到广泛运用，采用该方法不仅实现了绿色发展指数的纵向可比，且具有科学性和可操作性。

上述分析已较为全面地说明了中国绿色发展指数纵向比较的基本思想和方法。简言之，纵向比较能够实现对2010—2015年6年来各省(区、市)绿色发展指数的全面比较，这是经济发展阶段转变后对此前绿色发展进行总结评价的深入实践，对进一步推动中国经济绿色发展具有重要的参考价值。

>>二、中国各省(区、市)绿色发展指数的时空比较<<

在中国绿色发展指数纵向比较指标体系的基础上，根据2008—2013年数据，我们测算得到2010—2015年中国30个省(区、市)的绿色发展指数。对于全新测度的绿色发展指数的时空比较分析，将从平均发展状况、动态演化与稳定表现、累计增长幅度三个方面展开。

1. 中国各省（区、市）绿色发展指数的测算结果

2010—2015年中国30个省(区、市)纵向可比的绿色发展指数测度结果及排名见表2-2。

表2-2 2010—2015年中国30个省(区、市)绿色发展指数及排名

地区	2010		2011		2012		2013		2014		2015		6年平均	
	指数值	排名	指数值	排名	指数值	排名	指数值	排名	指数值	排名	指数值	排名	指数值	排名
北京	0.484	1	0.535	1	0.591	1	0.591	1	0.638	1	0.677	1	0.586	1
天津	0.368	6	0.410	3	0.475	2	0.473	3	0.493	3	0.529	3	0.458	3
河北	0.314	17	0.328	16	0.368	17	0.346	21	0.362	21	0.394	20	0.352	19
山西	0.258	29	0.298	25	0.328	25	0.333	23	0.351	24	0.376	25	0.324	26
内蒙古	0.342	12	0.359	12	0.401	11	0.410	10	0.436	10	0.473	7	0.403	11
辽宁	0.302	21	0.312	22	0.363	18	0.371	15	0.401	12	0.420	16	0.362	15
吉林	0.292	24	0.311	23	0.358	21	0.363	17	0.379	18	0.407	18	0.352	20
黑龙江	0.326	14	0.343	14	0.374	16	0.374	14	0.391	14	0.457	9	0.378	14
上海	0.391	3	0.416	2	0.468	3	0.476	2	0.515	2	0.545	2	0.468	2
江苏	0.365	7	0.374	9	0.414	9	0.418	9	0.438	9	0.470	8	0.413	8
浙江	0.392	2	0.397	4	0.452	5	0.452	4	0.486	4	0.519	4	0.450	4
安徽	0.310	18	0.313	21	0.337	24	0.331	24	0.343	26	0.387	24	0.337	24
福建	0.373	5	0.386	5	0.431	6	0.429	7	0.457	7	0.488	6	0.427	6

续表

地　区	2010		2011		2012		2013		2014		2015		6 年平均	
	指数值	排　名	指数值	排　名	指数值	排　名	指数值	排　名	指数值	排　名	指数值	排　名	指数值	排　名
江　西	0.309	19	0.322	17	0.359	20	0.355	19	0.379	17	0.390	21	0.352	18
山　东	0.375	4	0.380	8	0.423	7	0.400	11	0.415	11	0.449	11	0.407	9
河　南	0.272	27	0.282	29	0.311	30	0.305	29	0.316	29	0.344	30	0.305	29
湖　北	0.294	23	0.309	24	0.339	22	0.345	22	0.355	23	0.388	23	0.338	23
湖　南	0.274	26	0.285	28	0.323	27	0.318	26	0.347	25	0.371	27	0.320	27
广　东	0.355	9	0.374	10	0.456	4	0.433	6	0.458	6	0.494	5	0.428	5
广　西	0.253	30	0.294	27	0.325	26	0.330	25	0.361	22	0.389	22	0.325	25
海　南	0.350	10	0.366	11	0.420	8	0.418	8	0.439	8	0.438	12	0.405	10
重　庆	0.328	13	0.321	18	0.361	19	0.359	18	0.370	20	0.424	14	0.360	17
四　川	0.304	20	0.315	20	0.339	23	0.353	20	0.374	19	0.407	19	0.349	21
贵　州	0.321	16	0.341	15	0.381	14	0.316	27	0.330	27	0.375	26	0.344	22
云　南	0.349	11	0.385	6	0.410	10	0.376	13	0.381	16	0.413	17	0.386	12
陕　西	0.326	15	0.349	13	0.387	13	0.380	12	0.399	13	0.426	13	0.378	13
甘　肃	0.278	25	0.276	30	0.320	29	0.291	30	0.309	30	0.344	29	0.303	30
青　海	0.361	8	0.384	7	0.391	12	0.440	5	0.471	5	0.456	10	0.417	7
宁　夏	0.271	28	0.295	26	0.322	28	0.308	28	0.318	28	0.356	28	0.312	28
新　疆	0.298	22	0.317	19	0.376	15	0.366	16	0.391	15	0.421	15	0.361	16

注：1. 本表根据中国绿色发展指数纵向比较指标体系，依据各指标 2008—2013 年数据测算而得，本报告中 2010—2015 年指代的均是报告期。2. 本表中的排序依据是历年各省(区、市)绿色发展指数值的大小。3. 本表中的绿色发展指数等于经济增长绿化度、资源环境承载潜力和政府政策支持度 3 个一级指标指数值之和。4. 本表测度结果保留 3 位小数，如果指数相同且排名相同说明两省(区、市)的指数完全一样，如果指数相同排名不同则是小数点四舍五入的结果，说明指数值在小数点 3 位之后有差异。5. 以上数据及排名根据相应年份的《中国统计年鉴》《中国环境统计年鉴》《中国环境统计年报》《中国区域经济统计年鉴》《中国城市统计年鉴》《中国水利统计年鉴》《中国工业经济统计年鉴》等测算。

为了更加直观地展示绿色发展指数的省际分布格局，同时反映绿色发展指数的时空演化特征，根据表 2-2 中 2010 年及 2015 年的测度结果，我们绘制了全国地理分布图。其中，指数排前 10 位为绿色发展水平最好的地区，用“深绿色”表示；第 11～20 位为绿色发展水平较好的地区，用“中度绿色”表示；后 10 位为绿色发展水平一般的地区，用“浅绿色”表示。

2. 中国各省（区、市）绿色发展指数时空比较分析

为了更好地对 2010—2015 年来中国各省(区、市)绿色发展指数进行比较，我们首先分析了 6 年来中国各省(区、市)绿色发展指数的平均状况，见表 2-2 的最后一栏。

图 2-3 显示，在中国 30 个省(区、市)中，2010—2015 年，以平均值来衡量，绿色发展指数排名前 10 位的省(区、市)依次是北京、上海、天津、浙江、广东、福建、青海、江苏、山东和海南；排名第 11～20 位的 10 个省(区、市)依次是内蒙古、云南、陕西、黑龙江、辽宁、新疆、重庆、江西、河北和吉林；排名第 21～30 位的 10 个省(区、市)依次是四川、贵州、湖北、安徽、广西、山西、湖南、宁夏、河南和甘肃。从以上结果可以看出，在东部地区的 10 个省(区、市)中，除河北外，其余 9 个省(区、市)的排名位居全国前 10 位，这些省(区、市)的绿色发展水平在全国处于领先位置；在西部地区的 11 个参评省(区、市)中，青海的表现最为优秀，位列全国第 7 位，此外，内蒙古、云南和陕西水平相对较好，多数省(区、市)的绿色发展水平处于全国中游；中部地区和东北部地区各省的绿色发展水平相对较弱，中部仅有江西处于全国前 20 位，东北 3 省虽位于全国第 11～20 位之间，但整体排名偏后。

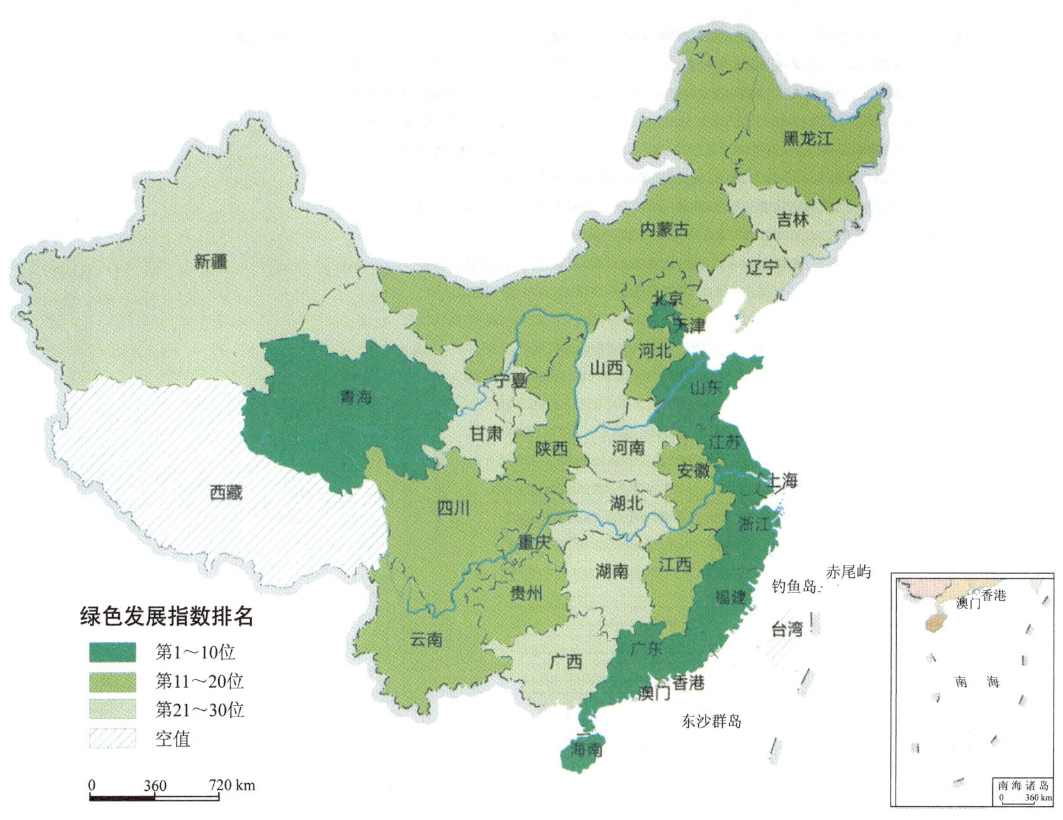

图 2-1　2010 年中国绿色发展指数排名省际分布

注：本图根据表 2-2 制作。

图 2-2　2015 年中国绿色发展指数排名省际分布

注：本图根据表 2-2 制作。

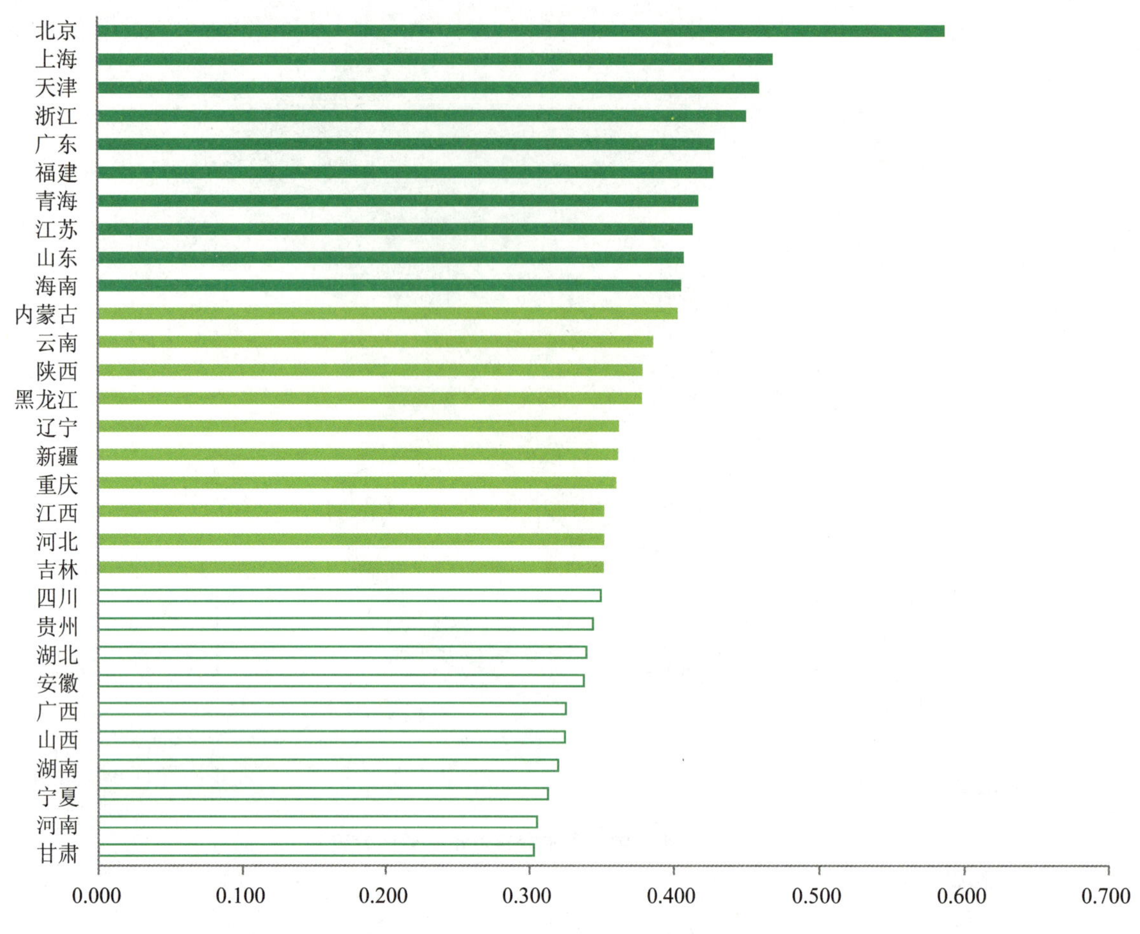

图 2-3　2010—2015 年中国 30 个省(区、市)绿色发展指数平均值

注：本图根据表 2-2 制作。平均值为各省(区、市)的算术平均。

其次，从动态演化与稳定表现来看，结合表 2-2、图 2-1 和图 2-2 分析，2010—2015 年中国各省(区、市)绿色发展指数基本呈现稳定上升走势，至 2015 年，30 个省(区、市)的绿色发展指数均高于 2010 年的基期水平，说明总体而言，中国各省(区、市)的绿色发展水平在不断提升，这反映了在党和国家的领导下，中国绿色发展的理念和实践都得到不断深化。2013 年大多数省(区、市)的绿色发展指数呈现出小幅下降，这可能与“十二五”开局之年工业化的较快扩张有关。表 2-3 展示了 2010—2015 年中国绿色发展指数排名前 10 位和后 10 位的省(区、市)。我们发现，中国绿色发展指数的排名分布呈现出一定的稳定性，2010—2015 年，绿色发展指数排名前 10 位和后 10 位的省(区、市)变化较小，北京、浙江、上海、福建、天津、江苏和广东的绿色发展水平一直名列前 10 位，这些省(区、市)也是当前中国经济发展水平最高的地区；湖北、甘肃、湖南、河南、宁夏、山西和广西的绿色发展水平则一直居于最后 10 位，这些省(区、市)均位于我国的中西部地区。在这期间，内蒙古进步显著，从 2013 年后开始进入全国前 10 位，辽宁、吉林和新疆也逐渐从全国下游步入全国中游，而山东自 2013 年开始退出全国前 10 位，江西和安徽等则从全国中游退居到下游水平。

表 2-3　　2010—2015 年中国绿色发展指数排名前 10 位和后 10 位的省(区、市)

排名	2010	2011	2012	2013	2014	2015
1	北　京	北　京	北　京	北　京	北　京	北　京
2	浙　江	上　海	天　津	上　海	上　海	上　海
3	上　海	天　津	上　海	天　津	天　津	天　津
4	山　东	浙　江	广　东	浙　江	浙　江	浙　江
5	福　建	福　建	浙　江	青　海	青　海	广　东
6	天　津	云　南	福　建	广　东	广　东	福　建
7	江　苏	青　海	山　东	福　建	福　建	内蒙古
8	青　海	山　东	海　南	海　南	海　南	江　苏
9	广　东	江　苏	江　苏	江　苏	江　苏	黑龙江
10	海　南	广　东	云　南	内蒙古	内蒙古	青　海
21	辽　宁	安　徽	吉　林	河　北	河　北	江　西
22	新　疆	辽　宁	湖　北	湖　北	广　西	广　西
23	湖　北	吉　林	四　川	山　西	湖　北	湖　北
24	吉　林	湖　北	安　徽	安　徽	山　西	安　徽
25	甘　肃	山　西	山　西	广　西	湖　南	山　西
26	湖　南	宁　夏	广　西	湖　南	安　徽	贵　州
27	河　南	广　西	湖　南	贵　州	贵　州	湖　南
28	宁　夏	湖　南	宁　夏	宁　夏	宁　夏	宁　夏
29	山　西	河　南	甘　肃	河　南	河　南	甘　肃
30	广　西	甘　肃	河　南	甘　肃	甘　肃	河　南

注：根据表 2-2 进行整理。

最后，从累计增长幅度来看(见图 2-4)，2010—2015 年累计增长率在一定程度上反映了中国各省(区、市)绿色发展的增长潜力。广西、山西、天津、新疆、黑龙江、北京、吉林、广东和上海的累计增长率处于前 10 位；河南、青海、江西、河北、海南、安徽、甘肃、山东、云南和贵州的累计增长率处于最后 10 位。各省(区、市)的累计增长幅度与绿色发展指数之间具有一定差异，对于东部的省(区、市)而言，天津、北京、广东和上海的增长潜力与绿色发展水平均较高，而除河北外的其余省(区、市)虽然绿色发展水平较高，但增长潜力一般；对于西部各省(区、市)而言，广西、新疆和内蒙古的增长潜力较大，而如青海，虽然绿色发展水平较高，但增长幅度却在全国下游；对于中部和东北部的各省而言，东北部在增长潜力方面表现较优，3 个省份的增长幅度均在全国前 10 位，而中部 6 省中，山西绿色增长的潜力较大，而河南、江西和安徽在绿色发展水平和增长潜力方面均处于全国下游。

累计增长幅度的变化反映出这样两个基本事实：一是部分绿色发展水平较弱的地区累计增长率较高，说明绿色发展具有较强的增长潜力，而部分绿色发展水平较强的地区累计增长率较低，说明绿色发展的增长潜力较弱。随着绿色发展实践的深入，这种变动特征有利于缩小区域间的绿色发展水平差距。我们看到，对于绿色发展绝对水平来说，东部的省(区、市)遥遥领先，但对于累计增长幅度来说，中部、西部和东北部的省(区、市)在全国前 10 位中占据了 6 个，表现出较强的后发优势。二是部分绿色发展水平高或绿色发展水平低的地区，累计增长幅度也呈

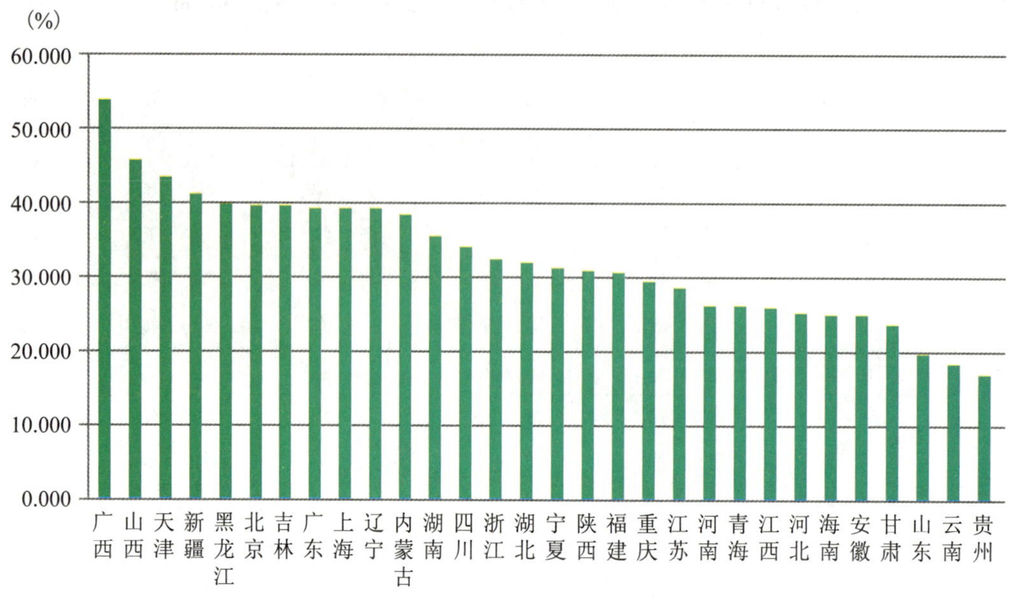

图 2-4 中国 30 个省(区、市)绿色发展指数累计增长幅度

注：本图根据表 2-2 制作。累计增长幅度计算方法为：[(2015 年指数值/2010 年指数值)－1]×100。

现同样特征，这容易形成高水平均衡与低水平陷阱。例如，天津、北京、广东和上海既有较高的绿色发展水平，同时增长潜力也较大，而对于河南、江西、安徽、甘肃和贵州等省(区、市)来说，不论是绿色发展水平还是增长潜力都较低，故这些地区追赶先进地区的难度较大。

>>三、中国各省(区、市)经济增长绿化度指数的时空比较<<

经济增长绿化度是对一个地区经济发展过程中绿色程度的综合评价，是绿色发展指数的三大一级指标之一。根据中国绿色发展指数纵向比较指标体系中经济增长绿化度的测度标准，测算得到 2010—2015 年中国 30 个省(区、市)的经济增长绿化度指数。对于全新测度的经济增长绿化度指数的时空比较分析，将从平均发展状况、动态演化与稳定表现、累计增长幅度三个方面展开。

1. 中国各省（区、市）经济增长绿化度指数的测算结果

2010—2015 年中国 30 个省(区、市)纵向可比的经济增长绿化度指数测度结果及排名见表 2-4。

表 2-4 2010—2015 年中国 30 个省(区、市)经济增长绿化度指数及排名

地 区	2010		2011		2012		2013		2014		2015		6 年平均	
	指数值	排 名	指数值	排 名	指数值	排 名	指数值	排 名	指数值	排 名	指数值	排 名	指数值	排 名
北 京	0.195	1	0.215	1	0.220	1	0.227	1	0.256	1	0.266	1	0.230	1
天 津	0.162	3	0.182	3	0.198	2	0.201	3	0.212	2	0.215	2	0.195	3
河 北	0.092	11	0.097	11	0.103	12	0.103	16	0.109	15	0.114	16	0.103	13
山 西	0.053	25	0.067	24	0.078	23	0.082	24	0.089	25	0.092	24	0.077	25
内蒙古	0.075	18	0.092	13	0.106	11	0.113	11	0.125	11	0.128	13	0.107	12
辽 宁	0.092	12	0.099	10	0.111	10	0.118	9	0.132	9	0.138	11	0.115	10

续表

地　区	2010		2011		2012		2013		2014		2015		6年平均	
	指数值	排　名	指数值	排　名	指数值	排　名	指数值	排　名	指数值	排　名	指数值	排　名	指数值	排　名
吉　林	0.082	13	0.091	14	0.098	16	0.105	14	0.115	13	0.125	14	0.103	14
黑龙江	0.074	19	0.082	17	0.093	17	0.101	17	0.104	17	0.141	10	0.099	17
上　海	0.177	2	0.184	2	0.195	3	0.205	2	0.208	3	0.210	3	0.197	2
江　苏	0.125	8	0.134	6	0.146	5	0.154	5	0.164	5	0.171	5	0.149	5
浙　江	0.138	4	0.142	4	0.153	4	0.160	4	0.172	4	0.181	4	0.158	4
安　徽	0.075	17	0.075	19	0.083	19	0.086	22	0.093	21	0.096	22	0.085	20
福　建	0.128	6	0.132	7	0.143	7	0.146	6	0.157	6	0.159	6	0.144	6
江　西	0.070	23	0.067	25	0.077	24	0.081	25	0.090	24	0.085	26	0.078	24
山　东	0.128	7	0.135	5	0.145	6	0.140	8	0.145	8	0.150	8	0.141	8
河　南	0.081	14	0.080	18	0.089	18	0.091	18	0.097	19	0.098	19	0.089	18
湖　北	0.093	10	0.090	15	0.101	14	0.103	15	0.108	16	0.112	17	0.101	15
湖　南	0.072	21	0.070	21	0.082	20	0.087	21	0.092	22	0.093	23	0.083	22
广　东	0.130	5	0.131	8	0.141	8	0.145	7	0.154	7	0.159	7	0.143	7
广　西	0.061	24	0.068	22	0.074	25	0.082	23	0.090	23	0.096	21	0.079	23
海　南	0.109	9	0.109	9	0.119	9	0.117	10	0.130	10	0.132	12	0.119	9
重　庆	0.073	20	0.072	20	0.078	22	0.089	19	0.101	18	0.107	18	0.087	19
四　川	0.077	16	0.068	23	0.079	21	0.087	20	0.095	20	0.097	20	0.084	21
贵　州	0.050	26	0.048	29	0.054	29	0.056	29	0.065	30	0.070	29	0.057	29
云　南	0.048	27	0.057	26	0.062	26	0.066	27	0.066	28	0.075	28	0.062	27
陕　西	0.079	15	0.092	12	0.100	15	0.109	13	0.122	12	0.142	9	0.107	11
甘　肃	0.045	28	0.049	28	0.058	27	0.059	28	0.066	27	0.076	27	0.059	28
青　海	0.039	30	0.047	30	0.055	28	0.066	26	0.088	26	0.087	25	0.064	26
宁　夏	0.044	29	0.049	27	0.047	30	0.055	30	0.065	29	0.067	30	0.055	30
新　疆	0.071	22	0.086	16	0.103	13	0.110	12	0.112	14	0.116	15	0.100	16

注：1. 本表根据纵向测算体系中经济增长绿化度指标体系，依据各指标2008—2013年数据测算而得，本报告中2010—2015年指代的均是报告期。2. 本表中的排序依据是历年各省(区、市)经济增长绿化度指数值的大小。3. 本表测度结果保留3位小数，如果指数相同且排名相同说明两省(区、市)的指数完全一样，如果指数相同排名不同则是小数点四舍五入的结果，说明指数值在小数点3位之后有差异。4. 以上数据及排名根据相应年份的《中国统计年鉴》《中国环境统计年鉴》《中国环境统计年报》《中国区域经济统计年鉴》《中国城市统计年鉴》《中国水利统计年鉴》《中国工业经济统计年鉴》等测算。

为了更加直观地展示经济增长绿化度指数的省际分布格局，同时反映经济增长绿化度的时空演化特征，根据表2-4中2010年及2015年的测度结果，我们绘制了各省(区、市)经济增长绿化度的地理分布图，其中排在前10位的省(区、市)用“深绿色”表示，排在第11～20位的省(区、市)用“中度绿色”表示，排在后10位的省(区、市)用“浅绿色”表示。不同颜色代表经济增长绿化度的不同程度，颜色越深，表明经济增长绿化度越好。

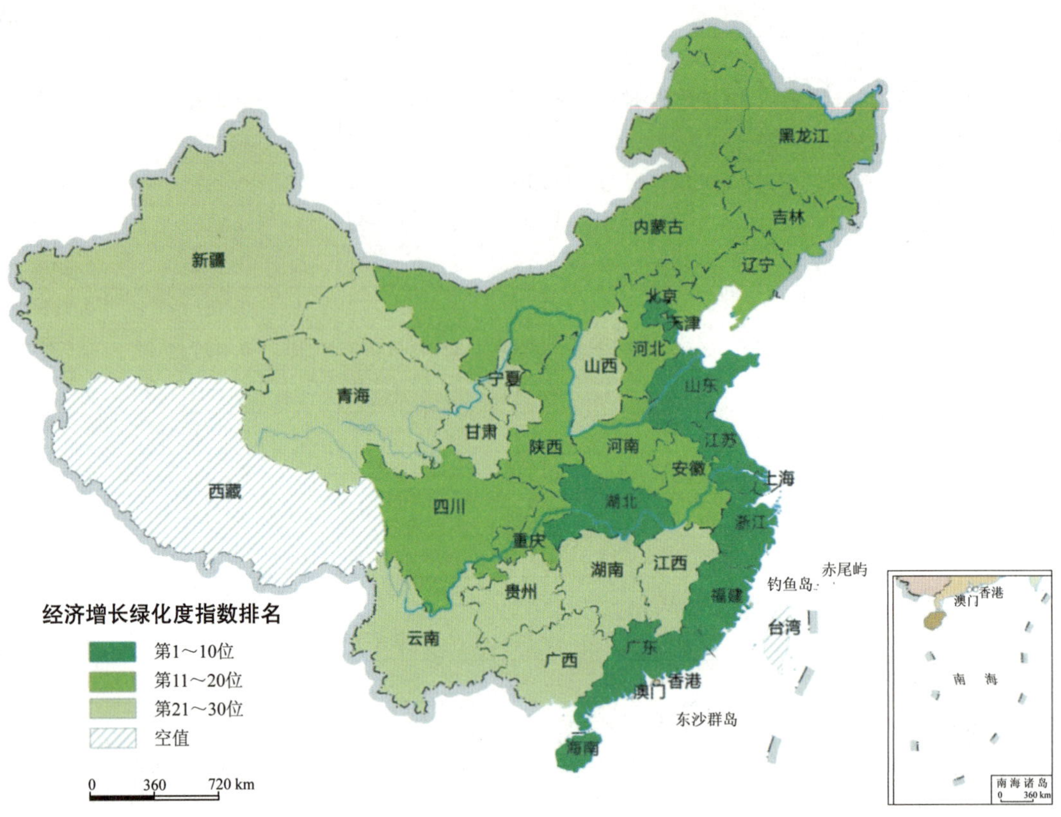

图 2-5　2010 年经济增长绿化度指数排名省际分布

注：本图根据表 2-4 制作。

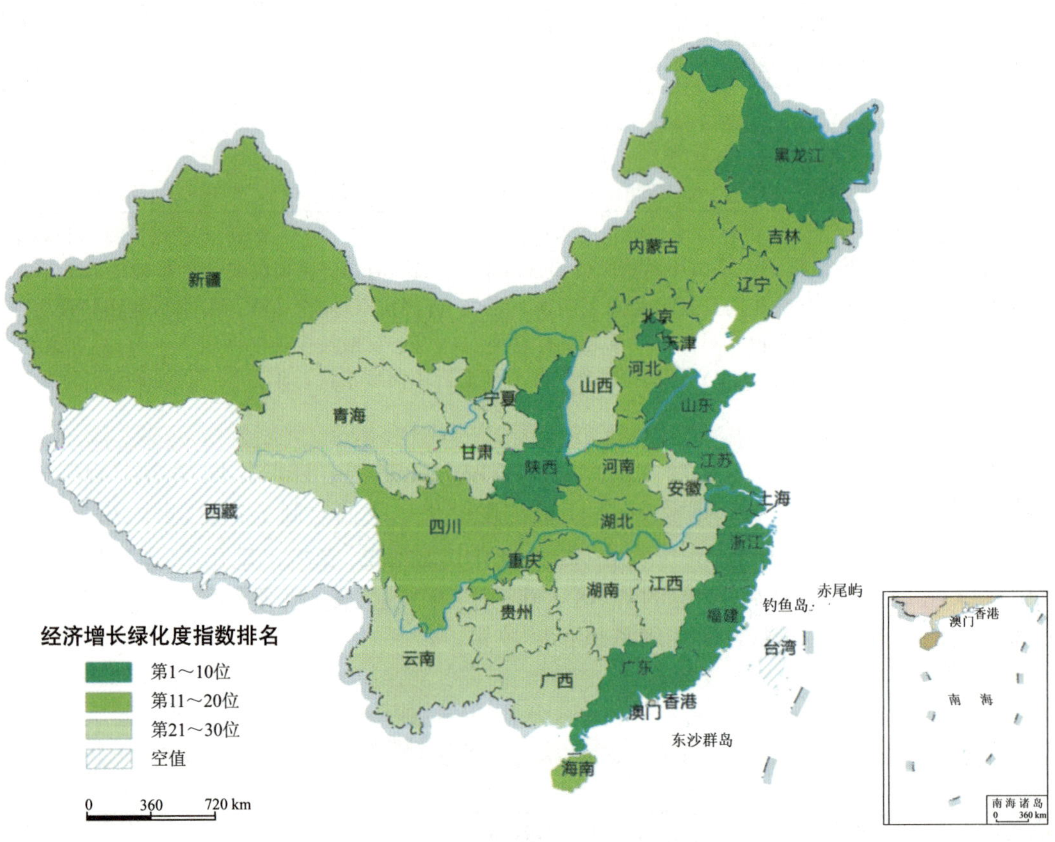

图 2-6　2015 年经济增长绿化度指数排名省际分布

注：本图根据表 2-4 制作。

2. 中国各省（区、市）经济增长绿化度指数时空比较分析

与前文一致，中国各省(区、市)经济增长绿化度的时空比较分析将从三方面展开。首先，我们从平均发展状况的角度对6年来中国各省(区、市)的经济增长绿化度指数进行分析，如表2-4的最后一栏所示，我们对各省(区、市)6年经济增长绿化度指数进行了平均处理。

图2-7显示，在经济增长绿化度方面，2010—2015年，以平均值来衡量，经济增长绿化度指数排在前10位的省(区、市)依次是北京、上海、天津、浙江、江苏、福建、广东、山东、海南和辽宁；排在第11～20位的10个省(区、市)依次是陕西、内蒙古、河北、吉林、湖北、新疆、黑龙江、河南、重庆和安徽；排在第21～30位的10个省(区、市)依次是四川、湖南、广西、江西、山西、青海、云南、甘肃、贵州和宁夏。从以上结果可以看出，东部省(区、市)的经济增长绿化度水平总体最高，在东部地区的10个省(区、市)中，排在前10位的有9个，其中，北京居全国第1位，河北排在第13位；东北3省的排名分别为第10、14和17位，处于中等偏上水平；中部6省中，湖北排名最为靠前，位列第15位，其余5省排在第18～25位，位次居中偏后；西部地区的11个参评省(区、市)中，除陕西排在第11位、内蒙古排在第12位、新疆排在第16位、重庆排在第19位以外，其他7个省区排在第20～30位，整体排名靠后。

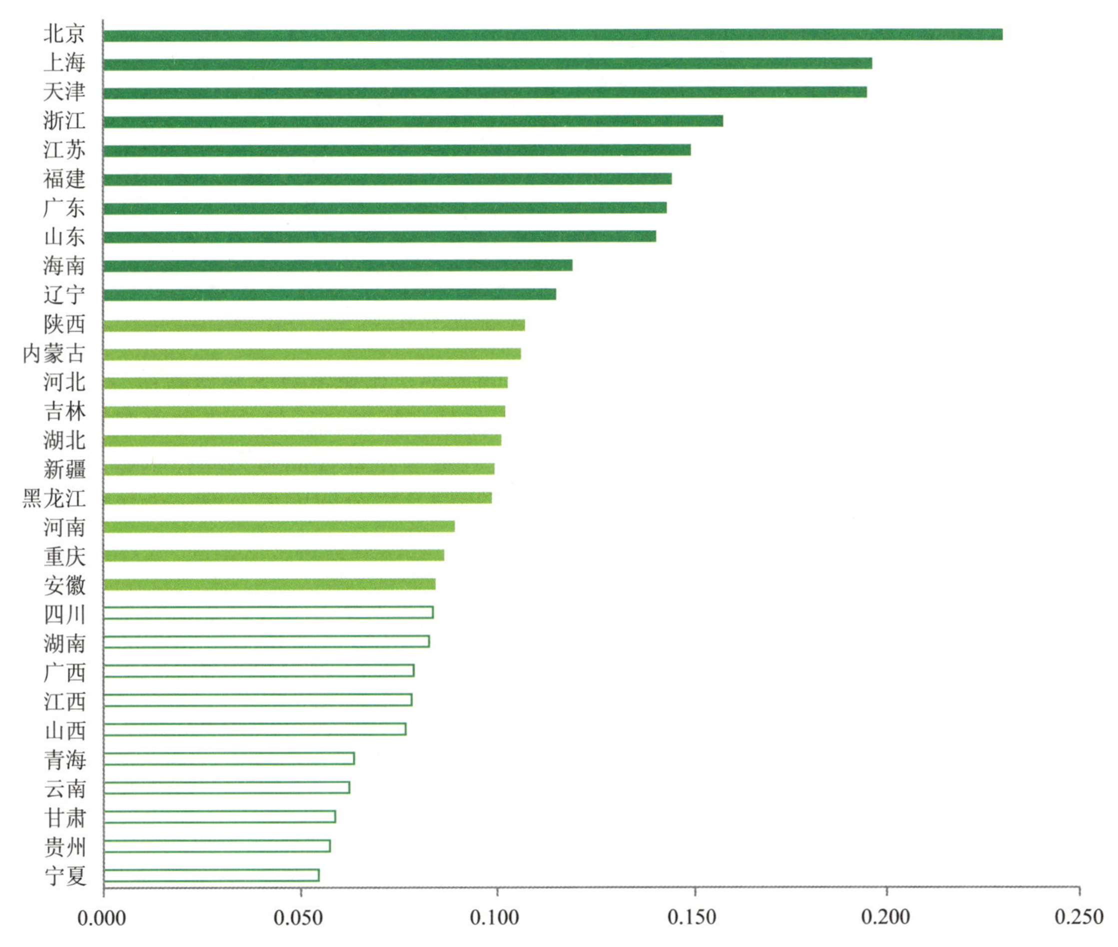

图2-7　2010—2015年中国30个省(区、市)经济增长绿化度指数平均值

注：本图根据表2-4制作。平均值为各省(区、市)的算术平均。

其次，从动态演化与稳定表现来看，结合表2-4、图2-5和图2-6分析，2010—2015年经济增长绿化度指数的变动趋势与绿色发展指数的变动趋势基本一致，所不同的是，2013年大多数省(区、市)的经济增长绿化度并没有出现下降。总体而言，各省(区、市)经济增长绿化度指数

呈现稳定上升走势，至2015年，30个省(区、市)的经济增长绿化度指数均高于2010年的基期水平，说明各省(区、市)经济增长的绿色程度在不断提升。表2-5展示了2010—2015年经济增长绿化度指数排名前10位和后10位的省(区、市)。我们发现，经济增长绿化度指数的排名分布呈现出一定的稳定性，在2010—2015年，经济增长绿化度指数排名前10位和后10位的省(区、市)变化较小，北京、上海、天津、浙江、广东、福建、山东和江苏的经济增长绿化度一直名列前10位，这些省(区、市)是当前经济绿色化程度最高的地区；江西、广西、山西、贵州、云南、甘肃、宁夏和青海的经济增长绿化度则一直居于后10位，这些省(区、市)均位于我国的中西部。在这期间，黑龙江进步显著，从2010年的第19位跃升至2015年的第10位，新疆也从2010年以后步入了全国中游行列，而海南则在2015年退出了全国前10位，安徽从2013年开始退居到全国后10位。

表2-5　2010—2015年经济增长绿化度指数排名前10位和后10位的省(区、市)

排名	2010	2011	2012	2013	2014	2015
1	北　京	北　京	北　京	北　京	北　京	北　京
2	上　海	上　海	天　津	上　海	天　津	天　津
3	天　津	天　津	上　海	天　津	上　海	上　海
4	浙　江	浙　江	浙　江	浙　江	浙　江	浙　江
5	广　东	山　东	江　苏	江　苏	江　苏	江　苏
6	福　建	江　苏	山　东	福　建	福　建	福　建
7	山　东	福　建	福　建	广　东	广　东	广　东
8	江　苏	广　东	广　东	山　东	山　东	山　东
9	海　南	海　南	海　南	辽　宁	辽　宁	陕　西
10	湖　北	辽　宁	辽　宁	海　南	海　南	黑龙江
21	湖　南	湖　南	四　川	四　川	安　徽	安　徽
22	新　疆	广　西	山　西	安　徽	湖　南	广　西
23	江　西	四　川	重　庆	山　西	江　西	湖　南
24	广　西	山　西	江　西	广　西	广　西	山　西
25	山　西	江　西	广　西	江　西	山　西	青　海
26	贵　州	云　南	云　南	云　南	青　海	江　西
27	云　南	甘　肃	甘　肃	青　海	云　南	甘　肃
28	甘　肃	宁　夏	青　海	甘　肃	甘　肃	云　南
29	宁　夏	贵　州	贵　州	贵　州	贵　州	贵　州
30	青　海	青　海	宁　夏	宁　夏	宁　夏	宁　夏

注：根据表2-4进行整理。

最后，从累计增长幅度来看(见图2-8)，2010—2015年累计增长率在一定程度上反映了中国各省(区、市)经济增长绿化度的发展潜力。青海、黑龙江、陕西、山西、内蒙古、甘肃、新疆、广西、云南和吉林的累计增长率处于前10位，四川、福建、河北、广东、江西、海南、河南、湖北、上海和山东的累计增长率处于最后10位。总体而言，各省(区、市)的累计增长幅度与经济增长绿化度指数之间呈现反向变动关系，累计增长幅度排在前10位的全部是非东部的省(区、市)，其中西部省(区、市)占据了7个，而这些省(区、市)经济增长绿化度指数的排名处于全国中下游，经济增长绿化度的发展潜力较强；对于东部地区的省(区、市)来说，只有江苏、北京、天津和浙江4个省市累计增长率在全国前20位，其余均位于全国第21～30位，经济增长绿化度的发展潜力较弱；东北3省整体经济增长绿化度水平和发展潜力相对一致，都处于中等偏上水平；而在中部6省中，除山西的发展潜力较强外，其余省份的发展潜力较弱，处于全国的第19～28位。因此，经济增长绿化度的累计增长幅度基本体现出了绝对水平与发展潜力之间的反向变动关系，这种变动趋势有利于缩小省际差距。同时，中部6省的绝对水平和发展潜力都相对较差，需要在提升经济增长绿化度上进一步努力。

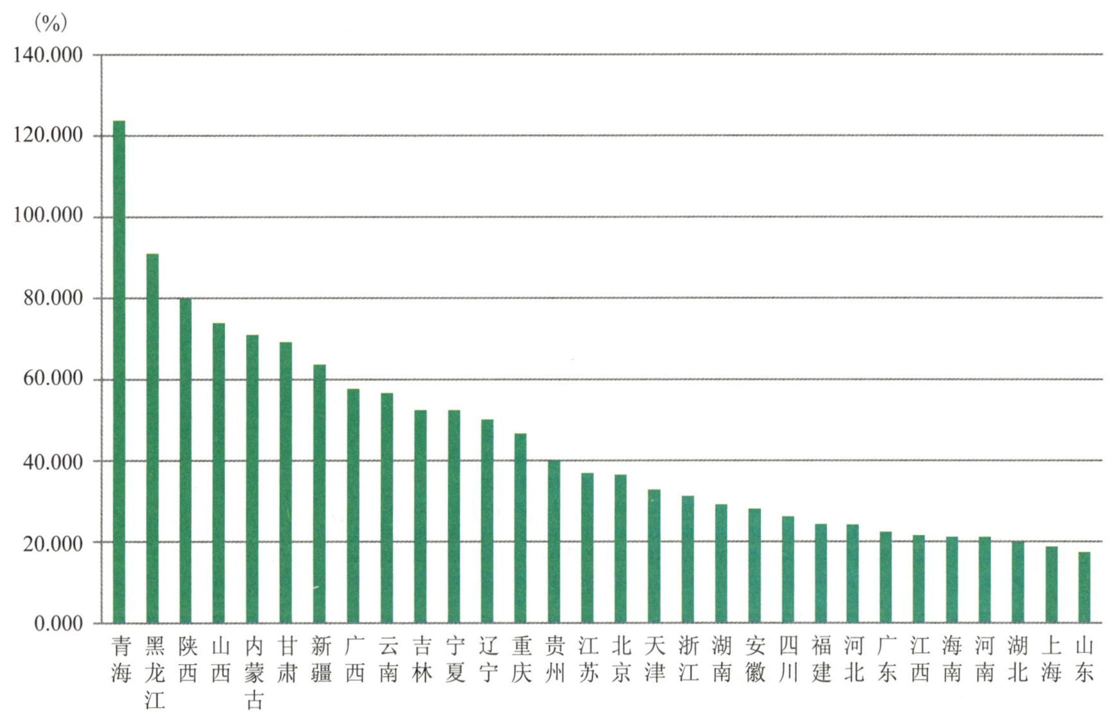

图2-8　中国30个省(区、市)经济增长绿化度指数累计增长幅度

注：本图根据表2-4制作。累计增长幅度计算方法为：[(2015年指数值/2010年指数值)－1]×100。

四、中国各省(区、市)资源环境承载潜力指数的时空比较

资源环境承载潜力是对一个地区自然生态禀赋和环境气候压力方面的综合评价，是绿色发展指数的三大一级指标之一。根据中国绿色发展指数纵向比较指标体系中资源环境承载潜力的测度标准，测算得到2010—2015年中国30个省(区、市)的资源环境承载潜力指数。对于全新测度的资源环境承载潜力指数的时空比较分析，将从平均发展状况、动态演化与稳定表现、累计增长幅度三个方面展开。

1. 中国各省（区、市）资源环境承载潜力指数的测算结果

2010—2015年中国30个省(区、市)纵向可比的资源环境承载潜力指数测度结果及排名见表2-6。

表 2-6　　2010—2015 年中国 30 个省(区、市)资源环境承载潜力指数及排名

地　区	2010		2011		2012		2013		2014		2015		6 年平均	
	指数值	排　名	指数值	排　名	指数值	排　名	指数值	排　名	指数值	排　名	指数值	排　名	指数值	排　名
北　京	0.093	16	0.094	17	0.102	14	0.080	13	0.084	12	0.091	11	0.091	15
天　津	0.074	27	0.076	26	0.067	28	0.042	29	0.046	29	0.054	29	0.060	29
河　北	0.079	24	0.082	21	0.082	24	0.049	27	0.051	26	0.057	27	0.067	25
山　西	0.070	28	0.068	28	0.073	26	0.055	24	0.056	24	0.058	26	0.063	26
内蒙古	0.140	5	0.129	5	0.118	8	0.098	7	0.095	6	0.103	6	0.114	6
辽　宁	0.082	21	0.080	25	0.084	21	0.063	21	0.064	21	0.068	23	0.074	22
吉　林	0.113	10	0.112	9	0.111	11	0.088	9	0.089	10	0.092	10	0.101	9
黑龙江	0.142	4	0.144	4	0.143	4	0.114	3	0.114	3	0.121	2	0.130	4
上　海	0.051	30	0.058	30	0.056	29	0.056	23	0.061	23	0.079	19	0.060	28
江　苏	0.065	29	0.067	29	0.067	27	0.049	26	0.051	27	0.065	24	0.061	27
浙　江	0.085	19	0.088	19	0.090	19	0.072	18	0.076	17	0.080	18	0.082	18
安　徽	0.093	17	0.094	15	0.095	17	0.061	22	0.063	22	0.071	22	0.080	19
福　建	0.101	13	0.100	13	0.103	13	0.079	14	0.084	13	0.091	12	0.093	13
江　西	0.108	12	0.109	10	0.112	9	0.083	11	0.090	9	0.096	9	0.100	10
山　东	0.082	20	0.083	20	0.083	22	0.048	28	0.050	28	0.055	28	0.067	24
河　南	0.080	23	0.081	24	0.082	25	0.052	25	0.053	25	0.060	25	0.068	23
湖　北	0.081	22	0.082	22	0.083	23	0.063	20	0.065	20	0.076	21	0.075	21
湖　南	0.089	18	0.089	18	0.092	18	0.074	17	0.077	15	0.087	14	0.085	17
广　东	0.079	25	0.081	23	0.087	20	0.070	19	0.073	19	0.081	17	0.079	20
广　西	0.094	15	0.094	16	0.095	16	0.088	8	0.091	8	0.098	8	0.093	12
海　南	0.125	8	0.126	6	0.122	6	0.098	6	0.094	7	0.101	7	0.111	7
重　庆	0.099	14	0.096	14	0.095	15	0.075	16	0.077	16	0.089	13	0.089	16
四　川	0.126	7	0.122	7	0.124	5	0.100	5	0.103	5	0.113	5	0.115	5
贵　州	0.164	2	0.165	2	0.167	2	0.102	4	0.104	4	0.114	4	0.136	3
云　南	0.162	3	0.163	3	0.158	3	0.115	2	0.115	2	0.121	3	0.139	2
陕　西	0.110	11	0.109	11	0.111	10	0.082	12	0.080	14	0.086	15	0.096	11
甘　肃	0.129	6	0.121	8	0.119	7	0.085	10	0.085	11	0.085	16	0.104	8
青　海	0.202	1	0.203	1	0.186	1	0.174	1	0.177	1	0.173	1	0.186	1
宁　夏	0.078	26	0.074	27	0.051	30	0.034	30	0.034	30	0.042	30	0.052	30
新　疆	0.124	9	0.105	12	0.104	12	0.076	15	0.073	18	0.076	20	0.093	14

注：1. 本表根据纵向测算体系中资源环境承载潜力指标体系，依据各指标 2008—2013 年数据测算而得，本报告中 2010—2015 年指代的均是报告期。2. 本表中的排序依据是历年各省(区、市)资源环境承载潜力指数值的大小。3. 本表测度结果保留 3 位小数，如果指数相同且排名相同说明两省(区、市)的指数完全一样，如果指数相同排名不同则是小数点四舍五入的结果，说明指数值在小数点 3 位之后有差异。4. 以上数据及排名根据相应年份的《中国统计年鉴》《中国环境统计年鉴》《中国环境统计年报》《中国区域经济统计年鉴》《中国城市统计年鉴》《中国水利统计年鉴》《中国工业经济统计年鉴》等测算。

为了更加直观地展示资源环境承载潜力指数的省际分布格局，同时反映资源环境承载潜力的时空演化特征，根据表 2-6 中 2010 年及 2015 年的测度结果，我们绘制了各省(区、市)资源环境承载潜力的地理分布图，其中排在前 10 位的省(区、市)用“深绿色”表示，排在第 11～20 位的省(区、市)用“中度绿色”表示，排在后 10 位的省(区、市)用“浅绿色”表示。不同颜色代表资源环境承载潜力的不同程度，颜色越深，表明资源环境承载潜力越好。

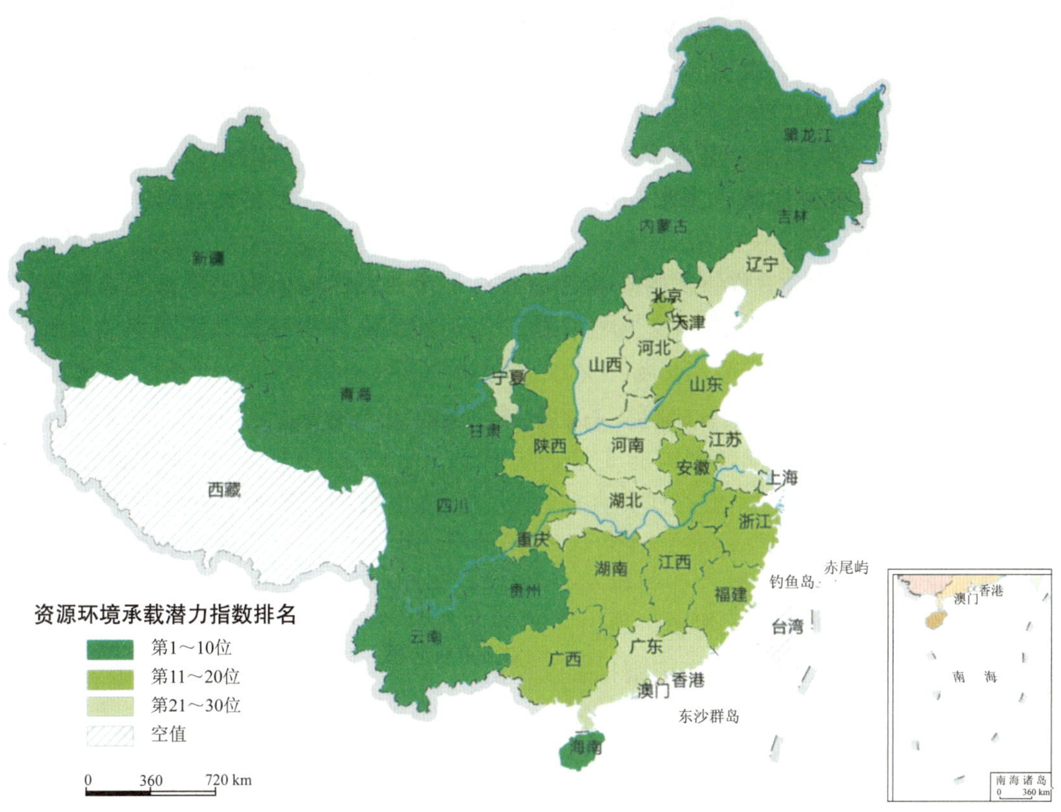

图 2-9 2010 年资源环境承载潜力指数排名省际分布

注：本图根据表 2-6 制作。

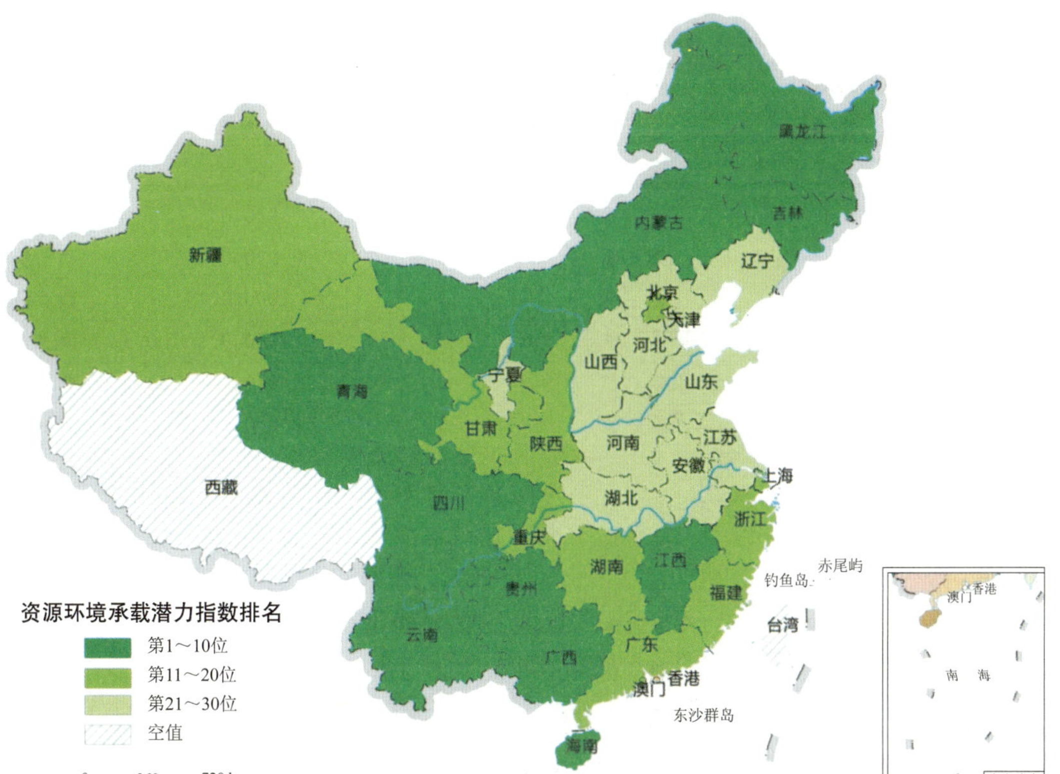

图 2-10 2015 年资源环境承载潜力指数排名省际分布

注：本图根据表 2-6 制作。

2. 中国各省（区、市）资源环境承载潜力指数时空比较分析

与前文一致，中国各省(区、市)资源环境承载潜力的时空比较分析将从三方面展开。首先，我们从平均发展状况的角度对 6 年来中国各省(区、市)的资源环境承载潜力指数进行分析，如表 2-6 的最后一栏所示，我们对各省(区、市)6 年资源环境承载潜力指数进行了平均处理。

图 2-11 显示，在资源环境承载潜力方面，2010—2015 年，以平均值来衡量，资源环境承载潜力指数排在前 10 位的省(区、市)依次是青海、云南、贵州、黑龙江、四川、内蒙古、海南、甘肃、吉林和江西；位于第 11～20 位的 10 个省(区、市)依次是陕西、广西、福建、新疆、北京、重庆、湖南、浙江、安徽和广东；位于第 21～30 位的 10 个省(区、市)依次是湖北、辽宁、河南、山东、河北、山西、江苏、上海、天津和宁夏。从以上结果可以看出，西部省(区、市)的资源环境承载潜力明显优于其他地区，在参评的西部 11 个省(区、市)中，有 6 个位列全国前 10 位，且青海、云南和贵州排名全国前 3 位，陕西、广西和重庆位于全国中上游，分别排在第 11、12 和 16 位；东北 3 省中，黑龙江和吉林的资源环境承载潜力较好，位列全国第 4 位和第 9 位，辽宁则相对较差，位列第 22 位；在东部的 10 个省(区、市)中，海南排名相对较高，位列第 7 位，福建和北京位于全国中游，分别排名在第 13 位和 15 位，其余省(区、市)均排在全国下游；中部 6 省的整体排名处于中下游。其中，江西排名最靠前，位列第 10 位，湖南处于中游水平，位列第 17 位，湖北、山西和河南则排在全国后 10 位。

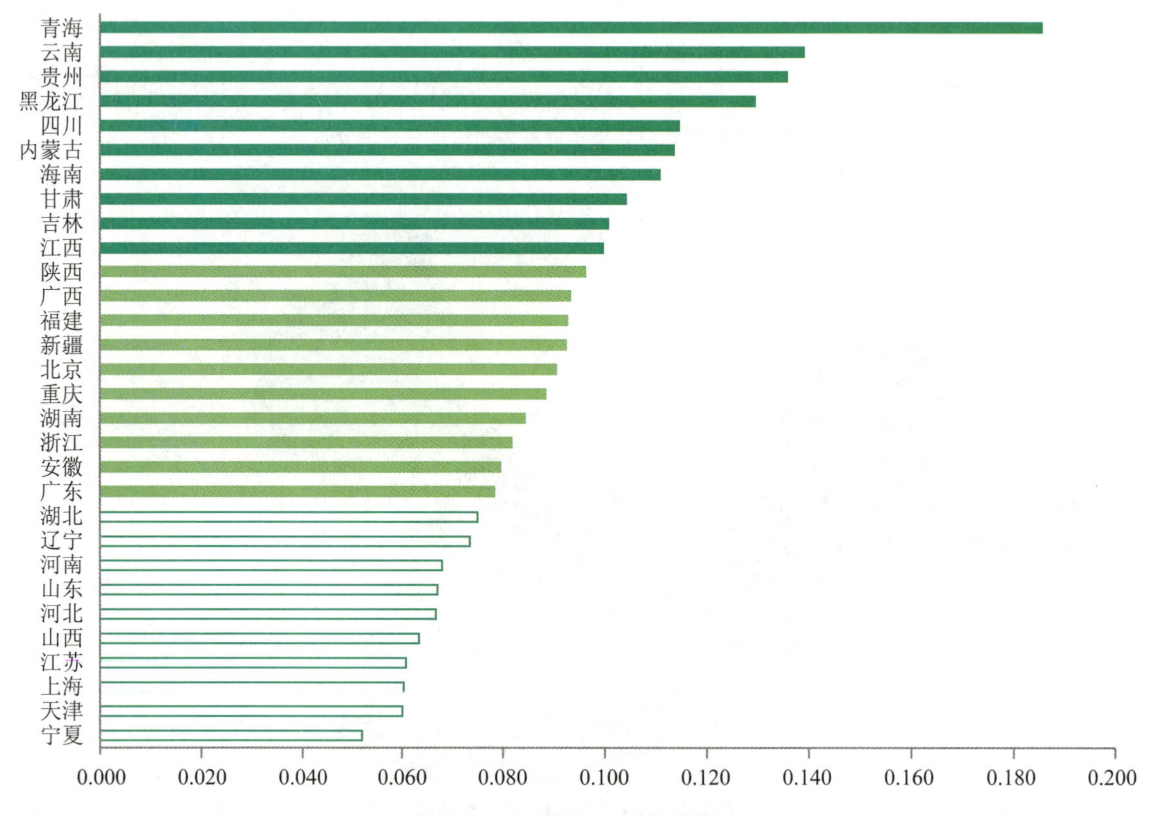

图 2-11　2010—2015 年中国 30 个省(区、市)资源环境承载潜力指数平均值

注：本图根据表 2-6 制作。平均值为各省(区、市)的算术平均。

其次，从动态演化与稳定表现来看，结合表 2-6、图 2-9 和图 2-10 分析，2010—2015 年资源环境承载潜力指数的变动趋势与绿色发展指数变动趋势相反，总体而言，各省(区、市)资源环境承载潜力指数呈现下降走势，至 2015 年，在 30 个省(区、市)中，只有广西、广东、江苏和上海的指数值上升或与 2010 年持平，其余 26 个省(区、市)的资源环境承载潜力均低于 2010 年的

基期水平，说明中国的自然资源和生态禀赋出现倒退，经济活动对环境气候的影响具有负面效应，资源环境承载潜力恶化的趋势应当得到重视。表 2-7 展示了 2010—2015 年资源环境承载潜力指数排名前 10 位和后 10 位的省(区、市)。我们发现，资源环境承载潜力指数的排名分布呈现出一定的稳定性，在 2010—2015 年，资源环境承载潜力排名前 10 位和后 10 位的省(区、市)变化较小，青海、贵州、云南、黑龙江、内蒙古、四川和海南的资源环境承载潜力水平一直名列前 10 位，尤其是青海，6 年来均居于全国首位；辽宁、河南、河北、宁夏、天津、山西和江苏的资源环境承载潜力则一直居于最后 10 位。在这期间，甘肃和新疆退步比较明显，甘肃排名从 2010 年的第 6 位下降至 2015 年的第 16 位，而新疆从 2010 年的第 9 位下降至 2015 年的第 20 位，均跌出了全国前 10 位的行列；上海和广东相对略有进步，广东从 2011 年以后退出后 10 位，而上海则于 2015 年退出后 10 位。

表 2-7　2010—2015 年资源环境承载潜力指数排名前 10 位和后 10 位的省(区、市)

排名	2010	2011	2012	2013	2014	2015
1	青　海	青　海	青　海	青　海	青　海	青　海
2	贵　州	贵　州	贵　州	云　南	云　南	黑龙江
3	云　南	云　南	云　南	黑龙江	黑龙江	云　南
4	黑龙江	黑龙江	黑龙江	贵　州	贵　州	贵　州
5	内蒙古	内蒙古	四　川	四　川	四　川	四　川
6	甘　肃	海　南	海　南	内蒙古	内蒙古	内蒙古
7	四　川	四　川	甘　肃	海　南	海　南	海　南
8	海　南	甘　肃	内蒙古	吉　林	广　西	广　西
9	新　疆	吉　林	江　西	广　西	江　西	江　西
10	吉　林	江　西	陕　西	甘　肃	吉　林	吉　林
21	辽　宁	河　北	辽　宁	辽　宁	辽　宁	湖　北
22	湖　北	湖　北	山　东	安　徽	安　徽	安　徽
23	河　南	河　南	湖　北	上　海	上　海	辽　宁
24	河　北	广　东	河　北	山　西	山　西	江　苏
25	广　东	辽　宁	河　南	河　南	河　南	河　南
26	宁　夏	天　津	山　西	河　北	河　北	山　西
27	天　津	宁　夏	天　津	江　苏	江　苏	河　北
28	山　西	山　西	江　苏	山　东	山　东	山　东
29	江　苏	江　苏	上　海	天　津	天　津	天　津
30	上　海	上　海	宁　夏	宁　夏	宁　夏	宁　夏

注：根据表 2-6 进行整理。

最后，从累计增长幅度来看，根据表 2-6，我们绘制了图 2-12。2010—2015 年累计增长率在一定程度上反映了中国各省(区、市)资源环境承载潜力是否具有提升空间。从测算结果来看，只有上海、广西、广东和江苏的累积增长率不小于 0，意味着只有这 4 个省(区、市)的资源环境承载潜力具有一定的发展空间或至少不出现倒退，而其余 26 个省(区、市)的资源环境承载潜力累积增长率均为负值，呈现出明显的倒退趋势。除了上述 4 个省(区、市)外，累计倒退幅度较小的 6 个省市为北京、湖南、浙江、湖北、福建和重庆；累计倒退幅度最大的 10 个省(区、市)

为河南、云南、内蒙古、天津、河北、贵州、山东、甘肃、新疆和宁夏。总体而言，各省(区、市)的累积变化幅度与资源环境承载潜力指数之间具有一定差异，但不可否认的是，对于资源环境承载潜力较强的西部省(区、市)来说，累积变化幅度反映出了资源环境的倒退趋势。西部只有广西的增长潜力和绝对水平均相对较高，而对于绝对水平排在前列的青海、黑龙江等省(区、市)来说，资源环境承载潜力的倒退幅度相对较大；对于资源环境约束明显的东部省(区、市)来说，上海的进步较为明显，不仅在绝对水平上挤进了全国前20位，且累积增长幅度最高，未来增长潜力明显。而如山东、河北等省(区、市)不仅绝对水平低且倒退明显，资源环境任务更为艰巨；东北3省资源环境承载潜力和累积下降幅度表现相对稳定；中部的湖南和湖北降幅相对较小，整体而言，绝对水平较低且下降空间一般。因此，资源环境承载潜力累积变化说明当前经济发展的资源环境矛盾突出，大多数省(区、市)面临着较为严峻的压力，且这种压力有从部分东部发达地区向部分中西部发展中地区转移的趋势。

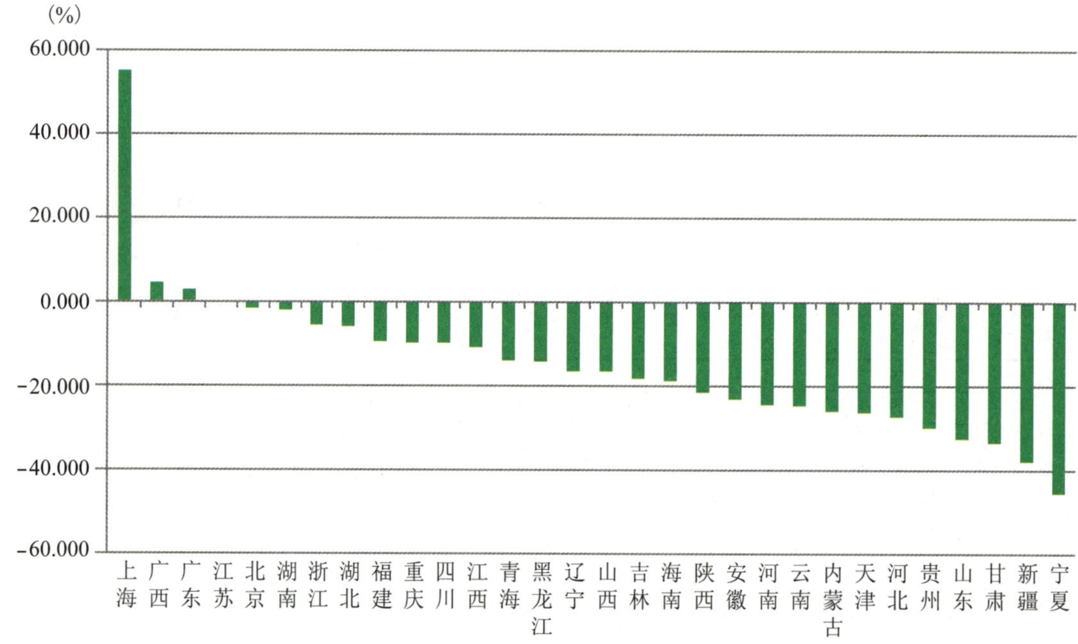

图 2-12　中国30个省(区、市)资源环境承载潜力指数累计增长幅度

注：本图根据表2-6制作。累计增长幅度计算方法为：[(2015年指数值/2010年指数值)－1]×100。

五、中国各省(区、市)政府政策支持度指数的时空比较

政府政策支持度是综合反映地方政府对环境的投资、管理和治理的重要指标，也是绿色发展指数的三大一级指标之一。根据中国绿色发展指数纵向比较指标体系中政府政策支持度的测度标准，测算得到2010—2015年中国30个省(区、市)的政府政策支持度指数。对于全新测度的政府政策支持度指数的时空比较分析，将从平均发展状况、动态演化与稳定表现、累计增长幅度三个方面展开。

1. 中国各省（区、市）政府政策支持度指数的测算结果

2010—2015年中国30个省(区、市)纵向可比的政府政策支持度指数测度结果及排名见表2-8。

表 2-8　　　　2010—2015 年中国 30 个省(区、市)政府政策支持度指数及排名

地　区	2010		2011		2012		2013		2014		2015		6 年平均	
	指数值	排　名	指数值	排　名	指数值	排　名	指数值	排　名	指数值	排　名	指数值	排　名	指数值	排　名
北　京	0.196	1	0.226	1	0.269	1	0.283	1	0.298	1	0.319	1	0.265	1
天　津	0.132	15	0.153	12	0.210	5	0.230	2	0.234	4	0.259	2	0.203	7
河　北	0.143	10	0.150	13	0.183	12	0.195	16	0.202	16	0.223	14	0.183	14
山　西	0.134	14	0.163	7	0.177	14	0.196	13	0.206	12	0.226	13	0.184	12
内蒙古	0.127	18	0.138	18	0.176	15	0.199	12	0.215	10	0.243	8	0.183	13
辽　宁	0.129	17	0.133	20	0.168	19	0.190	17	0.205	14	0.213	17	0.173	18
吉　林	0.096	30	0.108	29	0.149	26	0.171	23	0.175	26	0.191	27	0.148	28
黑龙江	0.110	24	0.117	28	0.138	29	0.159	27	0.172	27	0.195	24	0.149	27
上　海	0.163	5	0.174	2	0.217	4	0.214	6	0.245	2	0.256	4	0.212	2
江　苏	0.174	2	0.173	3	0.200	7	0.214	7	0.223	6	0.234	10	0.203	6
浙　江	0.169	3	0.167	5	0.210	6	0.219	3	0.238	3	0.258	3	0.210	3
安　徽	0.142	11	0.143	16	0.159	20	0.183	20	0.188	21	0.221	15	0.173	19
福　建	0.144	9	0.154	10	0.185	11	0.204	9	0.217	9	0.237	9	0.190	9
江　西	0.131	16	0.146	15	0.170	17	0.190	18	0.199	18	0.208	18	0.174	17
山　东	0.166	4	0.162	8	0.195	8	0.212	8	0.220	7	0.244	7	0.200	8
河　南	0.112	23	0.121	27	0.140	28	0.162	25	0.166	28	0.185	29	0.148	29
湖　北	0.119	20	0.138	17	0.156	22	0.179	22	0.182	22	0.200	20	0.162	22
湖　南	0.112	22	0.125	26	0.149	25	0.157	28	0.178	24	0.192	26	0.152	24
广　东	0.146	8	0.162	9	0.228	2	0.217	5	0.232	5	0.255	5	0.207	4
广　西	0.097	29	0.131	21	0.155	23	0.159	26	0.180	23	0.195	25	0.153	23
海　南	0.116	21	0.131	22	0.179	13	0.203	10	0.215	11	0.204	19	0.174	15
重　庆	0.156	6	0.153	11	0.188	10	0.195	15	0.192	20	0.228	12	0.185	10
四　川	0.101	28	0.126	25	0.137	30	0.165	24	0.177	25	0.196	22	0.150	26
贵　州	0.108	25	0.129	23	0.159	21	0.157	29	0.162	29	0.190	28	0.151	25
云　南	0.138	12	0.165	6	0.190	9	0.195	14	0.200	17	0.217	16	0.184	11
陕　西	0.137	13	0.147	14	0.176	16	0.190	19	0.197	19	0.199	21	0.174	16
甘　肃	0.104	26	0.106	30	0.142	27	0.148	30	0.157	30	0.183	30	0.140	30
青　海	0.121	19	0.134	19	0.150	24	0.200	11	0.205	13	0.196	23	0.167	21
宁　夏	0.150	7	0.172	4	0.223	3	0.219	4	0.219	8	0.247	6	0.205	5
新　疆	0.103	27	0.126	24	0.169	18	0.181	21	0.205	15	0.228	11	0.169	20

注：1. 本表根据纵向测算体系中政府政策支持度指标体系，依据各指标 2008—2013 年数据测算而得，本报告中 2010—2015 年指代的均是报告期。2. 本表中的排序依据是历年各省(区、市)政府政策支持度指数值的大小。3. 本表测度结果保留 3 位小数，如果指数相同且排名相同说明两省(区、市)的指数完全一样，如果指数相同排名不同则是小数点四舍五入的结果，说明指数值在小数点 3 位之后有差异。4. 以上数据及排名根据相应年份的《中国统计年鉴》《中国环境统计年鉴》《中国环境统计年报》《中国区域经济统计年鉴》《中国城市统计年鉴》《中国水利统计年鉴》《中国工业经济统计年鉴》等测算。

为了更加直观地展示政府政策支持度指数的省际分布格局，同时反映政府政策支持度的时空演化特征，根据表 2-8 中 2010 年及 2015 年的测度结果，我们绘制了各省(区、市)政府政策支持度的地理分布图，其中排在前 10 位的省(区、市)用“深绿色”表示，排在第 11～20 位的省(区、市)用“中度绿色”表示，排在后 10 位的省(区、市)用“浅绿色”表示。不同颜色代表政府政策支持度的不同程度，颜色越深，表明政府政策支持度越好。

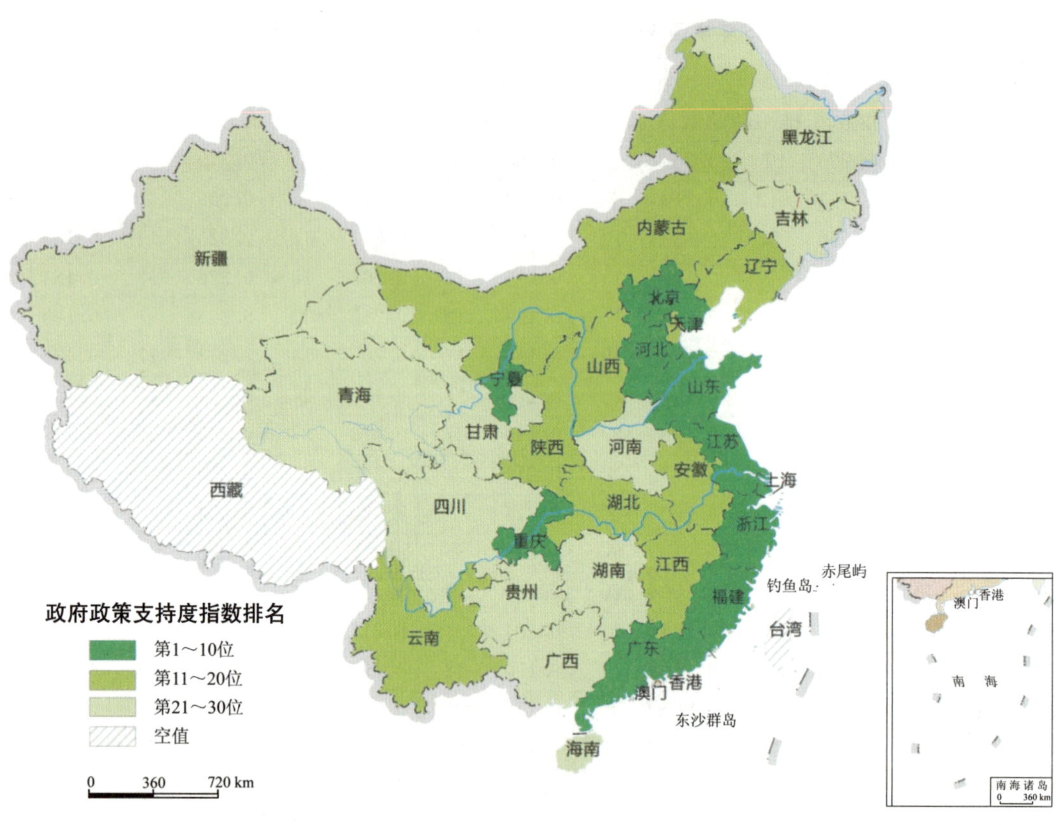

图 2-13　2010 年政府政策支持度指数排名省际分布

注：本图根据表 2-8 制作。

图 2-14　2015 年政府政策支持度指数排名省际分布

注：本图根据表 2-8 制作。

2. 中国各省（区、市）政府政策支持度指数时空比较分析

与前文一致，中国各省(区、市)政府政策支持度的时空比较分析将从三方面展开。首先，我们从平均发展状况的角度对6年来中国各省(区、市)的政府政策支持度指数进行分析，如表2-8的最后一栏所示，我们对各省(区、市)6年政府政策支持度指数进行了平均处理。

图2-15显示，在政府政策支持度方面，2010—2015年，以平均值来衡量，政府政策支持度指数排在前10位的省(区、市)依次是北京、上海、浙江、广东、宁夏、江苏、天津、山东、福建和重庆；排在第11～20位的10个省(区、市)依次是云南、山西、内蒙古、河北、海南、陕西、江西、辽宁、安徽和新疆；排在第21～30位的10个省(区、市)依次是青海、湖北、广西、湖南、贵州、四川、黑龙江、吉林、河南和甘肃。从以上结果可以看出，东部省(区、市)政府政策支持度水平总体最高。在东部的10个省(区、市)中，有8个排在前10位，只有河北和海南处于中游水平。中西部省(区、市)的总体水平较为接近，政府政策支持度相对较好。中部6省中，山西位列第12位，江西和安徽分别位于第17位和第19位，湖北、湖南和河南排在后10位。在西部地区的11个省(区、市)中，处于前10位的有宁夏和重庆，分别位列全国第5位和第10位，此外，云南、内蒙古和陕西处于中上游水平，排名第11、13和16位，其他6个省(区、市)排在第20～30位。东北3省的总体水平相对最低，其中，辽宁排在第18位，黑龙江排在第27位，吉林排在第28位。

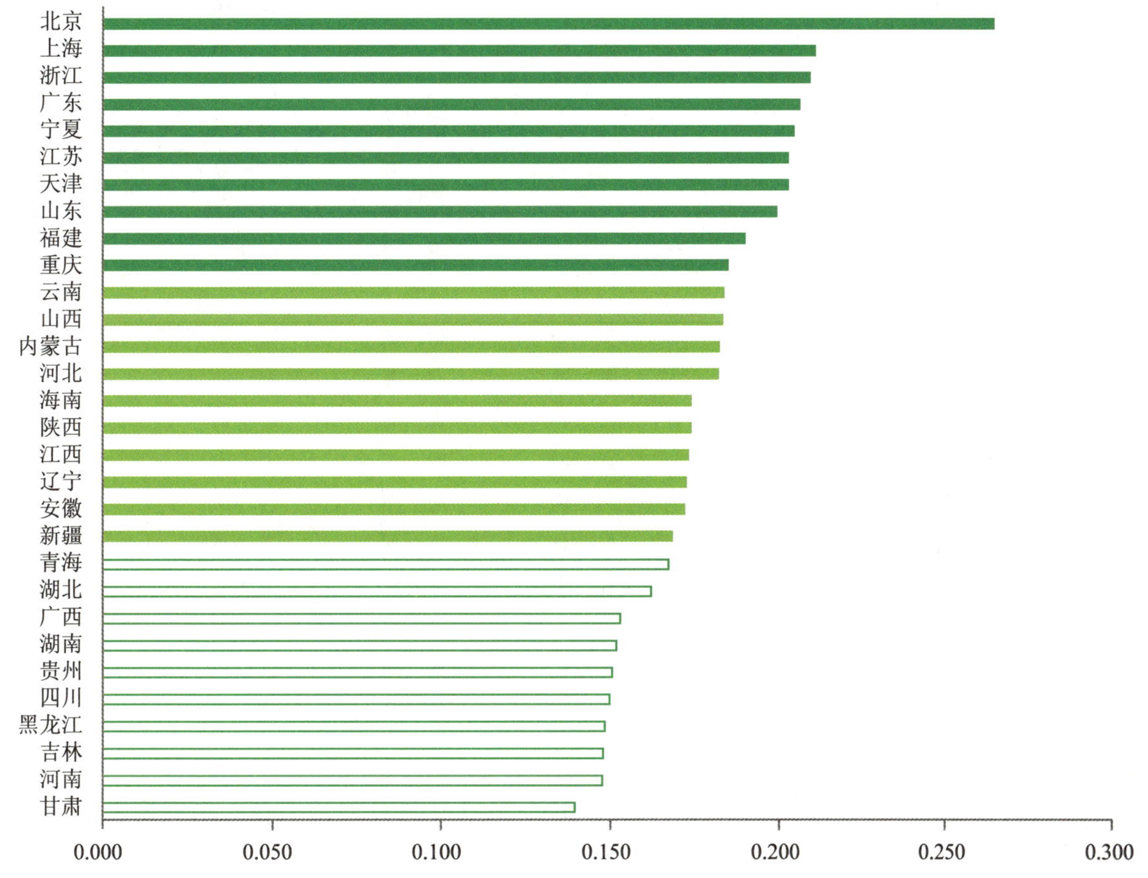

图2-15　2010—2015年中国30个省(区、市)政府政策支持度指数平均值

注：本图根据表2-8制作。平均值为各省(区、市)的算术平均。

其次，从动态演化与稳定表现来看，结合表2-8、图2-13和图2-14分析，2010—2015年政府政策支持度指数的变动趋势与绿色发展指数的变动趋势基本一致，所不同的是，2013年大多

数省(区、市)的政府政策支持度并没有出现下降。总体而言，各省(区、市)政府政策支持度指数呈现稳定上升走势，至2015年，30个省(区、市)的政府政策支持度指数均高于2010年的基期水平，说明地方政府对绿色发展的重视程度在不断提升。表2-9展示了2010—2015年政府政策支持度指数排名前10位和后10位的省(区、市)。我们发现，政府政策支持度指数的排名分布呈现出一定的稳定性，2010—2015年，政府政策支持度指数排名前10位和后10位的省(区、市)变化较小，北京、江苏、浙江、山东、上海、宁夏和广东的政府政策支持度一直名列前10位，说明这些省(区、市)的政府对绿色发展较为重视；河南、湖南、黑龙江、贵州、甘肃、四川、广西和吉林的政府政策支持度则一直居于后10位，这些省(区、市)的政府政策支持度始终在低位徘徊。在这期间，新疆进步较为显著，从2014年开始进入全国中上游行列；而河北呈现一定退步，2010年之后就不再位于全国前10位；海南的排名变化很不稳定，从2011年后退出后10位并于2013年进入前10位，但又在2014年和2015年退出前10位。

表2-9　2010—2015年政府政策支持度指数排名前10位和后10位的省(区、市)

排名	2010	2011	2012	2013	2014	2015
1	北　京	北　京	北　京	北　京	北　京	北　京
2	江　苏	上　海	广　东	天　津	上　海	天　津
3	浙　江	江　苏	宁　夏	浙　江	浙　江	浙　江
4	山　东	宁　夏	上　海	宁　夏	天　津	上　海
5	上　海	浙　江	天　津	广　东	广　东	广　东
6	重　庆	云　南	浙　江	上　海	江　苏	宁　夏
7	宁　夏	山　西	江　苏	江　苏	山　东	山　东
8	广　东	山　东	山　东	山　东	宁　夏	内蒙古
9	福　建	广　东	云　南	福　建	福　建	福　建
10	河　北	福　建	重　庆	海　南	内蒙古	江　苏
21	海　南	广　西	贵　州	新　疆	安　徽	陕　西
22	河　南	海　南	湖　北	湖　北	湖　北	四　川
23	湖　南	贵　州	广　西	吉　林	广　西	青　海
24	黑龙江	新　疆	青　海	四　川	湖　南	黑龙江
25	贵　州	四　川	湖　南	河　南	四　川	广　西
26	甘　肃	湖　南	吉　林	广　西	吉　林	湖　南
27	新　疆	河　南	甘　肃	黑龙江	黑龙江	吉　林
28	四　川	黑龙江	河　南	湖　南	河　南	贵　州
29	广　西	吉　林	黑龙江	贵　州	贵　州	河　南
30	吉　林	甘　肃	四　川	甘　肃	甘　肃	甘　肃

注：根据表2-8进行整理。

最后，从累计增长幅度来看(见图2-16)，2010—2015年累计增长率在一定程度上反映了中国各省(区、市)政府政策支持度的发展潜力。新疆、广西、吉林、天津、四川、内蒙古、黑龙江、甘肃、贵州和海南的累计增长率处于前10位；江西、云南、上海、河北、安徽、浙江、山东、重庆、陕西和江苏的累计增长率处于最后10位。总体而言，各省(区、市)的累计增长幅度与政府政策支持度指数之间呈现反向变动关系，累计增长幅度排在前10位的省(区、市)基本上是绝对水平较低的地区，说明这些省(区、市)虽然目前政府政策支持度水平较低，但未来具有发展潜力。对于东部地区的省(区、市)来说，天津表现优秀，绝对水平和发展潜力都较强，海南和广东的发展潜力也较好，累计增长率处于全国上游，而其余省(区、市)均位于第18～30位，政府政策支持度的发展潜力较弱；中部6省的累计增长率整体表现一般，各省的绝对水平和发展潜力基本呈反向关系；西部地区的省(区、市)增长潜力相对较好，其中新疆表现优秀，不仅绝对水平进步明显且发展潜力突出；东北3省中，吉林和黑龙江累计增长率位于全国的第3位和第7位，发展潜力较好，辽宁排在第16位，发展潜力一般。因此，政府政策支持度的累计增长幅度同样体现出了绝对水平与发展潜力之间的反向变动关系，特别是对于西部和东北部地区的省(区、市)来说，这种变动趋势有利于缩小省际差距。

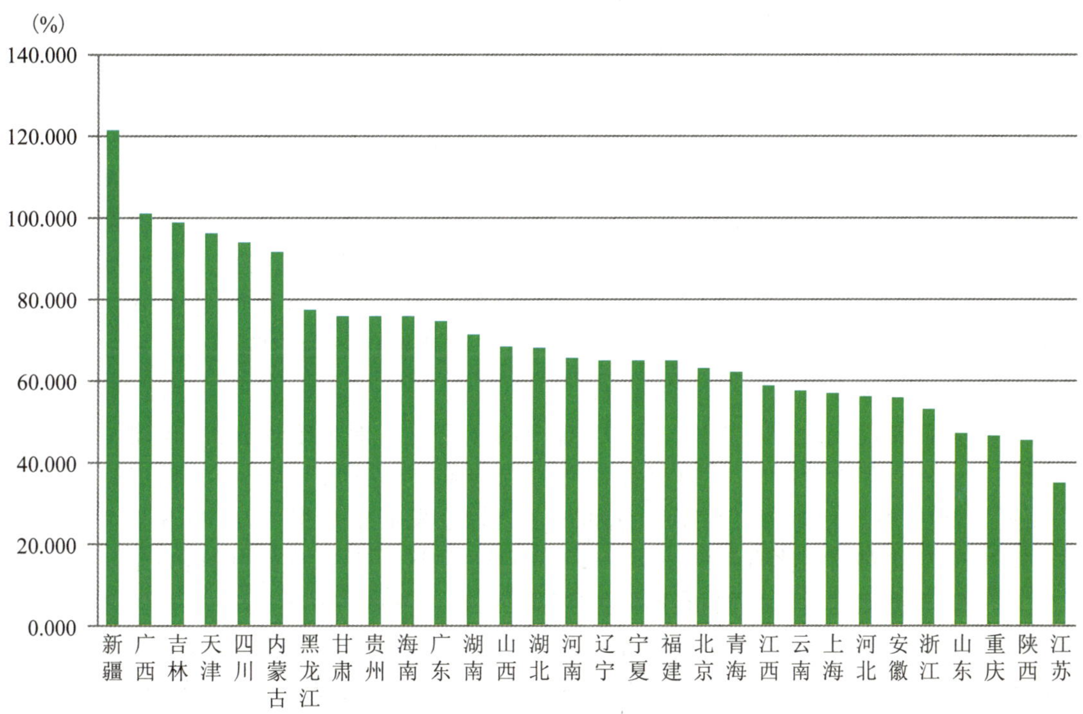

图2-16　中国30个省(区、市)政府政策支持度指数累计增长幅度

注：本图根据表2-8制作。累计增长幅度计算方法为：[(2015年指数值/2010年指数值)－1]×100。

>>六、2010—2015年中国绿色发展指数比较分析小结<<

从2010年开始诞生的“中国绿色发展指数系列报告”不仅体现了绿色发展的时代意义，同时也对系统评价中国省际、城市的绿色发展状况做出了重要贡献。6年来，课题组欣喜地看到，绿色发展得到了党和国家的高度重视，中国绿色发展的理念和实践都在深入展开。在经济步入新周期以及一系列党和国家战略新部署的起承转合之年，对过去6年中国绿色发展进行一次系统的评估与总结，意义重大。今年课题组首次完成了对过去6年绿色发展指数的回顾与评估工作，这项测评工作通过构建6年统一的绿色发展评价指标体系，采用全新且统一的测度方法，实现了中国各省(区、市)绿色发展指数在时间维度和空间维度上的双重可比，较好地完成了该项研究的预期目标。通过对此前几部分内容的分析与总结，我们得到了以下的基本结论。

第一，整体而言，中国各省(区、市)的绿色发展水平在不断提升，绿色发展前景良好。从研究结果来看，除2013年略有下降外，中国各省(区、市)的绿色发展指数均呈现上升走势，与2010年基期相比，2015年中国30个省(区、市)绿色发展水平均有较大进步，平均累计增长幅度为33%左右，这说明中国绿色发展呈现出较快的上升潜力，绿色发展前景乐观。

第二，中国绿色发展水平呈现出明显的省际差异，整体而言，东部省(区、市)水平最高，西部省(区、市)水平居中，中部和东北部省(区、市)水平相对较弱。从绝对水平来看，多数东部省(区、市)凭借经济增长绿化度和政府政策支持度两项优势使得绿色发展水平较高，多数西部省(区、市)凭借较高的资源环境承载潜力获得了相对较好的绿色发展水平，而多数中部和东北部省份在绿色发展上整体缺乏突出优势。

第三，大多数地区绿色发展的增长水平与绝对水平呈现反向关系，有利于缩小省际差异，但一些省(区、市)仍要警惕低水平陷阱。从累计增长幅度来看，部分绿色发展水平较低的中部、西部和东北部的省(区、市)表现出较强的增长潜力优势，而部分绿色发展水平高的东部省(区、市)增长潜力较弱，这一特征有利于在未来缩小地区间差异。然而，一些中西部省(区、市)不论是绿色发展水平还是增长潜力都较低，这些地区追赶先进地区的难度较大，要警惕陷入低水平陷阱。

第四，中国各省(区、市)绿色发展水平的提升主要依靠经济增长绿化度和政府政策支持度的拉动，资源环境承载潜力有恶化趋势。研究表明，中国大多数省(区、市)绿色发展水平的提升更多地依靠经济增长绿化度和政府政策支持度的提升，这说明中国经济在转型升级过程中已经对绿色增长的效率提升和三大产业的集约发展进行了深入实践，同时政府也对绿色发展给予了强有力的支持，这是令人欣喜的成绩。但与此同时，我们不能否认的是中国大多数省(区、市)的资源环境承载压力正在加剧，主要表现为自然资源禀赋优势的下降和污染排放绝对数量的增加，这种恶化趋势应当得到进一步的重视。

最后，我们需要说明的是，“2010—2015 年中国绿色发展指数比较分析”构建了 6 年统一的评价指标体系，同时基于全新的“定基极差法”和“纵向堆叠数据法”对原始数据进行了统一处理和统一测算。这些调整看似与此前各年出版的《中国绿色发展指数报告》有所差异，但课题组经过多次论证和结果比对，测算得到的 2010—2015 年各省(区、市)绿色发展指数排名与此前出版的报告基本一致，也就是说，虽然指标体系有部分调整、测度方法有所改进，但并不影响这项总结性研究的科学性和价值性，而且，这恰恰进一步验证了我们对 2010—2015 年中国绿色发展指数的测度与评价是真实而有效的。当然，本项研究仍然存在一些可以进一步完善之处，例如，由于种种主观及客观原因，我们暂未测算全国绿色发展指数以及四大区域的绿色发展指数；由于篇幅限制，我们暂未分析二级指标和三级指标的测度结果，这将是课题组今后进一步努力的方向。

第二篇

省际篇

本篇以公开出版的统计年鉴为基础，以2016年中国省际绿色发展指数指标体系为依据，全面系统地反映了2014年中国30个省(区、市)的绿色发展情况，分析了这些地区的绿色发展排名。同时，本篇从绿色发展指数三个一级指标出发，分别编排了三章，即“第三章　省际经济增长绿化度测算及分析”“第四章　省际资源环境承载潜力测算及分析”和“第五章　省际政府政策支持度测算及分析”，深入解析了2014年中国30个省(区、市)经济增长绿化度、资源环境承载潜力与政府政策支持度的具体情况。

第三章

省际经济增长绿化度测算及分析

作为绿色发展指数的重要内涵之一，经济增长绿化度是对一个地区经济发展过程中绿色程度的综合评价。本章根据“中国省际绿色发展指数指标体系”中经济增长绿化度的测度标准，利用2014年的年度数据，从绿色增长效率、第一产业、第二产业及第三产业四个角度分别对中国30个省(区、市)的经济增长绿化度指数进行了测度及分析。

一、省际经济增长绿化度的测算结果

根据“中国省际绿色发展指数指标体系”中经济增长绿化度的测度体系和权重标准，我国30个省(区、市)经济增长绿化度指数及排名如表3-1所示。

表3-1 中国30个省(区、市)经济增长绿化度指数及排名

指标	一级指标		二级指标							
	经济增长绿化度		绿色增长效率指标		第一产业指标		第二产业指标		第三产业指标	
地区	指数值	排名	指数值	排名	指数值	排名	指数值	排名	指数值	排名
北京	0.332	1	0.163	1	0.070	1	0.049	5	0.049	1
天津	0.235	2	0.085	3	0.047	9	0.070	1	0.032	3
上海	0.233	3	0.096	2	0.051	6	0.046	6	0.040	2
江苏	0.201	4	0.076	4	0.053	5	0.044	9	0.027	4
浙江	0.196	5	0.071	5	0.059	2	0.043	10	0.023	7
福建	0.179	6	0.063	7	0.059	3	0.042	11	0.016	15
广东	0.178	7	0.071	6	0.038	15	0.045	8	0.025	5
山东	0.168	8	0.056	9	0.039	14	0.054	2	0.018	12
内蒙古	0.160	9	0.040	22	0.050	7	0.050	4	0.020	8
陕西	0.156	10	0.052	11	0.034	16	0.053	3	0.017	13
黑龙江	0.150	11	0.039	24	0.053	4	0.033	20	0.024	6
辽宁	0.147	12	0.048	17	0.039	13	0.041	12	0.019	9
海南	0.144	13	0.056	8	0.050	8	0.020	30	0.019	11

续表

指　标	一级指标		二级指标							
	经济增长绿化度		绿色增长效率指标		第一产业指标		第二产业指标		第三产业指标	
地　区	指数值	排　名	指数值	排　名	指数值	排　名	指数值	排　名	指数值	排　名
湖　北	0.135	14	0.054	10	0.026	19	0.041	13	0.015	18
吉　林	0.132	15	0.048	16	0.024	24	0.045	7	0.014	19
河　北	0.128	16	0.041	21	0.041	11	0.034	19	0.012	24
四　川	0.127	17	0.046	19	0.039	12	0.031	22	0.011	25
重　庆	0.124	18	0.050	14	0.019	28	0.036	18	0.019	10
河　南	0.119	19	0.047	18	0.024	23	0.038	15	0.009	29
湖　南	0.119	20	0.051	12	0.026	18	0.028	24	0.014	20
安　徽	0.119	21	0.050	13	0.022	26	0.038	16	0.008	30
广　西	0.113	22	0.045	20	0.026	20	0.033	21	0.010	28
宁　夏	0.110	23	0.027	29	0.028	17	0.038	14	0.016	14
新　疆	0.106	24	0.021	30	0.047	10	0.023	28	0.015	16
江　西	0.105	25	0.050	15	0.023	25	0.022	29	0.010	27
山　西	0.100	26	0.029	28	0.020	27	0.037	17	0.015	17
甘　肃	0.096	27	0.034	25	0.026	21	0.025	26	0.012	23
云　南	0.093	28	0.039	23	0.016	29	0.027	25	0.011	26
青　海	0.091	29	0.030	27	0.024	22	0.024	27	0.012	22
贵　州	0.086	30	0.032	26	0.012	30	0.029	23	0.013	21

注：1. 本表根据“中国省际绿色发展指数指标体系”中经济增长绿化度的指标体系，依各指标 2014 年数据测算而得。2. 本表各省(区、市)按照经济增长绿化度的指数值从大到小排序。3. 本表一级指标“经济增长绿化度”指数等于“绿色增长效率指标”“第一产业指标”“第二产业指标”“第三产业指标”4 个二级指标指数值之和。4. 以上数据及排名根据《中国统计年鉴 2015》《中国环境统计年鉴 2015》《中国环境统计年报 2014》《中国城市统计年鉴 2015》《中国水利统计年鉴 2015》《中国工业经济统计年鉴 2015》《中国沙漠及其治理》等测算。5. 为了便于后文进行比较分析，基于算术平均方法，我们测算得到 30 个参评省(区、市)的经济增长绿化度的平均水平为 0.146，绿色增长效率指标的平均水平为 0.054，第一产业指标的平均水平为 0.036，第二产业指标的平均水平为 0.038，第三产业指标的平均水平为 0.018。

从表 3-1 中可以看到，经济增长绿化度指数排名前 10 位的省(区、市)依次是北京、天津、上海、江苏、浙江、福建、广东、山东、内蒙古和陕西(见图 3-1)。其中，绿色增长效率指标排名前 10 位的省(区、市)依次是北京、上海、天津、江苏、浙江、广东、福建、海南、山东和湖北；第一产业指标排名前 10 位的省(区、市)依次是北京、浙江、福建、黑龙江、江苏、上海、内蒙古、海南、天津和新疆；第二产业指标排名前 10 位的省(区、市)依次是天津、山东、陕西、内蒙古、北京、上海、吉林、广东、江苏和浙江；第三产业指标排名前 10 位的省(区、市)依次是北京、上海、天津、江苏、广东、黑龙江、浙江、内蒙古、辽宁和重庆。

各地区经济增长绿化度的地理分布见图 3-2，其中排在前 10 位的省(区、市)用“深绿色”表示，排在第 11～20 位的省(区、市)用“中度绿色”表示，排在后 10 位的省(区、市)用“浅绿色”表示。不同颜色代表经济增长绿化度的不同程度，颜色越深，表明经济增长绿化度越好。从地理

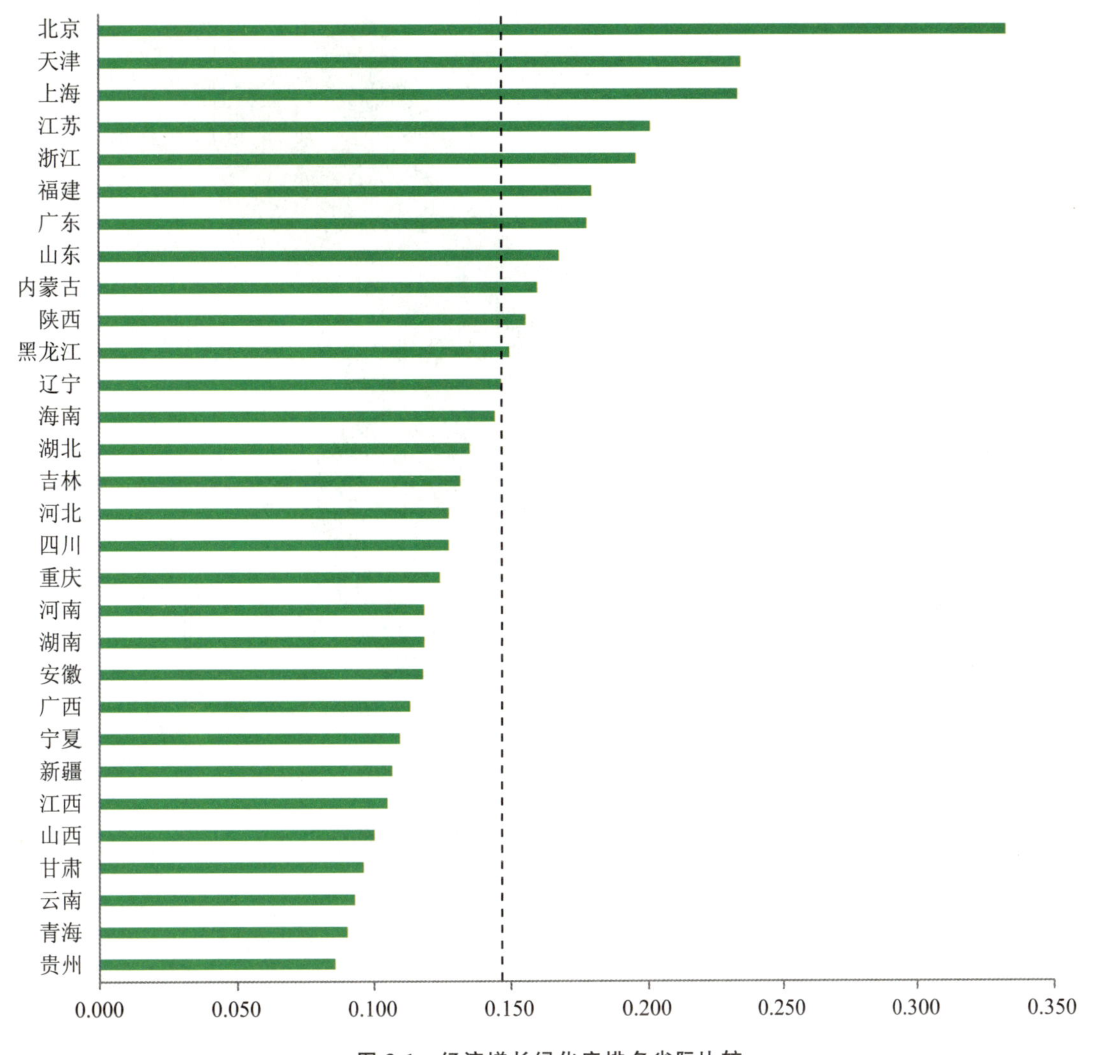

图 3-1 经济增长绿化度排名省际比较

注：本图根据表 3-1 制作。指数值由高到低排列，虚线表示所有参评省(区、市)绿色发展指数的平均值。

区域来看，用“深绿色”代表的省(区、市)几乎都集中在中国的东部沿海地区，“中度绿色”代表的省(区、市)集中在中国的中部地区，“浅绿色”代表的省(区、市)则集中在中国的西部地区。

结合图 3-1 和表 3-1，下面进一步从区域间经济增长绿化度的差异、区域内部经济增长绿化度的差异以及经济增长绿化度对绿色发展的影响三个方面进行分析。

1. 经济增长绿化度区域间差异分析

从经济增长绿化度的区域分布来看，经济增长绿化度总体呈现东部较好、东北部居中，中部和西部偏低的局面(见图 3-3)。在东部地区的 10 个省(区、市)中，排在前 10 位的有 8 个，海南、河北分别排在第 13、16 位。其中，北京以 0.332 的高分居全国第 1 位。从各项指标来看，除第二产业指标外，北京在绿色增长效率、第一产业、第三产业指标的指数值均排在全国首位，整体较好。东北 3 省的排名分别为第 11、12 和 15 位，处于中等偏上水平；中部 6 省中，湖北排名最为靠前，列第 14 位，其余 5 省排在第 19～26 位，位次居中偏后；西部地区的 11 个参评省(区、市)中，除内蒙古排在第 9 位、陕西排在第 10 位、四川排在第 17 位以外，其他 8 个省(区、市)排在第 18～30 位，依次为重庆、广西、宁夏、新疆、甘肃、云南、青海和贵州，整体排名靠后。

就经济增长绿化度的 4 个分指标而言，区域间的差异也非常显著。绿色增长效率指标区域

图 3-2 经济增长绿化度排名地区分布

注：本图根据表 3-1 制作。

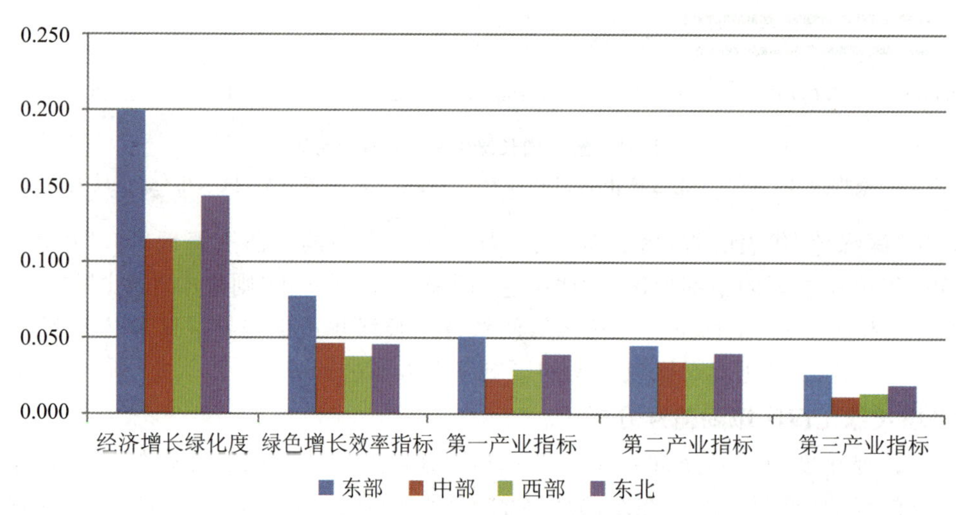

图 3-3 中国四大区域经济增长绿化度对照图

注：图中数据为四大区域中各省(区、市)指标值的算术平均值。

间差异最大，西部地区远落后于东部地区，而中部地区和东北地区则较为接近，且均低于全国平均水平，位于东部地区与西部地区之间。第一产业指标特点有所不同，东部地区明显高于其他地区，但中部地区、西部地区和东北地区呈阶梯状上升，中部地区和西部地区低于全国平均水平，而东北地区高于全国平均水平。第二产业指标的区域差异相对较小，东部地区和东北地区情况较好，高于全国平均水平，而中部地区和西部地区略低于全国平均水平。第三产业指标的情况类似于第一产业指标：东部地区明显高于其他地区，中部地区、西部地区和东北地区呈阶梯状上升，中部地区和西部地区低于全国平均水平，而东部地区高于全国平均水平。

2. 区域内部经济增长绿化度的差异分析

从四大区域内各省(区、市)的情况看，区域内部经济增长绿化度情况较为相似。东部 10 个省(区、市)除海南和河北外，其余省(区、市)的经济增长绿化度均高于全国平均水平，分列全国第 1～8 位；河北指数值为 0.128，比北京低 0.204，位列第 16 位；海南指数值为 0.144，比北京低 0.188，位列第 13 位。中部 6 省的经济增长绿化度均低于全国平均水平，指数值介于 0.100～0.135，指数值最高的湖北高于最低的山西 0.035。西部 11 个省(区、市)的经济增长绿化度除陕西和内蒙古(指数值分别为 0.156、0.160)外均低于全国平均水平，其中贵州指数值最低，为 0.086，排名最高最低省(区、市)的极差为 0.074。东北 3 省中，黑龙江和辽宁的经济增长绿化度高于全国平均水平，指数值分别为 0.150 和 0.147；而吉林指数值为 0.132，低于全国平均水平。具体情况如表 3-2 所示。

表 3-2　经济增长绿化度四大区域内部差异分析

区　域	地　区	指数值	排　名	区　域	地　区	指数值	排　名
东　部	北　京	0.332	1	西　部	内蒙古	0.160	9
	天　津	0.235	2		广　西	0.113	22
	河　北	0.128	16		重　庆	0.124	18
	上　海	0.233	3		四　川	0.127	17
	江　苏	0.201	4		贵　州	0.086	30
	浙　江	0.196	5		云　南	0.093	28
	福　建	0.179	6		陕　西	0.156	10
	山　东	0.168	8		甘　肃	0.096	27
	广　东	0.178	7		青　海	0.091	29
	海　南	0.144	13		宁　夏	0.110	23
中　部	山　西	0.100	26		新　疆	0.106	24
	安　徽	0.119	21	东　北	辽　宁	0.147	12
	江　西	0.105	25		吉　林	0.132	15
	河　南	0.119	19		黑龙江	0.150	11
	湖　北	0.135	14	由于缺少主要测算数据，因此，西藏、香港、澳门和台湾未参与测算			
	湖　南	0.119	20				

注：本表根据表 3-1 整理。

3. 经济增长绿化度对绿色发展的影响分析

对比各地区经济增长绿化度指数排序与绿色发展指数排序后发现，30 个参评省(区、市)名次变动在 5 位及以内的省(区、市)达 8 个，接近总参评省(区、市)的 1/4。名次变动 10 个位次及以上的省(区、市)有 3 个，是参评省(区、市)数量的 1/10，分别是青海、云南以及河南(见表 3-3)。

表 3-3　　省际绿色发展指数与经济增长绿化度排名差异比较

地　区	绿色发展指数排名	经济增长绿化度排名	位次变化	地　区	绿色发展指数排名	经济增长绿化度排名	位次变化
北　京	1	1	0	辽　宁	16	12	4
上　海	2	3	−1	新　疆	17	24	−7
浙　江	3	5	−2	云　南	18	28	−10
天　津	4	2	2	吉　林	19	15	4
内蒙古	5	9	−4	广　西	20	22	−2
福　建	6	6	0	湖　北	21	14	7
江　苏	7	4	3	宁　夏	22	23	−1
广　东	8	7	1	江　西	23	25	−2
黑龙江	9	11	−2	河　北	24	16	8
海　南	10	13	−3	湖　南	25	20	5
山　东	11	8	3	贵　州	26	30	−4
青　海	12	29	−17	安　徽	27	21	6
陕　西	13	10	3	山　西	28	26	2
四　川	14	17	−3	甘　肃	29	27	2
重　庆	15	18	−3	河　南	30	19	11

注：本表根据表 0-3 和表 3-1 整理。

经济增长绿化度是绿色发展指数的重要组成部分。从表 3-3 中可以发现，西部 11 个省(区、市)中除了陕西和甘肃外，其余 9 个省(区、市)的经济增长绿化度排名都落后于其绿色发展指数排名，平均而言，西部地区经济增长绿化度排名落后于其绿色发展指数排名约 4 位，其中青海、云南和新疆的经济增长绿化度排名落后于其绿色发展指数排名较大，分别为 17、10 和 7 位；东部 10 个省(区、市)中除了北京、福建没有变化，上海、浙江和海南 3 个省市的经济增长绿化度排名落后于绿色发展指数排名外，其余 5 个省(区、市)的经济增长绿化度排名领先于其绿色发展指数排名，平均而言，东部地区经济增长绿化度排名领先于其绿色发展指数排名约 1 位；中部 6 省中除了江西经济增长绿化度落后于其绿色发展指数 2 位外，其余省(区、市)的经济增长绿化度排名都领先于其绿色发展指数排名，平均而言，中部地区经济增长绿化度排名领先于其绿色发展指数排名 5 位；东北 3 省中，除黑龙江外，其余两省的经济增长绿化度排名都领先于其绿色发展指数排名，平均领先 2 位。这在一定程度上显示了一个地区的经济增长绿化度发展好坏将会对该地区整体的绿色发展水平产生较大的影响。一般说来经济越发达的地区，其经济增长绿化度相对越高，它对绿色发展指数水平的贡献也相对越大；反之，经济越落后地区，其经济增长绿化度相对越低，它对绿色发展指数水平的贡献也相对越小，甚至拖了绿色发展指数的后腿。总而言之，提升经济增长绿化度将有助于区域的绿色发展。

>>二、省际经济增长绿化度比较分析<<

省际经济增长绿化度指数占绿色发展指数总权重的 30%，共由 23 个三级指标构成，正指标 13 个，逆指标 10 个，其中参与测算的指标有 20 个。

1. 绿色增长效率指标比较

在省际经济增长绿化度测度体系中，绿色增长效率指标占经济增长绿化度指数的权重为

43.5%，占绿色发展指数的13%，相对于其他3个指标，这一指标对经济增长绿化度指数的贡献较大。从指标构成来看，绿色增长效率指标主要是由表3-4中的10个指标加权组合而成。

表3-4　省际绿色增长效率三级指标、权重及指标属性

指标序号	指　标	权　重	指标属性
1	人均地区生产总值	1.30%	正
2	单位地区生产总值能耗	1.30%	逆
3	非化石能源消费量占能源消费量的比重	1.30%	正
4	单位地区生产总值二氧化碳排放量	1.30%	逆
5	单位地区生产总值二氧化硫排放量	1.30%	逆
6	单位地区生产总值化学需氧量排放量	1.30%	逆
7	单位地区生产总值氮氧化物排放量	1.30%	逆
8	单位地区生产总值氨氮排放量	1.30%	逆
9	技术市场成交额占GDP的比重	1.30%	正
10	人均城镇生活消费用电	1.30%	逆

注：本表内容是由本报告课题组召开的多次研讨会确定的。

绿色增长效率指标的10个三级指标的权重均为1.30%，其中，由于缺少部分省(区、市)的数据，指标3和指标4未参与测算。在绿色增长效率指标中，10个三级指标相互补充但又有所侧重，以期达到对各地区绿色增长效率进行综合测度和评价的目的。

从表3-5和图3-4中可以发现，绿色增长效率指标前10位的省(区、市)分别是北京、上海、天津、江苏、浙江、广东、福建、海南、山东和湖北，其中除了湖北是中西部省份外，其余9个均为东部省(区、市)。绿色增长效率指标第11～20位的省(区、市)依次是陕西、湖南、安徽、重庆、江西、吉林、辽宁、河南、四川和广西。其中中部地区4个，西部地区4个，东北地区2个。绿色增长效率指标第21～30位的省(区、市)依次是河北、内蒙古、云南、黑龙江、甘肃、贵州、青海、山西、宁夏和新疆。绿色增长效率指标的后10位省(区、市)中，河北是唯一的东部地区省份，山西是唯一的中部地区省份，黑龙江是唯一的东北地区省份，其余7个省(区、市)都来自西部地区。

表3-5　中国省际绿色增长效率指标指数及排名

地　区	指数值	排　名	地　区	指数值	排　名
北　京	0.163	1	吉　林	0.048	16
上　海	0.096	2	辽　宁	0.048	17
天　津	0.085	3	河　南	0.047	18
江　苏	0.076	4	四　川	0.046	19
浙　江	0.071	5	广　西	0.045	20
广　东	0.071	6	河　北	0.041	21
福　建	0.063	7	内蒙古	0.040	22
海　南	0.056	8	云　南	0.039	23
山　东	0.056	9	黑龙江	0.039	24
湖　北	0.054	10	甘　肃	0.034	25
陕　西	0.052	11	贵　州	0.032	26

续表

地　区	指数值	排　名	地　区	指数值	排　名
湖　南	0.051	12	青　海	0.030	27
安　徽	0.050	13	山　西	0.029	28
重　庆	0.050	14	宁　夏	0.027	29
江　西	0.050	15	新　疆	0.021	30

注：1. 以上数据及排名根据《中国统计年鉴 2015》《中国环境统计年鉴 2015》《中国环境统计年报 2014》《中国城市统计年鉴 2015》《中国水利统计年鉴 2015》《中国工业经济统计年鉴 2015》《中国沙漠及其治理》等测算。2. 为了便于后文进行比较分析，基于算术平均方法，我们测算得到 30 个参评省(区、市)的绿色增长效率指标的平均水平为 0.054。

如图 3-4 所示，在绿色增长效率指标中，东部省(区、市)整体较好，除河北外其余省(区、市)均高于全国平均水平，但内部差距较大，北京以 0.163 的绝对优势遥遥领先于其他省(区、市)；中部 6 省内部差异较大，湖北指数值 0.054，位列全国第 10 位，而山西指数值 0.029，位列全国第 28 位；东北 3 省内部整体差异不大，略低于全国平均水平；西部地区整体偏低，且内部具有一定的差异。

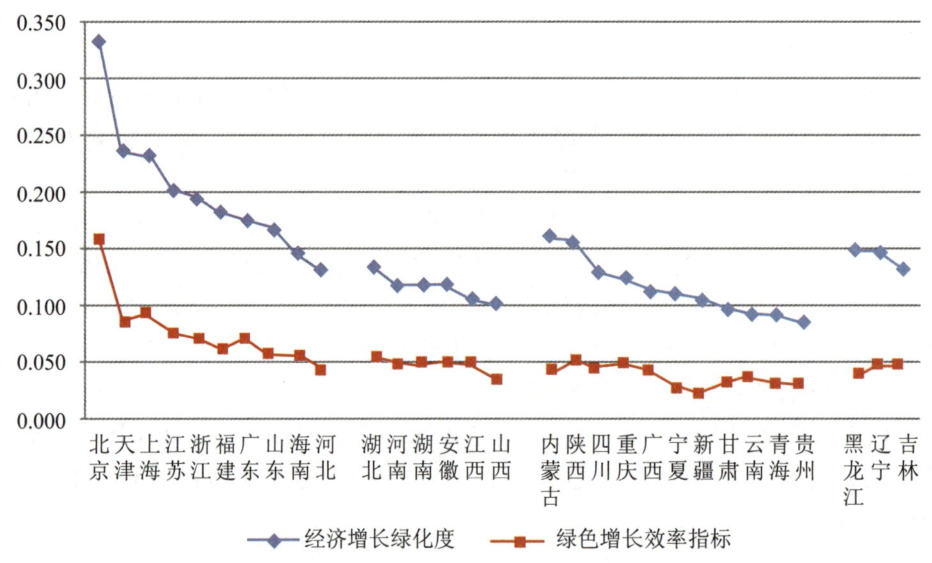

图 3-4　省际绿色增长效率指标与经济增长绿化度指数对比

注：本表从东部、中部、西部和东北地区划分的角度，根据经济增长绿化度指数大小自左到右排列。

2. 第一产业指标比较

在经济增长绿化度测算体系中，第一产业指标占经济增长绿化度指数的权重为 17.4%，共由 4 个三级指标构成(见表 3-6)，单个指标权重均为 1.30%。

表 3-6　　省际第一产业三级指标、权重及指标属性

指标序号	指　标	权　重	指标属性
11	第一产业劳动生产率	1.30%	正
12	土地产出率	1.30%	正
13	节灌率	1.30%	正
14	有效灌溉面积占耕地面积比重	1.30%	正

注：本表内容是由本报告课题组召开的多次研讨会确定的。

从表 3-7 和图 3-5 中可以看到，第一产业指标的前 10 位省(区、市)分别是北京、浙江、福建、黑龙江、江苏、上海、内蒙古、海南、天津和新疆，在前 10 位的省(区、市)中，除新疆和内蒙古为西部省(区、市)、黑龙江为东北部省份以外，其他 7 个均为东部省(区、市)。第一产业指标排名第 11～20 位的省(区、市)依次是河北、四川、辽宁、山东、广东、陕西、宁夏、湖南、湖北和广西。除河北、山东和广东为东部省份外，包括 2 个中部地区省份、4 个西部地区省(区、市)和 1 个东北地区省份。第一产业指标排名后 10 位的省(区、市)依次为甘肃、青海、河南、吉林、江西、安徽、山西、重庆、云南和贵州。

表 3-7　　中国省际第一产业指标指数及排名

地　区	指数值	排　名	地　区	指数值	排　名
北　京	0.070	1	陕　西	0.034	16
浙　江	0.059	2	宁　夏	0.028	17
福　建	0.059	3	湖　南	0.026	18
黑龙江	0.053	4	湖　北	0.026	19
江　苏	0.053	5	广　西	0.026	20
上　海	0.051	6	甘　肃	0.026	21
内蒙古	0.050	7	青　海	0.024	22
海　南	0.050	8	河　南	0.024	23
天　津	0.047	9	吉　林	0.024	24
新　疆	0.047	10	江　西	0.023	25
河　北	0.041	11	安　徽	0.022	26
四　川	0.039	12	山　西	0.020	27
辽　宁	0.039	13	重　庆	0.019	28
山　东	0.039	14	云　南	0.016	29
广　东	0.038	15	贵　州	0.012	30

注：1. 以上数据及排名根据《中国统计年鉴 2015》《中国环境统计年鉴 2015》《中国环境统计年报 2014》《中国城市统计年鉴 2015》《中国水利统计年鉴 2015》《中国工业经济统计年鉴 2015》《中国沙漠及其治理》等测算。2. 为了便于后文进行比较分析，基于算术平均方法，我们测算得到 30 个参评省(区、市)的第一产业指标的平均水平为 0.036。

如图 3-5 所示，在第一产业指标中，东部省(区、市)整体较好，各省(区、市)均高于全国平均水平，内部差距较小，北京指数值 0.070，位列第 1 位；中部 6 省内部差异不大，略低于全国平均水平；东北地区内部差异显著，黑龙江指数值 0.053，位列全国第 4 位，而吉林指数值 0.024，位列全国第 24 位；西部地区整体偏低，且内部差异显著，内蒙古指数值 0.050，位列全国第 7 位，而贵州指数值仅为 0.012，位列倒数第 1 位，两省指数值极差为 0.038。

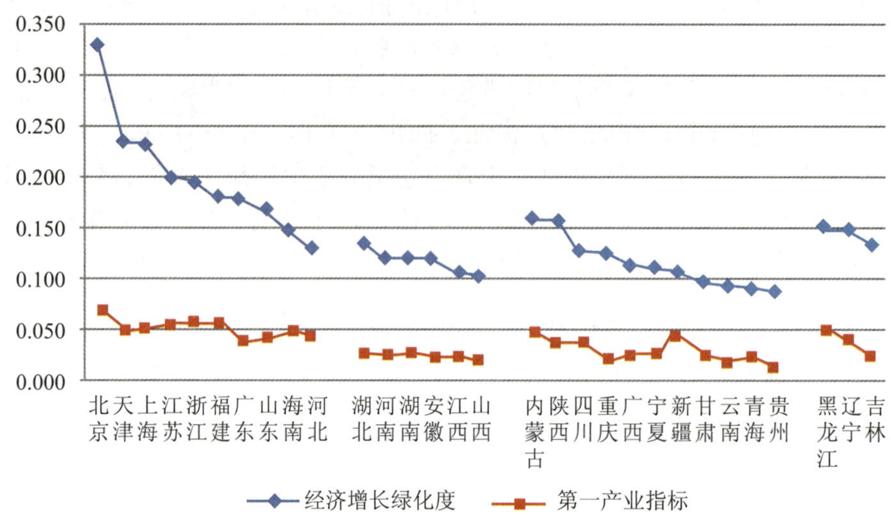

图 3-5　省际第一产业指标与经济增长绿化度指数对比

注：本表从东部、中部、西部和东北地区划分的角度，根据经济增长绿化度指数大小自左到右排列。

3. 第二产业指标比较

在经济增长绿化度测算体系中，第二产业指标占经济增长绿化度指数的权重为 26%，由指标 15～20 共 6 个指标构成，单个指标权重均为 1.30%(见表 3-8)。

表 3-8　省际第二产业三级指标、权重及指标属性

指标序号	指　标	权　重	指标属性
15	第二产业劳动生产率	1.30%	正
16	单位工业增加值水耗	1.30%	逆
17	规模以上单位工业增加值能耗	1.30%	逆
18	工业固体废物综合利用率	1.30%	正
19	工业用水重复利用率	1.30%	正
20	六大高载能行业产值占工业总产值比重	1.30%	逆

注：本表内容是由本报告课题组召开的多次研讨会确定的。

从表 3-9 以及图 3-6 中可以看到，第二产业指标指数排名前 10 位的省(区、市)分别是天津、山东、陕西、内蒙古、北京、上海、吉林、广东、江苏和浙江，在前 10 位的省(区、市)中，内蒙古、陕西为西部省(区、市)，吉林为东北地区省份，其他 7 个均为东部省(区、市)。第二产业指标指数排名第 11～20 位的省(区、市)依次是福建、辽宁、湖北、宁夏、河南、安徽、山西、重庆、河北和黑龙江。第二产业指标指数排名后 10 位的省(区、市)依次为广西、四川、贵州、湖南、云南、甘肃、青海、新疆、江西和海南。

表 3-9　中国省际第二产业指标指数及排名

地　区	指数值	排　名	地　区	指数值	排　名
天　津	0.070	1	安　徽	0.038	16
山　东	0.054	2	山　西	0.037	17
陕　西	0.053	3	重　庆	0.036	18
内蒙古	0.050	4	河　北	0.034	19

续表

地　区	指数值	排　名	地　区	指数值	排　名
北　京	0.049	5	黑龙江	0.033	20
上　海	0.046	6	广　西	0.033	21
吉　林	0.045	7	四　川	0.031	22
广　东	0.045	8	贵　州	0.029	23
江　苏	0.044	9	湖　南	0.028	24
浙　江	0.043	10	云　南	0.027	25
福　建	0.042	11	甘　肃	0.025	26
辽　宁	0.041	12	青　海	0.024	27
湖　北	0.041	13	新　疆	0.023	28
宁　夏	0.038	14	江　西	0.022	29
河　南	0.038	15	海　南	0.020	30

注：1. 以上数据及排名根据《中国统计年鉴 2015》《中国环境统计年鉴 2015》《中国环境统计年报 2014》《中国城市统计年鉴 2015》《中国水利统计年鉴 2015》《中国工业经济统计年鉴 2015》《中国沙漠及其治理》等测算。2. 为了便于后文进行比较分析，基于算术平均方法，我们测算得到 30 个参评省(区、市)的第二产业指标的平均水平为 0.038。

如图 3-6 所示，在第二产业指标指数排名中，东部省(区、市)大多位于前列，但东部地区内部差距较大，天津指数值 0.070 遥遥领先，而海南则以 0.020 的指数值位列倒数第 1 位；东北 3 省内部差异不大，在全国平均水平附近；中部和西部地区整体偏低，且西部地区内部差异显著，陕西指数值 0.053，位列全国第 3 位，而新疆指数值仅为 0.023，位列倒数第 3 位。

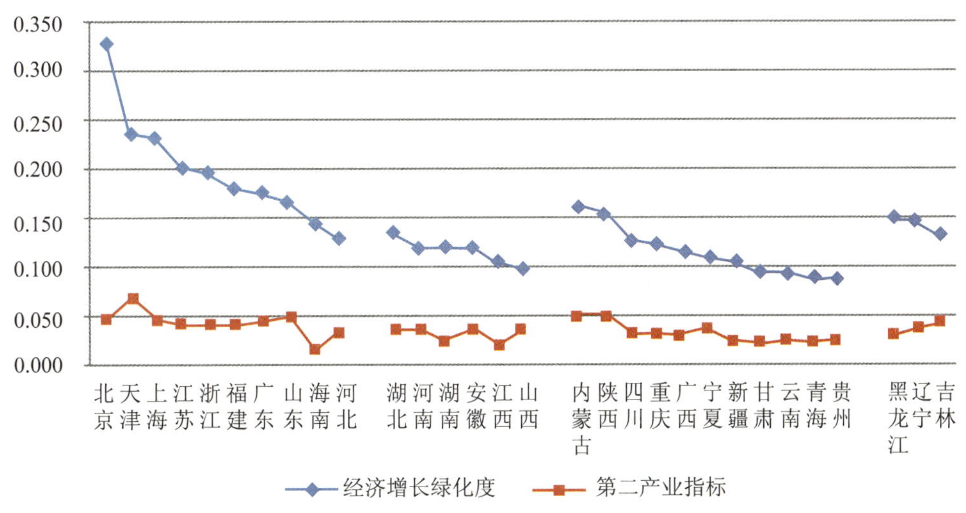

图 3-6　省际第二产业指标与经济增长绿化度指数对比

注：本表从东部、中部、西部和东北地区划分的角度，根据经济增长绿化度指数大小自左到右排列。

4. 第三产业指标比较

在省际经济增长绿化度的测度体系中，第三产业指标占经济增长绿化度的权重为 13%，由指标 21～23 共 3 个三级指标构成。在指标权重设计上，采取均权的方法，即每个指标权重占总权重的 1.30%，各项三级指标权重及其属性见表 3-10。

表 3-10　　省际第三产业三级指标、权重及指标属性

指标序号	指　标	权　重	指标属性
21	第三产业劳动生产率	1.30%	正
22	第三产业增加值比重	1.30%	正
23	第三产业就业人员比重	1.30%	正

注：本表内容是由本报告课题组召开的多次研讨会确定的。

从表 3-11 以及图 3-7 中可以看到，第三产业指标指数排名的前 10 位省(区、市)分别是北京、上海、天津、江苏、广东、黑龙江、浙江、内蒙古、辽宁和重庆，在前 10 位的省(区、市)中，内蒙古和重庆为西部省(区、市)，辽宁、黑龙江为东北地区省份，其他 6 个均为东部省(区、市)。第三产业指标指数排名第 11～20 位的省(区、市)依次是海南、山东、陕西、宁夏、福建、新疆、山西、湖北、吉林和湖南。第三产业指标指数排名后 10 位的省(区、市)依次为贵州、青海、甘肃、河北、四川、云南、江西、广西、河南和安徽。

表 3-11　　中国省际第三产业指标指数及排名

地　区	指数值	排　名	地　区	指数值	排　名
北　京	0.049	1	新　疆	0.015	16
上　海	0.040	2	山　西	0.015	17
天　津	0.032	3	湖　北	0.015	18
江　苏	0.027	4	吉　林	0.014	19
广　东	0.025	5	湖　南	0.014	20
黑龙江	0.024	6	贵　州	0.013	21
浙　江	0.023	7	青　海	0.012	22
内蒙古	0.020	8	甘　肃	0.012	23
辽　宁	0.019	9	河　北	0.012	24
重　庆	0.019	10	四　川	0.011	25
海　南	0.019	11	云　南	0.011	26
山　东	0.018	12	江　西	0.010	27
陕　西	0.017	13	广　西	0.010	28
宁　夏	0.016	14	河　南	0.009	29
福　建	0.016	15	安　徽	0.008	30

注：1. 以上数据及排名根据《中国统计年鉴 2015》《中国环境统计年鉴 2015》《中国环境统计年报 2014》《中国城市统计年鉴 2015》《中国水利统计年鉴 2015》《中国工业经济统计年鉴 2015》《中国沙漠及其治理》等测算。2. 为了便于后文进行比较分析，基于算术平均方法，我们测算得到 30 个参评省(区、市)的第三产业指标的平均水平为 0.018。

如图 3-7 所示，在第三产业指标中，东部省(区、市)整体较好，但内部差距较大，北京、上海、天津分列前 3 位，而河北省指数值则相对较低，位列第 24 位。中部 6 省差距也较大，其中山西指数值 0.015，位列第 17 位，而安徽指数值 0.008，位列全国倒数第 1 位。西部地区整体水平较低，但依然存在明显的内部差异，其中内蒙古指数值 0.020，位列第 8 位，而广西指数值 0.010，位列第 28 位。东北 3 省内部差异也比较大，黑龙江指数值 0.024，位列第 6 位，而吉林

指数值 0.014，位列第 19 位。以上显示了第三产业指标区域内发展的不均衡。

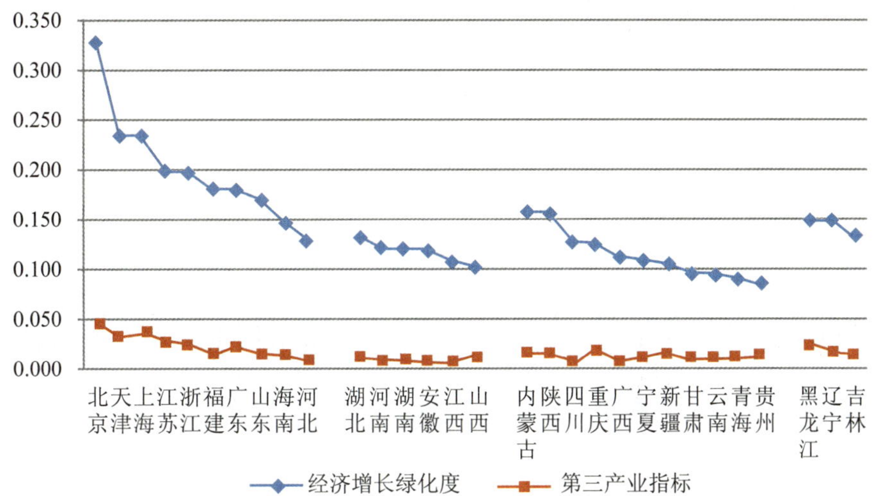

图 3-7　省际第三产业指标与经济增长绿化度指数对比

注：本表从东部、中部、西部和东北地区划分的角度，根据经济增长绿化度指数大小自左到右排列。

第四章

省际资源环境承载潜力测算及分析

资源环境承载潜力衡量的是一个地区资源丰裕与生态保护、环境压力与气候变化对今后经济发展和人类活动的承载能力。它是各地区自然资源和生态的禀赋条件拥有水平、人类活动对资源环境生态气候等影响程度的综合反映，是绿色发展指数的重要内涵之一。本章从区域比较的视角，采用"中国省际绿色发展指数评价体系"，测算了中国 30 个省(区、市)的资源环境承载潜力，详细阐述这些地区资源环境承载潜力的基本格局和特点，并具体比较这些地区在资源丰裕与生态保护、环境压力与气候变化方面的差异。

>>一、省际资源环境承载潜力指数测算结果<<

根据"中国省际绿色发展指数评价体系"中资源环境承载潜力的评价体系和权重标准，中国 30 个省(区、市)的资源环境承载潜力的测算结果见表 4-1。

表 4-1　　中国 30 个省(区、市)资源环境承载潜力指数及排名

指　标	一级指标		二级指标			
	资源环境承载潜力		资源丰裕与生态保护指标		环境压力与气候变化指标	
地　区	指数值	排　名	指数值	排　名	指数值	排　名
青　海	0.173	1	0.062	3	0.111	1
黑龙江	0.133	2	0.068	1	0.065	6
云　南	0.128	3	0.060	4	0.068	4
贵　州	0.119	4	0.036	12	0.084	2
四　川	0.114	5	0.049	9	0.065	7
内蒙古	0.112	6	0.067	2	0.045	22
海　南	0.109	7	0.052	5	0.057	9
广　西	0.106	8	0.050	6	0.055	11
江　西	0.099	9	0.049	8	0.050	15
福　建	0.096	10	0.050	7	0.046	20

续表

指　标	一级指标		二级指标			
	资源环境承载潜力		资源丰裕与生态保护指标		环境压力与气候变化指标	
地　区	指数值	排　名	指数值	排　名	指数值	排　名
北　京	0.096	11	0.017	24	0.079	3
吉　林	0.096	12	0.047	10	0.049	17
甘　肃	0.095	13	0.028	21	0.068	5
重　庆	0.089	14	0.032	18	0.057	10
陕　西	0.088	15	0.029	19	0.060	8
浙　江	0.087	16	0.035	15	0.051	13
湖　南	0.086	17	0.036	11	0.050	16
广　东	0.084	18	0.036	14	0.048	19
上　海	0.079	19	0.036	13	0.043	26
新　疆	0.078	20	0.034	16	0.044	25
湖　北	0.077	21	0.028	20	0.048	18
辽　宁	0.075	22	0.034	17	0.042	28
安　徽	0.071	23	0.019	22	0.051	12
江　苏	0.064	24	0.019	23	0.044	23
山　西	0.062	25	0.012	28	0.050	14
河　南	0.057	26	0.011	30	0.046	21
天　津	0.057	27	0.015	25	0.042	27
河　北	0.056	28	0.012	29	0.044	24
山　东	0.054	29	0.013	26	0.041	29
宁　夏	0.048	30	0.013	27	0.035	30

注：1. 本表根据“中国省际绿色发展指数指标体系”中资源环境承载潜力的指标体系，依各指标 2014 年数据测算而得。2. 本表各省(区、市)按照资源环境承载潜力指数值从大到小排序。3. 本表一级指标“资源环境承载潜力”指数值等于“资源丰裕与生态保护指标”“环境压力与气候变化指标”两个二级指标指数值之和。4. 以上数据及排名根据《中国统计年鉴 2015》《中国环境统计年鉴 2015》《中国环境统计年报 2014》《中国城市统计年鉴 2015》《中国水利统计年鉴 2015》《中国工业统计年鉴 2015》《中国沙漠及其治理》等测算。5. 为了便于后文进行比较分析，基于算术平均方法，我们测算得到 30 个测评省(区、市)的资源环境承载潜力的平均水平为 0.090，资源丰裕与生态保护指标的平均水平为 0.035，环境压力与气候变化指标的平均水平为 0.055。

从表 4-1 可以看到，资源环境承载潜力指标排名前 10 位的省(区、市)依次是青海、黑龙江、云南、贵州、四川、内蒙古、海南、广西、江西、福建。资源丰裕与生态保护指标排名前 10 位的省(区、市)依次是黑龙江、内蒙古、青海、云南、海南、广西、福建、江西、四川、吉林。环境压力与气候变化指标排名前 10 位的省(区、市)依次是青海、贵州、北京、云南、甘肃、黑龙江、四川、陕西、海南、重庆。

根据表 4-1 中各地区的资源环境承载潜力的指数值可绘制出图 4-1。其中，横轴为资源环境承载潜力指数值，0.090 为 30 个省(区、市)资源环境承载潜力的平均水平，在图中用虚线表示。

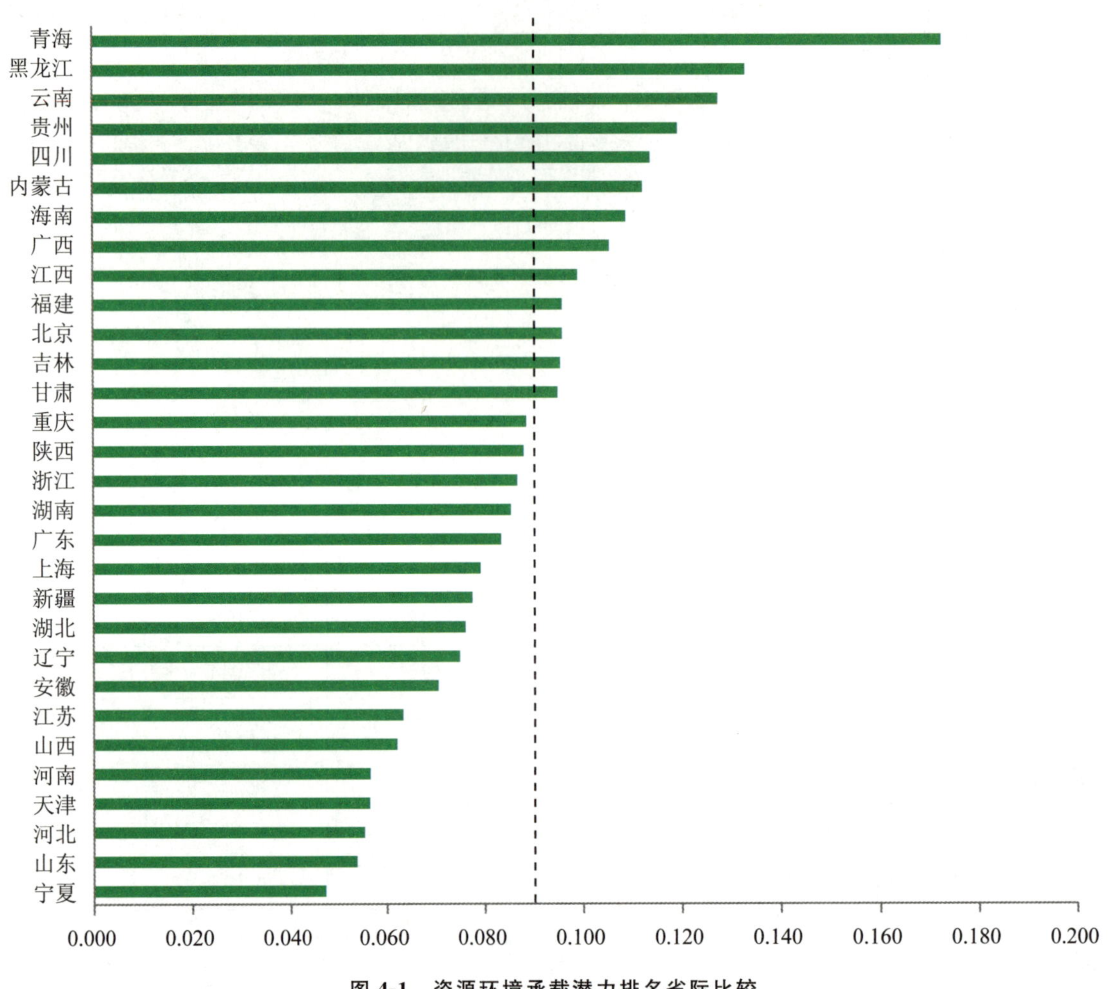

图 4-1　资源环境承载潜力排名省际比较

注：本图根据表 4-1 制作。指数值由高到低排列，虚线表示所有参评省(区、市)资源环境承载潜力的平均值。

资源环境承载潜力指数值用绿色条框表示，资源环境承载潜力指数值越高，其绿色条框就越长，资源环境承载潜力指数值越低，其绿色条框就越短。

各省(区、市)资源环境承载潜力的地理分布状况见图 4-2，其中，资源环境承载潜力指数值排名前 10 位的省(区、市)用“深绿色”表示，排名第 11～20 位的省(区、市)用“中度绿色”表示，排名后 10 位的省(区、市)用“浅绿色”表示。不同颜色代表资源环境承载潜力的不同程度，颜色越深，表明资源环境承载潜力越好。从地理区域来看，用“深绿色”代表的省(区、市)主要集中在中国的西部和东北的黑龙江，“中度绿色”代表的省(区、市)主要集中在东南部和中部地区，“浅绿色”代表的省(区、市)则主要集中在东部地区。

根据中国 30 个省(区、市)的资源环境承载潜力的测算结果，对各省(区、市)资源环境承载潜力总体特点分析如下。

1. 资源环境承载潜力区域间差异分析

从各省(区、市)看，省际的资源环境承载潜力差异显著，省际资源环境承载力指标值极差为 0.125，且指标值第一的青海是排名最后 1 位宁夏的 3.63 倍，另外，30 个省(区、市)中有 17 个省(区、市)指标值低于全国平均水平。

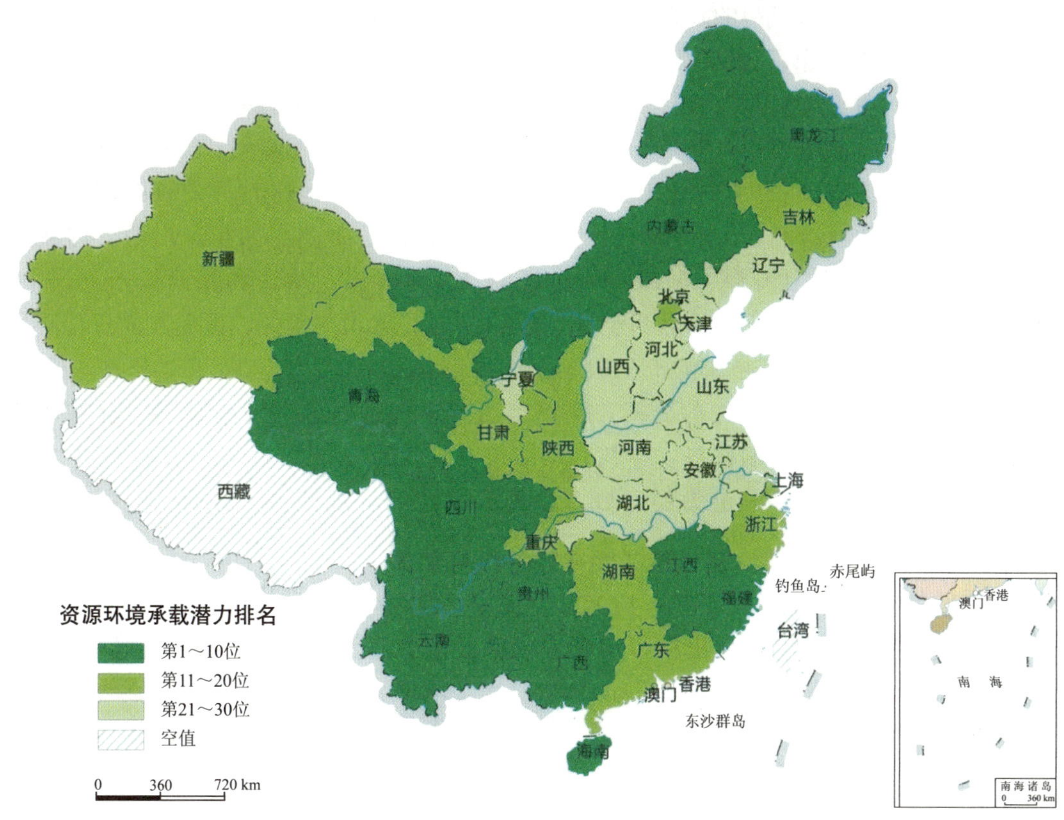

图 4-2 资源环境承载潜力排名地区分布

注：本图根据表 4-1 制作。

从东部、中部、西部、东北四大区域看，资源环境承载潜力的区域差异也比较明显。如图 4-3 所示，西部资源环境承载潜力明显好于其他三个地区，其次是东北地区，而东部、中部地区的资源环境承载潜力则相对较弱，且这两个区域的差异不大。分析两个二级指标可以发现，资源环境承载潜力的区域间差异主要来自资源丰裕与生态保护方面，西部和东北地区具有明显的优势，东部和中部地区相对较弱；同时，西部环境压力与气候变化方面的优势显著，其他三个地区差别不大(见图 4-3 和表 4-2)。

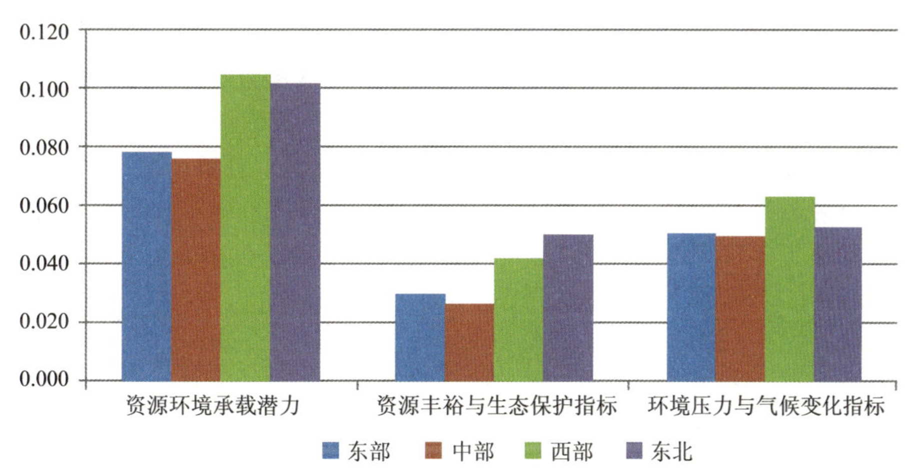

图 4-3 中国四大区域资源环境承载潜力对照图

注：图中数据为四大区域中各省(区、市)指标值的算术平均值。

从四大区域内各省(区、市)的资源环境承载潜力排名来看，东部地区 10 个省(区、市)中，海南排名相对较高，位列第 7 位；福建、北京和浙江位于全国中游，分别排在第 10、11 和 16 位；河北、山东、天津等省(区、市)排名则相对靠后，位列全国末尾。中部地区 6 个省整体排名中下游。江西排名最靠前，位列第 9 位；湖南处于中上游水平，位列第 17 位；湖北、安徽、山西和河南排名全国后 10 位，分别列第 21、23、25 和 26 位。西部地区整体的资源环境承载潜力指标值明显优于其他地区，11 个省(区、市)中，青海、云南、贵州、四川、广西、内蒙古 6 个省区位列全国前 10 位，并且青海、云南排名全国前 3 位；甘肃、重庆和陕西位于全国中上游，分别排第 13、14 和 15 位；但宁夏排名为全国倒数第 1 位。东北 3 省中，黑龙江的资源环境承载潜力较好，位列全国第 2 位；吉林位于全国中游，排名第 12 位；辽宁则相对较差，位列第 22 位。通过以上对资源环境承载潜力的分析，可以得出，中国的资源环境承载潜力存在明显的地域性差异，西部地区具有显著的优势，中部、东部地区则相对较弱。

东中西部地区资源环境承载潜力的区域差异具有一定的客观性。一方面，资源环境承载潜力与各地区自然禀赋息息相关，我国西部地区水土丰沛，森林覆盖率高，自然环境优于其他地区，比如青海、云南地区，地广人稀、人均资源占有量高成为这些地区的主要优势；相对而言，东部和中部地区在自然资源方面的优势相对较弱。另一方面，从经济发展阶段和发展模式来看，东部地区经济率先发展，形成了产业和人口集聚，经济实力在全国占绝对优势，经济总量和人均水平均处于领先地位，但东部地区早期粗放型的发展模式透支了资源，污染了环境，加之人口高度集聚，这些成为东部地区资源环境改善面临的巨大挑战。中部地区经济实力整体弱于东部地区，但近些年随着中部崛起战略的实施，中部地区经济飞速发展的同时也面临人口众多而耕地较少、资源消耗量巨大的瓶颈。西部地区发展相对滞后，但具有一定的后发优势，能够吸取以往发展经验和教训，发展的同时也关注环境保护。因此，在绿色发展理念的指导下，采用优势互补、区域合作等手段，优化资源配置，以缓解东部资源环境压力，同时以提升西部经济社会发展水平为抓手，持续加强对生态较脆弱的地区的环境保护，统筹处理区域间及其内部经济发展与生态文明建设之间的关系，将是我国需要长期坚持的发展战略。

2. 资源环境承载潜力区域内情况分析

从四大区域内各省(区、市)的情况看，各区域内省际资源环境承载潜力也存在较大差异。东部 10 个省(区、市)的指标值极差为 0.055，从排名上看，2 个省(区、市)排名全国上游，4 个省(区、市)排名全国中游，4 个省(区、市)排名全国下游，且排名最高的海南(第 7 位)和排名最低的山东(第 29 位)名次差距 22 位。中部地区的资源环境承载潜力水平较为平均，指标值极差为 0.042，主要是由于江西指标值明显高于其他地区。其中，江西指标值高于全国平均水平，位列第 9 位，而其他省均低于全国平均水平，地区间相差仅 0.02 分。西部 11 个省(区、市)的指标值极差为 0.125，排名上普遍靠前，6 个省(区、市)排名全国前 10 位，且青海、云南位列全国前 3 位，但是宁夏却排名全国倒数第 1 位。东北 3 省在资源环境承载潜力上的排名差异也很明显，3 个省(区、市)分属三个等级，排名最高的是黑龙江，位列第 2 位；吉林则位于全国中游，排名第 12 位；辽宁位于全国下游，排名第 22 位。具体情况如表 4-2 所示。

表 4-2　资源环境承载潜力四大区域内部差异分析

区　域	地　区	指数值	排　名	区　域	地　区	指数值	排　名
东　部	北　京	0.096	11	西　部	青　海	0.173	1
	海　南	0.109	7		云　南	0.128	3
	福　建	0.096	10		贵　州	0.119	4
	浙　江	0.087	16		四　川	0.114	5
	广　东	0.084	18		广　西	0.106	8
	上　海	0.079	19		内蒙古	0.112	6
	江　苏	0.064	24		甘　肃	0.095	13
	天　津	0.057	27		重　庆	0.089	14
	山　东	0.054	29		陕　西	0.088	15
	河　北	0.056	28		新　疆	0.078	20
中　部	江　西	0.099	9		宁　夏	0.048	30
	湖　南	0.086	17	东　北	黑龙江	0.133	2
	湖　北	0.077	21		吉　林	0.096	12
	安　徽	0.071	23		辽　宁	0.075	22
	山　西	0.062	25	由于缺少主要测算数据，西藏、香港、澳门和台湾未参与测算			
	河　南	0.057	26				

注：本表根据表 4-1 整理。

3. 资源环境承载潜力对区域绿色发展的影响分析

表 4-3 中，差距列的值等于资源环境承载潜力排名减去对应的绿色发展指数排名，数值为负表示该省资源环境承载潜力对其绿色发展水平的贡献为正，数值为正表示该省资源环境承载潜力对其绿色发展水平的贡献为负。

从相对序列位次差异情况看，重庆、海南、山西、安徽、河南、黑龙江、吉林、湖南、四川、青海、广西、江西、云南、甘肃、贵州 15 个省(区、市)资源环境承载潜力对区域绿色发展水平的贡献为正。这 15 个省(区、市)中，西部地区较多，占 7 个，中部地区占 5 个，东北地区占 2 个，东部地区也有 1 个。具体而言，贵州、甘肃、云南差距最大，表明这 3 个省份资源环境承载潜力对其绿色发展指数排名的贡献作用最明显。天津、山东、上海、江苏、浙江、北京、广东、宁夏、辽宁、福建、河北、新疆、陕西、内蒙古 14 个省(区、市)资源环境承载潜力对区域绿色发展水平排名的贡献为负。在以上这 14 个地区中，东部地区最多，占 9 个，西部地区 4 个，东北地区 1 个。具体而言，天津、山东、上海差距最大，表明这 3 个地区资源环境承载潜力水平对其绿色发展指数排名的负拉动作用最明显。湖北的资源环境承载潜力对绿色发展水平排名的贡献为零。

表 4-3　　　　分区域省际绿色发展指数与资源环境承载潜力排名差异比较

区　域	地　区	绿色发展指数排名	资源环境承载潜力排名	差　距	区　域	地　区	绿色发展指数排名	资源环境承载潜力排名	差　距
东　部	北　京	1	11	10	西　部	青　海	12	1	-11
	海　南	10	7	-3		云　南	18	3	-15
	福　建	6	10	4		贵　州	26	4	-22
	浙　江	3	16	13		四　川	14	5	-9
	广　东	8	18	10		广　西	20	8	-12
	上　海	2	19	17		内蒙古	5	6	1
	江　苏	7	24	17		甘　肃	29	13	-16
	天　津	4	27	23		重　庆	15	14	-1
	山　东	11	29	18		陕　西	13	15	2
	河　北	24	28	4		新　疆	17	20	3
中　部	江　西	23	9	-14		宁　夏	22	30	8
	湖　南	25	17	-8	东　北	黑龙江	9	2	-7
	湖　北	21	21	0		吉　林	19	12	-7
	安　徽	27	23	-4		辽　宁	16	22	6
	山　西	28	25	-3	由于缺少主要测算数据，西藏、香港、澳门和台湾未参与测算				
	河　南	30	26	-4					

注：本表根据表 0-5 和表 4-1 整理。

各地区的具体情况分析如下：在东部地区，除海南外，其他 9 个省(区、市)的资源环境承载潜力排名均落后于绿色发展指数排名，且有 8 个省(区、市)甚至落后 10 位以上，表明东部地区整体的资源环境承载潜力水平较弱，制约了绿色发展总指数的提升。在中部地区，除河北外，其他 5 个省的资源环境承载潜力排名均略高于绿色发展指数排名，表明中部地区大多数省的资源环境承载潜力对绿色发展指数有一定的推动作用。西部地区 11 个省(区、市)有 7 个资源环境承载潜力排名高于其绿色发展指数排名，且有 5 个省(区、市)高于(或等于)10 位以上，表明西部地区的资源环境承载潜力对绿色发展指数的拉动作用十分明显。东北地区的黑龙江和吉林两个省的资源环境承载潜力排名均高于其绿色发展指数排名，表明东北地区的资源环境承载潜力拉动作用也较强。

>>二、省际资源环境承载潜力比较分析<<

省际资源环境承载潜力占绿色发展指数总权重的 40%，由资源丰裕与生态保护指标和环境压力与气候变化指标 2 个二级指标构成，总共有 19 个三级指标，其中正指标 6 个，逆指标 13 个，参与测算的指标有 17 个。

1. 省际资源丰裕与生态保护指标测算结果及分析

在省际资源环境承载潜力测度体系中，资源丰裕与生态保护指标占资源环境承载潜力二级指标的权重为 31.65%，占绿色发展指数全部权重的 12.66%。

资源丰裕与生态保护的三级指标选择主要考虑两点。一是资源角度，资源是指自然资源，即一切可被人类开发和利用的，可以产生价值的自然物。因此，它是客观存在的。二是生态保护角度，生态保护是指对人类赖以生存的生态系统进行保护，使之免遭破坏，使生态功能得以正常发挥的各种措施。因此，它是人类的主观行动。

从指标构成来看，资源丰裕与生态保护指标由人均水资源量、人均森林面积、森林覆盖率、自然保护区面积占辖区面积比重、湿地面积占国土面积的比重、人均活立木总蓄积量 6 个三级指标构成。

同时，资源丰裕与生态保护的这 6 个三级指标包含了自然资源中最重要的几个方面——水、森林和湿地，具有同等的重要性，因此这 6 个三级指标平分权重。各项三级指标的权重及其指标属性参见表 4-4。

表 4-4　　省际资源丰裕与生态保护三级指标、权重及指标属性

指标序号	指　标	权　重	指标属性
1	人均水资源量	2.11%	正
2	人均森林面积	2.11%	正
3	森林覆盖率	2.11%	正
4	自然保护区面积占辖区面积比重	2.11%	正
5	湿地面积占国土面积的比重	2.11%	正
6	人均活立木总蓄积量	2.11%	正

注：本表内容是由本报告课题组召开的多次研讨会确定的。

在对三级指标的原始数据进行标准化处理基础上，根据上表中的权重，计算得出了各省(区、市)资源丰裕与生态保护指标测算结果如下(见表 4-5)。

表 4-5　　中国省际资源丰裕与生态保护指标指数值及排名

指　标	资源丰裕与生态保护指标		指　标	资源丰裕与生态保护指标	
地　区	指数值	排　名	地　区	指数值	排　名
黑龙江	0.068	1	新　疆	0.034	16
内蒙古	0.067	2	辽　宁	0.034	17
青　海	0.062	3	重　庆	0.032	18
云　南	0.060	4	陕　西	0.029	19
海　南	0.052	5	湖　北	0.028	20
广　西	0.050	6	甘　肃	0.028	21
福　建	0.050	7	安　徽	0.019	22
江　西	0.049	8	江　苏	0.019	23
四　川	0.049	9	北　京	0.017	24
吉　林	0.047	10	天　津	0.015	25
湖　南	0.036	11	山　东	0.013	26
贵　州	0.036	12	宁　夏	0.013	27
上　海	0.036	13	山　西	0.012	28
广　东	0.036	14	河　北	0.012	29
浙　江	0.035	15	河　南	0.011	30

注：1. 以上数据及排名根据《中国统计年鉴 2014—2015》《中国沙漠及其治理》《中国环境统计年报 2014》《中国环境统计年鉴 2015》等测算。2. 30 个测评省(区、市)的资源丰裕与生态保护指标的平均水平为 0.035。

从表 4-5 和图 4-4 中发现，在资源丰裕与生态保护指标中，西部地区和东北地区的整体情况较好，但西部地区的内部差距较大；东部地区和中部地区整体指标值相近，整体都较差。从指标值上看，各省(区、市)资源丰裕与生态保护指标值介于 0.011～0.068，30 个省(区、市)指标值的极差为 0.057。

从分省(区、市)排名情况上看，排在资源丰裕与生态保护指标前 10 位的省(区、市)是黑龙江、内蒙古、青海、云南、海南、广西、福建、江西、四川、吉林。其中，西部地区有 5 个，并且青海排名第 3 位；东北地区有 2 个；中部地区有 1 个；东部地区有 2 个。

排在资源丰裕与生态保护指标第 11～20 位的省(区、市)是湖南、贵州、上海、广东、浙江、新疆、辽宁、重庆、陕西、湖北。西部地区占 4 个，分别为贵州、新疆、重庆、陕西；东部地区有 3 个；中部地区有 2 个；东北地区有 1 个。

排在资源丰裕与生态保护指标后 10 位的省(区、市)，有 5 个在东部地区，分别是江苏、北京、天津、山东、河北；有 3 个位于中部地区；有 2 个位于西部地区。

分区域看，东部地区资源丰裕与生态保护指标值的极差为 0.040，排名最靠前的是海南，排第 5 位，最靠后的是河北，排第 29 位；中部地区极差为 0.038，最靠前的是江西，排第 8 位，最靠后的是河南，排第 30 位；西部地区极差为 0.055，最靠前的是内蒙古，排第 2 位，最靠后的是宁夏，排第 27 位；东北地区极差为 0.034，黑龙江排全国第 1 位，辽宁排第 17 位。

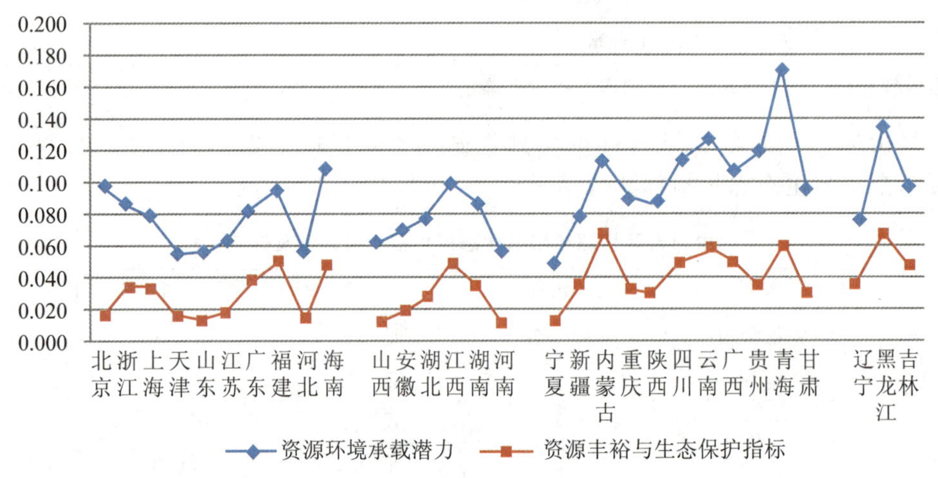

图 4-4　省际资源丰裕与生态保护和资源环境承载潜力指数对比

注：本表从东部、中部、西部和东北地区划分的角度，根据资源环境承载潜力指数大小自左到右排列。

从各省(区、市)看，资源丰裕与生态保护指标排名最高的是黑龙江。从三级指标看，黑龙江有 2 个三级指标排在第 1 位，即人均水资源量、自然保护区面积占辖区面积比重。资源丰裕与生态保护指标排名中倒数第 1 位的是河南。

2. 省际环境压力与气候变化指标测算结果及分析

在省际资源环境承载潜力测度体系中，环境压力与气候变化指标占资源环境承载潜力二级指标的权重为 68.58%，占绿色发展指数全部权重的 27.43%。

环境压力与气候变化是指由于人类的生活和发展，消耗自然环境资源，并造成环境污染，进而对环境产生压力；同时，污染物的大量排放，尤其是二氧化碳的排放，也会对气候变化造成影响。

由此，选择以下 13 个指标构成环境压力与气候变化指标的三级指标，分别是单位土地面积二氧化碳排放量、人均二氧化碳排放量、单位土地面积二氧化硫排放量、人均二氧化硫排放量、单位土地面积化学需氧量排放量、人均化学需氧量排放量、单位土地面积氮氧化物排放量、人均氮氧化物排放量、单位土地面积氨氮排放量、人均氨氮排放量、单位耕地面积化肥施用量、单位耕地面积农药使用量、人均公路交通氮氧化物排放量。

这 13 个三级指标平分权重。具体指标及其权重和指标属性参见表 4-6。

表 4-6　　省际环境压力与气候变化三级指标、权重及指标属性

指标序号	指　标	权　重	指标属性
1	单位土地面积二氧化碳排放量	2.11%	逆
2	人均二氧化碳排放量	2.11%	逆
3	单位土地面积二氧化硫排放量	2.11%	逆
4	人均二氧化硫排放量	2.11%	逆
5	单位土地面积化学需氧量排放量	2.11%	逆
6	人均化学需氧量排放量	2.11%	逆
7	单位土地面积氮氧化物排放量	2.11%	逆
8	人均氮氧化物排放量	2.11%	逆
9	单位土地面积氨氮排放量	2.11%	逆
10	人均氨氮排放量	2.11%	逆
11	单位耕地面积化肥施用量	2.11%	逆
12	单位耕地面积农药使用量	2.11%	逆
13	人均公路交通氮氧化物排放量	2.11%	逆

注：本表内容是由本报告课题组召开的多次研讨会确定的。

在对三级指标的原始数据进行标准化处理基础上，根据上表中的权重，计算得出了各省(区、市)环境压力与气候变化指标的指数值，排名情况见下表(表 4-7)。

表 4-7　　中国省际环境压力与气候变化指标指数值及排名

指　标	环境压力与气候变化指标		指　标	环境压力与气候变化指标	
地　区	指数值	排　名	地　区	指数值	排　名
青　海	0.111	1	湖　南	0.050	16
贵　州	0.084	2	吉　林	0.049	17
北　京	0.079	3	湖　北	0.048	18
云　南	0.068	4	广　东	0.048	19
甘　肃	0.068	5	福　建	0.046	20
黑龙江	0.065	6	河　南	0.046	21
四　川	0.065	7	内蒙古	0.045	22
陕　西	0.060	8	江　苏	0.044	23
海　南	0.057	9	河　北	0.044	24
重　庆	0.057	10	新　疆	0.044	25
广　西	0.055	11	上　海	0.043	26
安　徽	0.051	12	天　津	0.042	27
浙　江	0.051	13	辽　宁	0.042	28
山　西	0.050	14	山　东	0.041	29
江　西	0.050	15	宁　夏	0.035	30

注：1. 以上数据及排名根据《中国统计年鉴 2014—2015》《中国沙漠及其治理》《中国环境统计年报 2014》《中国环境统计年鉴 2015》等测算。2. 环境压力与气候变化指标的平均水平为 0.055。

从指标值上看，环境压力与气候变化指标值基本介于 0.035～0.111。青海指标值明显偏高，宁夏指标值最低。

从分省(区、市)排名情况看，环境压力与气候变化指标排名前 10 位的省(区、市)分别是青海、贵州、北京、云南、甘肃、黑龙江、四川、陕西、海南、重庆。其中，西部地区有 7 个省(区、市)位列前 10 位之中，分别是青海、贵州、云南、甘肃、四川、陕西、重庆；东部地区有 2 个，分别为北京、海南；东北地区有 1 个，即黑龙江。

环境压力与气候变化指标排名位于第 11～20 位的省(区、市)分别是广西、安徽、浙江、山西、江西、湖南、吉林、湖北、广东、福建。其中，中部地区的省(区、市)有 5 个，分别为安徽、山西、江西、湖南、湖北；东部地区有 3 个，分别为浙江、广东、福建；西部地区有 1 个，即广西；东北地区 1 个，即吉林，排名第 17 位。

环境压力与气候变化指标排名位于后 10 位的省(区、市)分别是河南、内蒙古、江苏、河北、新疆、上海、天津、辽宁、山东、宁夏。其中，有 5 个省市来自东部地区，分别是江苏、河北、上海、天津、山东；中部地区有 1 个，即河南；西部地区有 3 个，分别为内蒙古、新疆、宁夏。

从分区域看，在环境压力与气候变化指标中，西部地区整体情况明显好于其他三个地区，但西部地区极差相对较大，其中，青海排全国第 1 位，而宁夏排全国末尾，极差为 0.103；东北部地区的极差最大，为 0.112，最靠前的是黑龙江，排名第 10 位，最靠后的是辽宁，排名第 29 位；东部、中部地区各省(区、市)指标值差距较小。东部地区环境压力与气候变化指标值极差为 0.057，最靠前的是北京，排名第 3 位，最靠后的是山东，排名第 27 位；中部地区极差为 0.012，最靠前的是湖南，排名第 13 位，最靠后的是河南，排名第 21 位。

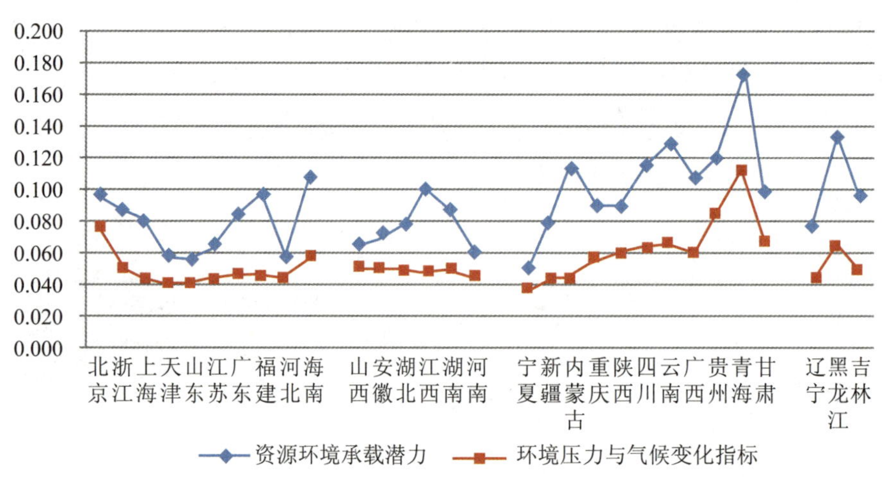

图 4-5　省际环境压力与气候变化和资源环境承载潜力指数对比

注：本表从东部、中部、西部和东北地区划分的角度，根据资源环境承载潜力指数大小自左到右排列。

第五章

省际政府政策支持度测算及分析

政府政策支持度是绿色发展指数的三大一级指标之一，对其进行科学的测算与分析，旨在客观反映各地区政府对绿色发展的重视程度和支持力度。本章以政府政策支持度的测算结果为基础，采用地区比较的视角，分别从绿色投资、基础设施和环境治理三个方面分析我国30个省(区、市)的政府政策支持度，探讨政府政策支持度与地区绿色发展的关系。

>>一、省际政府政策支持度的测算结果<<

根据“中国省际绿色发展指数指标体系”中政府政策支持度的测度指标体系和权重标准，我国30个省(区、市)政府政策支持度指数及三个分指数的测算结果及排名如下(见表5-1)。

表5-1　　中国30个省(区、市)政府政策支持度指数及排名

指标	一级指标		二级指标					
	政府政策支持度		绿色投资指标		基础设施指标		环境治理指标	
地区	指数值	排名	指数值	排名	指数值	排名	指数值	排名
北京	0.294	1	0.050	2	0.172	1	0.073	6
宁夏	0.243	2	0.044	4	0.127	7	0.072	7
浙江	0.241	3	0.029	15	0.148	3	0.064	23
新疆	0.235	4	0.046	3	0.122	11	0.068	17
上海	0.230	5	0.023	25	0.160	2	0.047	30
内蒙古	0.229	6	0.043	5	0.107	14	0.079	1
天津	0.229	7	0.024	24	0.136	5	0.069	13
山东	0.227	8	0.027	18	0.126	9	0.074	3
江苏	0.226	9	0.027	19	0.139	4	0.060	26
广东	0.223	10	0.022	27	0.135	6	0.065	21
福建	0.218	11	0.021	29	0.126	8	0.072	9

续表

指　标	一级指标		二级指标					
	政府政策支持度		绿色投资指标		基础设施指标		环境治理指标	
地　区	指数值	排　名	指数值	排　名	指数值	排　名	指数值	排　名
重　庆	0.215	12	0.036	9	0.111	12	0.068	19
河　北	0.210	13	0.034	12	0.105	15	0.071	11
山　西	0.207	14	0.036	11	0.098	17	0.073	5
陕　西	0.201	15	0.041	7	0.100	16	0.061	24
辽　宁	0.201	16	0.012	30	0.124	10	0.065	22
安　徽	0.200	17	0.028	16	0.095	21	0.076	2
海　南	0.200	18	0.022	28	0.110	13	0.068	18
四　川	0.194	19	0.036	8	0.091	25	0.067	20
湖　北	0.191	20	0.025	23	0.098	18	0.068	16
江　西	0.190	21	0.026	20	0.095	20	0.068	15
云　南	0.189	22	0.025	22	0.092	23	0.072	8
湖　南	0.188	23	0.025	21	0.092	24	0.071	12
广　西	0.188	24	0.030	13	0.086	26	0.072	10
贵　州	0.186	25	0.036	10	0.077	29	0.073	4
青　海	0.185	26	0.052	1	0.083	28	0.050	29
黑龙江	0.183	27	0.029	14	0.094	22	0.060	25
吉　林	0.182	28	0.027	17	0.096	19	0.059	27
河　南	0.175	29	0.022	26	0.084	27	0.068	14
甘　肃	0.170	30	0.041	6	0.071	30	0.058	28

注：1. 本表根据“中国省际绿色发展指数指标体系”中政府政策支持度的指标体系，依各指标 2014 年数据测算而得。2. 本表各省(区、市)按照政府政策支持度的指数值从大到小排序。3. 本表一级指标“政府政策支持度”指数值等于“绿色投资指标”“基础设施指标”“环境治理指标”3 个二级指标指数值之和。4. 以上数据及排名根据《中国统计年鉴 2015》《中国环境统计年鉴 2015》《中国环境统计年报 2014》《中国城市统计年鉴 2015》《中国水利统计年鉴 2015》《中国工业统计年鉴 2015》《中国沙漠及其治理》等测算。5. 为了便于后文进行比较分析，基于算术平均方法，我们测算得到 30 个测评省(区、市)的政府政策支持度指数的平均水平为 0.208，绿色投资指标的平均水平为 0.031，基础设施指标的平均水平为 0.109，环境治理指标的平均水平为 0.067。

从表 5-1 中看到，2014 年指数值最高的北京为 0.294，比所有参评省(区、市)政府政策支持度的平均值 0.208 高 41.35 个百分点，最低的青海仅为 0.170，极差为 0.124；有 13 个省(区、市)指数值高于该平均值，与去年相比减少了 4 个地区。排在政府政策支持度指数值前 10 位的省(区、市)依次是北京、宁夏、浙江、新疆、上海、内蒙古、天津、山东、江苏和广东(排序见图 5-1)。其中，绿色投资指标指数值排名前 10 位的省(区、市)依次是青海、北京、新疆、宁夏、内蒙古、甘肃、陕西、四川、重庆和贵州；基础设施指标指数值排名前 10 位的省(区、市)依次是北京、上海、浙江、江苏、天津、广东、宁夏、福建、山东和辽宁；环境治理指标指数值排名前 10 位的省(区、市)依次是内蒙古、安徽、山东、贵州、山西、北京、宁夏、云南、福建和广西。

根据表 5-1 中各地区政府政策支持度的指数值可绘制出图 5-1。其中，横轴为政府政策支持度指数值，纵轴为省(区、市)名称。政府政策支持度指数值用绿色条框表示，绿色条框越长，指数值越大；所有参评省(区、市)政府政策支持度的平均值用垂直于横轴的虚线表示。由图 5-1 看出，北京、河北等 13 个省(区、市)指数值高于该平均值，山西、甘肃等 17 个省(区、市)指数值低于该平均值。

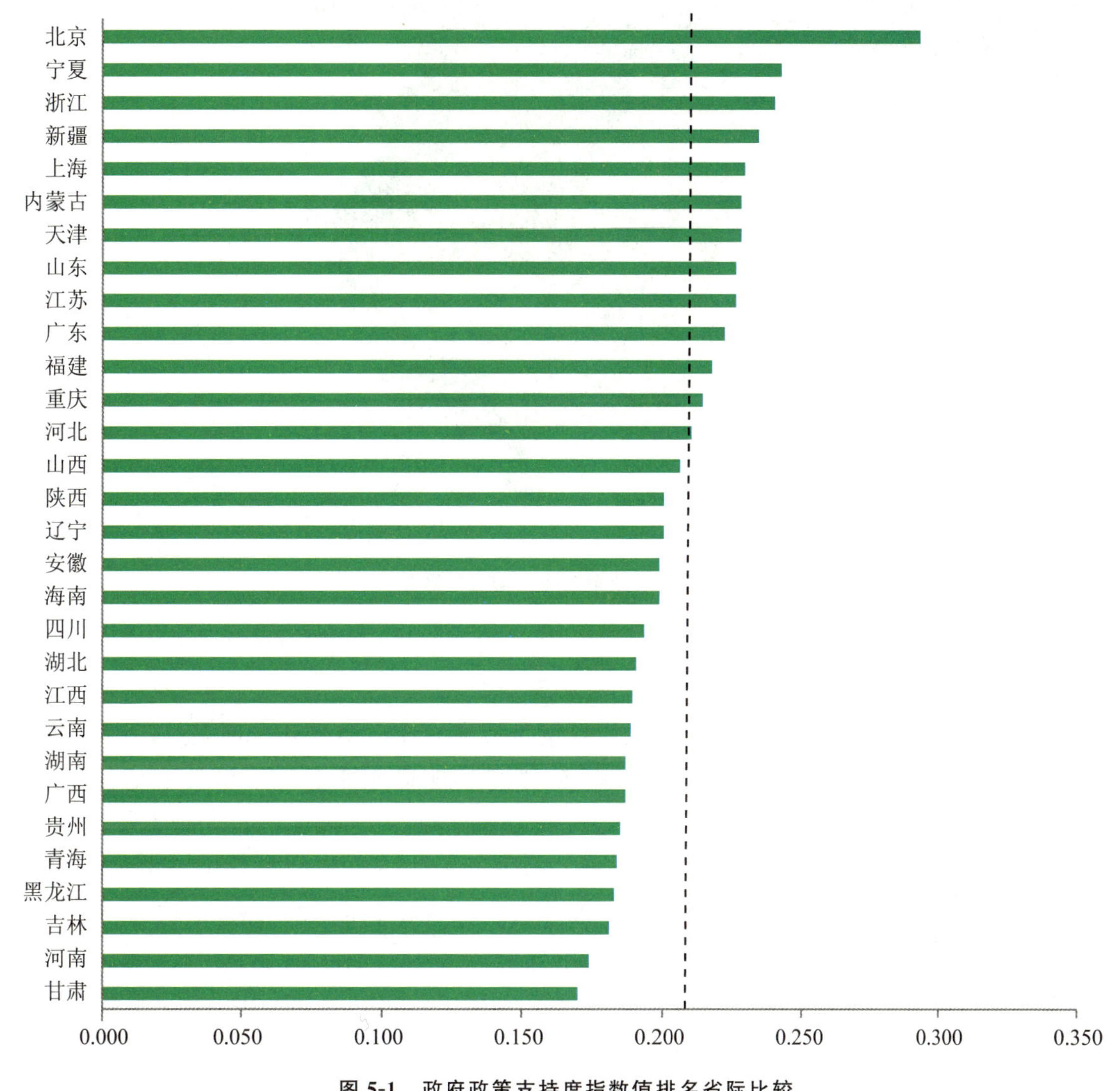

图 5-1 政府政策支持度指数值排名省际比较

注：本图根据表 5-1 制作。指数值由高到低排列，虚线表示所有参评省(区、市)政府政策支持度的平均值。

各地区政府政策支持度的地理分布见图 5-2，地图颜色的深浅代表了政府政策支持度的不同程度，颜色越深，表明政府政策支持度越高，反之则越低。其中，排在前 10 位的省(区、市)用“深绿色”表示，排在第 11～20 位的省(区、市)用“中度绿色”表示，排在后 10 位的省(区、市)用“浅绿色”表示。如图 5-2 所示，政府政策支持度的地区差异依旧明显。从东、中、西和东北四大经济区的角度看，深绿色相对集中在东部沿海地区以及西部的宁夏、新疆和内蒙古；东北地区辽宁为中度绿色，吉林、黑龙江是浅绿色；中部和西部依旧相对复杂，不同深浅的绿色交织，表明这两个区域内部省际的差异较大。具体来看，各地区政府政策支持度的总体特点如下。

图 5-2 政府政策支持度排名地区分布

注：本图根据表 5-1 制作。

1. 政府政策支持度的区域间差异分析

从政府政策支持度的区域分布来看，政府政策支持度总体依旧呈现东部最好、中西部较好、东北地区偏低的局面。从图 5-3 中可以看出，东部地区政府政策支持度指数平均值最高，为 0.230；西部和中部次之，略低于所有参评省(区、市)政府政策支持度的平均值，分别为 0.203 和 0.192；东北地区最低，为 0.189。从排名看，政府政策支持度指数值全国排名前 10 位的省(区、市)中有 7 个来自东部地区，3 个来自西部地区；进入排名前 15 位的省(区、市)中，有 9 个来自东部地区，5 个来自西部地区，1 个来自中部地区。

具体来看，东部总体水平明显高于其他地区。东部 10 省(区、市)中，有 7 个排在全国前 10 位；其他 3 个省份福建、河北、海南分别排在第 11、13、18 位，相比去年福建(第 8 位)、河北(第 10 位)、海南(第 17 位)下降幅度较小。西部总体水平较高，处于前 10 位的省(区、市)比去年增加 1 个。西部 11 省(区、市)中，宁夏、新疆、内蒙古分别以第 2、4、6 位的水平位居全国前 10 位，宁夏排名比去年有所提前，新疆下降了 1 位；重庆、陕西和四川排在第 11～20 位；其他 5 个省排在第 21～30 位，依次是云南、广西、贵州、青海和甘肃。中部总体水平略低于西部地区。中部 6 省中，山西位居第 14 位，较去年排名上升 3 位；湖南位于第 23 位，较去年相比有所提升；湖北位于第 20 位，与去年相同；安徽、江西、河南分别位于第 17、21、29 位，排名比去年有所退后。东北 3 省总体水平相对最低。其中，辽宁、黑龙江、吉林分列第 16、27、28 位，与去年相比，辽宁位次上升 5 位，黑龙江下降 1 位，吉林位次和去年相同。

就政府政策支持度的 3 个分指标而言，区域间的差异也非常显著。其中，基础设施指数的区域间差异最大，东部地区明显高于全国平均水平及其他三个地区；其次是东北、西部、中部地区，均低于全国平均水平。绿色投资指数的区域间差异较小，西部地区高于全国平均水平，东部和中部地区绿色投资指数值相近，且低于全国平均水平；东北地区指数值相对较低。就环境治理指标而言，区域间差异不明显，中部最高、西部次之，高于全国平均水平；东部和东北较低，低于全国平均水平。总体来看，东部地区的政府政策支持度具有较强的优势，而东北地区在该项指标上则相对逊色。

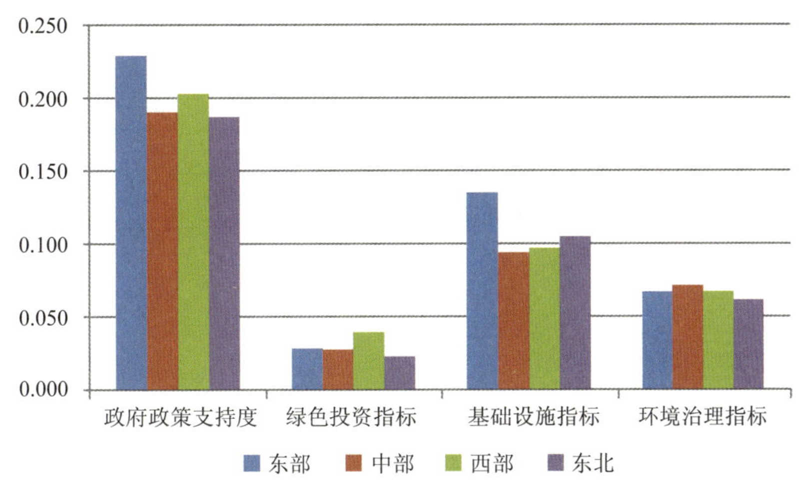

图 5-3　中国四大区域政府政策支持度对照图

注：图中数据为四大区域中各省(区、市)指数值的算术平均值。

2. 政府政策支持度的区域内省际差异分析

从四大区域内各省(区、市)的情况看(见表 5-2)，西部地区政府政策支持度省际差异性明显，既存在排名全国前列的宁夏(第 2 位)和新疆(第 4 位)，又存在排名靠后的青海(第 26 位)和甘肃(第 30 位)，排名最靠前的宁夏和排名最靠后的甘肃相差 0.073；西部 11 个省(区、市)中，政府政策支持度高于所有参评省(区、市)平均值的有 4 个，位于排名前 10 位的有 3 个，排在第 11～20 位的有 3 个，排在第 21～30 位的有 5 个。

东部地区 10 省(区、市)的政府政策支持度排名总体靠前，指数值除海南外均高于所有参评省(区、市)的平均值；其中，有 7 个省(区、市)排名在前 10 位，福建、河北和海南分别位于第 11、13、18 位；排名第 1 位的北京和排名最靠后的海南极差为 0.094。

中部地区各省份政府政策支持度总体排名相对偏后，指数值均低于参评省(区、市)的平均水平，排名最靠前的山西和排名最靠后的河南极差为 0.032。

东北地区的辽宁、黑龙江和吉林政府政策支持度排名都较低，分别位于第 16、27、28 位，指数值均低于参评省(区、市)的平均水平，排名最靠前的辽宁和排名最靠后的吉林极差为 0.019。

表 5-2　　政府政策支持度四大区域内部差异分析

区　域	地　区	指数值	排　名	区　域	地　区	指数值	排　名
东　部	北　京	0.294	1	西　部	宁　夏	0.243	2
	浙　江	0.241	3		新　疆	0.235	4
	上　海	0.230	5		内蒙古	0.229	6
	天　津	0.229	7		重　庆	0.215	12
	山　东	0.227	8		陕　西	0.201	15
	江　苏	0.226	9		四　川	0.194	19
	广　东	0.223	10		云　南	0.189	22
	福　建	0.218	11		广　西	0.188	24
	河　北	0.210	13		贵　州	0.186	25
	海　南	0.200	18		青　海	0.185	26
中　部	山　西	0.207	14		甘　肃	0.170	30
	安　徽	0.200	17	东　北	辽　宁	0.201	16
	湖　北	0.191	20		黑龙江	0.183	27
	江　西	0.190	21		吉　林	0.182	28
	湖　南	0.188	23	由于缺少主要测算数据，因此，西藏、香港、澳门和台湾未参与测算			
	河　南	0.175	29				

注：本表根据表 5-1 整理。

3. 政府政策支持度对区域绿色发展的影响分析

政府政策支持度是绿色发展指数的三大一级指标之一，在区域绿色发展指数中所占权重为30%。政府政策支持和实施力度差异，直接影响着绿色经济发展水平的排序。

从测算结果可以发现，多数地区政府政策支持度指数排序与绿色发展指数排序存在差异(见表 5-3)，名次差异在 5 位(含 5 位)以上的省(区、市)有 11 个，占比为 36.67%；排名差异 10 个位次及以上的省(区、市)有 7 个，分别是黑龙江、青海、新疆、宁夏、河北、安徽和山西。宁夏、山西、新疆、河北和安徽 5 个省(区、市)因政策支持度指数较高而明显拉升了绿色发展指数。海南、吉林、青海和黑龙江 4 个省(区、市)政策支持度指数值则相反，较为明显地拉低了绿色发展指数水平。此外，绿色发展指数排名前 10 位的省(区、市)中，除北京和浙江外，8 个省(区、市)政府政策支持度表现都相对较弱，从而影响了绿色发展指数的进一步提升；绿色指数排名后 10 位的省(区、市)中，有 5 个政府政策支持度的排名在后 10 位。

表 5-3　　省际绿色发展指数与政府政策支持度排名差异比较

地　区	绿色发展指数排名	政府政策支持度排名	位次变化	地　区	绿色发展指数排名	政府政策支持度排名	位次变化
北　京	1	1	0	辽　宁	16	16	0
上　海	2	5	−3	新　疆	17	4	13
浙　江	3	3	0	云　南	18	22	−4
天　津	4	7	−3	吉　林	19	28	−9
内蒙古	5	6	−1	广　西	20	24	−4
福　建	6	11	−5	湖　北	21	20	1

续表

地　区	绿色发展指数排名	政府政策支持度排名	位次变化	地　区	绿色发展指数排名	政府政策支持度排名	位次变化
江　苏	7	9	−2	宁　夏	22	2	20
广　东	8	10	−2	江　西	23	21	2
黑龙江	9	27	−18	河　北	24	13	11
海　南	10	18	−8	湖　南	25	23	2
山　东	11	8	3	贵　州	26	25	1
青　海	12	26	−14	安　徽	27	17	10
陕　西	13	15	−2	山　西	28	14	14
四　川	14	19	−5	甘　肃	29	30	−1
重　庆	15	12	3	河　南	30	29	1

注：本表根据表 0-3 和表 5-1 整理。

>>二、省际政府政策支持度比较分析<<

政府政策支持度由绿色投资、基础设施、环境治理 3 个二级指标构成，其权重分别为 7.5%、13.5%和 9%。以下从绿色投资指标、基础设施指标以及环境治理指标三个方面进行比较分析，以进一步剖析各地区政府政策支持度特征。

1. 省际绿色投资指标测算结果及分析

绿色投资指标由环境保护支出占财政支出比重，环境污染治理投资占地区生产总值比重，农村人均改水、改厕的政府投资，单位耕地面积退耕还林投资完成额，科教文卫支出占财政支出比重 5 个三级指标构成，占政府政策支持度指数的权重为 25%，占绿色发展指数的 7.5%，各项指标的权重采用均权法，各占 1.5%(见表 5-4)。

表 5-4　　省际绿色投资三级指标、权重及指标属性

指标序号	指　标	权　重	指标属性
1	环境保护支出占财政支出比重	1.5%	正
2	环境污染治理投资总额占地区生产总值比重	1.5%	正
3	农村人均改水、改厕的政府投资	1.5%	正
4	单位耕地面积退耕还林投资完成额	1.5%	正
5	科教文卫支出占财政支出比重	1.5%	正

注：本表内容是由本报告课题组召开的多次研讨会确定的。

测算结果表明(见表 5-5 和图 5-4)，绿色投资指数值最高的青海为 0.052，指数值最低的辽宁为 0.012。共有 12 个省(区、市)指数值高于参评省(区、市)的平均值。

按指数值高低，排在前 10 位的省(区、市)依次是青海、北京、新疆、宁夏、内蒙古、甘肃、陕西、四川、重庆和贵州，其中，西部地区 9 个，东部地区仅有北京市。

排在第 11～20 位的省(区、市)依次是山西、河北、广西、黑龙江、浙江、安徽、吉林、山东、江苏和江西，其中，东部地区 4 个，中部地区 3 个，东北地区 2 个，西部地区仅有广西。

排在后 10 位的省(区、市)依次是湖南、云南、湖北、天津、上海、河南、广东、海南、福建和辽宁，其中，东部地区 5 个，中部地区 3 个，西部地区仅有云南，东北地区仅有辽宁。

表 5-5　　中国省际绿色投资指标指数及排名

地　区	指数值	排　名	地　区	指数值	排　名
青　海	0.052	1	安　徽	0.028	16
北　京	0.050	2	吉　林	0.027	17
新　疆	0.046	3	山　东	0.027	18
宁　夏	0.044	4	江　苏	0.027	19
内蒙古	0.043	5	江　西	0.026	20
甘　肃	0.041	6	湖　南	0.025	21
陕　西	0.041	7	云　南	0.025	22
四　川	0.036	8	湖　北	0.025	23
重　庆	0.036	9	天　津	0.024	24
贵　州	0.036	10	上　海	0.023	25
山　西	0.036	11	河　南	0.022	26
河　北	0.034	12	广　东	0.022	27
广　西	0.030	13	海　南	0.022	28
黑龙江	0.029	14	福　建	0.021	29
浙　江	0.029	15	辽　宁	0.012	30

注：1. 以上数据及排名根据《中国统计年鉴 2015》《中国环境统计年鉴 2015》《中国环境统计年报 2014》《中国城市统计年鉴 2015》《中国水利统计年鉴 2015》《中国工业统计年鉴 2015》《中国沙漠及其治理》等测算。2. 30 个测评省（区、市）的绿色投资指标的平均水平为 0.031。

分区域看，西部各省（区、市）总体排名都靠前，在绿色投资指标上的指数值具有整体优势，在全国前 10 位中占了 9 位，而且除广西、云南两省区外，其余省（区、市）指数值均高于所有参评省（区、市）的平均值，极差为 0.027。东部各省（区、市）绿色投资指标指数值有明显差异，指数值较高的北京居于全国第 2 位，浙江、山东、江苏和江西处于中间水平，但天津、上海、广东、海南和福建处于后 10 位，极差为 0.029。东北地区各省份指数值差异较大，黑龙江和吉林分别为全国第 14、17 位，辽宁为最后一位，极差为 0.017。中部地区省际整体差异相对于其他地区比较小，6 个省份指数值均处于所有参评省（区、市）的平均值之下，极差为 0.014。

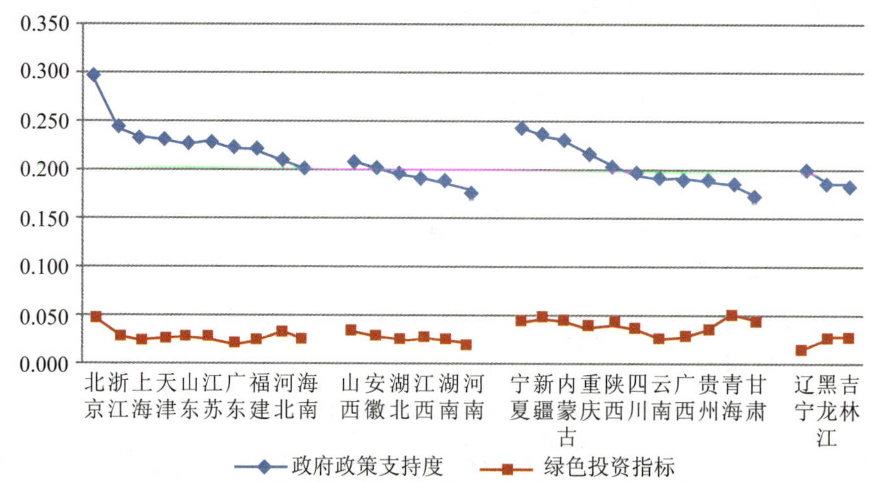

图 5-4　省际绿色投资指数与政府政策支持度指数对比

注：本表从东部、中部、西部和东北地区划分的角度，根据政府政策支持度指数大小自左到右排列。

2. 省际基础设施指标测算结果及分析

在政府政策支持度测算体系中，基础设施指标占政府政策支持度指数的权重为45%，共由9个三级指标构成，分别是“城市人均绿地面积”“城市用水普及率”“城市污水处理率”“城市生活垃圾无害化处理率”“城市每万人拥有公交车辆”“人均城市公共交通运营线路网长度”“农村累计已改水受益人口占农村人口比重”“人均互联网宽带接入端口”和“建成区绿化覆盖率”，每个指标权重均为1.5%(见表5-6)。

表5-6　　省际基础设施三级指标、权重及指标属性

指标序号	指　标	权　重	指标属性
6	城市人均绿地面积	1.5%	正
7	城市用水普及率	1.5%	正
8	城市污水处理率	1.5%	正
9	城市生活垃圾无害化处理率	1.5%	正
10	城市每万人拥有公交车辆	1.5%	正
11	人均城市公共交通运营线路网长度	1.5%	正
12	农村累计已改水受益人口占农村人口比重	1.5%	正
13	人均互联网宽带接入端口	1.5%	正
14	建成区绿化覆盖率	1.5%	正

注：本表内容是由本报告课题组召开的多次研讨会确定的。

测算结果表明(见表5-7和图5-5)，基础设施指数地区差异最大，极差为0.100，大于绿色投资指数和环境治理指数的地区差异。其中，指数值最高的是北京，为0.171，指数值最低的甘肃为0.071。有13个省(区、市)高于所有参评省(区、市)的平均值。

其中，排在前10位的省(区、市)依次是北京、上海、浙江、江苏、天津、广东、宁夏、福建、山东和辽宁，其中除宁夏、辽宁外，其他8个均为东部地区，东部地区在基础设施指标指数值上的绝对优势更加凸显。

排在第11～20位的依次是新疆、重庆、海南、内蒙古、河北、陕西、山西、湖北、吉林和江西，其中，东部地区2个，中部地区3个，西部地区4个，东北地区仅有吉林。

排名后10位的依次为安徽、黑龙江、云南、湖南、四川、广西、河南、青海、贵州和甘肃，其中，中部地区3个，西部地区6个，东北地区仅有黑龙江。

表5-7　　中国省际基础设施指标指数及排名

地　区	指数值	排　名	地　区	指数值	排　名
北　京	0.172	1	陕　西	0.100	16
上　海	0.160	2	山　西	0.098	17
浙　江	0.148	3	湖　北	0.098	18
江　苏	0.139	4	吉　林	0.096	19
天　津	0.136	5	江　西	0.095	20
广　东	0.135	6	安　徽	0.095	21
宁　夏	0.127	7	黑龙江	0.094	22
福　建	0.126	8	云　南	0.092	23
山　东	0.126	9	湖　南	0.092	24

续表

地　区	指数值	排　名	地　区	指数值	排　名
辽　宁	0.124	10	四　川	0.091	25
新　疆	0.122	11	广　西	0.086	26
重　庆	0.111	12	河　南	0.084	27
海　南	0.110	13	青　海	0.083	28
内蒙古	0.107	14	贵　州	0.077	29
河　北	0.105	15	甘　肃	0.071	30

注：1. 以上数据及排名根据《中国统计年鉴 2015》《中国环境统计年鉴 2015》《中国环境统计年报 2014》《中国城市统计年鉴 2015》《中国水利统计年鉴 2015》《中国工业统计年鉴 2015》《中国沙漠及其治理》等测算。2. 30 个测评省(区、市)的基础设施指标的平均水平为 0.109。

分区域看，东部地区基础设施最具优势，除河北外各省(区、市)基础设施指数值均高于所有参评省(区、市)平均值，指数值最高的北京和排名靠后的河北指数值极差为 0.067。中部省份内部差别最小，且均低于所有参评省(区、市)的平均值，其中山西排名较靠前，河南较靠后，极差为 0.014。西部地区各省(区、市)差异显著，其中宁夏指数值 0.127，位列全国第 7 位，而甘肃指数值仅为 0.071，位列最后一位，极差为 0.056。东北 3 省差异也很明显，除辽宁高于所有参评省(区、市)的平均值外，吉林和黑龙江分列第 19、22 位，极差为 0.030。

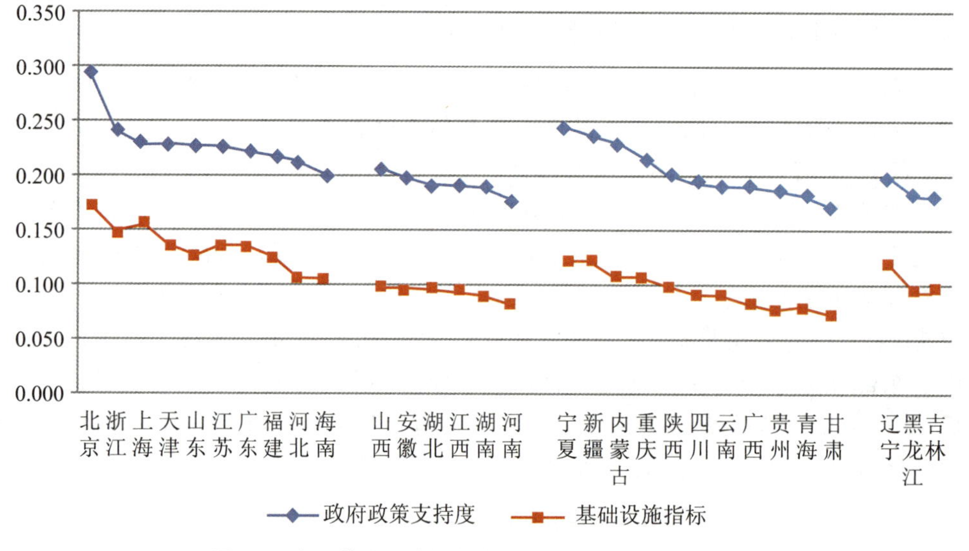

图 5-5　省际基础设施指数与政府政策支持度指数对比

注：本表从东部、中部、西部和东北地区划分的角度，根据政府政策支持度指数大小自左到右排列。

3. 省际环境治理指标测算结果及分析

在政府政策支持度测算体系中，环境治理指标占政府政策支持度指数的权重为 30%，由 6 个三级指标构成，分别是“人均当年新增造林面积”“工业二氧化硫去除率”“工业废水化学需氧量去除率”“工业氮氧化物去除率”和“工业废水氨氮去除率”和“突发环境事件次数”，每个指标权重均为 1.5%(见表 5-8)。

表 5-8　　省际环境治理三级指标、权重及指标属性

指标序号	指　标	权　重	指标属性
15	人均当年新增造林面积	1.5%	正
16	工业二氧化硫去除率	1.5%	正
17	工业废水化学需氧量去除率	1.5%	正
18	工业氮氧化物去除率	1.5%	正
19	工业废水氨氮去除率	1.5%	正
20	突发环境事件次数	1.5%	逆

注：本表内容是由本报告课题组召开的多次研讨会确定的。

测算结果表明(见表 5-9 和图 5-6)，地区间环境治理指数极差为 0.032，相比基础设施指数和绿色投资指数而言，其差异程度最小。其中，指数值最高的内蒙古为 0.079，指数值最低的上海为 0.047。有 20 个省(区、市)高于所有参评省(区、市)的平均值。

排在前 10 位的省(区、市)依次是内蒙古、安徽、山东、贵州、山西、北京、宁夏、云南、福建和广西，其中东部地区 3 个、中部地区 2 个、西部地区 5 个。

排在第 11～20 位的省(区、市)依次是河北、湖南、天津、河南、江西、湖北、新疆、海南、重庆和四川，其中东部地区 3 个、中部地区 4 个、西部地区 3 个。

排在后 10 位的省(区、市)依次是广东、辽宁、浙江、陕西、黑龙江、江苏、吉林、甘肃、青海和上海，其中东部地区 4 个、西部地区 3 个、东北地区 3 个。

表 5-9　　中国省际环境治理指标指数及排名

地　区	指数值	排　名	地　区	指数值	排　名
内蒙古	0.079	1	湖　北	0.068	16
安　徽	0.076	2	新　疆	0.068	17
山　东	0.074	3	海　南	0.068	18
贵　州	0.073	4	重　庆	0.068	19
山　西	0.073	5	四　川	0.067	20
北　京	0.073	6	广　东	0.065	21
宁　夏	0.072	7	辽　宁	0.065	22
云　南	0.072	8	浙　江	0.064	23
福　建	0.072	9	陕　西	0.061	24
广　西	0.072	10	黑龙江	0.060	25
河　北	0.071	11	江　苏	0.060	26
湖　南	0.071	12	吉　林	0.059	27
天　津	0.069	13	甘　肃	0.058	28
河　南	0.068	14	青　海	0.050	29
江　西	0.068	15	上　海	0.047	30

注：1. 以上数据及排名根据《中国统计年鉴 2015》《中国环境统计年鉴 2015》《中国环境统计年报 2014》《中国城市统计年鉴 2015》《中国水利统计年鉴 2015》《中国工业统计年鉴 2015》《中国沙漠及其治理》等测算。2. 30 个测评省(区、市)的环境治理指标的平均水平为 0.067。

分区域看，东部地区环境治理整体指数值比较高，除广东、浙江、江苏和上海外，其余省(区、市)指数值均高于所有参评省(区、市)的平均值，但省际指数值差异较大，排名差异也较

大，其中山东排全国第 3 位，上海却名列第 30 位，极差为 0.027。中部地区的省际指数值差异较小，6 省中，安徽以 0.076 的指数值位居第 2 位，排名靠后的湖北为 0.068，极差为 0.008。西部地区省际差异较为显著，内蒙古以 0.079 居全国第 1 位，青海以 0.050 排在全国最后一位，极差为 0.029。东北 3 省中辽宁最高，其次是黑龙江，吉林最低，均低于所有参评省（区、市）的平均值，省际指数值差异最小，极差为 0.006。

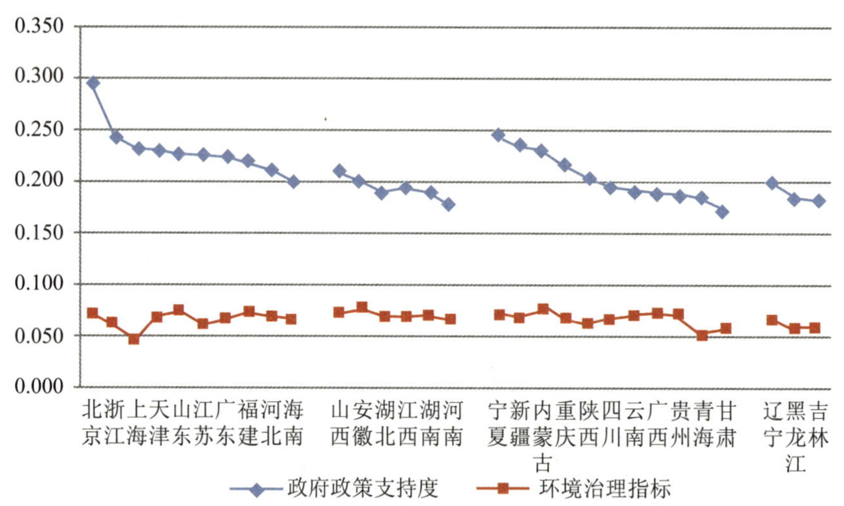

图 5-6 省际环境治理指数与政府政策支持度指数对比

注：本图从东部、中部、西部和东北地区划分的角度，根据政府政策支持度指数大小自左到右排列。

第三篇

城市篇

本篇以公开出版的统计年鉴为基础，以2016中国城市绿色发展指数指标体系为依据，全面系统地反映了2014年中国100个测评城市的绿色发展情况，分析了这些城市的绿色发展排名。同时，本篇从绿色发展指数三个一级指标出发，分别编排了三章，即“第六章　城市经济增长绿化度测算及分析”“第七章　城市资源环境承载潜力测算及分析”和“第八章　城市政府政策支持度测算及分析”，深入解析了2014年中国100个测评城市经济增长绿化度、资源环境承载潜力与政府政策支持度的具体情况。

第六章

城市经济增长绿化度测算及分析

绿色增长是绿色发展的重要组成部分，在经济增长中注重节能环保是绿色增长的题中应有之义。经济增长绿化度从计量角度很好地评价了一个地区经济增长过程中的绿色节能环保程度。本章根据“中国城市绿色发展指数指标体系”中经济增长绿化度的测度标准，利用 2014 年度数据，从绿色增长效率、第一产业、第二产业及第三产业四个方面对中国 100 个大中城市的经济增长绿化度进行了测度分析。

>>一、城市经济增长绿化度的测算结果<<

根据“中国城市绿色发展指数指标体系”中经济增长绿化度的测度体系和权重标准，对 2014 年中国 100 个大中城市的经济增长绿化度测算结果如表 6-1 所示。

表 6-1　　中国 100 个城市经济增长绿化度指数及排名

城　市	一级指标		二级指标							
	经济增长绿化度		绿色增长效率指标		第一产业指标		第二产业指标		第三产业指标	
	指数值	排　名	指数值	排　名	指数值	排　名	指数值	排　名	指数值	排　名
深　圳	0.249 2	1	0.113 4	2	0.000 2	90	0.107 3	1	0.028 3	25
海　口	0.208 6	2	0.127 2	1	0.000 0	100	0.044 0	44	0.037 3	4
长　沙	0.181 8	3	0.039 0	7	0.009 8	9	0.105 8	2	0.027 2	30
苏　州	0.156 0	4	0.040 6	6	0.045 4	1	0.042 7	55	0.027 2	31
烟　台	0.134 1	5	0.023 2	22	0.026 4	2	0.059 9	3	0.024 5	44
无　锡	0.132 2	6	0.050 0	4	0.002 7	47	0.047 9	20	0.031 7	9
广　州	0.130 4	7	0.036 6	8	0.003 0	44	0.052 1	7	0.038 8	3
北　京	0.126 6	8	0.041 5	5	0.000 1	93	0.042 0	60	0.043 0	2
常　州	0.125 6	9	0.033 9	9	0.007 7	17	0.052 4	6	0.031 6	10
克拉玛依	0.124 1	10	0.058 2	3	0.004 3	32	0.048 0	19	0.013 6	98
青　岛	0.118 7	11	0.027 3	14	0.008 3	14	0.051 7	9	0.031 4	11
宁　波	0.110 3	12	0.029 0	11	0.016 7	4	0.040 6	66	0.024 0	53
上　海	0.107 7	13	0.027 6	13	0.000 1	97	0.044 1	43	0.036 0	5

续表

城　市	一级指标		二级指标							
	经济增长绿化度		绿色增长效率指标		第一产业指标		第二产业指标		第三产业指标	
	指数值	排　名	指数值	排　名	指数值	排　名	指数值	排　名	指数值	排　名
包　头	0.107 2	14	0.024 8	20	0.001 2	65	0.046 1	28	0.035 2	6
济　南	0.106 6	15	0.020 8	34	0.011 1	8	0.043 9	45	0.030 7	12
武　汉	0.104 6	16	0.025 4	18	0.003 1	42	0.047 3	22	0.028 8	21
天　津	0.104 4	17	0.026 1	15	0.001 3	62	0.048 3	18	0.028 8	22
芜　湖	0.103 4	18	0.018 4	42	0.009 2	12	0.055 9	5	0.020 0	78
杭　州	0.103 3	19	0.030 0	10	0.006 5	23	0.039 3	74	0.027 5	26
呼和浩特	0.103 0	20	0.019 1	40	0.001 1	66	0.039 2	76	0.043 6	1
潍　坊	0.102 8	21	0.015 2	59	0.016 9	3	0.046 0	31	0.024 7	42
沈　阳	0.102 4	22	0.019 9	36	0.003 4	40	0.051 8	8	0.027 3	29
南　京	0.102 3	23	0.027 6	12	0.004 1	34	0.040 2	70	0.030 5	14
石家庄	0.102 3	24	0.012 9	77	0.008 2	16	0.051 4	10	0.029 7	15
常　德	0.101 4	25	0.016 2	52	0.009 0	13	0.049 7	13	0.026 5	35
温　州	0.099 8	26	0.015 9	54	0.007 2	18	0.049 8	11	0.026 8	33
绍　兴	0.098 8	27	0.022 4	24	0.014 9	5	0.039 8	72	0.021 7	66
乌鲁木齐	0.098 3	28	0.020 1	35	0.000 0	99	0.043 2	51	0.035 0	7
西　安	0.097 6	29	0.019 7	37	0.003 0	43	0.044 3	39	0.030 5	13
扬　州	0.097 4	30	0.023 4	21	0.012 6	7	0.040 6	67	0.020 7	72
大　连	0.096 6	31	0.026 1	16	0.002 7	48	0.038 5	78	0.029 4	17
湖　州	0.096 3	32	0.017 0	46	0.014 3	6	0.042 8	54	0.022 2	63
福　州	0.095 9	33	0.017 7	44	0.006 1	25	0.048 5	16	0.023 5	56
合　肥	0.094 3	34	0.021 2	31	0.009 5	11	0.042 9	52	0.020 6	73
淄　博	0.094 2	35	0.022 0	28	0.006 7	21	0.043 5	49	0.021 9	65
北　海	0.094 0	36	0.013 7	68	0.000 9	72	0.057 3	4	0.022 0	64
遵　义	0.094 0	37	0.011 4	85	0.006 6	22	0.048 7	14	0.027 3	28
成　都	0.093 2	38	0.020 8	33	0.000 8	80	0.044 9	36	0.026 7	34
长　春	0.092 9	39	0.019 4	38	0.000 9	74	0.048 5	15	0.024 1	50
唐　山	0.092 8	40	0.022 1	27	0.000 8	81	0.046 8	25	0.023 1	58
日　照	0.092 0	41	0.014 3	64	0.007 0	20	0.046 2	27	0.024 4	46
厦　门	0.091 2	42	0.025 4	19	0.000 3	89	0.041 3	62	0.024 2	48
延　安	0.089 7	43	0.022 1	26	0.001 4	60	0.049 7	12	0.016 4	94
济　宁	0.089 5	44	0.015 8	57	0.009 5	10	0.042 5	58	0.021 6	67
岳　阳	0.089 3	45	0.014 0	66	0.003 5	39	0.048 4	17	0.023 5	57
湛　江	0.089 3	46	0.016 4	51	0.000 7	82	0.046 1	29	0.026 1	37
泰　安	0.088 7	47	0.015 7	58	0.005 9	26	0.044 1	41	0.022 9	59
咸　阳	0.088 6	48	0.022 4	25	0.004 2	33	0.045 8	32	0.016 2	95

续表

城市	一级指标		二级指标							
	经济增长绿化度		绿色增长效率指标		第一产业指标		第二产业指标		第三产业指标	
	指数值	排名	指数值	排名	指数值	排名	指数值	排名	指数值	排名
珠海	0.088 0	49	0.025 9	17	0.000 2	92	0.040 7	65	0.021 2	70
哈尔滨	0.087 6	50	0.011 3	86	0.000 4	88	0.044 1	42	0.031 9	8
徐州	0.087 6	51	0.016 5	49	0.001 1	69	0.044 9	35	0.025 1	39
株洲	0.087 0	52	0.015 9	55	0.003 7	37	0.047 4	21	0.020 0	77
南通	0.086 9	53	0.022 8	23	0.001 7	57	0.042 3	59	0.020 2	76
银川	0.086 4	54	0.014 3	63	0.000 1	95	0.043 6	48	0.028 3	24
郑州	0.086 3	55	0.021 4	30	0.001 6	58	0.039 4	73	0.023 9	54
马鞍山	0.086 1	56	0.017 5	45	0.003 5	38	0.044 4	38	0.020 6	74
桂林	0.085 3	57	0.013 7	69	0.002 3	51	0.045 6	33	0.023 7	55
洛阳	0.085 3	58	0.016 4	50	0.005 0	30	0.039 2	75	0.024 7	43
兰州	0.084 7	59	0.012 7	78	0.001 9	54	0.040 8	63	0.029 2	18
绵阳	0.084 5	60	0.012 1	82	0.008 2	15	0.044 3	40	0.020 0	79
湘潭	0.084 5	61	0.013 6	70	0.002 6	49	0.045 5	34	0.022 8	61
南宁	0.083 9	62	0.012 9	75	0.000 9	76	0.042 6	56	0.027 5	27
锦州	0.083 7	63	0.012 9	76	0.000 6	84	0.046 0	30	0.024 2	49
吉林	0.082 9	64	0.012 0	83	0.000 8	79	0.043 7	46	0.026 5	36
南昌	0.082 3	65	0.018 8	41	0.000 8	78	0.043 2	50	0.019 5	81
汕头	0.081 7	66	0.007 5	98	0.006 3	24	0.047 0	23	0.020 9	71
石嘴山	0.081 3	67	0.013 3	72	0.000 9	73	0.046 8	24	0.020 2	75
昆明	0.081 1	68	0.021 9	29	0.002 0	53	0.027 7	95	0.029 6	16
牡丹江	0.080 7	69	0.011 9	84	0.000 1	94	0.040 4	68	0.028 4	23
泉州	0.079 6	70	0.018 0	43	0.001 4	59	0.042 6	57	0.017 6	88
平顶山	0.078 9	71	0.013 3	73	0.007 2	19	0.040 4	69	0.018 0	87
太原	0.078 8	72	0.019 4	39	0.000 5	86	0.029 9	93	0.029 0	20
西宁	0.078 7	73	0.008 8	95	0.001 0	70	0.042 9	53	0.025 9	38
柳州	0.078 4	74	0.014 2	65	0.001 0	71	0.044 5	37	0.018 7	86
秦皇岛	0.077 4	75	0.008 9	93	0.005 2	28	0.034 2	88	0.029 1	19
宜昌	0.077 1	76	0.021 1	32	0.003 3	41	0.035 8	82	0.017 0	92
铜川	0.076 6	77	0.007 9	97	0.003 7	36	0.046 3	26	0.018 7	85
开封	0.075 6	78	0.010 5	88	0.003 9	35	0.041 7	61	0.019 5	82
临汾	0.075 4	79	0.009 5	91	0.000 9	75	0.040 1	71	0.025 0	40
韶关	0.074 7	80	0.009 4	92	0.002 2	52	0.038 8	77	0.024 4	47
泸州	0.074 5	81	0.010 4	89	0.005 1	29	0.043 7	47	0.015 3	97
赤峰	0.073 2	82	0.012 7	79	0.000 5	87	0.035 0	83	0.025 0	41
焦作	0.073 1	83	0.016 9	47	0.004 4	31	0.034 7	86	0.017 1	90

续表

城　市	一级指标		二级指标							
	经济增长绿化度		绿色增长效率指标		第一产业指标		第二产业指标		第三产业指标	
	指数值	排　名	指数值	排　名	指数值	排　名	指数值	排　名	指数值	排　名
安　阳	0.071 9	84	0.011 1	87	0.005 4	27	0.037 9	79	0.017 5	89
九　江	0.071 4	85	0.015 8	56	0.000 6	85	0.033 6	90	0.021 3	69
宝　鸡	0.070 8	86	0.014 4	62	0.001 9	55	0.037 8	80	0.016 8	93
宜　宾	0.070 7	87	0.010 1	90	0.002 8	46	0.040 7	64	0.017 0	91
贵　阳	0.070 3	88	0.013 1	74	0.001 8	56	0.028 2	94	0.027 1	32
大　同	0.070 2	89	0.007 1	100	0.001 4	61	0.037 6	81	0.024 0	51
重　庆	0.069 2	90	0.012 1	81	0.000 0	98	0.034 3	87	0.022 8	60
曲　靖	0.069 2	91	0.016 8	48	0.002 8	45	0.033 6	89	0.015 9	96
抚　顺	0.069 0	92	0.013 5	71	0.000 7	83	0.033 4	91	0.021 4	68
长　治	0.068 3	93	0.012 5	80	0.001 2	63	0.034 8	85	0.019 8	80
鞍　山	0.065 7	94	0.014 6	61	0.001 1	67	0.026 0	97	0.024 0	52
齐齐哈尔	0.064 4	95	0.008 8	96	0.000 1	96	0.031 1	92	0.024 5	45
攀枝花	0.064 4	96	0.016 1	53	0.001 2	64	0.034 9	84	0.012 2	99
本　溪	0.064 1	97	0.014 8	60	0.002 5	50	0.024 4	98	0.022 3	62
阳　泉	0.054 2	98	0.013 8	67	0.001 1	68	0.020 4	100	0.018 9	84
荆　州	0.053 9	99	0.007 4	99	0.000 8	77	0.026 3	96	0.019 4	83
金　昌	0.039 8	100	0.008 9	94	0.000 2	91	0.020 6	99	0.010 2	100

注：1. 本表根据“中国城市绿色发展指数指标体系”中的经济增长绿化度指数指标体系，依据各指标 2014 年数据测算而得。2. 本表各测评城市按照经济增长绿化度的指数值从大到小排序。3. 本表一级指标“经济增长绿化度”指数值等于 4 个二级指标“绿色增长效率指标”“第一产业指标”“第二产业指标”“第三产业指标”指数值之和。4. 本表测度结果保留 4 位小数，如果指数相同排名相同说明两市测算的指数完全一样，如果指数相同但排名不同则是小数点四舍五入的结果，说明指数值在小数点 4 位之后有差异，本章节此后所有测度结果均采用该方法保留 4 位小数。5. 以上数据及排名根据《中国统计年鉴 2015》《中国环境统计年报 2014》《中国环境统计年鉴 2015》《中国城市统计年鉴 2015》《中国城市建设统计年鉴 2015》《中国区域经济统计年鉴 2015》等测算。6. 为了便于后文进行比较分析，基于算术平均方法，我们测算出全国所有参评城市经济增长绿化度指数平均水平为 0.092 6，所有参评城市绿色增长效率指数平均水平为 0.020 6，所有参评城市第一产业指标指数平均水平为 0.004 3，所有参评城市第二产业指标指数平均水平为 0.043 3，所有参评城市第二产业指标指数平均水平为 0.024 4。

从表 6-1 可以看到，2014 年中国 100 个城市经济增长绿化度中，指数值最高的是深圳，达到了 0.249 2；最低的是金昌，为 0.039 8。排在前 20 位的城市依次是深圳、海口、长沙、苏州、烟台、无锡、广州、北京、常州、克拉玛依、青岛、宁波、上海、包头、济南、武汉、天津、芜湖、杭州和呼和浩特。其中，二级指标中，绿色增长效率指标排名前 20 位的城市依次为海口、深圳、克拉玛依、无锡、北京、苏州、长沙、广州、常州、杭州、宁波、南京、上海、青岛、天津、大连、珠海、武汉、厦门和包头；第一产业指标排名前 20 位的城市依次为苏州、烟台、潍坊、宁波、绍兴、湖州、扬州、济南、长沙、济宁、合肥、芜湖、常德、青岛、绵阳、石家庄、常州、温州、平顶山和日照；第二产业指标排名前 20 位的城市依次是深圳、长沙、烟台、北海、芜湖、常州、广州、沈阳、青岛、石家庄、温州、延安、常德、遵义、长春、福州、岳阳、天津、克拉玛依和无锡；第三产业指标排名前 20 位的城市依次是呼和浩特、北京、广州、海口、上海、包头、乌鲁木齐、哈尔滨、无锡、常州、青岛、济南、西安、南京、石家庄、昆明、大连、兰州、秦皇岛和太原。2014 年中国 100 个城市经济增长绿化度排名前 20 位和后 20 位的具体情况见图 6-1。

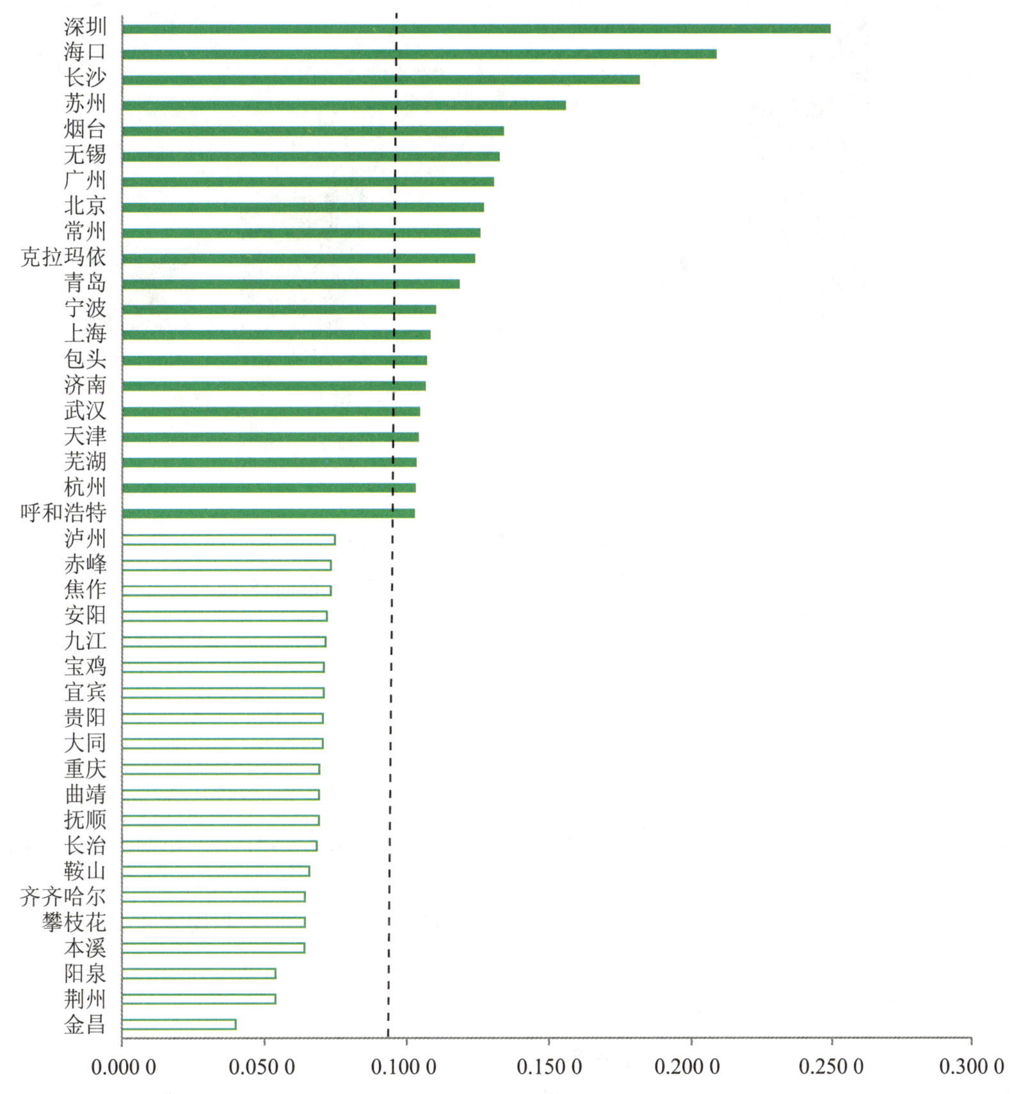

图 6-1 中国城市经济增长绿化度排名前 20 位和后 20 位的城市

注：本图根据表 6-1 制作。指数值由高到低排列，虚线表示所有参评城市经济增长绿化度的平均值。

根据表 6-1 和图 6-1，下面进一步从城市经济增长绿化度区域之间差异、区域内部差异，以及 2014 年中国城市绿色发展指数与城市经济增长绿化度的相关关系进行分析。

1. 城市经济增长绿化度区域间差异分析

总体看来，城市经济增长绿化度的区域差异非常明显，其中东部地区城市遥遥领先，其他三个地区中部地区稍强，西部地区次之，东北地区最弱，具体如图 6-2 所示。其中，东部所有测评城市的平均水平达到 0.109 0，远高于其他地区。中部、西部和东北地区城市的平均水平分别为 0.084 8、0.083 2 和 0.080 9，均远低于东部地区，同时也低于全国平均水平 0.092 6。

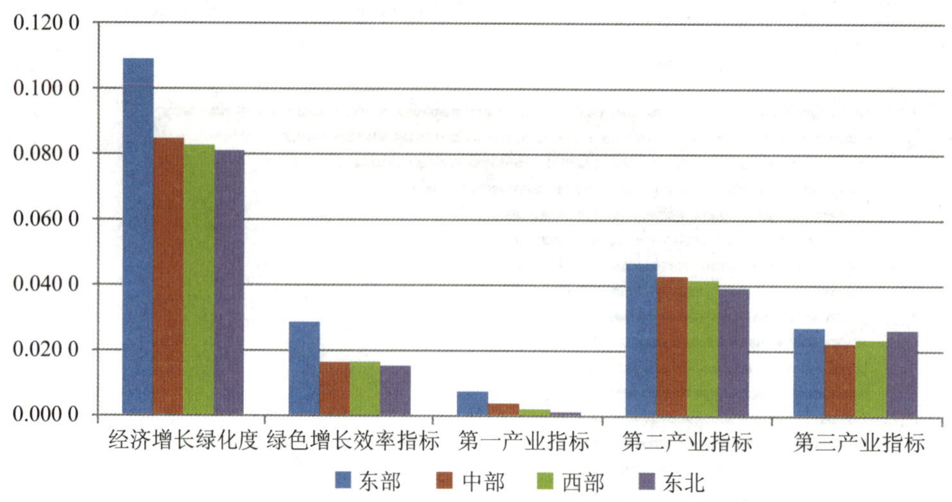

图 6-2　中国四大区域城市经济增长绿化度对照图

注：本图数据为四大区域中各城市指数值的算术平均值。

具体到各二级指标，绿色增长效率指标中，东部地区平均水平为 0.028 3，略高于全国平均水平 0.020 6，在四大区域比较中依然遥遥领先；中部地区和西部地区均为 0.016 5，排名并列第二，均低于全国平均水平；东北地区指数值为 0.015 0，排名垫底。

第一产业指标中，东部地区平均水平为 0.007 3，高于全国平均水平 0.003 7；中部地区与全国水平相当，指数值为 0.003 8；西部地区略低于全国平均水平，指数值为 0.002 1；东北地区第一产业指数值最低，为 0.001 2。

第二产业指标中，东部地区平均水平为 0.046 6，高于全国平均水平 0.042 4；中部地区指标值为 0.042 6，略高于全国平均水平；西部地区和东北地区分别为 0.041 4 和 0.038 9，均低于全国平均水平。

第三产业指标中，东部地区平均水平最高，为 0.026 8，高于全国平均水平 0.024 4；东北地区次之，指数值 0.025 8，略高于全国平均水平；西部地区为 0.023 1，排在第三；中部地区最低，指数值 0.021 9，中部和西部地区均低于全国平均水平。

2. 城市经济增长绿化度区域内差异分析

从城市经济增长绿化度测算结果来看，城市排名呈现出区域化特征，东部地区多数城市排名相对靠前，中部、西部及东北地区多数城市总体排名比较接近。同时各区域内部城市之间的排名状况差异十分明显。从区域内部最高位次与最低位次的位差数来看，东部地区差距仅为 79 位；中部地区和西部地区差距分别为 96 位和 90 位；东北地区样本数量在四大区域中排名最小，最高与最低的位差数在四大区域中也是最小，为 75 位。

(1)东部地区城市经济增长绿化度指数及排名

2014 年中国东部地区城市经济增长绿化度指数及排名如表 6-2 所示。

表 6-2　中国东部地区城市经济增长绿化度指数及排名

城　市	指数值	所有测评城市排名	区域内部排名	城　市	指数值	所有测评城市排名	区域内部排名
深　圳	0.249 2	1	1	绍　兴	0.098 8	27	19
海　口	0.208 6	2	2	扬　州	0.097 4	30	20
苏　州	0.156 0	4	3	湖　州	0.096 3	32	21

续表

城 市	指数值	所有测评城市排名	区域内部排名	城 市	指数值	所有测评城市排名	区域内部排名
烟 台	0.134 1	5	4	福 州	0.095 9	33	22
无 锡	0.132 2	6	5	淄 博	0.094 2	35	23
广 州	0.130 4	7	6	唐 山	0.092 8	40	24
北 京	0.126 6	8	7	日 照	0.092 0	41	25
常 州	0.125 6	9	8	厦 门	0.091 2	42	26
青 岛	0.118 7	11	9	济 宁	0.089 5	44	27
宁 波	0.110 3	12	10	湛 江	0.089 3	46	28
上 海	0.107 7	13	11	泰 安	0.088 7	47	29
济 南	0.106 6	15	12	珠 海	0.088 0	49	30
天 津	0.104 4	17	13	徐 州	0.087 6	51	31
杭 州	0.103 3	19	14	南 通	0.086 9	53	32
潍 坊	0.102 8	21	15	汕 头	0.081 7	66	33
南 京	0.102 3	23	16	泉 州	0.079 6	70	34
石家庄	0.102 3	24	17	秦皇岛	0.077 4	75	35
温 州	0.099 8	26	18	韶 关	0.074 7	80	36

注：本表根据表 6-1 整理。

在东部参评的 36 个城市中，有 8 个城市位居所有测评城市的前 10 位，分别是深圳、海口、苏州、烟台、无锡、广州、北京和常州，占东部城市的 22.22%。其中深圳以 0.249 2 的高分位居所有测评城市之首，且遥遥领先于第 2 位苏州的 0.208 6。除去全国排名前 10 位的 8 个城市外，青岛、宁波、上海、天津、淄博、唐山等 16 个城市排在全国第 11～40 位的位置。这 24 个东部城市的经济增长绿化度高于全国平均水平，占东部城市的 66.67%，优势非常明显。而日照、厦门、秦皇岛、韶关等其余的 12 个城市位于所有参评城市的第 41～80 位，它们的指数值均低于全国平均水平。总的来看，东部地区的 36 个城市在经济增长绿化度上处于领先地位。

从区域内部差异来看，东部地区排名最高的深圳(第 1 位，指数值 0.249 2)与排名最低的韶关(第 80 位，指数值 0.074 7)之间的位差为 79 位，指数值差为 0.174 5，在四大区域中排名倒数第二，可见东部地区不但整体较强，而且区域内部差距也较小；位差最小的是东北地区，区域内排名最高的沈阳(第 22 位，指数值 0.102 4)与排名最低的本溪(第 97 位，指数值 0.064 1)位差为 75。

(2)中部地区城市经济增长绿化度指数及排名

2014 年中国中部地区城市经济增长绿化度指数及排名如表 6-3 所示。

表 6-3　中国中部地区城市经济增长绿化度指数及排名

城 市	指数值	所有测评城市排名	区域内部排名	城 市	指数值	所有测评城市排名	区域内部排名
长 沙	0.181 8	3	1	平顶山	0.078 9	71	13
武 汉	0.104 6	16	2	太 原	0.078 8	72	14
芜 湖	0.103 4	18	3	宜 昌	0.077 1	76	15
常 德	0.101 4	25	4	开 封	0.075 6	78	16
合 肥	0.094 3	34	5	临 汾	0.075 4	79	17

续表

城　市	指数值	所有测评城市排名	区域内部排名	城　市	指数值	所有测评城市排名	区域内部排名
岳　阳	0.089 3	45	6	焦　作	0.073 1	83	18
株　洲	0.087 0	52	7	安　阳	0.071 9	84	19
郑　州	0.086 3	55	8	九　江	0.071 4	85	20
马鞍山	0.086 1	56	9	大　同	0.070 2	89	21
洛　阳	0.085 3	58	10	长　治	0.068 3	93	22
湘　潭	0.084 5	61	11	阳　泉	0.054 2	98	23
南　昌	0.082 3	65	12	荆　州	0.053 9	99	24

注：本表根据表 6-1 整理。

中部参与测评的 24 个城市中，长沙作为唯一挤进所有参评城市排名前 10 位的中部城市，位居第 3 位；除此之外，中部还有武汉、芜湖、常德、合肥这 4 个城市的经济增长绿化度指数值高于全国所有参评城市的平均水平 0.092 6。而中部城市的指数值从全国排名第 45 位的岳阳开始，余下的 19 个城市指标值均小于 0.092 6，即低于全国平均水平，排名第 45～99 位。因此，绝大部分中部城市经济增长绿化度这一指标位居全国较低的水平。

从区域内部差异来看，中部地区排名最高的长沙(第 3 位，指数值 0.181 8)与排名最低的荆州(第 99 位，指数值 0.053 9)之间的位差为 96 位，指数值差为 0.127 9，在四大区域中位差排名第一，可见中部地区区域内部差距较大。

(3)西部地区城市经济增长绿化度指数及排名

2014 年中国西部地区经济增长绿化度指数及排名如表 6-4 所示。

表 6-4　　中国西部地区城市经济增长绿化度指数及排名

城　市	指数值	所有测评城市排名	区域内部排名	城　市	指数值	所有测评城市排名	区域内部排名
克拉玛依	0.124 1	10	1	石嘴山	0.081 3	67	16
包　头	0.107 2	14	2	昆　明	0.081 1	68	17
呼和浩特	0.103 0	20	3	西　宁	0.078 7	73	18
乌鲁木齐	0.098 3	28	4	柳　州	0.078 4	74	19
西　安	0.097 6	29	5	铜　川	0.076 6	77	20
北　海	0.094 0	36	6	泸　州	0.074 5	81	21
遵　义	0.094 0	37	7	赤　峰	0.073 2	82	22
成　都	0.093 2	38	8	宝　鸡	0.070 8	86	23
延　安	0.089 7	43	9	宜　宾	0.070 7	87	24
咸　阳	0.088 6	48	10	贵　阳	0.070 3	88	25
银　川	0.086 4	54	11	重　庆	0.069 2	90	26
桂　林	0.085 3	57	12	曲　靖	0.069 2	91	27
兰　州	0.084 7	59	13	攀枝花	0.064 4	96	28
绵　阳	0.084 5	60	14	金　昌	0.039 8	100	29
南　宁	0.083 9	62	15				

注：本表根据表 6-1 整理。

西部参与测评的29个城市中，克拉玛依为仅有的进入所有参评城市前10位的城市，位居第10位；包头、呼和浩特、乌鲁木齐、西安、北海、遵义、成都这7个城市指数值大于0.092 6，其城市经济增长绿化度高于全国平均水平，位居全国所有参评城市中上游，也同时位居西部参评城市的前列。而延安、咸阳、银川、桂林等21个城市经济增长绿化度指数值小于0.092 6，低于全国平均水平，位居全国所有参评城市中下游，同时在西部所有城市中排名靠后。总的来说，西部城市的指数值结构与中部城市类似，绝大多数城市经济增长绿化度位于全国中下游水平。

从区域内部差异来看，西部地区排名最高的克拉玛依(第10位，指数值0.124 1)与排名最低的金昌(第100位，指数值0.039 8)之间的位差为90位，指数值差为0.084 3，在四大区域中位差排名第二，可见西部地区城市经济增长绿化度总体较差，区域内部差距也非常大。

(4)东北地区城市经济增长绿化度指数及排名

2014年中国东北地区城市经济增长绿化度指数及排名如表6-5所示。

表6-5　　中国东北地区城市经济增长绿化度指数及排名

城　市	指数值	所有测评城市排名	区域内部排名	城　市	指数值	所有测评城市排名	区域内部排名
沈　阳	0.102 4	22	1	牡丹江	0.080 7	69	7
大　连	0.096 6	31	2	抚　顺	0.069 0	92	8
长　春	0.092 9	39	3	鞍　山	0.065 7	94	9
哈尔滨	0.087 6	50	4	齐齐哈尔	0.064 4	95	10
锦　州	0.083 7	63	5	本　溪	0.064 1	97	11
吉　林	0.082 9	64	6				

注：本表根据表6-1整理。

东北地区参与测评的11个城市中，没有城市挤进参评城市前10位的行列。沈阳、大连、长春3个城市指数值均大于0.092 6，高于全国平均水平。而哈尔滨、锦州、吉林等其余8个城市的指数值都小于0.092 6，低于全国平均水平，位居全国所有参评城市的中下游。总的来说，东北地区绝大多数城市的经济增长绿化度在全国排名偏于中等水平。

从区域内部差异来看，东北地区排名最高的沈阳(第22位，指数值0.102 4)与排名最低的本溪(第97位，指数值0.064 1)之间的位差为75位，在四大区域中最小；指数值差为0.038 3，在四大区域中同样最小。可见东北地区城市经济增长绿化度较为接近，区域内部差距相对较小，但由于样本量也较小，这种接近也有一定的相对性。

3. 城市经济增长绿化度对2014年中国城市绿色发展指数的影响分析

对比2014年中国城市绿色发展指数与经济增长绿化度后我们可以看到，100个参评城市中，有46个城市经济增长绿化度排名高于中国城市绿色发展指数排名，这表明大约半数的城市在经济发展过程中越来越关注“绿色”发展方式，因此推动了城市整体的绿色发展水平。这些城市包括赤峰、宝鸡、曲靖、昆明等；同时，有52个城市经济增长绿化度排名低于中国城市绿色发展指数排名，因而影响了城市整体绿色发展的提升，如西安、沈阳、包头、岳阳等；而荆州、广州这两个城市经济增长绿化度排名与中国城市绿色发展指数排名相同，保持了经济发展与绿色发展的一致性。

从影响程度分析，城市经济增长绿化度排名与中国城市绿色发展指数排名差异较大(超过20位)的城市有28个，占所有城市的28%，其中为正差的城市有15个，如西安、沈阳、包头、岳阳等，这些城市的经济增长绿化度对城市总体绿色发展的贡献很大；为负差的城市有13个，如赤峰、宝鸡、曲靖、昆明等，这些城市的经济增长绿化度对城市总体绿色发展的贡献较小。其中，赤峰的排名差异变化最大，其中国城市绿色发展指数位居所有测评城市第 18 位，但经济增长绿化度仅为第 82 位，变化幅度达到了 64 位。同时，名次变动差异较小(20 位以内)的城市共有 72 个，占所有城市的 72%，如广州、荆州、深圳、齐齐哈尔等，说明城市经济绿色增长对城市总体绿色发展的影响与其他因素基本平分秋色。而荆州、广州这两个城市的经济增长绿化度排位与绿色发展指数排位相同，保持了经济发展与绿色发展的一致性。2014 年中国城市绿色发展指数与城市经济增长绿化度排名差异超过 20 位的城市如表 6-6 所示。

表 6-6　中国城市绿色发展指数与城市经济增长绿化度排名差异超过 20 位的城市

城　市	绿色发展指数排名	经济增长绿化度排名	位次变化	城　市	绿色发展指数排名	经济增长绿化度排名	位次变化
北　海	6	36	－30	常　德	57	25	32
湛　江	8	46	－38	绍　兴	58	27	31
厦　门	13	42	－29	贵　阳	63	88	－25
赤　峰	18	82	－64	济　宁	65	44	21
昆　明	20	68	－48	沈　阳	66	22	44
南　宁	23	62	－39	淄　博	67	35	32
泉　州	27	70	－43	攀枝花	72	96	－24
宝　鸡	31	86	－55	西　安	75	29	46
太　原	36	72	－36	咸　阳	78	48	30
曲　靖	40	91	－51	郑　州	85	55	30
秦皇岛	45	75	－30	岳　阳	86	45	41
武　汉	48	16	32	锦　州	88	63	25
天　津	53	17	36	兰　州	93	59	34
包　头	56	14	42	西　宁	98	73	25

注：1. 本表根据表 0-4 和表 6-1 整理。2. 表中排名差异为绿色发展指数排名与经济增长绿化度排名之差，正值表示经济增长绿化度较之于绿色发展指数进步的名次，负值表示经济增长绿化度较之于绿色发展指数退后的名次。

>>二、城市经济增长绿化度比较分析<<

为了保证测算体系的稳定性与连续性，2014 年的城市经济增长绿化度仍占该年中国城市绿色发展指数总权重的 33%，共由绿色增长效率指标、第一产业指标、第二产业指标和第三产业指标 4 个二级指标及 17 个三级指标构成。在这些三级指标中，正指标 8 个，逆指标 9 个，包含 2 个无数列表指标；需要指出，本报告与 2013 年报告不同的地方在于，测算中国城市绿色发展指数所需三级指标的权重是根据一级指标均权处理而得，即每个三级指标占中国城市绿色发展指数总权重的 1.94%。本部分将以 4 个二级指标为例进行详细的分析与比较。

1. 城市绿色增长效率指标比较

在城市经济增长绿化度测度体系中，绿色增长效率指标占经济增长绿化度指数总权重的 48%，占城市绿色发展指数总权重的 15.84%，是经济增长绿化度中权重最大的一个二级指标，因此对经济增长绿化度指数的贡献较大。表 6-7 中列出了城市绿色增长效率指标下的 8 个三级指标。

表 6-7　　中国城市绿色增长效率三级指标、权重及指标属性

指标序号	指　标	权　重	指标属性
1	人均地区生产总值	1.94%	正
2	单位地区生产总值能耗	1.94%	逆
3	人均城镇生活消费用电	1.94%	逆
4	单位地区生产总值二氧化碳排放量	1.94%	逆
5	单位地区生产总值二氧化硫排放量	1.94%	逆
6	单位地区生产总值化学需氧量排放量	1.94%	逆
7	单位地区生产总值氮氧化物排放量	1.94%	逆
8	单位地区生产总值氨氮排放量	1.94%	逆

注：1. 本表内容是由本报告课题组召开的多次研讨会确定的。2. 单位地区生产总值二氧化碳排放量为无数列表。

与 2013 年相比，2014 年中国城市绿色增长效率的三级指标和指标属性仍维持不变，保留了与上年一致的指标选取原则，但是在权重分配上，2014 年三级指标是根据一级指标均权而得。根据表 6-7 所列指标和权重，经过标准化处理综合测算，得出 2014 年中国城市绿色增长效率指标指数及其排名情况，具体如表 6-8 所示。

表 6-8　　中国城市绿色增长效率指数及排名

指　标	绿色增长效率指标		指　标	绿色增长效率指标		指　标	绿色增长效率指标	
城　市	指数值	排　名	城　市	指数值	排　名	城　市	指数值	排　名
海　口	0.127 2	1	乌鲁木齐	0.020 1	35	桂　林	0.013 7	69
深　圳	0.113 4	2	沈　阳	0.019 9	36	湘　潭	0.013 6	70
克拉玛依	0.058 2	3	西　安	0.019 7	37	抚　顺	0.013 5	71
无　锡	0.050 0	4	长　春	0.019 4	38	石嘴山	0.013 3	72
北　京	0.041 5	5	太　原	0.019 4	39	平顶山	0.013 3	73
苏　州	0.040 6	6	呼和浩特	0.019 1	40	贵　阳	0.013 1	74
长　沙	0.039 0	7	南　昌	0.018 8	41	南　宁	0.012 9	75
广　州	0.036 6	8	芜　湖	0.018 4	42	锦　州	0.012 9	76
常　州	0.033 9	9	泉　州	0.018 0	43	石家庄	0.012 9	77
杭　州	0.030 0	10	福　州	0.017 7	44	兰　州	0.012 7	78
宁　波	0.029 0	11	马鞍山	0.017 5	45	赤　峰	0.012 7	79
南　京	0.027 6	12	湖　州	0.017 0	46	长　治	0.012 5	80
上　海	0.027 6	13	焦　作	0.016 9	47	重　庆	0.012 1	81
青　岛	0.027 3	14	曲　靖	0.016 8	48	绵　阳	0.012 1	82
天　津	0.026 1	15	徐　州	0.016 5	49	吉　林	0.012 0	83
大　连	0.026 1	16	洛　阳	0.016 4	50	牡丹江	0.011 9	84
珠　海	0.025 9	17	湛　江	0.016 4	51	遵　义	0.011 4	85
武　汉	0.025 4	18	常　德	0.016 2	52	哈尔滨	0.011 3	86
厦　门	0.025 4	19	攀枝花	0.016 1	53	安　阳	0.011 1	87

续表

指　标	绿色增长效率指标		指　标	绿色增长效率指标		指　标	绿色增长效率指标	
城　市	指数值	排　名	城　市	指数值	排　名	城　市	指数值	排　名
包　头	0.024 8	20	温　州	0.015 9	54	开　封	0.010 5	88
扬　州	0.023 4	21	株　洲	0.015 9	55	泸　州	0.010 4	89
烟　台	0.023 2	22	九　江	0.015 8	56	宜　宾	0.010 1	90
南　通	0.022 8	23	济　宁	0.015 8	57	临　汾	0.009 5	91
绍　兴	0.022 4	24	泰　安	0.015 7	58	韶　关	0.009 4	92
咸　阳	0.022 4	25	潍　坊	0.015 2	59	秦皇岛	0.008 9	93
延　安	0.022 1	26	本　溪	0.014 8	60	金　昌	0.008 9	94
唐　山	0.022 1	27	鞍　山	0.014 6	61	西　宁	0.008 8	95
淄　博	0.022 0	28	宝　鸡	0.014 4	62	齐齐哈尔	0.008 8	96
昆　明	0.021 9	29	银　川	0.014 3	63	铜　川	0.007 9	97
郑　州	0.021 4	30	日　照	0.014 3	64	汕　头	0.007 5	98
合　肥	0.021 2	31	柳　州	0.014 2	65	荆　州	0.007 4	99
宜　昌	0.021 1	32	岳　阳	0.014 0	66	大　同	0.007 1	100
成　都	0.020 8	33	阳　泉	0.013 8	67			
济　南	0.020 8	34	北　海	0.013 7	68			

注：本表数据及排名根据《中国统计年鉴 2015》《中国环境统计年报 2014》《中国环境统计年鉴 2015》《中国城市统计年鉴 2015》《中国城市建设统计年鉴 2015》等测算。

从表 6-8 我们可以看到，2014 年，我国 100 个城市绿色增长效率指标测算结果介于 0.007 1～0.127 2，极差为 0.120 1。其中，有 34 个城市绿色增长效率水平高于全国平均水平，占全部参评城市的 34%，如海口、深圳、克拉玛依、无锡、北京等；其中，海口、深圳、克拉玛依位居所有参评城市前 3 位，指数值分别为 0.127 2、0.113 4 和 0.058 2；但有 66 个城市绿色增长效率低于全国平均水平，占全部参评城市的 66%，这些城市有乌鲁木齐、沈阳、西安、大同等；其中，汕头、荆州和大同位居所有参评城市的最后 3 位，指数值分别为 0.007 5、0.007 4 和 0.007 1。

从图 6-3 中可以看出，相对于其他地区，我国东北地区城市绿色增长效率指标指数远低于城市经济增长绿化度指数，表明东北地区城市绿色增长效率对城市经济增长绿化度的影响相对较小。分区域来看，东部地区城市绿色增长效率总体指数值较高，西部、中部和东北三个地区总体水平相当。按照简单算术平均方法具体计算，东部地区城市绿色增长效率指标平均指数值为 0.028 3，中部与西部地区城市绿色增长效率指标平均值相同，均为 0.016 5，东北地区城市为 0.015 0。东部地区城市绿色增长效率优势明显，其他三个地区差异不大，东北地区稍弱。

从城市绿色增长效率指数值排名结果看，在绿色增长效率前 10 位的城市中，东部地区城市有 8 个，分别是海口、深圳、无锡、北京、苏州、广州、常州和杭州；中部、西部地区城市各有 1 个，分别是长沙和克拉玛依；没有东北地区城市。而后 10 位的城市中，西部地区城市有 3 个，分别是金昌、西宁和铜川；东部地区有 3 个，分别是韶关、秦皇岛和汕头；中部地区有 3 个，分别是临汾、荆州和大同；东北地区只有 1 个，为齐齐哈尔。总体看来，东部、中部和西部三个地区总体水平接近，东北地区相对较少。

按照区域内部城市最高指数值与最低指数值的差值来看，东部地区指数值最高的城市深圳

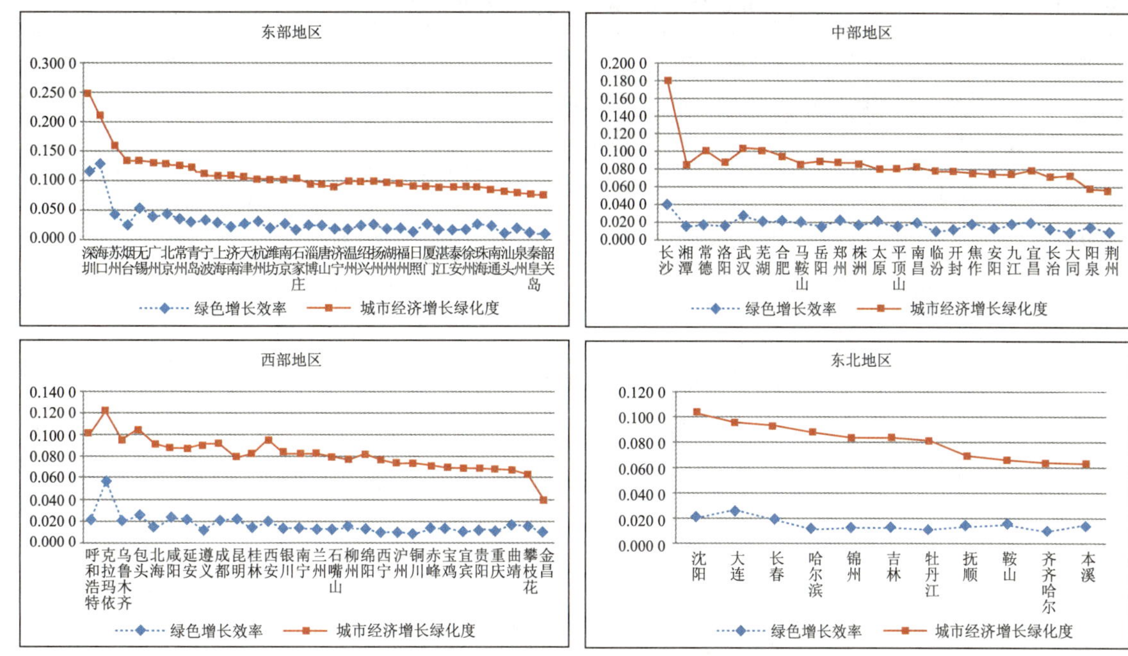

图 6-3　城市经济增长绿化度与城市绿色增长效率指标对比

注：本图按东部、中部、西部和东北地区划分，根据经济增长绿化度指数大小自左到右排列。

(指数值 0.113 4)与指数值最低的城市韶关(指数值 0.009 4)之间的差值为 0.104；中部地区指数值最高的城市长沙(指数值 0.039 0)与指数值最低的城市大同(指数值 0.007 1)之间的差值为 0.031 9；西部地区指数值最高的城市克拉玛依(指数值 0.058 2)与指数值最低的城市铜川(指数值 0.007 9)之间的差值为 0.050 3；东北地区指数值最高的城市大连(指数值 0.026 1)与指数值最低的城市齐齐哈尔(指数值 0.008 8)之间的差值为 0.017 3。从中可以看出，东部和西部地区城市指数值差异较大，中部地区城市指数值差异次之，东北地区城市指数值差异最小。

2. 第一产业指标比较

在城市经济增长绿化度测算体系中，第一产业指标仍仅包括“第一产业劳动生产率”1 个三级指标，其权重占经济增长绿化度指数的 5.88%，占城市绿色发展指数总权重的 1.94%，属于正指标(见表 6-9)。

表 6-9　城市第一产业三级指标、权重及指标属性

指标序号	指　标	权　重	指标属性
9	第一产业劳动生产率	1.94%	正

注：本表内容是由本报告课题组召开的多次研讨会确定的。

2014 年城市第一产业三级指标、权重及指标属性与上年保持一致。按表 6-9 给出的权重，对三级指标原始数据做标准化处理并计算，即得出了我国 100 个城市第一产业指标指数及其排名，具体如表 6-10 所示。

表 6-10 中国城市第一产业指标指数及排名

指　标	第一产业指标		指　标	第一产业指标		指　标	第一产业指标	
城　市	指数值	排　名	城　市	指数值	排　名	城　市	指数值	排　名
苏　州	0.045 4	1	开　封	0.003 9	35	徐　州	0.001 1	69
烟　台	0.026 4	2	铜　川	0.0037	36	西　宁	0.001 0	70
潍　坊	0.016 9	3	株　洲	0.003 7	37	柳　州	0.001 0	71
宁　波	0.016 7	4	马鞍山	0.003 5	38	北　海	0.000 9	72
绍　兴	0.014 9	5	岳　阳	0.003 5	39	石嘴山	0.000 9	73
湖　州	0.014 3	6	沈　阳	0.003 4	40	长　春	0.000 9	74
扬　州	0.012 6	7	宜　昌	0.003 3	41	临　汾	0.000 9	75
济　南	0.011 1	8	武　汉	0.003 1	42	南　宁	0.000 9	76
长　沙	0.009 8	9	西　安	0.003 0	43	荆　州	0.000 8	77
济　宁	0.009 5	10	广　州	0.003 0	44	南　昌	0.000 8	78
合　肥	0.009 5	11	曲　靖	0.002 8	45	吉　林	0.000 8	79
芜　湖	0.009 2	12	宜　宾	0.002 8	46	成　都	0.000 8	80
常　德	0.009 0	13	无　锡	0.002 7	47	唐　山	0.000 8	81
青　岛	0.008 3	14	大　连	0.002 7	48	湛　江	0.000 7	82
绵　阳	0.008 2	15	湘　潭	0.002 6	49	抚　顺	0.000 7	83
石家庄	0.008 2	16	本　溪	0.002 5	50	锦　州	0.000 6	84
常　州	0.007 7	17	桂　林	0.002 3	51	九　江	0.000 6	85
温　州	0.007 2	18	韶　关	0.002 2	52	太　原	0.000 5	86
平顶山	0.007 2	19	昆　明	0.002 0	53	赤　峰	0.000 5	87
日　照	0.007 0	20	兰　州	0.001 9	54	哈尔滨	0.000 4	88
淄　博	0.006 7	21	宝　鸡	0.001 9	55	厦　门	0.000 3	89
遵　义	0.006 6	22	贵　阳	0.001 8	56	深　圳	0.000 2	90
杭　州	0.006 5	23	南　通	0.001 7	57	金　昌	0.000 2	91
汕　头	0.006 3	24	郑　州	0.001 6	58	珠　海	0.000 2	92
福　州	0.006 1	25	泉　州	0.001 4	59	北　京	0.000 1	93
泰　安	0.005 9	26	延　安	0.001 4	60	牡丹江	0.000 1	94
安　阳	0.005 4	27	大　同	0.001 4	61	银　川	0.000 1	95
秦皇岛	0.005 2	28	天　津	0.001 3	62	齐齐哈尔	0.000 1	96
泸　州	0.005 1	29	长　治	0.001 2	63	上　海	0.000 1	97
洛　阳	0.005 0	30	攀枝花	0.001 2	64	重　庆	0.000 0	98
焦　作	0.004 4	31	包　头	0.001 2	65	乌鲁木齐	0.000 0	99
克拉玛依	0.004 3	32	呼和浩特	0.001 1	66	海　口	0.000 0	100
咸　阳	0.004 2	33	鞍　山	0.001 1	67			
南　京	0.004 1	34	阳　泉	0.001 1	68			

注：本表数据及排名根据《中国统计年鉴 2015》《中国环境统计年报 2014》《中国环境统计年鉴 2015》《中国城市统计年鉴 2015》《中国城市建设统计年鉴 2015》等测算。

从表 6-10 我们发现，城市第一产业指标指数中，排名最高的是苏州，该值为 0.045 4，海口、乌鲁木齐、重庆并列倒数第 1 位，指数值为 0.000 0。在参评的 100 个城市中，第一产业指标指数值高于全国平均水平的城市共 31 个，占全部参评城市的 31%，如苏州、烟台、焦作等；其中，苏州、烟台和潍坊位居所有参评城市前 3 位，指数值分别为 0.045 4、0.026 4 和 0.016 9，且排名第 1 位的苏州优势明显。有 68 个城市第一产业指标指数值低于全国平均水平，占全部参评城市的 68%，比例过半，如咸阳、南京、海口等，其中，重庆、乌鲁木齐和海口排到了 100 个城市的最后 3 位，指数值近似后均为 0.000 0。克拉玛依的第一产业指标指数几乎与全国平均水平相当，位居所有参评城市的第 32 位。

从地域划分角度看，总的来说，该指标高于全国平均水平的城市主要分布于东部和中部地区，而低于全国平均水平的城市主要分布在西部和东北地区。值得注意的是，由于第一产业指标相对于城市绿色增长效率占总比重权重较小，因此第一产业指标指数值对经济增长绿化度指数排序的总影响不大。

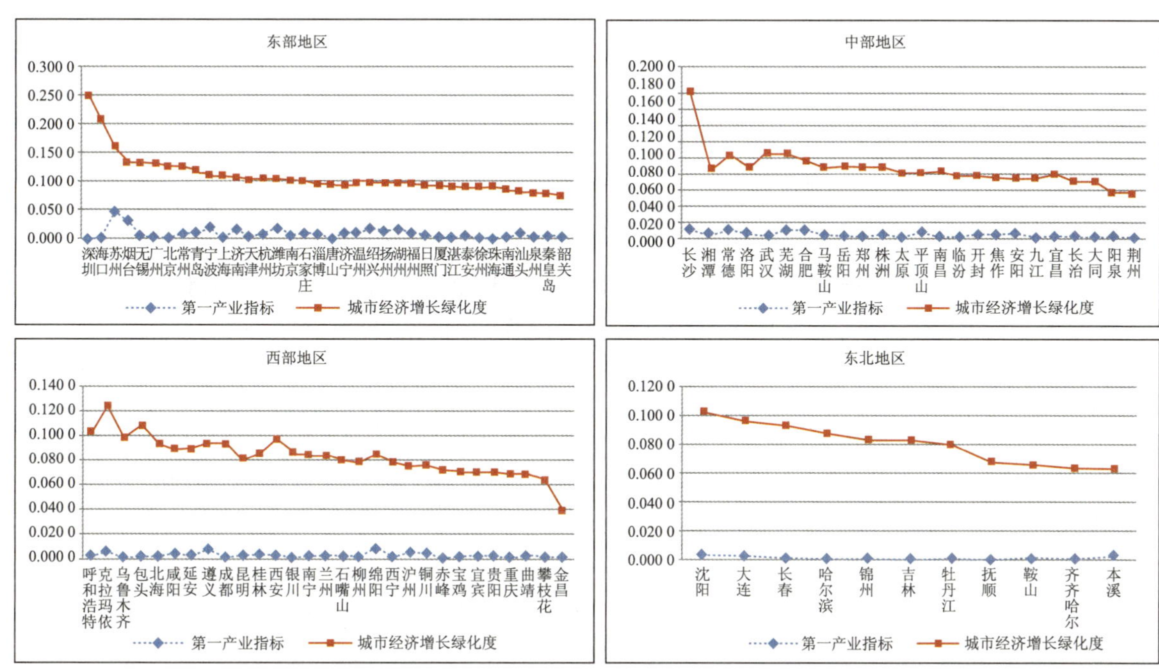

图 6-4　城市经济增长绿化度与城市第一产业指标对比

注：本图按东部、中部、西部和东北地区划分，根据经济增长绿化度指数大小自左到右排列。

从图 6-4 中可以看出，我国城市第一产业指标指数远低于城市经济增长绿化度指数，表明我国城市第一产业指标对城市经济增长绿化度的影响相对较小。分区域来看，各地区间的第一产业指标指数值较接近，区域间差异不明显，且图形走势较为平缓。按照简单算术平均方法具体计算，第一产业指标指数东部地区城市平均水平为 0.007 4，中部地区为 0.003 8，西部地区为 0.002 1，东北地区为 0.001 2。东部地区平均水平稍高，东北地区相对较低。

就排名结果来看，在第一产业指标排名前 10 位的城市中，东部地区城市有 9 个，分别是苏州、烟台、潍坊、宁波、绍兴、湖州、扬州、济南和济宁；中部地区仅有 1 个城市长沙；没有西部和东北地区城市。而第一产业指标排名后 10 位的城市中，东部地区城市和西部地区城市各有 4 个，东北地区 2 个，没有中部地区城市。

按照区域内城市最高指数值与最低指数值的差值来看，东部地区指数值最高的城市苏州(指数值 0.045 4)与指数值最低的城市海口(指数值 0.000 0)之间的差值为 0.045 4，中部地区指数值的最高城市长沙(指数值 0.009 8)与指数值最低的城市太原(指数值 0.000 5)之间的差值为 0.009 3，西部地区指数值最高的城市绵阳(指数值0.008 2)与指数值最低的城市乌鲁木齐(指数值 0.000 0)之间的差值为 0.008 2，东北地区指数值最高的城市沈阳(指数值 0.003 4)与指数值最低的城市牡丹江(指数值 0.000 1)之间的差值仅为 0.003 3。从中可以看出，四大地区内部城市间第一产业指标上的指数值差值都不大，城市间差距不显著。

3. 第二产业指标比较

第二产业指标是经济增长绿化度测算体系中的第三个二级指标，占经济增长绿化度指数的权重为 29.4%，占城市绿色发展指数总权重的 9.7%。该指标是权重仅次于“绿色增长效率指标”的第二大二级指标。第二产业指标由 5 个三级指标构成，包含 3 个正指标，2 个逆指标，还含有 1 个无数列表；每个三级指标的权重均为 1.94%，具体情况见表 6-11。

表 6-11　　城市第二产业三级指标、权重及指标属性

指标序号	指　标	权　重	指标属性
10	第二产业劳动生产率	1.94%	正
11	单位工业增加值水耗	1.94%	逆
12	单位工业增加值能耗	1.94%	逆
13	工业固体废物综合利用率	1.94%	正
14	工业用水重复利用率	1.94%	正

注：1. 本表内容是由本报告课题组召开的多次研讨会确定的。2. 单位工业增加值能耗为无数列表。

2014 年城市第二产业指标与 2013 年保持了一致。根据表 6-11 给出的指标和权重，我们对 2014 年中国 100 个城市的第二产业指标指数进行了测算并给出了排名，结果显示在表 6-12 中。

表 6-12　　中国城市第二产业指标指数及排名

指　标	第二产业指标		指　标	第二产业指标		指　标	第二产业指标	
城　市	指数值	排　名	城　市	指数值	排　名	城　市	指数值	排　名
深　圳	0.107 3	1	徐　州	0.044 9	35	平顶山	0.040 4	69
长　沙	0.105 8	2	成　都	0.044 9	36	南　京	0.040 2	70
烟　台	0.059 9	3	柳　州	0.044 5	37	临　汾	0.040 1	71
北　海	0.057 3	4	马鞍山	0.044 4	38	绍　兴	0.039 8	72
芜　湖	0.055 9	5	西　安	0.044 3	39	郑　州	0.039 4	73
常　州	0.052 4	6	绵　阳	0.044 3	40	杭　州	0.039 3	74
广　州	0.052 1	7	泰　安	0.044 1	41	洛　阳	0.039 2	75
沈　阳	0.051 8	8	哈尔滨	0.044 1	42	呼和浩特	0.039 2	76
青　岛	0.051 7	9	上　海	0.044 1	43	韶　关	0.038 8	77
石家庄	0.051 4	10	海　口	0.044 0	44	大　连	0.038 5	78
温　州	0.049 8	11	济　南	0.043 9	45	安　阳	0.037 9	79
延　安	0.049 7	12	吉　林	0.043 7	46	宝　鸡	0.037 8	80
常　德	0.049 7	13	泸　州	0.043 7	47	大　同	0.037 6	81
遵　义	0.048 7	14	银　川	0.043 6	48	宜　昌	0.035 8	82
长　春	0.048 5	15	淄　博	0.043 5	49	赤　峰	0.035 0	83
福　州	0.048 5	16	南　昌	0.043 2	50	攀枝花	0.034 9	84
岳　阳	0.048 4	17	乌鲁木齐	0.043 2	51	长　治	0.034 8	85

续表

指　标	第二产业指标		指　标	第二产业指标		指　标	第二产业指标	
城　市	指数值	排　名	城　市	指数值	排　名	城　市	指数值	排　名
天　津	0.048 3	18	合　肥	0.042 9	52	焦　作	0.034 7	86
克拉玛依	0.048 0	19	西　宁	0.042 9	53	重　庆	0.034 3	87
无　锡	0.047 9	20	湖　州	0.042 8	54	秦皇岛	0.034 2	88
株　洲	0.047 4	21	苏　州	0.042 7	55	曲　靖	0.033 6	89
武　汉	0.047 3	22	南　宁	0.042 6	56	九　江	0.033 6	90
汕　头	0.047 0	23	泉　州	0.042 6	57	抚　顺	0.033 4	91
石嘴山	0.046 8	24	济　宁	0.042 5	58	齐齐哈尔	0.031 1	92
唐　山	0.046 8	25	南　通	0.042 3	59	太　原	0.029 9	93
铜　川	0.046 3	26	北　京	0.042 0	60	贵　阳	0.028 2	94
日　照	0.046 2	27	开　封	0.041 7	61	昆　明	0.027 7	95
包　头	0.046 1	28	厦　门	0.041 3	62	荆　州	0.026 3	96
湛　江	0.046 1	29	兰　州	0.040 8	63	鞍　山	0.026 0	97
锦　州	0.046 0	30	宜　宾	0.040 7	64	本　溪	0.024 4	98
潍　坊	0.046 0	31	珠　海	0.040 7	65	金　昌	0.020 6	99
咸　阳	0.045 8	32	宁　波	0.040 6	66	阳　泉	0.020 4	100
桂　林	0.045 6	33	扬　州	0.040 6	67			
湘　潭	0.045 5	34	牡丹江	0.040 4	68			

注：本表数据及排名根据《中国统计年鉴 2015》《中国环境统计年报 2014》《中国环境统计年鉴 2015》《中国城市统计年鉴 2015》《中国城市建设统计年鉴 2015》等测算。

从表 6-12 我们看到，第二产业指标中，排名第一的城市是深圳，其指数值为 0.107 3；排名最低的是阳泉，指数值仅为 0.020 4。从测算结果可以看出，在 100 个测评城市中，共有 49 个城市指数值高于全国平均水平；51 个城市指数值低于全国平均水平；由此可见，该指标分布几乎各占一半，分布较平均。

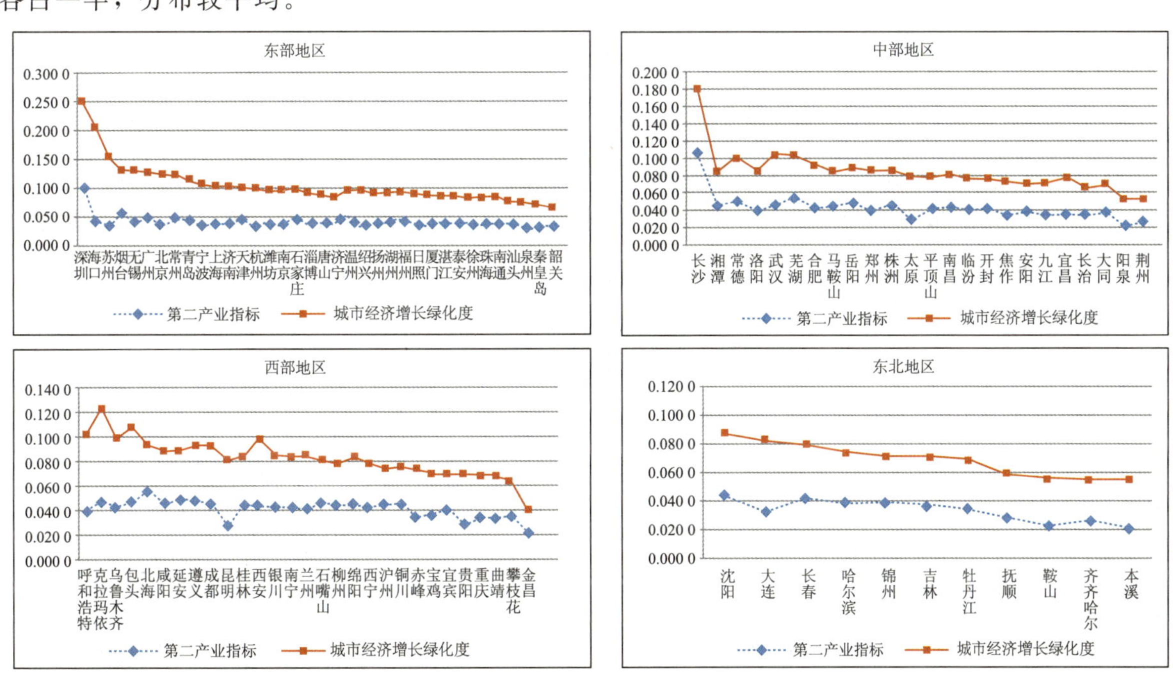

图 6-5　城市经济增长绿化度与城市第二产业指标对比

注：本图按东部、中部、西部和东北地区划分，根据经济增长绿化度指数大小自左到右排列。

从图 6-5 中可以看出，我国城市第二产业指标指数与城市经济增长绿化度指数差距相对较小，表明我国城市第二产业指标指数对城市经济增长绿化度的影响较大。分区域来看，各地区间的第二产业指标指数值较接近，区域间差异不明显。按照简单算术平均方法具体计算，东部地区城市第二产业指标指数平均水平为 0.046 6，中部地区为 0.042 6，西部地区为 0.041 4，东北地区为 0.038 9。东部地区平均水平稍高，各地区间差异不是很大。

就排名结果来看，在城市第二产业指标排名前 10 位的城市中，东部地区城市有 6 个，分别是深圳、烟台、常州、广州、青岛和石家庄；中部地区城市有 2 个，分别为长沙和芜湖；西部和东北地区各有 1 个，分别为北海和沈阳。而第二产业指标排名后 10 位的城市中，东部地区没有城市入围，中部地区 3 个，西部地区 3 个，东北地区 4 个。总体来看，东部地区情况略好，其他城市分布较为平均，差异较小。

按照区域内部城市最高指数值与最低指数值的差值来看，东部地区指数值最高的城市深圳（指数值 0.107 3）与指数值最低的城市秦皇岛（指数值 0.034 2）之间的差值为 0.073 1，中部地区指数值最高的城市长沙（指数值 0.105 8）与指数值最低的城市阳泉（指数值 0.020 4）之间的差值为 0.085 4，西部地区指数值最高的城市北海（指数值 0.057 3）与指数值最低的城市金昌（指数值 0.020 6）之间的差值为 0.036 7，东北地区指数值最高的城市沈阳（指数值 0.051 8）与指数值最低的城市本溪（指数值 0.024 4）之间的差值为 0.027 4。从中可以看出，四大地区内部城市间在第二产业指标上的指数值差值都介于 0.02～0.09，区域内部差距不大。

4. 第三产业指标比较

在城市经济增长绿化度的测度体系中，第三产业指标权重为 17.6%，占绿色发展指数总权重的 5.82%。第三产业指标由 3 个指标构成，均为正向指标。在三级指标权重的设计上，采取均权重的处理方法，每个三级指标在总指数中的权重为 1.94%，具体见表 6-13。

表 6-13　　城市第三产业三级指标、权重及指标属性

指标序号	指　标	权　重	指标属性
15	第三产业劳动生产率	1.94%	正
16	第三产业增加值比重	1.94%	正
17	第三产业就业人员比重	1.94%	正

注：本表内容是由本报告课题组召开的多次研讨会确定的。

第三产业各项指标是衡量产业结构的优化程度和经济发展的绿色程度的重要评价内容。根据表 6-13 中所列的指标和权重，利用相关数据测算，得出 2014 年中国城市第三产业指标指数和具体排名情况，见表 6-14。

表 6-14　　中国城市第三产业指标指数及排名

指　标	第三产业指标		指　标	第三产业指标		指　标	第三产业指标	
城　市	指数值	排　名	城　市	指数值	排　名	城　市	指数值	排　名
呼和浩特	0.043 6	1	常　德	0.026 5	35	九　江	0.021 3	69
北　京	0.043 0	2	吉　林	0.026 5	36	珠　海	0.021 2	70
广　州	0.038 8	3	湛　江	0.026 1	37	汕　头	0.020 9	71
海　口	0.037 3	4	西　宁	0.025 9	38	扬　州	0.020 7	72
上　海	0.036 0	5	徐　州	0.025 1	39	合　肥	0.020 6	73

续表

指 标	第三产业指标		指 标	第三产业指标		指 标	第三产业指标	
城 市	指数值	排 名	城 市	指数值	排 名	城 市	指数值	排 名
包 头	0.035 2	6	临 汾	0.025 0	40	马鞍山	0.020 6	74
乌鲁木齐	0.035 0	7	赤 峰	0.025 0	41	石嘴山	0.020 2	75
哈尔滨	0.031 9	8	潍 坊	0.024 7	42	南 通	0.020 2	76
无 锡	0.031 7	9	洛 阳	0.024 7	43	株 洲	0.020 0	77
常 州	0.031 6	10	烟 台	0.024 5	44	芜 湖	0.020 0	78
青 岛	0.031 4	11	齐齐哈尔	0.024 5	45	绵 阳	0.020 0	79
济 南	0.030 7	12	日 照	0.024 4	46	长 治	0.019 8	80
西 安	0.030 5	13	韶 关	0.024 4	47	南 昌	0.019 5	81
南 京	0.030 5	14	厦 门	0.024 2	48	开 封	0.019 5	82
石家庄	0.029 7	15	锦 州	0.024 2	49	荆 州	0.019 4	83
昆 明	0.029 6	16	长 春	0.024 1	50	阳 泉	0.018 9	84
大 连	0.029 4	17	大 同	0.024 0	51	铜 川	0.018 7	85
兰 州	0.029 2	18	鞍 山	0.024 0	52	柳 州	0.018 7	86
秦皇岛	0.029 1	19	宁 波	0.024 0	53	平顶山	0.018 0	87
太 原	0.029 0	20	郑 州	0.023 9	54	泉 州	0.017 6	88
武 汉	0.028 8	21	桂 林	0.023 7	55	安 阳	0.017 5	89
天 津	0.028 8	22	福 州	0.023 5	56	焦 作	0.017 1	90
牡丹江	0.028 4	23	岳 阳	0.023 5	57	宜 宾	0.017 0	91
银 川	0.028 3	24	唐 山	0.023 1	58	宜 昌	0.017 0	92
深 圳	0.028 3	25	泰 安	0.022 9	59	宝 鸡	0.016 8	93
杭 州	0.027 5	26	重 庆	0.022 8	60	延 安	0.016 4	94
南 宁	0.027 5	27	湘 潭	0.022 8	61	咸 阳	0.016 2	95
遵 义	0.027 3	28	本 溪	0.022 3	62	曲 靖	0.015 9	96
沈 阳	0.027 3	29	湖 州	0.022 2	63	泸 州	0.015 3	97
长 沙	0.027 2	30	北 海	0.022 0	64	克拉玛依	0.013 6	98
苏 州	0.027 2	31	淄 博	0.021 9	65	攀枝花	0.012 2	99
贵 阳	0.027 1	32	绍 兴	0.021 7	66	金 昌	0.010 2	100
温 州	0.026 8	33	济 宁	0.021 6	67			
成 都	0.026 7	34	抚 顺	0.021 4	68			

注：本表数据及排名根据《中国统计年鉴 2015》《中国环境统计年报 2014》《中国环境统计年鉴 2015》《中国城市统计年鉴 2015》《中国城市建设统计年鉴 2015》等测算。

表 6-14 显示，100 个参评城市中，第三产业指标最高的是呼和浩特，指数值为 0.043 6，指标最低的是金昌，指数值为 0.010 2，两者相差 0.033 4。所有参评城市中，共有 45 个城市第三产业指标指数高于全国平均水平，占总体的 45%；低于全国平均水平的城市有 53 个，占总体的 53%；日照和韶关水平与全国平均水平相当。

从地区分布上来看，高于全国平均水平的城市中，东部地区有 20 个，占了全国平均水平以上城市的 44.4%；中部地区城市有 6 个，西部地区 13 个，东北地区 6 个。低于全国水平的城市中，东部地区有 14 个，中部地区 18 个，西部地区 16 个，东北地区 5 个。可以看出，第三产业指标值高于全国平均水平的城市主要分布在东部地区，低于全国平均水平的城市主要分布在中西部地区。

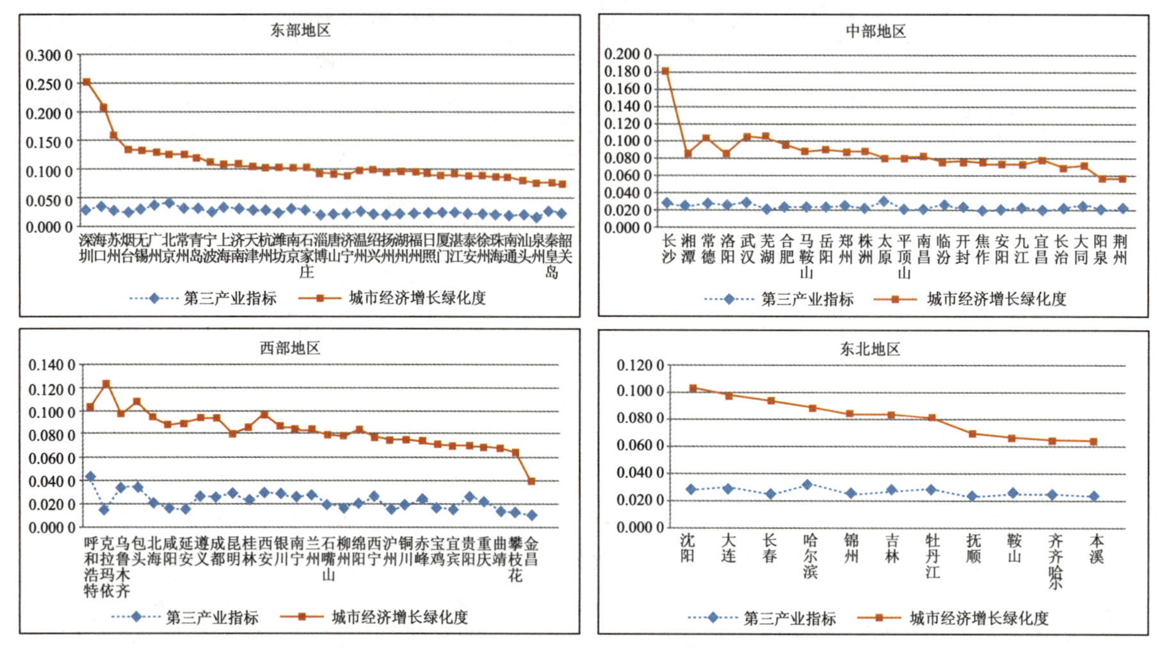

图 6-6　城市经济增长绿化度与城市第三产业指标对比

注：本图按东部、中部、西部和东北地区划分，根据经济增长绿化度指数大小自左到右排列。

从图 6-6 中可以看出，我国城市第三产业指标指数与城市经济增长绿化度指数差距较大，表明我国城市第三产业指标对城市经济增长绿化度的影响较小。分区域来看，东部地区的第三产业指标指数值依然处于领先位置，东北地区次之，且均高于全国平均水平；西部地区和中部地区列第 3、4 位，均低于全国平均水平。

按照简单算术平均计算，东部地区城市第三产业指数平均水平为 0.026 8，东北地区为 0.025 8，西部地区为 0.023 1，中部地区为 0.021 9，东部与东北地区均具有较大的优势。

从排名结果来看，第三产业指标排名前 10 位的城市中，东部地区城市有 6 个，西部地区城市有 3 个，东北地区城市仅有哈尔滨入围，中部地区没有城市进入前 10 位；排名后 10 位的城市中，东部地区没有，中部地区 1 个，西部地区 9 个，依然没有东北地区城市。从中可以看出，东部地区城市在第三产业指标指数中有绝对的优势；东北地区城市总体水平较高，且分布较为集中；中部和西部地区城市总体水平较差，且西部地区城市分布分散，城市间水平参差不齐，有高有低。

按照区域内部城市最高指数值与最低指数值的差值来看，东部地区指数值最高的城市北京(指数值 0.043 0)与指数值最低的城市泉州(指数值 0.017 6)之间的差值为 0.025 4，中部地区指数值最高的城市太原(指数值 0.029 0)与指数值最低的城市宜昌(指数值 0.017 0)之间的差值为 0.012 0，西部地区指数值最高的城市呼和浩特(指数值 0.043 6)与指数值最低的城市金昌指数值(0.010 2)之间的差值为 0.033 4，东北地区指数值最高的城市哈尔滨(指数值 0.031 9)与指数值最低的城市抚顺(指数值 0.021 4)之间的差值为 0.010 5。从中可以看出，东北地区城市间差距最小，西部地区城市差距间最大，这与上面的分析吻合。

第七章

城市资源环境承载潜力测算及分析

城市资源环境承载潜力衡量的是城市资源丰裕与生态保护、环境压力与气候变化对今后经济发展与人类活动的承载潜力。本章根据“中国城市绿色发展指数指标体系”中资源环境承载潜力的测度标准，利用2014年的年度数据，从资源丰裕与生态保护、环境压力与气候变化两个方面对中国100个大中城市的资源环境承载潜力进行了测度。

一、城市资源环境承载潜力的测算结果

根据“中国城市绿色发展指数指标体系”中资源环境承载潜力的测度体系和权重标准，中国100个大中城市的资源环境承载潜力测算结果如表7-1所示。

表7-1　中国100个城市资源环境承载潜力指数及排名

城　市	一级指标		二级指标			
	资源环境承载潜力		资源丰裕与生态保护指标		环境压力与气候变化指标	
	指数值	排　名	指数值	排　名	指数值	排　名
海　口	0.264 2	1	0.004 6	14	0.259 6	1
赤　峰	0.091 3	2	0.002 0	40	0.089 3	2
昆　明	0.080 1	3	0.002 7	32	0.077 4	4
湛　江	0.078 4	4	0.002 4	34	0.076 0	5
延　安	0.077 5	5	0.000 1	98	0.077 4	3
克拉玛依	0.074 6	6	0.000 8	59	0.073 8	6
北　海	0.067 7	7	0.005 5	11	0.062 2	9
曲　靖	0.066 7	8	0.004 2	18	0.062 5	8
深　圳	0.064 0	9	0.001 4	49	0.062 6	7
牡丹江	0.062 8	10	0.007 5	5	0.055 3	11
桂　林	0.061 7	11	0.016 2	1	0.045 5	18
齐齐哈尔	0.060 3	12	0.002 3	36	0.058 0	10
攀枝花	0.054 4	13	0.007 4	6	0.047 0	16
遵　义	0.053 5	14	0.006 4	8	0.047 1	15

续表

城市	一级指标		二级指标			
	资源环境承载潜力		资源丰裕与生态保护指标		环境压力与气候变化指标	
	指数值	排名	指数值	排名	指数值	排名
绵阳	0.052 1	15	0.001 9	43	0.050 2	13
青岛	0.050 4	16	0.000 2	88	0.050 2	12
韶关	0.050 2	17	0.012 4	3	0.037 8	29
南宁	0.050 1	18	0.004 8	13	0.045 3	19
大同	0.049 5	19	0.000 5	72	0.049 0	14
福州	0.049 4	20	0.003 3	23	0.046 0	17
泉州	0.046 7	21	0.002 4	35	0.044 4	20
厦门	0.044 5	22	0.001 0	55	0.043 5	21
温州	0.044 3	23	0.004 5	16	0.039 7	25
九江	0.043 4	24	0.007 0	7	0.036 4	34
汕头	0.043 1	25	0.000 6	68	0.042 5	22
大连	0.042 5	26	0.000 2	84	0.042 2	23
金昌	0.042 2	27	0.002 6	33	0.039 6	26
南昌	0.040 8	28	0.003 2	25	0.037 6	30
长春	0.040 7	29	0.000 5	71	0.040 1	24
宁波	0.039 6	30	0.003 1	26	0.036 4	33
柳州	0.039 4	31	0.013 0	2	0.026 4	58
太原	0.039 3	32	0.000 1	96	0.039 2	28
贵阳	0.039 2	33	−0.000 2	100	0.039 4	27
珠海	0.038 7	34	0.003 1	27	0.035 6	35
烟台	0.038 0	35	0.000 7	65	0.037 4	31
银川	0.036 7	36	0.000 0	99	0.036 8	32
泸州	0.036 7	37	0.003 0	29	0.033 8	37
沈阳	0.035 4	38	0.000 3	82	0.035 2	36
呼和浩特	0.034 2	39	0.001 1	52	0.033 1	38
长沙	0.033 8	40	0.003 8	19	0.030 0	41
常德	0.033 5	41	0.005 5	10	0.028 0	46
哈尔滨	0.032 1	42	0.003 1	28	0.029 0	43
宝鸡	0.032 0	43	0.000 3	81	0.031 8	39
吉林	0.031 4	44	0.003 7	21	0.027 7	49
南通	0.031 3	45	0.001 1	51	0.030 2	40
重庆	0.030 9	46	0.004 4	17	0.026 5	57
无锡	0.030 2	47	0.001 3	50	0.028 9	44
锦州	0.030 1	48	0.000 3	78	0.029 8	42
宜宾	0.029 7	49	0.002 9	30	0.026 8	53

续表

城 市	一级指标		二级指标			
	资源环境承载潜力		资源丰裕与生态保护指标		环境压力与气候变化指标	
	指数值	排 名	指数值	排 名	指数值	排 名
秦皇岛	0.029 6	50	0.001 1	53	0.028 5	45
本 溪	0.029 4	51	0.001 6	46	0.027 8	47
抚 顺	0.029 2	52	0.002 0	41	0.027 3	51
广 州	0.029 2	53	0.002 2	37	0.027 0	52
株 洲	0.029 0	54	0.008 9	4	0.020 2	70
徐 州	0.028 4	55	0.000 6	69	0.027 8	48
常 州	0.028 3	56	0.001 7	44	0.026 6	55
临 汾	0.028 2	57	0.000 7	63	0.027 5	50
岳 阳	0.028 1	58	0.004 6	15	0.023 5	62
日 照	0.027 4	59	0.001 0	57	0.026 5	56
洛 阳	0.027 2	60	0.000 4	77	0.026 7	54
芜 湖	0.025 5	61	0.002 0	39	0.023 4	63
咸 阳	0.025 1	62	0.000 1	92	0.024 9	59
长 治	0.024 9	63	0.000 6	66	0.024 3	60
焦 作	0.024 4	64	0.000 3	80	0.024 1	61
成 都	0.024 2	65	0.002 9	30	0.021 3	66
湘 潭	0.024 2	66	0.003 2	24	0.021 0	67
杭 州	0.024 2	67	0.005 3	12	0.018 9	73
石嘴山	0.023 4	68	0.000 1	94	0.023 2	64
马鞍山	0.022 6	69	0.001 9	42	0.020 6	68
上 海	0.022 5	70	0.000 6	67	0.021 9	65
乌鲁木齐	0.021 4	71	0.000 7	62	0.020 6	69
湖 州	0.020 6	72	0.003 4	22	0.017 2	77
开 封	0.020 0	73	0.000 1	93	0.019 9	71
扬 州	0.020 0	74	0.000 8	60	0.019 1	72
西 宁	0.019 7	75	0.001 6	45	0.018 0	76
兰 州	0.019 6	76	0.001 1	54	0.018 6	74
铜 川	0.019 0	77	0.000 5	74	0.018 5	75
绍 兴	0.018 2	78	0.003 7	20	0.014 5	81
唐 山	0.017 5	79	0.000 3	79	0.017 2	78
泰 安	0.017 0	80	0.000 2	86	0.016 7	79
苏 州	0.016 2	81	0.001 5	48	0.014 7	80
北 京	0.013 9	82	0.000 2	90	0.013 8	82
平顶山	0.013 3	83	0.000 2	85	0.013 1	83
宜 昌	0.012 8	84	0.005 8	9	0.007 0	92

续表

城　市	一级指标		二级指标			
	资源环境承载潜力		资源丰裕与生态保护指标		环境压力与气候变化指标	
	指数值	排　名	指数值	排　名	指数值	排　名
合　肥	0.012 8	85	0.001 5	47	0.011 3	85
潍　坊	0.012 5	86	0.000 5	70	0.011 9	84
石家庄	0.010 9	87	0.000 2	87	0.010 7	86
包　头	0.010 7	88	0.000 7	64	0.010 0	87
安　阳	0.009 6	89	0.000 2	89	0.009 4	88
荆　州	0.009 5	90	0.002 2	38	0.007 3	91
郑　州	0.008 5	91	0.000 3	83	0.008 2	89
鞍　山	0.007 9	92	0.000 5	73	0.007 4	90
济　宁	0.007 3	93	0.000 8	61	0.006 5	93
西　安	0.004 6	94	0.000 5	75	0.004 1	94
阳　泉	0.004 5	95	0.000 4	76	0.004 0	95
济　南	0.003 7	96	0.000 1	95	0.003 6	96
武　汉	0.003 3	97	0.001 0	56	0.002 4	97
南　京	0.002 8	98	0.001 0	58	0.001 8	99
天　津	0.002 2	99	0.000 1	97	0.002 1	98
淄　博	−0.002 4	100	0.000 2	91	−0.002 5	100

注：1. 本表根据“中国城市绿色发展指数指标体系”中的资源环境承载潜力指数指标体系，依据各指标 2014 年数据测算而得。2. 本表各参评城市按照资源环境承载潜力的指数值从大到小排序。3. 本表一级指标“资源环境承载潜力”指数值等于两个二级指标“资源丰裕与环境保护指标”和“环境压力与气候变化指标”指数值之和。4. 本表测度结果保留 4 位小数，如果指数相同排名相同说明两市测算的指数完全一样，如果指数相同但排名不同则是小数点四舍五入的结果，说明指数值在小数点后 4 位之后有差异，本章节此后所有测度结果均采用该方法保留 4 位小数。5. 以上数据及排名根据《中国统计年鉴 2015》《中国环境统计年报 2014》《中国环境统计年鉴 2015》《中国城市统计年鉴 2015》《中国城市建设统计年鉴 2015》《中国区域经济统计年鉴 2015》等测算。6. 为便于后文进行比较分析，基于算术平均方法，我们测算得到 100 个参评城市资源环境承载潜力的平均水平为 0.034 5，资源丰裕与环境保护指标的平均水平为 0.002 3，环境压力与气候变化指标的平均水平为 0.032 2。

从表 7-1 中可以看出，2014 年中国 100 个城市资源环境承载潜力中，指数值最高的依然是海口，达到 0.264 2；最低的是淄博，仅为−0.002 4。100 个参评城市中，有 38 个城市资源环境承载潜力高出或等于全国平均水平。排在前 20 位的城市依次是海口、赤峰、昆明、湛江、延安、克拉玛依、北海、曲靖、深圳、牡丹江、桂林、齐齐哈尔、攀枝花、遵义、绵阳、青岛、韶关、南宁、大同、福州。其中，资源丰裕与生态保护指标排名前 20 位的城市依次是桂林、柳州、韶关、株洲、牡丹江、攀枝花、九江、遵义、宜昌、常德、北海、杭州、南宁、海口、岳阳、温州、重庆、曲靖、长沙、绍兴；环境压力与气候变化指标排名前 20 位的城市依次是海口、赤峰、延安、昆明、湛江、克拉玛依、深圳、曲靖、北海、齐齐哈尔、牡丹江、青岛、绵阳、大同、遵义、攀枝花、福州、桂林、南宁、泉州。2014 年中国 100 个城市资源环境承载潜力排名前 20 位和后 20 位的具体情况如图 7-1 所示。

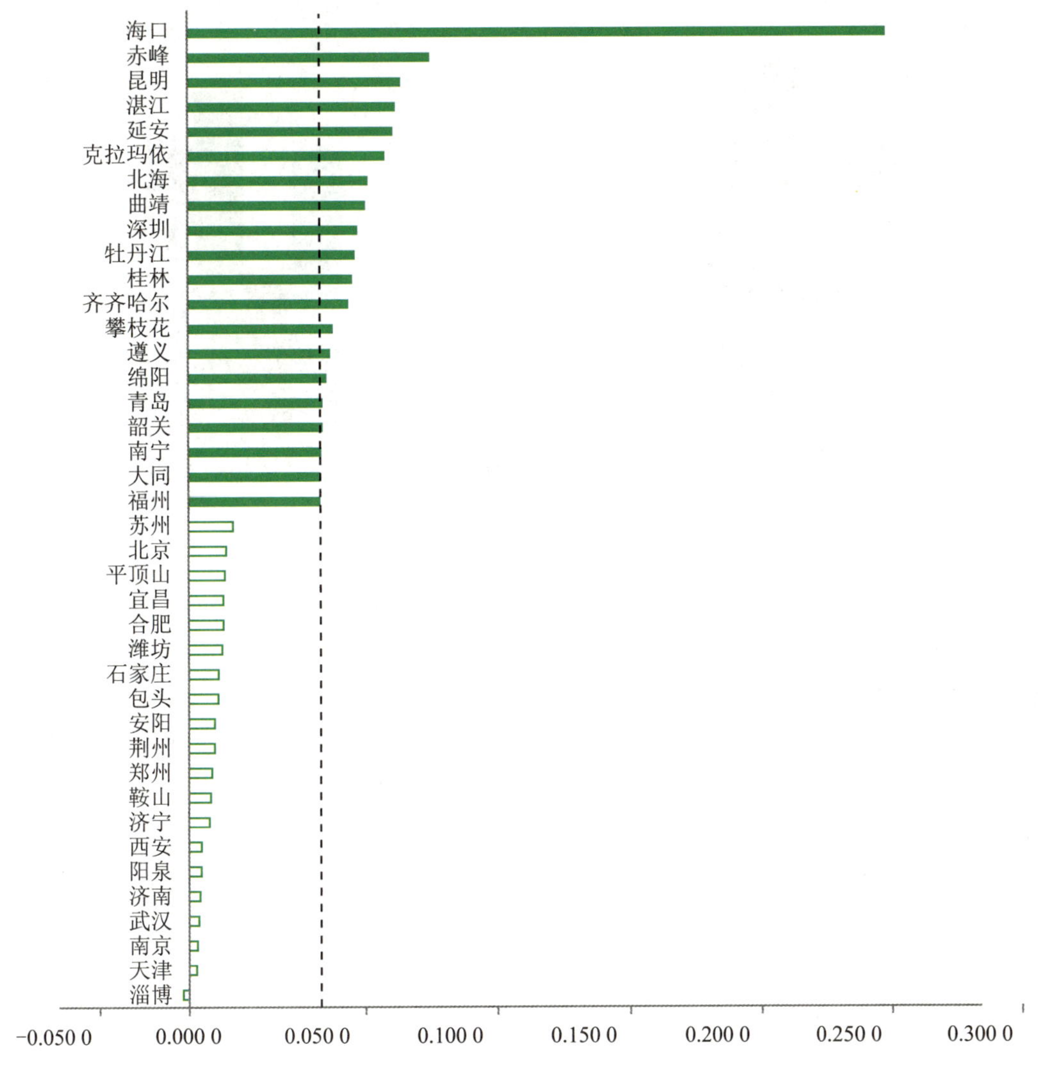

图 7-1　中国城市资源环境承载潜力排名前 20 位和后 20 位的城市

注：本图根据表 7-1 制作。指数值由高到低排列，虚线表示所有参评城市资源环境承载潜力的平均值。

根据表 7-1 和图 7-1，下面进一步从城市资源环境承载潜力区域间差异、城市资源环境承载潜力区域内差异以及 2014 年中国城市绿色发展指数与城市资源环境承载潜力的相关关系三个方面进行分析。

1. 城市资源环境承载潜力区间差异分析

资源环境承载潜力呈现出西部、东部和东北地区城市明显好于中部地区城市的地域分化格局。具体如图 7-2 所示。其中，西部地区参评城市的平均水平达到 0.042 0，超过全国平均水平；东部地区参评城市的平均水平达到 0.035 1，东北地区参评城市的平均水平达到 0.036 5，均略高于全国平均水平；而中部地区参评城市的平均水平为 0.023 7，明显低于全国平均水平。

二级指标方面，资源丰裕与生态保护指标中，四大区域的差别并不那么明显，西部地区城市平均水平达到 0.003 0，位居首位，高于全国平均水平；中部地区城市平均水平与全国平均水平相当，达到 0.002 3；东部和东北地区城市平均水平均略低于全国平均水平，分别为 0.001 9 和 0.002 0。

环境压力与气候变化指标中，西部地区城市平均水平为 0.039 0，高于其他区域；东北地区城市平均水平达到 0.034 5，东部地区城市平均水平为 0.033 2，均高于全国平均水平；中部地区城市平均水平为 0.021 4，低于全国平均水平。

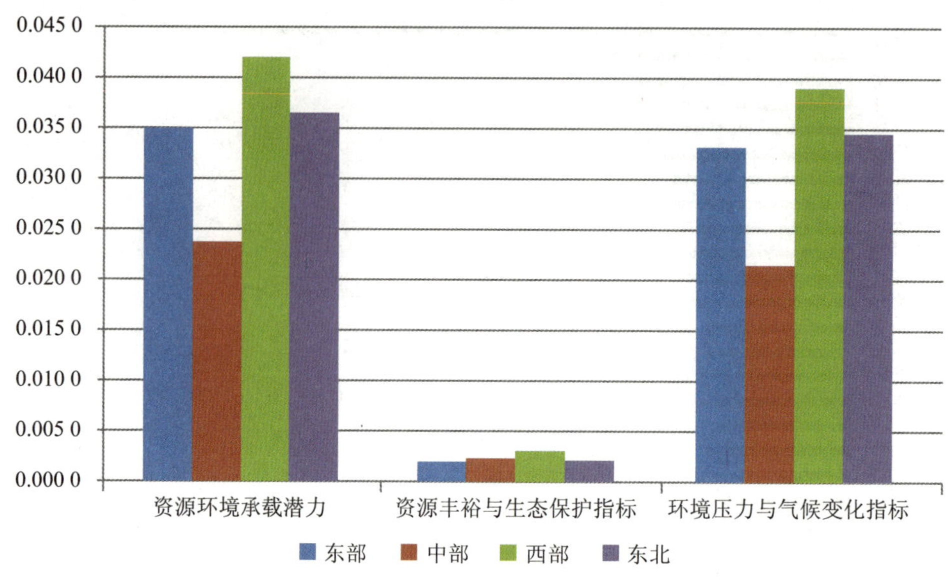

图 7-2　中国四大区域城市资源环境承载潜力对照图

注：本图数据为四大区域中参评城市的各项指数值的算术平均值。

2. 城市资源环境承载潜力区域内差异分析

城市资源环境承载潜力虽然在区域间呈现西部地区城市较好，东部和东北地区城市次之，中部地区城市较弱的局面，但区域内部各城市之间的差异较为明显。

(1)东部地区城市资源环境承载潜力指数及排名

2014 年中国东部地区城市资源环境承载潜力指数及排名如表 7-2 所示。

表 7-2　中国东部地区城市资源环境承载潜力指数及排名

城　市	指数值	所有参评城市排名	区域内部排名	城　市	指数值	所有参评城市排名	区域内部排名
海　口	0.264 2	1	1	常　州	0.028 3	56	19
湛　江	0.078 4	4	2	日　照	0.027 4	59	20
深　圳	0.064 0	9	3	杭　州	0.024 2	67	21
青　岛	0.050 4	16	4	上　海	0.022 5	70	22
韶　关	0.050 2	17	5	湖　州	0.020 6	72	23
福　州	0.049 4	20	6	扬　州	0.020 0	74	24
泉　州	0.046 7	21	7	绍　兴	0.018 2	78	25
厦　门	0.044 5	22	8	唐　山	0.017 5	79	26
温　州	0.044 3	23	9	泰　安	0.017 0	80	27
汕　头	0.043 1	25	10	苏　州	0.016 2	81	28
宁　波	0.039 6	30	11	北　京	0.013 9	82	29
珠　海	0.038 7	34	12	潍　坊	0.012 5	86	30
烟　台	0.038 0	35	13	石家庄	0.010 9	87	31
南　通	0.031 3	45	14	济　宁	0.007 3	93	32
无　锡	0.030 2	47	15	济　南	0.003 7	96	33

续表

城　市	指数值	所有参评城市排名	区域内部排名	城　市	指数值	所有参评城市排名	区域内部排名
秦皇岛	0.029 6	50	16	南　京	0.002 8	98	34
广　州	0.029 2	53	17	天　津	0.002 2	99	35
徐　州	0.028 4	55	18	淄　博	−0.002 4	100	36

注：本表根据表 7-1 整理。

东部地区参评的 36 个城市中，只有 3 个城市位居所有参评城市的前 10 位，分别是海口、湛江和深圳，仅占东部参评城市的 8.33%。其中海口以 0.264 2 的指数值位居所有参评城市第 1 位，远高于其他东部参评城市。东部的湛江、深圳、青岛、韶关、福州、泉州、厦门、温州、汕头、宁波、珠海和烟台位于所有参评城市的第 4～35 位，上述 13 个城市均高于全国平均水平。而东部的南通、无锡和秦皇岛等 23 个城市的资源环境承载潜力低于全国平均水平，其中淄博以 −0.002 4 的指数值位居所有参评城市的最后 1 位。东部大部分城市资源环境承载潜力位居全国中游和下游。

(2)中部地区城市资源环境承载潜力指数及排名

2014 年中国中部地区城市资源环境承载潜力指数及排名如表 7-3 所示。

表 7-3　　中国中部地区城市资源环境承载潜力指数及排名

城　市	指数值	所有参评城市排名	区域内部排名	城　市	指数值	所有参评城市排名	区域内部排名
大　同	0.049 5	19	1	焦　作	0.024 4	64	13
九　江	0.043 4	24	2	湘　潭	0.024 2	66	14
南　昌	0.040 8	28	3	马鞍山	0.022 6	69	15
太　原	0.039 3	32	4	开　封	0.020 0	73	16
长　沙	0.033 8	40	5	平顶山	0.013 3	83	17
常　德	0.033 5	41	6	宜　昌	0.012 8	84	18
株　洲	0.029 0	54	7	合　肥	0.012 8	85	19
临　汾	0.028 2	57	8	安　阳	0.009 6	89	20
岳　阳	0.028 1	58	9	荆　州	0.009 5	90	21
洛　阳	0.027 2	60	10	郑　州	0.008 5	91	22
芜　湖	0.025 5	61	11	阳　泉	0.004 5	95	23
长　治	0.024 9	63	12	武　汉	0.003 3	97	24

注：本表根据表 7-1 整理。

中部地区参评的 24 个城市中，没有城市位居所有参评城市的前 10 位。大同、九江、南昌和太原 4 个城市位居所有参评城市的第 19～32 位，其资源环境承载潜力高于全国平均水平。长沙、常德、湘潭和武汉等 16 个城市位居所有参评城市的第 40～97 位，资源环境承载潜力低于全国平均水平，其中武汉以 0.003 3 的指数值位居所有中部地区参评城市的最后 1 位。中部地区大部分城市资源环境承载潜力在全国排名靠后。

(3)西部地区城市资源环境承载潜力指数及排名

2014 年中国西部地区城市资源环境承载潜力指数及排名如表 7-4 所示。

表 7-4 中国西部地区城市资源环境承载潜力指数及排名

城　市	指数值	所有参评城市排名	区域内部排名	城　市	指数值	所有参评城市排名	区域内部排名
赤　峰	0.091 3	2	1	泸　州	0.036 7	37	16
昆　明	0.080 1	3	2	呼和浩特	0.034 2	39	17
延　安	0.077 5	5	3	宝　鸡	0.032 0	43	18
克拉玛依	0.074 6	6	4	重　庆	0.030 9	46	19
北　海	0.067 7	7	5	宜　宾	0.029 7	49	20
曲　靖	0.066 7	8	6	咸　阳	0.025 1	62	21
桂　林	0.061 7	11	7	成　都	0.024 2	65	22
攀枝花	0.054 4	13	8	石嘴山	0.023 4	68	23
遵　义	0.053 5	14	9	乌鲁木齐	0.021 4	71	24
绵　阳	0.052 1	15	10	西　宁	0.019 7	75	25
南　宁	0.050 1	18	11	兰　州	0.019 6	76	26
金　昌	0.042 2	27	12	铜　川	0.019 0	77	27
柳　州	0.039 4	31	13	包　头	0.010 7	88	28
贵　阳	0.039 2	33	14	西　安	0.004 6	94	29
银　川	0.036 7	36	15				

注：本表根据表 7-1 整理。

西部地区参评的 29 个城市中，有 6 个城市位居所有参评城市的前 10 位，分别是赤峰、昆明、延安、克拉玛依、北海和曲靖，占西部地区参评城市的 20.7%，这些城市的资源环境承载潜力均高于全国平均水平。西部地区的桂林、绵阳、南宁、柳州、攀枝花、泸州和银川 7 个城市的资源环境承载潜力也高于全国平均水平。而西部地区的重庆、兰州、宜宾和咸阳等 15 个城市的资源环境承载潜力均低于全国平均水平，其中西安以 0.004 6 的指数值位居所有西部地区参评城市的最后 1 位。西部地区有近半数城市资源环境承载潜力位居全国上游。

(4)东北地区城市资源环境承载潜力指数及排名

2014 年中国东北地区城市资源环境承载潜力指数及排名如表 7-5 所示。

表 7-5 中国东北地区城市资源环境承载潜力指数及排名

城　市	指数值	所有参评城市排名	区域内部排名	城　市	指数值	所有参评城市排名	区域内部排名
牡丹江	0.062 8	10	1	吉　林	0.031 4	44	7
齐齐哈尔	0.060 3	12	2	锦　州	0.030 1	48	8
大　连	0.042 5	26	3	本　溪	0.029 4	51	9
长　春	0.040 7	29	4	抚　顺	0.029 2	52	10
沈　阳	0.035 4	38	5	鞍　山	0.007 9	92	11
哈尔滨	0.032 1	42	6				

注：本表根据表 7-1 整理。

东北地区参评的 11 个城市中，牡丹江排名第 10 位，是区域内唯一位居全国所有参评城市排名前 10 位的参评城市。齐齐哈尔、大连、沈阳和长春 4 个城市的资源环境承载潜力也高于全国平均水平。而本溪、哈尔滨、吉林和锦州等 6 个城市的资源环境承载潜力低于全国平均水平，其中鞍山以 0.007 9 的指数值位居东北地区参评城市的最后 1 位。东北地区城市资源环境承载潜力位居全国中上游的偏多。

3. 城市资源环境承载潜力对 2014 年中国城市绿色发展指数的影响分析

对比 2014 年中国城市绿色发展指数与城市资源环境承载潜力后发现，100 个参评城市中，有 53 个城市资源环境承载潜力排名高于中国城市绿色发展指数排名，这表明这些城市资源环境承载潜力推高了城市整体绿色发展水平，如牡丹江、太原、大同、桂林等；有 46 个城市资源环境承载潜力排名低于中国城市绿色发展指数排名，这表明这些城市资源环境承载潜力不足以支撑城市整体绿色发展，如北京、天津、石家庄、唐山等；而海口的城市资源环境承载潜力排名与中国城市绿色发展指数排名相同，城市资源环境承载潜力与城市绿色发展水平一致。

从影响的程度看，城市资源环境承载潜力与中国城市绿色发展指数排名差异较大(超过 20 位)的城市有 55 个，如北京、天津、石家庄和武汉等，这表明这些城市的资源环境承载潜力对绿色发展指数总排名影响明显；其中，齐齐哈尔的排名差异最大，其资源环境承载潜力位居所有参评城市第 12 位，但其中国城市绿色发展指数仅排第 94 位，名次变化达到 82 位。有 45 个城市排名差异较小或者排名没有变化(20 位以内)，如厦门、深圳、南通、北海等，这表明这些城市的资源环境承载潜力对绿色发展指数总排名影响不明显。2014 年中国城市绿色发展指数与城市资源环境承载潜力排名差异超过 20 位的城市如表 7-6 所示。

表 7-6　中国城市绿色发展指数与城市资源环境承载潜力排名差异超过 20 位的城市

城　市	绿色发展指数排名	资源环境承载潜力排名	排名差异	城　市	绿色发展指数排名	资源环境承载潜力排名	排名差异
北　京	9	82	−73	济　南	32	96	−64
天　津	53	99	−46	淄　博	67	100	−33
石家庄	33	87	−54	烟　台	11	35	−24
唐　山	47	79	−32	潍　坊	28	86	−58
大　同	71	19	52	济　宁	65	93	−28
临　汾	82	57	25	泰　安	52	80	−28
包　头	56	88	−32	日　照	24	59	−35
沈　阳	66	38	28	开　封	95	73	22
抚　顺	90	52	38	武　汉	48	97	−49
本　溪	91	51	40	长　沙	4	40	−36
锦　州	88	48	40	岳　阳	86	58	28
吉　林	84	44	40	广　州	7	53	−46
哈尔滨	64	42	22	韶　关	77	17	60
齐齐哈尔	94	12	82	汕　头	55	25	30
牡丹江	87	10	77	柳　州	54	31	23
上　海	26	70	−44	桂　林	59	11	48
南　京	25	98	−73	重　庆	74	46	28
无　锡	12	47	−35	攀枝花	72	13	59
常　州	14	56	−42	泸　州	79	37	42

续表

城　市	绿色发展指数排名	资源环境承载潜力排名	排名差异	城　市	绿色发展指数排名	资源环境承载潜力排名	排名差异
苏　州	10	81	−71	绵　阳	50	15	35
扬　州	34	74	−40	宜　宾	83	49	34
杭　州	30	67	−37	贵　阳	63	33	30
湖　州	41	72	−31	曲　靖	40	8	32
绍　兴	58	78	−20	延　安	38	5	33
合　肥	46	85	−39	金　昌	97	27	70
芜　湖	29	61	−32	西　宁	98	75	23
南　昌	49	28	21	乌鲁木齐	22	71	−49
九　江	68	24	44				

注：1. 本表根据表 0-4 和表 7-1 整理。2. 表中排名差异为资源环境承载潜力排名与绿色发展指数排名之差，正值表示资源环境承载潜力较之于绿色发展指数进步的名次，负值表示资源环境承载潜力较之于绿色发展指数退后的名次。

>>二、城市资源环境承载潜力比较分析<<

城市资源环境承载潜力占 2014 年中国城市绿色发展指数总权重的 34%，共由 14 个三级指标构成，包含 2 个正指标和 12 个逆指标。其中，有 2 个无数列表指标。

1. 城市资源丰裕与生态保护指标测算结果及分析

城市资源丰裕与生态保护指标占资源环境承载潜力指标总体权重的 7.15%，相对于环境压力与气候变化指标，该指标对资源环境承载潜力的贡献很小。从指标结构上看，资源丰裕与生态保护指标只包括 1 个三级指标，即人均水资源量。人均水资源量这一指标是正指标，占绿色发展指数的权重仅为 2.43%。

在对三级指标的原始数据进行标准化处理的基础上，我们得到 2014 年中国城市资源丰裕与生态保护指标指数及其排名情况，如表 7-7 所示。

表 7-7　　中国城市资源丰裕与生态保护指标指数及排名

指　标	资源丰裕与生态保护指标		指　标	资源丰裕与生态保护指标		指　标	资源丰裕与生态保护指标	
城　市	指数值	排　名	城　市	指数值	排　名	城　市	指数值	排　名
桂　林	0.016 2	1	泉　州	0.002 4	35	徐　州	0.000 6	69
柳　州	0.013 0	2	齐齐哈尔	0.002 3	36	潍　坊	0.000 5	70
韶　关	0.012 4	3	广　州	0.002 2	37	长　春	0.000 5	71
株　洲	0.008 9	4	荆　州	0.002 2	38	大　同	0.000 5	72
牡丹江	0.007 5	5	芜　湖	0.002 0	39	鞍　山	0.000 5	73
攀枝花	0.007 4	6	赤　峰	0.002 0	40	铜　川	0.000 5	74
九　江	0.007 0	7	抚　顺	0.002 0	41	西　安	0.000 5	75
遵　义	0.006 4	8	马鞍山	0.001 9	42	阳　泉	0.000 4	76
宜　昌	0.005 8	9	绵　阳	0.001 9	43	洛　阳	0.000 4	77

续表

指　标	资源丰裕与生态保护指标		指　标	资源丰裕与生态保护指标		指　标	资源丰裕与生态保护指标	
城　市	指数值	排　名	城　市	指数值	排　名	城　市	指数值	排　名
常　德	0.005 5	10	常　州	0.001 7	44	锦　州	0.000 3	78
北　海	0.005 5	11	西　宁	0.001 6	45	唐　山	0.000 3	79
杭　州	0.005 3	12	本　溪	0.001 6	46	焦　作	0.000 3	80
南　宁	0.004 8	13	合　肥	0.001 5	47	宝　鸡	0.000 3	81
海　口	0.004 6	14	苏　州	0.001 5	48	沈　阳	0.000 3	82
岳　阳	0.004 6	15	深　圳	0.001 4	49	郑　州	0.000 3	83
温　州	0.004 5	16	无　锡	0.001 3	50	大　连	0.000 2	84
重　庆	0.004 4	17	南　通	0.001 1	51	平顶山	0.000 2	85
曲　靖	0.004 2	18	呼和浩特	0.001 1	52	泰　安	0.000 2	86
长　沙	0.003 8	19	秦皇岛	0.001 1	53	石家庄	0.000 2	87
绍　兴	0.003 7	20	兰　州	0.001 1	54	青　岛	0.000 2	88
吉　林	0.003 7	21	厦　门	0.001 0	55	安　阳	0.000 2	89
湖　州	0.003 4	22	武　汉	0.001 0	56	北　京	0.000 2	90
福　州	0.003 3	23	日　照	0.001 0	57	淄　博	0.000 2	91
湘　潭	0.003 2	24	南　京	0.001 0	58	咸　阳	0.000 1	92
南　昌	0.003 2	25	克拉玛依	0.000 8	59	开　封	0.000 1	93
宁　波	0.003 1	26	扬　州	0.000 8	60	石嘴山	0.000 1	94
珠　海	0.003 1	27	济　宁	0.000 8	61	济　南	0.000 1	95
哈尔滨	0.003 1	28	乌鲁木齐	0.000 7	62	太　原	0.000 1	96
泸　州	0.003 0	29	临　汾	0.000 7	63	天　津	0.000 1	97
宜　宾	0.002 9	30	包　头	0.000 7	64	延　安	0.000 1	98
成　都	0.002 9	30	烟　台	0.000 7	65	银　川	0.000 0	99
昆　明	0.002 7	32	长　治	0.000 6	66	贵　阳	−0.000 2	100
金　昌	0.002 6	33	上　海	0.000 6	67			
湛　江	0.002 4	34	汕　头	0.000 6	68			

注：本表数据及排名根据《中国统计年鉴 2015》《中国环境统计年报 2014》《中国环境统计年鉴 2015》《中国城市统计年鉴 2015》《中国城市建设统计年鉴 2015》《中国区域经济统计年鉴 2015》等测算。

从表 7-7 可以看出，全国 100 个城市的资源丰裕与生态保护指标测算结果介于−0.000 2～0.016 2，总体差距并不大。其中高于全国平均水平 0.002 3 的城市有 35 个，占全部参评城市的 35%。其中前 20 位的城市分别为桂林、柳州、韶关、株洲、牡丹江、攀枝花、九江、遵义、宜昌、常德、北海、杭州、南宁、海口、岳阳、温州、重庆、曲靖、长沙和绍兴，并有 64 个城市的资源丰裕与生态保护指标低于全部参评城市平均水平。

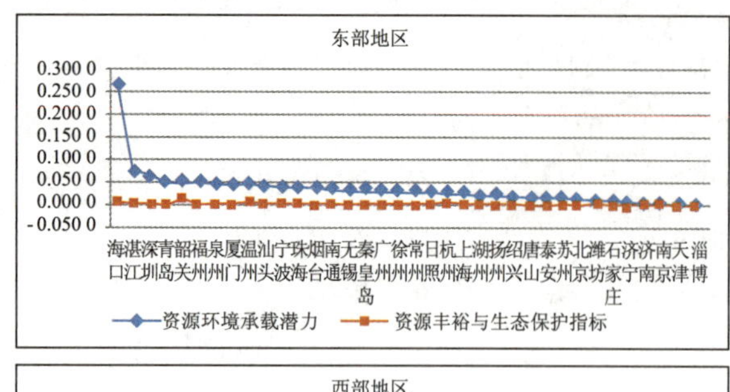

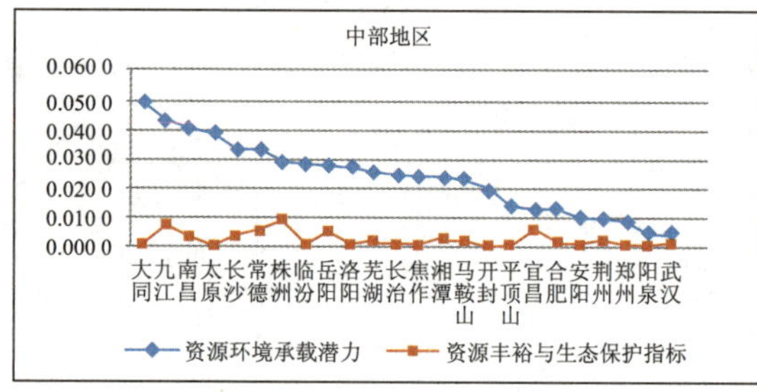

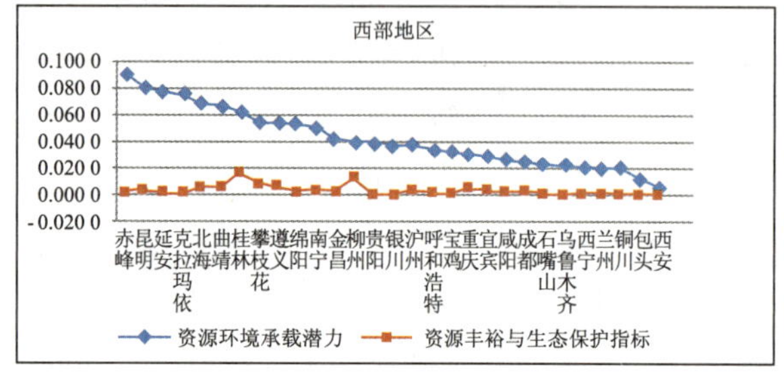

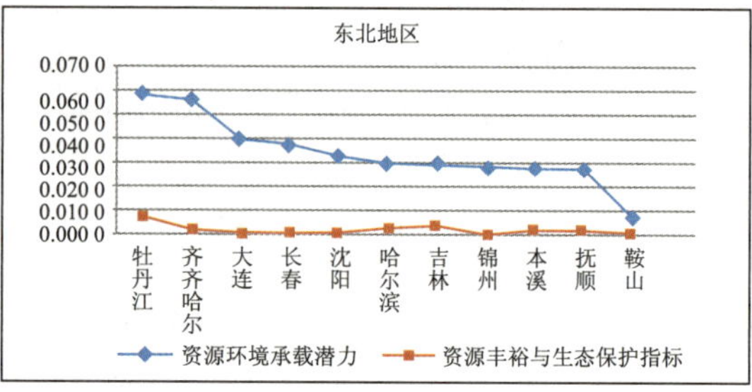

图 7-3 城市资源环境承载潜力和城市资源丰裕与生态保护指标对比

注：本图从东部、中部、西部和东北地区划分的角度，根据资源环境承载潜力指数大小自左到右排列。

为了进行地区间的比较，图 7-3 从东部、中部、西部和东北地区划分的角度，根据资源环境承载潜力指数大小顺序给出了城市资源环境承载潜力和城市资源丰裕与生态保护指标的对比。可以看出，所有的参评城市的城市资源丰裕与生态保护指标水平都要远低于城市资源环境承载潜力水平，表明城市资源丰裕与生态保护指标对城市资源环境承载潜力的贡献度较低，影响较小。从地区间差异的角度来看，东部、中部、西部和东北地区资源丰裕与生态保护指数的平均水平分别为 0.001 9、0.002 3、0.003 0 和 0.002 0，可以看出，平均而言，西部城市的资源丰裕与生态保护水平较高，而东部城市则相对落后。

就排名结果而言，资源丰裕与生态保护指标前 20 位的城市中，西部地区城市占 8 个，分别是桂林、柳州、攀枝花、遵义、北海、南宁、重庆和曲靖；东部城市占 5 个，分别是韶关、杭州、海口、温州和绍兴；中部地区城市占 6 个，分别是株洲、九江、宜昌、常德、岳阳和长沙；东北地区城市只有牡丹江进入前 20 位。而资源丰裕与生态保护指标排名后 10 位的城市里西部地区城市有 5 个，分别是延安、银川、咸阳、石嘴山和贵阳；中部地区城市有 2 个，分别是开封和太原；东部地区城市有 3 个，分别是天津、济南和淄博。

2. 城市环境压力与气候变化指标测算结果及分析

城市环境压力与气候变化指标是测度城市资源环境承载潜力最重要的二级指标，也是所占权重最大的一个指标。它包含单位土地面积二氧化碳排放量、人均二氧化碳排放量、单位土地面积二氧化硫排放量、人均二氧化硫排放量、单位土地面积化学需氧量排放量、人均化学需氧量排放量、单位土地面积氮氧化物排放量、人均氮氧化物排放量、单位土地面积氨氮排放量、人均氨氮排放量、空气质量达到二级以上天数占全年比重、首要污染物可吸入颗粒物天数占全年比重、可吸入细颗粒物(PM2.5)浓度年均值 13 个三级指标。这 13 个指标共占城市资源环境承载潜力权重的 92.85%，每个指标占总权重的 2.43%，具体情况如表 7-8 所示。

表 7-8　　城市环境压力与气候变化三级指标、权重及指标属性

指标序号	指　标	权　重	指标属性
19	单位土地面积二氧化碳排放量	2.43%	逆
20	人均二氧化碳排放量	2.43%	逆

续表

指标序号	指　标	权　重	指标属性
21	单位土地面积二氧化硫排放量	2.43%	逆
22	人均二氧化硫排放量	2.43%	逆
23	单位土地面积化学需氧量排放量	2.43%	逆
24	人均化学需氧量排放量	2.43%	逆
25	单位土地面积氮氧化物排放量	2.43%	逆
26	人均氮氧化物排放量	2.43%	逆
27	单位土地面积氨氮排放量	2.43%	逆
28	人均氨氮排放量	2.43%	逆
29	空气质量达到二级以上天数占全年比重	2.43%	正
30	首要污染物可吸入颗粒物天数占全年比重	2.43%	逆
31	可吸入细颗粒物(PM2.5)浓度年均值	2.43%	逆

注：1. 本表内容是由本报告课题组召开的多次研讨会确定的。2. 单位土地面积二氧化碳排放量和人均二氧化碳排放量目前为无数列表。

在对三级指标原始数据加以标准化处理后，根据表 7-8 中所示的权重，计算得出了本次参评的 100 个城市的环境压力与气候变化指标的指数值。测算结果和排名如表 7-9 所示。

表 7-9　　中国城市环境压力与气候变化指标指数及排名

指　标	环境压力与气候变化指标		指　标	环境压力与气候变化指标		指　标	环境压力与气候变化指标	
城　市	指数值	排　名	城　市	指数值	排　名	城　市	指数值	排　名
海　口	0.259 6	1	珠　海	0.035 6	35	乌鲁木齐	0.020 6	69
赤　峰	0.089 3	2	沈　阳	0.035 2	36	株　洲	0.020 2	70
延　安	0.077 4	3	泸　州	0.033 8	37	开　封	0.019 9	71
昆　明	0.077 4	4	呼和浩特	0.033 1	38	扬　州	0.019 1	72
湛　江	0.076 0	5	宝　鸡	0.031 8	39	杭　州	0.018 9	73
克拉玛依	0.073 8	6	南　通	0.030 2	40	兰　州	0.018 6	74
深　圳	0.062 6	7	长　沙	0.030 0	41	铜　川	0.018 5	75
曲　靖	0.062 5	8	锦　州	0.029 8	42	西　宁	0.018 0	76
北　海	0.062 2	9	哈尔滨	0.029 0	43	湖　州	0.017 2	77
齐齐哈尔	0.058 0	10	无　锡	0.028 9	44	唐　山	0.017 2	78
牡丹江	0.055 3	11	秦皇岛	0.028 5	45	泰　安	0.016 7	79
青　岛	0.050 2	12	常　德	0.028 0	46	苏　州	0.014 7	80
绵　阳	0.050 2	13	本　溪	0.027 8	47	绍　兴	0.014 5	81
大　同	0.049 0	14	徐　州	0.027 8	48	北　京	0.013 8	82
遵　义	0.047 1	15	吉　林	0.027 7	49	平顶山	0.013 1	83
攀枝花	0.047 0	16	临　汾	0.027 5	50	潍　坊	0.011 9	84
福　州	0.046 0	17	抚　顺	0.027 3	51	合　肥	0.011 3	85
桂　林	0.045 5	18	广　州	0.027 0	52	石家庄	0.010 7	86
南　宁	0.045 3	19	宜　宾	0.026 8	53	包　头	0.010 0	87
泉　州	0.044 4	20	洛　阳	0.026 7	54	安　阳	0.009 4	88

续表

指　标	环境压力与气候变化指标		指　标	环境压力与气候变化指标		指　标	环境压力与气候变化指标	
城　市	指数值	排　名	城　市	指数值	排　名	城　市	指数值	排　名
厦　门	0.043 5	21	常　州	0.026 6	55	郑　州	0.008 2	89
汕　头	0.042 5	22	日　照	0.026 5	56	鞍　山	0.007 4	90
大　连	0.042 2	23	重　庆	0.026 5	57	荆　州	0.007 3	91
长　春	0.040 1	24	柳　州	0.026 4	58	宜　昌	0.007 0	92
温　州	0.039 7	25	咸　阳	0.024 9	59	济　宁	0.006 5	93
金　昌	0.039 6	26	长　治	0.024 3	60	西　安	0.004 1	94
贵　阳	0.039 4	27	焦　作	0.024 1	61	阳　泉	0.004 0	95
太　原	0.039 2	28	岳　阳	0.023 5	62	济　南	0.003 6	96
韶　关	0.037 8	29	芜　湖	0.023 4	63	武　汉	0.002 4	97
南　昌	0.037 6	30	石嘴山	0.023 2	64	天　津	0.002 1	98
烟　台	0.037 4	31	上　海	0.021 9	65	南　京	0.001 8	99
银　川	0.036 8	32	成　都	0.021 3	66	淄　博	−0.002 5	100
宁　波	0.036 4	33	湘　潭	0.021 0	67			
九　江	0.036 4	34	马鞍山	0.020 6	68			

注：本表数据及排名根据《中国统计年鉴2015》《中国环境统计年报2014》《中国环境统计年鉴2015》《中国城市统计年鉴2015》《中国城市建设统计年鉴2015》《中国区域经济统计年鉴2015》测算。

从表7-9中可以看到，排名最高的海口的城市环境压力与气候变化指标指数值为0.259 6，排名第100位的淄博的城市环境压力与气候变化指标指数值为−0.002 5，相差较大，而这两个城市都位于东部地区。这说明在同一地区内，不同城市的环境压力与气候变化指标值有很大幅度的波动。这一波动在西部地区也很明显，赤峰的该项指标值为0.089 3，而排名最低的西安的

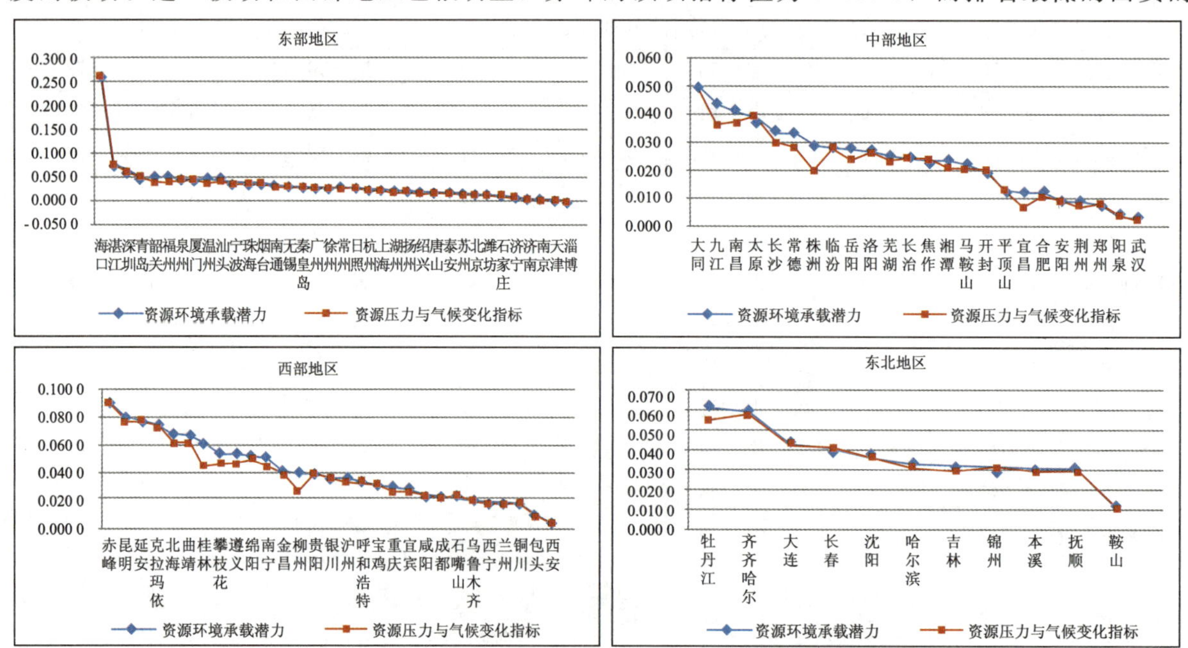

图7-4　城市资源环境承载潜力和城市环境压力与气候变化指标对比

注：本图从东部、中部、西部和东北地区划分的角度，根据资源环境承载潜力指数大小自左到右排列。

指标值为 0.004 1。就排名情况来看，100 个参评城市中，有 38 个城市的环境压力与气候变化指标高于全国平均水平 0.032 2，其中前 20 位的城市分别是海口、赤峰、延安、昆明、湛江、克拉玛依、深圳、曲靖、北海、齐齐哈尔、牡丹江、青岛、绵阳、大同、遵义、攀枝花、福州、桂林、南宁和泉州。有 62 个城市的环境压力与气候变化指标低于全国平均水平。

图 7-4 按照不同地区显示了城市资源环境承载潜力和城市环境压力与气候变化指标的对比，城市资源环境承载潜力和城市环境压力与气候变化指标之间有较强的一致性，表明城市环境压力与气候变化指标对城市资源环境承载潜力做出了很大的贡献。但东部地区的韶关，中部地区的九江、常德、株洲、宜昌、南昌、长沙、岳阳，西部地区的桂林、柳州、攀枝花，东北地区的牡丹江、吉林等城市都存在环境压力与气候变化指标水平远低于资源环境承载潜力水平的现象，表明其环境压力与气候变化指标对资源环境承载潜力的影响要弱于其他城市。

从指标值来看，东部、中部、西部和东北地区环境压力与气候变化指数的平均水平分别为 0.033 2、0.021 4、0.039 0 和 0.034 5，可以看出，平均而言，西部地区城市的环境压力与气候变化指标水平较高，而东部和东北地区城市次之，中部地区城市则相对落后。从排名的角度看，西部地区在城市环境压力与气候变化指标排名前 20 位的城市中占到了 11 个，而东部、中部和东北地区则占据了城市环境压力与气候变化指标排名后 20 位城市中的 18 个。

第八章

城市政府政策支持度测算及分析

近年来，我国大力贯彻落实党中央、国务院关于加快推进生态文明建设的决策部署，牢固树立和贯彻落实创新、协调、绿色、开放、共享的发展理念，积极实施绿色新政，把培育绿色经济作为新的经济增长点。政府政策上的大力支持是优化经济结构、提升城市可持续发展能力不可或缺的。在此背景下，本章根据“中国城市绿色发展指数指标体系”中政府政策支持度的测度标准，利用2014年度数据，从绿色投资、基础设施和环境治理三个方面，对中国100个大中城市政府在经济社会发展过程中的绿色行动进行综合评价。

>>一、城市政府政策支持度的测算结果<<

根据“中国城市绿色发展指数指标体系”中政府政策支持度的测度体系和权重标准，中国100个大中城市政府政策支持度测算结果如表8-1所示。

表 8-1 中国 100 个城市政府政策支持度指数及排名

城市	一级指标		二级指标					
	政府政策支持度		绿色投资指标		基础设施指标		环境治理指标	
	指数值	排名	指数值	排名	指数值	排名	指数值	排名
深圳	0.238 6	1	0.026 1	10	0.131 2	1	0.081 3	9
北京	0.218 5	2	0.041 6	1	0.098 9	6	0.078 0	13
厦门	0.208 6	3	0.013 6	75	0.093 9	10	0.101 1	1
南京	0.201 8	4	0.023 9	18	0.095 9	7	0.081 9	7
广州	0.200 8	5	0.012 3	85	0.102 7	3	0.085 9	4
北海	0.198 9	6	0.018 8	40	0.085 4	44	0.094 7	2
宝鸡	0.197 4	7	0.021 4	29	0.084 3	51	0.091 7	3
青岛	0.196 9	8	0.010 5	91	0.100 6	4	0.085 8	5
克拉玛依	0.194 7	9	0.028 6	3	0.092 7	11	0.073 4	30
湛江	0.192 1	10	0.026 2	9	0.081 7	64	0.084 2	6
济南	0.188 7	11	0.018 8	39	0.088 8	21	0.081 1	10
潍坊	0.188 5	12	0.027 8	6	0.090 7	15	0.070 0	41

续表

城　市	一级指标		二级指标					
	政府政策支持度		绿色投资指标		基础设施指标		环境治理指标	
	指数值	排　名	指数值	排　名	指数值	排　名	指数值	排　名
乌鲁木齐	0.188 1	13	0.026 8	8	0.085 5	43	0.075 9	19
福　州	0.187 8	14	0.019 2	37	0.088 2	26	0.080 4	11
日　照	0.187 7	15	0.023 9	17	0.085 2	47	0.078 6	12
苏　州	0.185 5	16	0.019 8	34	0.091 6	13	0.074 1	28
石家庄	0.185 4	17	0.028 2	5	0.081 5	67	0.075 8	23
宁　波	0.184 5	18	0.014 8	67	0.088 3	24	0.081 4	8
秦皇岛	0.184 4	19	0.024 8	14	0.108 8	2	0.050 8	85
淄　博	0.184 2	20	0.023 3	21	0.089 2	19	0.071 8	36
无　锡	0.183 7	21	0.017 1	56	0.090 5	17	0.076 1	16
合　肥	0.183 1	22	0.015 4	64	0.091 9	12	0.075 8	22
常　州	0.182 2	23	0.019 9	33	0.088 3	25	0.074 0	29
泰　安	0.181 5	24	0.019 2	38	0.086 5	34	0.075 9	21
武　汉	0.181 1	25	0.014 5	70	0.090 7	14	0.075 9	20
温　州	0.180 3	26	0.023 6	20	0.085 9	38	0.070 8	40
扬　州	0.180 1	27	0.027 1	7	0.085 7	41	0.067 4	50
济　宁	0.179 7	28	0.022 2	27	0.081 5	65	0.076 0	17
唐　山	0.179 5	29	0.022 5	25	0.085 8	40	0.071 1	39
天　津	0.179 4	30	0.017 2	55	0.094 8	8	0.067 4	49
安　阳	0.178 2	31	0.021 4	31	0.083 6	54	0.073 2	31
太　原	0.178 1	32	0.030 2	2	0.084 8	48	0.063 1	62
泉　州	0.177 7	33	0.020 4	32	0.084 5	50	0.072 8	33
烟　台	0.176 3	34	0.014 3	71	0.086 6	31	0.075 4	25
湖　州	0.176 0	35	0.025 8	12	0.088 7	22	0.061 5	68
徐　州	0.175 6	36	0.016 9	57	0.082 0	61	0.076 6	15
焦　作	0.175 5	37	0.018 2	46	0.079 9	71	0.077 4	14
上　海	0.174 9	38	0.013 8	74	0.094 8	9	0.066 3	54
南　宁	0.173 7	39	0.019 4	35	0.087 4	29	0.066 9	52
杭　州	0.173 6	40	0.021 4	30	0.090 6	16	0.061 6	66
南　通	0.173 4	41	0.023 7	19	0.085 4	45	0.064 3	59
芜　湖	0.172 4	42	0.017 7	49	0.083 0	57	0.071 7	37
呼和浩特	0.171 7	43	0.014 2	72	0.081 5	66	0.076 0	18
铜　川	0.171 2	44	0.028 4	4	0.074 5	85	0.068 4	46
马鞍山	0.170 4	45	0.014 5	69	0.086 5	32	0.069 4	43
银　川	0.170 3	46	0.009 1	94	0.086 5	33	0.074 7	26
成　都	0.169 8	47	0.011 5	87	0.085 5	42	0.072 8	34

续表

城市	一级指标		二级指标					
	政府政策支持度		绿色投资指标		基础设施指标		环境治理指标	
	指数值	排　名	指数值	排　名	指数值	排　名	指数值	排　名
贵　阳	0.169 3	48	0.017 9	48	0.083 3	55	0.068 1	47
石嘴山	0.169 1	49	0.017 3	52	0.086 7	30	0.065 1	57
珠　海	0.168 5	50	0.017 2	54	0.099 9	5	0.051 3	84
柳　州	0.167 5	51	0.015 8	62	0.082 0	60	0.069 6	42
遵　义	0.167 1	52	0.026 0	11	0.075 3	84	0.065 8	56
包　头	0.166 9	53	0.013 1	79	0.082 3	58	0.071 6	38
洛　阳	0.166 6	54	0.016 5	59	0.081 5	68	0.068 6	45
长　治	0.166 5	55	0.016 0	61	0.077 3	77	0.073 2	32
重　庆	0.166 5	56	0.012 9	81	0.086 2	37	0.067 3	51
绍　兴	0.165 8	57	0.024 6	15	0.086 3	36	0.054 9	81
南　昌	0.165 3	58	0.012 8	82	0.085 9	39	0.066 6	53
株　洲	0.165 1	59	0.015 4	65	0.085 4	46	0.064 3	58
阳　泉	0.164 1	60	0.022 3	26	0.075 9	83	0.065 9	55
长　春	0.163 5	61	0.017 3	53	0.084 0	53	0.062 3	63
长　沙	0.163 2	62	0.015 1	66	0.088 4	23	0.059 7	73
西　安	0.163 1	63	0.012 7	83	0.088 2	27	0.062 1	64
九　江	0.161 1	64	0.016 6	58	0.081 0	69	0.063 4	61
郑　州	0.160 5	65	0.013 5	76	0.086 4	35	0.060 6	71
汕　头	0.159 9	66	0.025 7	13	0.066 5	92	0.067 7	48
赤　峰	0.157 5	67	0.023 2	22	0.072 7	87	0.061 6	67
哈尔滨	0.157 5	68	0.010 6	90	0.077 7	76	0.069 3	44
曲　靖	0.157 2	69	0.018 1	47	0.077 7	75	0.061 4	69
宜　宾	0.156 4	70	0.022 9	24	0.059 3	99	0.074 2	27
临　汾	0.155 9	71	0.015 7	63	0.064 6	94	0.075 7	24
湘　潭	0.155 9	72	0.011 3	88	0.080 6	70	0.063 9	60
平顶山	0.153 4	73	0.018 4	42	0.077 1	78	0.057 9	77
大　同	0.152 5	74	0.018 7	41	0.076 3	81	0.057 6	78
大　连	0.152 5	75	0.006 0	97	0.084 8	49	0.061 8	65
攀枝花	0.150 9	76	0.018 3	43	0.071 9	88	0.060 7	70
绵　阳	0.150 9	77	0.013 8	73	0.078 4	73	0.058 6	76
泸　州	0.150 6	78	0.016 4	60	0.062 3	96	0.071 9	35
昆　明	0.149 5	79	0.013 1	80	0.087 8	28	0.048 6	86
咸　阳	0.149 5	80	0.023 0	23	0.071 5	89	0.054 9	80
常　德	0.149 2	81	0.010 8	89	0.078 1	74	0.060 3	72
宜　昌	0.146 1	82	0.010 0	92	0.082 1	59	0.054 0	82

续表

城　市	一级指标		二级指标					
	政府政策支持度		绿色投资指标		基础设施指标		环境治理指标	
	指数值	排　名	指数值	排　名	指数值	排　名	指数值	排　名
本　溪	0.143 1	83	0.005 9	98	0.089 5	18	0.047 6	88
吉　林	0.142 2	84	0.022 1	28	0.073 6	86	0.046 6	90
海　口	0.141 8	85	0.013 1	78	0.084 0	52	0.044 8	92
抚　顺	0.141 3	86	0.005 8	99	0.076 3	79	0.059 2	75
锦　州	0.138 7	87	0.006 6	96	0.078 7	72	0.053 4	83
沈　阳	0.138 6	88	0.008 7	95	0.089 0	20	0.040 9	95
韶　关	0.138 6	89	0.017 5	51	0.076 3	82	0.044 9	91
金　昌	0.137 9	90	0.012 5	84	0.081 8	63	0.043 6	93
岳　阳	0.136 2	91	0.014 7	68	0.083 2	56	0.038 2	97
桂　林	0.134 7	92	0.019 3	36	0.067 5	91	0.047 8	87
开　封	0.133 8	93	0.017 7	50	0.069 1	90	0.047 0	89
荆　州	0.131 2	94	0.011 6	86	0.063 0	95	0.056 7	79
兰　州	0.127 3	95	0.024 0	16	0.044 1	100	0.059 2	74
延　安	0.126 5	96	0.018 2	44	0.066 1	93	0.042 2	94
鞍　山	0.118 6	97	0.003 4	100	0.082 0	62	0.033 3	98
西　宁	0.113 5	98	0.018 2	45	0.076 3	80	0.019 0	100
牡丹江	0.109 9	99	0.009 6	93	0.061 0	98	0.039 2	96
齐齐哈尔	0.105 4	100	0.013 3	77	0.061 5	97	0.030 6	99

注：1. 本表根据“中国城市绿色发展指数指标体系”中的政府政策支持度指标体系，依据各指标 2014 年度数据测算而得。2. 本表各测评城市按照政府政策支持度的指数值从大到小排序。3. 本表一级指标“政府政策支持度”指数值等于 3 个二级指标“绿色投资指标”“基础设施指标”“环境治理指标”指数值之和。4. 本表测度结果保留 4 位小数，如果指数相同排名相同说明两市测算的指数完全一样，如果指数相同但排名不同则是小数点四舍五入的结果，说明指数值在小数点后 4 位之后有差异，本章节此后所有测度结果均采用该方法保留 4 位小数。5. 以上数据及排名根据《中国统计年鉴 2015》《中国环境统计年报 2014》《中国环境统计年鉴 2015》《中国城市统计年鉴 2015》《中国城市建设统计年鉴 2015》《中国区域经济统计年鉴 2015》等测算。6. 为了便于后文进行比较分析，基于算术平均方法，经测算 100 个参评城市的政府政策支持度的平均水平为 0.166 3，100 个参评城市的绿色投资指标的平均水平为 0.017 9，100 个参评城市的基础设施指标的平均水平为 0.083 0，100 个参评城市的环境治理指标的平均水平为 0.065 3。

从表 8-1 中可以看出，2014 年中国 100 个城市政府政策支持度指标中，指数值最高的是深圳，达到 0.238 6；最低的是齐齐哈尔，仅为 0.105 4。100 个测评城市中，有 56 个城市政府政策支持度高出全国平均水平。排在前 20 位的城市依次是深圳、北京、厦门、南京、广州、北海、宝鸡、青岛、克拉玛依、湛江、济南、潍坊、乌鲁木齐、福州、日照、苏州、石家庄、宁波、秦皇岛和淄博。其中，二级指标中，绿色投资指标排名前 20 位的城市依次是北京、太原、克拉玛依、铜川、石家庄、潍坊、扬州、乌鲁木齐、湛江、深圳、遵义、湖州、汕头、秦皇岛、绍兴、兰州、日照、南京、南通和温州；基础设施指标排名前 20 位的城市依次是深圳、秦皇岛、广州、青岛、珠海、北京、南京、天津、上海、厦门、克拉玛依、合肥、苏州、武汉、潍坊、杭州、无锡、本溪、淄博和沈阳；环境治理指标排名前 20 位的城市依次是厦门、北海、宝鸡、广州、青岛、湛江、南京、宁波、深圳、济南、福州、日照、北京、焦作、徐州、无锡、济宁、呼和浩特、乌鲁木齐和武汉。2014 年中国 100 个城市政府政策支持度指标排名前 20 位和后 20 位的具体情况如图 8-1 所示。

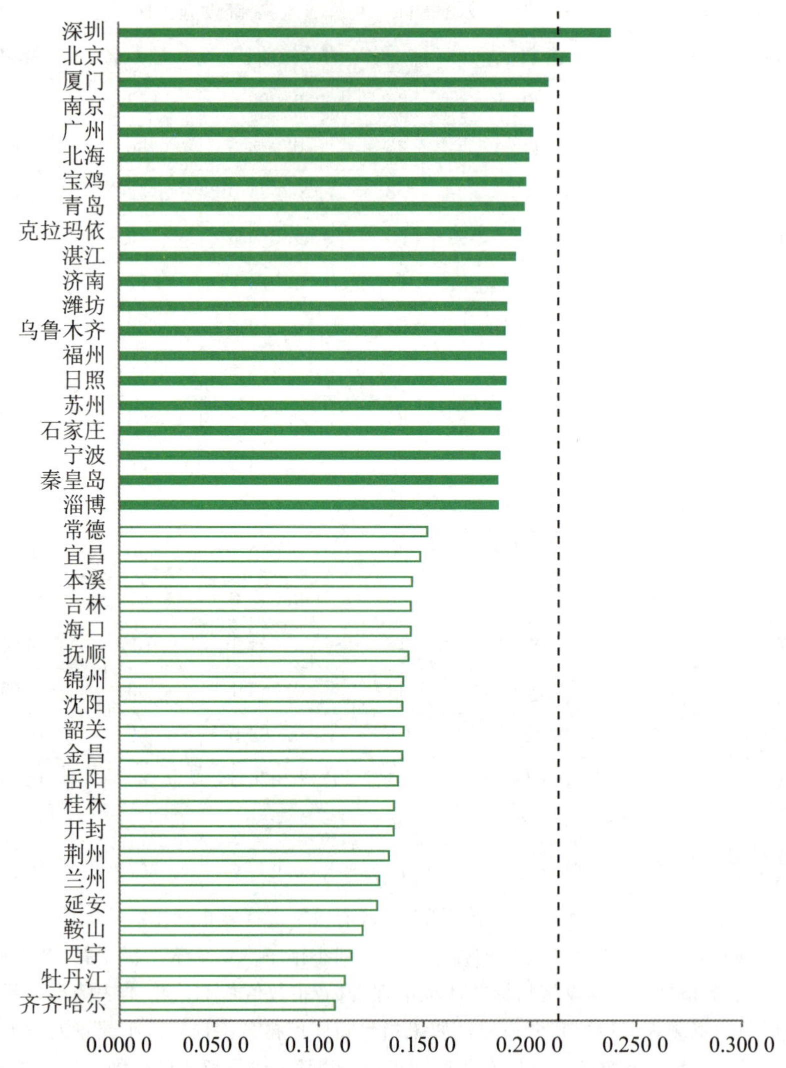

图 8-1　中国城市政府政策支持度排名前 20 位和后 20 位的城市

注：本图根据表 8-1 制作。指数值由高到低排列，虚线表示所有参评城市政府政策支持度的平均值。

根据表 8-1 和图 8-1，我们从城市政府政策支持度区域间差异、城市政府政策支持度区域内差异、2014 年中国城市绿色发展指数与城市政府政策支持度的相关关系三个方面进行分析。

1. 城市政府政策支持度区域间差异分析

从区域分布的角度来看，城市政府政策支持度总体呈现出东部最高，中部和西部次之，东北地区城市最弱的局面，具体如图 8-2 所示。其中，东部所有测评城市的均值达到 0.182 9，远高于其他地区；中部和西部地区城市的均值分别为 0.161 1 和 0.160 9，均低于东部地区和全国平均水平，位于中游；而东北地区城市的均值仅为 0.137 4，较之东部、中部和西部地区城市最弱。

与2013年度相比，四大区域在政府政策支持度上的排名没有变化。东部仍然是四大区域中城市政府政策支持度最高的地区；中部和西部次之，中部地区稍高于西部地区；而东北地区城市的政府政策支持度在四大区域中排名垫底。

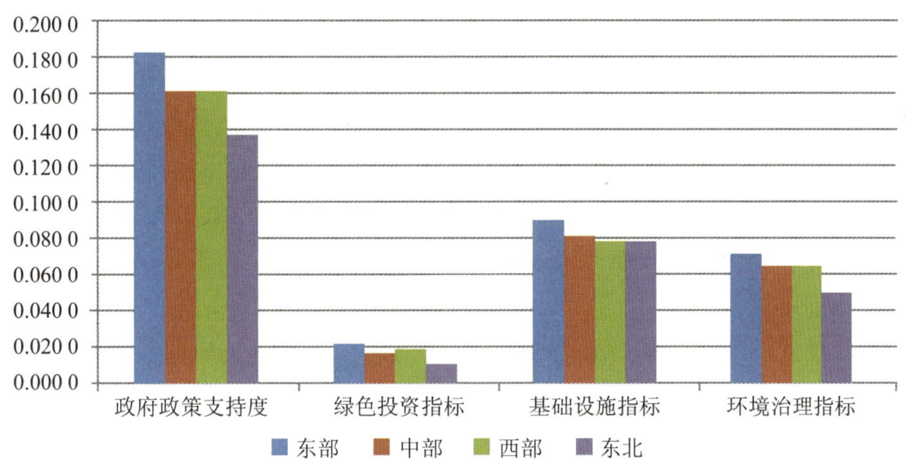

图 8-2　中国四大区域城市政府政策支持度对照图

注：本图数据为四大区域中各城市指数值的算术平均值。

二级指标方面，就绿色投资指数值均值而言，四大区域绿色投资水平差距相对较小，东部和西部城市略高于全国平均水平，中部和东北地区城市低于全国平均水平。具体到各区域，东部城市绿色投资指数值均值位居四大区域首位，高达0.021 1；西部城市绿色投资指数值均值略低于东部，为0.018 4；其后是中部城市绿色投资指标指数值均值，仅为0.016 2；东北地区城市绿色投资指数值均值最低，仅为0.009 9。

基础设施指标中，东部城市基础设施指数值均值达到0.090 0，高于其他区域，同时也是四个区域中唯一高于全国平均水平的地区；中部城市指数值均值次之，为0.080 7；西部和东北地区城市基础设施建设水平较为接近，指数值均值分别为0.078 1和0.078 0，位居四大区域后两位。

环境治理指标中，排名首位的仍旧是东部地区，指数值均值达到0.071 7，高于全国平均水平；其他三个地区均低于全国平均水平，其中中部城市指数值均值为0.064 2，西部城市指数值均值为0.064 4，东北地区城市指数值均值最低，仅为0.049 5。

2. 城市政府政策支持度区域内差异分析

虽然城市政府政策支持度在区域间呈现东部最好，中部和西部次之，东北地区城市最弱的局面，但区域内部各城市之间的差异较为明显。

(1)东部地区城市政府政策支持度指数及排名

2014年中国东部地区城市政府政策支持度指数及排名如表8-2所示。

表 8-2　　中国东部地区城市政府政策支持度指数及排名

城　市	指数值	所有测评城市排名	区域内部排名	城　市	指数值	所有测评城市排名	区域内部排名
深　圳	0.238 6	1	1	泰　安	0.181 5	24	19
北　京	0.218 5	2	2	温　州	0.180 3	26	20
厦　门	0.208 6	3	3	扬　州	0.180 1	27	21
南　京	0.201 8	4	4	济　宁	0.179 7	28	22

续表

城　市	指数值	所有测评城市排名	区域内部排名	城　市	指数值	所有测评城市排名	区域内部排名
广　州	0.200 8	5	5	唐　山	0.179 5	29	23
青　岛	0.196 9	8	6	天　津	0.179 4	30	24
湛　江	0.192 1	10	7	泉　州	0.177 7	33	25
济　南	0.188 7	11	8	烟　台	0.176 3	34	26
潍　坊	0.188 5	12	9	湖　州	0.176 0	35	27
福　州	0.187 8	14	10	徐　州	0.175 6	36	28
日　照	0.187 7	15	11	上　海	0.174 9	38	29
苏　州	0.185 5	16	12	杭　州	0.173 6	40	30
石家庄	0.185 4	17	13	南　通	0.173 4	41	31
宁　波	0.184 5	18	14	珠　海	0.168 5	50	32
秦皇岛	0.184 4	19	15	绍　兴	0.165 8	57	33
淄　博	0.184 2	20	16	汕　头	0.159 9	66	34
无　锡	0.183 7	21	17	海　口	0.141 8	85	35
常　州	0.182 2	23	18	韶　关	0.138 6	89	36

注：本表根据表 8-1 整理。

东部参与测评的 36 个城市中，有 7 个城市位居所有测评城市的前 10 位，分别是深圳、北京、厦门、南京、广州、青岛和湛江，占东部测评城市的 19.44%，相比于 2013 年的 22.2%有所下降。其中，深圳以 0.238 6 的指数值位居所有测评城市首位，远高于其他测评城市。东部 36 个城市的政府政策支持度指数值中，有 32 个城市政府政策支持度指数值大于全国平均水平，其中最低的 4 个城市分别是绍兴、汕头、海口和韶关。

(2)中部地区城市政府政策支持度指数及排名

2014 年中国中部地区城市政府政策支持度指数及排名如表 8-3 所示。

表 8-3　　中国中部地区城市政府政策支持度指数及排名

城　市	指数值	所有测评城市排名	区域内部排名	城　市	指数值	所有测评城市排名	区域内部排名
合　肥	0.183 1	22	1	长　沙	0.163 2	62	13
武　汉	0.181 1	25	2	九　江	0.161 1	64	14
安　阳	0.178 2	31	3	郑　州	0.160 5	65	15
太　原	0.178 1	32	4	临　汾	0.155 9	71	16
焦　作	0.175 5	37	5	湘　潭	0.155 9	72	17
芜　湖	0.172 4	42	6	平顶山	0.153 4	73	18
马鞍山	0.170 4	45	7	大　同	0.152 5	74	19
洛　阳	0.166 6	54	8	常　德	0.149 2	81	20
长　治	0.166 5	55	9	宜　昌	0.146 1	82	21
南　昌	0.165 3	58	10	岳　阳	0.136 2	91	22
株　洲	0.165 1	59	11	开　封	0.133 8	93	23
阳　泉	0.164 1	60	12	荆　州	0.131 2	94	24

注：本表根据表 8-1 整理。

中部参与测评的24个城市中，中部地区政府政策支持度平均水平(0.161 1)低于全国平均水平，没有城市位于所有测评城市的前10位。中部的合肥、武汉、安阳、太原、焦作、芜湖和马鞍山7个城市位居所有测评城市的第22～45位，政府政策支持度位居所有中部城市的前列。而中部的洛阳、长治、南昌、株洲、阳泉、长沙、九江、郑州、临汾、湘潭、平顶山、大同、常德、宜昌、岳阳、开封和荆州17个城市位居所有测评城市的第53～96位，其政府政策支持度水平在所有中部城市中排名相对靠后。

(3)西部地区城市政府政策支持度指数及排名

2014年中国西部地区城市政府政策支持度指数及排名如表8-4所示。

表8-4　中国西部地区城市政府政策支持度指数及排名

城　市	指数值	所有测评城市排名	区域内部排名	城　市	指数值	所有测评城市排名	区域内部排名
北　海	0.198 9	6	1	西　安	0.163 1	63	16
宝　鸡	0.197 4	7	2	赤　峰	0.157 5	67	17
克拉玛依	0.194 7	9	3	曲　靖	0.157 2	69	18
乌鲁木齐	0.188 1	13	4	宜　宾	0.156 4	70	19
南　宁	0.173 7	39	5	攀枝花	0.150 9	76	20
呼和浩特	0.171 7	43	6	绵　阳	0.150 9	77	21
铜　川	0.171 2	44	7	泸　州	0.150 6	78	22
银　川	0.170 3	46	8	昆　明	0.149 5	79	23
成　都	0.169 8	47	9	咸　阳	0.149 5	80	24
贵　阳	0.169 3	48	10	金　昌	0.137 9	90	25
石嘴山	0.169 1	49	11	桂　林	0.134 7	92	26
柳　州	0.167 5	51	12	兰　州	0.127 3	95	27
遵　义	0.167 1	52	13	延　安	0.126 5	96	28
包　头	0.166 9	53	14	西　宁	0.113 5	98	29
重　庆	0.166 5	56	15				

注：本表根据表8-1整理。

西部参与测评的29个城市中，有3个城市位居所有测评城市的前10位，分别是北海第6位、宝鸡第7位、克拉玛依第9位，相对于2013年增加一个城市。其中，北海、宝鸡、克拉玛依、乌鲁木齐、南宁、呼和浩特、铜川、银川、成都、贵阳、石嘴山、柳州、遵义、包头和重庆15个城市的指数值高于全国平均水平，位居全国所有测评城市中上游，位居西部测评城市的前列；而其余14个城市政府政策支持度指数值低于全国平均水平，位居全国所有测评城市中下游，在西部测评城市中排名靠后。可见，西部地区基本上超一半城市政府政策支持度位居全国中下游水平。

(4)东北地区城市政府政策支持度指数及排名

2014年中国东北地区城市政府政策支持度指数及排名如表8-5所示。

表 8-5　　中国东北地区城市政府政策支持度指数及排名

城　市	指数值	所有测评城市排名	区域内部排名	城　市	指数值	所有测评城市排名	区域内部排名
长　春	0.163 5	61	1	锦　州	0.138 7	87	7
哈尔滨	0.157 5	68	2	沈　阳	0.138 6	88	8
大　连	0.152 5	75	3	鞍　山	0.118 6	97	9
本　溪	0.143 1	83	4	牡丹江	0.109 9	99	10
吉　林	0.142 2	84	5	齐齐哈尔	0.105 4	100	11
抚　顺	0.141 3	86	6				

注：本表根据表 8-1 整理。

东北地区参与测评的 11 个城市中，所有城市政府政策支持度指数值均低于全国平均水平。排名最高的是长春，指数值为 0.163 5，位于所有 100 个测评城市的第 61 位；其他城市如吉林、大连、抚顺等均位居全国所有测评城市的中下游，且东北地区绝大部分城市政府政策支持度在全国排名相对靠后。因此，东北地区城市政府政策支持度有待进一步提高。

3. 城市政府政策支持度对 2014 年中国城市绿色发展指数的影响分析

为了比较政府政策支持度对城市绿色发展的影响差异，我们把城市的绿色发展指数与其政府政策支持度排名进行对比。在 100 个测评城市中，有 56 个城市的政府政策支持度排名高于其绿色发展指数排名，表明这些城市的政府绿色行动推高了该城市的绿色发展水平，如安阳、淄博和济宁等；41 个城市的政府政策支持度排名低于其绿色发展指数排名，反映了这些城市政府的绿色行动不足，影响了城市整体绿色发展水平的进一步提高，如海口、昆明和长沙等；而北海、吉林和西宁 3 个城市政府政策支持度排名与其绿色发展指数相同，说明城市政府绿色行动与城市整体绿色发展水平保持一致。

从影响的程度看，城市政府政策支持度与中国城市绿色发展指数排名差异较大(超过 20 位)的城市有 32 个，占所有城市的 32%，如海口、济宁和安阳等，这表明这些城市的政府政策支持度对绿色发展指数总排名影响明显。其中，海口的排名差异最大，其中国城市绿色发展指数位居所有测评城市第 1 位，但政府政策支持度仅为第 85 位，名次变化达到 84 位；有 68 个城市排名差异较小(20 位以内)，如北海、上海、深圳等，这表明这些城市的政府政策支持度对绿色发展指数总排名影响不明显。2014 年中国城市绿色发展指数与城市政府政策支持度排名差异超过 20 位的城市如表 8-6 所示。

表 8-6　　中国城市绿色发展指数与城市政府政策支持度排名差异超过 20 位的城市

城　市	绿色发展指数排名	政府政策支持度排名	排名差异	城　市	绿色发展指数排名	政府政策支持度排名	排名差异
海　口	1	85	−84	郑　州	85	65	20
昆　明	20	79	−59	南　京	25	4	21
长　沙	4	62	−58	济　南	32	11	21
延　安	38	96	−58	武　汉	48	25	23
赤　峰	18	67	−49	天　津	53	30	23
遵　义	19	52	−33	宝　鸡	31	7	24
桂　林	59	92	−33	合　肥	46	22	24
大　连	43	75	−32	秦皇岛	45	19	26

续表

城　市	绿色发展指数排名	政府政策支持度排名	排名差异	城　市	绿色发展指数排名	政府政策支持度排名	排名差异
曲　靖	40	69	－29	长　治	81	55	26
绵　阳	50	77	－27	泰　安	52	24	28
长　春	35	61	－26	铜　川	73	44	29
常　德	57	81	－24	焦　作	70	37	33
烟　台	11	34	－23	阳　泉	96	60	36
呼和浩特	21	43	－22	济　宁	65	28	37
沈　阳	66	88	－22	淄　博	67	20	47
石嘴山	69	49	20	安　阳	80	31	49

注：1. 本表根据表 0-4 和表 8-1 整理。2. 表中排名差异为政府政策支持度排名与绿色发展指数排名之差，正值表示政府政策支持度较之于绿色发展指数进步的名次，负值表示政府政策支持度较之于绿色发展指数退后的名次。

>>二、城市政府政策支持度比较分析<<

城市政府政策支持度占 2014 年中国城市绿色发展指数总权重的 33%，共由绿色投资指标、基础设施指标和环境治理指标 3 个二级指标以及 14 个三级指标构成。三级指标全部都为正指标，且都参与测算，没有无数列表指标。为深入剖析城市政府政策支持度特征，本部分将以 3 个二级指标为基础进行详细的分析与比较。

1. 城市绿色投资指标测算结果及分析

城市绿色投资指标占政府政策支持度指标总体权重的 21.43%，衡量城市对绿色发展的资金支持，从经济投入角度反映了政府对绿色发展的重视程度。城市绿色投资指标的三级指标、权重及指标属性如表 8-7 所示。

表 8-7　城市绿色投资三级指标、权重及指标属性

指标序号	指　标	权　重	指标属性
32	环境保护支出占财政支出比重	2.36%	正
33	城市环境基础设施建设投资占全市固定资产投资比重	2.36%	正
34	科教文卫支出占财政支出比重	2.36%	正

注：本表内容由本报告课题组在 2016 年及之前召开的多次研讨会确定。

与 2013 年相比，2014 年城市绿色投资的三级指标没有变化，但是其权重统一在一级指标下取平均权重。根据表 8-7 所列指标和权重，经过标准化处理及综合测算，我们得到 2014 年中国城市绿色投资指标指数及其排名情况，如表 8-8 所示。

表 8-8　中国城市绿色投资指标指数及其排名

指　标	绿色投资指标		指　标	绿色投资指标		指　标	绿色投资指标	
城　市	指数值	排　名	城　市	指数值	排　名	城　市	指数值	排　名
北　京	0.041 6	1	南　宁	0.019 4	35	马鞍山	0.014 5	69
太　原	0.030 2	2	桂　林	0.019 3	36	武　汉	0.014 5	70
克拉玛依	0.028 6	3	福　州	0.019 2	37	烟　台	0.014 3	71

续表

指　标	绿色投资指标		指　标	绿色投资指标		指　标	绿色投资指标	
城　市	指数值	排　名	城　市	指数值	排　名	城　市	指数值	排　名
铜　川	0.028 4	4	泰　安	0.019 2	38	呼和浩特	0.014 2	72
石家庄	0.028 2	5	济　南	0.018 8	39	绵　阳	0.013 8	73
潍　坊	0.027 8	6	北　海	0.018 8	40	上　海	0.013 8	74
扬　州	0.027 1	7	大　同	0.018 7	41	厦　门	0.013 6	75
乌鲁木齐	0.026 8	8	平顶山	0.018 4	42	郑　州	0.013 5	76
湛　江	0.026 2	9	攀枝花	0.018 3	43	齐齐哈尔	0.013 3	77
深　圳	0.026 1	10	延　安	0.018 2	44	海　口	0.013 1	78
遵　义	0.026 0	11	西　宁	0.018 2	45	包　头	0.013 1	79
湖　州	0.025 8	12	焦　作	0.018 2	46	昆　明	0.013 1	80
汕　头	0.025 7	13	曲　靖	0.018 1	47	重　庆	0.012 9	81
秦皇岛	0.024 8	14	贵　阳	0.017 9	48	南　昌	0.012 8	82
绍　兴	0.024 6	15	芜　湖	0.017 7	49	西　安	0.012 7	83
兰　州	0.024 0	16	开　封	0.017 7	50	金　昌	0.012 5	84
日　照	0.023 9	17	韶　关	0.017 5	51	广　州	0.012 3	85
南　京	0.023 9	18	石嘴山	0.017 3	52	荆　州	0.011 6	86
南　通	0.023 7	19	长　春	0.017 3	53	成　都	0.011 5	87
温　州	0.023 6	20	珠　海	0.017 2	54	湘　潭	0.011 3	88
淄　博	0.023 3	21	天　津	0.017 2	55	常　德	0.010 8	89
赤　峰	0.023 2	22	无　锡	0.017 1	56	哈尔滨	0.010 6	90
咸　阳	0.023 0	23	徐　州	0.016 9	57	青　岛	0.010 5	91
宜　宾	0.022 9	24	九　江	0.016 6	58	宜　昌	0.010 0	92
唐　山	0.022 5	25	洛　阳	0.016 5	59	牡丹江	0.009 6	93
阳　泉	0.022 3	26	泸　州	0.016 4	60	银　川	0.009 1	94
济　宁	0.022 2	27	长　治	0.016 0	61	沈　阳	0.008 7	95
吉　林	0.022 1	28	柳　州	0.015 8	62	锦　州	0.006 6	96
宝　鸡	0.021 4	29	临　汾	0.015 7	63	大　连	0.006 0	97
杭　州	0.021 4	30	合　肥	0.015 4	64	本　溪	0.005 9	98
安　阳	0.021 4	31	株　洲	0.015 4	65	抚　顺	0.005 8	99
泉　州	0.020 4	32	长　沙	0.015 1	66	鞍　山	0.003 4	100
常　州	0.019 9	33	宁　波	0.014 8	67			
苏　州	0.019 8	34	岳　阳	0.014 7	68			

注：本表数据及排名根据《中国统计年鉴 2015》《中国环境统计年报 2014》《中国环境统计年鉴 2015》《中国城市统计年鉴 2015》《中国城市建设统计年鉴 2015》等测算。

从表 8-8 中我们可以看出，测评的 100 个城市绿色投资指数介于 0.003 4～0.041 6，总体差距较为明显。有 47 个城市绿色投资水平高于全国平均水平(0.017 9)，占全部测评城市的 47%，其中北京、太原、克拉玛依位居所有测评城市前 3 位，指数值分别达到 0.041 6、0.030 2 和 0.028 6。有 53 个城市绿色投资水平低于全国平均水平，占全部测评城市的 53%，其中本溪、抚顺、鞍山位居所有测评城市后 3 位，指数值仅有 0.005 9、0.005 8 和 0.003 4。

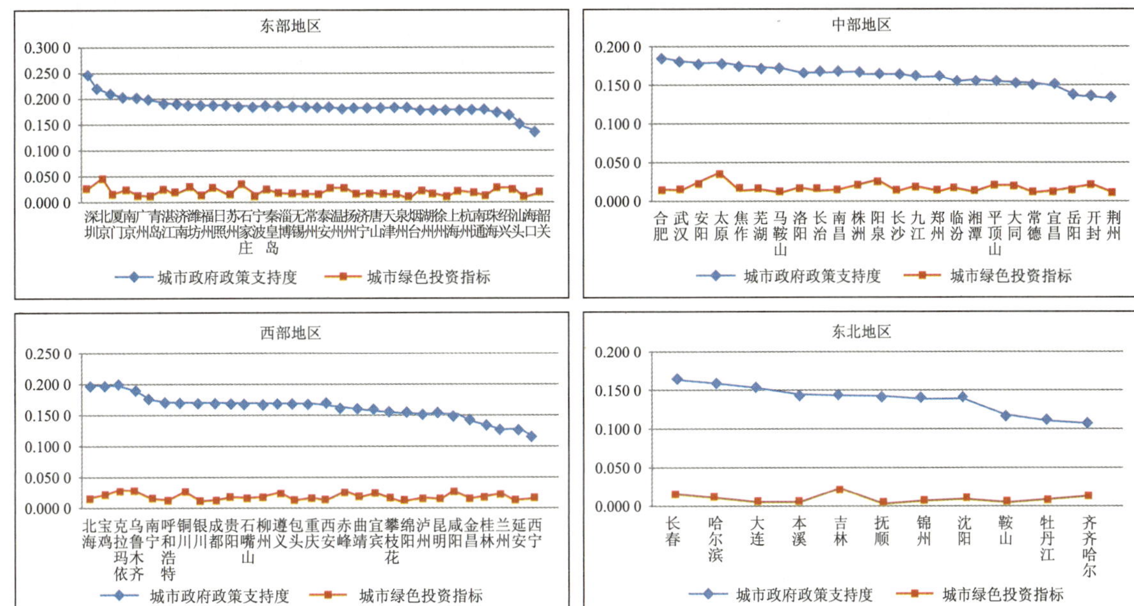

图 8-3　城市政府政策支持度与城市绿色投资指标对比

注：本图从东部、中部、西部和东北地区划分的角度，根据政府政策支持度指数大小自左到右排列。

从图 8-3 可以看出，东部、中部、西部和东北地区的城市绿色投资指数均远低于其政府政策支持度指数。从指数值来看，东部、中部、西部和东北地区城市绿色投资指数值的平均水平分别为 0.021 1、0.016 2、0.018 4 和 0.009 9。东部地区有 24 个城市的绿色投资指标在全国平均水平以上，除北京、深圳等少数几个城市较为突出以外，各城市之间的差距不大；中部地区整体波动较小，各城市之间差异较小，只有太原明显高于其他城市；西部地区城市与东部类似，绿色投资指标值呈现出上下波动的状态，但是波动依然很小；东北地区城市普遍低于全国其他地区水平。

2. 城市基础设施指标测算结果分析

城市基础设施指标是测度城市政府政策支持度最重要的二级指标，其反映的是城市基础设施建设对城市绿色发展的支撑作用。该二级指标在城市政府政策支持度中所占权重最大，为 50%，共 7 个三级指标，每个三级指标均占总权重的 2.36%，具体情况如表 8-9 所示。

表 8-9　　城市基础设施三级指标、权重及指标属性

指标序号	指　标	权　重	指标属性
35	人均绿地面积	2.36%	正
36	建成区绿化覆盖率	2.36%	正
37	用水普及率	2.36%	正
38	城镇生活污水处理率	2.36%	正
39	生活垃圾无害化处理率	2.36%	正
40	互联网宽带接入用户数	2.36%	正
41	每万人拥有公共汽车	2.36%	正

注：本表内容由本报告课题组 2016 年及之前召开的多次研讨会确定。

2014 年城市基础设施指标较上年增加了“互联网宽带接入用户数”，并且其权重统一在一级指标下取平均权重。对三级指标原始数据标准化处理后，根据表 8-9 中所示权重，计算出 100 个测评城市基础设施指标的指数值，具体如表 8-10 所示。

表 8-10　　中国城市基础设施指标指数及排名

指　标	基础设施指标		指　标	基础设施指标		指　标	基础设施指标	
城　市	指数值	排　名	城　市	指数值	排　名	城　市	指数值	排　名
深　圳	0.131 2	1	郑　州	0.086 4	35	九　江	0.081 0	69
秦皇岛	0.108 8	2	绍　兴	0.086 3	36	湘　潭	0.080 6	70
广　州	0.102 7	3	重　庆	0.086 2	37	焦　作	0.079 9	71
青　岛	0.100 6	4	温　州	0.085 9	38	锦　州	0.078 7	72
珠　海	0.099 9	5	南　昌	0.085 9	39	绵　阳	0.078 4	73
北　京	0.098 9	6	唐　山	0.085 8	40	常　德	0.078 1	74
南　京	0.095 9	7	扬　州	0.085 7	41	曲　靖	0.077 7	75
天　津	0.094 8	8	成　都	0.085 5	42	哈尔滨	0.077 7	76
上　海	0.094 8	9	乌鲁木齐	0.085 5	43	长　治	0.077 3	77
厦　门	0.093 9	10	北　海	0.085 4	44	平顶山	0.077 1	78
克拉玛依	0.092 7	11	南　通	0.085 4	45	抚　顺	0.076 3	79
合　肥	0.091 9	12	株　洲	0.085 4	46	西　宁	0.076 3	80
苏　州	0.091 6	13	日　照	0.085 2	47	大　同	0.076 3	81
武　汉	0.090 7	14	太　原	0.084 8	48	韶　关	0.076 3	82
潍　坊	0.090 7	15	大　连	0.084 8	49	阳　泉	0.075 9	83
杭　州	0.090 6	16	泉　州	0.084 5	50	遵　义	0.075 3	84
无　锡	0.090 5	17	宝　鸡	0.084 3	51	铜　川	0.074 5	85
本　溪	0.089 5	18	海　口	0.084 0	52	吉　林	0.073 6	86
淄　博	0.089 2	19	长　春	0.084 0	53	赤　峰	0.072 7	87
沈　阳	0.089 0	20	安　阳	0.083 6	54	攀枝花	0.071 9	88
济　南	0.088 8	21	贵　阳	0.083 3	55	咸　阳	0.071 5	89
湖　州	0.088 7	22	岳　阳	0.083 2	56	开　封	0.069 1	90
长　沙	0.088 4	23	芜　湖	0.083 0	57	桂　林	0.067 5	91
宁　波	0.088 3	24	包　头	0.082 3	58	汕　头	0.066 5	92
常　州	0.088 3	25	宜　昌	0.082 1	59	延　安	0.066 1	93
福　州	0.088 2	26	柳　州	0.082 0	60	临　汾	0.064 6	94
西　安	0.088 2	27	徐　州	0.082 0	61	荆　州	0.063 0	95
昆　明	0.087 8	28	鞍　山	0.082 0	62	泸　州	0.062 3	96
南　宁	0.087 4	29	金　昌	0.081 8	63	齐齐哈尔	0.061 5	97
石嘴山	0.086 7	30	湛　江	0.081 7	64	牡丹江	0.061 0	98
烟　台	0.086 6	31	济　宁	0.081 5	65	宜　宾	0.059 3	99
马鞍山	0.086 5	32	呼和浩特	0.081 5	66	兰　州	0.044 1	100
银　川	0.086 5	33	石家庄	0.081 5	67			
泰　安	0.086 5	34	洛　阳	0.081 5	68			

注：本表数据及排名根据《中国统计年鉴 2015》《中国环境统计年报 2014》《中国环境统计年鉴 2015》《中国城市统计年鉴 2015》《中国城市建设统计年鉴 2015》等测算。

从表 8-10 我们看到，城市基础设施指标中，排名最高的是深圳，其指数值达到 0.131 2，排名最低的是兰州，其指数值仅为 0.044 1，极差为 0.087 1，之间的差距较大。

100 个测评城市中，有 56 个城市基础设施指标高于全国平均水平(0.083 0)，占全部测评城市的 56%，其中深圳、秦皇岛、广州 3 个城市位居所有测评城市前 3 位，指数值分别达到了 0.131 2、0.108 8 和 0.102 7。有 44 个城市基础设施指标低于全国平均水平，占全部测评城市的 44%，其中牡丹江、宜宾、兰州位居所有测评城市最后 3 位，指数值仅有 0.061 0、0.059 3 和 0.044 1。

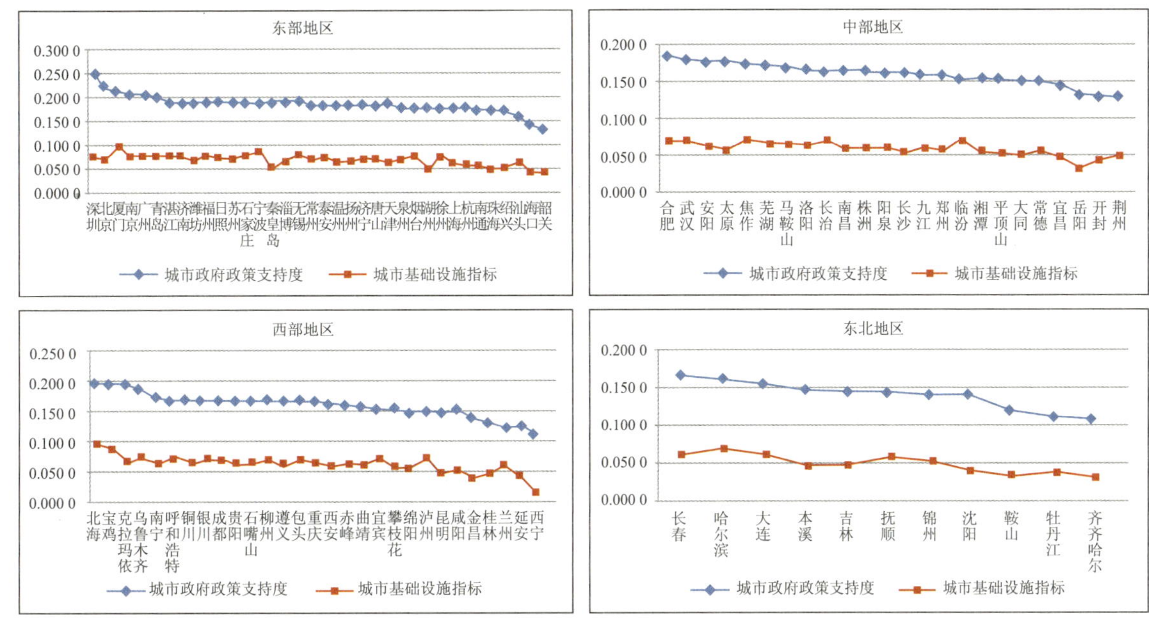

图 8-4 城市政府政策支持度与城市基础设施指标对比

注：本图从东部、中部、西部和东北地区划分的角度，根据政府政策支持度指数大小自左到右排列。

从图 8-4 可以看出，四个地区的城市基础设施指标与政府政策支持度指标走势非常相似，且城市基础设施指标接近于政府政策支持度指标数值的一半。从指数值来看，东部、中部、西部和东北地区城市基础设施指数值的平均水平分别为 0.090 0、0.080 7、0.078 1 和 0.078 0，可以看出就平均水平而言，东部城市的基础设施水平略高于其他地区，而中部、西部和东北地区城市依次紧随其后，但差距较小。从排名来看，城市基础设施指标排名前 20 位的城市中东部地区城市占到了 15 个，而城市基础设施指标排名后 20 位的城市中东部和中部地区城市仅占据了 7 个。

3. 城市环境治理指标测算结果分析

城市政府政策支持度的第三个二级指标是城市环境治理指标，它是对城市环境保护、生态治理等方面的综合衡量，占城市政府政策支持度权重的 28.57%。该指标由 4 个三级指标组成，每个指标占总权重的 2.36%，具体情况见表 8-11。

表 8-11　　城市环境治理三级指标、权重及指标属性

指标序号	指　标	权　重	指标属性
42	工业二氧化硫去除率	2.36%	正
43	工业废水化学需氧量去除率	2.36%	正
44	工业氮氧化物去除率	2.36%	正
45	工业废水氨氮去除率	2.36%	正

注：本表内容由本报告课题组 2016 年及之前召开的多次研讨会确定。

2014 年城市环境治理指标较 2013 年没有变化，但是其权重均统一在一级指标下取平均权重。根据表 8-11 中的权重，我们得到 2014 年中国城市环境治理指标指数及其排名，其结果如表 8-12 所示。

表 8-12　　中国城市环境治理指标指数及其排名

指　标	环境治理指标		指　标	环境治理指标		指　标	环境治理指标	
城　市	指数值	排　名	城　市	指数值	排　名	城　市	指数值	排　名
厦　门	0.101 1	1	泸　州	0.071 9	35	曲　靖	0.061 4	69
北　海	0.094 7	2	淄　博	0.071 8	36	攀枝花	0.060 7	70
宝　鸡	0.091 7	3	芜　湖	0.071 7	37	郑　州	0.060 6	71
广　州	0.085 9	4	包　头	0.071 6	38	常　德	0.060 3	72
青　岛	0.085 8	5	唐　山	0.071 1	39	长　沙	0.059 7	73
湛　江	0.084 2	6	温　州	0.070 8	40	兰　州	0.059 2	74
南　京	0.081 9	7	潍　坊	0.070 0	41	抚　顺	0.059 2	75
宁　波	0.081 4	8	柳　州	0.069 6	42	绵　阳	0.058 6	76
深　圳	0.081 3	9	马鞍山	0.069 4	43	平顶山	0.057 9	77
济　南	0.081 1	10	哈尔滨	0.069 3	44	大　同	0.057 6	78
福　州	0.080 4	11	洛　阳	0.068 6	45	荆　州	0.056 7	79
日　照	0.078 6	12	铜　川	0.068 4	46	咸　阳	0.054 9	80
北　京	0.078 0	13	贵　阳	0.068 1	47	绍　兴	0.054 9	81
焦　作	0.077 4	14	汕　头	0.067 7	48	宜　昌	0.054 0	82
徐　州	0.076 6	15	天　津	0.067 4	49	锦　州	0.053 4	83
无　锡	0.076 1	16	扬　州	0.067 4	50	珠　海	0.051 3	84
济　宁	0.076 0	17	重　庆	0.067 3	51	秦皇岛	0.050 8	85
呼和浩特	0.076 0	18	南　宁	0.066 9	52	昆　明	0.048 6	86
乌鲁木齐	0.075 9	19	南　昌	0.066 6	53	桂　林	0.047 8	87
武　汉	0.075 9	20	上　海	0.066 3	54	本　溪	0.047 6	88
泰　安	0.075 9	21	阳　泉	0.065 9	55	开　封	0.047 0	89
合　肥	0.075 8	22	遵　义	0.065 8	56	吉　林	0.046 6	90
石家庄	0.075 8	23	石嘴山	0.065 1	57	韶　关	0.044 9	91
临　汾	0.075 7	24	株　洲	0.064 3	58	海　口	0.044 8	92
烟　台	0.075 4	25	南　通	0.064 3	59	金　昌	0.043 6	93
银　川	0.074 7	26	湘　潭	0.063 9	60	延　安	0.042 2	94
宜　宾	0.074 2	27	九　江	0.063 4	61	沈　阳	0.040 9	95
苏　州	0.074 1	28	太　原	0.063 1	62	牡丹江	0.039 2	96
常　州	0.074 0	29	长　春	0.062 3	63	岳　阳	0.038 2	97
克拉玛依	0.073 4	30	西　安	0.062 1	64	鞍　山	0.033 3	98
安　阳	0.073 2	31	大　连	0.061 8	65	齐齐哈尔	0.030 6	99
长　治	0.073 2	32	杭　州	0.061 6	66	西　宁	0.019 0	100
泉　州	0.072 8	33	赤　峰	0.061 6	67			
成　都	0.072 8	34	湖　州	0.061 5	68			

注：本表数据及排名根据《中国统计年鉴 2015》《中国环境统计年报 2014》《中国环境统计年鉴 2015》《中国城市统计年鉴 2015》《中国城市建设统计年鉴 2015》等测算。

从表 8-12 我们可以看到，城市环境治理指标中，排名最高的是厦门，其指数值为 0.101 1；排名最低的是西宁，其指数值仅为 0.019 0，二者之间的差距比较明显，极差为 0.082 1。而且城市环境治理指标在各个区域内波动幅度也较大。

在所有 100 个测评城市中，共有 56 个城市环境治理指标高于全国平均水平，占全部测评城市的 56%，其中厦门、北海和宝鸡 3 个城市位居所有测评城市前 3 位，指数值分别达到了 0.101 1、0.094 7 和 0.091 7。有 44 个城市环境治理指标低于全国平均水平，占全部测评城市的 44%，其中鞍山、齐齐哈尔西宁位居所有测评城市后 3 位，指数值仅有 0.033 3、0.030 6 和 0.019 0。

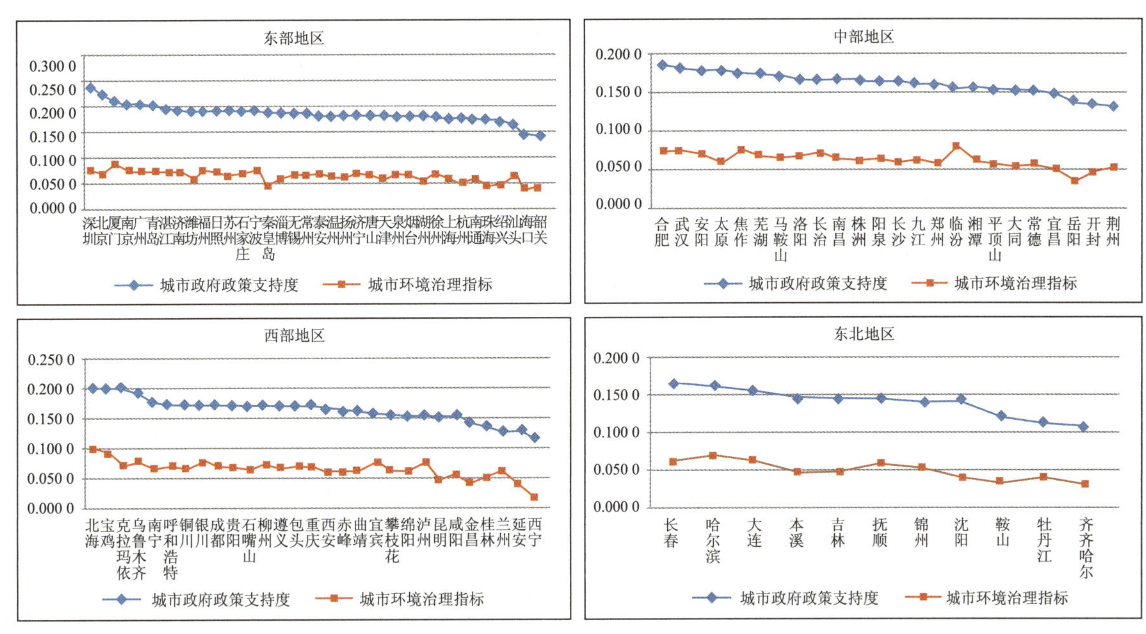

图 8-5　城市政府政策支持度与城市环境治理指标对比

注：本图从东部、中部、西部和东北地区划分的角度，根据政府政策支持度指数大小自左到右排列。

从图 8-5 中可以看出，四个地区的城市环境治理指标与政府政策支持度指标走势均非常相似，且城市环境治理指标也几乎接近于政府政策支持度指标数值的一半。从指数值来看，东部、中部、西部和东北地区城市环境治理指数值的平均水平分别为 0.071 7、0.064 2、0.064 4 和 0.049 5，东部城市的环境治理水平高于其他地区，西部次之，中部和东北地区城市紧随其后。在东部地区 36 个参评城市中，有 28 个城市环境治理指标值高于全国平均水平，且各城市之间差距较大；中部和西部地区环境治理指标高于和低于全国平均水平的城市数量参半，围绕平均值上下波动，且各城市之间波动幅度较大；而东北地区城市除哈尔滨城市环境治理指标值达到 0.069 3 以外，其余城市全部低于全国平均水平，区域整体表现相对较弱。

第四篇

公众评价篇

自2012年以来，我们连续在38个城市开展“城市绿色发展公众满意度调查”，了解居民对其所居住城市绿色发展状况的主观感受和评价，并量化分析调查城市的绿色发展状况及其走势。公众满意度调查结果较好地反映了城市绿色发展的现实水平，获得了各位专家和社会各界的广泛认可，成为以客观统计数据为基础的“城市绿色发展指数测评指标体系”的重要补充和完善。本篇包括一章，即“第九章　城市绿色发展公众满意度调查结果及分析”。与去年的报告相同，我们将“城市绿色发展公众满意度调查方案及组织实施情况”放在附录中，置于文后。

第九章

城市绿色发展公众满意度调查结果及分析

自 2012 年以来，我们连续在 38 个重点城市开展“城市绿色发展公众满意度调查”，了解居民对所在城市绿色发展状况的主观感受和评价，并量化分析重点城市的绿色发展状况及其走势。公众满意度调查结果及时有效地反映了城市绿色发展的真实水平，获得了业内专家和社会各界的广泛认可，成为以客观统计数据为基础的“城市绿色发展指数测评指标体系”的重要补充。2016 年 4—5 月，我们继续组织实施该项调查，调查方法、调查范围和样本量、指标体系与测算方法均与上年保持一致。

调查结果显示，2016 年中国重点城市绿色发展公众综合满意度为 0.147①，连续三年有所提升。大多数城市的居民对其所在城市的绿色发展状况持总体肯定态度，不过多数城市的公众综合满意度得分仍然较低。城市绿色发展水平分化明显，地区城市公众综合满意度呈现西部地区最高、东部和东北地区较高、中部地区较低的特征；与 2015 年相比，四大地区的公众综合满意度升降互现，西部和东部城市有所提升，东北和中部城市有所下降。从公众综合满意度三项构成指数看，居民对城市基础设施的满意度仍然最高，对城市环境的满意度较高，对政府绿色行动总体仍不满意；与 2015 年相比，三项构成指数的满意度稳中有升，其中，城市环境和政府绿色行动的满意度略有提升，城市基础设施的满意度持平。从具体指标来看，居民对 9 项指标表示满意，其中对城市公共交通便利程度、政府环保工作重视程度和近三年城市环境变化的满意度较高；对 7 项指标表示不满意，其中对环境投诉方式、城市交通畅通情况和日常食品放心程度最不满意。与 2015 年相比，居民对 12 项指标的满意度有所改善，其中对城市街道卫生、城市生活垃圾处理和政府环保工作重视程度的满意度提升最多；对城市绿化的满意度持平；对 3 项指标的满意度降低，其中对垃圾分类设施配置和日常食品放心程度的满意度略有下降，城市交通畅通情况降幅较大。

>>一、城市绿色发展公众综合满意度连续三年提升<<

2016 年，中国重点城市绿色发展公众综合满意度为 0.147(见表 9-1)，在满意区间中仍处较低水平，但比 2015 年提高 0.010，自 2013 年以来连续三年提升。从综合满意度三项构成指数看，居民对基础设施的满意度仍然最高，为 0.252，与上年持平；对城市环境的满意度较高，为

① 满意度得分在－1～1 之间，0 为“满意”和“不满意”的临界值。得分为正表明处于“满意区间”，表示“满意”，越趋近于 1 满意程度越高；反之处于“不满意区间”，表示“不满意”，越趋近于－1 不满意程度越高。

0.205，比上年提高 0.021；对政府绿色行动总体仍不满意，为－0.014，但不满意程度下降 0.010。城市绿色发展水平分化明显，地区城市公众综合满意度呈现西部地区最高、东部和东北地区较高、中部地区较低的特征。

表 9-1　　中国重点城市绿色发展公众满意度(2016)

城　市	绿色发展公众综合满意度		城市环境满意度		城市基础设施满意度		政府绿色行动满意度	
	排　名	指数值	排　名	指数值	排　名	指数值	排　名	指数值
平均水平	0.147		0.205		0.252		－0.014	
克拉玛依	1	0.601	1	0.731	1	0.723	1	0.348
厦　门	2	0.331	4	0.437	3	0.437	3	0.120
银　川	3	0.320	5	0.416	2	0.488	7	0.055
西　宁	4	0.318	3	0.478	8	0.376	4	0.098
青　岛	5	0.300	9	0.320	5	0.416	2	0.165
海　口	6	0.279	2	0.543	14	0.269	10	0.026
珠　海	7	0.259	6	0.384	9	0.372	12	0.019
宁　波	8	0.238	14	0.252	4	0.425	8	0.039
乌鲁木齐	9	0.236	7	0.335	12	0.294	5	0.080
苏　州	10	0.204	16	0.215	7	0.377	11	0.022
南　京	11	0.187	19	0.196	6	0.380	18	－0.015
南　宁	11	0.187	10	0.290	21	0.238	9	0.032
杭　州	13	0.182	21	0.180	13	0.288	6	0.078
深　圳	14	0.179	12	0.255	11	0.306	21	－0.025
大　连	15	0.178	20	0.183	10	0.369	19	－0.017
重　庆	16	0.145	12	0.255	25	0.193	16	－0.013
贵　阳	17	0.142	8	0.334	36	0.077	13	0.013
南　昌	18	0.137	11	0.281	28	0.181	25	－0.053
武　汉	19	0.123	25	0.142	16	0.250	20	－0.023
西　安	20	0.121	24	0.145	22	0.233	17	－0.014
长　春	21	0.115	28	0.109	15	0.266	22	－0.030
上　海	22	0.110	33	0.080	19	0.246	14	0.004
哈尔滨	23	0.109	16	0.215	27	0.182	30	－0.070
昆　明	24	0.108	18	0.207	26	0.185	29	－0.067
成　都	25	0.106	26	0.134	17	0.249	28	－0.065
沈　阳	26	0.104	29	0.099	17	0.249	24	－0.035
太　原	27	0.100	22	0.160	24	0.197	26	－0.055
福　州	28	0.085	15	0.236	32	0.161	36	－0.142
济　南	29	0.070	35	0.012	23	0.200	15	－0.002
天　津	30	0.069	32	0.088	20	0.241	35	－0.123
合　肥	31	0.066	27	0.114	31	0.162	31	－0.078
兰　州	32	0.045	23	0.159	37	0.011	23	－0.034

续表

城市	绿色发展公众综合满意度		城市环境满意度		城市基础设施满意度		政府绿色行动满意度	
	排名	指数值	排名	指数值	排名	指数值	排名	指数值
平均水平	0.147		0.205		0.252		−0.014	
石家庄	33	0.036	36	0.008	30	0.165	27	−0.064
长沙	33	0.036	29	0.099	34	0.126	34	−0.117
广州	35	0.033	34	0.033	29	0.173	33	−0.108
呼和浩特	36	0.010	31	0.089	35	0.092	37	−0.153
北京	37	−0.002	37	−0.054	33	0.128	32	−0.079
郑州	38	−0.142	38	−0.184	38	−0.073	38	−0.170

分四大经济区域看，东部、中部、西部和东北地区的城市绿色发展公众综合满意度分别为0.152、0.053、0.193和0.126(见图9-1)。西部城市满意度相对最高，东部和东北城市满意度较高，中部城市满意度相对较低。西部12个城市中，克拉玛依的满意度最高，为0.601；排在第2位的是银川，为0.320；克拉玛依和银川比满意度最低的呼和浩特分别高出0.591和0.310。在四大区域中，西部各城市的绿色发展水平差异仍然最大，但比上年继续缩小。其中，有4个城市的满意度排在全国前10位，比2015年多了乌鲁木齐，少了南宁；4个城市排在第11～20位，比上年多了南宁和西安，少了乌鲁木齐；有4个城市排在全国后18位，比上年少了西安。东部16个城市中，厦门的满意度最高，为0.331；仅北京的满意度略小于0，为−0.002；厦门比北京的满意度高出0.333，城市间绿色发展水平差异较大。16个城市中，有6个城市的满意度排在全国前10位，比2015年多了海口，少了南京；3个城市排在第11～20位，比2015年多了南京，少了福州；有7个城市排在全国后18位，比2015年多了福州，少了海口。中部6个城市的绿色发展水平相对较低，南昌的满意度相对最高，也仅为0.137，但比居全国末位的郑州高出0.279，城市间绿色发展水平仍存在一定差异。6个城市中，除南昌和武汉居全国第18和19位外，另外4个城市均排在全国后18位。东北4个城市中，大连的满意度相对较高，居全国第15位，长春、哈尔滨和沈阳的满意度略低，分别排在全国第21、23和26位；大连的满意度比沈阳高出0.074，城市间绿色发展水平比较接近。

分城市看，绝大多数城市的公众综合满意度处于满意区间，但城市间满意度差异很大。克拉玛依仍然遥遥领先，满意度达到0.601，比排在第2位的厦门高出0.270，比排在末位的郑州高出0.743；厦门比郑州也高出0.473。38个城市中，有36个城市的公众综合满意度处于满意区间，比2015年增加了1个城市，表明居民总体上肯定所在城市的绿色发展状况。其中，15个城市的综合满意度高于全国平均水平，按得分高低依次是克拉玛依、厦门、银川、西宁、青岛、海口、珠海、宁波、乌鲁木齐、苏州、南京、南宁、杭州、深圳和大连。仅有2个城市，即北京和郑州的综合满意度小于0，比2015年多了北京，少了呼和浩特和兰州。

与2015年相比，四大地区的公众综合满意度升降互现，西部和东部地区分别提升0.032和0.009，而东北和中部地区分别下降0.014和0.017，变化幅度都不算大(见图9-2)。分城市看，22个城市的综合满意度有所提升，升幅排在前5位的依次是海口、乌鲁木齐、兰州、昆明和青岛，兰州比上年提高0.091，由此升入满意区间；16个城市的综合满意度有所下降，后6位按降幅从高到低依次是郑州、哈尔滨、济南、福州、合肥和北京，北京比上年下降0.035，由此跌出满意区间，郑州在低位又下降0.095，与其他城市的差距明显扩大。与2015年相比，多数城市(28个)的公众综合满意度排名有所变化；其中，排名上升5位及以上的城市有5个，其中，海口大幅上升18位，武汉、昆明、乌鲁木齐和兰州上升了5～9位；这些城市的三项构成指数除武汉升幅较小外，另外4个城市均升幅较大。排名下降6位及以上的有5个，按下降位次从高到低依次是哈尔滨、福州、济南、北京和太原，这些城市的三项构成指数多有所下降或提升有限。

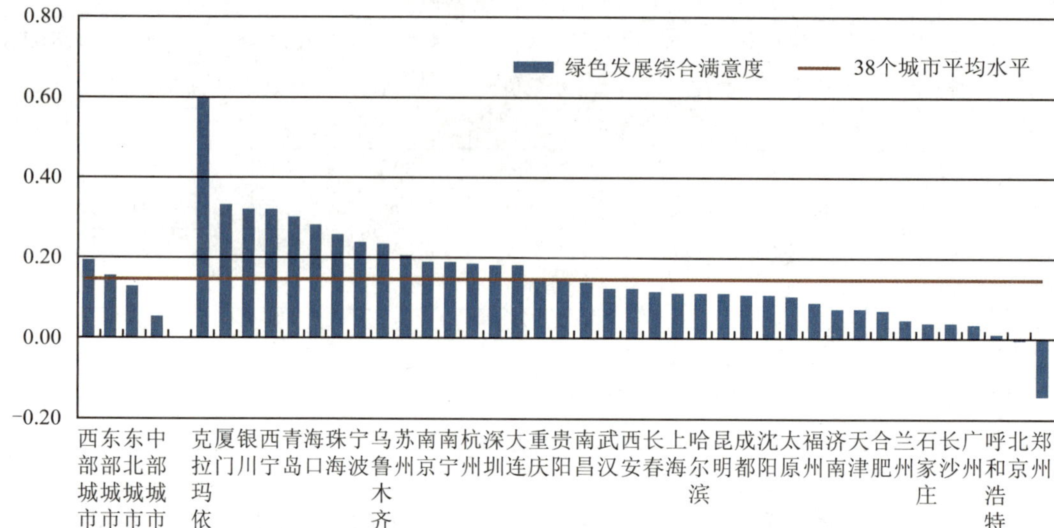

图 9-1　城市绿色发展综合满意度

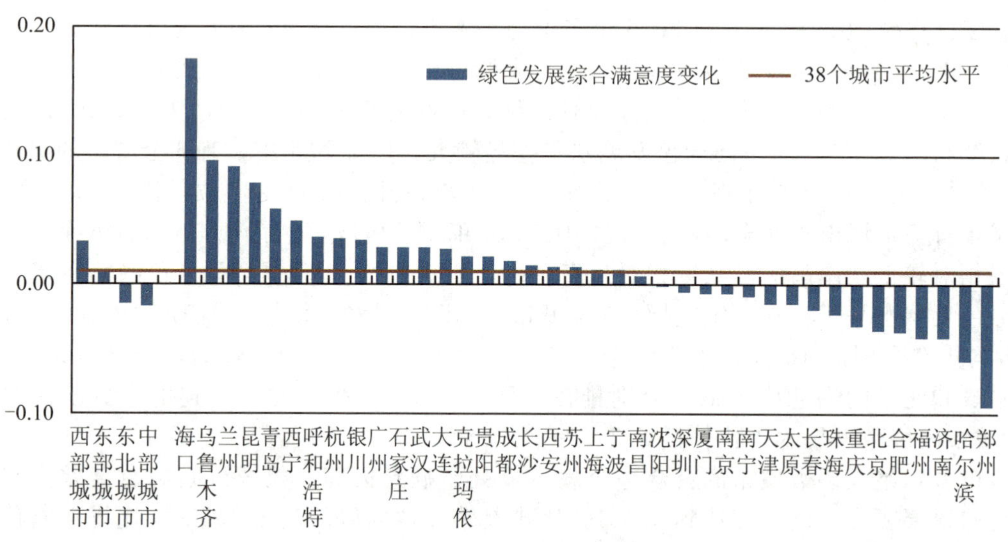

图 9-2　城市绿色发展综合满意度变化

中国城市绿色发展公众综合满意度的三项构成指数分别为城市环境满意度、城市基础设施满意度和政府绿色行动满意度，2016 年得分分别为 0.205、0.252 和－0.014(见图 9-3)，居民对城市基础设施和城市环境的满意度较高，对政府绿色行动总体仍不满意。其中，城市环境满意度在 2014 年小幅下降后连续两年提升，城市基础设施满意度连续两年提升后持稳，政府绿色行动满意度仍处不满意区间，但不满意程度连续三年有所减轻。①

分地区看，东部、东北和中部地区的城市基础设施满意度均高于城市环境满意度，而西部地区的城市环境满意度相对略高，各地区的政府绿色行动满意度都最低(见图 9-4)。与 2015 年相比，西部地区的三项构成指数的满意度均有所提升；东部、中部和东北地区的三项构成指数满意度均有升有降，且变化均不大。38 个城市中，城市环境满意度处于满意区间的有 36 个，比 2015 年增加 2 个；城市基础设施满意度处于满意区间的有 37 个，与 2015 年数量相同；政府绿

① 因从 2013 年起的调查增加了一项纳入计算的指标，造成 2012 年与此后年份的指数不完全可比，这里只比较 2013—2016 年的数据。

色行动满意度处于满意区间的有 14 个，与 2015 年数量相同。

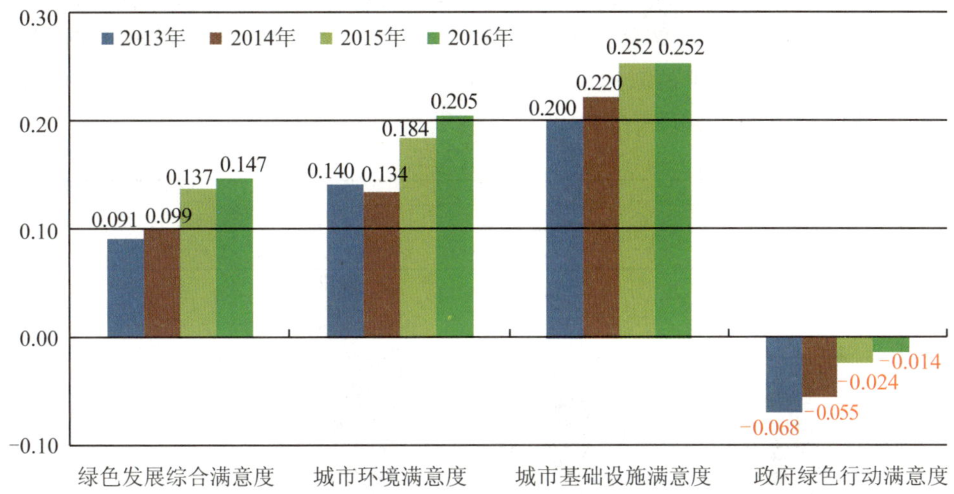

图 9-3 综合满意度三项构成指数及变化

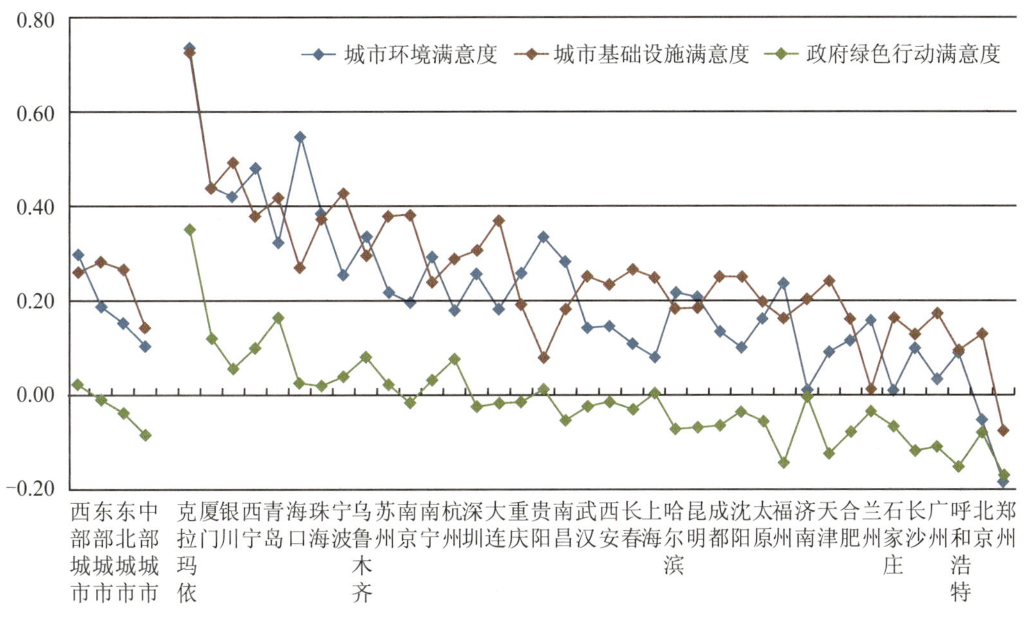

图 9-4 城市绿色发展构成指数满意度

从城市经济发展水平和人口规模①来看，2016 年二、三线城市的绿色发展公众综合满意度相对较高，均为 0.159；一线城市的综合满意度相对较低，为 0.080(见图 9-5)。与 2015 年相比，一、二线城市的综合满意度保持稳定，三线城市满意度提高 0.023。各线城市内部看，一线城市中各城市的综合满意度差异最小，满意度最高的深圳比最低的北京高出 0.181；二线城市的差异略大，满意度最高的厦门比最低的天津高出 0.262；三线城市的差异很大，满意度最高的克拉玛依比最低的郑州高出 0.743，次高的银川比最低的郑州也高出 0.462。

---

① 按经济发展水平和人口规模，这里把 38 个城市分为三个级别，分别为一线城市、二线城市和三线城市，以算术平均法计算其满意度水平。一线城市 4 个，分别为北京、上海、广州和深圳；二线城市 15 个，分别为天津、沈阳、大连、长春、哈尔滨、南京、杭州、宁波、厦门、济南、青岛、武汉、重庆、成都和西安，即 15 个副省级城市除去广州、深圳，加上天津和重庆；三线城市 19 个，分别为石家庄、太原、呼和浩特、苏州、合肥、福州、南昌、郑州、长沙、珠海、南宁、海口、贵阳、昆明、兰州、西宁、银川、乌鲁木齐和克拉玛依。

从综合满意度的三项构成指数看，一线城市均低于二、三线城市。其中，一、二、三线城市的城市环境满意度分别为 0.079、0.184 和 0.258，三线城市最高，各线城市间差异较大；一、二、三线城市的城市基础设施满意度分别为 0.213、0.292 和 0.233，二线城市最高，各线城市间差异较小；一、二、三线城市的政府绿色行动满意度分别为−0.052、0.000 和−0.013，均未达至满意区间，各线城市间差异较小。

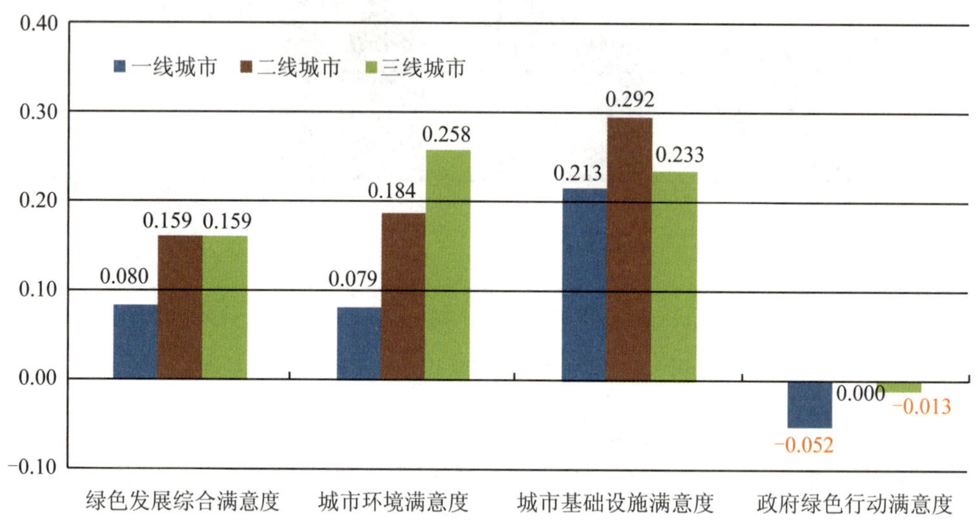

图 9-5 不同级别城市满意度比较

进一步调查显示，城市居民对所居住城市的满意程度普遍较高，38 个城市的总体满意度为 0.511，与 2015 年基本持平（略降 0.001）。其中，55.9%的受访居民对所居住的城市表示"满意"，比 2015 年略减 0.3 个百分点；39.3%认为"一般"，增加 0.5 个百分点；仅有 4.8%表示"不满意"，略减 0.2 个百分点。与 2015 年相比，城市总体满意度和绿色发展综合满意度均变化不大；从 38 个城市的调查结果来看，各城市的城市总体满意度均远高于绿色发展综合满意度（见图 9-6），但两者相关系数高达 0.930。

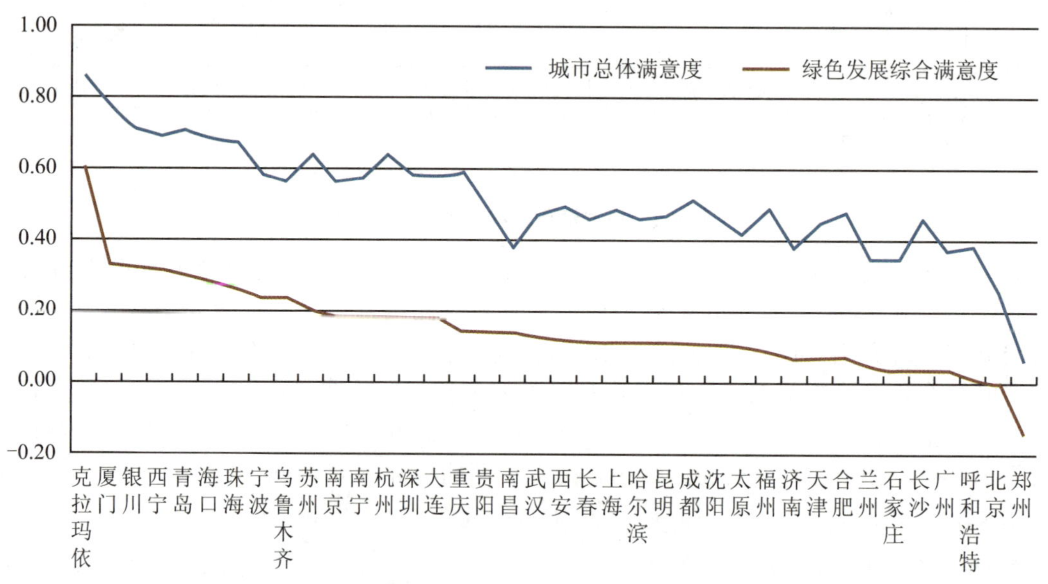

图 9-6 城市总体满意度与绿色发展综合满意度比较

>>二、城市环境满意度继续回升<<

城市环境满意度是指居民对所在城市的街道卫生、饮用水、河流湖泊的受污染程度、空气质量和近三年城市环境变化五项指标的综合评价。调查结果显示，38 个城市的城市环境满意度平均水平为 0.205(见图 9-7)，处于满意区间；在 2015 年止降回升的基础上，2016 年又小幅上升 0.021。城市环境满意度的地区间差异仍然明显，呈现西部地区最高、东部和东北地区较高、中部地区较低的特征。

分地区看，东部、中部、西部和东北地区的城市环境满意度分别为 0.187、0.102、0.296 和 0.152；与 2015 年相比，东部、中部和西部分别提高 0.026、0.003 和 0.037，东北地区则下降 0.025。西部地区满意度最高，城市间差异最大，得分最高的克拉玛依比最低的呼和浩特高出 0.642，次高的西宁比最低的呼和浩特也高出 0.389；西部 12 个城市中，有 6 个城市的满意度排在全国前 10 位。东部地区满意度略低于全国平均水平，但城市间差异很大，得分最高的海口比最低的北京高出 0.597；东部 16 个城市中，有 4 个城市的满意度排在全国前 10 位。东北地区满意度也低于全国平均水平，城市间差异很小，得分最高的哈尔滨居全国第 16 位，与得分最低的沈阳仅相差 0.116。中部地区满意度相对最低，但城市间差异较大，得分最高的南昌排在全国第 11 位，比排在全国末位的郑州高出 0.465。

分城市看，36 个城市的环境满意度处于满意区间，比 2015 年多了广州和石家庄；仅有郑州和北京处于不满意区间。与 2015 年相比，26 个城市的环境满意度上升，前 5 位按升幅从高到低依次是海口、兰州、乌鲁木齐、昆明和广州，海口的升幅高达 0.241，广州也上升 0.060，由此升入满意区间。11 个城市的环境满意度下降，后 3 位的郑州、济南和哈尔滨分别下降 0.087、0.066 和 0.059，郑州为 2015 年末位基础上的大幅下降，与其他城市差距明显拉大；另外 8 个城市的降幅在 0.028 及以内。大连与 2015 年持平。

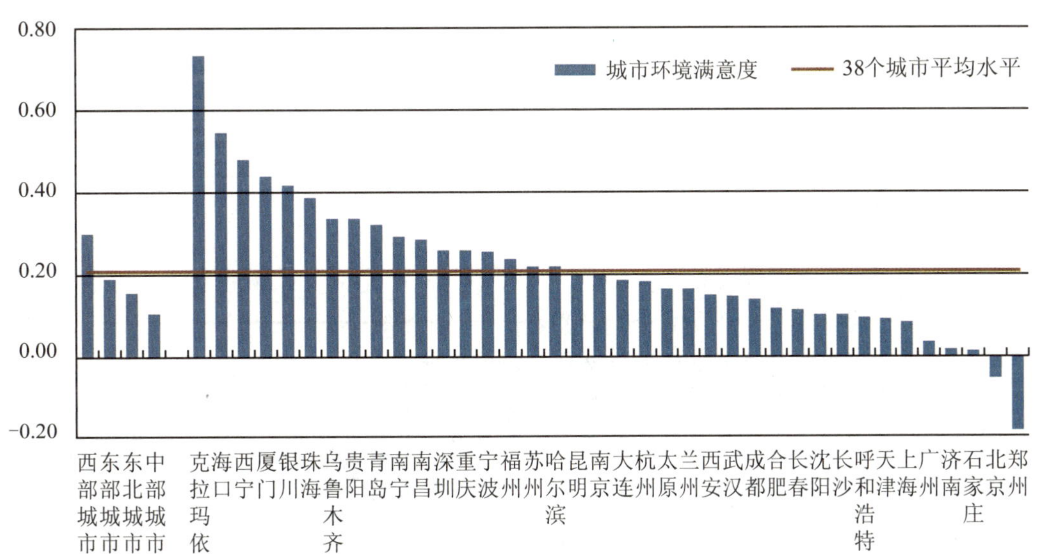

图 9-7 城市环境满意度

城市环境满意度的五项构成指标中，2016 年城市居民对近三年城市环境变化最为满意，其次是城市街道卫生和城市饮用水质量，仍不满意的是城市空气质量和城市河流湖泊受污染程度。这五年来，城市街道卫生满意度自 2013 年以来连续三年回升，另外四项指标的满意度自 2014 年以来连续两年回升；城市街道卫生和河流湖泊受污染程度的满意度超过了 2012 年水平，另外三项指标的满意度仍低于 2012 年水平(见图 9-8)。

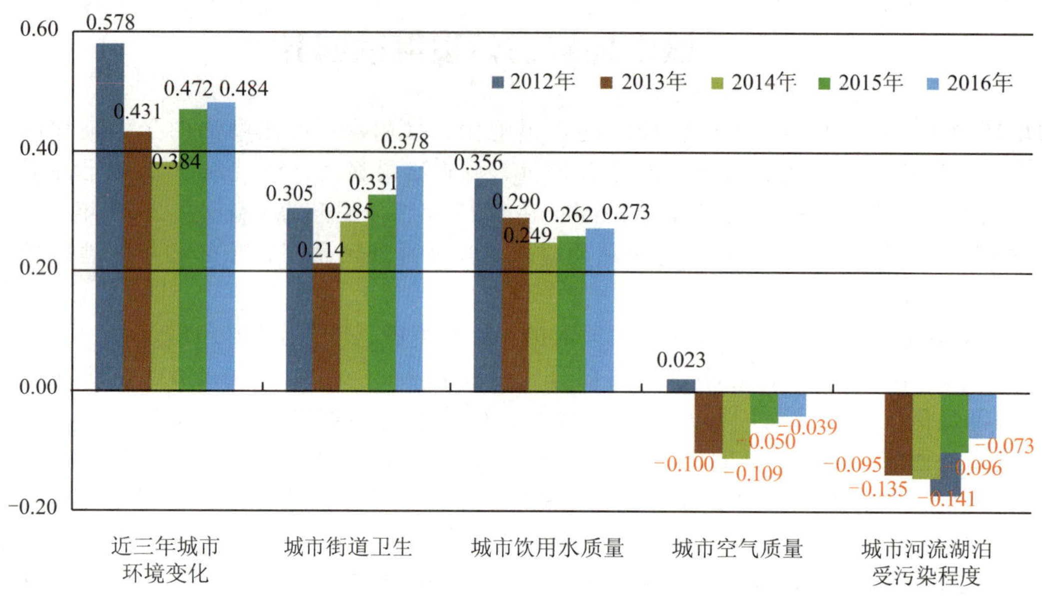

图 9-8 城市环境满意度构成指标得分

近三年城市环境变化满意度为 0.484，比 2015 年高 0.012。其中，65.2%的受访居民认为近三年城市环境“变好了”，比 2015 年增加 1.3 个百分点；18.0%认为“没有变化”，减少 1.4 个百分点；16.8%认为“变差了”，略增 0.1 个百分点。分城市看，38 个城市的近三年城市环境变化满意度均处于满意区间，但末位的郑州仅为 0.004(见图 9-9)。与 2015 年相比，20 个城市的近三年城市环境变化满意度上升，前 5 位按升幅从高到低依次是海口、昆明、成都、长沙和南昌，均为南方城市；海口升幅高达 0.462，其排名也升至第 6 位。18 个城市的满意度下降，后 6 位按降幅从高到低依次是郑州、长春、呼和浩特、哈尔滨、珠海和济南；郑州降幅高达 0.210，距离跌出满意区间仅一步之遥。

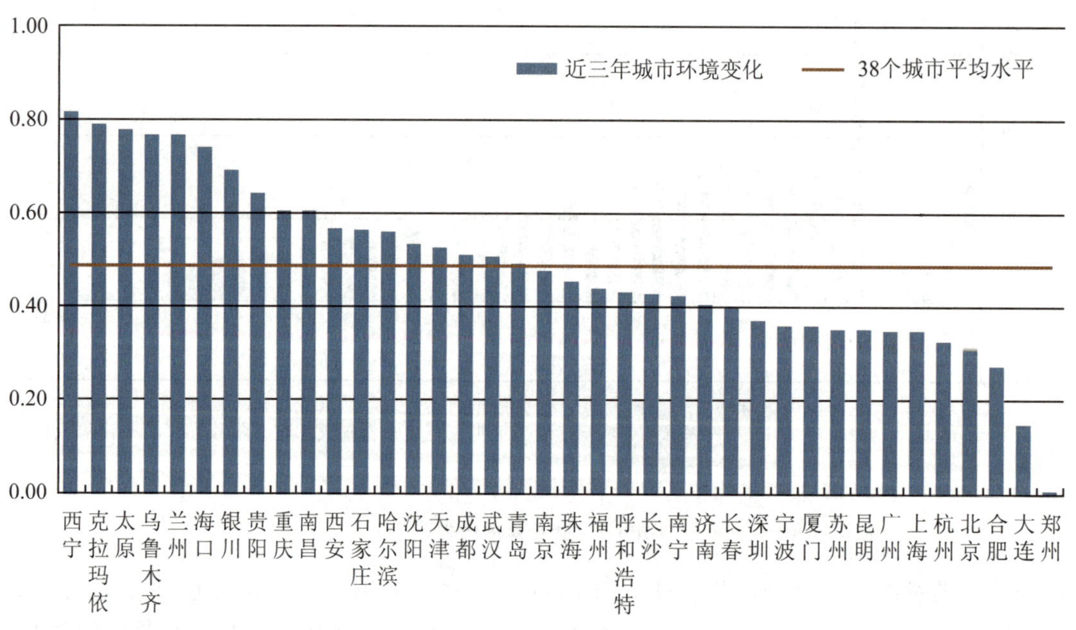

图 9-9 近三年城市环境变化满意度

城市街道卫生满意度为 0.378，比 2015 年高 0.047，升幅较大。其中，46.4%的受访居民认为城市的街道卫生“干净”，比 2015 年增加 2.9 个百分点；44.9%认为“一般”，减少 1.2 个百分点；仅有8.7%认为“不干净”，减少1.7个百分点。分城市看，37个城市的街道卫生满意度处于满意区间(见图9-10)，比2015年少了郑州。与2015年相比，30个城市的街道卫生满意度上升，前5位按升幅从高到低依次是海口、乌鲁木齐、呼和浩特、银川和兰州；海口升幅高达0.446，另外四个西部城市升幅在0.10～0.20。8个城市的街道卫生满意度下降，降幅后3位的重庆、北京和郑州分别下降0.066、0.047和0.040，郑州因此跌出满意区间，另外5个城市降幅在0.033及以内。

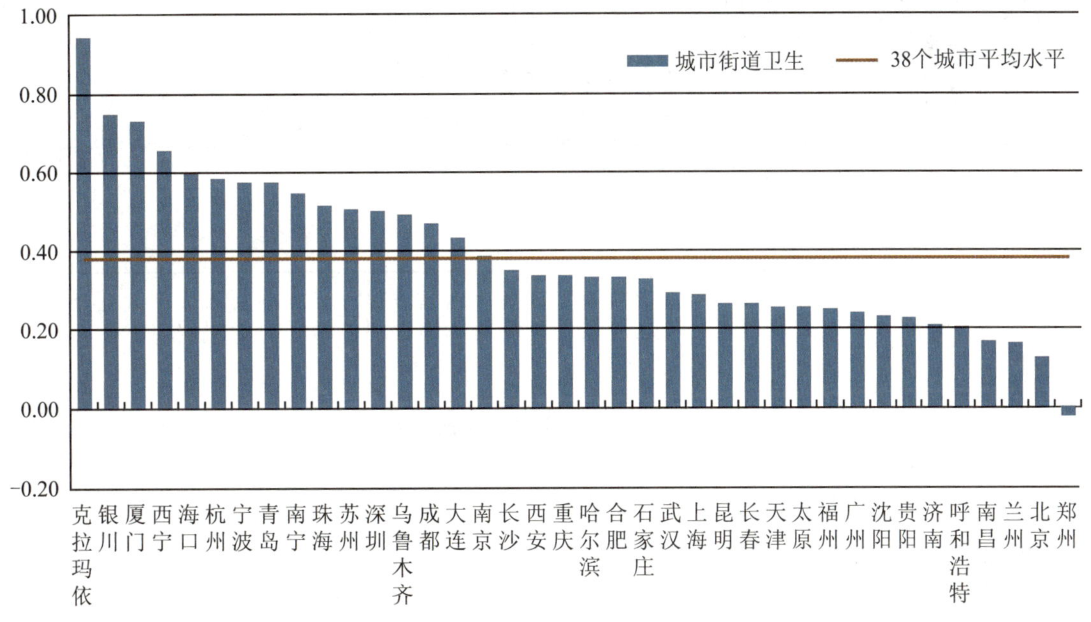

图9-10 城市街道卫生满意度

城市饮用水质量的满意度为0.273，比2015年高0.011。其中，42.6%的受访居民对城市的饮用水质量表示“满意”，比2015年略增0.2个百分点；42.1%认为“一般”，增加0.6个百分点；15.3%表示“不满意”，减少0.8个百分点。分城市看，35个城市的城市饮用水质量满意度处于满意区间(见图9-11)，仍仅有兰州、石家庄和呼和浩特处于不满意区间。与2015年相比，19个城市的饮用水质量满意度上升，前5位按升幅从高到低依次是兰州、海口、乌鲁木齐、天津和杭州；兰州连续三年下降后迎来较大幅度回升，升幅为0.234，但与满意水平仍有一定差距。19个城市的饮用水质量满意度下降，后5位按降幅从高到低依次是济南、哈尔滨、珠海、福州和南宁，济南降幅为0.093。

城市空气质量满意度为−0.039，仍处于不满意区间，但比2015年高0.011。其中，24.8%的受访居民认为城市的空气质量“好”，比2015年增加1.1个百分点；46.5%认为“一般”，减少1.1个百分点；28.7%认为“不好”，比重未变。分城市看，18个城市的空气质量满意度处于满意区间，比2015年增加2个；20个城市的空气质量满意度处于不满意区间(见图9-12)。与2015年相比，21个城市的空气质量满意度上升，前7位按升幅从高到低依次是昆明、兰州、石家庄、广州、长沙、重庆和乌鲁木齐；重庆和乌鲁木齐均上升0.074，两者再次回到满意区间。16个城市的空气质量满意度下降，后3位的郑州、西安和济南分别下降0.167、0.147和0.128，降幅较大，另外13个城市的降幅在0.077及以内。大连与2015年持平。

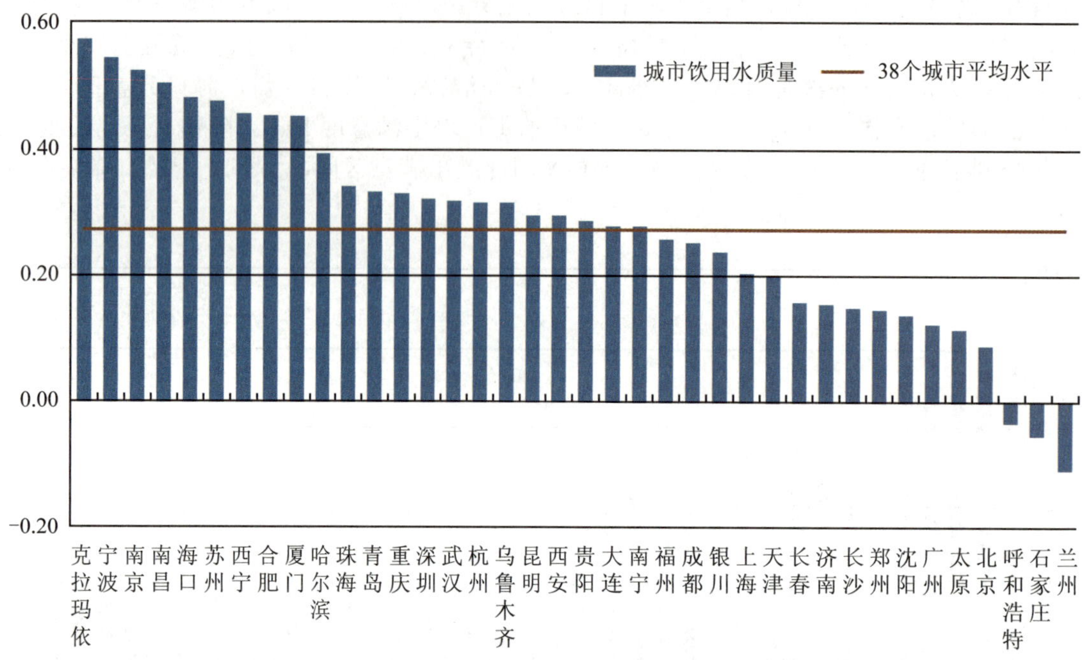

图 9-11　城市饮用水质量满意度

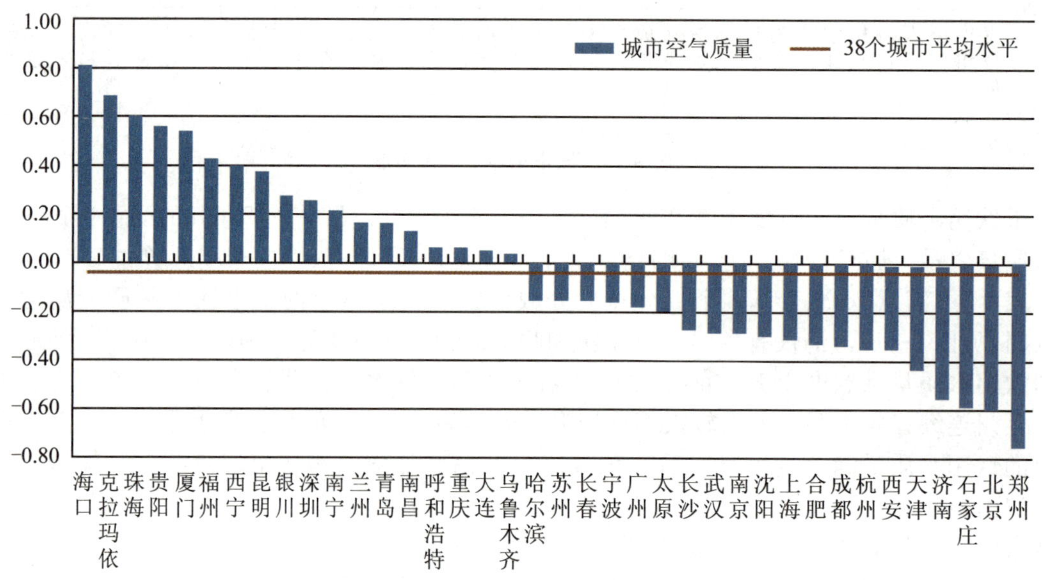

图 9-12　城市空气质量满意度

五项指标中，城市河流湖泊受污染程度满意度最低，为－0.073，仍处于不满意区间，但比2015年高0.023。其中，仅有13.4%的受访居民认为城市的河流、湖泊“没有污染”，比2015年增加1.1个百分点；65.8%认为“有点污染”，比重未变；20.8%认为“严重污染”，减少1.1个百分点。分城市看，有11个城市的河流湖泊受污染程度满意度处于满意区间，比2015年增加3个，多了乌鲁木齐、青岛、杭州和南昌，少了哈尔滨；多达27个城市的满意度处于不满意区间（见图9-13）。与2015年相比，28个城市的满意度上升，前5位按升幅从高到低依次是杭州、乌鲁木齐、贵阳、昆明和海口，杭州和乌鲁木齐分别上升0.156和0.080，两者由此升入满意区间。9个城市的满意度下降，哈尔滨降幅最大，为0.060，由此跌入不满意区间，另外8个城市降幅在0.046及以内。上海与2015年持平。

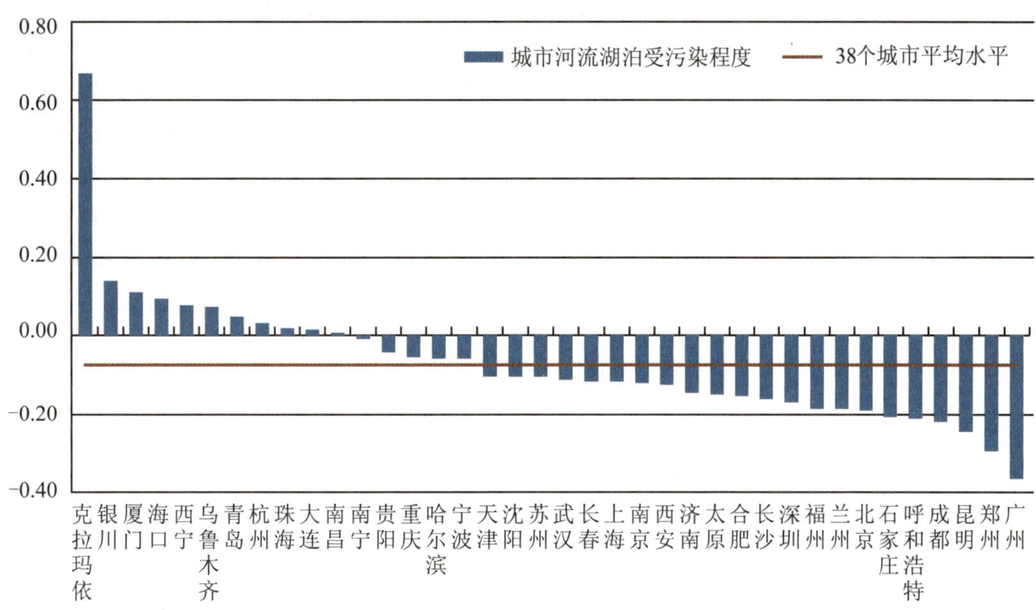

图 9-13　城市河流湖泊受污染程度满意度

对于城市污染最严重的领域，调查结果显示，城市居民仍然认为机动车尾气污染最严重，选择比重高达 68.8%；其次是噪声污染(35.2%)和生活垃圾污染(29.4%)；再次是工厂排污(22.5%)、塑料袋或塑料餐盒污染(22.3%)和饮食业油烟污染(12.2%)；选择比重最低的是电磁辐射污染(3.1%)和农业污染(3.0%)。与 2015 年相比，认为噪声污染最严重的居民数大幅增加 11.8 个百分点，使其排序从第 4 位升至第 2 位，认为塑料袋或塑料餐盒污染最严重的居民数也增加 5.5 个百分点，认为工厂排污最严重的居民数减少 2.6 个百分点，认为其他五项污染最严重的居民数比重变化不大(见图 9-14)。

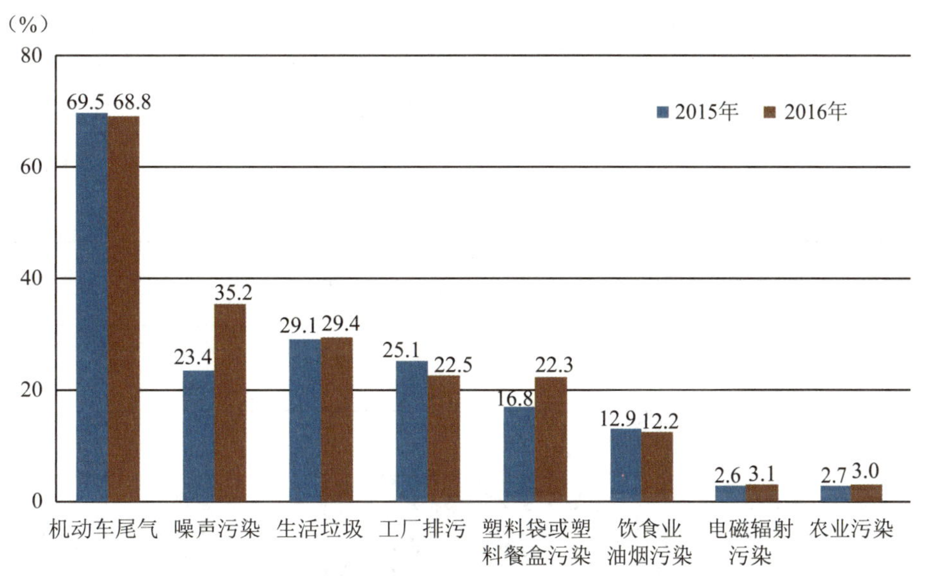

图 9-14　城市污染最严重的领域

分城市看，38 个城市的受访居民均认为机动车尾气是所居住城市的第一污染源，选择比重均在 50%以上，达到或超过 70%的城市有 16 个，选择比重最高的北京为 79.1%。与 2015 年相比，16 个城市对机动车尾气的选择比重上升，升幅前两位的是银川和乌鲁木齐，分别上升 6.6 和 4.0 个百分点；22 个城市对机动车尾气的选择比重下降，降幅前 3 位的是广州、南京和昆明，分别下降7.9、6.9和6.5个百分点。认为噪声污染是第二污染源的城市有21个，比2015年大幅增加13个；选择比重超过40%的城市有17个，选择比重超过50%的城市有4个，依次是合肥、长沙、南宁和深圳。认为生活垃圾是第二污染源的城市有8个，比2015年大幅减少12个；选择比重超过40%的城市有5个，依次是贵阳、海口、福州、呼和浩特和郑州。认为工厂排污是第二污染源的城市有8个，选择比重超过40%的城市是石家庄和宁波。认为塑料袋或塑料餐盒是第二污染源的城市仅有天津，选择比重为35.0%。其他污染源方面，认为饮食业油烟污染相对严重的城市是重庆和南昌，选择比重略超20%；认为电磁辐射污染严重的城市比例都很低，最高的苏州也仅为7.6%；认为农业污染严重的城市比例都很低，最高的长春也仅为7.0%。

>>三、城市基础设施满意度保持平稳<<

城市基础设施满意度是指城市居民对所在城市的绿化情况、休闲娱乐场所的数量和分布、生活垃圾处理、公共交通便利程度和交通畅通情况五项指标的综合评价。调查结果显示，38个城市的基础设施满意度平均水平为0.252(见图9-15)，与2015年持平，仍是三项构成指数中最高的。地区间的城市基础设施满意度呈现东部、东北和西部地区相对较高，中部地区明显较低的特征。

分地区看，东部、中部、西部和东北地区的城市基础设施满意度分别为0.280、0.141、0.261和0.266，仅中部地区低于全国平均水平；与2015年相比，西部地区提高0.027，东部、东北和中部地区分别下降0.005、0.025和0.029。东部地区满意度最高，城市间差异较大，得分最高的厦门与最低的北京相差0.309；东部16个城市中，有6个城市的排名居全国前10位。东北地区满意度较高，且城市间差异较小，得分最高的大连居全国第10位，与得分最低的哈尔滨仅相差0.187。西部地区满意度较高，城市间差异最大，得分最高的克拉玛依与最低的兰州相差0.712，次高的银川与最低的兰州也相差0.477；西部12个城市中，有3个城市的排名居全国前10位。中部地区满意度最低，但城市间差异较大，得分最高的武汉与最低的郑州相差0.323；中部6个城市中，武汉的排名也仅居全国第16位。

分城市看，37个城市的基础设施满意度处于满意区间，与2015年数量相同，仅有郑州处于不满意区间。与2015年相比，20个城市的基础设施满意度提升，前5位按升幅从高到低依次是海口、乌鲁木齐、呼和浩特、昆明和银川；兰州也有所提升，由此进入满意区间。18个城市的基础设施满意度下降，后5位按降幅从高到低依次是郑州、哈尔滨、重庆、长春和福州；郑州大幅下降0.139，由此落入不满意区间。

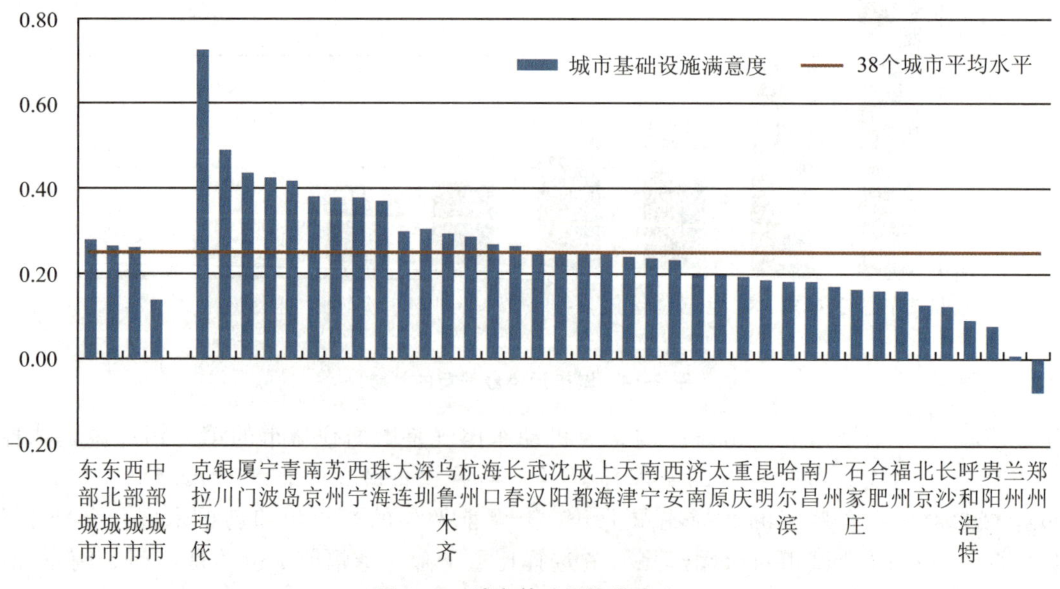

图9-15　城市基础设施满意度

城市基础设施的五项指标中，2016 年居民仍然对城市公共交通便利程度最为满意，满意度较高的指标依次是城市绿化、城市休闲娱乐场所的数量和分布、城市生活垃圾处理，仍不满意的是城市交通畅通情况。这五年来，城市公共交通便利程度的满意度连续四年上升；城市绿化的满意度 2013 年下降后回升转稳，但仍未超过 2012 年水平；城市休闲娱乐场所的数量和分布、城市生活垃圾处理的满意度 2013 年下降后连续三年回升，并超过 2012 年水平；城市交通畅通情况的满意度则为整体下行走势(见图 9-16)。

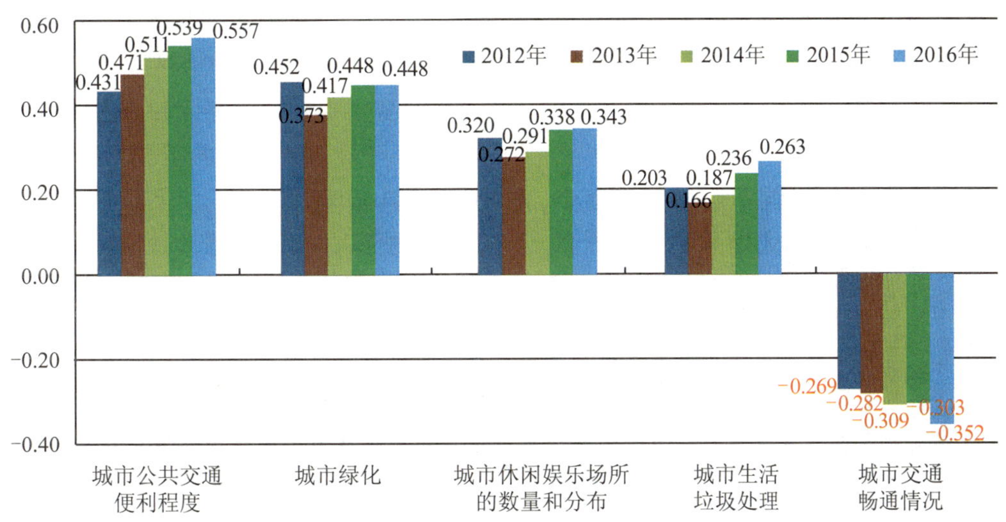

图 9-16　城市基础设施满意度构成指标得分

城市公共交通便利程度满意度为 0.557，比 2015 年高 0.018。其中，65.3%的受访居民认为城市的公共交通“方便”，比 2015 年增加 0.7 个百分点；25.1%认为“一般”，略增 0.4 个百分点；仅有 9.6%认为“不方便”，减少 1.1 个百分点。分城市看，38 个城市的公共交通便利程度满意度均处于满意区间(见图 9-17)。与 2015 年相比，18 个城市的满意度上升，前 5 位按升幅从高到低依次是昆明、呼和浩特、银川、石家庄和宁波。19 个城市的满意度下降，后 5 位按降幅从高到低依次是福州、珠海、太原、济南和郑州。合肥与 2015 年持平。

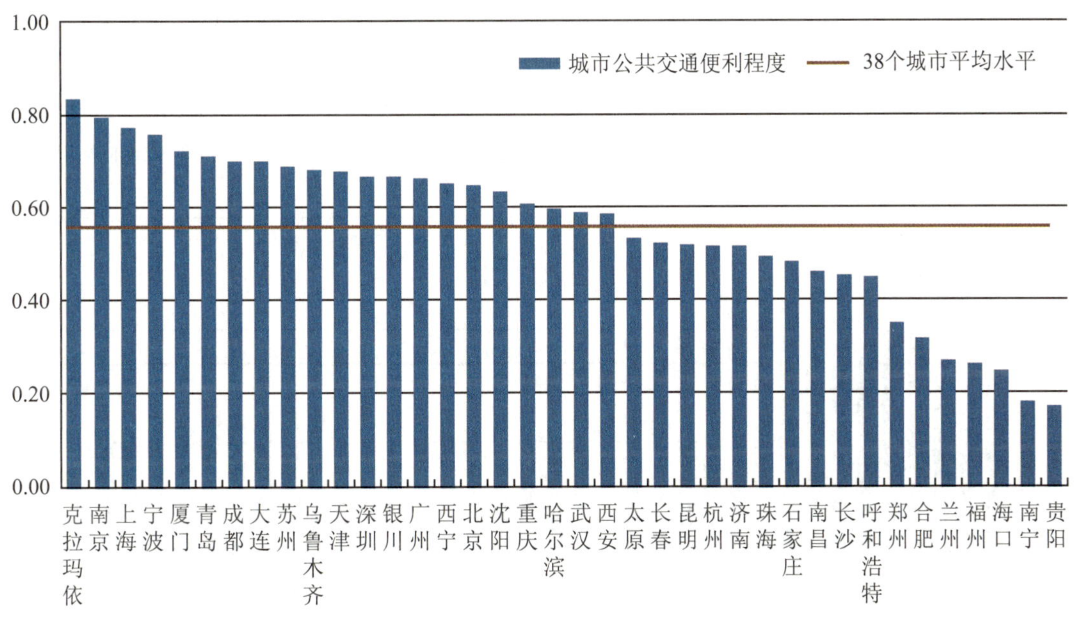

图 9-17　城市公共交通便利程度满意度

城市绿化满意度为0.448，与2015年持平。其中，50.1%的受访居民认为城市的绿化情况“好”，比2015年略减0.1个百分点；44.6%认为“一般”，略增0.2个百分点；仅有5.3%认为“不好”，略减0.1个百分点。分城市看，38个城市的绿化满意度均处于满意区间(见图9-18)。与2015年相比，20个城市的绿化满意度上升，前5位按升幅从高到低依次是海口、乌鲁木齐、武汉、石家庄和广州。17个城市的绿化满意度下降，后5位按降幅从高到低依次是郑州、合肥、哈尔滨、长春和太原。南宁与2015年持平。

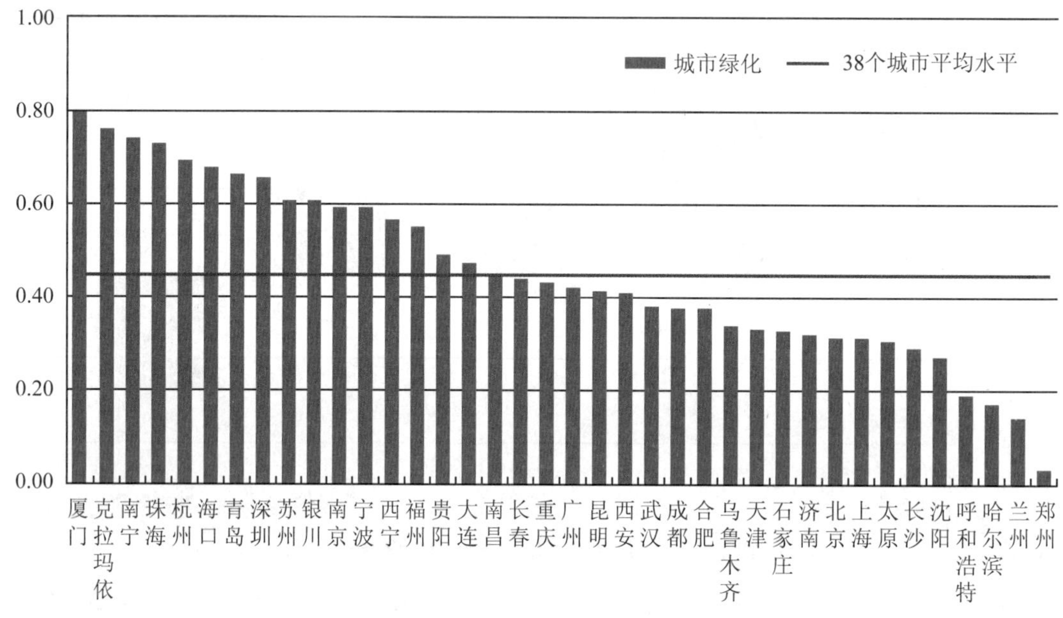

图9-18 城市绿化满意度

城市休闲娱乐场所满意度为0.343，比2015年略高0.005。其中，46.5%的受访居民对城市的公园、广场等公共休闲娱乐场所的数量和分布表示“满意”，比2015年略减0.2个百分点；41.3%认为“一般”，增加0.9个百分点；仅有12.2%表示“不满意”，减少0.7个百分点。少数“不满意”的城市居民中，64.2%认为公共休闲娱乐场所的“数量太少”，20.8%认为“分布不合理”，15.0%认为“数量太少且分布不合理”“设施不全”“维护不够”和“有收费”等。

分城市看，38个城市的休闲娱乐场所满意度均处于满意区间(见图9-19)。与2015年相比，

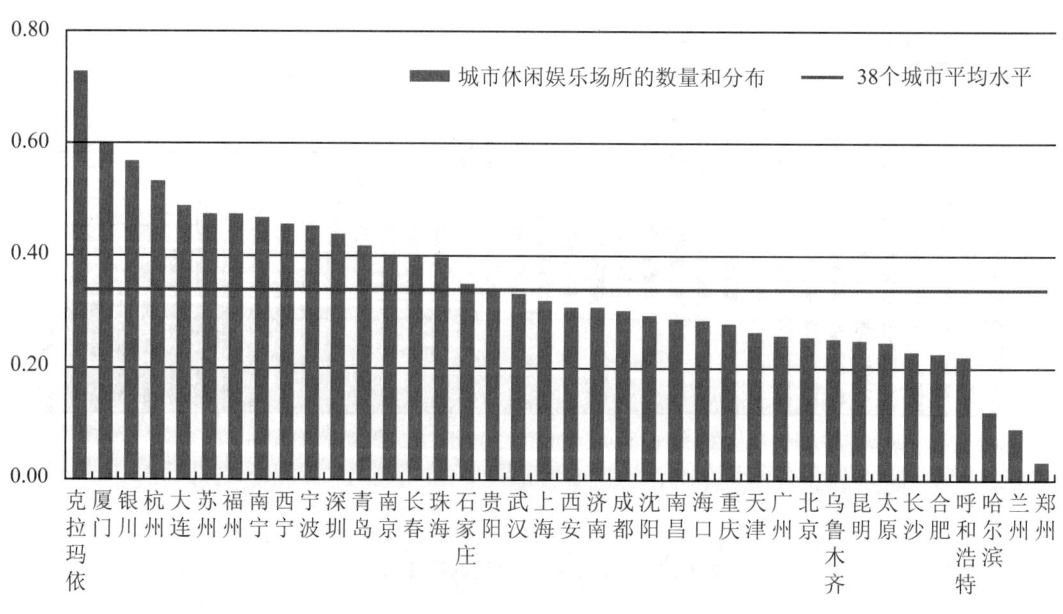

图9-19 城市休闲娱乐场所满意度

23 个城市的满意度上升，前 5 位按升幅从高到低依次是海口、乌鲁木齐、昆明、杭州和苏州。15 个城市的满意度下降，郑州和哈尔滨分别下降 0.220 和 0.107，另外 13 个城市降幅在 0.064 及以内。

城市生活垃圾处理满意度为 0.263，比 2015 年高 0.027。其中，42.8%的受访居民对城市的生活垃圾处理情况表示“满意”，比 2015 年增加 0.9 个百分点；40.7%认为“一般”，增加 0.9 个百分点；16.5%表示“不满意”，减少 1.8 个百分点。分城市看，38 个城市的生活垃圾处理满意度均处于满意区间(见图 9-20)，比 2015 年多了贵阳、呼和浩特和广州。与 2015 年相比，23 个城市的生活垃圾处理满意度上升，前 5 位按升幅从高到低依次是海口、贵阳、青岛、呼和浩特和乌鲁木齐；海口升幅高达 0.380，贵阳和呼和浩特分别提升 0.146 和 0.116，两者由此升入满意区间。13 个城市的满意度下降，后 5 位按降幅从高到低依次是郑州、宁波、福州、南宁和重庆，郑州降幅为 0.080。厦门和济南与 2015 年持平。

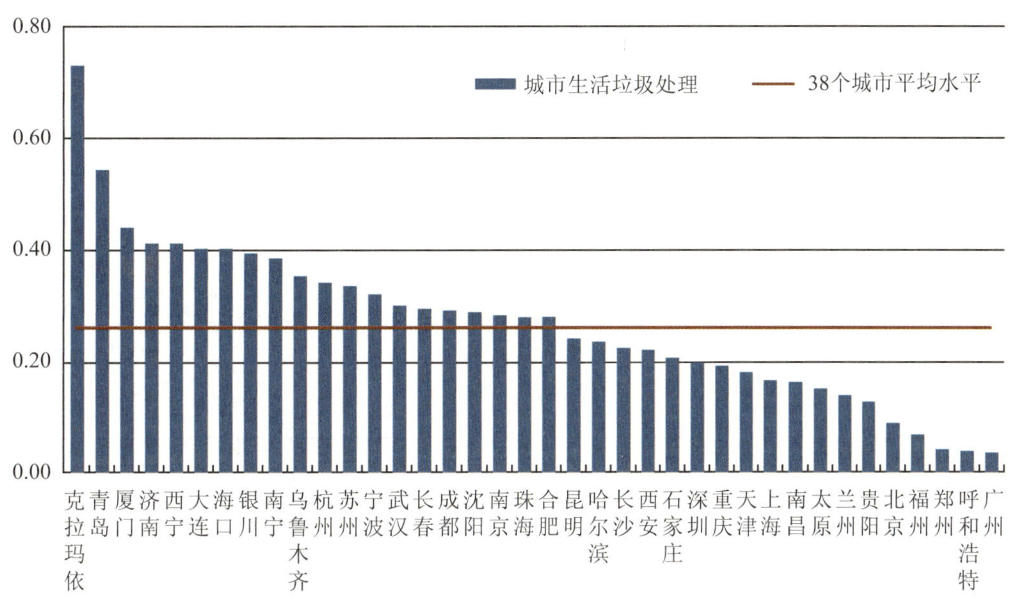

图 9-20 城市生活垃圾处理满意度

五项指标中，城市交通畅通满意度仍然最低，为−0.352，处于不满意区间，而且比 2015 年下降 0.049，降幅较大。其中，仅有 14.4%的受访居民认为城市的交通“畅通”，比 2015 年减少 1.7 个百分点；36.0%认为“一般”，减少 1.5 个百分点；49.6%认为“不畅通”，增加 3.2 个百分点。分城市看，仅有 3 个城市的交通畅通满意度处于满意区间，分别为克拉玛依、银川和宁波(见图 9-21)，比 2015 年多了宁波，少了珠海；多达 35 个城市的交通畅通满意度处于不满意区间。与 2015 年相比，11 个城市的交通畅通满意度上升，前 5 位按升幅从高到低依次是呼和浩特、兰州、昆明、银川和大连，呼和浩特升幅为 0.133。27 个城市的交通畅通满意度下降，后 5 位按降幅从高到低依次是郑州、哈尔滨、广州、天津和重庆，郑州降幅为 0.209，重庆在上年大幅下降后又下降 0.147。

对于日常出行主要采用的交通方式，调查结果显示，2016 年，有超过半数(52.2%)的城市居民选择公共交通(公交或地铁)，其次是自驾(汽车或摩托车，23.2%)和自行车、电动车或步行(20.6%)，选择比重较低的是出租车(3.2%)和其他(0.8%)。这五年来，城市居民日常出行主要选择公共交通的比重持续小幅上升，选择自驾和自行车、电动车或步行的比重有所波动，选择出租车的比重连续三年小幅下降后回升(见图 9-22)。

分城市看，多数城市(34 个)的居民日常出行的首选交通方式是公共交通，选择比重超过 60%的城市有 12 个，从高到低依次是上海、大连、广州、兰州、北京、深圳、乌鲁木齐、重庆、

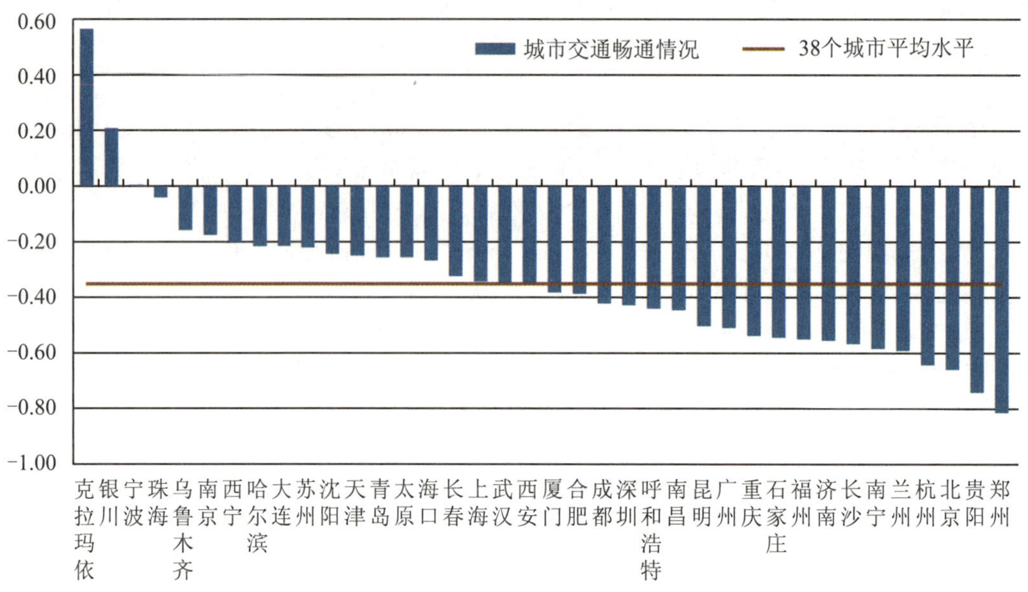

图 9-21 城市交通畅通满意度

西安、西宁、成都和沈阳，上海的选择比重为68.1%。4个城市的首选交通方式是自行车、电动车或步行，依次是南宁、石家庄、郑州和海口，选择比重均超过35%；另外，福州、太原、南昌和济南的选择比重也达到或超过30%。对于自驾，选择比重较高的城市有克拉玛依、苏州、珠海、青岛、呼和浩特、宁波和海口，均在30%以上。

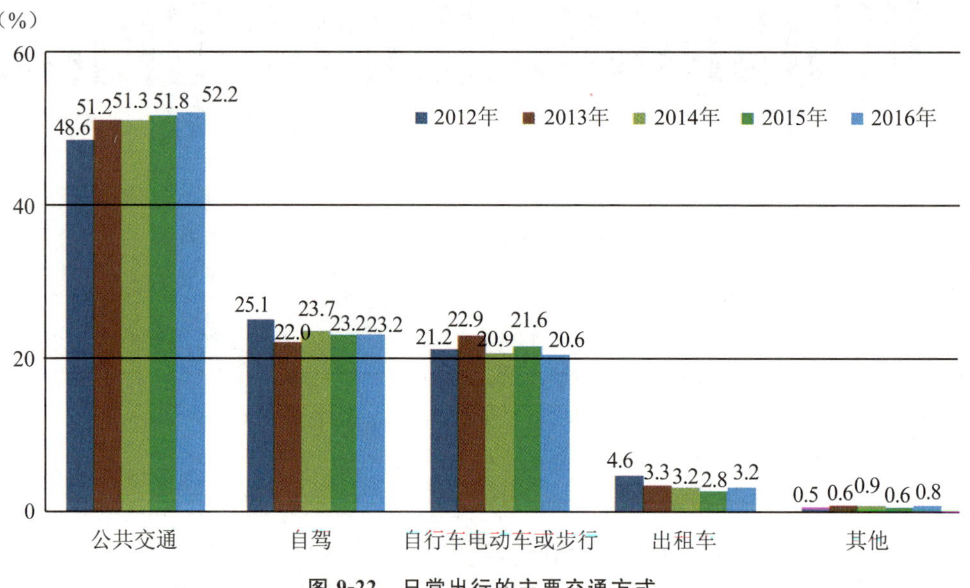

图 9-22 日常出行的主要交通方式

>>四、政府绿色行动满意度持续小幅改善<<

政府绿色行动满意度是指居民对所在城市的垃圾分类设施配置情况、日常食品放心程度、环境投诉方式知晓程度、企业排污治理成效、环境污染突发事件处理效果和政府环保重视程度六项指标的综合评价。调查结果显示，38个城市的政府绿色行动满意度平均水平为−0.014(见图9-23)，是三项构成指数中最低的，虽仍处于不满意区间，但比2015年高0.010，连续三年有所提升。政府绿色行动满意度存在一定的地区差异，呈现西部地区较高、东部和东北地区较低、中部地区最低的特征。

分地区看，东部、中部、西部和东北地区的政府绿色行动满意度分别为－0.010、－0.083、0.021和－0.038，与2015年相比，西部、东北和东部地区分别提高0.030、0.011和0.006，中部地区则下降0.023。西部地区满意度最高，处于满意区间，但城市间差异最大，得分最高的克拉玛依比最低的呼和浩特高出0.501，次高的西宁比最低的呼和浩特高出0.251；西部12个城市中，有5个城市的满意度排在全国前10位。东部地区满意度较低，城市间差异较大，得分最高的青岛比最低的福州高出0.307；东部16个城市中，有5个城市的满意度排在全国前10位。东北地区满意度较低，4个城市的满意度均处于不满意区间，城市间差异最小，最高的大连与最低的哈尔滨仅相差0.053。中部地区满意度最低，6个城市的满意度均处于不满意区间，城市间差异较小，最高的武汉与最低的郑州相差0.147。

分城市看，14个城市的政府绿色行动满意度处于满意区间，与2015年数量相同，克拉玛依仍然遥遥领先；24个城市的政府绿色行动满意度处于不满意区间。与2015年相比，21个城市的满意度上升，前5位按升幅从高到低依次是海口、兰州、青岛、乌鲁木齐和昆明；海口和乌鲁木齐分别提高0.171和0.100，两者由此升入满意区间。15个地区的满意度下降，后5位按降幅从高到低依次是郑州、福州、北京、天津和合肥，郑州也仅下降0.061。宁波和南宁与2015年持平。

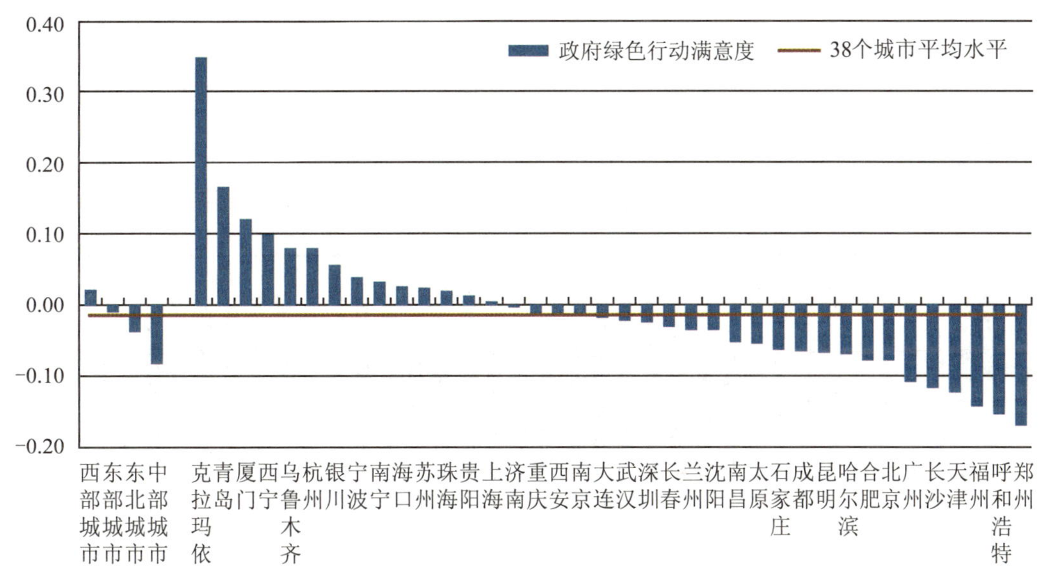

图 9-23 政府绿色行动满意度

政府绿色行动的六项指标中，2016年城市居民对政府环保工作重视程度最为满意，对环境污染突发事件处理较为满意，对企业排污治理成效和垃圾分类设施配置略不满意，对日常食品放心程度和环境投诉方式很不满意。这四年来，城市居民对政府环保工作重视程度和环境污染突发事件处理的满意度稳步提升，对企业排污治理成效和垃圾分类设施配置的不满意程度有所缓解，对日常食品放心程度和环境投诉方式的满意度无明显改善(见图9-24)。

政府环保工作重视程度满意度为0.486，比2015年高0.025。其中，56.0%的受访居民认为政府“重视”城市环保工作，比2015年增加1.5个百分点；36.6%认为“一般”，减少0.5个百分点；仅有7.4%认为“不重视”，减少1.0个百分点。分城市看，38个城市的政府环保工作重视程度满意度均处于满意区间(见图9-25)。与2015年相比，24个城市的满意度上升，前5位按升幅从高到低依次是海口、兰州、乌鲁木齐、呼和浩特和西宁，海口升幅高达0.256。14个城市的满意度下降，哈尔滨、北京和福州分别下降0.096、0.083和0.067，另外11个城市降幅在0.038及以内。

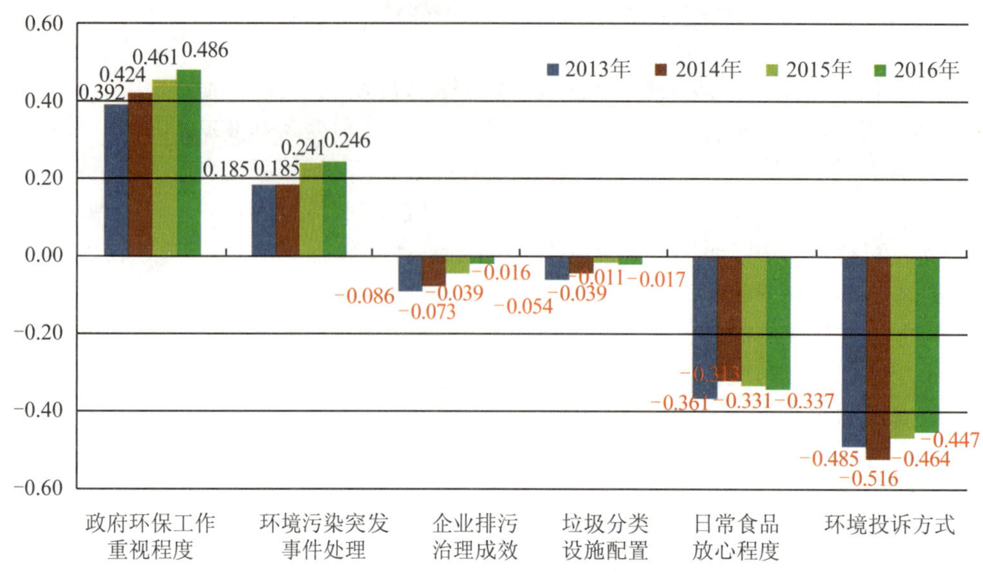

图 9-24 政府绿色行动满意度构成指标得分

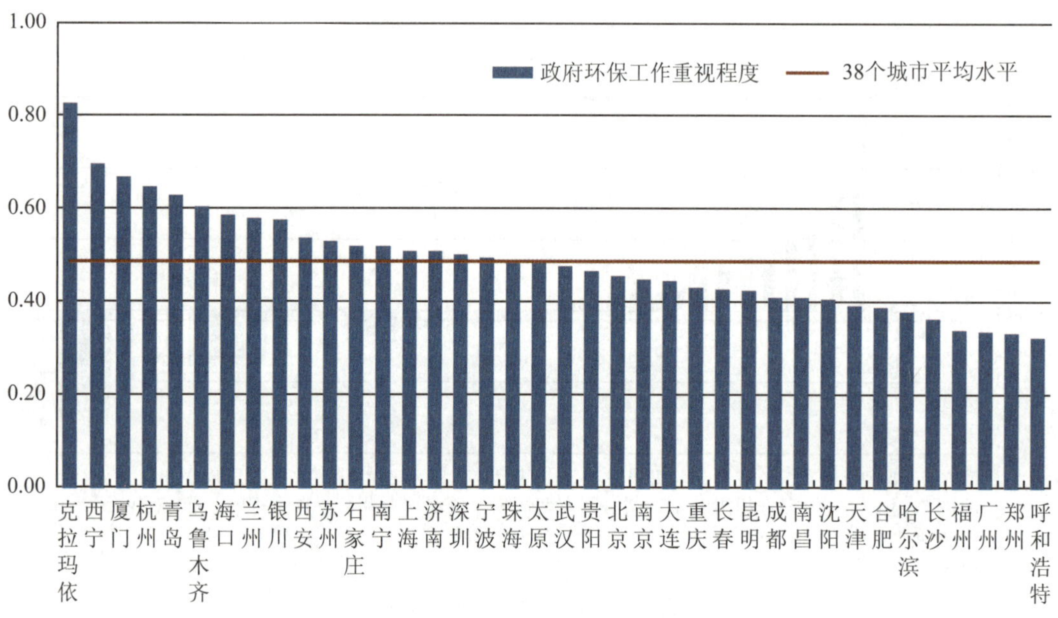

图 9-25 政府环保工作重视程度满意度

环境污染突发事件处理满意度为 0.246，比 2015 年略高 0.005。其中，37.7%的受访居民对政府处理环境污染突发事件的效果表示“满意”，比 2015 年略增 0.4 个百分点；49.2%认为“一般”，略减 0.4 个百分点；13.1%表示“不满意”，比重未变。分城市看，38 个城市的环境污染突发事件处理满意度均处于满意区间（见图 9-26），比 2015 年多了兰州。与 2015 年相比，21 个城市的满意度上升，前 5 位按升幅从高到低依次是青岛、海口、乌鲁木齐、西宁和兰州；兰州升幅为 0.088，由此进入满意区间。17 个城市的满意度下降，后 5 位按降幅从高到低依次是天津、南京、福州、郑州和北京；天津和南京分别下降 0.122 和 0.113，降幅较大。

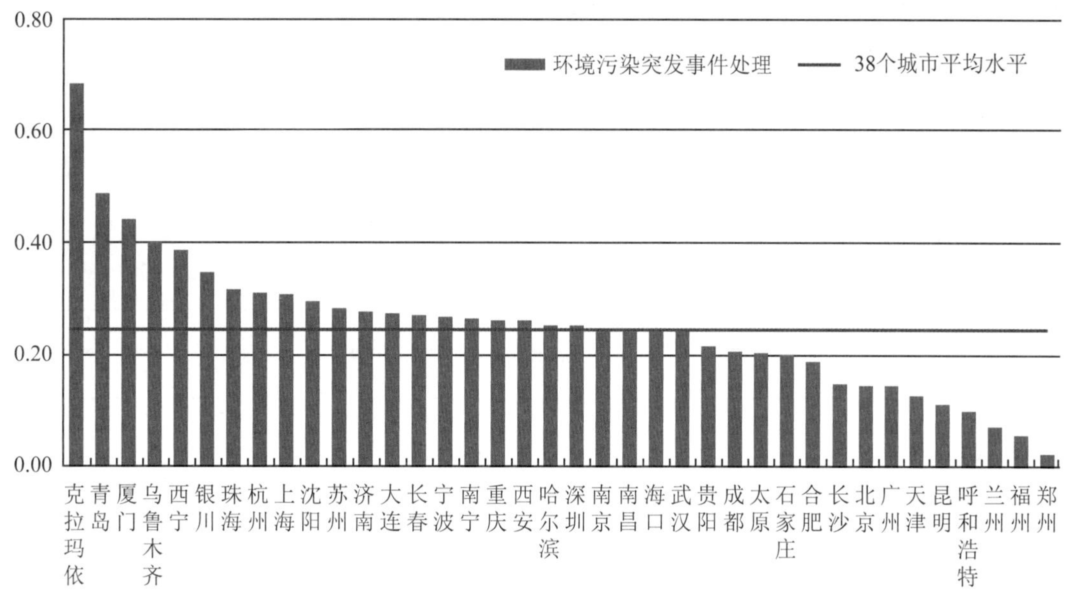

图 9-26　环境污染突发事件处理满意度

企业排污治理成效满意度为－0.016，比 2015 年高 0.023，仍处于不满意区间。其中，仅有 15.4%的受访居民认为城市的企业排污治理“成效很大”，比 2015 年增加 0.8 个百分点；67.6%认为“一般”，增加 0.7 个百分点；17.0%认为“成效很小”，减少 1.5 个百分点。分城市看，仅有 12 个城市的企业排污治理成效满意度处于满意区间，比 2015 年增加 4 个；多达 26 个城市的企业排污治理成效满意度处于不满意区间(见图 9-27)。与 2015 年相比，25 个城市的满意度上升，前 6 位按升幅从高到低依次是海口、青岛、昆明、兰州、上海和厦门；兰州和上海分别提高 0.082 和 0.081，两者由此升入满意区间。13 个城市的满意度下降，济南降幅最大，也仅为 0.043。

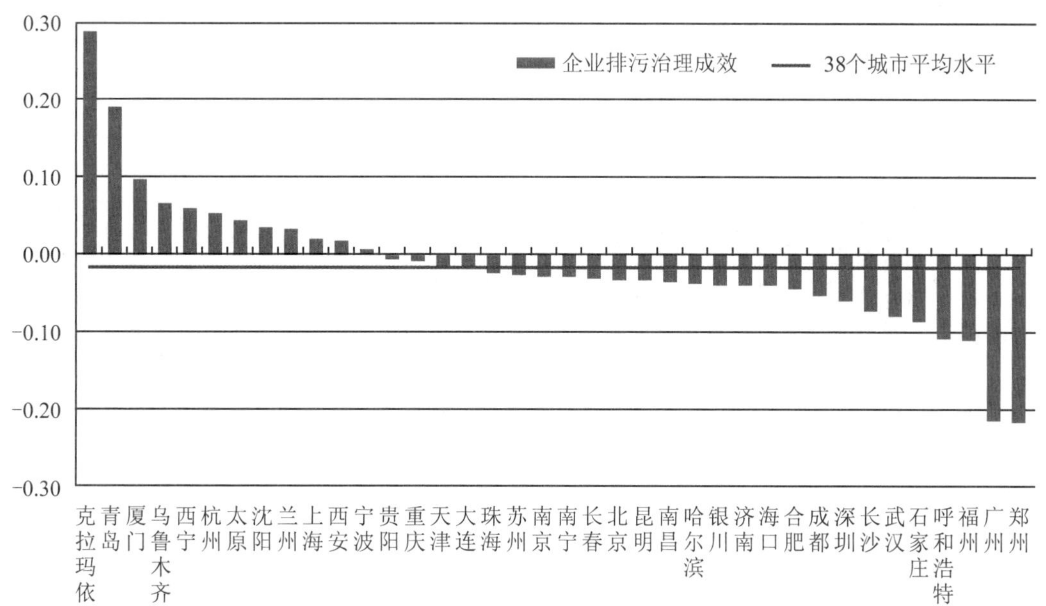

图 9-27　企业排污治理成效满意度

垃圾分类设施配置满意度为－0.017，比 2015 年略低 0.006，仍在满意水平以下徘徊。其中，26.9%的受访居民对城市垃圾分类设施的配置情况表示“满意”，比 2015 年减少 0.7 个百分点；44.5%认为“一般”，增加 0.8 个百分点；28.6%表示“不满意”，略减 0.1 个百分点。分城市看，16 个城市的垃圾分类设施配置满意度处于满意区间，与 2015 年数量相同；22 个城市的垃圾分类设施配置满意度处于不满意区间(见图 9-28)。与 2015 年相比，21 个城市的满意度上升，前 5 位按升幅从高到低依次是海口、兰州、乌鲁木齐、长春和沈阳；海口升幅高达 0.256，乌鲁木齐和长春升幅分别为 0.092 和 0.085，三者由此升入满意区间。17 个城市的满意度下降，后 5 位按降幅从高到低依次是郑州、合肥、重庆、哈尔滨和天津；郑州降幅最大，为 0.166，合肥、重庆和哈尔滨分别下降 0.158、0.135 和 0.119，三者由此跌出满意区间。

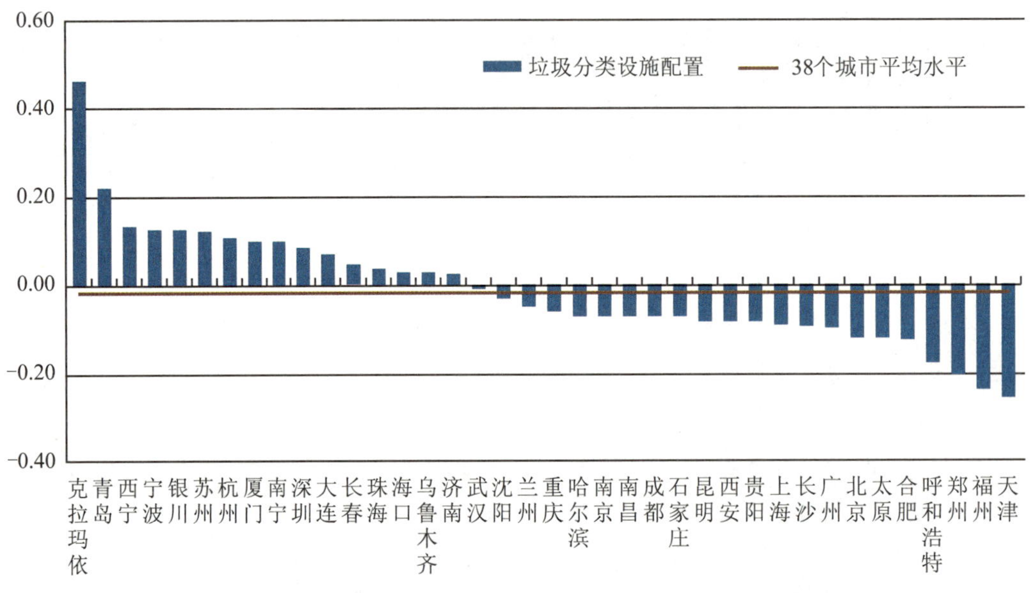

图 9-28　垃圾分类设施配置满意度

日常食品放心程度满意度为－0.337，比 2015 年略低 0.006。其中，仅有 14.6%的受访居民对日常食品表示“放心”，比 2015 年减少 0.5 个百分点；37.1%认为“一般”，48.3%表示“不放心”，分别略增 0.4 和 0.1 个百分点。分城市看，仍只有克拉玛依的日常食品放心程度满意度处于满意区间，多达 37 个城市的居民总体仍不满意，且不满意程度均较高(见图 9-29)。与 2015 年

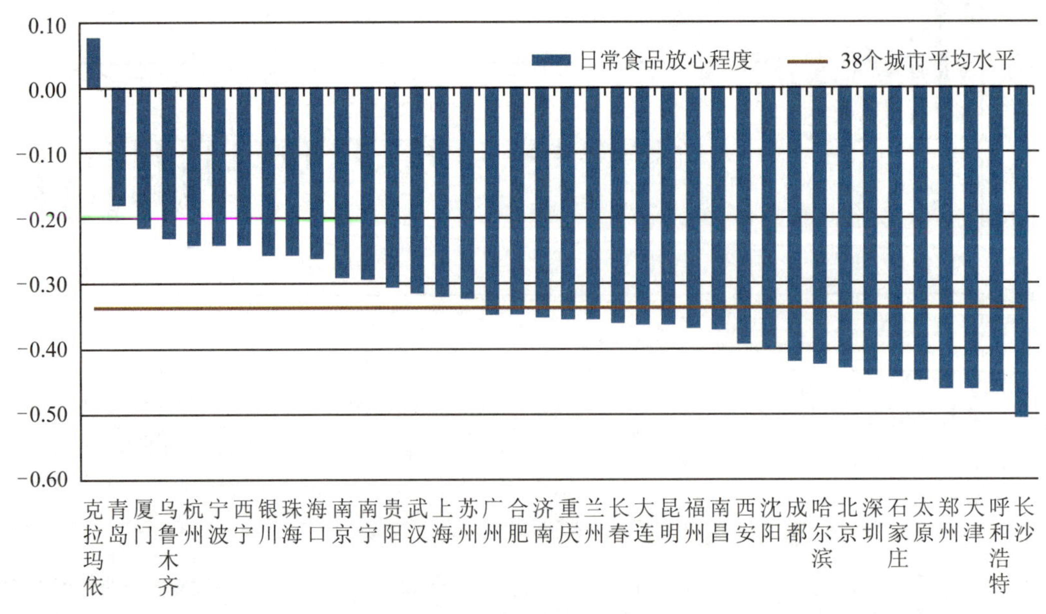

图 9-29　日常食品放心程度满意度

相比，18 个城市的满意度上升，前 5 位按升幅从高到低依次是青岛、杭州、兰州、乌鲁木齐和海口，青岛升幅为 0.131；20 个城市的满意度下降，后 5 位按降幅从高到低依次是太原、郑州、深圳、南昌和重庆，太原降幅为 0.116。

六项指标中，环境投诉方式满意度仍然最低，为－0.447，比 2015 年高 0.017，不满意程度略有减轻。其中，仅有 11.5%的受访居民表示“完全了解”环境投诉方式(网站或电话等)，比 2015 年增加 0.5 个百分点；32.3%表示“听过，但不记得了”，增加 0.8 个百分点；高达 56.2%的受访居民表示“完全不知道”，减少 1.3 个百分点。分城市看，38 个城市的居民对环境投诉方式的知悉程度总体都不满意，且不满意程度都很高(见图 9-30)。与 2015 年相比，24 个城市的满意度上升，前 5 位按升幅从高到低依次是海口、乌鲁木齐、昆明、青岛和兰州，海口和乌鲁木齐升幅分别为 0.196 和 0.171。14 个城市的满意度下降，合肥和苏州降幅分别为 0.096 和 0.074，另外 12 个城市降幅在 0.060 及以内。

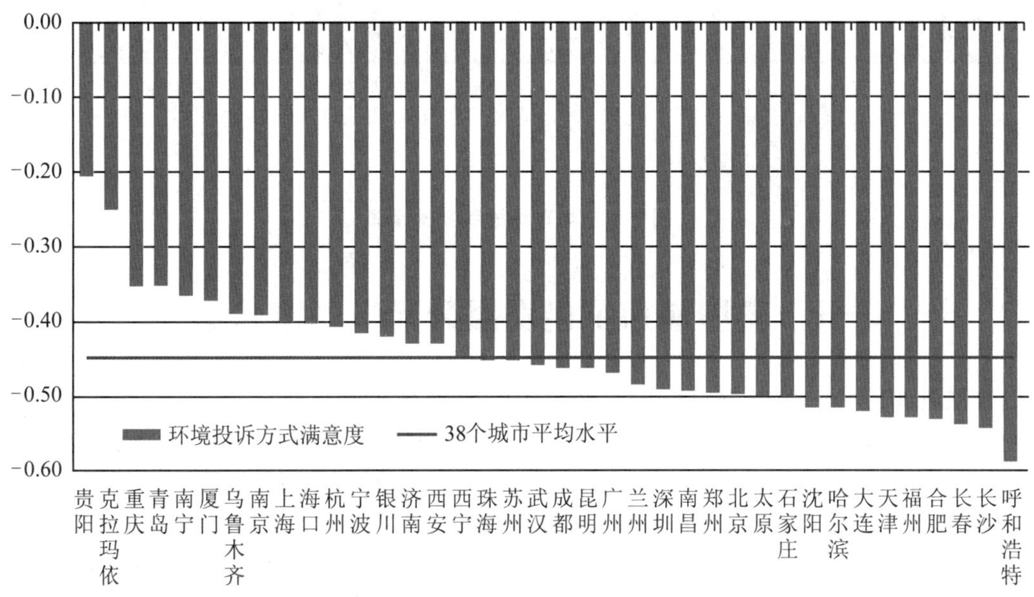

图 9-30　环境投诉方式满意度

进一步调查显示，2016 年 38 个城市的平均环境投诉率为 13.5%，比 2015 年略增 0.2 个百分点。分城市看，35 个城市的环境投诉率超过 10%，其中，10 个城市超过 15%，从高到低依次是哈尔滨、武汉、北京、大连、珠海、深圳、西安、重庆、长春和南宁，最高的哈尔滨达到 20.7%；仅有 3 个城市的环境投诉率低于 10%，从低到高依次是克拉玛依、长沙和呼和浩特，最低的克拉玛依仅有 6.7%(见图 9-31)。与 2015 年相比，19 个城市的环境投诉率上升，前 3 位的大连、武汉和哈尔滨分别上升 8.0、8.0 和 7.7 个百分点，另外 16 个城市上升 4.4 个百分点及以内。珠海与 2015 年持平。18 个城市的环境投诉率下降，后两位的海口和广州分别下降 6.1 和 5.1 个百分点，另外 16 个城市下降 4.3 个百分点及以内。

在少数有过环境投诉经历的居民中，22.6%的居民对投诉处理结果表示“满意”，比 2015 年减少 1.7 个百分点；30.7%认为“一般”，增加 2.2 个百分点；46.7%表示“不满意”，减少 0.5 个百分点。分城市看，大连、天津、呼和浩特、太原、北京、广州和南昌等对投诉处理结果“不满意”的比例较高，克拉玛依、兰州、海口、乌鲁木齐和宁波等对投诉处理结果“不满意”的比例相对较低。

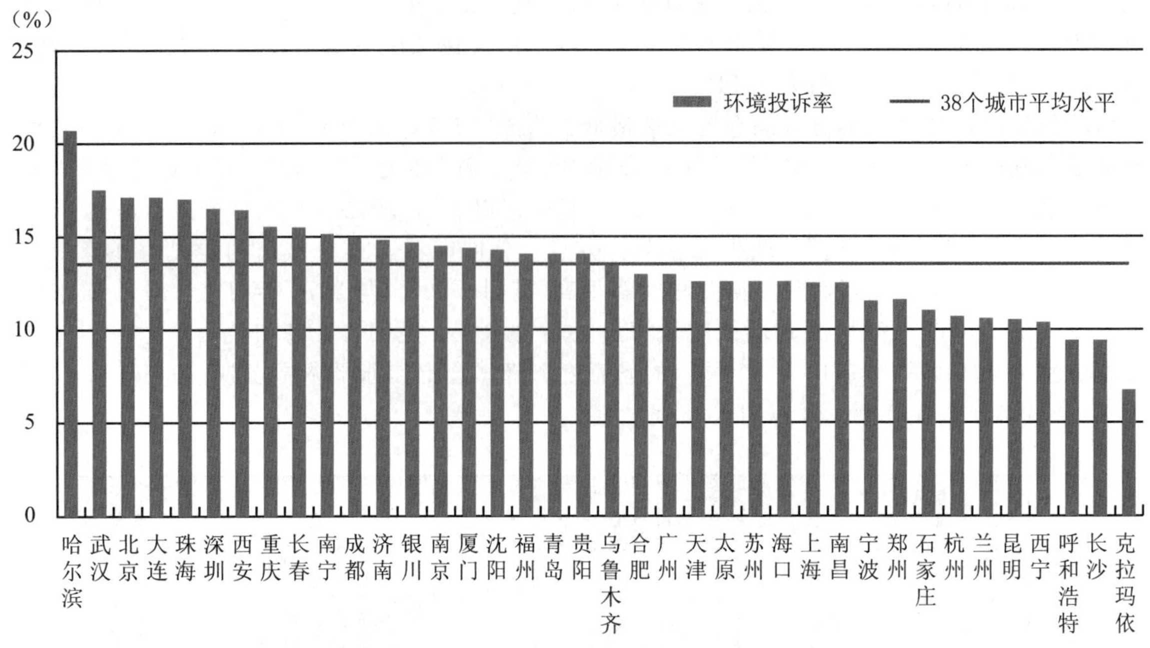

图 9-31 城市居民环境投诉率

五、典型城市绿色发展公众满意度分析

我们选取几个综合满意度波幅居前的城市进行典型分析，从其各项具体指标的满意度变化来感受城市绿色发展动态，从调查数据映照的绿色发展现实来思考城市绿色发展路径。

2016 年，城市绿色发展公众综合满意度升幅前 3 位的依次是海口、乌鲁木齐和兰州，得分分别比 2015 年高 0.174、0.095 和 0.091。从具体构成指标来看，海口有 14 项指标的满意度比 2015 年有所提升(见图 9-32)，多数指标升幅很大，有 9 项指标的升幅居全国首位，分别是城市街道卫生、近三年城市环境变化、城市绿化、休闲娱乐场所的数量和分布、城市生活垃圾处理、垃圾分类设施配置、企业排污治理成效、环境投诉方式和政府环保工作重视程度；2 项指标的满意度略有下降，分别是城市公共交通便利程度和城市交通畅通情况。乌鲁木齐的 16 项指标的满意度均比 2015 年有所提升，部分指标升幅较大，其中城市街道卫生、城市饮用水质量、城市绿化、城市生活垃圾处理、环境污染突发事件处理、环境投诉方式和政府环保工作重视程度的升幅超过 0.10。兰州的 16 项指标的满意度也均比上年有所提升，部分指标升幅较大，其中城市饮用水质量的升幅居全国首位，城市街道卫生、城市空气质量、日常食品放心程度和政府环保工作重视程度的升幅也超过 0.10。

研究发现，以达成重要目标为牵引，政府、居民和企业全面参与，各个领域和环节相互支撑、整体推进，是大幅提升城市绿色发展公众满意度的有效方式。比如，海口 2015 年 7 月底再次启动“创建全国文明城市和国家卫生城市”工程，并把“双创”作为历史性工程来抓，以整治“脏乱差”为突破口，重点推进“六大治理”领域，加快完善五大配套设施；该市 2016 年绿色发展公众满意度的大幅提升，反映了这些工作的初步成效。再如，乌鲁木齐 2014 年年初成功创建国家园林城市，当年公众满意度大幅提升，2015 年有所回落后，2016 年又创出新高；兰州 2013 年创建全国空气质量达标城市的多项举措整体提升了公众满意度，但此后受到饮用水质量问题的影响，一年来饮用水质量的明显改善得到了公众的认可。总体来看，城市作为一个复杂系统，大幅提升绿色发展水平需采用整体推进的方式，以突破瓶颈制约、克服局部掣肘，同时加大对薄弱环节的治理力度。

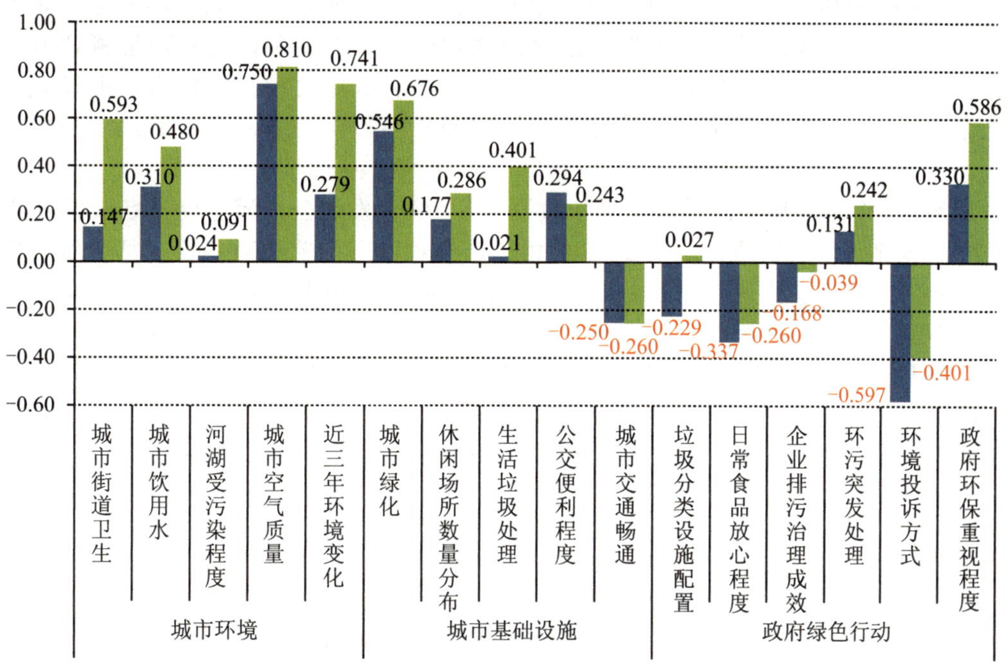

图 9-32　2015—2016 年海口市绿色发展公众满意度各指标得分

2016 年，城市绿色发展公众综合满意度降幅居前 2 位的城市是郑州和哈尔滨，得分分别比 2015 年低 0.095 和 0.059。从具体构成指标来看，郑州除了政府环保工作重视程度和城市饮用水质量有所提升外，其他 14 项指标的满意度均比 2015 年有所下降，其中 7 项指标的降幅居全国首位，分别是城市空气质量、近三年城市环境变化、城市绿化、休闲娱乐场所的数量和分布、城市生活垃圾处理、城市交通畅通情况和垃圾分类设施配置，此外，日常食品放心程度的降幅也较大。哈尔滨除了日常食品放心程度和环境投诉方式略有提升外，其他 14 项指标的满意度均比 2015 年下降，其中，城市河流湖泊受污染程度和政府环保工作重视程度的降幅居全国首位，此外，休闲娱乐场所的数量和分布、城市交通畅通情况和垃圾分类设施配置的降幅超过 0.10。

城市应高度重视城市的绿色发展，既不能因为快速发展而轻视绿色维护，也不能因为发展不足而减少绿色维护。比如，郑州 2015 年工业保持较快增长，货运量明显增加，城市化率和城区人口密度继续上升，多因素累积影响触及城市的资源环境承载和有序清洁运转的边界，2016 年多项指标的满意度因此大幅下降。再如，哈尔滨这几年经济增长和财政收入明显下行，发展的不足会部分减轻资源环境承载压力，但也会削弱环保投入力度和绿色维护能力，2016 年部分指标的满意度因此大幅下降。总体来看，快速发展的城市规划应有前瞻性，动态调整政府绿色支持力度和方向，平稳度过城市环境容量峰值；发展趋缓的城市要谋划有序转型，守住政府支持绿色发展的底线，寻求城市跃升新平台的机遇。

>>六、城市绿色发展公众满意度与绿色发展指数测评结果对比分析<<

城市绿色发展指数与城市绿色发展公众满意度，源于两套不同的测评指标体系。绿色发展指数的测评指标以客观的统计数据为基础，数据口径多数为覆盖全市范围、少数为市辖区范围；各测评指标主要为时期指标，从不同侧面反映全年的水平、程度或强度等，因而基础数据的可获得性略差，并存在一定时滞，如 2016 年指数的编制主要采用 2014 年统计数据。公众满意度是居民对城市绿色发展主观感受的综合反映，调查对象基本为市辖区居民，调查内容更具针对性和灵活性；各测评指标可看作时点指标，因为调查任务在一个月内完成，满足了及时性要求，但调查结果容易受短期突发事件影响，个别指标数据的波动性相对偏大。实际上，城市绿色发展指数侧重于生产和发展，城市绿色发展公众满意度侧重于生活和绿色，两套测评方法从不同角度展示了绿色发展的内涵，具有相互补充的关系。我们对比两种测评结果，可以更好地展示不同发展模式对城市运行的直接和间接影响、短期和长期影响，进而更全面地理解绿色发展的实质。

从2016年38个重点城市的绿色发展指数排名①与绿色发展公众满意度排名来看(见图9-33)，两种测评结果继续呈现一定差异，与2015年相比，多数城市位置相对稳定，部分城市发生较大位移。以城市公众满意度排名为横轴，以城市绿色发展指数排名为纵轴将这些城市分为以下四组，从左下相限顺时针旋转至右下相限依次是：第Ⅰ组城市的公众满意度高，绿色发展指数也高；第Ⅱ组城市的公众满意度高，但绿色发展指数低；第Ⅲ组城市的公众满意度低，绿色发展指数也低；第Ⅳ组城市的公众满意度低，但绿色发展指数高。从下图中可以清楚地看到每个城市两项排名的差异，落在对角线上表示城市两项指数排名相同，离对角线越近表示排名差异越小，反之则排名差异越大。

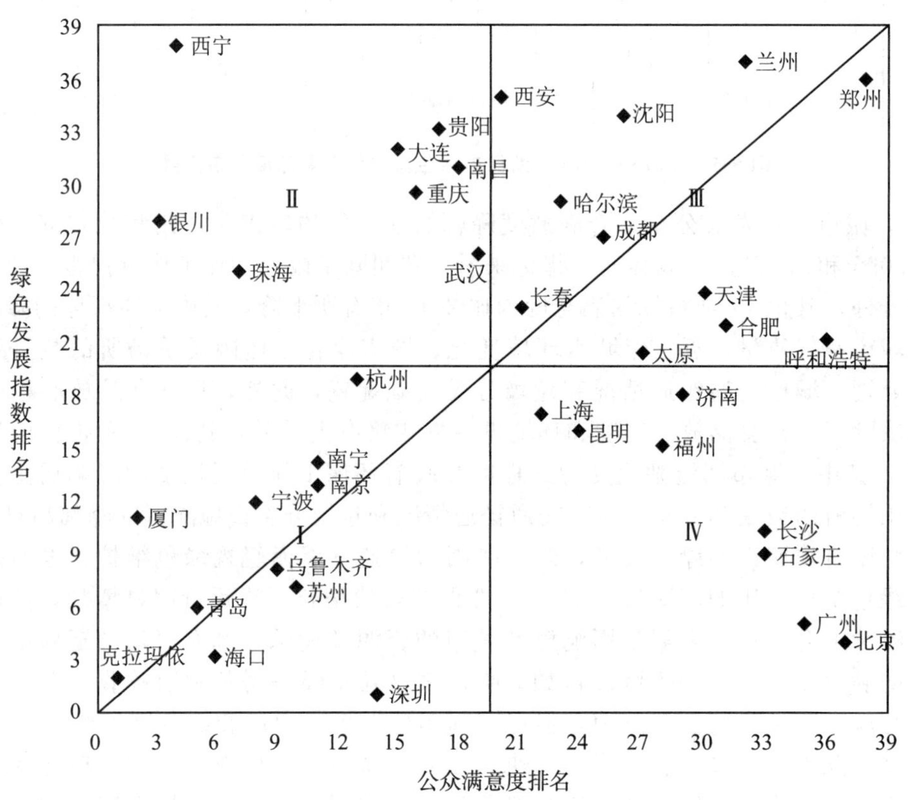

图 9-33　城市绿色发展公众满意度排名与绿色发展指数排名

第Ⅰ组中公众满意度高，绿色发展指数也高的城市有11个，比2015年多了海口、宁波和南宁，少了珠海和福州。在本象限中，克拉玛依、海口、青岛、苏州、乌鲁木齐、宁波、南京和南宁的两项指数排名差异较小，表明这些城市的绿色生产和绿色生活取得一致；而深圳、厦门和杭州的两项指数排名差异较大。值得注意的是，海口从第Ⅳ象限向左大幅平移至本象限，表明“双创”工作迅速补齐了城市绿色生活的短板；宁波和南宁从第Ⅱ象限下移至本象限，表明城市增强了绿色发展能力，与较高的公众满意度水平更加匹配；乌鲁木齐在本象限内向左下小幅

① 2016年我们测评了100个城市的绿色发展指数，这里把开展了公众满意度调查的38个城市提取出来单独排序，再与公众满意度的排序结果做对比分析。

移动，取得了绿色发展能力与绿色维护水平的同步提高。

第Ⅱ组中公众满意度高，但绿色发展指数低的城市有 8 个，比 2015 年多了珠海、武汉和贵阳，少了宁波、南宁、长春和哈尔滨。本象限中，西宁的两项指数排名差异仍然最大，银川则向下位移缩小了排名差异，表明在资源环境承载潜力差的自然约束下，城市存在提升绿色发展能力的空间；大连在本象限内小幅上移，意味着经济增长动力不足对城市绿色发展能力有损伤；珠海从第Ⅰ象限大幅上移至本象限，绿色发展能力下降主要是由政府政策支持度大幅下降所致，政府部门有必要加大绿色行动力度，以免其向公众满意度传导；武汉从第Ⅲ象限大幅左下移动至本象限，绿色发展能力与绿色维护水平的同步提高胜过乌鲁木齐。

第Ⅲ组中公众满意度低，绿色发展指数也低的城市有 11 个，比 2015 年多了长春、哈尔滨、合肥和呼和浩特，少了武汉、贵阳和上海。这些城市中，郑州上移至两项指数排名都垫底的位置，主要是经济快速发展加大了城市资源环境承载压力；沈阳在本象限内大幅上移，哈尔滨从第Ⅱ象限大幅右移至本象限，在经济增长动力不足的背景下，城市的绿色发展能力、绿色维护能力分别受到损伤；合肥从第Ⅳ象限右上移动至本象限，与乌鲁木齐和武汉相反，出现了绿色发展能力与绿色维护水平的同步降低。

第Ⅳ组中公众满意度低，但绿色发展指数高的城市有 8 个，比 2015 年多了上海和福州，少了呼和浩特、合肥和海口。这些城市中，昆明向左上大幅位移，两项指数排名更加匹配，但城市绿色维护水平的提升不应以绿色发展能力的降低为代价；北京在本象限中小幅右移，福州从第Ⅰ象限大幅右移至本象限，城市绿色维护的不足降低了居民的绿色发展认同；济南在本象限内右上移动，与合肥一样，绿色发展能力与绿色维护水平也同步降低。

综上所述，在中国经济进入深度结构调整、加快转型升级的新形势下，各个城市的内外发展条件也在深刻变化，城市依据自身特点实践绿色发展，探索提升绿色发展水平和绿色公众认同的有效路径，为推进全国生态文明建设提供了智慧和借鉴。

第五篇

标准篇

企业是实践绿色发展战略的核心微观主体，企业绿色发展的质量不仅是企业社会环境责任的直接体现，同时也关系到中国绿色发展战略的大局。本篇共一章，即“第十章　绿色企业评级方法与标准”。该章推出了“绿色企业评价评级指标体系”。该指标体系通过设立“企业基本情况”“企业资源环境表现”“企业社会环境表现”等指标来实现对绿色企业的综合评价。绿色企业评价标准的制定，有助于规范企业绿色发展，为企业提供一个可执行的方法，促进中国绿色增长。

第十章

绿色企业评级方法与标准

>>一、绿色企业发展与评价<<

1. 绿色企业的概念及评价意义

绿色企业是适应绿色发展要求的一种新型的企业发展模式，本质上要求生产经营活动的扩张不以资源损耗和环境污染的扩大为代价。绿色企业有强和弱两个概念，前者指企业经营发展的同时，其对环境的损害逐步减少，即发展与损害绝对脱钩。后者指企业经营发展的速度不低于其对环境损害的速度，尽管企业发展的同时环境也许持续受到损害，即发展与损害相对脱钩。具体来看，绿色企业应该至少具备如下几个基本特征：

①企业应有明确的绿色发展意识、理念、意向、战略、部署和行动。

②企业的资源环境表现应达到良好临界水平以上。

③企业的资源环境生产率应呈现不断提高的趋势。

④企业没有引致外部经济产生显著的资源消耗和环境污染。

⑤企业引致的外部经济的资源消耗和环境污染表现应呈现不断改进的趋势。

⑥企业没有给相关的外部社会环境带来显著或潜在重大威胁。

企业在绿色发展方面的实际表现或进步程度需要明确的测算和评价，这对于企业的内外部绿色管理意义重大。从外部来说，企业需要响应各方面利益相关者的要求，树立和建立良好的社会形象和投资环境。从内部来说，企业需要通过测算和评价来发现与绿色经营管理相关的问题、机会和解决途径。

2. 绿色企业评价的理论与实践

(1)绿色企业评价实践

绿色企业评价是企业环保评价和环境管理活动的升华。企业环境管理系统(Environment Management Systems，EMS)一直是企业资源环境评价的基本工具，但各企业建立的 EMS 各不相同，难以比较。自 2005 年国际标准化组织(ISO)颁布企业环境管理标准化准则 ISO14001 以来，这一准则在减少企业造成的环境污染和改善生态环境质量方面起到了显著的规范作用，已经成为全球贸易的“绿色通行证”。但是，ISO14001 被普遍认为只能算是一种最低的标准，远远满足不了建设绿色企业的要求，因为该标准只考虑企业环境表现的改进，而不测算企业的环境表现水平，也不进行对比。ISO14001 被认为是迈向欧洲生态管理及审计体系(Eco-Management and Audit Scheme，EMAS）的一个台阶，构成 EMAS 的一个重要组成部分。EMAS 是一个基于自愿基础的企业环境管理工具，帮助企业评价、报告和改进其环境表现，其核心指标包括能源效率、物质效率、水消耗、垃圾、生物多样性以及空气污染排放六个方面，每一方面里有具体的细化指标。英国环境、食品及农村事务部在 2006 年提出一套包含 22 个关键环境表现指标（Key Performance Indicators，KPIs）的评价体系，要求英国企业界自愿填报，以评价这些环境表现指标对于不同类型企业的重要含义。这个体系的设计准则源自企业生产经营活动对自然生态环境的影响方面，目的是为企业提供一个可以通过数量化评价其在资源环境方面状况的测量工具。因此 KPIs 都是量化指标，通过反映企业的环境表现来帮助企业实现其更广泛的目的和目标。具体来看，KPIs 包括两大部分：直接影响指标和间接影响指标。直接影响指标主要包括企业生产所排放的温室气体和产生的废弃物，间接影响指标包括能源、水资源等消耗。

随着资源与生态环境的日渐恶化，世界各国逐渐形成共识，呼吁尽快建立一个全球共享的、具有规范语言和度量的可持续评价体系。全球报告倡议组织（Global Reporting Initiative，GRI）应运而生，由美国非营利环境经济组织（CERES）和联合国环境规划署（UNEP）于 1997 年共同发起。GRI 的报告框架旨在提供一个普遍接受的企业社会责任报告框架，用于各个规模、类型、行业和地区的所有企业报告其环境、经济及社会等方面的表现情况。GRI 的目的是建立可用于不同公司间环保性能比较的量化指标体系。GRI 报告今天已经发展成为一个庞大的标准和报告体系，对企业信息披露的要求涵盖企业内部管理，经济、环境和社会方面的表现等各个方面。

GRI 的工作为绿色企业评价提供了重要的参考和基础，绿色企业评价则应该在企业可持续发展评价的大框架下突出绿色增长问题的评价研究，注重建立和考察企业的脱钩指标，以全面准确地反映企业绿色发展状况。

（2）绿色企业评价基本理论

绿色企业评价就是以企业的绿色表现情况和进步程度作为评价对象，基于企业与自然、经济和社会系统间的关系考察企业内部的绿色活动行为以及企业对于外部环境的影响行为和响应行为，从企业与自然、经济和社会的交互影响关系中考察企业生产、经营和管理行为对于外部系统的影响程度。图 10-1 展示了企业与自然、经济和社会系统间的关系框架。

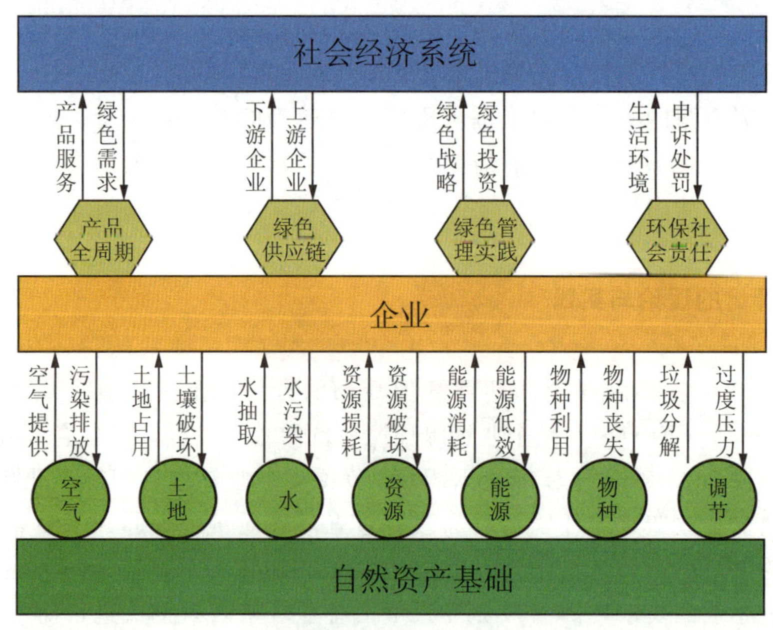

图 10-1　企业与自然、经济和社会系统间的关系原理

可持续发展是人类实现永续发展的长远理想目标，由环境、经济和社会三大支柱组成。绿色增长是促进未来可持续发展的一种中短期发展战略，力图通过自现在起的15～20年时间，将现行不可持续的社会经济体系拉到可持续发展的轨道上来。因而，考察企业的绿色表现情况，既要从可持续发展三大支柱出发，又要瞄准绿色增长的关键问题，研究企业绿色表现的主要内容和关键点，度量各方面的表现程度，从而做出判断和评价。如图10-1所示，企业不仅仅是经济系统的一分子，也是自然和社会系统的一分子，因而企业必然与三者发生关系。企业与自然、经济和社会系统发生关系分别是通过向这些系统索取、排放或提供产品和服务来进行的。

如图10-1所示，企业与自然系统通过一系列自然产品和服务发生双重关系。水、土地、空气、自然资源、生态环境、生物多样性以及能源等都是大自然提供的自然产品和服务，为社会经济活动提供物质基础。企业的生产经营活动既需要空气环境，又排放空气污染；既占用土地，又会给土地资源带来污染和破坏；既需要消耗水，又会给水资源带来污染和破坏；既索取自然资源，又会给其带来污染和破坏并损害其再生产能力；既利用自然生态环境，又会产生污染和破坏，会侵害或毁灭生物多样性，会在消耗能源的同时产生污染；既依赖自然对于垃圾和废品的分解调节能力，又会超出这种能力的极限。企业生产经营活动对于自然产品和服务的无节制索取会导致自然资本存量不足，质量下降，进而削弱其提供自然产品和服务的功能和能力，最终对社会经济活动构成瓶颈或威胁。本研究只考虑企业与自然产品和服务的关系，而不考虑自然产品和服务与自然系统的关系。

企业置身于经济系统之中，既涉及自身的生存和发展问题，又与上游和下游企业发生关联，还与宏观经济系统发生联系，因而企业的环境问题不仅仅局限于企业内部，还与外部经济和社会系统发生联系。这些关系主要包括企业向经济系统提供的产品和服务，以及经济系统对于产品和服务的需求；企业对上下游企业的拉动和驱动作用及相应的环境影响；企业适应经济系统要求的环境管理反应，以及从经济系统得到的投资和金融支持，等等。本研究只考虑企业与这些经济方面的关系，而不考虑这些经济方面之间的关系。

企业也是社会的一员，其行为可能给社会带来垃圾，增加或减少就业，威胁社会安全，降低生活质量，损害人身健康等。绿色企业就是要妥善处理垃圾废物，带来绿色就业，消除社会不安全因素，提高生活质量，保障人身健康等。本研究只考虑企业与这些社会问题的关系及其环境影响，而不考虑这些社会问题与社会系统的关系。

>>二、绿色企业评价方法<<

1. 指标体系设计

(1)设计原则

建立绿色企业评价指标体系，目的是以系统、综合的方式确定企业绿色发展的重要方面，为具体测算、评价其表现程度提供基础。因此，需要遵循如下一些基本原则。

综合性原则。指标体系的设计要以企业内部经济活动本身及与外部社会和自然环境间的关系为框架，全面反映这些活动对于社会和自然环境产生的压力和影响。指标体系的设计还要考虑到社会和自然环境对于状态改变的响应，这表现在企业如何应对环境政策和社会政策的要求，以企业经济活动本身及与环境和社会间的关系为框架，全面反映这些活动对于环境和社会产生的压力和影响以及政策响应。

相关性原则。指标设置要基于相关的现实背景和理论基础，要明确研究目的、搜集方法和影响作用，要考虑到相关的假设条件、实现进程以及任何相关的财务活动等信息。

特色性原则。指标设置要基于绿色经济理论，力图正确、准确地反映企业绿色发展的内涵，突出绿色发展的实质，把握企业绿色发展进程。

科学性原则。指标设计要以规范为准则，对指标的含义、单位以及意义均予以准确、规范的说明。

有效性原则。指标设计要注重代表性、简洁性和独立性，避免重复、赘述或无用指标的出现。

定性定量相结合的原则。指标设置首先要从定性出发，要能够通过一系列的定性指标对评价对象的基本情况做出综合判断或分界判断。为了进一步地详细刻画企业的经营管理活动，可测量可对比的定量指标就必不可少。定量指标能够给表现评价、管理决策和政策分析提供明确的信息和目标，提高效率。定量指标还能够为各种衍生指标的计算、指标间的换算以及指标单位的一致性调整等提供可能。

可操作原则。指标数据要可获得，要能够保证数据获得的可行性、权威性和真实性，保证指标的实现意义。

可比性原则。要求绿色评价指标能够在企业、产业、区域和时间等方面具有一定的可比性，保证指标的使用意义。

(2)研究对象与内容

本绿色企业评价指标适用的范围包括国民经济重点产业行业部门，规模以上类型的企业，涵盖 32 个产业部门：

农林牧渔生产和服务业

煤炭、石油和天然气开采业

金属矿、非金属矿和其他矿采选业

食品和烟草业

纺织品、纺织服装鞋帽皮革羽绒及其制品业

木材加工品和家具业

造纸印刷和文教体育用品业

石油、炼焦产品和核燃料加工品业

化学产品业

非金属矿物制品业

金属冶炼和压延加工以及金属制品业

通用设备、专用设备、交通运输设备业

电气机械和器材、通信设备、计算机和其他电子设备业

仪器仪表业和其他制造产品业

废品废料业

金属制品、机械和设备修理服务业

电力、热力、燃气和水的生产和供应业

建筑业

批发和零售业

交通运输、仓储和邮政业

住宿和餐饮业

信息传输、软件和信息技术服务业

金融业

房地产业

租赁和商务服务业

科学研究和技术服务业

水利、环境和公共设施管理业

居民服务、修理和其他服务业

教育

卫生

文化、体育和娱乐业

公共管理、社会保障和社会组织业

绿色企业评价指标的内容涵盖企业经济活动中与绿色发展相关的关键内容和主要方面。主要有资源、能源消耗，污染排放，生态环境破坏，垃圾管理，化学品、危险品及有毒物品管理，对上下游企业的影响，战略与决策，创新与投资，社会责任，等等。

(3)设计思路

以资源环境突出问题为导向，以绿色增长战略为引领，基于企业与自然、经济和社会系统间的关联互动关系，关注企业产生的压力和响应，全面、定量反映企业经济活动行为产生的负面影响和正面效应，为绿色企业评价及评级工作提供重要依据。

(4)指标体系的维度与分类

如表 10-2 所示，指标体系由 14 个维度组成，每个维度都有自己的分类，构成一个复杂的多维系统。

①按数据来源分，全部指标可分为两类：基础数据指标和衍生计算指标。前者是初始数据的载体，是基础指标，后者则基于前者计算得来。

②按工作维度分，全部指标可分为报告指标、评价指标、基准指标和评级指标 4 类。报告指标是需要由企业填报的数据指标；评价指标不仅包含部分报告指标，还包含衍生指标；基准指标基本与评价指标一致，用于与评价指标的比较；评级指标属于评价指标中用于评级需要的那部分指标，依据评级需要而选定。

③按指标性质分，全部指标由水平指标、比例指标、比重指标、强度指标、效率指标、变动量指标、变动率指标、标准化指标等组成，各有不同的用途。

④按指标作用分，指标可以分成标题指标、关键指标、核心指标、细化指标、地方特色指标、行业特色指标等。其中，核心指标用于表示环境进步并分析环境政策；关键指标是核心指标的一个子体系，表示经济体或企业环境经济表现的最重要方面；标题指标是核心指标的一个子体系，用于与公众和政策制定者沟通；行业特色指标用于将环境考虑与行业政策相整合，每个行业有不同的指标体系，脱钩指标用于衡量环境压力与经济增长的脱钩情况，以确定一个经济体或企业是否进入绿色发展的轨道。

⑤按层次分，指标体系可分为 4 个层次，分别反映自顶向下的指标结构。其中，一级指标表现指标体系的最大类，二级指标表现次大类，三级指标构成基本指标，而四级指标一般是更细化的具体指标。

⑥按可持续发展要求分，指标可分为环境指标、经济指标和社会指标，分别反映可持续发展三大支柱的内容。

⑦按绿色增长分，一些指标可以用来反映经济增长与环境损害脱钩的情形，具体分为相对脱钩指标和绝对脱钩指标两种，后者比前者具有更强的绿色发展含义。

⑧指标体系的环境内容可以分为空气、土地、水、资源、能源、生物多样性和垃圾 7 类指标，基本涵盖了环境影响的完整过程。

⑨指标体系中与环境影响相关的社会经济内容选出产品与服务、绿色供应链、绿色管理与实践及环境社会责任四个方面，具有一定的代表性和针对性。

⑩按照驱动力—压力—响应的因果关系链分，指标包含有驱动力指标、压力指标和响应指标。绿色企业评价指标设计应该侧重于驱动力、压力和响应这三个环节。驱动力反映企业的生产、经营和管理行为是否绿色，压力表示企业给外部环境带来的压力，而响应则表示企业对于绿色发展政策的反应。关于环境状态和影响的评价则与绿色企业评价关系不大。

⑪指标体系的基准水平指标分为平均指标和上限指标两种。

⑫按区域分，企业可以分为国际代表性企业、发达国家企业、本国企业和本省企业 4 类。

⑬按国民经济行业分，企业分别属于不同的行业。

⑭按照数据所属的时期分，可以从最近可获得数据年份开始依次往后推 3～5 年。

(5)指标体系的结构与框架设计

本研究的指标设计由 6 个指标体系组成。按工作维度分，本研究开发出报告指标体系、评价指标体系、行业基准指标体系以及评级指标体系 4 个指标体系。其中，报告指标体系又分为企业基本情况报告指标体系、企业环境表现报告指标体系以及企业社会环境影响情况报告指标体系 3 种。

①企业基本情况报告指标体系的结构框架由多维度指标构成。

首先，按层次分，分为一、二、三、四级指标。

其次，在一级指标中按照企业生产经营活动的基本内容分，分为 10 个一级指标，即战略与分析、企业简介、报告简介、企业环境管理、雇佣与工资、经济表现、原材料及边界的识别、供应链情况、企业环境事务、企业环评系统。

再次，对这 10 大类一级指标依次按照细化内容和指标性质等继续细分为二级和三级指标，四级指标目前暂时为空白。

最后，按照数据所属的时期分，将指标分为最近的 3～5 个年份。

②企业环境表现报告指标体系的结构框架由多维度指标构成。

首先，按层次分，分为一、二、三、四级指标。

其次，在一级指标中将环境指标按照问题导向的原则，分为空气、土地、水、资源、能源、生物多样件和垃圾 7 大类指标。

再次，对这 7 大类环境表现一级指标依次按照细化内容和指标性质等继续细分为二级、三级和四级指标。如资源指标分为水、土地、空气、矿物、深林、水产等，能源指标分为煤、气、油、电、可再生能源、新能源、核能等，环境指标分为水污染、土壤污染和空气污染等。

最后，仍旧按照数据所属的时期，将指标分为最近的 3～5 个年份。

③企业社会环境影响情况报告指标体系的结构框架由多维度指标构成。

首先，按层次分，分为一、二、三、四级指标。

其次，在一级指标中将社会经济指标分为产品与服务、绿色供应链、绿色管理与实践及环境社会责任 4 大类指标。

再次，对这 4 大类一级社会经济环境影响指标依次按照细化内容继续细分为二级、三级和四级指标。如产品和服务、运输、上下游企业、绿色发展战略、绿色投资与金融、绿色研发与创新、绿色就业与培训以及绿色咨询与服务，等等。

最后，仍旧按照数据所属的时期，将指标分为最近的 3～5 个年份。

④绿色企业环境评价指标体系的结构框架由 4 个层次指标构成。

结构框架比报告体系增添了更多的衍生指标内容。同时，还按照指标作用或重要程度，将 4 个层次的指标分别划分为标题指标、关键指标、核心指标和细化指标。其中，第一层次标题指标由全部标题指标组成；第二层次关键指标由标题指标、非标题脱钩指标及非标题关键指标组成；第三层次核心指标由所有的关键指标、区域特色指标、行业特色指标、其他特色指标以及其他核心指标组成；第四层次细化指标由所有的核心指标及其他非核心指标组成。

⑤产业基准指标体系的结构框架在 4 个层次指标基础上进一步分别按照区域和基准水平维度划分为 8 类指标，即本省平均基准指标体系、本省上限基准指标体系、国家平均基准指标体系、国家上限基准指标体系、国际平均基准指标体系、国际上限基准指标体系、发达国家平均基准指标体系、发达国家上限基准指标体系。

⑥绿色企业评级指标体系的结构框架与产业基准指标体系类似，但其指标为相对数指标，即评价指标与基准指标的比值：与本省平均比、与本省上限比、与国家平均比、与国家上限比、与国际平均比、与国际上限比、与发达国家平均比、与发达国家上限比。

2. 指标数据搜集

(1)数据来源

一般来说，企业资源、能源消耗和污染排放的数据主要来自企业内生产经营以及资源环境监测部门的记录。这些部门在收集和统计数据时会遇到各种不同的情况，有些数据例如煤炭、石油等自然资源的使用量可以直接根据实际消耗得来；有些数据例如用水量、用电量等企业内部不能直接测算的，可以根据供水、供电单位的记录得到；还有一些数据主要是排放物，可以根据设备的型号以及其提供的信息，例如消耗一吨煤炭会排放出多少吨的二氧化碳、二氧化硫等污染物，经过计算得到。此外，企业对外发布的某些报告，例如企业社会责任感报告等资料，也是获取数据和信息的来源。在这方面很多上市公司都定期发布企业社会责任报告，不仅包括企业在报告年度内对资源和环境保护的情况，还有对今后制定的环保目标和规划。我们可以从中获得例如清洁能源的发展状况、二氧化碳排放量的情况等。然而，企业社会责任感报告中涉及的指标具体数据较少，更多地侧重于从整体上评价企业在资源环境和可持续发展上的业绩和目标。

行业基准数据的获得一般需要通过企业外部数据渠道搜集，如专门从事收集、整合和分析企业不同方面信息数据的公司。它们通常都与政府或是拥有大量数据的相关行业、机构有着良好和密切的合作关系，我们可以从这些公司中获取有用的企业资源、环保表现方面的信息和数据。这类数据公司发展迅速，在国内许多大中城市内都可以找到。通过权威可靠的数据公司可以使用比较少的时间和精力获得行业内多家企业的资料，更加便捷与高效。

除此之外，通过政府网站公布的统计数据获得相关资料也是一种方式。在国内，政府部门通常拥有最完整且有效的数据资源。随着市场经济的发展，政府部门逐级加强信息数据库的建设工作，数据的管理越来越规范，应用越来越公开。例如统计局内有比较丰富的资源、能源和环保方面的年度数据，还有专门机构的网站，例如国家环境保护部网站、中国能源部网站等，也会定期公布数据统计与分析报告，都是可以免费获得的。

(2)数据获取方式

本研究的一种重要的数据搜集方式是依靠参与评级的企业进行报告来获取企业相关的生产

经营管理信息和资源环境表现等信息。获得企业的第一手资料之后，由专家对数据做出审核和验证，根据需要对企业进行走访面议。经验证有效的数据最后由专家负责汇总整理成为基础数据指标，并据此计算相关的衍生指标。此外，部分数据还可以从政府机构网站的数据库、统计年鉴、统计公报、科研机构、行业协会、上市公司以及数据公司等获得。

(3)数据质量

数据质量的好坏影响着以数据为依据的分析、评价与评级工作的有效性和权威性，值得关注的几个方面有：

①检查报告数据与指标的口径是否一致。要求企业所报告的数据是在同一标准下通过统计得到的，主要涉及统计方式和统计范围等。只有在统一的框架和分类下，企业不同年份或者行业内不同企业的资源环境数据才会衔接一致。

②检查数据处理的方法是否一致。有些搜集到的数据并不是我们统计需要的，可能需要把几个方面的指标数据经过加工处理，得到最终理想值。这就需要按照统一的方法和程序进行处理，以免在比较分析中出现问题。

③与国际指标和数据的规范内容接轨。国际上目前关于资源环境问题的指标设置和数据很多，相关国际机构在统一国际通用的统计指标和统计准则方面做出大量的努力。为此，本研究在强调本国特色的同时也注意顺应国际化的趋势，积极与国际接轨，采用国际权威机构颁布的指标体系和统计准则，如联合国、经济合作与发展组织等国际组织制定的统计标准、欧盟统计标准和北美统计标准，等等。

3. 绿色企业评价方法

评价企业资源环境表现状况的方法很多，常用的方法包括标准化法、打分法、赋值法、比较法、基准法、多指标评价模型、多元统计分析等，各种方法均有不同的优势和劣势。一般来说，指标评价注重指标的可比性、可加性、代表性和解释性。标准化法、打分法、赋值法以及多指标评价模型等将各项数据通过无量纲化处理为可以比较的指数，方便进行比较、加总和综合分析，但是经过处理后的数据本身以及指标间的异同却失去了本来的含义，无法给出明确意义的解释。

本研究采取基准法作为主要评价方法，从多方面而不是单一指标出发对企业的资源环境表现情况做出综合评价和评级。基准法也叫基准化分析法或标杆法，是指选择一个经济主体作为参照基准或标杆，将所要研究主体的指标数据与基准主体的相应指标数据做比较，从而得出关于研究主体表现水平或等级的一种评价方法。基准法的最显著优点是其处理的指标具有明确的含义和较强的解释力，便于揭示企业资源环境表现的具体进程、问题和改进之处。基准法的另一个主要优点是方便进行不同主体、不同空间、不同层次间的比较。不同国家、地区、行业等的企业所处的经济、社会和环境条件千差万别，表现出的资源利用和环境污染状况也不尽相同，如果简单地将指标或指数直接进行加总或比较，会忽略一些经济社会环境因素的影响作用。基准化分析法在数量比较的同时可以通过经济社会环境的分析，对结果进行不断修正。此外，基准法还具有简单明了、易于操作、不需要进行繁杂数据处理、便于企业相关人员操作等优点。

本研究确定 5 套基准体系，即发达国家行业基准、国际行业基准、中国行业基准、国内各省行业基准以及本地本行业典型企业基准等。每一种基准体系又分为平均水平基准和最好水平基准两种。

(1)与发达国家同行业基准比较

毋庸置疑，发达国家不仅仅经济发展水平高，在环保方面也走在世界的前列，是世界迈向可持续发展进程的典范。与发达国家进行比较能够发现我国企业的差距和问题，便于学习国际先进经验，树立明确的发展目标。目前，发达国家主要由经济合作与发展组织 30 个成员代表，经济合作与发展组织始终是世界上可持续发展、绿色增长的主要推动者之一。与经济合作与发展组织比较分为与平均水平和最好水平比较两种。

(2)与国际标准或国际同行业基准比较

与国际标准比较是随着经济全球化的发展，民族企业与世界接轨的表现。随着全球资源和环境危机的加剧，各国对于建立针对企业的资源环境统计规范的呼声越来越高，现已出台了一些规范准则，如 ISO14000、全球报告倡议等。与国际标准比较也分为与平均水平和最好水平比较两种。与国际标准比较对我国建设绿色生态型企业提出了更高的要求，也会给民族企业在资源环保领域的改进带来更多的宝贵经验。

(3)与全国同行业基准水平比较

与国家发展水平或政策标准比较是最常用的方法。全国各行业企业绿色发展的平均水平或最好水平是评价企业绿色表现的基本标准。另外，国家针对不同行业出台各种相应的标准准则，其中包括十分详细的企业资源、环境标准。规范的企业会每年向地方环保部门报告资源环境统计结果，地方环保部门则依据国家行业标准对企业是否达标进行评估，同时将本地企业的资源环境统计结果进行汇总和整理，继续上报给上级单位，最终形成国家的资源环境统计。企业在下一年度会依据国家和地方的资源环境报告，并结合地方环保部门的评估反馈，总结上一年度的成功经验与不足之处，在新的周期内继续改进。因此，与全国水平比较可以认清企业的表现水平和地位。

(4)与本省同行业基准水平比较

我国经济体量巨大，各个省级单位均是相对独立完整的经济体，选择本省同行业内各企业的平均水平和最好水平作为参考标准，是评价各省企业绿色程度和省级间比较的需要，对于国家和地区发展战略和政策的制定具有重要意义。

(5)与本地区同行业基准水平比较

选择同行业内各企业的平均水平和最好水平作为参考标准，是必不可少的一种基准评价方法，便于发现企业在本地区本行业的地位和作用。

>>三、绿色企业评级方法<<

1. 绿色企业分级划定

绿色企业分级设定为 1 个门槛和 4 个层次，即绿色企业门槛和绿色企业层次。如表 10-1 所示，首先，绿色企业门槛将参与绿色企业评级的企业分为绿色自愿会员企业和绿色认证会员企业两种。其中，绿色自愿会员企业是有参与评级意向但尚未得到评级认证的企业，还不能被称为绿色企业。绿色认证会员企业是其资源环境表现达到评级标准并通过认证的企业，其符合绿色企业基本标准，可称为绿色企业。

其次，对绿色认证会员企业进一步划分为 4 个层次，即绿色转型企业、绿色实现企业、绿色开拓企业和绿色引领企业。绿色转型企业是绿色企业的第一个台阶，属于绿色企业中的最初级，虽然通过了绿色认证但尚有较大的绿色转型空间，与真正意义上的绿色增长型企业尚有一定的距离。绿色实现企业的资源环境表现比绿色转型企业更优异，其在一定程度上或某些方面已经实现了绿色增长，是真正意义上的绿色增长型企业，因而迈上了绿色企业的第二个台阶。

绿色开拓企业不仅实现了绿色增长，同时还在绿色增长方面做出了一些显著的开拓性实践或取得了一定的成就，这些企业在绿色增长实践中跑在最前面，因而迈上了绿色企业的第三个台阶。绿色引领企业不仅符合绿色开拓企业的标准，同时还具有引领本领域或本行业绿色发展方向的能力和影响力，具有极大的示范和领跑作用，因而站上了绿色企业的最高阶，即第四个台阶。这五个级别的企业可以分别用 1～5 个绿叶表示其等级。

表 10-1　　绿色企业分级划定

绿色企业门槛	绿色企业层次	基本条件
(0)绿色自愿会员企业		有参与绿色企业评级活动的意愿；环境友好型企业
(1)绿色认证会员企业		
	(2)绿色转型企业	具备明确的环保意识、战略、行动和成就；环境友好型企业
	(3)绿色实现企业	具备明确的绿色发展意识、战略、行动和成就；环境友好型企业
	(4)绿色开拓企业	具备明确的绿色发展战略；在绿色创新和开拓性实践方面取得显著成就；环境友好型企业
	(5)绿色引领企业	具备明确的绿色发展战略；在绿色创新和开拓性实践方面取得显著成就；具有引领本领域、本行业、本地区或本国经济绿色发展方向的能力和影响力；环境友好型企业

2. 绿色企业评级标准

(1)评级指标

绿色企业评级指标不必是评价指标的全部，而应该选择评价指标中的最重要、最有影响的部分作为评级指标。从各个评价指标的重要程度来看，评价指标可以自上而下分成 4 个层次，如图 10-2 所示。第一层次是标题指标层，由标题指标组成。第二层次是关键指标层，不仅包含第一层次的全部标题指标还包含未进入标题指标层次的一些脱钩指标，即非标题脱钩指标，以及其他关键指标。第三层次是核心指标层，不仅包含第二层次的全部关键指标，还包含区域、行业等特色指标，以及其他核心指标。第四层次是细化指标层，由第三层次的全部核心指标和其他细化指标组成。因此，全部指标按照重要程度分为 7 大类 4 个层次。评级指标应该与这 7 类指标对应，具体指标的分层情况如表 10-8 所示。

标题指标：	标题指标						
关键指标：	标题指标	非标题脱钩指标	其他关键指标				
核心指标：	标题指标	非标题脱钩指标	其他关键指标	区域特色指标	行业特色指标	其他核心指标	
细化指标：	标题指标	非标题脱钩指标	其他关键指标	区域特色指标	行业特色指标	其他核心指标	其他细化指标

图 10-2　分层指标

(2)评级标准体系

由于本研究的基准体系分为发达国家平均和上限水平、国际平均和上限水平、本国平均和上限水平、本省平均和上限水平以及本地区平均和上限水平 10 个体系，相应地评级标准体系也需要有 10 个体系。每一个体系中标准的设定需要根据具体情况以及研究需要和目的而定。

3. 绿色企业评级方法

(1)分组临界值的设定

本研究采取分组法作为评级方法，对绿色企业进行级别划分。分组法是通过设置一系列的指标分组标准而将研究主体的表现程度或级别做出分组、框定和筛选的一种评价评级方法。分组法的主要优点是其基于数据，无权重的设置，无主观假定，同时适用于定量及定性指标，分组的结果含义明确，且不受极端值的影响，对企业绿色管理具有推动和指导意义。分组筛选方法略为复杂，需要借助筛选模型，制定筛选规则。

分组临界值是对企业进行筛选与分组的第一个参数。对于基准平均水平来说，分组临界值是指高于基准平均水平的临界值；对于基准最好水平来说，分组临界值是指低于基准最好水平的临界值。临界值水平的设置与其他两个参数的设置不无关系。为简单起见，通常可以将临界值等于 1 作为初级绿色企业与高级绿色企业的分水岭。当与基准平均水平比较时，初级绿色企业要看其超过基准平均水平的指标的数量，而高级绿色企业则要看其指标超过基准平均水平的程度。当与基准最好水平比较时，主要看高级绿色企业的各项指标与基准最好水平的距离。

(2)指标层次分组的设定

指标层次分组是对企业进行筛选与分组的第二个参数，根据不同指标的重要程度划分为不同层次，即标题指标、脱钩指标、其他关键指标、其他核心指标以及其他指标。按不同指标层次进行分组，层次越高的指标，重要程度越高，在分组时其对应的企业级别相应越高。

(3)按指标频率分组的设定

同一层次指标中，与临界值对比，按处于各临界值水平的指标比重划分成若干组，如标题指标中 60％～80％的指标处于高于基准值 60％～80％的水平。

(4)企业级别筛选标准的设定

筛选标准的设定即对不同企业级别考核的指标组、指标所属层次的频率以及级别划分临界值等参数进行赋值。如表 10-9 中，80％以上的标题指标高于基准值 80％以上对应于最好的绿色企业表现，即绿色引领企业。实践中，我们会根据绿色企业的理论标准、参评企业的具体实际、专家意见以及实验的方法等确定最终标准体系。

(5)各级别企业的确定

基于不同水平的参数值，分组筛选模型可以筛选出不同企业集合。在此基础上，可以选出那些高频率被选中的企业作为中选企业。分组筛选模型的构建基于统计方法，如下所示，并不复杂。

首先，设置模型的维度和分类。模型的完整维度一般应与表 10-2 保持一致。这里，为简化起见，仅取其中的一部分设定，即如下几种集合：

i——指标，总数为 N 个

j——各指标按照基准对比值划分的临界值组

k——各指标所处的层次

h——各层次指标按照比重水平所分的组

g——绿色企业级别

其次，定义模型的参数如下：

u——指标范围临界值上限

l——指标范围临界值下限

再次，定义模型的变量如下：

V——基础指标值

B——基准指标值

最后，建立分组筛选模型如下：

①分至各基准临界值组：

$$N_j \in \left(u_{i,j} \geqslant \frac{V_i}{B_i} \geqslant l_{i,j}\right)$$

②分至各指标层次：

$$N_{j,k}=k\cdot N_j\ ：k\in(1,\ 0)$$

③分至各指标比重水平组：

$$g\in\left(u_{j,k,h}\geqslant\frac{N_{j,k,h}}{N_{j,k}}\geqslant l_{j,k,h}\right)$$

通过变动不同的参数值，三重分组后选出排名稳定的企业。

4. 企业评级结果的验证

对企业评级结果进行验证是不可或缺的一个重要步骤，它对于保证整个评级工作的有效性和权威性意义重大。本研究拟采取三种方式对评级结果进行验证。

第一，专家评估法。由专家组对评级过程和结果做出审核和评估，根据专家意见修订结果。

第二，企业认可法。与被评级企业进行沟通交流，避免重大遗漏、误差、误判等事件发生，找出改进之处和办法。

第三，运用计量经济技术中的排序多选择模型方法对评级结果进行验证。依据评级结果数据以及一些重要指标数据，可以对企业级别排序因变量和相关自变量指标建立排序多选择模型，模型估计的结果将揭示企业级别排序和相关自变量指标间的数量关系，以及相应的分级临界值的估计值。这个估计的有效性能够从计量分析的角度在一定程度上验证前面运用统计方法对企业评级排序的可靠性。

>>四、绿色企业评价评级指标体系<<

1. 指标维度与分类

表 10-2 指标维度与分类

序号	指标维度	分类							
1	按数据来源分	基础数据指标	衍生计算指标						
2	按工作维度分	报告指标	评价指标	基准指标	评级指标				
3	按指标性质分	水平指标	比例指标	比重指标	强度指标	效率指标	变动量指标	变动率指标	标准化指标
4	按指标作用分	标题指标	关键指标	核心指标	细化指标	地方特色指标	行业特色指标		
5	按指标层次分	一级指标	二级指标	三级指标	四级指标				
6	按可持续发展要求分	环境指标	经济指标	社会指标					
7	按绿色增长分	相对脱钩指标	绝对脱钩指标						
8	按环境内容分	空气	土地	水	资源	能源	生物多样性	垃圾	
9	按社会经济影响分	产品与服务	绿色供应链	绿色管理与实践	环境社会责任				

续表

序号	指标维度	分　类							
10	按因果关系分	驱动力指标	压力指标	响应指标					
11	按基准水平分	平均指标	上限指标						
12	按区域分	国际代表性企业	发达国家企业	本国企业	本省企业				
13	按行业分	国民经济各行业							
14	按时间分	2015	2014	2013	2012	2011			

2. 企业资源环境表现评级指标体系

表 10-3　　企业资源环境表现评级指标体系

一级指标	二级指标	三级指标	四级指标
1. 空气	1.1 空气污染物排放	1.1.1 污染物排放量	1.1.1.1 酸雨及烟雾前驱 1.1.1.2 尘埃和微粒(PM) 1.1.1.3 臭氧危害原材料(ODS) 1.1.1.4 氟氯化碳 11(CFC-11) 1.1.1.5 挥发性有机化合物(VOC) 1.1.1.6 金属向空气中的排放物 1.1.1.7 持久性有机污染物(POP) 1.1.1.8 有害空气污染物(HAP) 1.1.1.9 其他空气污染物
	1.2 温室气体排放	1.2.1 直接排放	1.2.1.1 二氧化碳(CO_2) 1.2.1.2 甲烷(CH_4) 1.2.1.3 氧化亚氮(N_2O) 1.2.1.4 氢氟碳化物(HFCs) 1.2.1.5 全氟化碳(PFCs) 1.2.1.6 六氟化硫(SF_6) 1.2.1.7 三氟化氮(NF_3)
		1.2.2 能源间接排放 1.2.3 其他间接排放 1.2.4 全部排放变动	
2. 土地	2.1 土地	2.1.1 土地占用量	2.1.1.1 生产用地 2.1.1.2 办公用地 2.1.1.3 其他用地
	2.2 土壤	2.2.1 土壤质量状态	2.2.1.1 受影响土地 2.2.1.2 影响程度
		2.2.2 土壤污染排放	2.2.2.1 杀虫剂和化肥 2.2.2.2 金属向土壤中的排放物 2.2.2.3 酸和有机污染物

续表

一级指标	二级指标	三级指标	四级指标
3. 水	3.1 水资源	3.1.1 水抽取	3.1.1.1 从地表水抽取，如湿地、江河湖海 3.1.1.2 从地下水抽取 3.1.1.3 收集及贮存的雨水 3.1.1.4 来自其他企业的废水 3.1.1.5 来自自来水或其他水源
		3.1.2 受抽水影响的水源	3.1.2.1 水源规模 3.1.2.2 是否保护水源 3.1.2.3 生物多样性价值 3.1.2.4 水源对当地社会和居民的价值或重要性
		3.1.3 水再循环及再利用	3.1.3.1 再循环及再利用水的体积 3.1.3.2 再循环及再利用水占全部抽水的比例
	3.2 水污染	3.2.1 水污染物排放量	3.2.1.1 养分和有机污染物 3.2.1.2 金属向水中的排放物
4. 资源	4.1 矿物资源	4.1.1 开采量或消耗量	4.1.1.1 金属 4.1.1.2 矿产 4.1.1.3 砂石
	4.2 生物资源	4.2.1 农产品资源消耗	4.2.1.1 森林 4.2.1.2 水产
		4.2.2 野生动植物资源消耗	
	4.3 生态破坏	4.3.1 对地表形态的破坏 4.3.2 对动物的破坏 4.3.3 对植物的破坏	
	4.4 原材料	4.4.1 原材料消耗	4.4.1.1 不可再生原材料消耗 4.4.1.2 可再生原材料消耗
		4.4.2 原材料生产率	4.4.2.1 基于需求的原材料生产率 4.4.2.2 废物产生强度及恢复比例 4.4.2.3 营养流及平衡
		4.4.3 原材料再循环	4.4.3.1 再循环原材料投入占总原材料投入比重
5. 能源	5.1 企业能源消耗	5.1.1 不可再生能源消耗	5.1.1.1 天然气 5.1.1.2 石油 5.1.1.3 煤
		5.1.2 可再生能源消耗 5.1.3 用电消耗 5.1.4 供热消耗 5.1.5 制冷消耗 5.1.6 蒸汽消耗 5.1.7 用电销售 5.1.8 供热销售 5.1.9 制冷销售 5.1.10 蒸汽销售	

续表

一级指标	二级指标	三级指标	四级指标
6. 生物多样性	6.1 保护区	6.1.1 位于或邻近保护区及保护区外高生物多样性价值区域的经营场地 6.1.2 经济活动及其产品服务对于保护区及保护区外高生物多样性价值区域的显著影响 6.1.3 受企业排放影响的保护区	
	6.2 栖息地	6.2.1 受保护或恢复的水体或栖息地	
	6.3 物种	6.3.1 对于濒危物种的影响 6.3.2 受企业排放影响的保护区 6.3.3 受企业排放影响的生物	
7. 垃圾	7.1 污水排放量	7.1.1 去向一，数量及质量，是否及如何处理过 7.1.2 去向二，数量及质量，是否及如何处理过 7.1.3 去向三，数量及质量，是否及如何处理过	
	7.2 非危险品垃圾	7.2.1 再利用 7.2.2 再循环 7.2.3 沤肥 7.2.4 恢复，包括能源恢复 7.2.5 焚烧(集中式直接焚烧) 7.2.6 深井灌注 7.2.7 垃圾填埋 7.2.8 就地贮存 7.2.9 其他	
	7.3 危险品垃圾处理	7.3.1 再利用 7.3.2 再循环 7.3.3 沤肥 7.3.4 恢复，包括能源恢复 7.3.5 焚烧(集中式直接焚烧) 7.3.6 深井灌注 7.3.7 垃圾填埋 7.3.8 就地贮存 7.3.9 其他	
	7.4 危险品运输	7.4.1 危险品运输 7.4.2 危险品进口 7.4.3 危险品出口 7.4.4 危险品外部处理	
	7.5 泄漏	7.5.1 油泄漏(地表或水面) 7.5.2 燃料泄漏(地表或水面) 7.5.3 垃圾泄漏(地表或水面) 7.5.4 化学品泄漏(主要在地表或水面) 7.5.5 其他泄漏(企业说明)	
	7.6 垃圾对生物多样性的影响		

3. 企业社会环境影响评价指标体系

表 10-4　　企业社会环境影响评价指标体系

一级指标	二级指标	三级指标	四级指标
8. 产品全周期环境影响	8.1 产品及服务	8.1.1 产品及服务环境影响的治理程度 8.1.2 产品及包装回收的比例	 8.1.2.1 分产品 8.1.2.2 回收
	8.2 运输产生的环境影响	8.2.1 产品及材料运输产生的环境影响及运输人员数	8.2.1.1 物流意图 8.2.1.2 运输 8.2.1.3 运输人员数
9. 绿色供应链影响	9.1 供应商环保行为	9.1.1 以环保标准监测的新供应商的比例 9.1.2 供应链及行动中导致的实际及潜在环境负影响	 9.1.2.1 受环境影响评价的供应商数目 9.1.2.2 识别为有实际及潜在环境负影响的供应商数目 9.1.2.3 供应链中识别的具有实际及潜在环境负影响的供应商数目 9.1.2.4 识别为有实际及潜在环境负影响的供应商占受环境影响评价的供应商的比例 9.1.2.5 识别为有实际及潜在环境负影响的供应商中被结束关系的比例及原因
	9.2 下游企业 9.3 全球价值链影响		
10. 绿色管理与实践	10.1 绿色战略与决策	10.1.1 绿色发展长、短期目标 10.1.2 行动方案 10.1.3 绿色转型	10.1.1.1 污染降低 10.1.1.2 土地利用率提高 10.1.1.3 污水减少 10.1.1.4 能耗降低 同上 10.1.3.1 绿色投入转型 10.1.3.2 绿色技术转型 10.1.3.3 绿色产品转型 10.1.3.4 绿色经营转型 10.1.3.5 绿色管理转型
	10.2 绿色投资与金融	10.2.1 全部环保支出及投资 10.2.2 获得的绿色投资 10.2.3 获得的绿色信贷	10.2.1.1 全部环保支出 10.2.1.2 各项环保投资 10.2.2.1 绿色投资额 10.2.3.1 绿色信贷额
	10.3 绿色研发与创新	10.3.1 绿色研发 10.3.2 绿色创新	10.3.1.1 由于绿色研发的投资 10.3.2.1 绿色专利数
	10.4 绿色就业与培训	10.4.1 绿色就业 10.4.2 绿色培训	10.4.1.1 绿色岗位比重 10.4.2.1 绿色培训支出
	10.5 绿色咨询与服务	10.5.1 绿色咨询 10.5.2 绿色服务	10.5.1.1 支出与收入 10.5.2.1 支出与收入

续表

一级指标	二级指标	三级指标	四级指标
11. 企业环保社会责任	11.1 环境罚款与支出	11.1.1 环保违规被罚款数额及处罚数目	11.1.1.1 环保违规次数 11.1.1.2 环保违规受处罚次数 11.1.1.3 环保违规受处罚金额
	11.2 环境申诉	11.2.1 环境申诉、被回应及解决的数目	11.2.1.1 正常渠道上报的环境影响申诉 11.2.1.2 得到回应的申诉的数目 11.2.1.3 得到解决的申诉的数目 11.2.1.4 报告期之前申诉在报告期得到解决的申诉数目
	11.3 生活环境质量	11.3.1 企业环境导致的健康问题及成本	11.3.1.1 企业内部职业病例 11.3.1.2 空气污染影响的附近人口：PM2.5 污染下的人口 11.3.1.3 噪声对员工及附近居民的影响
		11.3.2 企业造成的风险下的人口及相应的成本	11.3.2.1 承受企业带来风险的人口 11.3.2.2 企业风险造成的成本 11.3.2.3 企业风险预防及治理成本

4. 企业基本情况报告指标体系

表 10-5　　企业基本情况报告指标体系

一级指标	二级指标	三级指标
G.1 战略与分析	G.1.1 企业领导介绍本企业绿色发展的意义、理念和战略(G1) G.1.2 企业介绍本企业绿色发展的关键影响、风险和机遇(G2)	
G.2 企业简介	G.2.1 企业名称(G3) G.2.2 企业的基本品牌、产品和服务(G4) G.2.3 企业对外部加工(outsourcing)的依赖程度 G.2.4 企业的经营结构	G.2.4.1 主要部门 G.2.4.2 经营公司 G.2.4.3 辅助单位 G.2.4.4 合资企业
	G.2.5 企业总部的地点(G5) G.2.6 企业在各地区的分布(G6) G.2.7 企业的所有制及法人形式(G7) G.2.8 企业服务的市场(分地区、分部门、分顾客及受益人)(G8) G.2.9 企业的规模(雇员数量、经营点数量、总资产、产值、净收入、纳税)(G9)	

续表

一级指标	二级指标	三级指标
G. 2 企业简介	G. 2. 10 企业的相关利益人	G. 2. 10. 1 所处社区 G. 2. 10. 2 客户（零售、批发、业务、政府） G. 2. 10. 3 董事或投资人 G. 2. 10. 4 供应商 G. 2. 10. 5 贸易联盟或伙伴 G. 2. 10. 6 劳动力(直接、间接) G. 2. 10. 7 其他
G. 3 报告简介	G. 3. 1 报告信息所属的时期(G28) G. 3. 2 最近报告的时间(G29) G. 3. 3 报告周期(G30) G. 3. 4 关于报告问题的咨询方式(G31)	
G. 4 企业环境管理	G. 4. 1 企业的管理结构(G34) G. 4. 2 企业环保工作安排(G35) G. 4. 3 企业环保人员安排(G36) G. 4. 4 外界与企业对环境相关问题的互动过程(G37) G. 4. 5 企业对提高环境相关问题的集体性知识所采取的措施(G43) G. 4. 6 企业及外界对于环境影响、风险与机会的识别与管理(G45) G. 4. 7 企业关于环境问题的风险管理的有效性(G46) G. 4. 8 企业关注或审查环境影响、风险与机会的频率(G47) G. 4. 9 企业对于绿色表现报告的工作安排(专职人员、资源投入、审查、批准)(G48)	
G. 5 雇佣与工资	G. 5. 1 全部雇员数 G. 5. 2 全部劳动力 G. 5. 3 工资总额 G. 5. 4 平均工资 G. 5. 5 与环境表现相关的绩效工资、薪酬、奖金等	
G. 6 经济表现	G. 6. 1 企业总产值 G. 6. 2 企业增加值 G. 6. 3 企业纳税收入 G. 6. 4 企业纳税额 G. 6. 5 产生及分配的直接经济价值(G4-EC1) G. 6. 6 环保给企业带来的财务含义、风险和机遇(G4-EC2) G. 6. 7 企业从政府获得的财务援助(G4-EC4)	

续表

一级指标	二级指标	三级指标
G.7 原材料及边界的识别	G.7.1 列出企业合并财务报表包括的单位(G17) G.7.2 解释报告内容的边界(G18) G.7.3 列出定义报告内容过程中识别的原材料方面(G19) G.7.4 对每个原材料方面报告企业内方面边界(G20) G.7.5 对每个原材料方面报告企业外方面边界(G21) G.7.6 报告复述之前报告信息的效应(G22) G.7.7 报告自之前报告期以来范围及方面边界的变化(G23)	
G.8 供应链情况	G.8.1 描述企业的供应链(G12) G.8.2 报告在报告期内企业规模、结构、所有制及供应链方面的显著变化(G13) G.8.3 报告企业是否或如何考虑或应用预防原理(G14) G.8.4 列出企业参与承诺的外部发展的章程、原则和倡议等(G15) G.8.5 列出企业参与的协会、倡议组织等(G16)	
G.9 企业环境事务	G.9.1 企业对环境的影响	G.9.1.1 显著影响
	G.9.2 环境对企业的影响	G.9.2.1 环保约束
	G.9.3 企业的环境政策	G.9.3.1 如何管理这些影响
	G.9.4 企业的环境表现	G.9.4.1 环境管理表现 G.9.4.2 政策执行情况
	G.9.5 企业的环保行动	G.9.5.1 环保报告体系 G.9.5.2 环保监控体系 G.9.5.3 环保改进措施 G.9.5.4 是否组织或参与环保评价评级工作 G.9.5.5 如何组织或参与环保评价评级工作
G.10 企业环评系统	G.10.1 行业标准 G.10.2 地方标准 G.10.3 国家标准 G.10.4 国际标准	

5. 企业资源环境表现情况报告指标体系

表 10-6　　企业资源环境表现情况报告指标体系

一级指标	二级指标	三级指标	四级指标
1. 空气	1.1 空气污染物排放	1.1.1 污染物排放量	1.1.1.1 酸雨及烟雾前驱 1.1.1.2 尘埃和微粒(PM) 1.1.1.3 臭氧危害原材料(ODS) 1.1.1.4 氟氯化碳 11(CFC-11) 1.1.1.5 挥发性有机化合物(VOC) 1.1.1.6 金属向空气中的排放物 1.1.1.7 持久性有机污染物(POP) 1.1.1.8 有害空气污染物(HAP) 1.1.1.9 其他空气污染物
		1.1.2 排放量变动	同上
		1.1.3 排放强度	同上
		1.1.4 排放强度变动	同上
		1.1.5 污染排放生产率	同上
		1.1.6 污染排放生产率变动	同上
	1.2 温室气体排放	1.2.1 直接排放	1.2.1.1 二氧化碳(CO_2) 1.2.1.2 甲烷(CH_4) 1.2.1.3 氧化亚氮(N_2O) 1.2.1.4 氢氟碳化物(HFCs) 1.2.1.5 全氟化碳(PFCs) 1.2.1.6 六氟化硫(SF_6) 1.2.1.7 三氟化氮(NF_3)
		1.2.2 能源间接排放 1.2.3 其他间接排放 1.2.4 全部排放变动 1.2.5 排放强度 1.2.6 排放强度变动 1.2.7 碳排放生产率 1.2.8 碳排放生产率变动	
2. 土地	2.1 土地	2.1.1 土地占用量	2.1.1.1 生产用地 2.1.1.2 办公用地 2.1.1.3 其他用地
		2.1.2 用地变动 2.1.3 用地强度 2.1.4 用地强度变动 2.1.5 土地生产率 2.1.6 土地生产率变动率	

续表

一级指标	二级指标	三级指标	四级指标
2. 土地	2.2 土壤	2.2.1 土壤质量状态	2.2.1.1 受影响土地 2.2.1.2 影响程度
		2.2.2 土壤污染排放	2.2.2.1 杀虫剂和化肥 2.2.2.2 杀虫剂和化肥减少量 2.2.2.3 金属向土壤中的排放物 2.2.2.4 金属向土壤中的排放物减少量 2.2.2.5 酸和有机污染物 2.2.2.6 酸和有机污染物减少量
		2.2.3 土壤污染排放变动	同上
3. 水	3.1 水资源	3.1.1 水抽取	3.1.1.1 从地表水抽取，如湿地、江河湖海 3.1.1.2 从地下水抽取 3.1.1.3 收集及贮存的雨水 3.1.1.4 来自其他企业的废水 3.1.1.5 来自自来水或其他水源
		3.1.2 水抽取变动 3.1.3 水使用强度 3.1.4 水使用强度变动 3.1.5 水生产率 3.1.6 水生产率变动率	
		3.1.7 受抽水影响的水源	3.1.7.1 水源规模 3.1.7.2 是否保护水源 3.1.7.3 生物多样性价值 3.1.7.4 水源对当地社会和居民的价值或重要性
		3.1.8 水再循环及再利用	3.1.8.1 再循环及再利用水的体积 3.1.8.2 再循环及再利用水占全部抽水的比例
	3.2 水污染	3.2.1 水污染物排放量	3.2.1.1 养分和有机污染物 3.2.1.2 金属向水中的排放物
		3.2.2 水污染物排放变动	3.2.2.1 养分和有机污染物变动 3.2.2.2 金属向水中的排放物变动
4. 资源	4.1 矿物资源	4.1.1 开采量或消耗量	4.1.1.1 金属 4.1.1.2 矿产 4.1.1.3 砂石
		4.1.2 开采或消耗的变动	同上
	4.2 生物资源	4.2.1 农产品资源消耗	4.2.1.1 森林 4.2.1.2 水产
		4.2.2 农产品资源消耗的变动 4.2.3 野生动植物资源消耗 4.2.4 野生动植物资源消耗变动	同上
	4.3 生态破坏	4.3.1 对地表形态的破坏 4.3.2 对动物的破坏 4.3.3 对植物的破坏	

续表

一级指标	二级指标	三级指标	四级指标
4. 资源	4.4 原材料	4.4.1 原材料消耗	4.4.1.1 不可再生原材料消耗 4.4.1.2 可再生原材料消耗
		4.4.2 原材料消耗变动	同上
		4.4.3 原材料生产率	4.4.3.1 基于需求的原材料生产率 4.4.3.2 废物产生强度及恢复比例 4.4.3.3 营养流及平衡
		4.4.4 原材料生产率变动	同上
		4.4.5 原材料再循环	4.4.5.1 再循环原材料投入占总原材料投入比重
5. 能源	5.1 企业能源消耗	5.1.1 不可再生能源消耗	5.1.1.1 天然气 5.1.1.2 石油 5.1.1.3 煤
		5.1.2 可再生能源消耗 5.1.3 用电消耗 5.1.4 供热消耗 5.1.5 制冷消耗 5.1.6 蒸汽消耗 5.1.7 用电销售 5.1.8 供热销售 5.1.9 制冷销售 5.1.10 蒸汽销售	
	5.2 企业能源消耗变动 5.3 能源强度 5.4 能源强度变动 5.5 能源生产率 5.6 能源生产率变动 5.7 可再生能源比重 5.8 可再生能源比重变动	同上	同上
6. 生物多样性	6.1 保护区	6.1.1 位于或邻近保护区及保护区外高生物多样性价值区域的经营场地 6.1.2 经济活动及其产品服务对于保护区及保护区外高生物多样性价值区域的显著影响 6.1.3 受企业排放影响的保护区	
	6.2 栖息地	6.2.1 受保护或恢复的水体或栖息地	
	6.3 物种	6.3.1 对于濒危物种的影响 6.3.2 受企业排放影响的保护区 6.3.3 受企业排放影响的生物	

续表

一级指标	二级指标	三级指标	四级指标
7. 垃圾	7.1 污水排放量	7.1.1 去向一，数量及质量，是否及如何处理过 7.1.2 去向二，数量及质量，是否及如何处理过 7.1.3 去向三，数量及质量，是否及如何处理过	
	7.2 非危险品垃圾	7.2.1 再利用 7.2.2 再循环 7.2.3 沤肥 7.2.4 恢复，包括能源恢复 7.2.5 焚烧(集中式直接焚烧) 7.2.6 深井灌注 7.2.7 垃圾填埋 7.2.8 就地贮存 7.2.9 其他	
	7.3 危险品垃圾处理	7.3.1 再利用 7.3.2 再循环 7.3.3 沤肥 7.3.4 恢复，包括能源恢复 7.3.5 焚烧(集中式直接焚烧) 7.3.6 深井灌注 7.3.7 垃圾填埋 7.3.8 就地贮存 7.3.9 其他	
	7.4 危险品运输	7.4.1 危险品运输 7.4.2 危险品进口 7.4.3 危险品出口 7.4.4 危险品外部处理	
	7.5 泄漏	7.5.1 油泄漏(地表或水面) 7.5.2 燃料泄漏(地表或水面) 7.5.3 垃圾泄漏(地表或水面) 7.5.4 化学品泄漏(主要在地表或水面) 7.5.5 其他泄漏(企业说明)	
	7.6 垃圾对生物多样性的影响		

6. 企业社会环境影响情况报告指标体系

表 10-7　　企业社会环境影响情况报告指标体系

一级指标	二级指标	三级指标	四级指标
8. 产品全周期环境影响	8.1 产品及服务	8.1.1 产品及服务环境影响的治理程度 8.1.2 产品及包装回收的比例	8.1.2.1 分产品 8.1.2.2 回收
	8.2 运输产生的环境影响	8.2.1 产品及材料运输产生的环境影响及运输人员数	8.2.1.1 物流意图 8.2.1.2 运输 8.2.1.3 运输人员数
9. 绿色供应链影响	9.1 供应商环保行为	9.1.1 以环保标准监测的新供应商的比例 9.1.2 供应链及行动中导致的实际及潜在环境负影响	9.1.2.1 受环境影响评价的供应商数目 9.1.2.2 识别为有实际及潜在环境负影响的供应商数目 9.1.2.3 供应链中识别的具有实际及潜在环境负影响的供应商数目 9.1.2.4 识别为有实际及潜在环境负影响的供应商占受环境影响评价的供应商的比例 9.1.2.5 识别为有实际及潜在环境负影响的供应商中被结束关系的比例及原因
	9.2 下游企业		
	9.3 全球价值链影响		
10. 绿色管理与实践	10.1 绿色战略与决策	10.1.1 绿色发展目标 10.1.2 行动方案 10.1.3 绿色转型	10.1.1.1 污染降低 10.1.1.2 土地利用率提高 10.1.1.3 污水减少 10.1.1.4 能耗降低 同上 10.1.3.1 绿色投入转型 10.1.3.2 绿色技术转型 10.1.3.3 绿色产品转型 10.1.3.4 绿色经营转型 10.1.3.5 绿色管理转型
	10.2 绿色投资与金融	10.2.1 全部环保支出及投资 10.2.2 获得的绿色投资 10.2.3 获得的绿色信贷	10.2.1.1 全部环保支出 10.2.1.2 各项环保投资 10.2.2.1 绿色投资额 10.2.3.1 绿色信贷额
	10.3 绿色研发与创新	10.3.1 绿色研发 10.3.2 绿色创新	10.3.1.1 由于绿色研发的投资 10.3.2.1 绿色专利数
	10.4 绿色就业与培训	10.4.1 绿色就业 10.4.2 绿色培训	10.4.1.1 绿色岗位比重 10.4.2.1 绿色培训支出
	10.5 绿色咨询与服务	10.5.1 绿色咨询 10.5.2 绿色服务	10.5.1.1 支出与收入 10.5.2.1 支出与收入

续表

一级指标	二级指标	三级指标	四级指标
11. 企业环保社会责任	11.1 环境罚款与支出	11.1.1 环保违规被罚款数额及处罚数目	11.1.1.1 环保违规次数 11.1.1.2 环保违规受处罚次数 11.1.1.3 环保违规受处罚金额
	11.2 环境申诉	11.2.1 环境申诉、被回应及解决的数目	11.2.1.1 正常渠道上报的环境影响申诉 11.2.1.2 得到回应的申诉的数目 11.2.1.3 得到解决的申诉的数目 11.2.1.4 报告期之前申诉在报告期得到解决的申诉数目
	11.3 生活环境质量	11.3.1 企业环境导致的健康问题及成本	11.3.1.1 企业内部职业病例 11.3.1.2 空气污染影响的附近人口：PM2.5 污染下的人口 11.3.1.3 噪声对员工及附近居民的影响
		11.3.2 企业造成的风险下的人口及相应的成本	11.3.2.1 承受企业带来风险的人口 11.3.2.2 企业风险造成的成本 11.3.2.3 企业风险预防及治理成本

7. 指标层次划分

表 10-8　　指标层次划分

序号	标题指标	非标题脱钩指标	其他关键指标	区域特色指标	行业特色指标	其他核心指标
1	水消耗量	水生产率	水循环利用比重	各省各地	农林牧渔业	
2	能源消耗总量	能源生产率	化石能源比重		采矿业	土地占用量
3	其他自然资源消耗量	资源生产率	可再生能源比重		冶炼业	土壤状态及改变
4	物质资料消耗量	物质生产率	物质循环利用率		制造业	土壤污染排放
5	原材料消耗量	原材料生产率	再循环原材料投入比重		化工业	臭氧危害原材料(ODS)
6	温室气体排放量(GHG)	碳排放生产率	不可再生原材料消耗比重		建筑业	氟氯化碳 11(CFC-11)
7	二氧化硫排放量(SO_2)	污染排放生产率	可再生原材料消耗比重		煤炭行业	金属向空气中的排放物(KPI6)
8	二氧化氮排放量(NO_2)		基于生产的二氧化碳排放量		油气行业	持久性有机污染物(POP)
9	有毒挥发性化合物排放量(VOC)		基于需求的二氧化碳排放量		电力行业	有害空气污染物(HAP)
10	粉尘颗粒排放量		绿色投资比重		交通运输	其他空气污染物
11	水污染物排放量		绿色产值比重		贸易	垃圾处理
12	污水排放量		绿色供应商比重		金融业	泄漏污染
13	废气排放量		绿色就业比重		服务业	危险有毒物品运输量
14	垃圾产生量				公共部门	环保违规被罚款数额及处罚数目

续表

序号	标题指标	非标题脱钩指标	其他关键指标	区域特色指标	行业特色指标	其他核心指标
15	危险有毒物品产生量				高新技术产业	
16	当地受影响人口				新兴产业	
17					环保产业	

8. 绿色企业评级方法

表 10-9　　　　绿色企业评级方法

基准值＝平均值		高于基准值80％以上	高于基准值60％～80％	高于基准值40％～60％	高于基准值20％～40％	高于基准值20％以下	低于基准值20％以下
标题指标比重							
	80％以上	1	1、2	2、3	3、4	4、5	5
	80％～60％	1、2	2	2、3	3、4	4、5	5
	60％～40％	2、3	2、3	3	3、4	4	5
	40％～20％	3、4	3、4	3、4	4	4	4
	20％以下	4	4	4	4	4	4
脱钩指标比重							
	80％以上	1	1、2	2、3	3、4	4、5	5
	80％～60％	1、2	2	2、3	3、4	4、5	5
	60％～40％	2、3	2、3	3	3、4	4	5
	40％～20％	3、4	3、4	3、4	4	4	4
	20％以下	4	4	4	4	4	4
其他关键指标比重							
	80％以上	1、2	1、2、3	1、2、3	2、3、4	4	5
	80％～60％	1、2、3	1、2、3	1、2、3	2、3、4	4	5
	60％～40％	1、2、3	1、2、3	2、3、4	2、3、4	4	4
	40％～20％	2、3、4	2、3、4	2、3、4	3、4	4	4
	20％以下	4	4	4	4	4	4
其他核心指标比重							
	80％以上	1、2、3	1、2、3	1、2、3、4	2、3、4	4	5
	80％～60％	1、2、3	1、2、3	2、3、4	2、3、4	4	5
	60％～40％	1、2、3、4	2、3、4	3、4	2、3、4	4	4
	40％～20％	2、3、4	2、3、4	3、4	4	4	4
	20％以下	3、4	3、4	4	4	4	4
其他指标比重							
	80％以上	1、2、3、4	1、2、3、4	1、2、3、4	2、3、4	4	5
	80％～60％	1、2、3、4	1、2、3、4	1、2、3、4	2、3、4	4	5
	60％～40％	1、2、3、4	1、2、3、4	2、3、4	3、4	4	4
	40％～20％	2、3、4	3、4	3、4	4	4	4
	20％以下	4	4	4	4	4	4

第六篇

战略篇

在主动积极适应新常态下，坚持绿色发展，形成经济增长的内生动力机制，这不仅是中华民族长远发展的战略性选择和必然要求，也是对全球可持续发展的积极贡献，将对人类发展产生重要的影响。本篇共一章，即“第十一章　新常态下中国经济绿色发展战略”。该章立足新常态下中国经济发展的现实背景，依据前文中国绿色发展指数的测度，提出中国经济绿色发展战略。这使报告的结构更加完整，报告的政策意义更加明晰。

第十一章

新常态下中国经济绿色发展战略

中国经济在保持多年高速增长之后，资源约束、环境污染问题凸显，中高速增长已经成为中国经济的新常态。新常态之所以“新”，一个最重要的背景就是支撑经济发展的资源环境承载能力已经达到或接近了上限，过去那种高耗能、高污染、高排放的粗放发展方式已经难以为继。新常态下破解发展难题，实现经济发展转型升级，本质上就是要转变经济发展方式，坚持绿色发展，实现发展与保护的共赢，人与自然的和谐共生，经济发展与资源环境的有机协调。绿色经济之于经济新常态的重要作用在于，绿色经济唯有在与经济新常态的互动中助力于经济转型的实现，才能最终让我们的经济积聚起足够的力量，冲击更高水平的增长，实现中国经济的再次腾飞。这不仅是中华民族长远发展的战略性选择和必然要求，也是对全球可持续发展的积极贡献，将对人类发展产生重要的影响。

一、绿色是经济发展新常态的底色

我国为了实现“十三五”的发展目标，破解发展难题，需要进一步深化对经济社会发展规律的认识。因此，2015 年以来，象征着节能环保、循环低碳的“绿色”密集出现在中央重要会议和文件中。在十八大提出了“新型工业化、城镇化、信息化、农业现代化”“新四化”之后，2015 年 3 月 24 日召开的中央政治局会议，审议通过了《关于加快推进生态文明建设的意见》，又增加了“绿色化”，要求“加快推动生产方式绿色化”“实现生活方式绿色化”。2015 年 10 月举行的十八届五中全会提出了“创新、协调、绿色、开放、共享”五大发展理念。2016 年 3 月 17 日“十三五”规划纲要全文发布，绿色发展、生态文明建设是“十三五”规划的重要内容之一，节约资源和保护环境成为中国的基本国策，这部五年规划实质上就是一部绿色规划，充分体现了绿色发展理念。

绿色注重的是人与自然的和谐，绿色发展是实现生产发展、生活富裕、生态良好的文明发展道路。“坚持绿色发展，必须坚持节约资源和保护环境的基本国策，坚持可持续发展，坚定走生产发展、生活富裕、生态良好的文明发展道路，加快建设资源节约型、环境友好型社会，形成人与自然和谐发展现代化建设新格局，推进美丽中国建设，为全球生态安全做出新贡献。”十八届五中全会把绿色发展理念摆在突出位置，具有较强的针对性和鲜明的时代特色。走绿色发展道路，关键在于价值取向的转变。

虽然中央政府一贯重视生态环境问题，但全国各地在经历了近 40 年的快速发展之后，积累下来的生态环境问题也日益显现，如全国江河水系和地下水的污染问题，饮用水安全问题，有的地区重金属、土壤污染比较严重，全国频繁出现大范围长时间的雾霾污染天气，等等。这些环境问题对人们的生产、生活和身体健康等都带来了严重的影响，社会反映强烈，由此引发的群体性事件不断增多。因此，生态环境问题已经成为制约中国社会稳定和经济可持续发展的主要因素之一。

随着经济社会发展和人民生活水平的不断提高，人们对生态环境的要求也越来越高，包括干净的水、清洁的空气、安全的食品、优美的环境等已经成为人们日常生活的追求目标，环境问题日益成为重要的民生问题。过去粗放式的传统发展模式，虽然取得了很大的经济回报，但是治理环境污染的代价太大。在经济新常态背景下，中国必须积极调整原有的产业结构，坚持走低消耗和低排放的绿色发展模式，以保护环境和节约资源为导向，绿色化已成为新常态下经济发展的新任务、推进生态文明建设的新要求，绿色成为生产方式和生活方式的新底色。

>>二、中国绿色经济发展的特征<<

我国政府一贯重视环境保护和生态文明建设。早在改革开放的初期，政府就把保护环境作为基本国策；进入 21 世纪后，政府又把节约资源作为基本国策，大力推进生态环境保护。尤其是近年来，随着各级政府越来越重视绿色发展，我国的绿色发展也取得了显著成绩。但是，与发达国家相比，我国的绿色发展还有较大的差距。归纳起来，中国的绿色经济发展有以下五个方面的特征。

1. 绿色发展水平不断提高

2010—2015 年中国绿色发展指数的测算结果显示：与 2010 年相比，30 个省(区、市)2015 年的绿色发展指数都有了显著的提高，30 个省(区、市)的平均绿色发展指数从 2010 年的 0.328 增长到 2015 年的 0.434，除 2013 年的平均指数比 2012 年略有下降之外(从 0.387 降至 0.382)，其余年份都有显著增长。与 2010 年相比，2015 年绿色发展指数的平均增幅为 32.6%，其中相对增幅最大的是广西，2015 年比 2010 年绿色发展指数增长了 53.8%。这说明中国绿色发展已经呈现出较快的上升潜力，随着中央政府大力推进绿色化的生产和生活方式，在各级政府的共同努力下，中国绿色发展的空间仍然很大。

2. 绿色发展区域间的梯度差异明显

中国绿色发展水平体现出明显的省际差异。整体而言，位于东部的省(区、市)水平最高，西部的省(区、市)水平居中，中部和东北部省水平相对较弱。从绝对水平来看，多数东部省(区、市)凭借经济增长绿化度和政府政策支持度两项优势使得绿色发展水平较高，多数西部省(区、市)凭借着较高的资源环境承载潜力获得了相对较好的绿色发展水平，而多数中部和东北部省在绿色发展上整体缺乏突出优势。未来在绿色发展方面中部地区和东北地区面临的任务尤为艰巨。

3. 资源环境承载潜力有下降的风险

虽然 2010—2015 年中国绿色发展指数整体呈现上升的趋势，但这种提升更多的是依靠经济增长绿化度和政府政策支持度的提升。近年来由于我国大部分省(区、市)自然资源禀赋优势的下降和污染排放绝对数量的增加，导致 2010—2014 年各地资源环境承载潜力连续 4 年总体下降：30 个省(区、市)资源环境承载潜力指标的平均得分从 2010 年的 0.113 连续降为 2011 年的 0.103、2012 年的 0.102、2013 年的 0.082 和 2014 年的 0.079；2015 年有所好转，资源环境承载潜力的平均得分止住了连续 4 年下降的趋势，小幅增长为 0.085。但总体而言，各地资源环境承载潜力下降的风险还是很大，应引起各地政府的高度重视。

4. 绿色增长率与绿色发展水平呈现反相关

总体来说，绿色发展水平有一定的趋同性，即绿色发展水平的增长率与其绝对水平有一定的负相关性(2015年的相关系数为－0.25，相对较弱)，这样，绿色发展水平低的地区更有可能获得更高的增长率，会逐渐追上绿色发展水平高的地区。强的趋同性有利于在未来更快地缩小绿色发展水平地区间的差异。然而，也应该看到，一些中西部省(区、市)不论是绿色发展水平还是增长潜力都较低，这些地区追赶先进地区的难度较大，要警惕其绿色发展陷入低水平陷阱。

5. 与发达国家相比，中国绿色发展水平仍有较大差距

虽然我国绿色发展取得了很大的成绩，但与国际水平相比还有较大的差距。耶鲁大学环境法律与政策中心和哥伦比亚大学国际地球科学信息网络中心，从2006年开始每两年发布一次环境绩效指数(Environmental Performance Index，EPI)，从2015年开始，耶鲁大学的数据驱动环境解决方案小组也参加了该指数的编制。该指数集中于两个总体环境目标：一是减少环境对人类健康的压力；二是促进生态系统的活力和良好的自然资源管理。根据这两大总体目标，2016年的EPI包括了9个方面的19个具体指标。目前EPI已经成为国际上反映一个国家和地区环境状况的权威指标。EPI与我们的绿色发展指数有较多的相似之处，可以用它来粗略反映我国在国际上绿色发展的水平。

2016年EPI(Hsu，2016)排名中一共包括了180个国家和地区，中国位列第109位，排名中等偏后。2006—2016年的数据显示：中国的表现在发展中国家中很有代表性，经济快速发展带来了许多指标如清洁饮用水和卫生设施等的跃升，但同时与环境相关的指标大幅恶化，尤其是空气污染，PM2.5排名全世界倒数第二。对于中国每年因环境污染造成的损失是很难估算的。世界银行的研究指出(World Bank，2007)，仅仅基于疾病成本估算，中国的空气污染每年造成的经济损失就相当于国内生产总值的1.2%，基于支付意愿估算则可能高达国内生产总值的3.8%。

虽然2016年中国的排名一般，但相比2014年在178个国家和地区中排名第118位，还是有明显进步。这是近两年中国政府在环境治理方面努力的结果。与其他金砖国家相比，中国的表现远超印度(2016年排第141位)，但与巴西相比还是相差甚远：巴西EPI排名从2014年的第77位跃升至2016年的第46位。

>>三、新常态下中国绿色发展面临的障碍<<

1. 促进绿色增长的制度设计存在缺陷

中国经济绿色发展面临的最大阻碍是体制问题，中国现存的很多体制与绿色经济、绿色发展的理念相悖。

首先，地方政府官员考核晋升机制不合理。“政治锦标赛”作为一种政府治理的模式，是指上级政府对多个下级政府部门的行政长官设计的一种晋升竞争，竞争优胜者将获得晋升，而竞赛标准由上级政府决定。它可以是GDP增长率，也可以是其他可度量的指标。有关研究发现，十六届三中全会以来，就全国范围而言，GDP增长仍然显著影响省级官员晋升，而绿色增长对于官员的晋升影响并不显著。在这个体系中，自然资源的耗减和环境质量的下降不但不会减少GDP，治理污染的经济活动所产生的收益反而计入GDP。为追求政绩，个别地方官员不惜以破坏生态、透支资源的方式来发展当地经济。比如，中西部一些地方政府为了提高当地GDP，引进东部一些高能源消耗、高污染型企业，GDP虽然提高了，但却破坏了当地的生态环境。

目前，中央与地方政府在转型升级中面临的压力实际上是不对称的，中央政府不仅要从全局考虑宏观经济运行中的种种风险以及经济社会的可持续发展问题，还要承受来自国际上对碳

排放的巨大压力，而中央政府的这些压力仅靠节能减排指标和环境问责制来传导，最终很难将地方政府推向转型升级的轨道。以往追求 GDP 的一些地方取得的实实在在的好处，比如，当地财政充裕和官员的升迁，起到了很大的示范效应，而中西部地区也在承接东部产业转移中尝到了甜头，这使得不少地方政府在“十三五”时期仍有追求 GDP、轻视环保的强烈意愿和动力。由此可见，在干部考核指标体系中片面强调 GDP 增长，可能是引发资源过度消耗、环境严重破坏的根源。

其次，环境补偿机制不健全。长期以来，中国并未真正建立起覆盖全国的地区间生态环境补偿机制。以流域或省际的补偿机制为例，我国现在已经初步建立起中下游地区补偿上游地区生态环境建设的机制。但是，现有的补偿制度主要是通过行政手段分摊到中下游的发达地区，对生态环境治理和建设行使道义上的对口支援。这样就把本来应当是流域的中下游发达地区对流域的上游地区生态环境所负有补偿的责任，变成发达地区对欠发达地区的同情或扶贫，也就必然导致生态脆弱或资源富集地区的利益长期受损，从而丧失了地区经济发展机会。

从经济学的角度来讲，流域的中下游发达地区对流域的上游地区生态环境的补偿是双方达成“赎买生态功能”的交易行为，是通过税收的形式使“外部经济内在化”。这样金额就是固定的而且是必需的，与同情或者扶贫的不定期、不定额有着本质的区别。因此，必须建立“谁受益，谁负担”的生态环境补偿机制，以确保在生态环境重建过程中有足够的资金支持。

最后，社会监督体制有待完善。绿色经济的发展具有很强的外部性，需要社会的广泛参与来监督政府和企业的绿色转型。然而，在中国，公民个体监督和媒体监督都长期流于形式，社会监督的声音很弱，以致一些地区的社会监督如果触犯了某些利益集团的利益，监督者(公众个体或者媒体)甚至会遭到打击报复。

2. 经济绿色发展面临越来越多的国际压力

在生态环境系统遭到破坏、能源资源日益紧缺的全球化时代，世界资源环境问题演变成涉及资源环境、政治、经济、外交等方面的综合性的复杂问题。随着全球化的加深和综合国力的提高，中国在政治、经济、文化等方面的国际影响力日益提高，也承受越来越多的国际压力，环境问题正成为国际社会关注中国的焦点问题之一。据国际货币基金组织预测，2015 年，我国 GDP 占世界的比重为 15.5%，比 2012 年提高了 4 个百分点，但中国单位 GDP 的能耗比世界平均值高出近一倍。巨大的资源消耗及其带来的环境影响，将不利于中国的长期可持续发展，也助长了“中国环境威胁论”的升温。

同时，随着经济全球一体化发展，国际贸易规模不断扩大，全球的资源环境问题日益突出，引起了人类对环境保护前所未有的关注。由于各国在制定本国与绿色贸易相关的法律、法规时，都是基于保护本国环境和促进本国经济发展水平的角度而采用的环境标准，因此，不同国家制定的标准不同，导致衡量同一产品时的标准不同，使得国际贸易受到了一定的限制，出现绿色贸易壁垒。绿色贸易壁垒已影响到中国对外贸易的发展，几乎波及外贸出口的所有领域，贸易摩擦形势严峻。

3. 绿色科技创新与应用不足

中国绿色技术特别是其中的绿色核心技术储备，远远滞后于西方发达国家。目前，中国企业的创新还是以外围技术和外观设计为主，核心技术的创新数量还较少，特别是在一些高新技术领域，国外拥有的有效发明专利数量数倍于国内。如在风电领域，一些高端组件如风电涡轮机仍然依靠进口，或者依赖国外技术生产制造。新能源发展的研究基础薄弱，技术人员十分缺乏。此外，由于研发领域投资的不足和高级研究人员的缺乏，中国在环境技术领域的发展也一直落后于发达国家。

美国、欧盟、日本等主要发达国家和地区在绿色技术领域处于领先地位，在很大程度上取决于其企业的优异表现。从绿色技术的发展情况看，美国具有能源技术储备，欧盟、日本具有先行优势。美国是世界上最早执行排放法规的国家，也是排放控制指标种类最多、排放法规最严格的国家。美国在小布什执政的8年间，尽管在国际气候谈判中极不合作，但对其国内的绿色技术研发仍然投入大量资金，并在碳搜集和储存方面取得了相当的成果。奥巴马执政后，大力推行绿色经济增长路线，将清洁能源的溢出效应渗透到经济的各个层面。欧盟和日本的政府和产业界对绿色革命的认识和举措更具前瞻性，提供直接财政补贴、低息信贷支持和税收减免等各种政策支持。

4. 经济发展的阶段性障碍

我国节能减排之所以艰难，其根本原因在于我国正处于工业化快速发展时期。中国经济的绿色发展就是在这样一个特殊发展阶段进行的。从世界范围来看，欧美日等发达国家和地区相继完成了工业化任务，其社会经济结构已从工业化社会转型为信息和服务型社会，大批传统高能耗、高污染的产业已经或正在加速转移到包括中国在内的新兴发展中国家。从中国自身情况看，近十年来，我国的产业结构虽然有所优化，但没有改变工业化中期阶段的基本特征，工业仍是国民经济的主导产业，2015年第二产业增加值占GDP比重为39.4%，第二产业比重远高于发达国家，即使工业化高峰时期的德国和日本也没有达到中国目前的水平。

进入工业化加速阶段，并且伴随着第二产业尤其是重工业比重过高，决定了中国能源消费的持续增长，由此决定了中国温室气体排放总量大、增速快，单位GDP的二氧化碳排放强度高，污染问题日趋严重。中国工业化的最终完成和全球制造业大国的地位将持续一个相当长的时期。由于能源结构的刚性，以及能源效率的提高受到技术和资金的制约，中国控制二氧化碳排放的前景不容乐观。尽管中国目前和今后所走的新型工业化道路是要在更高起点上实现工业化目标，完成发达国家所完成的工业化任务，但由于工业化任务尚未完成，“高碳”成分的工业仍然需要保持相当长的快速增长时期。如何在工业化保持高速发展的同时，抑制二氧化碳排放的增速，实现绿色增长，是中国经济发展所面临的巨大挑战。

同时，中国城市化正处于加速阶段的中期阶段。根据国际经验，当一个国家或地区的城市化水平达到30%～70%时就属于加速阶段。2015年中国的城市化率是56.1%，正处于加速阶段上半场向下半场转折的阶段，上半场是城市化加速阶段量的扩张阶段，下半场是城市化加速阶段质的提高阶段。只有当城市化水平达到70%后才相对稳定下来，即中国城市化快速推进至少还有十多年。在城市化快速推进的未来十多年内，还要大量消耗资源和影响环境。因此，在工业化、城市化都快速推进阶段，中国推进绿色发展比工业化、城市化已经完成的西方国家要难得多。

>>四、中国经济绿色发展的路径选择<<

2016—2020年是中国进入实现全面小康社会目标的最后一个五年规划期。为实现全面小康目标，必须转变发展方式，提高经济发展的绿色水平。供给侧结构性改革是实现绿色发展的重要途径，重点是解放和发展社会生产力，通过制度创新，用改革的办法推进结构调整，减少无效和低端供给，扩大有效和中高端供给，增强供给结构对需求变化的适应性和灵活性，提高绿色产业发展水平。

1. 积极推动产业转型升级

要进一步发展我国的绿色经济，需要解决我国发展方式粗放、产业结构不合理的问题，通过产业的转型升级，加快产业结构调整，结合现有产业发展的实际和环境质量状况，明确产业结构调整的突破点，加大力度淘汰落后产能。

首先，可以通过提高和完善落实现有的节能环保标准，来推动产业结构的优化调整。比如，可以采取经济、法律、技术、行政等多方面的手段，利用和严格执行现有的节能环保标准，淘汰落后产能；通过进一步完善行业准入条件，提高"高污染高耗能"行业在能耗、环保、资源综合利用等方面的准入门槛，迫使这些行业通过技术改造提高节能环保标准或进行结构转型。

其次，抓紧时机大力发展清洁能源和节能环保产业，提高资源利用效率。中国环境污染日益严重的主因，是伴随着急速发展而来的一次能源消耗大幅上升，而且当中基本上都是使用煤炭。虽然近年来我国煤炭消费量占能源消费总量的比率有所下降，但这一比率仍高达 64.0%，大量使用煤炭是我国空气污染的重要因素。因此，我们应大力发展清洁能源尤其是提高可再生能源的使用量。节能环保产业本身产值巨大，可以成为我国国民经济新的支柱产业之一，同时该产业还能帮助传统产业降低能源和原材料的使用量，提高它们的利用效率。

最后，通过建立绿色发展机制来促进可持续发展，推动我国工业产业向低耗、高效方向转型。除了行政约束手段之外，还应充分发挥法律、价格、财政、税收、技术标准等其他多种手段的作用，针对不同行业的特点和现状，建立和完善"促进工业绿色低碳转型"的机制，强化对重点行业绿色发展的引导。

2. 形成区域均衡的绿色发展模式

我国东部、中部、西部和东北四个地区存在着区域发展不平衡的问题。为了实现各个地区均衡的绿色发展，应该综合考虑不同地区社会经济的发展特点，并结合其不同的环境资源承载力，来驱动整个区域包括自然资本、经济资本、社会资本、人力资本的共同发展、协同提升；并借助全国的力量、各区域的力量和中央政府的力量，通过政策和干预措施来支持和保证各个地区应对挑战、利用自身优势，实现社会经济和资源环境承载力协同发展，实现生态友好、社会包容，从而形成区域均衡的绿色发展模式。

3. 进一步采取市场化手段推动绿色发展

绿色发展的许多方面如环境保护等都具有公共产品的特性，因此，推动绿色发展没有政府的全力参与是不行的，但过度依赖行政手段也会产生很多问题，如造成价格和市场信息的失真，甚至会产生暗箱操作、滋生腐败。我们在推动绿色发展时，离不开产业转型，淘汰部分效率低、污染严重的企业，但如果采用完全强制的行政手段关闭企业，就会损害企业的利益，从而造成一系列不良后果。而市场在资源配置方面有不可替代的优点。因此，在推动绿色发展的时候，应该在政府的大力支持下，进一步充分发挥市场在资源配置中的作用，采取市场化的手段推动绿色发展。

通过市场化的手段可以帮助建立用水权、排污权、碳排放权等初始分配制度，完善有偿使用、预算管理、投融资机制，培育和发展交易平台。①市场化的用水权制度可以探索地区间、流域间、流域上下游等水权交易方式，提高用水的效率。②采用市场化的方式管理排污权，通过推进重点流域、重点区域排污权交易，扩大排污权有偿使用和交易试点，积极探索建立环境成本合理负担机制和污染减排激励约束机制，促进排污单位树立环境意识，主动减少污染物排放，加快推进产业结构调整，切实改善环境质量。③用市场化的机制建立碳排放权交易制度，在相关法律、法规和管理机制约束监督下，通过自愿且平等的交易活动减少温室气体排放，促进清洁能源开发，加快推动低碳技术基础研发、技术创新及推广应用，帮助政府尽快制定有利于低碳发展的配套政策，降低减排成本。④通过市场化的方法建立统一的绿色产品标准、认证、标识等体系，完善落实对绿色产品研发生产、运输配送、购买使用的财税金融支持和政府采购等政策。⑤生态补偿服务的市场化能健全生态保护市场体系，完善生态产品价格形成机制，使保护者通过生态产品的交易获得收益，发挥市场机制促进生态保护的积极作用。

4. 完善官员晋升的绿色考评体系

长期以来，各级政府部门在考评业绩时更多的是重视经济总量和经济发展速度，尽管这在经济发展初期是必要的，但客观上也形成了以GDP论英雄的评价导向。这种考评体系造成许多地方政府脱离实际，不顾资源环境承载能力上大项目，刺激当地经济发展，从而导致资源过度开发、环境污染加剧等问题。

要推动绿色发展，就需要形成有利于绿色发展的领导体制和领导机制，即建立一整套用于官员晋升的绿色考评体系。各级政府应把与绿色发展密切相关的一些指标，如资源消耗、环境保护、生态效益等，纳入官员晋升的综合评价体系之中，强化污染减排等目标责任考核。对排放污染造成严重后果的，应依法追究刑事责任。这样，绿色发展的理念对各级干部的行为就会形成有效的正向激励，使绿色发展成为干部政绩的主旋律。

认识新常态，适应新常态，引领新常态，是当前和今后一个时期我国经济发展的大逻辑。“十三五”时期，绿色发展正处于系统、全面、深入推进的关键时期。应通过推动供给侧结构性改革，加强制度创新，用改革的办法推进结构调整，减少无效和低端供给，扩大有效和中高端供给，增强供给结构对需求变化的适应性和灵活性，提高绿色产业发展水平，走出绿色窘境，跳出发展阶段陷阱，破除环境怪圈，走有中国特色的绿色发展之路。

附 录

附录一

省区绿色发展指数测算指标解释及数据来源

1. 人均地区生产总值

国内生产总值(GDP)是指按市场价格计算的一个国家(或地区)所有常住单位在一定时期内生产活动的最终成果。对于一个地区来说，称为地区生产总值或地区 GDP。计算公式为：

$$人均地区生产总值=\frac{地区生产总值}{(上年年末总人口数+当年年末总人口数)/2}$$

资料来源：国家统计局：《中国统计年鉴 2011—2015》，北京，中国统计出版社，2011—2015。

2. 单位地区生产总值能耗

能源消费总量是指一定时期内全国(地区)各行业和居民生活消费的各种能源的核算能源消费总量指标。能源消费总量分为三部分，即终端能源消费量、能源加工转换损失量和损失量。

单位地区生产总值能耗是指一定时期内该地区能源消费总量与地区生产总值的比值，反映的是该地区每增加一单位地区生产总值所带来的能源使用的增加量。计算公式为：

$$单位地区生产总值能耗=\frac{能源消费总量}{地区生产总值}$$

资料来源：国家统计局：《中国统计年鉴 2015》，北京，中国统计出版社，2015。

3. 非化石能源消费量占能源消费量的比重

非化石能源是指除煤炭、石油和天然气之外的其他能源。

非化石能源消费量占能源消费量的比重是指非化石能源消费量在能源消费总量中的百分比。计算公式为：

$$非化石能源消费量占能源消费量的比重=\frac{非化石能源消费总量}{能源消费总量}\times 100\%$$

资料来源：无数列表。

4. 单位地区生产总值二氧化碳排放量

单位地区生产总值二氧化碳排放量是指一定时期内某地区二氧化碳排放量与地区生产总值的比值。计算公式为：

$$单位地区生产总值二氧化碳排放量=\frac{二氧化碳排放量}{地区生产总值}$$

资料来源：无数列表。

5. 单位地区生产总值二氧化硫排放量

二氧化硫排放量分为工业二氧化硫排放量和生活及其他二氧化硫排放量，其中工业二氧化硫排放量是指报告期内企业在燃料燃烧和生产工艺过程中排入大气的二氧化硫总量，计算公式为：

$$\frac{\text{工业二氧化硫}}{\text{排放量}}=\frac{\text{燃料燃烧过程中}}{\text{二氧化硫排放量}}+\frac{\text{生产工艺过程中}}{\text{二氧化硫排放量}}$$

生活及其他二氧化硫排放量是以生活及其他煤炭消费量和其含硫量为基础，根据以下公式计算：

$$\frac{\text{生活及其他}}{\text{二氧化硫排放量}}=\frac{\text{生活及其他}}{\text{煤炭消费量}}\times\text{含硫量}\times 0.8\times 2$$

单位地区生产总值二氧化硫排放量是指一定时期内某地区二氧化硫排放量与地区生产总值的比值。计算公式为：

$$\text{单位地区生产总值二氧化硫排放量}=\frac{\text{二氧化硫排放量}}{\text{地区生产总值}}$$

资料来源：国家统计局：《中国统计年鉴2011—2015》，北京，中国统计出版社，2011—2015。

6. 单位地区生产总值化学需氧量排放量

化学需氧量(COD)是指用化学氧化剂氧化水中有机污染物时所需的氧量。COD值越高，表示水中有机污染物污染越重。化学需氧量排放量主要来自工业废水和生活污水。其中，生活污水中化学需氧量(COD)排放量是指城镇居民每年排放的生活污水中的COD的量。用人均系数法测算。测算公式为：

$$\frac{\text{城镇生活污水}}{\text{中 COD 排放量}}=\frac{\text{城镇生活污水中}}{\text{COD 产生系数}}\times\frac{\text{市镇非}}{\text{农业人口}}\times 365$$

单位地区生产总值化学需氧量排放量是指一定时期内该地区化学需氧量排放量与地区生产总值的比值。计算公式为：

$$\text{单位地区生产总值化学需氧量排放量}=\frac{\text{化学需氧量排放量}}{\text{地区生产总值}}$$

资料来源：国家统计局：《中国统计年鉴2011—2015》，北京，中国统计出版社，2011—2015。

7. 单位地区生产总值氮氧化物排放量

单位地区生产总值氮氧化物排放量是指一定时期内该地区氮氧化物排放量与地区生产总值的比值。计算公式为：

$$\text{单位地区生产总值氮氧化物排放量}=\frac{\text{氮氧化物排放量}}{\text{地区生产总值}}$$

资料来源：国家统计局：《中国统计年鉴2011—2015》，北京，中国统计出版社，2011—2015；环境保护部：《中国环境统计年报2014》，北京，中国环境科学出版社，2015。

8. 单位地区生产总值氨氮排放量

单位地区生产总值氨氮排放量是指一定时期内该地区氨氮排放量与地区生产总值的比值。计算公式为：

$$\text{单位地区生产总值氨氮排放量}=\frac{\text{氨氮排放量}}{\text{地区生产总值}}$$

资料来源：国家统计局：《中国统计年鉴2011—2015》，北京，中国统计出版社，2011—2015；环境保护部：《中国环境统计年报2014》，北京，中国环境科学出版社，2015。

9. 技术市场成交额占GDP比重

技术市场成交额占GDP比重是指全国技术市场合同成交项目的总金额与全国国内生产总值之比。计算公式为：

$$技术市场成交额占\text{GDP}比重=\frac{全国技术市场合同成交项目总金额}{国内生产总值}\times 100\%$$

资料来源：国家统计局：《中国城市统计年鉴2015》，北京，中国统计出版社，2015。

10. 人均城镇生活消费用电

计算公式为：

$$人均城镇生活消费用电=\frac{城镇生活消费用电}{城市年平均人口}$$

资料来源：国家统计局：《中国城市统计年鉴2015》，北京，中国统计出版社，2015。

11. 第一产业劳动生产率

第一产业劳动生产率是指一定时期内第一产业增加值与第一产业年平均就业人员数的比值。计算公式为：

$$第一产业劳动生产率=\frac{第一产业增加值}{(上年年末第一产业就业人员数+当年年末第一产业就业人员数)/2}$$

资料来源：国家统计局：《中国统计年鉴2015》，北京，中国统计出版社，2015；国家统计局：《中国城市统计年鉴2011—2015》，北京，中国统计出版社，2011—2015。

12. 土地产出率

土地产出率是指一定时期内该地区种植业产值与农作物播种面积的比值。计算公式为：

$$土地产出率=\frac{农业总产值}{农作物播种面积}$$

资料来源：国家统计局：《中国统计年鉴2015》，北京，中国统计出版社，2015。

13. 节水灌溉面积占有效灌溉面积比重

有效灌溉面积指具有一定的水源，地块比较平整，灌溉工程或设备已经配套，在一般年景下，当年能够进行正常灌溉的耕地面积。在一般情况下，有效灌溉面积应等于灌溉工程或设备已经配备，能够进行正常灌溉的水田和水浇地面积之和。它是反映我国耕地抗旱能力的一个重要指标。

节水灌溉面积占有效灌溉面积的比重计算公式为：

$$节水灌溉面积占有效灌溉面积比重=\frac{节水灌溉面积}{有效灌溉面积}\times 100\%$$

资料来源：国家统计局：《中国统计年鉴2015》，北京，中国统计出版社，2015；水利部：《中国水利统计年鉴2015》，北京，中国水利水电出版社，2015。

14. 有效灌溉面积占耕地面积比重

有效灌溉面积是指具有一定的水源，地块比较平整，灌溉工程或设备已经配套，在一般年景下，当年能够进行正常灌溉的耕地面积。在一般情况下，有效灌溉面积应等于灌溉工程或设备已经配备，能够进行正常灌溉的水田和水浇地面积之和。它是反映我国耕地抗旱能力的一个重要指标。

耕地面积是指经过开垦用以种植农作物并经常进行耕耘的土地面积，包括种有作物的土地面积、休闲地、新开荒地和抛荒未满三年的土地面积。

有效灌溉面积占耕地面积比重的计算公式为：

$$有效灌溉面积占耕地面积比重=\frac{有效灌溉面积}{耕地面积}\times 100\%$$

资料来源：国家统计局：《中国统计年鉴2015》，北京，中国统计出版社，2015。

15. 第二产业劳动生产率

第二产业劳动生产率是指一定时期内第二产业增加值与第二产业年平均就业人员数的比值。计算公式为：

$$第二产业劳动生产率=\frac{第二产业增加值}{(上年年末第二产业就业人员数+当年年末第二产业就业人员数)/2}$$

资料来源：国家统计局：《中国城市统计年鉴 2011—2015》，北京，中国统计出版社，2011—2015。

16. 单位工业增加值水耗

工业增加值是指工业企业在报告期内以货币表现的工业生产活动的最终成果。

工业用水量是指工矿企业在生产过程中用于制造、加工、冷却、空调、净化、洗涤等方面的用水，按新水取用量计，不包括企业内部的重复利用水量。

单位工业增加值水耗是指一定时期内工业用水量与工业增加值的比值。计算公式为：

$$单位工业增加值水耗=\frac{工业用水量}{工业增加值}$$

资料来源：国家统计局：《中国统计年鉴 2015》，北京，中国统计出版社，2015；国家统计局：《中国区域经济统计年鉴 2005—2015》，北京，中国统计出版社，2005—2015。

17. 规模以上单位工业增加值能耗

规模以上单位工业增加值能耗指的是规模以上工业企业能源使用量与规模以上工业增加值的比值。计算公式为：

$$规模以上单位工业增加值能耗=\frac{规模以上工业企业能源使用量}{规模以上工业增加值}$$

资料来源：无数列表。

18. 工业固体废物综合利用率

工业固体废物综合利用率是指工业固体废物综合利用量占工业固体废物产生量(包括综合利用往年贮存量)的百分率。计算公式为：

$$工业固体废物综合利用率=\frac{工业固体废物综合利用量}{工业固体废物产生量+综合利用往年贮存量}\times 100\%$$

其中，工业固体废物产生量是指报告期内企业在生产过程中产生的固体状、半固体状和高浓度液体状废弃物的总量，包括危险废物、冶炼废渣、粉煤灰、炉渣、煤矸石、尾矿、放射性废物和其他废物等；不包括矿山开采的剥离废石和掘进废石(煤矸石和呈酸性或碱性的废石除外)。酸性或碱性废石是指采掘的废石其流经水、雨淋水的 pH 小于 4 或 pH 大于 10.5 者。工业固体废物综合利用量是指报告期内企业通过回收、加工、循环、交换等方式，从固体废物中提取或者使其转化为可以利用的资源、能源和其他原材料的固体废物量(包括当年利用往年的工业固体废物贮存量)，如用作农业肥料、生产建筑材料、筑路等。综合利用量由原产生固体废物的单位统计。

资料来源：国家统计局、环境保护部：《中国环境统计年鉴 2015》，北京，中国统计出版社，2015。

19. 工业用水重复利用率

工业用水重复利用率是指在一定时期内，生产过程中使用的重复利用水量与总用水量之比。计算公式为：

$$工业用水重复利用率=\frac{重复利用水量}{生产中取用的新水量+重复利用水量}\times 100\%$$

资料来源：国家统计局、环境保护部：《中国环境统计年鉴 2015》，北京，中国统计出版社，2015。

20. 六大高载能行业产值占工业总产值比重

六大高载能行业产值占工业总产值比重是指规模以上工业中六大高载能行业产值占全部工业总产值的百分比。

工业总产值是指以货币形式表现的，工业企业在一定时期内生产的工业最终产品或提供工业性劳务活动的总价值量。它反映一定时间内工业生产的总规模和总水平。

六大高载能行业产值是指一定时期内石油加工、炼焦及核燃料加工业总产值，化学原料及化学制品制造业总产值，非金属矿物制品业总产值，黑色金属冶炼及压延加工业总产值，有色金属冶炼及压延加工业总产值，电力热力的生产和供应业总产值之和。

$$\text{六大高载能行业产值占工业总产值比重}=\frac{\text{六大高载能行业产值}}{\text{工业总产值}}\times 100\%$$

资料来源：国家统计局：《中国工业统计年鉴 2015》，北京，中国统计出版社，2015。

21. 第三产业劳动生产率

第三产业劳动生产率是指一定时期内第三产业增加值与第三产业年平均就业人员数的比值。计算公式为：

$$\text{第三产业劳动生产率}=\frac{\text{第三产业增加值}}{(\text{上年年末第三产业就业人员数}+\text{当年年末第三产业就业人员数})/2}$$

资料来源：国家统计局：《中国城市统计年鉴 2011—2015》，北京，中国统计出版社，2011—2015。

22. 第三产业增加值比重

第三产业增加值比重是指报告期内第三产业增加值占地区生产总值的百分比。计算公式为：

$$\text{第三产业增加值比重}=\frac{\text{第三产业增加值}}{\text{地区生产总值}}\times 100\%$$

资料来源：国家统计局：《中国统计年鉴 2015》，北京，中国统计出版社，2015。

23. 第三产业从业人员比重

第三产业从业人员比重是指报告期内第三产业从业人员占全部产业从业人员的百分比。计算公式为：

$$\text{第三产业从业人员比重}=\frac{\text{第三产业从业人员}}{\text{全部产业从业人员}}\times 100\%$$

资料来源：国家统计局：《中国城市统计年鉴 2015》，北京，中国统计出版社，2015。

24. 人均水资源量

水资源总量是指评价区内降水形成的地表和地下产水总量，即地表产流量与降水入渗补给地下水量之和，不包括过境水量。

人均水资源量是指一定时期内一个地区个人平均拥有的地表和地下产水总量。计算公式为：

$$\text{人均水资源量}=\frac{\text{该地区的水资源总量}}{\text{该地区总人数}}$$

资料来源：国家统计局：《中国统计年鉴 2015》，北京，中国统计出版社，2015。

25. 人均森林面积

森林面积是指由乔木树种构成，郁闭度 0.2 以上(含 0.2)的林地或冠幅宽度 10 米以上的林带的面积，即有林地面积。森林面积包括天然起源和人工起源的针叶林面积、阔叶林面积、针阔混交林面积和竹林面积，不包括灌木林地面积和疏林地面积。

人均森林面积是指一定时期内一个地区个人平均拥有的有林地面积。计算公式为：

$$\text{人均森林面积}=\frac{\text{该地区森林面积}}{\text{该地区总人数}}$$

资料来源：国家统计局：《中国统计年鉴 2015》，北京，中国统计出版社，2015。

26. 森林覆盖率

森林覆盖率是指一个国家或地区森林面积占土地面积的百分比。在计算森林覆盖率时，森林面积包括郁闭度 0.2 以上的乔木林地面积和竹林地面积、国家特别规定的灌木林地面积、农田林网以及四旁(村旁、路旁、水旁、宅旁)林木的覆盖面积。森林覆盖率表明一个国家或地区森林资源的丰富程度和生态平衡状况，是反映林业生产发展水平的主要指标。

$$\text{森林覆盖率}=\frac{\text{森林面积}}{\text{土地总面积}}\times 100\%+\frac{\text{灌木林地面积}}{\text{土地总面积}}\times 100\%+\frac{\text{林网树占地面积}}{\text{土地总面积}}\times 100\%+\frac{\text{四旁树占地面积}}{\text{土地总面积}}\times 100\%$$

资料来源：国家统计局：《中国统计年鉴 2015》，北京，中国统计出版社，2015。

27. 自然保护区面积占辖区面积比重

自然保护区是指对有代表性的自然生态系统、珍稀濒危野生动植物物种的天然分布区、水源涵养区、有特殊意义的自然历史遗迹等保护对象所在的陆地、陆地水体或海域，依法划出一定面积进行特殊保护和管理的区域。以县及县以上各级人民政府正式批准建立的自然保护区为准(包括“六五”以前由部门或“革委会”批准且现仍存在的自然保护区)。风景名胜区、文物保护区不计在内。

自然保护区面积占辖区面积比重的计算公式为：

$$\text{自然保护区面积占辖区面积比重}=\frac{\text{自然保护区面积}}{\text{辖区面积}}\times 100\%$$

资料来源：国家统计局：《中国统计年鉴 2015》，北京，中国统计出版社，2015。

28. 湿地面积占国土面积比重

湿地是指天然或人工、长久或暂时性的沼泽地、泥炭地或水域地带，包括静止或流动、淡水、半咸水、咸水体，低潮时水深不超过 6 米的水域以及海岸地带地区的珊瑚滩和海草床、滩涂、红树林、河口、河流、淡水沼泽、沼泽森林、湖泊、盐沼及盐湖。计算公式为：

$$\text{湿地面积占国土面积比重}=\frac{\text{湿地面积}}{\text{国土面积}}\times 100\%$$

资料来源：国家统计局：《中国统计年鉴 2015》，北京，中国统计出版社，2015。

29. 人均活立木总蓄积量

活立木总蓄积量是指一定范围内土地上全部树木蓄积的总量，包括森林蓄积、疏林蓄积、散生木蓄积和四旁树蓄积。计算公式为：

$$\text{人均活立木总蓄积量}=\frac{\text{活立木总蓄积量}}{\text{年末总人口}}$$

资料来源：国家统计局：《中国统计年鉴 2015》，北京，中国统计出版社，2015。

30. 单位土地面积二氧化碳排放量

土地调查面积是指行政区域内的土地调查总面积，包括农用地、建设用地和未利用地。

单位土地面积二氧化碳排放量的计算公式为：

$$\text{单位土地面积二氧化碳排放量}=\frac{\text{二氧化碳排放量}}{\text{土地调查面积}}$$

资料来源：无数列表。

31. 人均二氧化碳排放量

人均二氧化碳排放量的计算公式为：

$$人均二氧化碳排放量=\frac{当年二氧化碳排放量}{年平均人口}$$

资料来源：无数列表。

32. 单位土地面积二氧化硫排放量

单位土地面积二氧化硫排放量的计算公式为：

$$单位土地面积二氧化硫排放量=\frac{二氧化硫排放量}{土地调查面积-沙漠及戈壁总面积}$$

资料来源：国家统计局：《中国统计年鉴 2015》，北京，中国统计出版社，2015；吴正：《中国沙漠及其治理》，北京，科学出版社，2009。

33. 人均二氧化硫排放量

人均二氧化硫排放量的计算公式为：

$$人均二氧化硫排放量=\frac{当年二氧化硫排放量}{(上年年末总人口数+当年年末总人口数)/2}$$

资料来源：国家统计局：《中国统计年鉴 2011—2015》，北京，中国统计出版社，2011—2015。

34. 单位土地面积化学需氧量排放量

单位土地面积化学需氧量排放量的计算公式为：

$$单位土地面积化学需氧量排放量=\frac{化学需氧量排放量}{土地调查面积-沙漠及戈壁总面积}$$

资料来源：国家统计局：《中国统计年鉴 2015》，北京，中国统计出版社，2015；吴正：《中国沙漠及其治理》，北京，科学出版社，2009。

35. 人均化学需氧量排放量

人均化学需氧量排放量的计算公式为：

$$人均化学需氧量排放量=\frac{当年化学需氧量排放量}{(上年年末总人口数+当年年末总人口数)/2}$$

资料来源：国家统计局：《中国统计年鉴 2011—2015》，北京，中国统计出版社，2011—2015。

36. 单位土地面积氮氧化物排放量

单位土地面积氮氧化物排放量的计算公式为：

$$单位土地面积氮氧化物排放量=\frac{氮氧化物排放量}{土地调查面积-沙漠及戈壁总面积}$$

资料来源：环境保护部：《中国环境统计年报 2014》，北京，中国环境科学出版社，2015；国家统计局：《中国统计年鉴 2015》，北京，中国统计出版社，2015；吴正：《中国沙漠及其治理》，北京，科学出版社，2009。

37. 人均氮氧化物排放量

人均氮氧化物排放量的计算公式为：

$$人均氮氧化物排放量=\frac{当年氮氧化物排放量}{(上年年末总人口数+当年年末总人口数)/2}$$

资料来源：环境保护部：《中国环境统计年报 2014》，北京，中国环境科学出版社，2015；国家统计局：《中国统计年鉴 2011—2015》，北京，中国统计出版社，2011—2015。

38. 单位土地面积氨氮排放量

单位土地面积氨氮排放量的计算公式为：

$$单位土地面积氨氮排放量=\frac{氨氮排放量}{土地调查面积-沙漠及戈壁总面积}$$

资料来源：环境保护部：《中国环境统计年报 2014》，北京，中国环境科学出版社，2015；国家统计局：《中国统计年鉴 2015》，北京，中国统计出版社，2015；吴正：《中国沙漠及其治理》，北京，科学出版社，2009。

39. 人均氨氮排放量

人均氨氮排放量的计算公式为：

$$人均氨氮排放量=\frac{当年氨氮排放量}{(上年年末总人口数+当年年末总人口数)/2}$$

资料来源：环境保护部：《中国环境统计年报 2014》，北京，中国环境科学出版社，2015；国家统计局：《中国统计年鉴 2011—2015》，北京，中国统计出版社，2011—2015。

40. 单位耕地面积化肥施用量

农用化肥施用量是指本年内实际用于农业生产的化肥数量，包括氮肥、磷肥、钾肥和复合肥。化肥施用量要求按折纯量计算数量。折纯量是指把氮肥、磷肥、钾肥分别按含氮、含五氧化二磷、含氧化钾的百分之百成分进行折算后的数量。复合肥按其所含主要成分折算。计算公式为：

$$折纯量=实物量\times某种化肥有效成分含量的百分比$$

耕地面积是指经过开垦用以种植农作物并经常进行耕耘的土地面积，包括种有作物的土地面积、休闲地、新开荒地和抛荒未满三年的土地面积。单位耕地面积化肥施用量的计算公式为：

$$单位耕地面积化肥施用量=\frac{化肥施用量}{耕地面积}$$

资料来源：国家统计局：《中国统计年鉴 2015》，北京，中国统计出版社，2015。

41. 单位耕地面积农药使用量

单位耕地面积农药使用量是指在一定时期内单位耕地面积上的农药使用量。计算公式为：

$$单位耕地面积农药使用量=\frac{农药使用量}{耕地面积}$$

资料来源：国家统计局、环境保护部：《中国环境统计年鉴 2015》，北京，中国统计出版社，2015；国家统计局：《中国统计年鉴 2015》，北京，中国统计出版社，2015。

42. 人均公路交通氮氧化物排放量

计算公式为：

$$人均公路交通氮氧化物排放量=\frac{公路机动车氮氧化物排放量}{(上年年末总人口数+当年年末总人口数)/2}$$

资料来源：国家统计局：《中国统计年鉴 2011—2015》，北京，中国统计出版社，2011—2015；环境保护部：《中国环境统计年报 2014》，北京，中国环境科学出版社，2015。

43. 环境保护支出占财政支出比重

环境保护支出是指政府环境保护支出，包括环境保护管理事务支出、环境监测与监察支出、污染治理支出、自然生态保护支出、天然林保护工程支出、退耕还林支出、风沙荒漠治理支出、退牧还草支出、已垦草原退耕还草、能源节约利用、污染减排、可再生能源和资源综合利用等支出。

环境保护支出占财政支出比重是指环境保护支出占财政支出的百分比。计算公式为：

$$环境保护支出占财政支出比重=\frac{环境保护支出}{财政支出}\times100\%$$

资料来源：国家统计局：《中国统计年鉴 2015》，北京，中国统计出版社，2015。

44. 环境污染治理投资占地区生产总值比重

环境污染治理投资是指在工业污染源治理和城市环境基础设施建设的资金投入中，用于形成固定资产的资金，包括工业污染源治理投资和“三同时”项目环保投资，以及城市环境基础设施建设所投入的资金。

环境污染治理投资占地区生产总值比重是指环境污染治理投资与地区生产总值的比值。计算公式为：

$$\text{环境污染治理投资占地区生产总值比重}=\frac{\text{环境污染治理投资}}{\text{地区生产总值}}\times 100\%$$

资料来源：国家统计局、环境保护部：《中国环境统计年鉴2015》，北京，中国统计出版社，2015；国家统计局：《中国统计年鉴2015》，北京，中国统计出版社，2015。

45. 农村人均改水、改厕的政府投资

农村人口是指居住和生活在县城(不含)以下的乡镇、村的人口。计算公式为：

$$\text{农村人均改水、改厕的政府投资}=\frac{\text{农村改水投资}+\text{农村改厕投资}}{(\text{上年年末乡村总人口数}+\text{当年年末乡村总人口数})/2}$$

资料来源：国家统计局、环境保护部：《中国环境统计年鉴2015》，北京，中国统计出版社，2015。

46. 单位耕地面积退耕还林投资完成额

单位耕地面积退耕还林投资完成额的计算公式为：

$$\text{单位耕地面积退耕还林投资完成额}=\frac{\text{林业投资完成额}}{\text{耕地面积}}$$

资料来源：国家统计局、环境保护部：《中国环境统计年鉴2015》，北京，中国统计出版社，2015；国家统计局：《中国统计年鉴2015》，北京，中国统计出版社，2015。

47. 科教文卫支出占财政支出比重

科学技术支出是指用于科学技术方面的支出，包括科学技术管理事务、基础研究、应用研究、技术研究与开发、科技条件与服务、社会科学、科学技术普及、科技交流与合作等。

教育支出是指政府教育事务支出，包括教育行政管理、学前教育、小学教育、初中教育、普通高中教育、普通高等教育、初等职业教育、中专教育、技校教育、职业高中教育、高等职业教育、广播电视教育、留学生教育、特殊教育、干部继续教育、教育机关服务等。

文化体育与传媒支出是指政府在文化、文物、体育、广播影视、新闻出版等方面的支出。

医疗卫生支出是指政府医疗卫生方面的支出，包括医疗卫生管理事务支出、医疗服务支出、医疗保障支出、疾病预防控制支出、卫生监督支出、妇幼保健支出、农村卫生支出等。

科教文卫支出占财政支出比重的计算公式为：

$$\text{科教文卫支出占财政支出比重}=\frac{\text{科学技术支出}+\text{教育支出}+\text{文化体育与传媒支出}+\text{医疗卫生支出}}{\text{地方财政一般预算内支出}}\times 100\%$$

资料来源：国家统计局：《中国统计年鉴2015》，北京，中国统计出版社，2015。

48. 城市人均绿地面积

绿地面积是指报告期末用作绿化的各种绿地面积，包括公园绿地、单位附属绿地、居住区绿地、生产绿地、防护绿地和风景林地的总面积。计算公式为：

$$\text{人均绿地面积}=\frac{\text{城市绿地面积}}{\text{城市年平均人口}}$$

资料来源：国家统计局：《中国统计年鉴2014》，北京，中国统计出版社，2015；国家统计局：《中国城市统计年鉴2015》，北京，中国统计出版社，2015。

49. 城市用水普及率

城市用水普及率是指城市用水人口数与城市人口总数的比率。计算公式为：

$$城市用水普及率=\frac{城市用水人口数}{城市人口总数}\times 100\%$$

资料来源：国家统计局：《中国统计年鉴2015》，北京，中国统计出版社，2015。

50. 城市污水处理率

城市污水处理率是指城市污水处理量占城市污水排放量的比重。计算公式为：

$$城市污水处理率=\frac{城市污水处理量}{城市污水排放量}\times 100\%$$

资料来源：国家统计局、环境保护部：《中国环境统计年鉴2015》，北京，中国统计出版社，2015。

51. 城市生活垃圾无害化处理率

城市生活垃圾无害化处理率是指报告期生活垃圾无害化处理量与生活垃圾产生量的比率。在统计上，由于生活垃圾产生量不易取得，可用清运量代替。计算公式为：

$$\begin{matrix}城市生活垃圾\\无害化处理率\end{matrix}=\frac{城市生活垃圾无害化处理量}{城市生活垃圾产生量}\times 100\%$$

资料来源：国家统计局：《中国统计年鉴2015》，北京，中国统计出版社，2015。

52. 城市每万人拥有公交车辆

城市每万人拥有公交车辆是指报告期内城市每万人拥有的不同类型的运营车辆按统一的标准折算成的营运车辆数。计算公式为：

$$城市每万人拥有公交车辆=\frac{公共交通运营车辆数}{城市人口总数}\times 100\%$$

资料来源：国家统计局：《中国城市统计年鉴2015》，北京，中国统计出版社，2015。

53. 人均城市公共交通运营线路网长度

人均城市公共交通运营线路网长度是指每人拥有的城市公共交通运营线路网长度。计算公式为：

$$人均城市公共交通运营线路网长度=\frac{城市公共交通运营线路网长度}{城市年平均人口}$$

资料来源：国家统计局：《中国统计年鉴2015》，北京，中国统计出版社，2015；国家统计局：《中国城市统计年鉴2015》，北京，中国统计出版社，2015。

54. 农村累计已改水受益人口占农村总人口比重

农村累计已改水受益人口是指各种改水形式的受益人口。农村人口指居住和生活在县城(不含)以下的乡镇、村的人口。

$$农村累计已改水受益人口占农村总人口比重=\frac{农村累计已改水受益人口}{农村总人口}\times 100\%$$

资料来源：国家统计局、环境保护部：《中国环境统计年鉴2015》，北京，中国统计出版社，2015。

55. 每百万人口移动互联网接入流量

每百万人口移动互联网接入流量是指城市每百万人口使用移动互联网产生的流量。计算公式为：

$$每百万人口移动互联网接入流量=\frac{移动互联网接入流量}{100万人口}$$

资料来源：国家统计局：《中国统计年鉴2015》，北京，中国统计出版社，2015。

56. 建成区绿化覆盖率

建成区绿化覆盖率是指城市建成区绿地面积占建成区面积的百分比。

建成区绿地面积是指报告期末建成区用作园林和绿化的各种绿地面积，包括公园绿地、生产绿地、防护绿地、附属绿地和其他绿地的面积。

资料来源：国家统计局：《中国统计年鉴 2015》，北京，中国统计出版社，2015。

57. 人均当年新增造林面积

造林是指在宜林荒山荒地、宜林沙荒地、无立木林地、疏林地和退耕地等其他宜林地上通过人工措施形成或恢复森林、林木、灌木林的过程。人均当年新增造林面积的计算公式为：

$$\text{人均当年新增造林面积}=\frac{\text{当年造林总面积}}{(\text{上年年末总人口数}+\text{当年年末总人口数})/2}$$

资料来源：国家统计局：《中国统计年鉴 2011—2015》，北京，中国统计出版社，2011—2015。

58. 工业二氧化硫去除率

工业二氧化硫排放量是指报告期内企业在燃料燃烧和生产工艺过程中排入大气的二氧化硫总量。工业二氧化硫去除量是指燃料燃烧和生产工艺废气经过各种废气治理设施处理后，去除的二氧化硫量。

工业二氧化硫去除率是指工业二氧化硫去除量占工业二氧化硫排放量和工业二氧化硫去除量总和的比重。计算公式为：

$$\text{工业二氧化硫去除率}=\frac{\text{工业二氧化硫去除量}}{\text{工业二氧化硫去除量}+\text{工业二氧化硫排放量}}\times 100\%$$

资料来源：环境保护部：《中国环境统计年报 2014》，北京，中国环境科学出版社，2015；国家统计局、环境保护部：《中国环境统计年鉴 2015》，北京，中国统计出版社，2015。

59. 工业废水化学需氧量去除率

工业废水化学需氧量去除率是指工业废水化学需氧量去除量占工业废水化学需氧量排放量和工业废水化学需氧量去除量总和的比重。计算公式为：

$$\text{工业废水化学需氧量去除率}=\frac{\text{工业废水化学需氧量去除量}}{\text{工业废水化学需氧量去除量}+\text{工业废水化学需氧量排放量}}\times 100\%$$

资料来源：环境保护部：《中国环境统计年报 2014》，北京，中国环境科学出版社，2015；国家统计局、环境保护部：《中国环境统计年鉴 2015》，北京，中国统计出版社，2015。

60. 工业氮氧化物去除率

工业氮氧化物排放量是指工业生产过程中排入大气的氮氧化物量。工业氮氧化物去除量是指工业生产过程中的废气经过各种废气治理设施处理后，去除的氮氧化物量。

工业氮氧化物去除率是指工业氮氧化物去除量占工业氮氧化物排放量和工业氮氧化物去除量总和的比重。计算公式为：

$$\text{工业氮氧化物去除率}=\frac{\text{工业氮氧化物去除量}}{\text{工业氮氧化物去除量}+\text{工业氮氧化物排放量}}\times 100\%$$

资料来源：环境保护部：《中国环境统计年报 2014》，北京，中国环境科学出版社，2015。

61. 工业废水氨氮去除率

工业废水氨氮去除率是指工业废水氨氮去除量占工业废水氨氮排放量和工业废水氨氮去除量总和的比重。计算公式为：

$$\text{工业废水氨氮去除率}=\frac{\text{工业废水氨氮去除量}}{\text{工业废水氨氮去除量}+\text{工业废水氨氮排放量}}\times 100\%$$

资料来源：环境保护部：《中国环境统计年报 2014》，北京，中国环境科学出版社，2015；国家统计局、环境保

护部：《中国环境统计年鉴 2015》，北京，中国统计出版社，2015。

62. 突发环境事件次数

突发环境事件指由于违反环境保护法规的经济、社会活动与行为，以及意外因素的影响或不可抗拒的自然灾害等原因，致使环境受到污染，国家重点保护的野生动植物、自然保护区受到破坏，人体健康受到危害，社会经济和人民财产受到损失，造成不良社会影响的突发性事件。

资料来源：国家统计局：《中国统计年鉴 2015》，北京，中国统计出版社，2015。

附录二

城市绿色发展指数测算指标解释及数据来源

1. 人均地区生产总值

地区生产总值(GDP)是指按市场价格计算的一个国家(或地区)所有常住单位在一定时期内生产活动的最终成果。

$$人均地区生产总值=\frac{地区生产总值}{年平均人口}$$

资料来源：国家统计局：《中国区域经济统计年鉴2014》，北京，中国统计出版社，2015。

2. 单位地区生产总值能耗

能源消费总量是指一定时期内一个国家或地区各行业和居民生活消费的各种能源的总和。单位地区生产总值能耗是指一定时期内该地区每生产一个单位的地区生产总值所消耗的能源。计算公式为：

$$单位地区生产总值能耗=\frac{能源消费总量}{地区生产总值}$$

资料来源：国家统计局：《中国区域经济统计年鉴2014》，北京，中国统计出版社，2015；国家统计局：《中国城市统计年鉴2015》，北京，中国统计出版社，2015。

3. 人均城镇生活消费用电

人均城镇生活消费用电是指一定时期内某地区城镇居民生活消费用电量与年平均人口的比值。计算公式为：

$$人均城镇生活消费用电=\frac{城镇生活消费用电量}{年平均人口}$$

资料来源：国家统计局：《中国城市统计年鉴2015》，北京，中国统计出版社，2015。

4. 单位地区生产总值二氧化碳排放量

单位地区生产总值二氧化碳排放量是指一定时期内某地区二氧化碳排放量与地区生产总值的比值。计算公式为：

$$单位地区生产总值二氧化碳排放量=\frac{二氧化碳排放量}{地区生产总值}$$

资料来源：无数列表。

5. 单位地区生产总值二氧化硫排放量

二氧化硫排放量分为工业二氧化硫排放量和生活二氧化硫排放量，其中工业二氧化硫排放量是指报告期内企业在燃料燃烧和生产工艺过程中排入大气的二氧化硫总量。计算公式为：

$$\text{工业二氧化硫排放量}=\text{燃料燃烧过程中二氧化硫排放量}+\text{生产工艺过程中二氧化硫排放量}$$

生活及其他二氧化硫排放量是以生活及其他煤炭消费量和其含硫量为基础。计算公式为：

$$\text{生活及其他排放量}=\text{生活及其他煤炭排放量}\times\text{含硫量}\times 0.8\times 2$$

单位地区生产总值二氧化硫排放量是指一定时期内某地区二氧化硫排放量与地区生产总值的比值。计算公式为：

$$\text{单位地区生产总值二氧化硫排放量}=\frac{\text{二氧化硫排放量}}{\text{地区生产总值}}$$

资料来源：国家统计局：《中国区域经济统计年鉴 2014》，北京，中国统计出版社，2015；环境保护部：《中国环境统计年报 2014》，北京，中国环境科学出版社，2015。

6. 单位地区生产总值化学需氧量排放量

化学需氧量(COD)是指用化学氧化剂氧化水中有机污染物时所需的氧量。COD 值越高，表示水中有机污染物污染程度越重。化学需氧量排放量主要来自工业废水和生活污水。其中，生活污水中化学需氧量(COD)排放量是指城镇居民每年排放的生活污水中的 COD 的量。用人均系数法测算。计算公式为：

$$\text{城镇生活污水中COD排放量}=\text{城镇生活污水中COD产生系数}\times\text{市镇非农业人口}\times 365$$

单位地区生产总值化学需氧量排放量是指一定时期内该地区化学需氧量排放量与地区生产总值的比值。

$$\text{单位地区生产总值化学需氧量排放量}=\frac{\text{化学需氧量排放量}}{\text{地区生产总值}}$$

资料来源：国家统计局：《中国区域经济统计年鉴 2014》，北京，中国统计出版社，2015；环境保护部：《中国环境统计年报 2014》，北京，中国环境科学出版社，2015。

7. 单位地区生产总值氮氧化物排放量

氮氧化物排放量是指报告期内排入大气的氮氧化物量。

单位地区生产总值氮氧化物排放量是指一定时期内该地区氮氧化物排放量与地区生产总值的比值。计算公式为：

$$\text{单位地区生产总值氮氧化物排放量}=\frac{\text{氮氧化物排放量}}{\text{地区生产总值}}$$

资料来源：国家统计局：《中国区域经济统计年鉴 2014》，北京，中国统计出版社，2015；环境保护部：《中国环境统计年报 2014》，北京，中国环境科学出版社，2015。

8. 单位地区生产总值氨氮排放量

氨氮排放量是指报告期内企业排出的工业废水和城镇生活污水中所含氨氮的纯重量。

单位地区生产总值氨氮排放量是指一定时期内该地区氨氮排放量与地区生产总值的比值。计算公式为：

$$\text{单位地区生产总值氨氮排放量}=\frac{\text{氨氮排放量}}{\text{地区生产总值}}$$

资料来源：国家统计局：《中国区域经济统计年鉴 2014》，北京，中国统计出版社，2015；环境保护部：《中国环境统计年报 2014》，北京，中国环境科学出版社，2015。

9. 第一产业劳动生产率

第一产业劳动生产率是指一定时期内第一产业增加值与第一产业年平均就业人员数的比值。

计算公式为：

$$第一产业劳动生产率=\frac{第一产业增加值}{(上年年末第一产业就业人员数+当年年末第一产业就业人员数)/2}$$

资料来源：国家统计局：《中国城市统计年鉴 2015》，北京，中国统计出版社，2015；国家统计局：《中国区域经济统计年鉴 2014》，北京，中国统计出版社，2015。

10. 第二产业劳动生产率

第二产业劳动生产率是指一定时期内第二产业增加值与第二产业年平均就业人员数的比值。计算公式为：

$$第二产业劳动生产率=\frac{第二产业增加值}{(上年年末第二产业就业人员数+当年年末第二产业就业人员数)/2}$$

资料来源：国家统计局：《中国城市统计年鉴 2015》，北京，中国统计出版社，2015；国家统计局：《中国区域经济统计年鉴 2014》，北京，中国统计出版社，2015。

11. 单位工业增加值水耗

单位工业增加值水耗是指一定时期内，一个国家或地区每生产一个单位的工业增加值所消耗的水量。其中，工业增加值是指工业企业在报告期内以货币表现的工业生产活动的最终成果。工业用水量是指报告期内企业厂区内用于生产和生活的水量，它等于新鲜用水量与重复用水量之和。计算公式为：

$$单位工业增加值水耗=\frac{工业用水量}{工业增加值}$$

资料来源：国家统计局：《中国区域经济统计年鉴 2014》，北京，中国统计出版社，2015；环境保护部：《中国环境统计年报 2014》，北京，中国环境科学出版社，2015。

12. 单位工业增加值能耗

单位工业增加值能耗是指一定时期内，一个国家或地区每生产一个单位的工业增加值所消耗的能源。计算公式为：

$$单位工业增加值能耗=\frac{工业能源消费量}{工业增加值}$$

资料来源：国家统计局：《中国区域经济统计年鉴 2014》，北京，中国统计出版社，2015；国家统计局：《中国统计年鉴 2015》，北京，中国统计出版社，2015。

13. 工业固体废物综合利用率

工业固体废物综合利用率是指工业固体废物综合利用量占工业固体废物产生量(包括综合利用往年贮存量)的百分率。计算公式为：

$$工业固体废物综合利用率=\frac{工业固体废物综合利用量}{工业固体废物产生量+综合利用往年贮存量}\times 100\%$$

其中，工业固体废物产生量是指报告期内企业在生产过程中产生的固体状、半固体状和高浓度液体状废弃物的总量，包括危险废物、冶炼废渣、粉煤灰、炉渣、煤矸石、尾矿、放射性废物和其他废物等；不包括矿山开采的剥离废石和掘进废石(煤矸石和呈酸性或碱性的废石除外)。酸性或碱性废石指采掘的废石其流经水、雨淋水的 pH 小于 4 或 pH 大于 10.5 者。工业固体废物综合利用量是指报告期内企业通过回收、加工、循环、交换等方式，从固体废物中提取或者使其转化为可以利用的资源、能源和其他原材料的固体废物量(包括当年利用往年的工业固体废物贮存量)，如用作农业肥料、生产建筑材料、筑路等。综合利用量由原产生固体废物的单位统计。

资料来源：环境保护部：《中国环境统计年报 2014》，北京，中国环境科学出版社，2015。

14. 工业用水重复利用率

工业用水量指报告期内企业厂区内用于生产和生活的水量，它等于新鲜用水量与重复用水量之和。其中，新鲜用水量指报告期内企业厂区用于生产和生活的新鲜水量(生活用水单独计量且生活污水不与生活废水混排的除外)，它等于企业从城市自来水取用的水量和企业自备水用量之和。重复用水量指报告期内企业用水中重复再利用的水量，包括循环使用、一水多用和串级使用的水量(含经处理后回用量)。

工业用水重复利用率是指在一定时期内，生产过程中使用的重复用水量与工业用水量之比。计算公式为：

$$工业用水重复利用率=\frac{重复用水量}{新鲜用水量+重复用水量}\times 100\%$$

资料来源：环境保护部：《中国环境统计年报 2014》，北京，中国环境科学出版社，2015。

15. 第三产业劳动生产率

第三产业劳动生产率是指一定时期内某地区第三产业增加值与第三产业年平均就业人员数的比值。计算公式为：

$$第三产业劳动生产率=\frac{第三产业增加值}{(上年年末第三产业就业人员数+当年年末第三产业就业人员数)/2}$$

资料来源：国家统计局：《中国城市统计年鉴 2015》，北京，中国统计出版社，2015；国家统计局：《中国区域经济统计年鉴 2014》，北京，中国统计出版社，2015。

16. 第三产业增加值比重

第三产业增加值比重是指报告期内某地区第三产业增加值占地区生产总值的比重。

资料来源：国家统计局：《中国城市统计年鉴 2015》，北京，中国统计出版社，2015。

17. 第三产业就业人员比重

第三产业就业人员比重是指报告期内第三产业就业人员占全部产业就业人员的百分比。

资料来源：国家统计局：《中国城市统计年鉴 2015》，北京，中国统计出版社，2015。

18. 人均水资源量

人均水资源量是指一定时期内一个地区个人平均拥有的水资源总量。其中，一定区域区的水资源总量是指当地降水形成的地表和地下产水量，即地表径流量与降水入渗补给量之和，不包括过境水量。

$$人均水资源量=\frac{该地区的水资源总量}{该地区总人数}\times 100\%$$

资料来源：环境保护部：《中国环境统计年报 2014》，北京，中国环境科学出版社，2015；国家统计局：《中国城市统计年鉴 2015》，北京，中国统计出版社，2015。

19. 单位土地面积二氧化碳排放量

单位土地面积二氧化碳排放量的计算公式为：

$$单位土地面积二氧化碳排放量=\frac{二氧化碳排放量}{行政区域土地面积}$$

资料来源：无数列表。

20. 人均二氧化碳排放量

人均二氧化碳排放量的计算公式为：

$$人均二氧化碳排放量=\frac{二氧化碳排放量}{年平均人口}$$

资料来源：无数列表。

21. 单位土地面积二氧化硫排放量

行政区域土地面积是指该行政区划内的全部土地面积(包括水面面积)。计算土地面积是以行政区划分为准。

单位土地面积二氧化硫排放量的计算公式为：

$$\text{单位土地面积二氧化硫排放量}=\frac{\text{二氧化硫排放量}}{\text{行政区域土地面积}}$$

资料来源：环境保护部：《中国环境统计年报 2014》，北京，中国环境科学出版社，2015；国家统计局：《中国城市统计年鉴 2015》，北京，中国统计出版社，2015。

22. 人均二氧化硫排放量

人均二氧化硫排放量的计算公式为：

$$\text{人均二氧化硫排放量}=\frac{\text{二氧化硫排放量}}{\text{行政区域土地面积}}$$

资料来源：环境保护部：《中国环境统计年报 2014》，北京，中国环境科学出版社，2015；国家统计局：《中国城市统计年鉴 2015》，北京，中国统计出版社，2015。

23. 单位土地面积化学需氧量排放量

单位土地面积化学需氧量排放量的计算公式为：

$$\text{单位土地面积化学需氧量排放量}=\frac{\text{化学需氧量排放量}}{\text{行政区域土地面积}}$$

资料来源：环境保护部：《中国环境统计年报 2014》，北京，中国环境科学出版社，2015；国家统计局：《中国城市统计年鉴 2015》，北京，中国统计出版社，2015。

24. 人均化学需氧量排放量

人均化学需氧量排放量的计算公式为：

$$\text{人均化学需氧量排放量}=\frac{\text{化学需氧量排放量}}{\text{年平均人口}}$$

资料来源：环境保护部：《中国环境统计年报 2014》，北京，中国环境科学出版社，2015；国家统计局：《中国城市统计年鉴 2015》，北京，中国统计出版社，2015。

25. 单位土地面积氮氧化物排放量

单位土地面积氮氧化物排放量的计算公式为：

$$\text{单位土地面积氮氧化物排放量}=\frac{\text{氮氧化物排放量}}{\text{行政区域土地面积}}$$

资料来源：环境保护部：《中国环境统计年报 2014》，北京，中国环境科学出版社，2015；国家统计局：《中国城市统计年鉴 2015》，北京，中国统计出版社，2015。

26. 人均氮氧化物排放量

人均氮氧化物排放量的计算公式为：

$$\text{人均氮氧化物排放量}=\frac{\text{氮氧化物排放量}}{\text{年平均人口}}$$

资料来源：环境保护部：《中国环境统计年报 2014》，北京，中国环境科学出版社，2015；国家统计局：《中国城市统计年鉴 2015》，北京，中国统计出版社，2015。

27. 单位土地面积氨氮排放量

单位土地面积氨氮排放量的计算公式为：

$$\text{单位土地面积氨氮排放量}=\frac{\text{氨氮排放量}}{\text{行政区域土地面积}}$$

资料来源：环境保护部：《中国环境统计年报 2014》，北京，中国环境科学出版社，2015；国家统计局：《中国城市统计年鉴 2015》，北京，中国统计出版社，2015。

28. 人均氨氮排放量

人均氨氮排放量的计算公式为：

$$人均氨氮排放量=\frac{氨氮排放量}{年平均人口}$$

资料来源：环境保护部：《中国环境统计年报 2014》，北京，中国环境科学出版社，2015；国家统计局：《中国城市统计年鉴 2015》，北京，中国统计出版社，2015。

29. 空气质量达到二级以上天数占全年比重

空气污染指数是根据环境空气质量标准和各项污染物对人体健康和生态环境的影响来确定污染指数的分级及相应的污染物浓度值。我国目前采用的空气污染指数(API)分为五个等级，API 值小于等于 50，说明空气质量为优，相当于国家空气质量一级标准，符合自然保护区、风景名胜区和其他需要特殊保护地区的空气质量要求；API 值大于 50 且小于等于 100，表明空气质量良好，相当于达到国家质量二级标准；API 值大于 100 且小于等于 200，表明空气质量为轻度污染，相当于国家空气质量三级标准；API 值大于 200 表明空气质量差，称为中度污染，为国家空气质量四级标准；API 大于 300 表明空气质量极差，已严重污染。

空气质量达到二级以上天数占全年比重是指该行政区域内空气污染指数达到二级以上天数与全年总天数的比值。

资料来源：环境保护部：数据中心，http://datacenter.mep.gov.cn/。

30. 首要污染物可吸入颗粒物天数占全年比重

首要污染物是指污染最重的污染物，目前在测的三大污染物为二氧化硫、二氧化氮和可吸入颗粒物。可吸入颗粒物是指粒径在 0.1～100 微米，不易在重力作用下沉降到地面，能在空气中长期飘浮的颗粒物。

首要污染物可吸入颗粒物天数占全年比重是指该行政区域内首要污染物为可吸入颗粒物的天数与全年总天数的比值。

资料来源：环境保护部：数据中心，http://datacenter.mep.gov.cn/。

31. 可吸入细颗粒物（PM2.5）浓度年均值

细颗粒物(PM2.5)是指环境空气中空气动力学当量直径小于或等于 2.5 微米的颗粒物。

可吸入细颗粒物(PM2.5)浓度年均值是指一个日历年内各日可吸入细颗粒物(PM2.5)平均浓度的算术平均值。

资料来源：环境保护部、国家质量监督检验检疫总局：《中华人民共和国国家标准——环境空气质量标准》，北京，中国环境科学出版社，2013。

32. 环境保护支出占财政支出比重

环境保护支出是指政府环境保护支出，包括环境保护管理事务支出、环境监测与监察支出、污染治理支出、自然生态保护支出、天然林保护工程支出、退耕还林支出、风沙荒漠治理支出、退牧还草支出、已垦草原退耕还草、能源节约利用、污染减排、可再生能源和资源综合利用等支出。

环境保护支出占财政支出比重是指环境保护支出占财政支出的百分比。计算公式为：

$$环境保护支出占财政支出比重=\frac{环境保护支出}{地方财政一般预算内支出}\times 100\%$$

资料来源：国家统计局：《中国城市统计年鉴 2015》，北京，中国统计出版社，2015。

33. 城市环境基础设施建设投资占全市固定资产投资比重

城市环境基础设施建设投资是指用于城市燃气、集中供热、排水、园林绿化、市容环境卫生等环境基础设施建设的投资完成总额。

固定资产投资包含原口径的城镇固定资产投资加上农村企事业组织项目投资，该口径自2011年起开始使用。城镇固定资产投资指城镇各种登记注册类型的企业、事业、行政单位及个体户进行的计划总投资50万元及50万元以上的建设项目投资；农村企事业组织项目投资是指发生在农村区域范围内的非农户固定资产投资项目完成的投资。

城市环境基础设施建设投资占全市固定资产投资比重的计算公式为：

$$\text{城市环境基础设施建设投资占全市固定资产投资比重}=\frac{\text{城市环境基础设施建设投资}}{\text{全市固定资产投资}}\times 100\%$$

资料来源：住房和城乡建设部：《中国城市建设统计年鉴2014》，北京，中国计划出版社，2015；国家统计局：《中国城市统计年鉴2015》，北京，中国统计出版社，2015。

34. 科教文卫支出占财政支出比重

科学技术支出是指用于科学技术方面的支出，包括科学技术管理事务、基础研究、应用研究、技术研究与开发、科技条件与服务、社会科学、科学技术普及、科技交流与合作等。

教育支出是指政府教育事务支出，包括教育行政管理、学前教育、小学教育、初中教育、普通高中教育、普通高等教育、初等职业教育、中专教育、技校教育、职业高中教育、高等职业教育、广播电视教育、留学生教育、特殊教育、干部继续教育、教育机关服务等。

文化体育与传媒支出是指政府在文化、文物、体育、广播影视、新闻出版等方面的支出。

医疗卫生支出是指政府医疗卫生方面的支出，包括医疗卫生管理事务支出、医疗服务支出、医疗保障支出、疾病预防控制支出、卫生监督支出、妇幼保健支出、农村卫生支出等。

科教文卫支出占财政支出比重的计算公式为：

科教文卫支出占财政支出比重

$$=\frac{\text{科学技术支出}+\text{教育支出}+\text{文化体育与传媒支出}+\text{医疗卫生支出}}{\text{地方财政一般预算内支出}}\times 100\%$$

资料来源：国家统计局：《中国统计年鉴2015》，北京，中国统计出版社，2015；国家统计局：《中国区域经济统计年鉴2014》，北京，中国统计出版社，2015；国家统计局：《中国城市统计年鉴2015》，北京，中国统计出版社，2015。

35. 人均绿地面积

绿地面积是指报告期末用作绿化的各种绿地面积，包括公园绿地、单位附属绿地、居住区绿地、生产绿地、防护绿地和风景林地的总面积。计算公式为：

$$\text{人均绿地面积}=\frac{\text{绿地面积}}{\text{市辖区常住人口}}$$

资料来源：国家统计局：《中国城市统计年鉴2015》，北京，中国统计出版社，2015。

36. 建成区绿化覆盖率

建成区绿化覆盖率是指报告期末建成区内绿化覆盖面积与区域面积的比率。计算公式为：

$$\text{建成区绿化覆盖率}=\frac{\text{建成区绿化覆盖面积}}{\text{建成区面积}}\times 100\%$$

资料来源：住房和城乡建设部：《中国城市建设统计年鉴2014》，北京，中国计划出版社，2015。

37. 用水普及率

用水普及率是指城市用水人口数与城市人口总数的比率。计算公式为：

$$\text{用水普及率}=\frac{\text{城市用水人口数}}{\text{城市人口总数}}\times 100\%$$

资料来源：住房和城乡建设部：《中国城市建设统计年鉴2014》，北京，中国计划出版社，2015。

38. 城市生活污水处理率

城市生活污水处理率是指报告期内城市生活污水处理量占城市生活污水产生量的百分率。计算公式为：

$$\text{城市生活污水处理率}=\frac{\text{城市生活污水处理量}}{\text{城市生活污水产生量}}\times 100\%$$

资料来源：住房和城乡建设部：《中国城市建设统计年鉴2014》，北京，中国计划出版社，2015。

39. 生活垃圾无害化处理率

生活垃圾无害化处理率是指报告期生活垃圾无害化处理量与生活垃圾产生量的比率。在统计上，由于生活垃圾产生量不易取得，可用清运量代替。计算公式为：

$$\text{生活垃圾无害化处理率}=\frac{\text{生活垃圾无害化处理量}}{\text{生活垃圾产生量}}\times 100\%$$

资料来源：住房和城乡建设部：《中国城市建设统计年鉴2014》，北京，中国计划出版社，2015。

40. 互联网宽带接入用户数

互联网宽带接入用户数是指报告期末在电信企业登记注册，通过XDSL、FTTX＋LAN、WLAN等方式接入中国互联网的用户数量，主要包括XDSL用户、LAN专线用户、WLAN终端用户及无线接入用户的用户数量。

资料来源：国家统计局：《中国城市统计年鉴2015》，北京，中国统计出版社，2015。

41. 每万人拥有公共汽车

每万人拥有公共汽车是指报告期末市辖区内每万人平均拥有的不同类型的运营车辆数。计算公式为：

$$\text{每万人拥有公共汽车}=\frac{\text{公共交通运营车辆数}}{\text{市辖区常住人口数}}$$

资料来源：国家统计局：《中国城市统计年鉴2015》，北京，中国统计出版社，2015。

42. 工业二氧化硫去除率

二氧化硫排放量是指报告期内企业在燃料燃烧和生产工艺过程中排入大气的二氧化硫总量。

二氧化硫去除量是指燃料燃烧和生产工艺废气经过各种废气治理设施处理后去除的二氧化硫总量。

工业二氧化硫去除率是指工业二氧化硫去除量占工业二氧化硫排放量和工业二氧化硫去除量总和的比重。计算公式为：

$$\text{工业二氧化硫去除率}=\frac{\text{工业二氧化硫去除量}}{\text{工业二氧化硫去除量}+\text{工业二氧化硫排放量}}\times 100\%$$

资料来源：环境保护部：《中国环境统计年报2014》，北京，中国环境科学出版社，2015。

43. 工业废水化学需氧量去除率

工业废水中化学需氧量去除量是指报告期内企业生产过程中排出的废水，经过各种水治理设施处理后，除去废水中所含化学需氧量的纯重量。

工业废水中化学需氧量排放量是指报告期内企业排出的工业废水中所含污染物本身的纯重量。

工业废水化学需氧量去除率是指工业废水中化学需氧量去除量占工业废水中化学需氧量排放量和工业废水中化学需氧量去除量总和的比重。计算公式为：

$$\text{工业废水化学需氧量去除率}=\frac{\text{工业废水中化学需氧量去除量}}{\text{工业废水中化学需氧量去除量}+\text{工业废水中化学需氧量排放量}}\times 100\%$$

资料来源：环境保护部：《中国环境统计年报2014》，北京，中国环境科学出版社，2015。

44. 工业氮氧化物去除率

氮氧化物排放量是指报告期内企业排入大气的氮氧化物量。

氮氧化物去除量是指报告期内企业利用各种废气治理设施去除的氮氧化物量。

工业氮氧化物去除率是指工业氮氧化物去除量占工业氮氧化物排放量和工业氮氧化物去除量总和的比重。计算公式为：

$$\text{工业氮氧化物去除率}=\frac{\text{工业氮氧化物去除量}}{\text{工业氮氧化物去除量}+\text{工业氮氧化物排放量}}\times 100\%$$

资料来源：环境保护部：《中国环境统计年报 2014》，北京，中国环境科学出版社，2015。

45. 工业废水氨氮去除率

工业废水中氨氮去除量是指报告期内企业生产过程中排出的废水，经过各种水治理设施处理后，除去废水中所含氨氮本身的纯重量。

工业废水中氨氮排放量是指报告期内企业排出的工业废水中所含氨氮本身的纯重量。

工业废水氨氮去除率是指工业废水中氨氮去除量占工业废水中氨氮排放量和工业废水氨氮去除量总和的比重。计算公式为：

$$\text{工业废水氨氮去除率}=\frac{\text{工业废水中氨氮去除量}}{\text{工业废水中氨氮去除量}+\text{工业废水中氨氮排放量}}\times 100\%$$

资料来源：环境保护部：《中国环境统计年报 2014》，北京，中国环境科学出版社，2015。

附录三

定基极差法说明

>>一、传统绿色发展指数标准化方法所存在的缺陷<<

绿色发展指数是我们区分各省(区、市)绿色发展水平的综合性指标，由构成综合指标的数十个基础评价指标加权合成而得。绿色发展指数值是通过对各基础评价指标(三级指标)的数值以某种标准化数值方法处理后，依据事先赋予的指标权重，逐级加权平均而成。对于基础指标中可能出现的所谓逆向指标问题(即其原始统计值越大，所反映的绿色发展水平越低)，通常采用倒数法或求补法进行正向化处理。具体测度中，除了单位地区生产总值氮氧化物排放量、六大高载能行业产值占工业总产值比重、单位土地面积氮氧化物排放量、人均氮氧化物排放量4个指标采用求补法进行处理外，其他逆向指标均采用倒数法进行处理。

由于各基础评价指标的物理意义、计量单位及原始度量尺度不同，综合绿色发展指数是不能通过基础指标直接合成而得的。需要消除基础指标的量纲及度量尺度所带来的影响，故需要对基础指标进行标准化无量纲处理。在2010—2015年的《中国绿色发展指数报告》中，我们均采用标准差标准化方法对指标进行无量纲化处理。该方法是以指标年内数据的平均值及标准差为参考系，以具体指标数值偏离均值的程度计算而得的标准偏差分值来衡量相应基础指标的绿色水平得分。该方法在过往的实践中体现了较强的科学性和适用性，满足了指标的无量纲化及度量尺度归一化的要求。不过，随着现实情况的变化，我们发现传统的标准差标准化计量方法具有以下不足：①测算出的最终指数差异较为悬殊，因为理论上指标的标准差分值应介于(－∞，＋∞)，而实际上数值也多介于[－2，2]，距离理想的[0，1]尺度有较大偏差；②更重要的是，由于指标的换算均采用各年内指标自身的局域性参考系(即使用当年某测算指标的均值和标准差)，而不是全局、通用的基础参考系，使各基础指标及由此加权而得的综合绿色发展指数在数学意义上仅具有相对的横向(空间)比较性，而不具备跨年度的纵向(时间)可比性，无法有效刻画绿色发展指数同时在时空双重维度上的发展变化趋势。

同时，由于负值的产生，对于直观地比较绿色发展指数在时空双重维度上的差异不利。基于此考虑，我们决定舍弃以往的标准差方法，转而采用极差标准化法对指标进行标准化处理。在对全部数据进行正向化处理后，极差标准化法通过指标值与最小值之差和该序列最大值与最小值之差的比值来反映指标的相对偏离程度，该方法的最大优势在于将标准化后的指标全部归至0～1的区间内，不仅使得指数之间的差异缩小，而且不会产生负值指数，有利于更加直观地比较绿色发展指数的时间变化趋势和空间变化差异。

>>二、基于定基极差法的绿色发展指数的测算<<

鉴于传统标准化方法所存在的缺陷，经过课题组数次研讨以及对不同方法、模型的尝试和测算验证，自 2016 年起拟采用通用性更强、实际操作更简便、指标的数学理论含义更清晰的创新型“定基极差法”来进行各三级基础指标的数值测算。为实现指标的横(空间)、纵(时间)向的全向可比性，“定基极差法”采用以某特定年为基准年，以类似标准极差法的数学形式实现三级基础指标的无量纲标准化转换，并在此基础上，以事先确定的各指标权重，通过逐级加权平均的方法计算最终的省(区、市)的综合绿色发展指数。其数学表达形式为：

$$C_k^t = \frac{V_k^t - V_{k,\min}^{t0}}{V_{k,\max}^{t0} - V_{k,\min}^{t0}} \tag{1}$$

式(1)中，C_k^t 表示第 k 个三级指标在 t 年依据定基极差法计算的无量纲指标值；V_k^t 为该三级指标在 t 年的原始测度值；$V_{k,\max}^{t0}$ 为该指标在 t_0 基准年所有省(区、市)的原始测度值中的最大值；$V_{k,\min}^{t0}$ 为该指标在 t_0 基准年所有省(区、市)的原始测度值中的最小值。例如，在测度 2016 年某省(区、市)某三级指标 k 的无量纲值时，我们采用 2010 年绿指项目的初始年为基准年进行求算，则式(1)可具体表述为：

$$C_k^{2016} = \frac{V_k^{2016} - V_{k,\min}^{2010}}{V_{k,\max}^{2010} - V_{k,\min}^{2010}} \tag{2}$$

当依式(1)求算获得各三级指标无量纲化标准测度值后，可根据逐级加权平均法求算二级及一级指标值：

$$B_j^t = \sum w_{jk} C_{jk}^t \tag{3}$$

式(3)中，B_j^t 表示第 j 个二级指标在 t 年的测度值；C_{jk}^t 表示该二级指标 j 所属的第 k 个三级指标在 t 年依据定基极差法计算的无量纲指标值；w_{jk} 为该三级指标在相应二级指标 j 的组内权重，显然，$\sum_{k=1}^{N} w_{jk} = 1.0$ 。

$$A^t = \sum w_j B_j^t \tag{4}$$

式(4)中，A^t 表示一级指标在 t 年的测度值[就各省(区、市)而言，只有一个一级指标产生，为该省(区、市)综合绿色发展指数]；B_j^t 表示第 j 个二级指标在 t 年的测度值；w_j 为该第 j 个二级指标的权重，显然 $\sum_{j=1}^{M} w_j = 1.0$ 。

>>三、定基极差法的特点<<

1. 解决了基于传统标准化方法横、纵向指标不可比的难题，新指标具有跨区域、跨年度、时空二维可比性

当计算某年各省(区、市)的绿色发展指数时，依据传统的标准差标准化方法计算的各三级指标是基于该指标在该年内各省(区、市)原始测度的平均值与标准差为参考系测得的。由于该参考系随着年份的变化而变化，基于年度变动的参考系所计算的各三级指标值在跨年度比较时不具有可比性，进而由加权平均所得的某省(区、市)各年的绿色发展指数无法真实反映该省(区、市)绿色发展的变化水平，仅能反映各省(区、市)在该年相对的横向(空间)优劣程度。而采用定基极差法所计算的各三级指标以及由此整合的二级和一级指标，由于采用特定基准年的定值测度为统一参考系，且各指标具有预定的固定权重值，使各级指标的度量值能真实地反映

区域间、年度间的绿色发展水平的差异，使指标具有跨区域、跨年度、时空二维可比性。

该结论可以通过式(2)分析而得。运用式(2)求算各省(区、市)某年度某三级指标的无量纲值时均以该三级指标在2010年跨省的原始指标数值分布(即2010年省际最大值和最小值)为基础。可以看出，就该指标而言，公式的分母部分总是常数，分子部分是计算年针对基准年2010年的实际指标原始测度的最小值的离差，其总体值是针对统一、固定(静态)的参考系的简单线性变化。此线性变化不仅满足了无量纲化及度量尺度标准化(归一化)的需求，同时也保持了变量的数值特征及与其他指标变量的统计特征(如相关系数等)的关系。由此统一参考系所计算而得的指标值自然具有横纵双向(跨区域、跨年度)可比较性。

2. 绿指值大于1或小于0的经济学含义

当使用式(1)计算某三级指标时，我们可以得出：当某省(区、市)某年的该三级指标的原始测度值优于基准年的最优(大)值时，该省(区、市)该年的基于定基极差法的三级指标无量纲测算值将会大于1；同样道理，如该省(区、市)该年的该三级指标的原始测度值劣于基准年的最差(小)值时，其依据定基极差法计算的无量纲测算值将小于0。具体可由式(2)进一步表述：当某省(区、市)2016年的某三级指标的原始测度值优于基准年2010年的最优值，则该省2016年的该三级指标无量纲测算值将大于1；如该省2016年的该三级指标的原始测度值劣于基准年2010年的最差值，则计算的无量纲三级指标值将小于0。因而，理论上三级指标的值可能会大于1或小于0：其大于1表明了某省在该绿色三级指标上的显著的真实进步，即比2010年该指标最好的省份还要好；如果小于0则代表该省在该绿色三级指标上的显著退步，即比2010年该指标最差的省份还要差。

考虑到二级指标和一级指标是基于三级指标的逐级加权平均，因而理论上，二级指标和一级指标的值也可能大于1或小于0。当然，这在实际情况中是极少出现的。这是因为，假定某省的二级或一级指标大于1，即意味着该省二级或一级指标所对应的所有三级指标几乎都要优于基准年2010年各三级指标的省际最优值。如果二级指标，尤其是一级指标的测度值真的大于1，即预示了该省绿色发展战略及绿色科技的革命性进步。同样，如某省的二级或一级指标小于0，即意味着该省二级或一级指标所对应的所有三级指标几乎都要差于基准年2010年各三级指标的省际最差值。此一旦发生，即意味着该省经历了灾难性的巨变，致使绿色生态环境与发展水平严重倒退。因而，可以推断，除非出现整体革命性的绿色科技与经济进步或呈现全面灾难性的生态环境与经济倒退，二级指标特别是一级指标的实际测度值将会介于0～1之间。基于持续、渐进式发展进步模式，二级与一级绿色发展指数将可能逐年提高，趋近于1。

3. 通过无量纲三级指标值求算实际三级绿色指数增长率

根据定基极差法通用公式(1)，假定基准年是t_0、t_1和t_2分别为某省两具体目标测算年，则：

$$C_k^{t1}=\frac{V_k^{t1}-V_{k,\min}^{t0}}{V_{k,\max}^{t0}-V_{k,\min}^{t0}} \tag{5}$$

$$C_k^{t2}=\frac{V_k^{t2}-V_{k,\min}^{t0}}{V_{k,\max}^{t0}-V_{k,\min}^{t0}} \tag{6}$$

其中，C_k^{t1}和C_k^{t2}是在t_1和t_2年的三级指标无量纲测算值；V_k^{t1}和V_k^{t2}是该三级指标的原始测度值。通过数学转换，可得出：

$$V_k^{t1}=C_k^{t1}\times(V_{k,\max}^{t0}-V_{k,\min}^{t0})+V_{k,\min}^{t0} \tag{7}$$

$$V_k^{t2}=C_k^{t2}\times(V_{k,\max}^{t0}-V_{k,\min}^{t0})+V_{k,\min}^{t0} \tag{8}$$

于是，

$$\frac{V_k^{t2}}{V_k^{t1}}=\frac{C_k^{t2}\times(V_{k,\max}^{t0}-V_{k,\min}^{t0})+V_{k,\min}^{t0}}{C_k^{t1}\times(V_{k,\max}^{t0}-V_{k,\min}^{t0})+V_{k,\min}^{t0}} \tag{9}$$

$$\frac{V_k^{t2}}{V_k^{t1}}=\frac{C_k^{t2}\times(1-V_{k,\min}^{t0}/V_{k,\max}^{t0})+V_{k,\min}^{t0}/V_{k,\max}^{t0}}{C_k^{t1}\times(1-V_{k,\min}^{t0}/V_{k,\max}^{t0})+V_{k,\min}^{t0}/V_{k,\max}^{t0}} \tag{10}$$

由于就某特定三级指标而言，$V_{k,\min}^{t0}/V_{k,\max}^{t0}$是一常数，设定为 θ_k，表征为基准年某三级指标 k 的基准最小值与基准最大值的比值常数。于是式(10)可变为：

$$\frac{V_k^{t2}}{V_k^{t1}}=\frac{C_k^{t2}\times(1-\theta_k)+\theta_k}{C_k^{t1}\times(1-\theta_k)+\theta_k} \tag{11}$$

于是，t_2 相对于 t_1 的增长率 $P_{t1\to t2}$ 为：

$$P_{t1\to t2}=\frac{V_k^{t2}-V_k^{t1}}{V_k^{t1}}=\frac{(C_k^{t2}-C_k^{t1})\times(1-\theta_k)}{C_k^{t1}\times(1-\theta_k)+\theta_k}=\frac{C_k^{t2}-C_k^{t1}}{C_k^{t1}+\theta_k/(1-\theta_k)} \tag{12}$$

因此，由于某三级指标的最小与最大基准测量值的比值 θ_k 是常数，已知某两年(或某两地区/省)的三级指标无量纲指数值，可以通过式(12)推算出它们之间的真实增长(变化)率。为了方便计算，我们对基期年份所有三级指标的极大极小值进行了观测，发现各指标极值之间均存在较大差异，可近似认为 θ_k 等于 0，故 $\theta_k/(1-\theta_k)$ 也近似等于 0，因此可以通过$(C_k^{t2}-C_k^{t1})/C_k^{t1}$ 对实际增长率进行估计，总体而言，该直接估计值是比较接近真实增长率的。

4. 指数均值与累积增长率

在进行指数纵向分析时，一般需要计算年际平均值以反映多年的平均变化状况。那么，基于定基极差法计算的综合一级绿色发展无量纲指数的年际平均值具有可测度的物理意义吗？答案是肯定的。

根据式(5)和式(6)，我们知道，t_1 和 t_2 年的三级指标无量纲测算值 C_k^{t1} 和 C_k^{t2} 之间的差值能真实定量化反映三级指标原始测度值 V_k^{t1} 和 V_k^{t2} 之间的差异程度。这是因为，如式(13)所示，无量纲三级指数值之间的差实际为真实原始测度值差的等比线性变换，其常量比例系数为$1/(V_{k,\max}^{t0}-V_{k,\min}^{t0})$。

$$C_k^{t2}-C_k^{t1}=\frac{V_k^{t2}-V_k^{t1}}{V_{k,\max}^{t0}-V_{k,\min}^{t0}} \tag{13}$$

由式(3)及式(4)集合推论可知，一级指标最终可表述为所有三级指标的简单线性加权平均和。因而就某省(区、市)而言，其任意两年的一级指标值之差也可表述为所有无量纲三级指标在此两年间的差值的简单线性加权和。进而依据式(13)，加之各级指标在线性加权计算中的预定权重值保持恒定不变，故一级指标的差也为所有三级指标原始测度值差的简单线性加权和。由此，一级指标无量纲测算值之间的标量值差具有严格的定量数学意义。因而，其年际数学平均值确能反映该省(地区)多年的平均状况。基于同一基础论据，某省(区、市)一级指数的累积增长率可定量反映多年绿色发展水平的累积增长幅度。从数值计算上讲，该累计增长幅度等于计算时间序列中最后一年与第一年的指数数值之差，再将该差值与第一年的一级指数值相比则可以得到反映各省(区、市)绿色增长潜力的累计增长率。需要说明的是，就一级指标数值而言，理论上可能出现负值，不过实际得出的一级综合指数极不可能出现负值。因此，整体而言，基于现实一级指标计算的累计增长率是对理想的“真实”的综合绿色发展水平增长率的一种近似估计，测度出的绿色发展综合指数以及三个一级指标指数的累计增长率是有效的，在实际操作中是可以行得通的。

同理可得，对省际横向比较而言，一级指数值差的大小变化可定量化真实反映省际绿色发展水平基于共同参考系的数量关系变化，由此某年度多省平均指数值即可反映该年度省际绿色发展的平均水平。

附录四

省际绿色发展“体检”表

省际绿色发展“体检”表包含了中国省际绿色发展指数 30 个测评省（区、市）62 个绿色发展三级指标的指标序号、指标名称、单位、指标属性、30 个省（区、市）测评均值、2014 年该省（区、市）指标数值、2013 年该省（区、市）指标数值、2014 年该省（区、市）指标排名、2013 年该省（区、市）指标排名、前后两年排名变化、数据来源及“进退脸谱”等多项内容。其中，指标序号、指标名称、单位、指标属性、30 个省（区、市）测评均值及数据来源这六项内容在每个省际绿色发展“体检”表中都是相同的，反映的是整个中国省际绿色发展指数 62 个绿色发展三级指标的具体情况；2014 年该省（区、市）指标数值、2013 年该省（区、市）指标数值、2014 年该省（区、市）指标排名、2013 年该省（区、市）指标排名及前后两年排名变化这五项内容在每个表中均不同，反映每个测评省（区、市）三级指标的原始数据及其相应的排名、变化；而最后的“进退脸谱”则是根据指标排名变化而制作的，若 2014 年指标数值排名较 2013 年有所进步，即给该项指标一个笑脸，以表示鼓励；若 2014 年指标数值排名较 2013 年有所退步，则给该项指标一个哭脸，以表示激励；若该项指标排名两年基本没有变化，则无脸谱表示；若该项指标在统计年鉴中没有数据，则用 NA 表示，待日后补全。省际绿色发展“体检”表全面地反映了每个测评省（区、市）在绿色发展各个方面的具体表现。

北京绿色发展“体检”表

序号	指标名称	单 位	指标属性	2014 年测评均值	2014 年北京数值	2013 年北京数值	2014 年北京排名	2013 年北京排名	排名变化	2014 年数据来源	进退脸谱
1	人均地区生产总值	元/人	正	51 459.013	99 994.515	93 213.000	2	2	0	中国统计	
2	单位地区生产总值能耗	吨标准煤/万元	逆	1.531	3.123	2.179	30	30	0	中国统计；wind	
3	非化石能源消费量占能源消费量的比重		正	NA	NA	NA	NA	NA			
4	单位地区生产总值二氧化碳排放量		逆	NA	NA	NA	NA	NA			
5	单位地区生产总值二氧化硫排放量	吨/万元	逆	483.307	2 703.321	1 723.166	30	30	0	中国统计	
6	单位地区生产总值化学需氧量排放量	吨/万元	逆	343.629	1 263.375	840.383	30	30	0	中国统计	
7	单位地区生产总值氮氧化物排放量	吨/万元	逆	0.996	0.999	0.999	30	30	0	中国统计	
8	单位地区生产总值氨氮排放量	吨/万元	逆	3 056.227	11 255.883	7 612.030	30	30	0	中国统计	
9	技术市场成交额占GDP的比重	%	正	0.012	0.147	0.146	1	1	0	中国统计	
10	人均城镇生活消费用电	千瓦时/人	逆	0.005	0.001	0.001	1	2	1	城市	☺
11	第一产业劳动生产率	万元/人	正	2.659	2.950	2.872	10	8	−2	省(市、区)统计年鉴；统计公报等	☹
12	土地产出率	亿元/千公顷	正	0.375	0.791	0.703	1	1	0	中国统计	
13	节灌率	%	正	50.431	135.490	133.072	1	1	0	中国统计；环境年鉴	
14	有效灌溉面积占耕地面积比重	%	正	52.087	64.710	63.093	12	3	−9	中国统计；环境年鉴	☹
15	第二产业劳动生产率	万元/人	正	15.880	21.601	20.554	7	8	1	省(市、区)统计年鉴；统计公报等	☺
16	单位工业增加值水耗	立方米/元	逆	313.440	735.887	690.799	28	28	0	中国统计	
17	规模以上单位工业增加值能耗		逆	NA	NA	NA	NA	NA			
18	工业固体废物综合利用率	%	正	63.999	87.677	86.590	6	8	2	中国统计	☺
19	工业用水重复利用率	%	正	76.094	38.438	42.200	28	26	−2	环境年鉴	☹
20	六大高载能行业产值占工业总产值比重	%	逆	60.686	65.362	67.649	17	19	2	工业经济	☺

续表

序号	指标名称	单位	指标属性	2014年测评均值	2014年北京数值	2013年北京数值	2014年北京排名	2013年北京排名	排名变化	2014年数据来源	进退脸谱
21	第三产业劳动生产率	万元/人	正	10.479	18.797	17.506	1	2	1	省(市、区)统计年鉴;统计公报等	☺
22	第三产业增加值比重	%	正	44.082	77.948	76.900	1	1	0	中国统计	
23	第三产业就业人员比重	%	正	38.681	77.323	76.661	1	1	0	省(市、区)统计年鉴;统计公报等	
24	人均水资源量	立方米/人	正	1 804.122	95.149	118.586	29	28	−1	中国统计	☹
25	人均森林面积	公顷/人	正	0.202	0.028	0.028	26	26	0	中国统计	
26	森林覆盖率	%	正	33.061	35.840	35.840	16	16	0	中国统计	
27	自然保护区面积占辖区面积比重	%	正	9.319	7.968	7.970	13	12	−1	中国统计;环境年鉴	☹
28	湿地面积占辖区面积的比重	%	正	9.228	2.860	2.860	24	24	0	中国统计	
29	人均活立木总蓄积量	立方米/人	正	11.844	0.857	0.864	28	28	0	中国统计	
30	单位土地面积二氧化碳排放量		逆	NA	NA	NA	NA	NA			
31	人均二氧化碳排放量		逆	NA	NA	NA	NA	NA			
32	单位土地面积二氧化硫排放量	吨/平方公里	逆	0.485	0.208	0.189	13	13	0	中国统计	
33	人均二氧化硫排放量	吨/人	逆	86.502	270.347	240.351	29	29	0	中国统计	
34	单位土地面积化学需氧量排放量	吨/平方公里	逆	0.505	0.097	0.092	5	4	−1	中国统计	☹
35	人均化学需氧量排放量	吨/人	逆	64.224	126.344	117.218	30	30	0	中国统计	
36	单位土地面积氮氧化物排放量	吨/平方公里	逆	93.644	90.801	89.864	5	5	0	中国统计	
37	人均氮氧化物排放量	吨/人	逆	0.982	0.993	0.992	30	29	−1	中国统计	☹
38	单位土地面积氨氮排放量	吨/平方公里	逆	5.548	0.866	0.833	5	5	0	中国统计	
39	人均氨氮排放量	吨/人	逆	590.331	1 125.650	1 061.739	30	30	0	中国统计	
40	单位耕地面积化肥施用量	万吨/千公顷	逆	25.913	19.000	18.945	14	3	−11	中国统计	☹
41	单位耕地面积农药使用量	吨/千公顷	逆	0.122	0.061	0.063	12	7	−5	中国统计;环境年鉴	☹
42	人均公路交通氮氧化物排放量	吨/万人	逆	0.023	0.030	0.027	23	22	−1	中国统计	☹
43	环境保护支出占财政支出比重	%	正	2.765	4.715	3.311	2	9	7	中国统计	☺

续表

序号	指标名称	单　位	指标属性	2014 年测评均值	2014 年北京数值	2013 年北京数值	2014 年北京排名	2013 年北京排名	排名变化	2014 年数据来源	进退脸谱
44	环境污染治理投资占地区生产总值比重	%	正	1.545	2.930	2.223	3	7	4	环境年鉴	☺
45	农村人均改水、改厕的政府投资	元/人	正	38.104	45.068	39.639	8	18	10	环境年鉴	☺
46	单位耕地面积退耕还林投资完成额	万元/千公顷	正	19.699	10.593	16.294	18	15	−3	环境年鉴；中国统计	☹
47	科教文卫支出占财政支出比重	%	正	28.044	33.394	32.266	2	5	3	中国统计	☺
48	城市人均绿地面积	公顷/人	正	0.003	0.005	0.005	4	4	0	中国统计	
49	城市用水普及率	%	正	97.499	100.000	100.000	1	1	0	中国统计	
50	城市污水处理率	%	正	88.267	86.100	84.600	24	23	−1	环境年鉴	☹
51	城市生活垃圾无害化处理率	%	正	91.211	99.590	99.300	6	5	−1	中国统计	☹
52	城市每万人拥有公交车辆	标台	正	12.728	24.836	24.386	1	1	0	中国统计	
53	人均城市公共交通运营线路网长度	公里/人	正	0.000	0.001	0.002	3	4	1	中国统计	☺
54	农村累计已改水受益人口占农村人口比重	%	正	96.117	100.000	100.000	1	1	0	环境年鉴	
55	人均互联网宽带接入端口	个/人	正	0.301	0.539	0.561	2	2	0	中国统计	
56	建成区绿化覆盖率	%	正	39.188	49.130	47.100	1	1	0	中国统计	
57	人均当年新增造林面积	公顷/万人	正	53.976	10.752	21.899	25	23	−2	中国统计	☹
58	工业二氧化硫去除率	%	正	69.716	70.139	66.849	16	11	−5	环境年鉴	☹
59	工业废水化学需氧量去除率	%	正	80.853	89.957	90.016	6	4	−2	环境年鉴	☹
60	工业氮氧化物去除率	%	正	26.237	34.561	20.407	5	12	7	环境年鉴	☺
61	工业废水氨氮去除率	%	正	76.487	86.151	86.536	8	7	−1	环境年鉴	☹
62	突发环境事件次数	次	逆	92	97	235	9	6	−3	中国统计	☹

年鉴说明：中国统计——《中国统计年鉴 2015》；城市——《中国城市统计年鉴 2015》；环境年鉴——《中国环境统计年鉴 2015》；工业经济——《中国工业经济统计年鉴 2015》；wind——wind 数据库。

天津绿色发展“体检”表

序号	指标名称	单　位	指标属性	2014 年测评均值	2014 年天津数值	2013 年天津数值	2014 年天津排名	2013 年天津排名	排名变化	2014 年数据来源	进退脸谱
1	人均地区生产总值	元/人	正	51 459.013	105 231.347	99 607.000	1	1	0	中国统计	
2	单位地区生产总值能耗	吨标准煤/万元	逆	1.531	1.931	1.412	23	22	−1	中国统计；wind	☹
3	非化石能源消费量占能源消费量的比重		正	NA	NA	NA	NA	NA			
4	单位地区生产总值二氧化碳排放量		逆	NA	NA	NA	NA	NA			
5	单位地区生产总值二氧化硫排放量	吨/万元	逆	483.307	751.765	566.856	26	26	0	中国统计	
6	单位地区生产总值化学需氧量排放量	吨/万元	逆	343.629	733.778	554.871	28	28	0	中国统计	
7	单位地区生产总值氮氧化物排放量	吨/万元	逆	0.996	0.998	0.997	25	25	0	中国统计	
8	单位地区生产总值氨氮排放量	吨/万元	逆	3 056.227	6 423.199	4 980.055	29	29	0	中国统计	
9	技术市场成交额占GDP的比重	%	正	0.012	0.025	0.019	4	4	0	中国统计	
10	人均城镇生活消费用电	千瓦时/人	逆	0.005	0.001	0.001	4	3	−1	城市	☹
11	第一产业劳动生产率	万元/人	正	2.659	2.919	2.688	11	12	1	省(市、区)统计年鉴；统计公报等	☺
12	土地产出率	亿元/千公顷	正	0.375	0.482	0.459	6	6	0	中国统计	
13	节灌率	%	正	50.431	62.065	57.407	10	10	0	中国统计；环境年鉴	
14	有效灌溉面积占耕地面积比重	%	正	52.087	70.468	65.238	8	2	−6	中国统计；环境年鉴	☹
15	第二产业劳动生产率	万元/人	正	15.880	22.238	21.254	3	6	3	省(市、区)统计年鉴；统计公报等	☺
16	单位工业增加值水耗	立方米/元	逆	313.440	1 319.915	1 243.317	30	30	0	中国统计	
17	规模以上单位工业增加值能耗		逆	NA	NA	NA	NA	NA			
18	工业固体废物综合利用率	%	正	63.999	99.381	99.372	1	1	0	中国统计	
19	工业用水重复利用率	%	正	76.094	93.611	94.400	4	3	−1	环境年鉴	☹
20	六大高载能行业产值占工业总产值比重	%	逆	60.686	67.322	67.158	19	18	−1	工业经济	☹

续表

序号	指标名称	单位	指标属性	2014年测评均值	2014年天津数值	2013年天津数值	2014年天津排名	2013年天津排名	排名变化	2014年数据来源	进退脸谱
21	第三产业劳动生产率	万元/人	正	10.479	17.471	16.726	3	3	0	省(市、区)统计年鉴;统计公报等	
22	第三产业增加值比重	%	正	44.082	49.566	48.100	4	4	0	中国统计	
23	第三产业就业人员比重	%	正	38.681	53.319	50.105	3	3	0	省(市、区)统计年鉴;统计公报等	
24	人均水资源量	立方米/人	正	1 804.122	76.079	101.485	30	30	0	中国统计	
25	人均森林面积	公顷/人	正	0.202	0.007	0.008	29	29	0	中国统计	
26	森林覆盖率	%	正	33.061	9.870	9.870	28	28	0	中国统计	
27	自然保护区面积占辖区面积比重	%	正	9.319	7.370	7.990	16	11	−5	中国统计;环境年鉴	☹
28	湿地面积占辖区面积的比重	%	正	9.228	23.940	23.940	3	3	0	中国统计	
29	人均活立木总蓄积量	立方米/人	正	11.844	0.304	0.308	29	29	0	中国统计	
30	单位土地面积二氧化碳排放量		逆	NA	NA	NA	NA	NA			
31	人均二氧化碳排放量		逆	NA	NA	NA	NA	NA			
32	单位土地面积二氧化硫排放量	吨/平方公里	逆	0.485	0.057	0.055	2	2	0	中国统计	
33	人均二氧化硫排放量	吨/人	逆	86.502	71.439	66.534	13	13	0	中国统计	
34	单位土地面积化学需氧量排放量	吨/平方公里	逆	0.505	0.056	0.054	2	2	0	中国统计	
35	人均化学需氧量排放量	吨/人	逆	64.224	69.730	65.128	20	17	−3	中国统计	☹
36	单位土地面积氮氧化物排放量	吨/平方公里	逆	93.644	76.312	73.843	2	2	0	中国统计	
37	人均氮氧化物排放量	吨/人	逆	0.982	0.981	0.978	10	8	−2	中国统计	☹
38	单位土地面积氨氮排放量	吨/平方公里	逆	5.548	0.487	0.483	2	2	0	中国统计	
39	人均氨氮排放量	吨/人	逆	590.331	610.388	584.531	21	19	−2	中国统计	☹
40	单位耕地面积化肥施用量	万吨/千公顷	逆	25.913	18.836	19.486	13	6	−7	中国统计	☹
41	单位耕地面积农药使用量	吨/千公顷	逆	0.122	0.120	0.130	21	20	−1	中国统计;环境年鉴	☹
42	人均公路交通氮氧化物排放量	吨/万人	逆	0.023	0.027	0.026	20	19	−1	中国统计	☹
43	环境保护支出占财政支出比重	%	正	2.765	2.008	1.900	26	29	3	中国统计	☺

续表

序号	指标名称	单位	指标属性	2014年测评均值	2014年天津数值	2013年天津数值	2014年天津排名	2013年天津排名	排名变化	2014年数据来源	进退脸谱
44	环境污染治理投资占地区生产总值比重	%	正	1.545	1.770	1.331	9	19	10	环境年鉴	☺
45	农村人均改水、改厕的政府投资	元/人	正	38.104	4.526	27.162	30	23	−7	环境年鉴	☹
46	单位耕地面积退耕还林投资完成额	万元/千公顷	正	19.699	6.131	7.812	24	26	2	环境年鉴；中国统计	☺
47	科教文卫支出占财政支出比重	%	正	28.044	28.953	28.544	13	14	1	中国统计	☺
48	城市人均绿地面积	公顷/人	正	0.003	0.003	0.002	12	10	−2	中国统计	☹
49	城市用水普及率	%	正	97.499	100.000	100.000	1	1	0	中国统计	
50	城市污水处理率	%	正	88.267	91.000	90.000	13	12	−1	环境年鉴	☹
51	城市生活垃圾无害化处理率	%	正	91.211	96.670	96.800	11	9	−2	中国统计	☹
52	城市每万人拥有公交车辆	标台	正	12.728	18.140	18.990	2	2	0	中国统计	
53	人均城市公共交通运营线路网长度	公里/人	正	0.000	0.001	0.001	2	5	3	中国统计	☺
54	农村累计已改水受益人口占农村人口比重	%	正	96.117	100.000	100.000	1	1	0	环境年鉴	
55	人均互联网宽带接入端口	个/人	正	0.301	0.262	0.240	19	16	−3	中国统计	☹
56	建成区绿化覆盖率	%	正	39.188	34.930	34.930	27	26	−1	中国统计	☹
57	人均当年新增造林面积	公顷/万人	正	53.976	4.725	4.015	29	29	0	中国统计	
58	工业二氧化硫去除率	%	正	69.716	77.016	70.801	8	10	2	环境年鉴	☺
59	工业废水化学需氧量去除率	%	正	80.853	79.167	82.913	21	18	−3	环境年鉴	☹
60	工业氮氧化物去除率	%	正	26.237	41.013	28.373	2	5	3	环境年鉴	☺
61	工业废水氨氮去除率	%	正	76.487	47.305	60.963	28	25	−3	环境年鉴	☹
62	突发环境事件次数	次	逆	92	107	251	28	29	1	中国统计	☺

年鉴说明：中国统计——《中国统计年鉴 2015》；城市——《中国城市统计年鉴 2015》；环境年鉴——《中国环境统计年鉴 2015》；工业经济——《中国工业经济统计年鉴 2015》；wind—— wind 数据库。

河北绿色发展“体检”表

序号	指标名称	单　位	指标属性	2014 年测评均值	2014 年河北数值	2013 年河北数值	2014 年河北排名	2013 年河北排名	排名变化	2014 年数据来源	进退脸谱
1	人均地区生产总值	元/人	正	51 459.013	39 984.276	38 716.000	18	16	－2	中国统计	☹
2	单位地区生产总值能耗	吨标准煤/万元	逆	1.531	1.003	0.769	8	8	0	中国统计；wind	
3	非化石能源消费量占能源消费量的比重		正	NA	NA	NA	NA	NA			
4	单位地区生产总值二氧化碳排放量		逆	NA	NA	NA	NA	NA			
5	单位地区生产总值二氧化硫排放量	吨/万元	逆	483.307	247.257	178.839	10	10	0	中国统计	
6	单位地区生产总值化学需氧量排放量	吨/万元	逆	343.629	231.928	175.392	12	18	6	中国统计	☺
7	单位地区生产总值氮氧化物排放量	吨/万元	逆	0.996	0.995	0.993	8	8	0	中国统计	
8	单位地区生产总值氨氮排放量	吨/万元	逆	3 056.227	2 864.504	2 145.891	21	22	1	中国统计	☺
9	技术市场成交额占GDP的比重	%	正	0.012	0.001	0.001	26	27	1	中国统计	☺
10	人均城镇生活消费用电	千瓦时/人	逆	0.005	0.008	0.009	29	28	－1	城市	☹
11	第一产业劳动生产率	万元/人	正	2.659	2.460	2.473	15	13	－2	省(市、区)统计年鉴；统计公报等	☹
12	土地产出率	亿元/千公顷	正	0.375	0.396	0.397	12	12	0	中国统计	
13	节灌率	%	正	50.431	68.659	66.727	7	6	－1	中国统计；环境年鉴	☹
14	有效灌溉面积占耕地面积比重	%	正	52.087	67.228	49.707	10	5	－5	中国统计；环境年鉴	☹
15	第二产业劳动生产率	万元/人	正	15.880	10.441	10.400	26	26	0	省(市、区)统计年鉴；统计公报等	
16	单位工业增加值水耗	立方米/元	逆	313.440	544.655	523.062	25	25	0	中国统计	
17	规模以上单位工业增加值能耗		逆	NA	NA	NA	NA	NA			
18	工业固体废物综合利用率	%	正	63.999	41.961	42.403	23	29	6	中国统计	☺
19	工业用水重复利用率	%	正	76.094	92.651	93.700	7	4	－3	环境年鉴	☹
20	六大高载能行业产值占工业总产值比重	%	逆	60.686	54.225	52.845	7	7	0	工业经济	

续表

序号	指标名称	单　位	指标属性	2014 年测评均值	2014 年河北数值	2013 年河北数值	2014 年河北排名	2013 年河北排名	排名变化	2014 年数据来源	进退脸谱
21	第三产业劳动生产率	万元/人	正	10.479	8.097	7.722	21	18	−3	省(市、区)统计年鉴;统计公报等	☹
22	第三产业增加值比重	%	正	44.082	37.255	35.500	24	23	−1	中国统计	☹
23	第三产业就业人员比重	%	正	38.681	32.503	32.060	25	24	−1	省(市、区)统计年鉴;统计公报等	☹
24	人均水资源量	立方米/人	正	1 804.122	144.266	240.566	28	25	−3	中国统计	☹
25	人均森林面积	公顷/人	正	0.202	0.060	0.060	24	24	0	中国统计	
26	森林覆盖率	%	正	33.061	23.410	23.410	19	19	0	中国统计	
27	自然保护区面积占辖区面积比重	%	正	9.319	3.772	3.690	27	28	1	中国统计;环境年鉴	☺
28	湿地面积占辖区面积的比重	%	正	9.228	5.040	5.040	17	17	0	中国统计	
29	人均活立木总蓄积量	立方米/人	正	11.844	1.778	1.784	24	24	0	中国统计	
30	单位土地面积二氧化碳排放量		逆	NA	NA	NA	NA	NA			
31	人均二氧化碳排放量		逆	NA	NA	NA	NA	NA			
32	单位土地面积二氧化硫排放量	吨/平方公里	逆	0.485	0.158	0.147	10	9	−1	中国统计	☹
33	人均二氧化硫排放量	吨/人	逆	86.502	61.839	56.901	12	11	−1	中国统计	☹
34	单位土地面积化学需氧量排放量	吨/平方公里	逆	0.505	0.149	0.144	10	10	0	中国统计	
35	人均化学需氧量排放量	吨/人	逆	64.224	58.005	55.804	12	12	0	中国统计	
36	单位土地面积氮氧化物排放量	吨/平方公里	逆	93.644	91.973	91.231	8	8	0	中国统计	
37	人均氮氧化物排放量	吨/人	逆	0.982	0.979	0.977	6	6	0	中国统计	
38	单位土地面积氨氮排放量	吨/平方公里	逆	5.548	1.835	1.760	16	16	0	中国统计	
39	人均氨氮排放量	吨/人	逆	590.331	716.408	682.756	27	27	0	中国统计	
40	单位耕地面积化肥施用量	万吨/千公顷	逆	25.913	19.520	26.433	15	15	0	中国统计	
41	单位耕地面积农药使用量	吨/千公顷	逆	0.122	0.076	0.101	16	16	0	中国统计;环境年鉴	
42	人均公路交通氮氧化物排放量	吨/万人	逆	0.023	0.015	0.014	5	5	0	中国统计	
43	环境保护支出占财政支出比重	%	正	2.765	4.136	3.897	4	3	−1	中国统计	☹

续表

序号	指标名称	单　位	指标属性	2014 年测评均值	2014 年河北数值	2013 年河北数值	2014 年河北排名	2013 年河北排名	排名变化	2014 年数据来源	进退脸谱
44	环境污染治理投资占地区生产总值比重	%	正	1.545	1.550	1.731	11	10	−1	环境年鉴	☹
45	农村人均改水、改厕的政府投资	元/人	正	38.104	28.955	11.033	18	30	12	环境年鉴	☺
46	单位耕地面积退耕还林投资完成额	万元/千公顷	正	19.699	9.150	15.692	19	16	−3	环境年鉴；中国统计	☹
47	科教文卫支出占财政支出比重	%	正	28.044	30.993	30.408	8	8	0	中国统计	
48	城市人均绿地面积	公顷/人	正	0.003	0.001	0.001	25	26	1	中国统计	☺
49	城市用水普及率	%	正	97.499	99.290	99.850	9	5	−4	中国统计	☹
50	城市污水处理率	%	正	88.267	95.100	94.600	3	3	0	环境年鉴	
51	城市生活垃圾无害化处理率	%	正	91.211	86.610	83.300	24	25	1	中国统计	☺
52	城市每万人拥有公交车辆	标台	正	12.728	11.343	12.621	21	13	−8	中国统计	☹
53	人均城市公共交通运营线路网长度	公里/人	正	0.000	0.000	0.000	21	21	0	中国统计	
54	农村累计已改水受益人口占农村人口比重	%	正	96.117	99.003	98.605	12	13	1	环境年鉴	☺
55	人均互联网宽带接入端口	个/人	正	0.301	0.299	0.279	11	8	−3	中国统计	☹
56	建成区绿化覆盖率	%	正	39.188	41.930	41.200	6	9	3	中国统计	☺
57	人均当年新增造林面积	公顷/万人	正	53.976	46.213	43.603	13	13	0	中国统计	
58	工业二氧化硫去除率	%	正	69.716	68.450	64.545	18	17	−1	环境年鉴	☹
59	工业废水化学需氧量去除率	%	正	80.853	88.141	88.308	10	9	−1	环境年鉴	☹
60	工业氮氧化物去除率	%	正	26.237	26.421	15.304	13	17	4	环境年鉴	☺
61	工业废水氨氮去除率	%	正	76.487	83.035	84.001	15	13	−2	环境年鉴	☹
62	突发环境事件次数	次	逆	92	106	248	25	23	−2	中国统计	☹

年鉴说明：中国统计——《中国统计年鉴 2015》；城市——《中国城市统计年鉴 2015》；环境年鉴——《中国环境统计年鉴 2015》；工业经济——《中国工业经济统计年鉴 2015》；wind——wind 数据库。

山西绿色发展“体检”表

序号	指标名称	单　位	指标属性	2014 年测评均值	2014 年山西数值	2013 年山西数值	2014 年山西排名	2013 年山西排名	排名变化	2014 年数据来源	进退脸谱
1	人均地区生产总值	元/人	正	51 459.013	35 069.829	34 813.000	24	22	−2	中国统计	☹
2	单位地区生产总值能耗	吨标准煤/万元	逆	1.531	0.642	0.568	4	3	−1	中国统计；wind	☹
3	非化石能源消费量占能源消费量的比重		正	NA	NA	NA	NA	NA			
4	单位地区生产总值二氧化碳排放量		逆	NA	NA	NA	NA	NA			
5	单位地区生产总值二氧化硫排放量	吨/万元	逆	483.307	105.622	77.777	3	4	1	中国统计	☺
6	单位地区生产总值化学需氧量排放量	吨/万元	逆	343.629	289.164	211.666	20	20	0	中国统计	
7	单位地区生产总值氮氧化物排放量	吨/万元	逆	0.996	0.992	0.988	3	3	0	中国统计	
8	单位地区生产总值氨氮排放量	吨/万元	逆	3 056.227	2 377.911	1 764.724	14	15	1	中国统计	☺
9	技术市场成交额占GDP的比重	%	正	0.012	0.004	0.004	16	15	−1	中国统计	☹
10	人均城镇生活消费用电	千瓦时/人	逆	0.005	0.005	0.006	21	19	−2	城市	☹
11	第一产业劳动生产率	万元/人	正	2.659	1.202	1.193	29	27	−2	省(市、区)统计年鉴；统计公报等	☹
12	土地产出率	亿元/千公顷	正	0.375	0.260	0.246	22	22	0	中国统计	
13	节灌率	%	正	50.431	60.895	59.181	11	9	−2	中国统计；环境年鉴	☹
14	有效灌溉面积占耕地面积比重	%	正	52.087	34.667	36.559	20	15	−5	中国统计；环境年鉴	☹
15	第二产业劳动生产率	万元/人	正	15.880	12.288	13.464	22	16	−6	省(市、区)统计年鉴；统计公报等	☹
16	单位工业增加值水耗	立方米/元	逆	313.440	385.525	405.620	22	24	2	中国统计	☺
17	规模以上单位工业增加值能耗		逆	NA	NA	NA	NA	NA			
18	工业固体废物综合利用率	%	正	63.999	59.520	64.925	15	18	3	中国统计	☺
19	工业用水重复利用率	%	正	76.094	90.875	92.500	11	7	−4	环境年鉴	☹
20	六大高载能行业产值占工业总产值比重	%	逆	60.686	55.654	57.510	10	11	1	工业经济	☺

续表

序号	指标名称	单 位	指标属性	2014年测评均值	2014年山西数值	2013年山西数值	2014年山西排名	2013年山西排名	排名变化	2014年数据来源	进退脸谱
21	第三产业劳动生产率	万元/人	正	10.479	8.294	7.586	19	19	0	省(市、区)统计年鉴;统计公报等	
22	第三产业增加值比重	%	正	44.082	44.499	40.000	11	16	5	中国统计	☺
23	第三产业就业人员比重	%	正	38.681	37.314	36.574	14	14	0	省(市、区)统计年鉴;统计公报等	
24	人均水资源量	立方米/人	正	1 804.122	305.058	349.555	23	23	0	中国统计	
25	人均森林面积	公顷/人	正	0.202	0.078	0.078	22	22	0	中国统计	
26	森林覆盖率	%	正	33.061	18.030	18.030	22	22	0	中国统计	
27	自然保护区面积占辖区面积比重	%	正	9.319	7.044	7.090	19	16	−3	中国统计;环境年鉴	☹
28	湿地面积占辖区面积的比重	%	正	9.228	0.970	0.970	30	30	0	中国统计	
29	人均活立木总蓄积量	立方米/人	正	11.844	3.034	3.041	22	22	0	中国统计	
30	单位土地面积二氧化碳排放量		逆	NA	NA	NA	NA	NA			
31	人均二氧化碳排放量		逆	NA	NA	NA	NA	NA			
32	单位土地面积二氧化硫排放量	吨/平方公里	逆	0.485	0.130	0.125	6	6	0	中国统计	
33	人均二氧化硫排放量	吨/人	逆	86.502	30.118	28.837	4	4	0	中国统计	
34	单位土地面积化学需氧量排放量	吨/平方公里	逆	0.505	0.355	0.340	22	22	0	中国统计	
35	人均化学需氧量排放量	吨/人	逆	64.224	82.454	78.479	26	26	0	中国统计	
36	单位土地面积氮氧化物排放量	吨/平方公里	逆	93.644	93.173	92.612	9	9	0	中国统计	
37	人均氮氧化物排放量	吨/人	逆	0.982	0.971	0.968	4	4	0	中国统计	
38	单位土地面积氨氮排放量	吨/平方公里	逆	5.548	2.920	2.832	19	19	0	中国统计	
39	人均氨氮排放量	吨/人	逆	590.331	678.050	654.301	25	25	0	中国统计	
40	单位耕地面积化肥施用量	万吨/千公顷	逆	25.913	33.959	31.260	25	18	−7	中国统计	☹
41	单位耕地面积农药使用量	吨/千公顷	逆	0.122	0.131	0.124	22	19	−3	中国统计;环境年鉴	☹
42	人均公路交通氮氧化物排放量	吨/万人	逆	0.023	0.014	0.014	4	4	0	中国统计	
43	环境保护支出占财政支出比重	%	正	2.765	3.087	3.239	9	10	1	中国统计	☺

续表

序号	指标名称	单　位	指标属性	2014年测评均值	2014年山西数值	2013年山西数值	2014年山西排名	2013年山西排名	排名变化	2014年数据来源	进退脸谱
44	环境污染治理投资占地区生产总值比重	%	正	1.545	2.300	2.676	5	5	0	环境年鉴	
45	农村人均改水、改厕的政府投资	元/人	正	38.104	13.189	17.735	27	28	1	环境年鉴	☺
46	单位耕地面积退耕还林投资完成额	万元/千公顷	正	19.699	16.756	18.107	14	13	−1	环境年鉴；中国统计	☹
47	科教文卫支出占财政支出比重	%	正	28.044	28.180	28.805	15	13	−2	中国统计	☹
48	城市人均绿地面积	公顷/人	正	0.003	0.001	0.001	23	25	2	中国统计	☺
49	城市用水普及率	%	正	97.499	98.540	98.140	13	14	1	中国统计	☺
50	城市污水处理率	%	正	88.267	88.400	88.400	21	16	−5	环境年鉴	☹
51	城市生活垃圾无害化处理率	%	正	91.211	92.070	87.900	21	20	−1	中国统计	☹
52	城市每万人拥有公交车辆	标台	正	12.728	8.848	9.901	29	25	−4	中国统计	☹
53	人均城市公共交通运营线路网长度	公里/人	正	0.000	0.000	0.000	16	18	2	中国统计	☺
54	农村累计已改水受益人口占农村人口比重	%	正	96.117	91.614	89.960	24	27	3	环境年鉴	☺
55	人均互联网宽带接入端口	个/人	正	0.301	0.273	0.243	15	15	0	中国统计	
56	建成区绿化覆盖率	%	正	39.188	40.080	40.020	14	13	−1	中国统计	☹
57	人均当年新增造林面积	公顷/万人	正	53.976	83.405	82.533	7	7	0	中国统计	
58	工业二氧化硫去除率	%	正	69.716	73.571	66.368	13	13	0	环境年鉴	
59	工业废水化学需氧量去除率	%	正	80.853	85.319	85.185	13	13	0	环境年鉴	
60	工业氮氧化物去除率	%	正	26.237	25.948	23.361	15	9	−6	环境年鉴	☹
61	工业废水氨氮去除率	%	正	76.487	82.217	80.613	16	18	2	环境年鉴	☺
62	突发环境事件次数	次	逆	92	102	238	14	9	−5	中国统计	☹

年鉴说明：中国统计——《中国统计年鉴2015》；城市——《中国城市统计年鉴2015》；环境年鉴——《中国环境统计年鉴2015》；工业经济——《中国工业经济统计年鉴2015》；wind　　wind数据库。

内蒙古绿色发展“体检”表

序号	指标名称	单　位	指标属性	2014 年测评均值	2014 年内蒙古数值	2013 年内蒙古数值	2014 年内蒙古排名	2013 年内蒙古排名	排名变化	2014 年数据来源	进退脸谱
1	人均地区生产总值	元/人	正	51 459.013	71 046.369	67 498.000	6	6	0	中国统计	
2	单位地区生产总值能耗	吨标准煤/万元	逆	1.531	0.971	0.712	7	6	−1	中国统计；wind	☹
3	非化石能源消费量占能源消费量的比重		正	NA	NA	NA	NA	NA			
4	单位地区生产总值二氧化碳排放量		逆	NA	NA	NA	NA	NA			
5	单位地区生产总值二氧化硫排放量	吨/万元	逆	483.307	135.398	89.733	6	6	0	中国统计	
6	单位地区生产总值化学需氧量排放量	吨/万元	逆	343.629	209.638	141.239	7	11	4	中国统计	☺
7	单位地区生产总值氮氧化物排放量	吨/万元	逆	0.996	0.993	0.989	4	4	0	中国统计	
8	单位地区生产总值氨氮排放量	吨/万元	逆	3 056.227	3 603.203	2 381.276	24	23	−1	中国统计	☹
9	技术市场成交额占GDP的比重	%	正	0.012	0.001	0.002	27	21	−6	中国统计	☹
10	人均城镇生活消费用电	千瓦时/人	逆	0.005	0.004	0.004	13	13	0	城市	
11	第一产业劳动生产率	万元/人	正	2.659	5.605	2.747	2	10	8	省(市、区)统计年鉴；统计公报等	☺
12	土地产出率	亿元/千公顷	正	0.375	0.191	0.184	30	30	0	中国统计	
13	节灌率	%	正	50.431	75.680	70.105	3	4	1	中国统计；环境年鉴	☺
14	有效灌溉面积占耕地面积比重	%	正	52.087	32.741	41.017	22	12	−10	中国统计；环境年鉴	☹
15	第二产业劳动生产率	万元/人	正	15.880	34.466	36.286	1	1	0	省(市、区)统计年鉴；统计公报等	
16	单位工业增加值水耗	立方米/元	逆	313.440	400.537	335.960	24	23	−1	中国统计	☹
17	规模以上单位工业增加值能耗		逆	NA	NA	NA	NA	NA			
18	工业固体废物综合利用率	%	正	63.999	52.108	49.719	19	27	8	中国统计	☺
19	工业用水重复利用率	%	正	76.094	85.560	87.800	17	13	−4	环境年鉴	☹
20	六大高载能行业产值占工业总产值比重	%	逆	60.686	55.574	56.413	9	10	1	工业经济	☺

续表

序号	指标名称	单　位	指标属性	2014年测评均值	2014年内蒙古数值	2013年内蒙古数值	2014年内蒙古排名	2013年内蒙古排名	排名变化	2014年数据来源	进退脸谱
21	第三产业劳动生产率	万元/人	正	10.479	12.480	11.733	9	9	0	省(市、区)统计年鉴;统计公报等	
22	第三产业增加值比重	%	正	44.082	39.519	36.500	21	21	0	中国统计	
23	第三产业就业人员比重	%	正	38.681	40.830	39.959	6	6	0	省(市、区)统计年鉴;统计公报等	
24	人均水资源量	立方米/人	正	1 804.122	2 149.890	3 848.596	13	5	−8	中国统计	☹
25	人均森林面积	公顷/人	正	0.202	0.995	0.996	1	1	0	中国统计	
26	森林覆盖率	%	正	33.061	21.030	21.030	21	21	0	中国统计	
27	自然保护区面积占辖区面积比重	%	正	9.319	10.686	11.570	8	8	0	中国统计;环境年鉴	
28	湿地面积占辖区面积的比重	%	正	9.228	5.080	5.080	16	16	0	中国统计	
29	人均活立木总蓄积量	立方米/人	正	11.844	59.338	59.414	1	1	0	中国统计	
30	单位土地面积二氧化碳排放量		逆	NA	NA	NA	NA	NA			
31	人均二氧化碳排放量		逆	NA	NA	NA	NA	NA			
32	单位土地面积二氧化硫排放量	吨/平方公里	逆	0.485	0.567	0.548	23	23	0	中国统计	
33	人均二氧化硫排放量	吨/人	逆	86.502	19.058	18.354	2	2	0	中国统计	
34	单位土地面积化学需氧量排放量	吨/平方公里	逆	0.505	0.878	0.862	27	27	0	中国统计	
35	人均化学需氧量排放量	吨/人	逆	64.224	29.507	28.889	2	2	0	中国统计	
36	单位土地面积氮氧化物排放量	吨/平方公里	逆	93.644	98.309	98.149	24	24	0	中国统计	
37	人均氮氧化物排放量	吨/人	逆	0.982	0.950	0.945	2	2	0	中国统计	
38	单位土地面积氨氮排放量	吨/平方公里	逆	5.548	15.088	14.534	28	28	0	中国统计	
39	人均氨氮排放量	吨/人	逆	590.331	507.162	487.066	9	9	0	中国统计	
40	单位耕地面积化肥施用量	万吨/千公顷	逆	25.913	41.313	35.628	26	23	−3	中国统计	☹
41	单位耕地面积农药使用量	吨/千公顷	逆	0.122	0.298	0.230	26	25	−1	中国统计;环境年鉴	☹
42	人均公路交通氮氧化物排放量	吨/万人	逆	0.023	0.010	0.010	3	3	0	中国统计	
43	环境保护支出占财政支出比重	%	正	2.765	3.679	3.584	5	6	1	中国统计	☺

续表

序号	指标名称	单 位	指标属性	2014年测评均值	2014年内蒙古数值	2013年内蒙古数值	2014年内蒙古排名	2013年内蒙古排名	排名变化	2014年数据来源	进退脸谱
44	环境污染治理投资占地区生产总值比重	%	正	1.545	3.160	3.011	2	2	0	环境年鉴	
45	农村人均改水、改厕的政府投资	元/人	正	38.104	35.629	36.343	11	20	9	环境年鉴	☺
46	单位耕地面积退耕还林投资完成额	万元/千公顷	正	19.699	30.864	22.191	7	9	2	环境年鉴；中国统计	☺
47	科教文卫支出占财政支出比重	%	正	28.044	21.400	20.957	28	29	1	中国统计	☺
48	城市人均绿地面积	公顷/人	正	0.003	0.003	0.002	11	11	0	中国统计	
49	城市用水普及率	%	正	97.499	97.790	96.230	17	23	6	中国统计	☺
50	城市污水处理率	%	正	88.267	89.200	88.200	18	18	0	环境年鉴	
51	城市生活垃圾无害化处理率	%	正	91.211	96.070	93.600	12	14	2	中国统计	☺
52	城市每万人拥有公交车辆	标台	正	12.728	9.015	8.568	28	30	2	中国统计	☺
53	人均城市公共交通运营线路网长度	公里/人	正	0.000	0.000	0.001	14	14	0	中国统计	
54	农村累计已改水受益人口占农村人口比重	%	正	96.117	96.352	94.620	18	20	2	环境年鉴	☺
55	人均互联网宽带接入端口	个/人	正	0.301	0.295	0.271	12	10	−2	中国统计	☹
56	建成区绿化覆盖率	%	正	39.188	39.790	36.190	15	24	9	中国统计	☺
57	人均当年新增造林面积	公顷/万人	正	53.976	223.591	322.872	2	1	−1	中国统计	☹
58	工业二氧化硫去除率	%	正	69.716	74.419	66.541	12	12	0	环境年鉴	
59	工业废水化学需氧量去除率	%	正	80.853	80.483	83.364	20	16	−4	环境年鉴	☹
60	工业氮氧化物去除率	%	正	26.237	23.491	7.908	20	25	5	环境年鉴	☺
61	工业废水氨氮去除率	%	正	76.487	82.117	84.359	17	12	−5	环境年鉴	☹
62	突发环境事件次数	次	逆	92	106	247	25	21	−4	中国统计	☹

年鉴说明：中国统计——《中国统计年鉴2015》；城市——《中国城市统计年鉴2015》；环境年鉴——《中国环境统计年鉴2015》；工业经济——《中国工业经济统计年鉴2015》；wind——wind数据库。

辽宁绿色发展“体检”表

序号	指标名称	单 位	指标属性	2014 年测评均值	2014 年辽宁数值	2013 年辽宁数值	2014 年辽宁排名	2013 年辽宁排名	排名变化	2014 年数据来源	进退脸谱
1	人均地区生产总值	元/人	正	51 459.013	65 201.184	61 686.000	7	7	0	中国统计	
2	单位地区生产总值能耗	吨标准煤/万元	逆	1.531	1.313	0.912	11	10	−1	中国统计；wind	☹
3	非化石能源消费量占能源消费量的比重		正	NA	NA	NA	NA	NA			
4	单位地区生产总值二氧化碳排放量		逆	NA	NA	NA	NA	NA			
5	单位地区生产总值二氧化硫排放量	吨/万元	逆	483.307	287.821	201.365	12	13	1	中国统计	☺
6	单位地区生产总值化学需氧量排放量	吨/万元	逆	343.629	235.226	165.102	14	16	2	中国统计	☺
7	单位地区生产总值氮氧化物排放量	吨/万元	逆	0.996	0.997	0.995	16	17	1	中国统计	☺
8	单位地区生产总值氨氮排放量	吨/万元	逆	3 056.227	2 859.455	2 001.189	20	21	1	中国统计	☺
9	技术市场成交额占GDP的比重	%	正	0.012	0.008	0.006	12	13	1	中国统计	☺
10	人均城镇生活消费用电	千瓦时/人	逆	0.005	0.003	0.003	12	11	−1	城市	☹
11	第一产业劳动生产率	万元/人	正	2.659	3.333	3.368	7	4	−3	省(市、区)统计年鉴；统计公报等	☹
12	土地产出率	亿元/千公顷	正	0.375	0.416	0.398	11	11	0	中国统计	
13	节灌率	%	正	50.431	49.411	42.770	18	17	−1	中国统计；环境年鉴	☹
14	有效灌溉面积占耕地面积比重	%	正	52.087	29.540	33.449	25	21	−4	中国统计；环境年鉴	☹
15	第二产业劳动生产率	万元/人	正	15.880	20.052	20.751	8	7	−1	省(市、区)统计年鉴；统计公报等	☹
16	单位工业增加值水耗	立方米/元	逆	313.440	554.686	547.642	26	27	1	中国统计	☺
17	规模以上单位工业增加值能耗		逆	NA	NA	NA	NA	NA			
18	工业固体废物综合利用率	%	正	63.999	28.667	43.881	30	28	−2	中国统计	☹
19	工业用水重复利用率	%	正	76.094	93.595	90.300	5	10	5	环境年鉴	☺
20	六大高载能行业产值占工业总产值比重	%	逆	60.686	61.747	62.241	13	13	0	工业经济	

续表

序号	指标名称	单 位	指标属性	2014 年测评均值	2014 年辽宁数值	2013 年辽宁数值	2014 年辽宁排名	2013 年辽宁排名	排名变化	2014 年数据来源	进退脸谱
21	第三产业劳动生产率	万元/人	正	10.479	10.512	9.582	11	11	0	省(市、区)统计年鉴;统计公报等	
22	第三产业增加值比重	%	正	44.082	41.766	38.700	17	18	1	中国统计	☺
23	第三产业就业人员比重	%	正	38.681	45.426	44.103	4	4	0	省(市、区)统计年鉴;统计公报等	
24	人均水资源量	立方米/人	正	1 804.122	332.365	1 055.169	22	18	−4	中国统计	☹
25	人均森林面积	公顷/人	正	0.202	0.127	0.127	16	16	0	中国统计	
26	森林覆盖率	%	正	33.061	38.240	38.240	14	14	0	中国统计	
27	自然保护区面积占辖区面积比重	%	正	9.319	18.525	13.350	3	5	2	中国统计;环境年鉴	☺
28	湿地面积占辖区面积的比重	%	正	9.228	9.420	9.420	9	9	0	中国统计	
29	人均活立木总蓄积量	立方米/人	正	11.844	5.916	5.916	15	15	0	中国统计	
30	单位土地面积二氧化碳排放量		逆	NA	NA	NA	NA	NA			
31	人均二氧化碳排放量		逆	NA	NA	NA	NA	NA			
32	单位土地面积二氧化硫排放量	吨/平方公里	逆	0.485	0.147	0.143	8	8	0	中国统计	
33	人均二氧化硫排放量	吨/人	逆	86.502	44.143	42.739	7	7	0	中国统计	
34	单位土地面积化学需氧量排放量	吨/平方公里	逆	0.505	0.120	0.117	7	7	0	中国统计	
35	人均化学需氧量排放量	吨/人	逆	64.224	36.077	35.042	5	5	0	中国统计	
36	单位土地面积氮氧化物排放量	吨/平方公里	逆	93.644	93.838	93.473	12	12	0	中国统计	
37	人均氮氧化物排放量	吨/人	逆	0.982	0.979	0.978	7	7	0	中国统计	
38	单位土地面积氨氮排放量	吨/平方公里	逆	5.548	1.462	1.416	12	12	0	中国统计	
39	人均氨氮排放量	吨/人	逆	590.331	438.559	424.746	5	5	0	中国统计	
40	单位耕地面积化肥施用量	万吨/千公顷	逆	25.913	32.924	27.726	24	17	−7	中国统计	☹
41	单位耕地面积农药使用量	吨/千公顷	逆	0.122	0.083	0.070	17	11	−6	中国统计;环境年鉴	☹
42	人均公路交通氮氧化物排放量	吨/万人	逆	0.023	0.017	0.017	8	8	0	中国统计	
43	环境保护支出占财政支出比重	%	正	2.765	2.088	2.089	25	24	−1	中国统计	☹

续表

序号	指标名称	单　位	指标属性	2014 年测评均值	2014 年辽宁数值	2013 年辽宁数值	2014 年辽宁排名	2013 年辽宁排名	排名变化	2014 年数据来源	进退脸谱
44	环境污染治理投资占地区生产总值比重	%	正	1.545	0.950	1.284	24	21	－3	环境年鉴	☹
45	农村人均改水、改厕的政府投资	元/人	正	38.104	16.990	25.777	23	24	1	环境年鉴	☺
46	单位耕地面积退耕还林投资完成额	万元/千公顷	正	19.699	7.559	11.471	21	20	－1	环境年鉴；中国统计	☹
47	科教文卫支出占财政支出比重	%	正	28.044	21.248	21.420	29	27	－2	中国统计	☹
48	城市人均绿地面积	公顷/人	正	0.003	0.003	0.003	8	8	0	中国统计	
49	城市用水普及率	%	正	97.499	98.720	98.770	11	10	－1	中国统计	☹
50	城市污水处理率	%	正	88.267	89.100	90.000	19	12	－7	环境年鉴	☹
51	城市生活垃圾无害化处理率	%	正	91.211	91.590	87.600	22	21	－1	中国统计	☹
52	城市每万人拥有公交车辆	标台	正	12.728	11.792	11.192	19	20	1	中国统计	☺
53	人均城市公共交通运营线路网长度	公里/人	正	0.000	0.001	0.001	9	12	3	中国统计	☺
54	农村累计已改水受益人口占农村人口比重	%	正	96.117	96.899	97.264	16	15	－1	环境年鉴	☹
55	人均互联网宽带接入端口	个/人	正	0.301	0.474	0.372	4	6	2	中国统计	☺
56	建成区绿化覆盖率	%	正	39.188	40.110	40.170	13	12	－1	中国统计	☹
57	人均当年新增造林面积	公顷/万人	正	53.976	51.582	54.097	12	11	－1	中国统计	☹
58	工业二氧化硫去除率	%	正	69.716	60.240	56.577	27	26	－1	环境年鉴	☹
59	工业废水化学需氧量去除率	%	正	80.853	80.565	79.370	19	21	2	环境年鉴	☺
60	工业氮氧化物去除率	%	正	26.237	14.867	11.139	28	22	－6	环境年鉴	☹
61	工业废水氨氮去除率	%	正	76.487	89.525	83.375	4	15	11	环境年鉴	☺
62	突发环境事件次数	次	逆	92	104	239	21	11	－10	中国统计	☹

年鉴说明：中国统计——《中国统计年鉴 2015》；城市——《中国城市统计年鉴 2015》；环境年鉴——《中国环境统计年鉴 2015》；工业经济——《中国工业经济统计年鉴 2015》；wind　wind 数据库。

吉林绿色发展“体检”表

序号	指标名称	单 位	指标属性	2014年测评均值	2014年吉林数值	2013年吉林数值	2014年吉林排名	2013年吉林排名	排名变化	2014年数据来源	进退脸谱
1	人均地区生产总值	元/人	正	51 459.013	50 159.857	47 191.000	11	11	0	中国统计	
2	单位地区生产总值能耗	吨标准煤/万元	逆	1.531	1.613	1.083	15	14	−1	中国统计；wind	☹
3	非化石能源消费量占能源消费量的比重		正	NA	NA	NA	NA	NA			
4	单位地区生产总值二氧化碳排放量		逆	NA	NA	NA	NA	NA			
5	单位地区生产总值二氧化硫排放量	吨/万元	逆	483.307	370.797	262.237	18	17	−1	中国统计	☹
6	单位地区生产总值化学需氧量排放量	吨/万元	逆	343.629	185.776	131.411	6	6	0	中国统计	
7	单位地区生产总值氮氧化物排放量	吨/万元	逆	0.996	0.996	0.994	12	14	2	中国统计	☺
8	单位地区生产总值氨氮排放量	吨/万元	逆	3 056.227	2 601.764	1 828.184	17	17	0	中国统计	
9	技术市场成交额占GDP的比重	%	正	0.012	0.002	0.003	22	20	−2	中国统计	☹
10	人均城镇生活消费用电	千瓦时/人	逆	0.005	0.005	0.006	19	18	−1	城市	☹
11	第一产业劳动生产率	万元/人	正	2.659	2.809	2.723	12	11	−1	省(市、区)统计年鉴；统计公报等	☹
12	土地产出率	亿元/千公顷	正	0.375	0.239	0.233	26	24	−2	中国统计	☹
13	节灌率	%	正	50.431	30.790	31.325	22	21	−1	中国统计；环境年鉴	☹
14	有效灌溉面积占耕地面积比重	%	正	52.087	23.242	27.897	29	25	−4	中国统计；环境年鉴	☹
15	第二产业劳动生产率	万元/人	正	15.880	21.878	22.676	6	3	−3	省(市、区)统计年鉴；统计公报等	☹
16	单位工业增加值水耗	立方米/元	逆	313.440	239.734	227.760	16	17	1	中国统计	☺
17	规模以上单位工业增加值能耗		逆	NA	NA	NA	NA	NA			
18	工业固体废物综合利用率	%	正	63.999	62.816	80.854	14	11	−3	中国统计	☹
19	工业用水重复利用率	%	正	76.094	77.771	77.000	20	21	1	环境年鉴	☺
20	六大高载能行业产值占工业总产值比重	%	逆	60.686	76.107	75.911	28	28	0	工业经济	

续表

序号	指标名称	单位	指标属性	2014 年测评均值	2014 年吉林数值	2013 年吉林数值	2014 年吉林排名	2013 年吉林排名	排名变化	2014 年数据来源	进退脸谱
21	第三产业劳动生产率	万元/人	正	10.479	8.983	8.722	16	15	−1	省(市、区)统计年鉴;统计公报等	☹
22	第三产业增加值比重	%	正	44.082	36.170	35.500	29	23	−6	中国统计	☹
23	第三产业就业人员比重	%	正	38.681	39.338	38.307	9	9	0	省(市、区)统计年鉴;统计公报等	
24	人均水资源量	立方米/人	正	1 804.122	1 112.230	2 208.165	18	12	−6	中国统计	☹
25	人均森林面积	公顷/人	正	0.202	0.278	0.278	7	7	0	中国统计	
26	森林覆盖率	%	正	33.061	40.380	40.380	11	11	0	中国统计	
27	自然保护区面积占辖区面积比重	%	正	9.319	13.076	12.970	6	6	0	中国统计;环境年鉴	
28	湿地面积占辖区面积的比重	%	正	9.228	5.320	5.320	15	15	0	中国统计	
29	人均活立木总蓄积量	立方米/人	正	11.844	35.080	35.091	4	4	0	中国统计	
30	单位土地面积二氧化碳排放量		逆	NA	NA	NA	NA	NA			
31	人均二氧化碳排放量		逆	NA	NA	NA	NA	NA			
32	单位土地面积二氧化硫排放量	吨/平方公里	逆	0.485	0.504	0.492	21	21	0	中国统计	
33	人均二氧化硫排放量	吨/人	逆	86.502	73.923	72.115	15	15	0	中国统计	
34	单位土地面积化学需氧量排放量	吨/平方公里	逆	0.505	0.252	0.246	19	19	0	中国统计	
35	人均化学需氧量排放量	吨/人	逆	64.224	37.037	36.138	6	6	0	中国统计	
36	单位土地面积氮氧化物排放量	吨/平方公里	逆	93.644	97.071	97.011	19	20	1	中国统计	☺
37	人均氮氧化物排放量	吨/人	逆	0.982	0.980	0.980	8	9	1	中国统计	☺
38	单位土地面积氨氮排放量	吨/平方公里	逆	5.548	3.535	3.427	22	22	0	中国统计	
39	人均氨氮排放量	吨/人	逆	590.331	518.695	502.749	11	11	0	中国统计	
40	单位耕地面积化肥施用量	万吨/千公顷	逆	25.913	30.912	24.968	22	12	−10	中国统计	☹
41	单位耕地面积农药使用量	吨/千公顷	逆	0.122	0.118	0.106	20	17	−3	中国统计;环境年鉴	☹
42	人均公路交通氮氧化物排放量	吨/万人	逆	0.023	0.016	0.015	7	7	0	中国统计	
43	环境保护支出占财政支出比重	%	正	2.765	4.816	4.621	1	2	1	中国统计	☺

续表

序号	指标名称	单　位	指标属性	2014 年测评均值	2014 年吉林数值	2013 年吉林数值	2014 年吉林排名	2013 年吉林排名	排名变化	2014 年数据来源	进退脸谱
44	环境污染治理投资占地区生产总值比重	%	正	1.545	0.710	0.812	28	29	1	环境年鉴	☺
45	农村人均改水、改厕的政府投资	元/人	正	38.104	29.681	42.870	17	15	−2	环境年鉴	☹
46	单位耕地面积退耕还林投资完成额	万元/千公顷	正	19.699	17.005	11.322	13	21	8	环境年鉴；中国统计	☺
47	科教文卫支出占财政支出比重	%	正	28.044	24.411	25.407	24	24	0	中国统计	
48	城市人均绿地面积	公顷/人	正	0.003	0.002	0.002	15	15	0	中国统计	
49	城市用水普及率	%	正	97.499	93.790	93.840	28	26	−2	中国统计	☹
50	城市污水处理率	%	正	88.267	90.100	84.200	15	24	9	环境年鉴	☺
51	城市生活垃圾无害化处理率	%	正	91.211	61.910	60.900	29	28	−1	中国统计	☹
52	城市每万人拥有公交车辆	标台	正	12.728	10.325	10.211	24	24	0	中国统计	
53	人均城市公共交通运营线路网长度	公里/人	正	0.000	0.000	0.001	12	13	1	中国统计	☺
54	农村累计已改水受益人口占农村人口比重	%	正	96.117	100.000	100.000	1	1	0	环境年鉴	
55	人均互联网宽带接入端口	个/人	正	0.301	0.293	0.253	13	13	0	中国统计	
56	建成区绿化覆盖率	%	正	39.188	35.820	31.400	26	29	3	中国统计	☺
57	人均当年新增造林面积	公顷/万人	正	53.976	39.437	40.877	15	15	0	中国统计	
58	工业二氧化硫去除率	%	正	69.716	46.941	38.254	29	28	−1	环境年鉴	☹
59	工业废水化学需氧量去除率	%	正	80.853	83.669	83.225	16	17	1	环境年鉴	☺
60	工业氮氧化物去除率	%	正	26.237	20.354	7.270	25	26	1	环境年鉴	☺
61	工业废水氨氮去除率	%	正	76.487	60.310	56.908	26	28	2	环境年鉴	☺
62	突发环境事件次数	次	逆	92	107	250	28	28	0	中国统计	

年鉴说明：中国统计——《中国统计年鉴 2015》；城市——《中国城市统计年鉴 2015》；环境年鉴——《中国环境统计年鉴 2015》；工业经济——《中国工业经济统计年鉴 2015》；wind——wind 数据库。

黑龙江绿色发展"体检"表

序号	指标名称	单　位	指标属性	2014 年测评均值	2014 年黑龙江数值	2013 年黑龙江数值	2014 年黑龙江排名	2013 年黑龙江排名	排名变化	2014 年数据来源	进退脸谱
1	人均地区生产总值	元/人	正	51 459.013	39 226.232	37 509.000	20	17	−3	中国统计	☹
2	单位地区生产总值能耗	吨标准煤/万元	逆	1.531	1.258	0.960	10	11	1	中国统计；wind	☺
3	非化石能源消费量占能源消费量的比重		正	NA	NA	NA	NA	NA			
4	单位地区生产总值二氧化碳排放量		逆	NA	NA	NA	NA	NA			
5	单位地区生产总值二氧化硫排放量	吨/万元	逆	483.307	318.463	265.107	15	18	3	中国统计	☺
6	单位地区生产总值化学需氧量排放量	吨/万元	逆	343.629	105.625	89.588	1	3	2	中国统计	☺
7	单位地区生产总值氮氧化物排放量	吨/万元	逆	0.996	0.995	0.994	9	13	4	中国统计	☺
8	单位地区生产总值氨氮排放量	吨/万元	逆	3 056.227	1 770.641	1 477.699	4	13	9	中国统计	☺
9	技术市场成交额占 GDP 的比重	%	正	0.012	0.008	0.007	11	11	0	中国统计	
10	人均城镇生活消费用电	千瓦时/人	逆	0.005	0.005	0.006	17	20	3	城市	☺
11	第一产业劳动生产率	万元/人	正	2.659	6.708	6.497	1	1	0	省(市、区)统计年鉴；统计公报等	
12	土地产出率	亿元/千公顷	正	0.375	0.247	0.234	24	23	−1	中国统计	☹
13	节灌率	%	正	50.431	27.070	27.571	25	23	−2	中国统计；环境年鉴	☹
14	有效灌溉面积占耕地面积比重	%	正	52.087	33.442	43.785	21	10	−11	中国统计；环境年鉴	☹
15	第二产业劳动生产率	万元/人	正	15.880	14.783	15.277	13	12	−1	省(市、区)统计年鉴；统计公报等	☹
16	单位工业增加值水耗	立方米/元	逆	313.440	165.188	149.856	13	13	0	中国统计	
17	规模以上单位工业增加值能耗		逆	NA	NA	NA	NA	NA			
18	工业固体废物综合利用率	%	正	63.999	57.410	68.018	17	16	−1	中国统计	☹
19	工业用水重复利用率	%	正	76.094	59.760	58.200	24	23	−1	环境年鉴	☹
20	六大高载能行业产值占工业总产值比重	%	逆	60.686	69.635	70.181	22	22	0	工业经济	

续表

序号	指标名称	单 位	指标属性	2014年测评均值	2014年黑龙江数值	2013年黑龙江数值	2014年黑龙江排名	2013年黑龙江排名	排名变化	2014年数据来源	进退脸谱
21	第三产业劳动生产率	万元/人	正	10.479	15.990	15.354	5	4	−1	省(市、区)统计年鉴;统计公报等	☹
22	第三产业增加值比重	%	正	44.082	45.771	41.400	9	11	2	中国统计	☺
23	第三产业就业人员比重	%	正	38.681	34.610	33.333	22	23	1	省(市、区)统计年鉴;统计公报等	☺
24	人均水资源量	立方米/人	正	1 804.122	2 463.078	3 702.127	11	6	−5	中国统计	☹
25	人均森林面积	公顷/人	正	0.202	0.512	0.512	3	3	0	中国统计	
26	森林覆盖率	%	正	33.061	43.160	43.160	9	9	0	中国统计	
27	自然保护区面积占辖区面积比重	%	正	9.319	16.435	14.960	5	4	−1	中国统计;环境年鉴	☹
28	湿地面积占辖区面积的比重	%	正	9.228	11.310	11.310	4	4	0	中国统计	
29	人均活立木总蓄积量	立方米/人	正	11.844	46.354	46.342	2	2	0	中国统计	
30	单位土地面积二氧化碳排放量		逆	NA	NA	NA	NA	NA			
31	人均二氧化碳排放量		逆	NA	NA	NA	NA	NA			
32	单位土地面积二氧化硫排放量	吨/平方公里	逆	0.485	0.953	0.920	27	27	0	中国统计	
33	人均二氧化硫排放量	吨/人	逆	86.502	81.186	78.400	17	17	0	中国统计	
34	单位土地面积化学需氧量排放量	吨/平方公里	逆	0.505	0.316	0.311	20	20	0	中国统计	
35	人均化学需氧量排放量	吨/人	逆	64.224	26.927	26.494	1	1	0	中国统计	
36	单位土地面积氮氧化物排放量	吨/平方公里	逆	93.644	98.377	98.330	25	25	0	中国统计	
37	人均氮氧化物排放量	吨/人	逆	0.982	0.981	0.980	9	11	2	中国统计	☺
38	单位土地面积氨氮排放量	吨/平方公里	逆	5.548	5.299	5.129	25	25	0	中国统计	
39	人均氨氮排放量	吨/人	逆	590.331	451.392	437.001	6	6	0	中国统计	
40	单位耕地面积化肥施用量	万吨/千公顷	逆	25.913	62.970	49.799	30	28	−2	中国统计	☹
41	单位耕地面积农药使用量	吨/千公顷	逆	0.122	0.182	0.145	25	22	−3	中国统计;环境年鉴	☹
42	人均公路交通氮氧化物排放量	吨/万人	逆	0.023	0.015	0.015	6	6	0	中国统计	
43	环境保护支出占财政支出比重	%	正	2.765	3.249	3.436	7	8	1	中国统计	☺

续表

序号	指标名称	单 位	指标属性	2014 年测评均值	2014 年黑龙江数值	2013 年黑龙江数值	2014 年黑龙江排名	2013 年黑龙江排名	排名变化	2014 年数据来源	进退脸谱
44	环境污染治理投资占地区生产总值比重	%	正	1.545	1.210	2.075	17	8	−9	环境年鉴	☹
45	农村人均改水、改厕的政府投资	元/人	正	38.104	4.841	11.573	29	29	0	环境年鉴	
46	单位耕地面积退耕还林投资完成额	万元/千公顷	正	19.699	29.888	19.008	8	11	3	环境年鉴；中国统计	☺
47	科教文卫支出占财政支出比重	%	正	28.044	24.062	23.233	25	25	0	中国统计	
48	城市人均绿地面积	公顷/人	正	0.003	0.002	0.002	14	13	−1	中国统计	☹
49	城市用水普及率	%	正	97.499	96.200	95.460	24	25	1	中国统计	☺
50	城市污水处理率	%	正	88.267	77.200	75.700	28	28	0	环境年鉴	
51	城市生活垃圾无害化处理率	%	正	91.211	58.860	54.400	30	29	−1	中国统计	☹
52	城市每万人拥有公交车辆	标台	正	12.728	12.784	12.619	13	14	1	中国统计	☺
53	人均城市公共交通运营线路网长度	公里/人	正	0.000	0.000	0.000	13	19	6	中国统计	☺
54	农村累计已改水受益人口占农村人口比重	%	正	96.117	99.653	99.547	5	6	1	环境年鉴	☺
55	人均互联网宽带接入端口	个/人	正	0.301	0.272	0.226	17	18	1	中国统计	☺
56	建成区绿化覆盖率	%	正	39.188	35.980	35.990	25	25	0	中国统计	
57	人均当年新增造林面积	公顷/万人	正	53.976	26.364	32.370	19	17	−2	中国统计	☹
58	工业二氧化硫去除率	%	正	69.716	40.716	22.268	30	29	−1	环境年鉴	☹
59	工业废水化学需氧量去除率	%	正	80.853	90.528	90.530	4	3	−1	环境年鉴	☹
60	工业氮氧化物去除率	%	正	26.237	11.120	4.664	29	28	−1	环境年鉴	☹
61	工业废水氨氮去除率	%	正	76.487	91.142	90.885	3	3	0	环境年鉴	
62	突发环境事件次数	次	逆	92	108	251	30	29	−1	中国统计	☹

年鉴说明：中国统计——《中国统计年鉴 2015》；城市——《中国城市统计年鉴 2015》；环境年鉴——《中国环境统计年鉴 2015》；工业经济——《中国工业经济统计年鉴 2015》；wind——wind 数据库。

上海绿色发展"体检"表

序号	指标名称	单 位	指标属性	2014 年测评均值	2014 年上海数值	2013 年上海数值	2014 年上海排名	2013 年上海排名	排名变化	2014 年数据来源	进退脸谱
1	人均地区生产总值	元/人	正	51 459.013	97 370.473	90 092.000	3	3	0	中国统计	
2	单位地区生产总值能耗	吨标准煤/万元	逆	1.531	2.126	1.618	26	26	0	中国统计；wind	
3	非化石能源消费量占能源消费量的比重		正	NA	NA	NA	NA	NA			
4	单位地区生产总值二氧化碳排放量		逆	NA	NA	NA	NA	NA			
5	单位地区生产总值二氧化硫排放量	吨/万元	逆	483.307	1 252.607	911.885	29	29	0	中国统计	
6	单位地区生产总值化学需氧量排放量	吨/万元	逆	343.629	1 050.435	835.349	29	29	0	中国统计	
7	单位地区生产总值氮氧化物排放量	吨/万元	逆	0.996	0.999	0.998	29	29	0	中国统计	
8	单位地区生产总值氨氮排放量	吨/万元	逆	3 056.227	5 285.548	4 301.797	28	28	0	中国统计	
9	技术市场成交额占GDP的比重	%	正	0.012	0.025	0.025	3	3	0	中国统计	
10	人均城镇生活消费用电	千瓦时/人	逆	0.005	0.001	0.001	2	1	−1	城市	☹
11	第一产业劳动生产率	万元/人	正	2.659	2.603	2.809	13	9	−4	省(市、区)统计年鉴；统计公报等	☹
12	土地产出率	亿元/千公顷	正	0.375	0.475	0.457	7	7	0	中国统计	
13	节灌率	%	正	50.431	76.050	75.997	2	2	0	中国统计；环境年鉴	
14	有效灌溉面积占耕地面积比重	%	正	52.087	97.914	48.794	1	8	7	中国统计；环境年鉴	☺
15	第二产业劳动生产率	万元/人	正	15.880	17.086	18.120	9	9	0	省(市、区)统计年鉴；统计公报等	
16	单位工业增加值水耗	立方米/元	逆	313.440	111.223	89.980	3	1	−2	中国统计	☹
17	规模以上单位工业增加值能耗		逆	NA	NA	NA	NA	NA			
18	工业固体废物综合利用率	%	正	63.999	97.433	97.128	2	2	0	中国统计	
19	工业用水重复利用率	%	正	76.094	80.237	82.600	18	17	−1	环境年鉴	☹
20	六大高载能行业产值占工业总产值比重	%	逆	60.686	75.375	74.732	27	27	0	工业经济	

续表

序号	指标名称	单位	指标属性	2014 年测评均值	2014 年上海数值	2013 年上海数值	2014 年上海排名	2013 年上海排名	排名变化	2014 年数据来源	进退脸谱
21	第三产业劳动生产率	万元/人	正	10.479	18.153	21.095	2	1	−1	省(市、区)统计年鉴;统计公报等	☹
22	第三产业增加值比重	%	正	44.082	64.816	62.200	2	2	0	中国统计	
23	第三产业就业人员比重	%	正	38.681	61.799	56.702	2	2	0	省(市、区)统计年鉴;统计公报等	
24	人均水资源量	立方米/人	正	1 804.122	194.787	116.903	25	29	4	中国统计	☺
25	人均森林面积	公顷/人	正	0.202	0.003	0.003	30	30	0	中国统计	
26	森林覆盖率	%	正	33.061	10.740	10.740	27	27	0	中国统计	
27	自然保护区面积占辖区面积比重	%	正	9.319	8.366	5.220	12	22	10	中国统计;环境年鉴	☺
28	湿地面积占辖区面积的比重	%	正	9.228	73.270	73.270	1	1	0	中国统计	
29	人均活立木总蓄积量	立方米/人	正	11.844	0.157	0.157	30	30	0	中国统计	
30	单位土地面积二氧化碳排放量		逆	NA	NA	NA	NA	NA			
31	人均二氧化碳排放量		逆	NA	NA	NA	NA	NA			
32	单位土地面积二氧化硫排放量	吨/平方公里	逆	0.485	0.044	0.038	1	1	0	中国统计	
33	人均二氧化硫排放量	吨/人	逆	86.502	128.643	111.087	27	26	−1	中国统计	☹
34	单位土地面积化学需氧量排放量	吨/平方公里	逆	0.505	0.037	0.035	1	1	0	中国统计	
35	人均化学需氧量排放量	吨/人	逆	64.224	107.880	101.763	29	28	−1	中国统计	☹
36	单位土地面积氮氧化物排放量	吨/平方公里	逆	93.644	59.608	53.835	1	1	0	中国统计	
37	人均氮氧化物排放量	吨/人	逆	0.982	0.986	0.984	17	17	0	中国统计	
38	单位土地面积氨氮排放量	吨/平方公里	逆	5.548	0.185	0.180	1	1	0	中国统计	
39	人均氨氮排放量	吨/人	逆	590.331	542.829	524.050	14	14	0	中国统计	
40	单位耕地面积化肥施用量	万吨/千公顷	逆	25.913	18.516	34.935	12	22	10	中国统计	☺
41	单位耕地面积农药使用量	吨/千公顷	逆	0.122	0.040	0.075	7	12	5	中国统计;环境年鉴	☺
42	人均公路交通氮氧化物排放量	吨/万人	逆	0.023	0.028	0.025	21	18	−3	中国统计	☹
43	环境保护支出占财政支出比重	%	正	2.765	1.570	1.246	30	30	0	中国统计	

续表

序号	指标名称	单　位	指标属性	2014 年测评均值	2014 年上海数值	2013 年上海数值	2014 年上海排名	2013 年上海排名	排名变化	2014 年数据来源	进退脸谱
44	环境污染治理投资占地区生产总值比重	%	正	1.545	1.060	0.868	22	27	5	环境年鉴	☺
45	农村人均改水、改厕的政府投资	元/人	正	38.104	185.220	291.548	1	1	0	环境年鉴	
46	单位耕地面积退耕还林投资完成额	万元/千公顷	正	19.699	5.757	7.152	25	27	2	环境年鉴；中国统计	☺
47	科教文卫支出占财政支出比重	%	正	28.044	26.588	27.410	22	18	−4	中国统计	☹
48	城市人均绿地面积	公顷/人	正	0.003	0.009	0.009	2	2	0	中国统计	
49	城市用水普及率	%	正	97.499	100.000	100.000	1	1	0	中国统计	
50	城市污水处理率	%	正	88.267	89.700	87.100	17	21	4	环境年鉴	☺
51	城市生活垃圾无害化处理率	%	正	91.211	100.000	90.600	1	18	17	中国统计	☺
52	城市每万人拥有公交车辆	标台	正	12.728	11.967	12.108	17	15	−2	中国统计	☹
53	人均城市公共交通运营线路网长度	公里/人	正	0.000	0.001	0.002	1	3	2	中国统计	☺
54	农村累计已改水受益人口占农村人口比重	%	正	96.117	99.989	99.990	4	4	0	环境年鉴	
55	人均互联网宽带接入端口	个/人	正	0.301	0.579	0.569	1	1	0	中国统计	
56	建成区绿化覆盖率	%	正	39.188	38.430	38.360	18	17	−1	中国统计	☹
57	人均当年新增造林面积	公顷/万人	正	53.976	0.371	0.359	30	30	0	中国统计	
58	工业二氧化硫去除率	%	正	69.716	67.557	63.872	20	19	−1	环境年鉴	☹
59	工业废水化学需氧量去除率	%	正	80.853	89.621	89.001	7	7	0	环境年鉴	
60	工业氮氧化物去除率	%	正	26.237	18.080	20.218	27	13	−14	环境年鉴	☹
61	工业废水氨氮去除率	%	正	76.487	81.388	80.837	18	17	−1	环境年鉴	☹
62	突发环境事件次数	次	逆	92	0	0	1	1	0	中国统计	

年鉴说明：中国统计——《中国统计年鉴 2015》；城市——《中国城市统计年鉴 2015》；环境年鉴——《中国环境统计年鉴 2015》；工业经济——《中国工业经济统计年鉴 2015》；wind——wind 数据库。

江苏绿色发展"体检"表

序号	指标名称	单位	指标属性	2014 年测评均值	2014 年江苏数值	2013 年江苏数值	2014 年江苏排名	2013 年江苏排名	排名变化	2014 年数据来源	进退脸谱
1	人均地区生产总值	元/人	正	51 459.013	81 874.418	74 607.000	4	4	0	中国统计	
2	单位地区生产总值能耗	吨标准煤/万元	逆	1.531	2.180	1.667	28	27	−1	中国统计；wind	☹
3	非化石能源消费量占能源消费量的比重		正	NA	NA	NA	NA	NA			
4	单位地区生产总值二氧化碳排放量		逆	NA	NA	NA	NA	NA			
5	单位地区生产总值二氧化硫排放量	吨/万元	逆	483.307	719.414	498.741	25	24	−1	中国统计	☹
6	单位地区生产总值化学需氧量排放量	吨/万元	逆	343.629	591.689	408.790	27	27	0	中国统计	
7	单位地区生产总值氮氧化物排放量	吨/万元	逆	0.996	0.998	0.997	24	24	0	中国统计	
8	单位地区生产总值氨氮排放量	吨/万元	逆	3 056.227	4 566.358	3 185.626	27	27	0	中国统计	
9	技术市场成交额占 GDP 的比重	%	正	0.012	0.008	0.009	9	8	−1	中国统计	☹
10	人均城镇生活消费用电	千瓦时/人	逆	0.005	0.003	0.002	8	8	0	城市	
11	第一产业劳动生产率	万元/人	正	2.659	3.875	3.746	3	2	−1	省(市、区)统计年鉴；统计公报等	☹
12	土地产出率	亿元/千公顷	正	0.375	0.438	0.412	9	8	−1	中国统计	☹
13	节灌率	%	正	50.431	56.278	52.979	14	15	1	中国统计；环境年鉴	☺
14	有效灌溉面积占耕地面积比重	%	正	52.087	84.917	49.265	3	6	3	中国统计；环境年鉴	☺
15	第二产业劳动生产率	万元/人	正	15.880	15.091	14.282	12	14	2	省(市、区)统计年鉴；统计公报等	☺
16	单位工业增加值水耗	立方米/元	逆	313.440	113.302	116.389	5	8	3	中国统计	☺
17	规模以上单位工业增加值能耗		逆	NA	NA	NA	NA	NA			
18	工业固体废物综合利用率	%	正	63.999	95.231	96.739	3	3	0	中国统计	
19	工业用水重复利用率	%	正	76.094	87.761	86.400	13	16	3	环境年鉴	☺
20	六大高载能行业产值占工业总产值比重	%	逆	60.686	70.562	70.220	24	23	−1	工业经济	☹

续表

序号	指标名称	单位	指标属性	2014年测评均值	2014年江苏数值	2013年江苏数值	2014年江苏排名	2013年江苏排名	排名变化	2014年数据来源	进退脸谱
21	第三产业劳动生产率	万元/人	正	10.479	17.210	15.105	4	5	1	省(市、区)统计年鉴;统计公报等	☺
22	第三产业增加值比重	%	正	44.082	47.012	44.700	7	8	1	中国统计	☺
23	第三产业就业人员比重	%	正	38.681	37.700	37.000	13	12	-1	省(市、区)统计年鉴;统计公报等	☹
24	人均水资源量	立方米/人	正	1 804.122	502.344	357.563	21	22	1	中国统计	☺
25	人均森林面积	公顷/人	正	0.202	0.020	0.020	28	28	0	中国统计	
26	森林覆盖率	%	正	33.061	15.800	15.800	24	24	0	中国统计	
27	自然保护区面积占辖区面积比重	%	正	9.319	5.165	3.920	24	26	2	中国统计;环境年鉴	☺
28	湿地面积占辖区面积的比重	%	正	9.228	27.510	27.510	2	2	0	中国统计	
29	人均活立木总蓄积量	立方米/人	正	11.844	1.064	1.066	27	27	0	中国统计	
30	单位土地面积二氧化碳排放量		逆	NA	NA	NA	NA	NA			
31	人均二氧化碳排放量		逆	NA	NA	NA	NA	NA			
32	单位土地面积二氧化硫排放量	吨/平方公里	逆	0.485	0.118	0.113	4	4	0	中国统计	
33	人均二氧化硫排放量	吨/人	逆	86.502	87.868	84.208	19	19	0	中国统计	
34	单位土地面积化学需氧量排放量	吨/平方公里	逆	0.505	0.097	0.093	4	5	1	中国统计	☺
35	人均化学需氧量排放量	吨/人	逆	64.224	72.268	69.021	22	21	-1	中国统计	☹
36	单位土地面积氮氧化物排放量	吨/平方公里	逆	93.644	88.453	87.465	3	3	0	中国统计	
37	人均氮氧化物排放量	吨/人	逆	0.982	0.984	0.983	14	14	0	中国统计	
38	单位土地面积氨氮排放量	吨/平方公里	逆	5.548	0.749	0.724	3	3	0	中国统计	
39	人均氨氮排放量	吨/人	逆	590.331	557.727	537.868	15	15	0	中国统计	
40	单位耕地面积化肥施用量	万吨/千公顷	逆	25.913	14.158	23.512	4	10	6	中国统计	☺
41	单位耕地面积农药使用量	吨/千公顷	逆	0.122	0.058	0.095	11	15	4	中国统计;环境年鉴	☺
42	人均公路交通氮氧化物排放量	吨/万人	逆	0.023	0.024	0.023	16	16	0	中国统计	
43	环境保护支出占财政支出比重	%	正	2.765	2.807	2.939	13	14	1	中国统计	☺

续表

序号	指标名称	单位	指标属性	2014年测评均值	2014年江苏数值	2013年江苏数值	2014年江苏排名	2013年江苏排名	排名变化	2014年数据来源	进退脸谱
44	环境污染治理投资占地区生产总值比重	%	正	1.545	1.350	1.489	14	15	1	环境年鉴	☺
45	农村人均改水、改厕的政府投资	元/人	正	38.104	28.541	51.464	19	10	−9	环境年鉴	☹
46	单位耕地面积退耕还林投资完成额	万元/千公顷	正	19.699	6.570	9.546	23	23	0	环境年鉴；中国统计	
47	科教文卫支出占财政支出比重	%	正	28.044	30.496	30.608	9	7	−2	中国统计	☹
48	城市人均绿地面积	公顷/人	正	0.003	0.004	0.003	7	6	−1	中国统计	☹
49	城市用水普及率	%	正	97.499	99.750	99.690	6	7	1	中国统计	☺
50	城市污水处理率	%	正	88.267	93.500	92.100	5	8	3	环境年鉴	☺
51	城市生活垃圾无害化处理率	%	正	91.211	98.110	97.400	9	8	−1	中国统计	☹
52	城市每万人拥有公交车辆	标台	正	12.728	15.083	14.153	6	8	2	中国统计	☺
53	人均城市公共交通运营线路网长度	公里/人	正	0.000	0.001	0.001	7	9	2	中国统计	☺
54	农村累计已改水受益人口占农村人口比重	%	正	96.117	99.046	98.517	11	14	3	环境年鉴	☺
55	人均互联网宽带接入端口	个/人	正	0.301	0.440	0.386	5	4	−1	中国统计	☹
56	建成区绿化覆盖率	%	正	39.188	42.610	42.440	5	5	0	中国统计	
57	人均当年新增造林面积	公顷/万人	正	53.976	7.448	8.230	27	27	0	中国统计	
58	工业二氧化硫去除率	%	正	69.716	73.054	71.566	14	8	−6	环境年鉴	☹
59	工业废水化学需氧量去除率	%	正	80.853	88.309	88.394	9	8	−1	环境年鉴	☹
60	工业氮氧化物去除率	%	正	26.237	31.043	27.706	8	6	−2	环境年鉴	☹
61	工业废水氨氮去除率	%	正	76.487	81.223	79.914	19	19	0	环境年鉴	
62	突发环境事件次数	次	逆	92	38	126	3	2	−1	中国统计	☹

年鉴说明：中国统计——《中国统计年鉴2015》；城市——《中国城市统计年鉴2015》；环境年鉴——《中国环境统计年鉴2015》；工业经济——《中国工业经济统计年鉴2015》；wind——wind数据库。

浙江绿色发展“体检”表

序号	指标名称	单　位	指标属性	2014 年测评均值	2014 年浙江数值	2013 年浙江数值	2014 年浙江排名	2013 年浙江排名	排名变化	2014 年数据来源	进退脸谱
1	人均地区生产总值	元/人	正	51 459.013	73 002.053	68 462.000	5	5	0	中国统计	
2	单位地区生产总值能耗	吨标准煤/万元	逆	1.531	2.134	1.695	27	28	1	中国统计；wind	☺
3	非化石能源消费量占能源消费量的比重		正	NA	NA	NA	NA	NA			
4	单位地区生产总值二氧化碳排放量		逆	NA	NA	NA	NA	NA			
5	单位地区生产总值二氧化硫排放量	吨/万元	逆	483.307	699.864	504.773	24	25	1	中国统计	☺
6	单位地区生产总值化学需氧量排放量	吨/万元	逆	343.629	553.830	396.648	26	26	0	中国统计	
7	单位地区生产总值氮氧化物排放量	吨/万元	逆	0.996	0.998	0.997	26	27	1	中国统计	☺
8	单位地区生产总值氨氮排放量	吨/万元	逆	3 056.227	3 893.086	2 786.462	26	25	−1	中国统计	☹
9	技术市场成交额占GDP的比重	%	正	0.012	0.002	0.002	20	23	3	中国统计	☺
10	人均城镇生活消费用电	千瓦时/人	逆	0.005	0.002	0.002	7	7	0	城市	
11	第一产业劳动生产率	万元/人	正	2.659	3.524	3.469	6	3	−3	省(市、区)统计年鉴；统计公报等	☹
12	土地产出率	亿元/千公顷	正	0.375	0.609	0.578	4	3	−1	中国统计	☹
13	节灌率	%	正	50.431	75.370	73.785	4	3	−1	中国统计；环境年鉴	☹
14	有效灌溉面积占耕地面积比重	%	正	52.087	72.043	60.963	7	4	−3	中国统计；环境年鉴	☹
15	第二产业劳动生产率	万元/人	正	15.880	10.366	9.879	27	27	0	省(市、区)统计年鉴；统计公报等	
16	单位工业增加值水耗	立方米/元	逆	313.440	301.268	278.597	21	21	0	中国统计	
17	规模以上单位工业增加值能耗		逆	NA	NA	NA	NA	NA			
18	工业固体废物综合利用率	%	正	63.999	93.888	95.140	4	4	0	中国统计	
19	工业用水重复利用率	%	正	76.094	80.177	78.400	19	20	1	环境年鉴	☺
20	六大高载能行业产值占工业总产值比重	%	逆	60.686	70.029	70.388	23	24	1	工业经济	☺

续表

序号	指标名称	单 位	指标属性	2014 年测评均值	2014 年浙江数值	2013 年浙江数值	2014 年浙江排名	2013 年浙江排名	排名变化	2014 年数据来源	进退脸谱
21	第三产业劳动生产率	万元/人	正	10.479	14.162	13.151	7	7	0	省(市、区)统计年鉴;统计公报等	
22	第三产业增加值比重	%	正	44.082	47.845	46.100	6	7	1	中国统计	☺
23	第三产业就业人员比重	%	正	38.681	36.781	36.356	17	16	−1	省(市、区)统计年鉴;统计公报等	☹
24	人均水资源量	立方米/人	正	1 804.122	2 057.328	1 697.197	14	15	1	中国统计	☺
25	人均森林面积	公顷/人	正	0.202	0.109	0.109	18	18	0	中国统计	
26	森林覆盖率	%	正	33.061	59.070	59.070	3	3	0	中国统计	
27	自然保护区面积占辖区面积比重	%	正	9.319	1.956	1.550	30	30	0	中国统计;环境年鉴	
28	湿地面积占辖区面积的比重	%	正	9.228	10.910	10.910	7	7	0	中国统计	
29	人均活立木总蓄积量	立方米/人	正	11.844	4.402	4.406	19	19	0	中国统计	
30	单位土地面积二氧化碳排放量		逆	NA	NA	NA	NA	NA			
31	人均二氧化碳排放量		逆	NA	NA	NA	NA	NA			
32	单位土地面积二氧化硫排放量	吨/平方公里	逆	0.485	0.184	0.178	11	11	0	中国统计	
33	人均二氧化硫排放量	吨/人	逆	86.502	95.869	92.481	20	20	0	中国统计	
34	单位土地面积化学需氧量排放量	吨/平方公里	逆	0.505	0.145	0.140	9	9	0	中国统计	
35	人均化学需氧量排放量	吨/人	逆	64.224	75.865	72.671	24	24	0	中国统计	
36	单位土地面积氮氧化物排放量	吨/平方公里	逆	93.644	93.474	92.856	10	10	0	中国统计	
37	人均氮氧化物排放量	吨/人	逆	0.982	0.988	0.986	19	19	0	中国统计	
38	单位土地面积氨氮排放量	吨/平方公里	逆	5.548	1.021	0.981	7	7	0	中国统计	
39	人均氨氮排放量	吨/人	逆	590.331	533.284	510.517	13	13	0	中国统计	
40	单位耕地面积化肥施用量	万吨/千公顷	逆	25.913	22.077	25.021	18	13	−5	中国统计	☹
41	单位耕地面积农药使用量	吨/千公顷	逆	0.122	0.034	0.037	6	2	−4	中国统计;环境年鉴	☹
42	人均公路交通氮氧化物排放量	吨/万人	逆	0.023	0.033	0.031	26	26	0	中国统计	
43	环境保护支出占财政支出比重	%	正	2.765	2.338	2.075	19	25	6	中国统计	☺

续表

序号	指标名称	单　位	指标属性	2014 年测评均值	2014 年浙江数值	2013 年浙江数值	2014 年浙江排名	2013 年浙江排名	排名变化	2014 年数据来源	进退脸谱
44	环境污染治理投资占地区生产总值比重	%	正	1.545	1.180	1.039	19	22	3	环境年鉴	☺
45	农村人均改水、改厕的政府投资	元/人	正	38.104	25.650	46.797	20	11	−9	环境年鉴	☹
46	单位耕地面积退耕还林投资完成额	万元/千公顷	正	19.699	7.536	7.963	22	25	3	环境年鉴；中国统计	☺
47	科教文卫支出占财政支出比重	%	正	28.044	34.657	33.795	1	1	0	中国统计	
48	城市人均绿地面积	公顷/人	正	0.003	0.003	0.003	9	9	0	中国统计	
49	城市用水普及率	%	正	97.499	99.930	99.970	4	4	0	中国统计	
50	城市污水处理率	%	正	88.267	90.700	89.300	14	14	0	环境年鉴	
51	城市生活垃圾无害化处理率	%	正	91.211	100.000	99.400	1	3	2	中国统计	☺
52	城市每万人拥有公交车辆	标台	正	12.728	15.456	14.644	5	4	−1	中国统计	☹
53	人均城市公共交通运营线路网长度	公里/人	正	0.000	0.001	0.001	4	7	3	中国统计	☺
54	农村累计已改水受益人口占农村人口比重	%	正	96.117	99.207	98.728	9	12	3	环境年鉴	☺
55	人均互联网宽带接入端口	个/人	正	0.301	0.478	0.445	3	3	0	中国统计	
56	建成区绿化覆盖率	%	正	39.188	40.750	40.260	10	10	0	中国统计	
57	人均当年新增造林面积	公顷/万人	正	53.976	7.159	7.720	28	28	0	中国统计	
58	工业二氧化硫去除率	%	正	69.716	65.303	65.968	24	14	−10	环境年鉴	☹
59	工业废水化学需氧量去除率	%	正	80.853	91.242	91.873	2	2	0	环境年鉴	
60	工业氮氧化物去除率	%	正	26.237	22.794	24.081	22	8	−14	环境年鉴	☹
61	工业废水氨氮去除率	%	正	76.487	85.158	85.873	11	11	0	环境年鉴	
62	突发环境事件次数	次	逆	92	81	225	4	4	0	中国统计	

年鉴说明：中国统计——《中国统计年鉴 2015》；城市——《中国城市统计年鉴 2015》；环境年鉴——《中国环境统计年鉴 2015》；工业经济——《中国工业经济统计年鉴 2015》；wind——wind 数据库。

安徽绿色发展“体检”表

序号	指标名称	单　位	指标属性	2014 年测评均值	2014 年安徽数值	2013 年安徽数值	2014 年安徽排名	2013 年安徽排名	排名变化	2014 年数据来源	进退脸谱
1	人均地区生产总值	元/人	正	51 459.013	34 424.608	31 684.000	26	26	0	中国统计	
2	单位地区生产总值能耗	吨标准煤/万元	逆	1.531	1.736	1.326	20	21	1	中国统计；wind	☺
3	非化石能源消费量占能源消费量的比重		正	NA	NA	NA	NA	NA			
4	单位地区生产总值二氧化碳排放量		逆	NA	NA	NA	NA	NA			
5	单位地区生产总值二氧化硫排放量	吨/万元	逆	483.307	422.925	282.131	20	21	1	中国统计	☺
6	单位地区生产总值化学需氧量排放量	吨/万元	逆	343.629	235.418	156.695	15	12	−3	中国统计	☹
7	单位地区生产总值氮氧化物排放量	吨/万元	逆	0.996	0.996	0.994	14	10	−4	中国统计	☹
8	单位地区生产总值氨氮排放量	吨/万元	逆	3 056.227	2 074.583	1 368.905	9	8	−1	中国统计	☹
9	技术市场成交额占GDP的比重	%	正	0.012	0.008	0.007	10	12	2	中国统计	☺
10	人均城镇生活消费用电	千瓦时/人	逆	0.005	0.007	0.006	25	24	−1	城市	☹
11	第一产业劳动生产率	万元/人	正	2.659	1.659	1.565	25	24	−1	省(市、区)统计年鉴；统计公报等	☹
12	土地产出率	亿元/千公顷	正	0.375	0.237	0.224	27	26	−1	中国统计	☹
13	节灌率	%	正	50.431	19.904	19.200	27	27	0	中国统计；环境年鉴	
14	有效灌溉面积占耕地面积比重	%	正	52.087	73.629	48.130	6	9	3	中国统计；环境年鉴	☺
15	第二产业劳动生产率	万元/人	正	15.880	9.308	9.140	29	29	0	省(市、区)统计年鉴；统计公报等	
16	单位工业增加值水耗	立方米/元	逆	313.440	101.990	90.704	1	2	1	中国统计	☺
17	规模以上单位工业增加值能耗		逆	NA	NA	NA	NA	NA			
18	工业固体废物综合利用率	%	正	63.999	81.176	87.643	10	7	−3	中国统计	☹
19	工业用水重复利用率	%	正	76.094	95.037	95.500	1	1	0	环境年鉴	
20	六大高载能行业产值占工业总产值比重	%	逆	60.686	69.424	68.227	21	21	0	工业经济	

续表

序号	指标名称	单 位	指标属性	2014 年测评均值	2014 年安徽数值	2013 年安徽数值	2014 年安徽排名	2013 年安徽排名	排名变化	2014 年数据来源	进退脸谱
21	第三产业劳动生产率	万元/人	正	10.479	4.443	3.923	30	30	0	省(市、区)统计年鉴;统计公报等	
22	第三产业增加值比重	%	正	44.082	35.391	33.000	30	28	−2	中国统计	☹
23	第三产业就业人员比重	%	正	38.681	38.598	38.284	11	10	−1	省(市、区)统计年鉴;统计公报等	☹
24	人均水资源量	立方米/人	正	1 804.122	1 285.363	974.522	17	20	3	中国统计	☺
25	人均森林面积	公顷/人	正	0.202	0.063	0.063	23	23	0	中国统计	
26	森林覆盖率	%	正	33.061	27.530	27.530	18	18	0	中国统计	
27	自然保护区面积占辖区面积比重	%	正	9.319	3.258	3.760	29	27	−2	中国统计;环境年鉴	☹
28	湿地面积占辖区面积的比重	%	正	9.228	7.460	7.460	12	12	0	中国统计	
29	人均活立木总蓄积量	立方米/人	正	11.844	3.585	3.600	20	20	0	中国统计	
30	单位土地面积二氧化碳排放量		逆	NA	NA	NA	NA	NA			
31	人均二氧化碳排放量		逆	NA	NA	NA	NA	NA			
32	单位土地面积二氧化硫排放量	吨/平方公里	逆	0.485	0.284	0.279	16	16	0	中国统计	
33	人均二氧化硫排放量	吨/人	逆	86.502	122.855	119.855	26	27	1	中国统计	☺
34	单位土地面积化学需氧量排放量	吨/平方公里	逆	0.505	0.158	0.155	11	11	0	中国统计	
35	人均化学需氧量排放量	吨/人	逆	64.224	68.387	66.567	18	19	1	中国统计	☺
36	单位土地面积氮氧化物排放量	吨/平方公里	逆	93.644	94.239	93.836	13	13	0	中国统计	
37	人均氮氧化物排放量	吨/人	逆	0.982	0.987	0.986	18	18	0	中国统计	
38	单位土地面积氨氮排放量	吨/平方公里	逆	5.548	1.394	1.356	11	10	−1	中国统计	☹
39	人均氨氮排放量	吨/人	逆	590.331	602.645	581.536	19	18	−1	中国统计	☹
40	单位耕地面积化肥施用量	万吨/千公顷	逆	25.913	17.233	26.435	10	16	6	中国统计	☺
41	单位耕地面积农药使用量	吨/千公顷	逆	0.122	0.052	0.076	10	13	3	中国统计;环境年鉴	☺
42	人均公路交通氮氧化物排放量	吨/万人	逆	0.023	0.025	0.027	18	20	2	中国统计	☺
43	环境保护支出占财政支出比重	%	正	2.765	2.246	2.493	21	19	−2	中国统计	☹

续表

序号	指标名称	单　位	指标属性	2014 年测评均值	2014 年安徽数值	2013 年安徽数值	2014 年安徽排名	2013 年安徽排名	排名变化	2014 年数据来源	进退脸谱
44	环境污染治理投资占地区生产总值比重	%	正	1.545	2.060	2.658	7	6	−1	环境年鉴	☹
45	农村人均改水、改厕的政府投资	元/人	正	38.104	29.867	33.212	16	21	5	环境年鉴	☺
46	单位耕地面积退耕还林投资完成额	万元/千公顷	正	19.699	4.943	8.456	29	24	−5	环境年鉴；中国统计	☹
47	科教文卫支出占财政支出比重	%	正	28.044	29.586	29.601	11	11	0	中国统计	
48	城市人均绿地面积	公顷/人	正	0.003	0.001	0.001	22	21	−1	中国统计	☹
49	城市用水普及率	%	正	97.499	98.630	98.400	12	11	−1	中国统计	☹
50	城市污水处理率	%	正	88.267	96.200	96.200	1	1	0	环境年鉴	
51	城市生活垃圾无害化处理率	%	正	91.211	99.510	98.800	7	6	−1	中国统计	☹
52	城市每万人拥有公交车辆	标台	正	12.728	11.600	10.988	20	21	1	中国统计	☺
53	人均城市公共交通运营线路网长度	公里/人	正	0.000	0.000	0.000	29	30	1	中国统计	☺
54	农村累计已改水受益人口占农村人口比重	%	正	96.117	93.780	97.025	22	17	−5	环境年鉴	☹
55	人均互联网宽带接入端口	个/人	正	0.301	0.193	0.187	27	25	−2	中国统计	☹
56	建成区绿化覆盖率	%	正	39.188	41.180	39.850	9	14	5	中国统计	☺
57	人均当年新增造林面积	公顷/万人	正	53.976	26.046	28.639	20	19	−1	中国统计	☹
58	工业二氧化硫去除率	%	正	69.716	87.206	85.073	1	1	0	环境年鉴	
59	工业废水化学需氧量去除率	%	正	80.853	87.172	87.785	11	10	−1	环境年鉴	☹
60	工业氮氧化物去除率	%	正	26.237	32.211	22.140	7	10	3	环境年鉴	☺
61	工业废水氨氮去除率	%	正	76.487	85.556	83.482	10	14	4	环境年鉴	☺
62	突发环境事件次数	次	逆	92	99	245	10	17	7	中国统计	☺

年鉴说明：中国统计——《中国统计年鉴 2015》；城市——《中国城市统计年鉴 2015》；环境年鉴——《中国环境统计年鉴 2015》；工业经济——《中国工业经济统计年鉴 2015》；wind——wind 数据库。

福建绿色发展“体检”表

序号	指标名称	单 位	指标属性	2014 年测评均值	2014 年福建数值	2013 年福建数值	2014 年福建排名	2013 年福建排名	排名变化	2014 年数据来源	进退脸谱
1	人均地区生产总值	元/人	正	51 459.013	63 471.662	57 856.000	8	9	1	中国统计	☺
2	单位地区生产总值能耗	吨标准煤/万元	逆	1.531	1.986	1.553	25	25	0	中国统计；wind	
3	非化石能源消费量占能源消费量的比重		正	NA	NA	NA	NA	NA			
4	单位地区生产总值二氧化碳排放量		逆	NA	NA	NA	NA	NA			
5	单位地区生产总值二氧化硫排放量	吨/万元	逆	483.307	675.805	482.151	23	23	0	中国统计	
6	单位地区生产总值化学需氧量排放量	吨/万元	逆	343.629	381.945	272.394	24	24	0	中国统计	
7	单位地区生产总值氮氧化物排放量	吨/万元	逆	0.996	0.998	0.997	27	26	-1	中国统计	☹
8	单位地区生产总值氨氮排放量	吨/万元	逆	3 056.227	2 692.519	1 914.224	18	19	1	中国统计	☺
9	技术市场成交额占GDP的比重	%	正	0.012	0.002	0.002	23	24	1	中国统计	☺
10	人均城镇生活消费用电	千瓦时/人	逆	0.005	0.003	0.003	11	9	-2	城市	☹
11	第一产业劳动生产率	万元/人	正	2.659	3.271	3.078	8	6	-2	省(市、区)统计年鉴；统计公报等	☹
12	土地产出率	亿元/千公顷	正	0.375	0.664	0.600	2	2	0	中国统计	
13	节灌率	%	正	50.431	58.228	55.382	12	13	1	中国统计；环境年鉴	☺
14	有效灌溉面积占耕地面积比重	%	正	52.087	83.371	48.966	4	7	3	中国统计；环境年鉴	☺
15	第二产业劳动生产率	万元/人	正	15.880	12.447	11.337	21	24	3	省(市、区)统计年鉴；统计公报等	☺
16	单位工业增加值水耗	立方米/元	逆	313.440	138.524	126.065	10	9	-1	中国统计	☹
17	规模以上单位工业增加值能耗		逆	NA	NA	NA	NA	NA			
18	工业固体废物综合利用率	%	正	63.999	87.545	88.389	7	6	-1	中国统计	☹
19	工业用水重复利用率	%	正	76.094	87.343	86.800	14	15	1	环境年鉴	☺
20	六大高载能行业产值占工业总产值比重	%	逆	60.686	71.557	73.855	26	26	0	工业经济	

续表

序号	指标名称	单 位	指标属性	2014 年测评均值	2014 年福建数值	2013 年福建数值	2014 年福建排名	2013 年福建排名	排名变化	2014 年数据来源	进退脸谱
21	第三产业劳动生产率	万元/人	正	10.479	9.712	9.097	13	13	0	省(市、区)统计年鉴;统计公报等	
22	第三产业增加值比重	%	正	44.082	39.598	39.100	20	17	−3	中国统计	☹
23	第三产业就业人员比重	%	正	38.681	38.551	36.800	12	13	1	省(市、区)统计年鉴;统计公报等	☺
24	人均水资源量	立方米/人	正	1 804.122	3 217.995	3 062.749	7	9	2	中国统计	☺
25	人均森林面积	公顷/人	正	0.202	0.211	0.212	10	10	0	中国统计	
26	森林覆盖率	%	正	33.061	65.950	65.950	1	1	0	中国统计	
27	自然保护区面积占辖区面积比重	%	正	9.319	3.569	3.090	28	29	1	中国统计;环境年鉴	☺
28	湿地面积占辖区面积的比重	%	正	9.228	7.180	7.180	13	13	0	中国统计	
29	人均活立木总蓄积量	立方米/人	正	11.844	17.592	17.667	6	6	0	中国统计	
30	单位土地面积二氧化碳排放量		逆	NA	NA	NA	NA	NA			
31	人均二氧化碳排放量		逆	NA	NA	NA	NA	NA			
32	单位土地面积二氧化硫排放量	吨/平方公里	逆	0.485	0.348	0.344	20	20	0	中国统计	
33	人均二氧化硫排放量	吨/人	逆	86.502	106.473	104.182	24	25	1	中国统计	☺
34	单位土地面积化学需氧量排放量	吨/平方公里	逆	0.505	0.197	0.194	15	15	0	中国统计	
35	人均化学需氧量排放量	吨/人	逆	64.224	60.176	58.858	13	13	0	中国统计	
36	单位土地面积氮氧化物排放量	吨/平方公里	逆	93.644	96.681	96.465	16	16	0	中国统计	
37	人均氮氧化物排放量	吨/人	逆	0.982	0.989	0.988	22	22	0	中国统计	
38	单位土地面积氨氮排放量	吨/平方公里	逆	5.548	1.388	1.364	10	11	1	中国统计	☺
39	人均氨氮排放量	吨/人	逆	590.331	424.208	413.619	3	3	0	中国统计	
40	单位耕地面积化肥施用量	万吨/千公顷	逆	25.913	10.918	19.007	2	4	2	中国统计	☺
41	单位耕地面积农药使用量	吨/千公顷	逆	0.122	0.024	0.040	3	3	0	中国统计;环境年鉴	
42	人均公路交通氮氧化物排放量	吨/万人	逆	0.023	0.035	0.036	28	28	0	中国统计	
43	环境保护支出占财政支出比重	%	正	2.765	1.869	1.910	28	28	0	中国统计	

续表

序号	指标名称	单 位	指标属性	2014年测评均值	2014年福建数值	2013年福建数值	2014年福建排名	2013年福建排名	排名变化	2014年数据来源	进退脸谱
44	环境污染治理投资占地区生产总值比重	%	正	1.545	0.800	1.300	26	20	−6	环境年鉴	☹
45	农村人均改水、改厕的政府投资	元/人	正	38.104	22.838	57.251	22	7	−15	环境年鉴	☹
46	单位耕地面积退耕还林投资完成额	万元/千公顷	正	19.699	5.757	6.155	25	30	5	环境年鉴；中国统计	☺
47	科教文卫支出占财政支出比重	%	正	28.044	32.005	29.902	7	10	3	中国统计	☺
48	城市人均绿地面积	公顷/人	正	0.003	0.002	0.002	16	14	−2	中国统计	☹
49	城市用水普及率	%	正	97.499	99.490	99.420	8	8	0	中国统计	
50	城市污水处理率	%	正	88.267	88.700	87.300	20	20	0	环境年鉴	
51	城市生活垃圾无害化处理率	%	正	91.211	97.860	98.200	10	7	−3	中国统计	☹
52	城市每万人拥有公交车辆	标台	正	12.728	13.331	12.652	9	12	3	中国统计	☺
53	人均城市公共交通运营线路网长度	公里/人	正	0.000	0.001	0.000	11	17	6	中国统计	☺
54	农村累计已改水受益人口占农村人口比重	%	正	96.117	98.702	98.942	14	10	−4	环境年鉴	☹
55	人均互联网宽带接入端口	个/人	正	0.301	0.425	0.381	6	5	−1	中国统计	☹
56	建成区绿化覆盖率	%	正	39.188	42.800	42.770	3	3	0	中国统计	
57	人均当年新增造林面积	公顷/万人	正	53.976	11.701	26.638	24	21	−3	中国统计	☹
58	工业二氧化硫去除率	%	正	69.716	65.647	64.467	23	18	−5	环境年鉴	☹
59	工业废水化学需氧量去除率	%	正	80.853	89.619	89.542	8	5	−3	环境年鉴	☹
60	工业氮氧化物去除率	%	正	26.237	39.258	32.748	3	3	0	环境年鉴	
61	工业废水氨氮去除率	%	正	76.487	84.275	82.482	13	16	3	环境年鉴	☺
62	突发环境事件次数	次	逆	92	88	238	7	9	2	中国统计	☺

年鉴说明：中国统计——《中国统计年鉴2015》；城市——《中国城市统计年鉴2015》；环境年鉴——《中国环境统计年鉴2015》；工业经济——《中国工业经济统计年鉴2015》；wind——wind数据库。

江西绿色发展"体检"表

序号	指标名称	单　位	指标属性	2014 年测评均值	2014 年江西数值	2013 年江西数值	2014 年江西排名	2013 年江西排名	排名变化	2014 年数据来源	进退脸谱
1	人均地区生产总值	元/人	正	51 459.013	34 673.638	31 771.000	25	25	0	中国统计	
2	单位地区生产总值能耗	吨标准煤/万元	逆	1.531	1.951	1.536	24	24	0	中国统计；wind	
3	非化石能源消费量占能源消费量的比重		正	NA	NA	NA	NA	NA			
4	单位地区生产总值二氧化碳排放量		逆	NA	NA	NA	NA	NA			
5	单位地区生产总值二氧化硫排放量	吨/万元	逆	483.307	294.053	185.476	14	11	−3	中国统计	☹
6	单位地区生产总值化学需氧量排放量	吨/万元	逆	343.629	218.241	140.837	9	10	1	中国统计	☺
7	单位地区生产总值氮氧化物排放量	吨/万元	逆	0.996	0.997	0.994	15	15	0	中国统计	
8	单位地区生产总值氨氮排放量	吨/万元	逆	3 056.227	1 827.732	1 164.516	6	4	−2	中国统计	☹
9	技术市场成交额占GDP的比重	%	正	0.012	0.003	0.003	19	19	0	中国统计	
10	人均城镇生活消费用电	千瓦时/人	逆	0.005	0.008	0.007	27	26	−1	城市	☹
11	第一产业劳动生产率	万元/人	正	2.659	2.076	1.969	19	16	−3	省(市、区)统计年鉴；统计公报等	☹
12	土地产出率	亿元/千公顷	正	0.375	0.205	0.193	29	28	−1	中国统计	☹
13	节灌率	%	正	50.431	23.307	21.375	26	26	0	中国统计；环境年鉴	
14	有效灌溉面积占耕地面积比重	%	正	52.087	64.832	35.940	11	16	5	中国统计；环境年鉴	☺
15	第二产业劳动生产率	万元/人	正	15.880	9.927	9.492	28	28	0	省(市、区)统计年鉴；统计公报等	
16	单位工业增加值水耗	立方米/元	逆	313.440	111.814	107.008	4	6	2	中国统计	☺
17	规模以上单位工业增加值能耗		逆	NA	NA	NA	NA	NA			
18	工业固体废物综合利用率	%	正	63.999	40.011	55.834	26	22	−4	中国统计	☹
19	工业用水重复利用率	%	正	76.094	55.742	50.100	25	24	−1	环境年鉴	☹
20	六大高载能行业产值占工业总产值比重	%	逆	60.686	57.116	55.628	11	9	−2	工业经济	☹

续表

序号	指标名称	单　位	指标属性	2014年测评均值	2014年江西数值	2013年江西数值	2014年江西排名	2013年江西排名	排名变化	2014年数据来源	进退脸谱
21	第三产业劳动生产率	万元/人	正	10.479	6.062	5.390	28	29	1	省(市、区)统计年鉴;统计公报等	☺
22	第三产业增加值比重	%	正	44.082	36.800	35.100	28	26	−2	中国统计	☹
23	第三产业就业人员比重	%	正	38.681	37.041	36.457	16	15	−1	省(市、区)统计年鉴;统计公报等	☹
24	人均水资源量	立方米/人	正	1 804.122	3 600.640	3 155.331	5	8	3	中国统计	☺
25	人均森林面积	公顷/人	正	0.202	0.221	0.222	9	9	0	中国统计	
26	森林覆盖率	%	正	33.061	60.010	60.010	2	2	0	中国统计	
27	自然保护区面积占辖区面积比重	%	正	9.319	7.725	7.460	15	13	−2	中国统计;环境年鉴	☹
28	湿地面积占辖区面积的比重	%	正	9.228	5.450	5.450	14	14	0	中国统计	
29	人均活立木总蓄积量	立方米/人	正	11.844	10.377	10.401	11	11	0	中国统计	
30	单位土地面积二氧化碳排放量		逆	NA	NA	NA	NA	NA			
31	人均二氧化碳排放量		逆	NA	NA	NA	NA	NA			
32	单位土地面积二氧化硫排放量	吨/平方公里	逆	0.485	0.312	0.299	17	17	0	中国统计	
33	人均二氧化硫排放量	吨/人	逆	86.502	84.806	80.922	18	18	0	中国统计	
34	单位土地面积化学需氧量排放量	吨/平方公里	逆	0.505	0.232	0.227	18	18	0	中国统计	
35	人均化学需氧量排放量	吨/人	逆	64.224	62.942	61.446	14	15	1	中国统计	☺
36	单位土地面积氮氧化物排放量	吨/平方公里	逆	93.644	96.764	96.582	17	17	0	中国统计	
37	人均氮氧化物排放量	吨/人	逆	0.982	0.988	0.987	20	20	0	中国统计	
38	单位土地面积氨氮排放量	吨/平方公里	逆	5.548	1.941	1.879	17	17	0	中国统计	
39	人均氨氮排放量	吨/人	逆	590.331	527.124	508.071	12	12	0	中国统计	
40	单位耕地面积化肥施用量	万吨/千公顷	逆	25.913	21.609	39.213	16	26	10	中国统计	☺
41	单位耕地面积农药使用量	吨/千公顷	逆	0.122	0.033	0.056	4	6	2	中国统计;环境年鉴	☺
42	人均公路交通氮氧化物排放量	吨/万人	逆	0.023	0.020	0.020	11	11	0	中国统计	
43	环境保护支出占财政支出比重	%	正	2.765	1.755	2.137	29	23	−6	中国统计	☹

续表

序号	指标名称	单 位	指标属性	2014 年测评均值	2014 年江西数值	2013 年江西数值	2014 年江西排名	2013 年江西排名	排名变化	2014 年数据来源	进退脸谱
44	环境污染治理投资占地区生产总值比重	%	正	1.545	1.470	1.671	12	12	0	环境年鉴	
45	农村人均改水、改厕的政府投资	元/人	正	38.104	13.965	29.675	26	22	−4	环境年鉴	☹
46	单位耕地面积退耕还林投资完成额	万元/千公顷	正	19.699	13.978	20.955	16	10	−6	环境年鉴；中国统计	☹
47	科教文卫支出占财政支出比重	%	正	28.044	30.097	29.554	10	12	2	中国统计	☺
48	城市人均绿地面积	公顷/人	正	0.003	0.001	0.001	24	24	0	中国统计	
49	城市用水普及率	%	正	97.499	97.780	97.730	18	17	−1	中国统计	☹
50	城市污水处理率	%	正	88.267	83.800	83.100	27	26	−1	环境年鉴	☹
51	城市生活垃圾无害化处理率	%	正	91.211	93.090	93.300	18	15	−3	中国统计	☹
52	城市每万人拥有公交车辆	标台	正	12.728	8.563	9.148	30	28	−2	中国统计	☹
53	人均城市公共交通运营线路网长度	公里/人	正	0.000	0.000	0.000	22	22	0	中国统计	
54	农村累计已改水受益人口占农村人口比重	%	正	96.117	99.602	99.458	6	8	2	环境年鉴	☺
55	人均互联网宽带接入端口	个/人	正	0.301	0.215	0.192	25	24	−1	中国统计	☹
56	建成区绿化覆盖率	%	正	39.188	44.610	45.090	2	2	0	中国统计	
57	人均当年新增造林面积	公顷/万人	正	53.976	29.119	33.983	17	16	−1	中国统计	☹
58	工业二氧化硫去除率	%	正	69.716	79.358	77.804	5	4	−1	环境年鉴	☹
59	工业废水化学需氧量去除率	%	正	80.853	81.051	81.094	18	20	2	环境年鉴	☺
60	工业氮氧化物去除率	%	正	26.237	24.162	10.293	17	24	7	环境年鉴	☺
61	工业废水氨氮去除率	%	正	76.487	74.993	73.756	22	22	0	环境年鉴	
62	突发环境事件次数	次	逆	92	102	246	14	18	4	中国统计	☺

年鉴说明：中国统计——《中国统计年鉴 2015》；城市——《中国城市统计年鉴 2015》；环境年鉴——《中国环境统计年鉴 2015》；工业经济——《中国工业经济统计年鉴 2015》；wind——wind 数据库。

山东绿色发展"体检"表

序号	指标名称	单　位	指标属性	2014 年测评均值	2014 年山东数值	2013 年山东数值	2014 年山东排名	2013 年山东排名	排名变化	2014 年数据来源	进退脸谱
1	人均地区生产总值	元/人	正	51 459.013	60 879.105	56 323.000	10	10	0	中国统计	
2	单位地区生产总值能耗	吨标准煤/万元	逆	1.531	1.628	1.170	16	18	2	中国统计；wind	☺
3	非化石能源消费量占能源消费量的比重		正	NA	NA	NA	NA	NA			
4	单位地区生产总值二氧化碳排放量		逆	NA	NA	NA	NA	NA			
5	单位地区生产总值二氧化硫排放量	吨/万元	逆	483.307	373.696	275.351	19	20	1	中国统计	☺
6	单位地区生产总值化学需氧量排放量	吨/万元	逆	343.629	333.778	245.404	21	22	1	中国统计	☺
7	单位地区生产总值氮氧化物排放量	吨/万元	逆	0.996	0.997	0.996	19	19	0	中国统计	
8	单位地区生产总值氨氮排放量	吨/万元	逆	3 056.227	3 833.220	2 804.310	25	26	1	中国统计	☺
9	技术市场成交额占GDP的比重	%	正	0.012	0.004	0.003	15	17	2	中国统计	☺
10	人均城镇生活消费用电	千瓦时/人	逆	0.005	0.005	0.005	16	17	1	城市	☺
11	第一产业劳动生产率	万元/人	正	2.659	2.335	2.230	16	14	−2	省(市、区)统计年鉴；统计公报等	☹
12	土地产出率	亿元/千公顷	正	0.375	0.432	0.411	10	9	−1	中国统计	☹
13	节灌率	%	正	50.431	56.512	54.444	13	14	1	中国统计；环境年鉴	☺
14	有效灌溉面积占耕地面积比重	%	正	52.087	64.216	43.083	13	11	−2	中国统计；环境年鉴	☹
15	第二产业劳动生产率	万元/人	正	15.880	12.614	12.146	20	20	0	省(市、区)统计年鉴；统计公报等	
16	单位工业增加值水耗	立方米/元	逆	313.440	884.837	839.322	29	29	0	中国统计	
17	规模以上单位工业增加值能耗		逆	NA	NA	NA	NA	NA			
18	工业固体废物综合利用率	%	正	63.999	93.644	94.288	5	5	0	中国统计	
19	工业用水重复利用率	%	正	76.094	90.952	91.000	10	9	−1	环境年鉴	☹
20	六大高载能行业产值占工业总产值比重	%	逆	60.686	65.722	66.163	18	17	−1	工业经济	☹

续表

序号	指标名称	单位	指标属性	2014 年测评均值	2014 年山东数值	2013 年山东数值	2014 年山东排名	2013 年山东排名	排名变化	2014 年数据来源	进退脸谱
21	第三产业劳动生产率	万元/人	正	10.479	11.451	10.317	10	10	0	省(市、区)统计年鉴;统计公报等	
22	第三产业增加值比重	%	正	44.082	43.482	41.200	13	13	0	中国统计	
23	第三产业就业人员比重	%	正	38.681	34.649	33.800	21	21	0	省(市、区)统计年鉴;统计公报等	
24	人均水资源量	立方米/人	正	1 804.122	152.072	300.445	27	24	−3	中国统计	☹
25	人均森林面积	公顷/人	正	0.202	0.026	0.026	27	27	0	中国统计	
26	森林覆盖率	%	正	33.061	16.730	16.730	23	23	0	中国统计	
27	自然保护区面积占辖区面积比重	%	正	9.319	7.129	4.810	18	24	6	中国统计;环境年鉴	☺
28	湿地面积占辖区面积的比重	%	正	9.228	11.070	11.070	6	6	0	中国统计	
29	人均活立木总蓄积量	立方米/人	正	11.844	1.266	1.270	26	26	0	中国统计	
30	单位土地面积二氧化碳排放量		逆	NA	NA	NA	NA	NA			
31	人均二氧化碳排放量		逆	NA	NA	NA	NA	NA			
32	单位土地面积二氧化硫排放量	吨/平方公里	逆	0.485	0.099	0.096	3	3	0	中国统计	
33	人均二氧化硫排放量	吨/人	逆	86.502	61.383	59.024	11	12	1	中国统计	☺
34	单位土地面积化学需氧量排放量	吨/平方公里	逆	0.505	0.088	0.085	3	3	0	中国统计	
35	人均化学需氧量排放量	吨/人	逆	64.224	54.826	52.604	9	8	−1	中国统计	☹
36	单位土地面积氮氧化物排放量	吨/平方公里	逆	93.644	89.860	89.490	4	4	0	中国统计	
37	人均氮氧化物排放量	吨/人	逆	0.982	0.984	0.983	12	13	1	中国统计	☺
38	单位土地面积氨氮排放量	吨/平方公里	逆	5.548	1.014	0.973	6	6	0	中国统计	
39	人均氨氮排放量	吨/人	逆	590.331	629.645	601.124	22	22	0	中国统计	
40	单位耕地面积化肥施用量	万吨/千公顷	逆	25.913	16.308	23.221	7	9	2	中国统计	☺
41	单位耕地面积农药使用量	吨/千公顷	逆	0.122	0.049	0.069	9	9	0	中国统计;环境年鉴	
42	人均公路交通氮氧化物排放量	吨/万人	逆	0.023	0.022	0.021	14	14	0	中国统计	
43	环境保护支出占财政支出比重	%	正	2.765	2.322	3.182	20	11	−9	中国统计	☹

续表

序号	指标名称	单 位	指标属性	2014 年测评均值	2014 年山东数值	2013 年山东数值	2014 年山东排名	2013 年山东排名	排名变化	2014 年数据来源	进退脸谱
44	环境污染治理投资占地区生产总值比重	%	正	1.545	1.390	1.551	13	13	0	环境年鉴	
45	农村人均改水、改厕的政府投资	元/人	正	38.104	15.847	37.743	25	19	−6	环境年鉴	☹
46	单位耕地面积退耕还林投资完成额	万元/千公顷	正	19.699	5.757	10.236	25	22	−3	环境年鉴；中国统计	☹
47	科教文卫支出占财政支出比重	%	正	28.044	32.624	32.326	6	4	−2	中国统计	☹
48	城市人均绿地面积	公顷/人	正	0.003	0.002	0.002	13	12	−1	中国统计	☹
49	城市用水普及率	%	正	97.499	99.920	99.850	5	5	0	中国统计	
50	城市污水处理率	%	正	88.267	95.300	94.900	2	2	0	环境年鉴	
51	城市生活垃圾无害化处理率	%	正	91.211	100.000	99.500	1	2	1	中国统计	☺
52	城市每万人拥有公交车辆	标台	正	12.728	13.174	13.539	11	9	−2	中国统计	☹
53	人均城市公共交通运营线路网长度	公里/人	正	0.000	0.001	0.001	8	10	2	中国统计	☺
54	农村累计已改水受益人口占农村人口比重	%	正	96.117	99.318	99.807	8	5	−3	环境年鉴	☹
55	人均互联网宽带接入端口	个/人	正	0.301	0.301	0.261	10	12	2	中国统计	☺
56	建成区绿化覆盖率	%	正	39.188	42.790	42.630	4	4	0	中国统计	
57	人均当年新增造林面积	公顷/万人	正	53.976	23.047	22.708	21	22	1	中国统计	☺
58	工业二氧化硫去除率	%	正	69.716	79.860	74.709	4	5	1	环境年鉴	☺
59	工业废水化学需氧量去除率	%	正	80.853	94.037	94.159	1	1	0	环境年鉴	
60	工业氮氧化物去除率	%	正	26.237	27.009	14.665	12	18	6	环境年鉴	☺
61	工业废水氨氮去除率	%	正	76.487	88.812	89.588	6	5	−1	环境年鉴	☹
62	突发环境事件次数	次	逆	92	102	246	14	18	4	中国统计	☺

年鉴说明：中国统计——《中国统计年鉴 2015》；城市——《中国城市统计年鉴 2015》；环境年鉴——《中国环境统计年鉴 2015》；工业经济——《中国工业经济统计年鉴 2015》；wind——wind 数据库。

河南绿色发展"体检"表

序号	指标名称	单位	指标属性	2014年测评均值	2014年河南数值	2013年河南数值	2014年河南排名	2013年河南排名	排名变化	2014年数据来源	进退脸谱
1	人均地区生产总值	元/人	正	51 459.013	37 071.029	34 174.000	22	23	1	中国统计	☺
2	单位地区生产总值能耗	吨标准煤/万元	逆	1.531	1.526	1.117	13	16	3	中国统计；wind	☺
3	非化石能源消费量占能源消费量的比重		正	NA	NA	NA	NA	NA			
4	单位地区生产总值二氧化碳排放量		逆	NA	NA	NA	NA	NA			
5	单位地区生产总值二氧化硫排放量	吨/万元	逆	483.307	291.594	207.981	13	14	1	中国统计	☺
6	单位地区生产总值化学需氧量排放量	吨/万元	逆	343.629	264.946	192.585	17	19	2	中国统计	☺
7	单位地区生产总值氮氧化物排放量	吨/万元	逆	0.996	0.996	0.994	10	12	2	中国统计	☺
8	单位地区生产总值氨氮排放量	吨/万元	逆	3 056.227	2 513.104	1 808.269	16	16	0	中国统计	
9	技术市场成交额占GDP的比重	%	正	0.012	0.001	0.001	24	25	1	中国统计	☺
10	人均城镇生活消费用电	千瓦时/人	逆	0.005	0.008	0.007	26	25	−1	城市	☹
11	第一产业劳动生产率	万元/人	正	2.659	1.595	1.564	27	25	−2	省(市、区)统计年鉴；统计公报等	☹
12	土地产出率	亿元/千公顷	正	0.375	0.312	0.293	18	18	0	中国统计	
13	节灌率	%	正	50.431	28.915	26.078	23	25	2	中国统计；环境年鉴	☺
14	有效灌溉面积占耕地面积比重	%	正	52.087	62.662	34.692	14	18	4	中国统计；环境年鉴	☺
15	第二产业劳动生产率	万元/人	正	15.880	8.840	9.007	30	30	0	省(市、区)统计年鉴；统计公报等	
16	单位工业增加值水耗	立方米/元	逆	313.440	300.564	268.478	20	20	0	中国统计	
17	规模以上单位工业增加值能耗		逆	NA	NA	NA	NA	NA			
18	工业固体废物综合利用率	%	正	63.999	74.060	76.620	12	12	0	中国统计	
19	工业用水重复利用率	%	正	76.094	93.639	93.500	3	5	2	环境年鉴	☺
20	六大高载能行业产值占工业总产值比重	%	逆	60.686	64.246	63.420	15	14	−1	工业经济	☹

续表

序号	指标名称	单 位	指标属性	2014年测评均值	2014年河南数值	2013年河南数值	2014年河南排名	2013年河南排名	排名变化	2014年数据来源	进退脸谱
21	第三产业劳动生产率	万元/人	正	10.479	7.079	5.832	25	25	0	省(市、区)统计年鉴;统计公报等	
22	第三产业增加值比重	%	正	44.082	37.099	32.000	25	30	5	中国统计	☺
23	第三产业就业人员比重	%	正	38.681	28.727	28.010	28	27	−1	省(市、区)统计年鉴;统计公报等	☹
24	人均水资源量	立方米/人	正	1 804.122	300.665	226.440	24	26	2	中国统计	☺
25	人均森林面积	公顷/人	正	0.202	0.038	0.038	25	25	0	中国统计	
26	森林覆盖率	%	正	33.061	21.500	21.500	20	20	0	中国统计	
27	自然保护区面积占辖区面积比重	%	正	9.319	4.437	4.420	26	25	−1	中国统计;环境年鉴	☹
28	湿地面积占辖区面积的比重	%	正	9.228	3.760	3.760	20	20	0	中国统计	
29	人均活立木总蓄积量	立方米/人	正	11.844	2.428	2.431	23	23	0	中国统计	
30	单位土地面积二氧化碳排放量		逆	NA	NA	NA	NA	NA			
31	人均二氧化碳排放量		逆	NA	NA	NA	NA	NA			
32	单位土地面积二氧化硫排放量	吨/平方公里	逆	0.485	0.138	0.132	7	7	0	中国统计	
33	人均二氧化硫排放量	吨/人	逆	86.502	78.658	75.038	16	16	0	中国统计	
34	单位土地面积化学需氧量排放量	吨/平方公里	逆	0.505	0.126	0.122	8	8	0	中国统计	
35	人均化学需氧量排放量	吨/人	逆	64.224	71.470	69.483	21	22	1	中国统计	☺
36	单位土地面积氮氧化物排放量	吨/平方公里	逆	93.644	91.410	90.542	7	7	0	中国统计	
37	人均氮氧化物排放量	吨/人	逆	0.982	0.985	0.983	15	15	0	中国统计	
38	单位土地面积氨氮排放量	吨/平方公里	逆	5.548	1.191	1.148	8	8	0	中国统计	
39	人均氨氮排放量	吨/人	逆	590.331	677.916	652.412	24	24	0	中国统计	
40	单位耕地面积化肥施用量	万吨/千公顷	逆	25.913	11.535	20.568	3	7	4	中国统计	☺
41	单位耕地面积农药使用量	吨/千公顷	逆	0.122	0.063	0.110	14	18	4	中国统计;环境年鉴	☺
42	人均公路交通氮氧化物排放量	吨/万人	逆	0.023	0.018	0.018	10	10	0	中国统计	
43	环境保护支出占财政支出比重	%	正	2.765	1.990	2.005	27	26	−1	中国统计	☹

续表

序号	指标名称	单　位	指标属性	2014 年测评均值	2014 年河南数值	2013 年河南数值	2014 年河南排名	2013 年河南排名	排名变化	2014 年数据来源	进退脸谱
44	环境污染治理投资占地区生产总值比重	%	正	1.545	0.840	0.896	25	25	0	环境年鉴	
45	农村人均改水、改厕的政府投资	元/人	正	38.104	33.148	25.737	12	25	13	环境年鉴	☺
46	单位耕地面积退耕还林投资完成额	万元/千公顷	正	19.699	4.940	6.803	30	29	−1	环境年鉴；中国统计	☹
47	科教文卫支出占财政支出比重	%	正	28.044	32.789	32.689	5	3	−2	中国统计	☹
48	城市人均绿地面积	公顷/人	正	0.003	0.001	0.001	30	30	0	中国统计	
49	城市用水普及率	%	正	97.499	92.990	92.160	29	29	0	中国统计	
50	城市污水处理率	%	正	88.267	92.500	90.800	7	11	4	环境年鉴	☺
51	城市生活垃圾无害化处理率	%	正	91.211	92.840	90.000	19	19	0	中国统计	
52	城市每万人拥有公交车辆	标台	正	12.728	9.747	9.072	25	29	4	中国统计	☺
53	人均城市公共交通运营线路网长度	公里/人	正	0.000	0.000	0.000	27	29	2	中国统计	☺
54	农村累计已改水受益人口占农村人口比重	%	正	96.117	91.110	92.837	27	23	−4	环境年鉴	☹
55	人均互联网宽带接入端口	个/人	正	0.301	0.214	0.186	26	26	0	中国统计	
56	建成区绿化覆盖率	%	正	39.188	38.320	37.600	19	22	3	中国统计	☺
57	人均当年新增造林面积	公顷/万人	正	53.976	27.587	26.984	18	20	2	中国统计	☺
58	工业二氧化硫去除率	%	正	69.716	68.109	61.585	19	21	2	环境年鉴	☺
59	工业废水化学需氧量去除率	%	正	80.853	91.128	89.304	3	6	3	环境年鉴	☺
60	工业氮氧化物去除率	%	正	26.237	23.631	10.705	19	23	4	环境年鉴	☺
61	工业废水氨氮去除率	%	正	76.487	80.357	78.754	20	20	0	环境年鉴	
62	突发环境事件次数	次	逆	92	102	234	14	5	−9	中国统计	☹

年鉴说明：中国统计——《中国统计年鉴 2015》；城市——《中国城市统计年鉴 2015》；环境年鉴——《中国环境统计年鉴 2015》；工业经济——《中国工业经济统计年鉴 2015》；wind——wind 数据库。

湖北绿色发展“体检”表

序号	指标名称	单 位	指标属性	2014 年测评均值	2014 年湖北数值	2013 年湖北数值	2014 年湖北排名	2013 年湖北排名	排名变化	2014 年数据来源	进退脸谱
1	人均地区生产总值	元/人	正	51 459.013	47 144.585	42 613.000	13	14	1	中国统计	☺
2	单位地区生产总值能耗	吨标准煤/万元	逆	1.531	1.678	1.096	19	15	−4	中国统计；wind	☹
3	非化石能源消费量占能源消费量的比重		正	NA	NA	NA	NA	NA			
4	单位地区生产总值二氧化碳排放量		逆	NA	NA	NA	NA	NA			
5	单位地区生产总值二氧化硫排放量	吨/万元	逆	483.307	469.016	293.783	22	22	0	中国统计	
6	单位地区生产总值化学需氧量排放量	吨/万元	逆	343.629	265.013	166.393	18	17	−1	中国统计	☹
7	单位地区生产总值氮氧化物排放量	吨/万元	逆	0.996	0.998	0.997	21	21	0	中国统计	
8	单位地区生产总值氨氮排放量	吨/万元	逆	3 056.227	2 274.487	1 410.262	12	10	−2	中国统计	☹
9	技术市场成交额占 GDP 的比重	%	正	0.012	0.021	0.016	5	5	0	中国统计	
10	人均城镇生活消费用电	千瓦时/人	逆	0.005	0.004	0.004	15	14	−1	城市	☹
11	第一产业劳动生产率	万元/人	正	2.659	2.072	1.924	20	18	−2	省(市、区)统计年鉴；统计公报等	☹
12	土地产出率	亿元/千公顷	正	0.375	0.340	0.330	14	14	0	中国统计	
13	节灌率	%	正	50.431	15.653	11.308	29	29	0	中国统计；环境年鉴	
14	有效灌溉面积占耕地面积比重	%	正	52.087	54.060	34.435	15	19	4	中国统计；环境年鉴	☺
15	第二产业劳动生产率	万元/人	正	15.880	15.797	15.452	11	11	0	省(市、区)统计年鉴；统计公报等	
16	单位工业增加值水耗	立方米/元	逆	313.440	121.923	113.941	7	7	0	中国统计	
17	规模以上单位工业增加值能耗		逆	NA	NA	NA	NA	NA			
18	工业固体废物综合利用率	%	正	63.999	74.622	75.736	11	13	2	中国统计	☺
19	工业用水重复利用率	%	正	76.094	87.285	87.100	15	14	−1	环境年鉴	☹
20	六大高载能行业产值占工业总产值比重	%	逆	60.686	69.321	68.080	20	20	0	工业经济	

续表

序号	指标名称	单位	指标属性	2014年测评均值	2014年湖北数值	2013年湖北数值	2014年湖北排名	2013年湖北排名	排名变化	2014年数据来源	进退脸谱
21	第三产业劳动生产率	万元/人	正	10.479	8.451	7.278	18	20	2	省(市、区)统计年鉴；统计公报等	☺
22	第三产业增加值比重	%	正	44.082	41.455	38.100	18	19	1	中国统计	☺
23	第三产业就业人员比重	%	正	38.681	37.100	35.650	15	17	2	省(市、区)统计年鉴；统计公报等	☺
24	人均水资源量	立方米/人	正	1 804.122	1 574.335	1 364.908	16	17	1	中国统计	☺
25	人均森林面积	公顷/人	正	0.202	0.123	0.123	17	17	0	中国统计	
26	森林覆盖率	%	正	33.061	38.400	38.400	13	13	0	中国统计	
27	自然保护区面积占辖区面积比重	%	正	9.319	5.469	5.480	23	21	−2	中国统计；环境年鉴	☹
28	湿地面积占辖区面积的比重	%	正	9.228	7.770	7.770	11	11	0	中国统计	
29	人均活立木总蓄积量	立方米/人	正	11.844	5.394	5.402	18	18	0	中国统计	
30	单位土地面积二氧化碳排放量		逆	NA	NA	NA	NA	NA			
31	人均二氧化碳排放量		逆	NA	NA	NA	NA	NA			
32	单位土地面积二氧化硫排放量	吨/平方公里	逆	0.485	0.318	0.310	18	18	0	中国统计	
33	人均二氧化硫排放量	吨/人	逆	86.502	99.485	96.588	21	21	0	中国统计	
34	单位土地面积化学需氧量排放量	吨/平方公里	逆	0.505	0.180	0.176	13	13	0	中国统计	
35	人均化学需氧量排放量	吨/人	逆	64.224	56.213	54.705	11	10	−1	中国统计	☹
36	单位土地面积氮氧化物排放量	吨/平方公里	逆	93.644	96.879	96.706	18	18	0	中国统计	
37	人均氮氧化物排放量	吨/人	逆	0.982	0.990	0.989	26	27	1	中国统计	☺
38	单位土地面积氨氮排放量	吨/平方公里	逆	5.548	1.544	1.489	14	13	−1	中国统计	☹
39	人均氨氮排放量	吨/人	逆	590.331	482.449	463.654	7	7	0	中国统计	
40	单位耕地面积化肥施用量	万吨/千公顷	逆	25.913	15.166	23.036	6	8	2	中国统计	☺
41	单位耕地面积农药使用量	吨/千公顷	逆	0.122	0.042	0.064	8	8	0	中国统计；环境年鉴	
42	人均公路交通氮氧化物排放量	吨/万人	逆	0.023	0.029	0.030	22	24	2	中国统计	☺
43	环境保护支出占财政支出比重	%	正	2.765	2.103	2.510	24	18	−6	中国统计	☹

续表

序号	指标名称	单 位	指标属性	2014年测评均值	2014年湖北数值	2013年湖北数值	2014年湖北排名	2013年湖北排名	排名变化	2014年数据来源	进退脸谱
44	环境污染治理投资占地区生产总值比重	%	正	1.545	1.160	1.024	21	23	2	环境年鉴	☺
45	农村人均改水、改厕的政府投资	元/人	正	38.104	32.306	44.048	14	14	0	环境年鉴	
46	单位耕地面积退耕还林投资完成额	万元/千公顷	正	19.699	15.714	18.962	15	12	−3	环境年鉴；中国统计	☹
47	科教文卫支出占财政支出比重	%	正	28.044	28.085	26.589	16	22	6	中国统计	☺
48	城市人均绿地面积	公顷/人	正	0.003	0.001	0.001	18	17	−1	中国统计	☹
49	城市用水普及率	%	正	97.499	98.750	98.190	10	13	3	中国统计	☺
50	城市污水处理率	%	正	88.267	92.100	91.600	9	10	1	环境年鉴	☺
51	城市生活垃圾无害化处理率	%	正	91.211	90.160	85.400	23	23	0	中国统计	
52	城市每万人拥有公交车辆	标台	正	12.728	11.909	11.556	18	18	0	中国统计	
53	人均城市公共交通运营线路网长度	公里/人	正	0.000	0.000	0.000	20	20	0	中国统计	
54	农村累计已改水受益人口占农村人口比重	%	正	96.117	99.528	99.528	7	7	0	环境年鉴	
55	人均互联网宽带接入端口	个/人	正	0.301	0.218	0.199	24	23	−1	中国统计	☹
56	建成区绿化覆盖率	%	正	39.188	37.870	38.120	22	18	−4	中国统计	☹
57	人均当年新增造林面积	公顷/万人	正	53.976	41.980	42.643	14	14	0	中国统计	
58	工业二氧化硫去除率	%	正	69.716	74.791	80.208	10	3	−7	环境年鉴	☹
59	工业废水化学需氧量去除率	%	正	80.853	76.155	75.718	24	24	0	环境年鉴	
60	工业氮氧化物去除率	%	正	26.237	32.290	16.782	6	16	10	环境年鉴	☺
61	工业废水氨氮去除率	%	正	76.487	61.764	57.326	25	27	2	环境年鉴	☺
62	突发环境事件次数	次	逆	92	103	244	19	16	−3	中国统计	☹

年鉴说明：中国统计——《中国统计年鉴2015》；城市——《中国城市统计年鉴2015》；环境年鉴——《中国环境统计年鉴2015》；工业经济——《中国工业经济统计年鉴2015》；wind——wind数据库。

湖南绿色发展"体检"表

序号	指标名称	单　位	指标属性	2014 年测评均值	2014 年湖南数值	2013 年湖南数值	2014 年湖南排名	2013 年湖南排名	排名变化	2014 年数据来源	进退脸谱
1	人均地区生产总值	元/人	正	51 459.013	40 270.544	36 763.000	17	19	2	中国统计	☺
2	单位地区生产总值能耗	吨标准煤/万元	逆	1.531	1.765	1.119	21	17	−4	中国统计；wind	☹
3	非化石能源消费量占能源消费量的比重		正	NA	NA	NA	NA	NA			
4	单位地区生产总值二氧化碳排放量		逆	NA	NA	NA	NA	NA			
5	单位地区生产总值二氧化硫排放量	吨/万元	逆	483.307	433.507	273.600	21	19	−2	中国统计	☹
6	单位地区生产总值化学需氧量排放量	吨/万元	逆	343.629	219.997	140.483	11	9	−2	中国统计	☹
7	单位地区生产总值氮氧化物排放量	吨/万元	逆	0.996	0.998	0.997	23	22	−1	中国统计	☹
8	单位地区生产总值氨氮排放量	吨/万元	逆	3 056.227	1 750.703	1 112.626	3	3	0	中国统计	
9	技术市场成交额占GDP的比重	%	正	0.012	0.004	0.003	18	18	0	中国统计	
10	人均城镇生活消费用电	千瓦时/人	逆	0.005	0.006	0.006	23	22	−1	城市	☹
11	第一产业劳动生产率	万元/人	正	2.659	1.904	1.864	22	19	−3	省(市、区)统计年鉴；统计公报等	☹
12	土地产出率	亿元/千公顷	正	0.375	0.329	0.315	16	15	−1	中国统计	☹
13	节灌率	%	正	50.431	10.836	10.638	30	30	0	中国统计；环境年鉴	
14	有效灌溉面积占耕地面积比重	%	正	52.087	74.748	35.657	5	17	12	中国统计；环境年鉴	☺
15	第二产业劳动生产率	万元/人	正	15.880	12.987	12.039	19	21	2	省(市、区)统计年鉴；统计公报等	☺
16	单位工业增加值水耗	立方米/元	逆	313.440	122.510	105.985	8	5	−3	中国统计	☹
17	规模以上单位工业增加值能耗		逆	NA	NA	NA	NA	NA			
18	工业固体废物综合利用率	%	正	63.999	57.717	64.194	16	19	3	中国统计	☺
19	工业用水重复利用率	%	正	76.094	44.461	41.900	27	27	0	环境年鉴	
20	六大高载能行业产值占工业总产值比重	%	逆	60.686	65.093	64.149	16	16	0	工业经济	

续表

序号	指标名称	单 位	指标属性	2014年测评均值	2014年湖南数值	2013年湖南数值	2014年湖南排名	2013年湖南排名	排名变化	2014年数据来源	进退脸谱
21	第三产业劳动生产率	万元/人	正	10.479	8.002	7.017	22	23	1	省(市、区)统计年鉴;统计公报等	☺
22	第三产业增加值比重	%	正	44.082	42.188	40.300	16	15	−1	中国统计	☹
23	第三产业就业人员比重	%	正	38.681	35.483	35.078	20	20	0	省(市、区)统计年鉴;统计公报等	
24	人均水资源量	立方米/人	正	1 804.122	2 680.109	2 373.561	10	11	1	中国统计	☺
25	人均森林面积	公顷/人	正	0.202	0.151	0.151	15	15	0	中国统计	
26	森林覆盖率	%	正	33.061	47.770	47.770	8	8	0	中国统计	
27	自然保护区面积占辖区面积比重	%	正	9.319	6.179	6.060	20	18	−2	中国统计;环境年鉴	☹
28	湿地面积占辖区面积的比重	%	正	9.228	4.810	4.810	18	18	0	中国统计	
29	人均活立木总蓄积量	立方米/人	正	11.844	5.557	5.576	17	17	0	中国统计	
30	单位土地面积二氧化碳排放量		逆	NA	NA	NA	NA	NA			
31	人均二氧化碳排放量		逆	NA	NA	NA	NA	NA			
32	单位土地面积二氧化硫排放量 、	吨/平方公里	逆	0.485	0.340	0.330	19	19	0	中国统计	
33	人均二氧化硫排放量	吨/人	逆	86.502	107.649	103.922	25	24	−1	中国统计	☹
34	单位土地面积化学需氧量排放量	吨/平方公里	逆	0.505	0.172	0.170	12	12	0	中国统计	
35	人均化学需氧量排放量	吨/人	逆	64.224	54.630	53.360	8	9	1	中国统计	☺
36	单位土地面积氮氧化物排放量	吨/平方公里	逆	93.644	97.391	97.224	22	22	0	中国统计	
37	人均氮氧化物排放量	吨/人	逆	0.982	0.992	0.991	28	28	0	中国统计	
38	单位土地面积氨氮排放量	吨/平方公里	逆	5.548	1.372	1.343	9	9	0	中国统计	
39	人均氨氮排放量	吨/人	逆	590.331	434.735	422.612	4	4	0	中国统计	
40	单位耕地面积化肥施用量	万吨/千公顷	逆	25.913	16.745	34.851	8	21	13	中国统计	☺
41	单位耕地面积农药使用量	吨/千公顷	逆	0.122	0.033	0.070	5	10	5	中国统计;环境年鉴	☺
42	人均公路交通氮氧化物排放量	吨/万人	逆	0.023	0.036	0.037	29	29	0	中国统计	
43	环境保护支出占财政支出比重	%	正	2.765	2.740	2.743	14	15	1	中国统计	☺

续表

序号	指标名称	单　位	指标属性	2014 年测评均值	2014 年湖南数值	2013 年湖南数值	2014 年湖南排名	2013 年湖南排名	排名变化	2014 年数据来源	进退脸谱
44	环境污染治理投资占地区生产总值比重	%	正	1.545	0.790	0.955	27	24	−3	环境年鉴	☹
45	农村人均改水、改厕的政府投资	元/人	正	38.104	31.061	24.755	15	27	12	环境年鉴	☺
46	单位耕地面积退耕还林投资完成额	万元/千公顷	正	19.699	19.439	29.757	10	8	−2	环境年鉴；中国统计	☹
47	科教文卫支出占财政支出比重	%	正	28.044	27.805	27.209	17	19	2	中国统计	☺
48	城市人均绿地面积	公顷/人	正	0.003	0.001	0.001	29	29	0	中国统计	
49	城市用水普及率	%	正	97.499	97.050	96.860	21	19	−2	中国统计	☹
50	城市污水处理率	%	正	88.267	90.100	88.400	15	16	1	环境年鉴	☺
51	城市生活垃圾无害化处理率	%	正	91.211	99.700	96.000	5	12	7	中国统计	☺
52	城市每万人拥有公交车辆	标台	正	12.728	12.461	10.801	14	22	8	中国统计	☺
53	人均城市公共交通运营线路网长度	公里/人	正	0.000	0.000	0.000	28	26	−2	中国统计	☹
54	农村累计已改水受益人口占农村人口比重	%	正	96.117	92.827	90.116	23	26	3	环境年鉴	☺
55	人均互联网宽带接入端口	个/人	正	0.301	0.222	0.182	23	27	4	中国统计	☺
56	建成区绿化覆盖率	%	正	39.188	38.640	37.630	17	21	4	中国统计	☺
57	人均当年新增造林面积	公顷/万人	正	53.976	58.378	52.481	11	12	1	中国统计	☺
58	工业二氧化硫去除率	%	正	69.716	69.036	61.482	17	22	5	环境年鉴	☺
59	工业废水化学需氧量去除率	%	正	80.853	73.749	76.987	25	23	−2	环境年鉴	☹
60	工业氮氧化物去除率	%	正	26.237	43.018	30.633	1	4	3	环境年鉴	☺
61	工业废水氨氮去除率	%	正	76.487	53.720	60.838	27	26	−1	环境年鉴	☹
62	突发环境事件次数	次	逆	92	106	248	25	23	−2	中国统计	☹

年鉴说明：中国统计——《中国统计年鉴 2015》；城市——《中国城市统计年鉴 2015》；环境年鉴——《中国环境统计年鉴 2015》；工业经济——《中国工业经济统计年鉴 2015》；wind——wind 数据库。

广东绿色发展“体检”表

序号	指标名称	单位	指标属性	2014年测评均值	2014年广东数值	2013年广东数值	2014年广东排名	2013年广东排名	排名变化	2014年数据来源	进退脸谱
1	人均地区生产总值	元/人	正	51 459.013	63 468.598	58 540.000	9	8	−1	中国统计	☹
2	单位地区生产总值能耗	吨标准煤/万元	逆	1.531	2.291	1.776	29	29	0	中国统计；wind	
3	非化石能源消费量占能源消费量的比重		正	NA	NA	NA	NA	NA			
4	单位地区生产总值二氧化碳排放量		逆	NA	NA	NA	NA	NA			
5	单位地区生产总值二氧化硫排放量	吨/万元	逆	483.307	928.716	686.227	27	27	0	中国统计	
6	单位地区生产总值化学需氧量排放量	吨/万元	逆	343.629	405.895	301.541	25	25	0	中国统计	
7	单位地区生产总值氮氧化物排放量	吨/万元	逆	0.996	0.998	0.998	28	28	0	中国统计	
8	单位地区生产总值氨氮排放量	吨/万元	逆	3 056.227	3 257.107	2 416.206	23	24	1	中国统计	☺
9	技术市场成交额占GDP的比重	%	正	0.012	0.006	0.009	14	9	−5	中国统计	☹
10	人均城镇生活消费用电	千瓦时/人	逆	0.005	0.001	0.002	5	6	1	城市	☺
11	第一产业劳动生产率	万元/人	正	2.659	2.272	2.159	17	15	−2	省(市、区)统计年鉴；统计公报等	☹
12	土地产出率	亿元/千公顷	正	0.375	0.551	0.520	5	5	0	中国统计	
13	节灌率	%	正	50.431	15.799	13.542	28	28	0	中国统计；环境年鉴	
14	有效灌溉面积占耕地面积比重	%	正	52.087	67.548	37.692	9	14	5	中国统计；环境年鉴	☺
15	第二产业劳动生产率	万元/人	正	15.880	12.263	11.601	23	23	0	省(市、区)统计年鉴；统计公报等	
16	单位工业增加值水耗	立方米/元	逆	313.440	249.056	229.405	18	18	0	中国统计	
17	规模以上单位工业增加值能耗		逆	NA	NA	NA	NA	NA			
18	工业固体废物综合利用率	%	正	63.999	84.145	84.980	9	10	1	中国统计	☺
19	工业用水重复利用率	%	正	76.094	91.405	90.100	9	11	2	环境年鉴	☺
20	六大高载能行业产值占工业总产值比重	%	逆	60.686	77.064	77.443	29	30	1	工业经济	☺

续表

序号	指标名称	单位	指标属性	2014 年测评均值	2014 年广东数值	2013 年广东数值	2014 年广东排名	2013 年广东排名	排名变化	2014 年数据来源	进退脸谱
21	第三产业劳动生产率	万元/人	正	10.479	15.138	14.182	6	6	0	省(市、区)统计年鉴;统计公报等	
22	第三产业增加值比重	%	正	44.082	48.995	47.800	5	5	0	中国统计	
23	第三产业就业人员比重	%	正	38.681	36.230	35.130	19	19	0	省(市、区)统计年鉴;统计公报等	
24	人均水资源量	立方米/人	正	1 804.122	1 608.430	2 131.245	15	14	−1	中国统计	☹
25	人均森林面积	公顷/人	正	0.202	0.085	0.085	21	21	0	中国统计	
26	森林覆盖率	%	正	33.061	51.260	51.260	6	6	0	中国统计	
27	自然保护区面积占辖区面积比重	%	正	9.319	10.320	7.210	9	15	6	中国统计;环境年鉴	☺
28	湿地面积占辖区面积的比重	%	正	9.228	9.760	9.760	8	8	0	中国统计	
29	人均活立木总蓄积量	立方米/人	正	11.844	3.536	3.549	21	21	0	中国统计	
30	单位土地面积二氧化碳排放量		逆	NA	NA	NA	NA	NA			
31	人均二氧化碳排放量		逆	NA	NA	NA	NA	NA			
32	单位土地面积二氧化硫排放量	吨/平方公里	逆	0.485	0.246	0.236	14	14	0	中国统计	
33	人均二氧化硫排放量	吨/人	逆	86.502	146.327	139.376	28	28	0	中国统计	
34	单位土地面积化学需氧量排放量	吨/平方公里	逆	0.505	0.108	0.104	6	6	0	中国统计	
35	人均化学需氧量排放量	吨/人	逆	64.224	63.952	61.244	16	14	−2	中国统计	☹
36	单位土地面积氮氧化物排放量	吨/平方公里	逆	93.644	93.760	93.303	11	11	0	中国统计	
37	人均氮氧化物排放量	吨/人	逆	0.982	0.989	0.989	25	23	−2	中国统计	☹
38	单位土地面积氨氮排放量	吨/平方公里	逆	5.548	0.864	0.831	4	4	0	中国统计	
39	人均氨氮排放量	吨/人	逆	590.331	513.184	490.743	10	10	0	中国统计	
40	单位耕地面积化肥施用量	万吨/千公顷	逆	25.913	10.505	19.262	1	5	4	中国统计	☺
41	单位耕地面积农药使用量	吨/千公顷	逆	0.122	0.023	0.043	2	4	2	中国统计;环境年鉴	☺
42	人均公路交通氮氧化物排放量	吨/万人	逆	0.023	0.025	0.022	17	15	−2	中国统计	☹
43	环境保护支出占财政支出比重	%	正	2.765	2.830	3.659	12	5	−7	中国统计	☹

续表

序号	指标名称	单 位	指标属性	2014 年测评均值	2014 年广东数值	2013 年广东数值	2014 年广东排名	2013 年广东排名	排名变化	2014 年数据来源	进退脸谱
44	环境污染治理投资占地区生产总值比重	%	正	1.545	0.450	0.566	30	30	0	环境年鉴	
45	农村人均改水、改厕的政府投资	元/人	正	38.104	16.909	25.542	24	26	2	环境年鉴	☺
46	单位耕地面积退耕还林投资完成额	万元/千公顷	正	19.699	5.757	7.152	25	27	2	环境年鉴；中国统计	☺
47	科教文卫支出占财政支出比重	%	正	28.044	33.094	33.296	3	2	−1	中国统计	☹
48	城市人均绿地面积	公顷/人	正	0.003	0.005	0.005	5	5	0	中国统计	
49	城市用水普及率	%	正	97.499	97.260	97.470	19	18	−1	中国统计	☹
50	城市污水处理率	%	正	88.267	91.600	92.200	10	7	−3	环境年鉴	☹
51	城市生活垃圾无害化处理率	%	正	91.211	86.380	84.600	25	24	−1	中国统计	☹
52	城市每万人拥有公交车辆	标台	正	12.728	13.285	13.080	10	11	1	中国统计	☺
53	人均城市公共交通运营线路网长度	公里/人	正	0.000	0.001	0.001	6	6	0	中国统计	
54	农村累计已改水受益人口占农村人口比重	%	正	96.117	99.203	99.002	10	9	−1	环境年鉴	☹
55	人均互联网宽带接入端口	个/人	正	0.301	0.335	0.312	7	7	0	中国统计	
56	建成区绿化覆盖率	%	正	39.188	41.440	41.500	7	8	1	中国统计	☺
57	人均当年新增造林面积	公顷/万人	正	53.976	14.178	13.095	22	26	4	中国统计	☺
58	工业二氧化硫去除率	%	正	69.716	74.675	71.615	11	7	−4	环境年鉴	☹
59	工业废水化学需氧量去除率	%	正	80.853	81.691	82.560	17	19	2	环境年鉴	☺
60	工业氮氧化物去除率	%	正	26.237	29.826	24.394	10	7	−3	环境年鉴	☹
61	工业废水氨氮去除率	%	正	76.487	70.635	70.811	23	23	0	环境年鉴	
62	突发环境事件次数	次	逆	92	85	246	5	18	13	中国统计	☺

年鉴说明：中国统计——《中国统计年鉴 2015》；城市——《中国城市统计年鉴 2015》；环境年鉴——《中国环境统计年鉴 2015》；工业经济——《中国工业经济统计年鉴 2015》；wind——wind 数据库。

广西绿色发展“体检”表

序号	指标名称	单位	指标属性	2014 年测评均值	2014 年广西数值	2013 年广西数值	2014 年广西排名	2013 年广西排名	排名变化	2014 年数据来源	进退脸谱
1	人均地区生产总值	元/人	正	51 459.013	33 089.609	30 588.000	27	27	0	中国统计	
2	单位地区生产总值能耗	吨标准煤/万元	逆	1.531	1.647	1.250	17	20	3	中国统计；wind	☺
3	非化石能源消费量占能源消费量的比重		正	NA	NA	NA	NA	NA			
4	单位地区生产总值二氧化碳排放量		逆	NA	NA	NA	NA	NA			
5	单位地区生产总值二氧化硫排放量	吨/万元	逆	483.307	335.904	222.981	16	15	−1	中国统计	☹
6	单位地区生产总值化学需氧量排放量	吨/万元	逆	343.629	210.661	138.592	8	8	0	中国统计	
7	单位地区生产总值氮氧化物排放量	吨/万元	逆	0.996	0.997	0.995	17	16	−1	中国统计	☹
8	单位地区生产总值氨氮排放量	吨/万元	逆	3 056.227	1 976.867	1 299.376	7	7	0	中国统计	
9	技术市场成交额占GDP的比重	%	正	0.012	0.001	0.001	28	29	1	中国统计	☺
10	人均城镇生活消费用电	千瓦时/人	逆	0.005	0.005	0.006	20	21	1	城市	☺
11	第一产业劳动生产率	万元/人	正	2.659	1.649	1.584	26	23	−3	省(市、区)统计年鉴；统计公报等	☹
12	土地产出率	亿元/千公顷	正	0.375	0.336	0.304	15	16	1	中国统计	☺
13	节灌率	%	正	50.431	54.975	50.458	17	16	−1	中国统计；环境年鉴	☹
14	有效灌溉面积占耕地面积比重	%	正	52.087	36.204	25.849	18	27	9	中国统计；环境年鉴	☺
15	第二产业劳动生产率	万元/人	正	15.880	13.704	13.085	16	17	1	省(市、区)统计年鉴；统计公报等	☺
16	单位工业增加值水耗	立方米/元	逆	313.440	106.799	100.173	2	4	2	中国统计	☺
17	规模以上单位工业增加值能耗		逆	NA	NA	NA	NA	NA			
18	工业固体废物综合利用率	%	正	63.999	51.456	70.675	20	15	−5	中国统计	☹
19	工业用水重复利用率	%	正	76.094	93.525	93.200	6	6	0	环境年鉴	
20	六大高载能行业产值占工业总产值比重	%	逆	60.686	59.215	58.497	12	12	0	工业经济	

续表

序号	指标名称	单 位	指标属性	2014 年测评均值	2014 年广西数值	2013 年广西数值	2014 年广西排名	2013 年广西排名	排名变化	2014 年数据来源	进退脸谱
21	第三产业劳动生产率	万元/人	正	10.479	7.512	6.707	24	24	0	省(市、区)统计年鉴;统计公报等	
22	第三产业增加值比重	%	正	44.082	37.865	36.000	23	22	−1	中国统计	☹
23	第三产业就业人员比重	%	正	38.681	28.801	27.858	27	28	1	省(市、区)统计年鉴;统计公报等	☺
24	人均水资源量	立方米/人	正	1 804.122	4 203.313	4 376.831	3	2	−1	中国统计	☹
25	人均森林面积	公顷/人	正	0.202	0.283	0.285	6	6	0	中国统计	
26	森林覆盖率	%	正	33.061	56.510	56.510	4	4	0	中国统计	
27	自然保护区面积占辖区面积比重	%	正	9.319	6.028	5.990	21	19	−2	中国统计;环境年鉴	☹
28	湿地面积占辖区面积的比重	%	正	9.228	3.200	3.200	23	23	0	中国统计	
29	人均活立木总蓄积量	立方米/人	正	11.844	11.784	11.828	8	8	0	中国统计	
30	单位土地面积二氧化碳排放量		逆	NA	NA	NA	NA	NA			
31	人均二氧化碳排放量		逆	NA	NA	NA	NA	NA			
32	单位土地面积二氧化硫排放量	吨/平方公里	逆	0.485	0.509	0.503	22	22	0	中国统计	
33	人均二氧化硫排放量	吨/人	逆	86.502	101.513	99.590	22	23	1	中国统计	☺
34	单位土地面积化学需氧量排放量	吨/平方公里	逆	0.505	0.319	0.313	21	21	0	中国统计	
35	人均化学需氧量排放量	吨/人	逆	64.224	63.664	61.899	15	16	1	中国统计	☺
36	单位土地面积氮氧化物排放量	吨/平方公里	逆	93.644	98.138	97.877	23	23	0	中国统计	
37	人均氮氧化物排放量	吨/人	逆	0.982	0.991	0.989	27	26	−1	中国统计	☹
38	单位土地面积氨氮排放量	吨/平方公里	逆	5.548	2.996	2.933	20	20	0	中国统计	
39	人均氨氮排放量	吨/人	逆	590.331	597.428	580.337	18	17	−1	中国统计	☹
40	单位耕地面积化肥施用量	万吨/千公顷	逆	25.913	17.085	24.002	9	11	2	中国统计	☺
41	单位耕地面积农药使用量	吨/千公顷	逆	0.122	0.061	0.089	13	14	1	中国统计;环境年鉴	☺
42	人均公路交通氮氧化物排放量	吨/万人	逆	0.023	0.034	0.031	27	25	−2	中国统计	☹
43	环境保护支出占财政支出比重	%	正	2.765	2.414	2.002	17	27	10	中国统计	☺

续表

序号	指标名称	单　位	指标属性	2014 年测评均值	2014 年广西数值	2013 年广西数值	2014 年广西排名	2013 年广西排名	排名变化	2014 年数据来源	进退脸谱
44	环境污染治理投资占地区生产总值比重	%	正	1.545	1.280	1.515	16	14	−2	环境年鉴	☹
45	农村人均改水、改厕的政府投资	元/人	正	38.104	58.428	74.190	5	4	−1	环境年鉴	☹
46	单位耕地面积退耕还林投资完成额	万元/千公顷	正	19.699	9.090	13.600	20	18	−2	环境年鉴；中国统计	☹
47	科教文卫支出占财政支出比重	%	正	28.044	32.884	31.158	4	6	2	中国统计	☺
48	城市人均绿地面积	公顷/人	正	0.003	0.001	0.001	19	18	−1	中国统计	☹
49	城市用水普及率	%	正	97.499	94.400	95.910	27	24	−3	中国统计	☹
50	城市污水处理率	%	正	88.267	87.500	85.800	22	22	0	环境年鉴	
51	城市生活垃圾无害化处理率	%	正	91.211	95.400	96.400	14	10	−4	中国统计	☹
52	城市每万人拥有公交车辆	标台	正	12.728	9.189	9.419	27	27	0	中国统计	
53	人均城市公共交通运营线路网长度	公里/人	正	0.000	0.000	0.000	26	28	2	中国统计	☺
54	农村累计已改水受益人口占农村人口比重	%	正	96.117	89.826	85.136	29	30	1	环境年鉴	☺
55	人均互联网宽带接入端口	个/人	正	0.301	0.237	0.207	21	21	0	中国统计	
56	建成区绿化覆盖率	%	正	39.188	39.260	37.650	16	20	4	中国统计	☺
57	人均当年新增造林面积	公顷/万人	正	53.976	30.329	31.885	16	18	2	中国统计	☺
58	工业二氧化硫去除率	%	正	69.716	72.286	74.113	15	6	−9	环境年鉴	☹
59	工业废水化学需氧量去除率	%	正	80.853	86.018	85.656	12	12	0	环境年鉴	
60	工业氮氧化物去除率	%	正	26.237	30.189	13.718	9	20	11	环境年鉴	☺
61	工业废水氨氮去除率	%	正	76.487	84.265	86.303	14	10	−4	环境年鉴	☹
62	突发环境事件次数	次	逆	92	100	235	11	6	−5	中国统计	☹

年鉴说明：中国统计——《中国统计年鉴 2015》；城市——《中国城市统计年鉴 2015》；环境年鉴——《中国环境统计年鉴 2015》；工业经济——《中国工业经济统计年鉴 2015》；wind——wind 数据库。

海南绿色发展“体检”表

序号	指标名称	单 位	指标属性	2014 年测评均值	2014 年海南数值	2013 年海南数值	2014 年海南排名	2013 年海南排名	排名变化	2014 年数据来源	进退脸谱
1	人均地区生产总值	元/人	正	51 459.013	38 923.703	35 317.000	21	21	0	中国统计	
2	单位地区生产总值能耗	吨标准煤/万元	逆	1.531	1.923	1.445	22	23	1	中国统计；wind	☺
3	非化石能源消费量占能源消费量的比重		正	NA	NA	NA	NA	NA			
4	单位地区生产总值二氧化碳排放量		逆	NA	NA	NA	NA	NA			
5	单位地区生产总值二氧化硫排放量	吨/万元	逆	483.307	1 075.031	697.178	28	28	0	中国统计	
6	单位地区生产总值化学需氧量排放量	吨/万元	逆	343.629	178.607	116.259	4	4	0	中国统计	
7	单位地区生产总值氮氧化物排放量	吨/万元	逆	0.996	0.997	0.996	18	18	0	中国统计	
8	单位地区生产总值氨氮排放量	吨/万元	逆	3 056.227	1 526.893	998.738	1	2	1	中国统计	☺
9	技术市场成交额占GDP的比重	%	正	0.012	0.000	0.001	30	26	−4	中国统计	☹
10	人均城镇生活消费用电	千瓦时/人	逆	0.005	0.001	0.001	3	4	1	城市	☺
11	第一产业劳动生产率	万元/人	正	2.659	3.569	3.338	5	5	0	省(市、区)统计年鉴；统计公报等	
12	土地产出率	亿元/千公顷	正	0.375	0.661	0.572	3	4	1	中国统计	☺
13	节灌率	%	正	50.431	31.779	28.885	20	22	2	中国统计；环境年鉴	☺
14	有效灌溉面积占耕地面积比重	%	正	52.087	35.767	30.759	19	23	4	中国统计；环境年鉴	☺
15	第二产业劳动生产率	万元/人	正	15.880	13.081	14.002	18	15	−3	省(市、区)统计年鉴；统计公报等	☹
16	单位工业增加值水耗	立方米/元	逆	313.440	133.527	144.648	9	11	2	中国统计	☺
17	规模以上单位工业增加值能耗		逆	NA	NA	NA	NA	NA			
18	工业固体废物综合利用率	%	正	63.999	37.917	65.301	28	17	−11	中国统计	☹
19	工业用水重复利用率	%	正	76.094	60.000	60.300	23	22	−1	环境年鉴	☹
20	六大高载能行业产值占工业总产值比重	%	逆	60.686	38.020	47.992	4	6	2	工业经济	☺

续表

序号	指标名称	单位	指标属性	2014年测评均值	2014年海南数值	2013年海南数值	2014年海南排名	2013年海南排名	排名变化	2014年数据来源	进退脸谱
21	第三产业劳动生产率	万元/人	正	10.479	7.722	7.219	23	21	−2	省(市、区)统计年鉴;统计公报等	☹
22	第三产业增加值比重	%	正	44.082	51.853	48.300	3	3	0	中国统计	
23	第三产业就业人员比重	%	正	38.681	44.795	44.088	5	5	0	省(市、区)统计年鉴;统计公报等	
24	人均水资源量	立方米/人	正	1 804.122	4 265.962	5 636.801	2	1	−1	中国统计	☹
25	人均森林面积	公顷/人	正	0.202	0.209	0.210	12	12	0	中国统计	
26	森林覆盖率	%	正	33.061	55.380	55.380	5	5	0	中国统计	
27	自然保护区面积占辖区面积比重	%	正	9.319	7.726	6.960	14	17	3	中国统计;环境年鉴	☺
28	湿地面积占辖区面积的比重	%	正	9.228	9.140	9.140	10	10	0	中国统计	
29	人均活立木总蓄积量	立方米/人	正	11.844	10.868	10.921	10	10	0	中国统计	
30	单位土地面积二氧化碳排放量		逆	NA	NA	NA	NA	NA			
31	人均二氧化碳排放量		逆	NA	NA	NA	NA	NA			
32	单位土地面积二氧化硫排放量	吨/平方公里	逆	0.485	1.086	1.091	28	28	0	中国统计	
33	人均二氧化硫排放量	吨/人	逆	86.502	276.189	274.854	30	30	0	中国统计	
34	单位土地面积化学需氧量排放量	吨/平方公里	逆	0.505	0.180	0.182	14	14	0	中国统计	
35	人均化学需氧量排放量	吨/人	逆	64.224	45.887	45.834	7	7	0	中国统计	
36	单位土地面积氮氧化物排放量	吨/平方公里	逆	93.644	97.313	97.164	21	21	0	中国统计	
37	人均氮氧化物排放量	吨/人	逆	0.982	0.989	0.989	24	24	0	中国统计	
38	单位土地面积氨氮排放量	吨/平方公里	逆	5.548	1.542	1.562	13	14	1	中国统计	☺
39	人均氨氮排放量	吨/人	逆	590.331	392.278	393.740	1	2	1	中国统计	☺
40	单位耕地面积化肥施用量	万吨/千公顷	逆	25.913	14.693	17.819	5	2	−3	中国统计	☹
41	单位耕地面积农药使用量	吨/千公顷	逆	0.122	0.018	0.020	1	1	0	中国统计;环境年鉴	
42	人均公路交通氮氧化物排放量	吨/万人	逆	0.023	0.030	0.027	24	23	−1	中国统计	☹
43	环境保护支出占财政支出比重	%	正	2.765	2.117	2.292	23	20	−3	中国统计	☹

续表

序号	指标名称	单　位	指标属性	2014 年测评均值	2014 年海南数值	2013 年海南数值	2014 年海南排名	2013 年海南排名	排名变化	2014 年数据来源	进退脸谱
44	环境污染治理投资占地区生产总值比重	%	正	1.545	0.600	0.845	29	28	−1	环境年鉴	☹
45	农村人均改水、改厕的政府投资	元/人	正	38.104	59.465	71.428	4	6	2	环境年鉴	☺
46	单位耕地面积退耕还林投资完成额	万元/千公顷	正	19.699	17.731	13.974	12	17	5	环境年鉴；中国统计	☺
47	科教文卫支出占财政支出比重	%	正	28.044	27.411	27.679	18	17	−1	中国统计	☹
48	城市人均绿地面积	公顷/人	正	0.003	0.007	0.007	3	3	0	中国统计	
49	城市用水普及率	%	正	97.499	98.100	98.380	15	12	−3	中国统计	☹
50	城市污水处理率	%	正	88.267	71.400	75.000	29	29	0	环境年鉴	
51	城市生活垃圾无害化处理率	%	正	91.211	99.830	99.900	4	1	−3	中国统计	☹
52	城市每万人拥有公交车辆	标台	正	12.728	11.971	11.478	16	19	3	中国统计	☺
53	人均城市公共交通运营线路网长度	公里/人	正	0.000	0.001	0.002	10	2	−8	中国统计	☹
54	农村累计已改水受益人口占农村人口比重	%	正	96.117	94.088	96.363	21	18	−3	环境年鉴	☹
55	人均互联网宽带接入端口	个/人	正	0.301	0.248	0.222	20	19	−1	中国统计	☹
56	建成区绿化覆盖率	%	正	39.188	41.320	42.060	8	6	−2	中国统计	☹
57	人均当年新增造林面积	公顷/万人	正	53.976	9.787	14.400	26	25	−1	中国统计	☹
58	工业二氧化硫去除率	%	正	69.716	78.991	71.232	6	9	3	环境年鉴	☺
59	工业废水化学需氧量去除率	%	正	80.853	90.424	86.760	5	11	6	环境年鉴	☺
60	工业氮氧化物去除率	%	正	26.237	23.349	12.993	21	21	0	环境年鉴	
61	工业废水氨氮去除率	%	正	76.487	67.275	61.190	24	24	0	环境年鉴	
62	突发环境事件次数	次	逆	92	105	247	22	21	−1	中国统计	☹

年鉴说明：中国统计——《中国统计年鉴 2015》；城市——《中国城市统计年鉴 2015》；环境年鉴——《中国环境统计年鉴 2015》；工业经济——《中国工业经济统计年鉴 2015》；wind——wind 数据库。

重庆绿色发展“体检”表

序号	指标名称	单 位	指标属性	2014 年测评均值	2014 年重庆数值	2013 年重庆数值	2014 年重庆排名	2013 年重庆排名	排名变化	2014 年数据来源	进退脸谱
1	人均地区生产总值	元/人	正	51 459.013	47 849.834	42 795.000	12	12	0	中国统计	
2	单位地区生产总值能耗	吨标准煤/万元	逆	1.531	1.660	1.049	18	13	−5	中国统计；wind	☹
3	非化石能源消费量占能源消费量的比重		正	NA	NA	NA	NA	NA			
4	单位地区生产总值二氧化碳排放量		逆	NA	NA	NA	NA	NA			
5	单位地区生产总值二氧化硫排放量	吨/万元	逆	483.307	270.666	188.611	11	12	1	中国统计	☺
6	单位地区生产总值化学需氧量排放量	吨/万元	逆	343.629	369.120	263.646	23	23	0	中国统计	
7	单位地区生产总值氮氧化物排放量	吨/万元	逆	0.996	0.998	0.996	20	20	0	中国统计	
8	单位地区生产总值氨氮排放量	吨/万元	逆	3 056.227	2 781.580	1 980.441	19	20	1	中国统计	☺
9	技术市场成交额占GDP的比重	%	正	0.012	0.011	0.007	8	10	2	中国统计	☺
10	人均城镇生活消费用电	千瓦时/人	逆	0.005	0.003	0.003	9	10	1	城市	☺
11	第一产业劳动生产率	万元/人	正	2.659	1.867	1.733	23	22	−1	省(市、区)统计年鉴；统计公报等	☹
12	土地产出率	亿元/千公顷	正	0.375	0.273	0.259	20	20	0	中国统计	
13	节灌率	%	正	50.431	28.320	26.842	24	24	0	中国统计；环境年鉴	
14	有效灌溉面积占耕地面积比重	%	正	52.087	27.578	19.204	26	29	3	中国统计；环境年鉴	☺
15	第二产业劳动生产率	万元/人	正	15.880	14.245	14.625	14	13	−1	省(市、区)统计年鉴；统计公报等	☹
16	单位工业增加值水耗	立方米/元	逆	313.440	140.902	129.829	11	10	−1	中国统计	☹
17	规模以上单位工业增加值能耗		逆	NA	NA	NA	NA	NA			
18	工业固体废物综合利用率	%	正	63.999	84.334	85.231	8	9	1	中国统计	☺
19	工业用水重复利用率	%	正	76.094	30.769	30.800	29	29	0	环境年鉴	
20	六大高载能行业产值占工业总产值比重	%	逆	60.686	77.531	76.999	30	29	−1	工业经济	☹

续表

序号	指标名称	单 位	指标属性	2014 年测评均值	2014 年重庆数值	2013 年重庆数值	2014 年重庆排名	2013 年重庆排名	排名变化	2014 年数据来源	进退脸谱
21	第三产业劳动生产率	万元/人	正	10.479	10.055	8.267	12	16	4	省(市、区)统计年鉴；统计公报等	☺
22	第三产业增加值比重	%	正	44.082	46.783	41.400	8	11	3	中国统计	☺
23	第三产业就业人员比重	%	正	38.681	39.888	38.632	8	8	0	省(市、区)统计年鉴；统计公报等	
24	人均水资源量	立方米/人	正	1 804.122	2 155.940	1 603.875	12	16	4	中国统计	☺
25	人均森林面积	公顷/人	正	0.202	0.106	0.107	19	19	0	中国统计	
26	森林覆盖率	%	正	33.061	38.430	38.430	12	12	0	中国统计	
27	自然保护区面积占辖区面积比重	%	正	9.319	10.151	10.250	11	10	−1	中国统计；环境年鉴	☹
28	湿地面积占辖区面积的比重	%	正	9.228	2.510	2.510	25	25	0	中国统计	
29	人均活立木总蓄积量	立方米/人	正	11.844	5.850	5.871	16	16	0	中国统计	
30	单位土地面积二氧化碳排放量		逆	NA	NA	NA	NA	NA			
31	人均二氧化碳排放量		逆	NA	NA	NA	NA	NA			
32	单位土地面积二氧化硫排放量	吨/平方公里	逆	0.485	0.156	0.150	9	10	1	中国统计	☺
33	人均二氧化硫排放量	吨/人	逆	86.502	56.566	54.000	10	10	0	中国统计	
34	单位土地面积化学需氧量排放量	吨/平方公里	逆	0.505	0.213	0.210	17	17	0	中国统计	
35	人均化学需氧量排放量	吨/人	逆	64.224	77.141	75.482	25	25	0	中国统计	
36	单位土地面积氮氧化物排放量	吨/平方公里	逆	93.644	95.685	95.599	14	14	0	中国统计	
37	人均氮氧化物排放量	吨/人	逆	0.982	0.988	0.988	21	21	0	中国统计	
38	单位土地面积氨氮排放量	吨/平方公里	逆	5.548	1.604	1.577	15	15	0	中国统计	
39	人均氨氮排放量	吨/人	逆	590.331	581.314	567.005	16	16	0	中国统计	
40	单位耕地面积化肥施用量	万吨/千公顷	逆	25.913	25.250	36.396	19	24	5	中国统计	☺
41	单位耕地面积农药使用量	吨/千公顷	逆	0.122	0.133	0.192	23	24	1	中国统计；环境年鉴	☺
42	人均公路交通氮氧化物排放量	吨/万人	逆	0.023	0.025	0.027	19	21	2	中国统计	☺
43	环境保护支出占财政支出比重	%	正	2.765	3.193	3.741	8	4	−4	中国统计	☹

续表

序号	指标名称	单　位	指标属性	2014年测评均值	2014年重庆数值	2013年重庆数值	2014年重庆排名	2013年重庆排名	排名变化	2014年数据来源	进退脸谱
44	环境污染治理投资占地区生产总值比重	%	正	1.545	1.180	1.369	19	18	−1	环境年鉴	☹
45	农村人均改水、改厕的政府投资	元/人	正	38.104	12.949	42.294	28	16	−12	环境年鉴	☹
46	单位耕地面积退耕还林投资完成额	万元/千公顷	正	19.699	47.660	59.511	2	2	0	环境年鉴；中国统计	
47	科教文卫支出占财政支出比重	%	正	28.044	23.923	23.150	26	26	0	中国统计	
48	城市人均绿地面积	公顷/人	正	0.003	0.002	0.001	17	16	−1	中国统计	☹
49	城市用水普及率	%	正	97.499	96.780	96.250	22	22	0	中国统计	
50	城市污水处理率	%	正	88.267	93.000	94.000	6	5	−1	环境年鉴	☹
51	城市生活垃圾无害化处理率	%	正	91.211	99.200	99.400	8	3	−5	中国统计	☹
52	城市每万人拥有公交车辆	标台	正	12.728	11.182	11.568	22	17	−5	中国统计	☹
53	人均城市公共交通运营线路网长度	公里/人	正	0.000	0.000	0.001	15	15	0	中国统计	
54	农村累计已改水受益人口占农村人口比重	%	正	96.117	98.936	98.901	13	11	−2	环境年鉴	☹
55	人均互联网宽带接入端口	个/人	正	0.301	0.322	0.262	8	11	3	中国统计	☺
56	建成区绿化覆盖率	%	正	39.188	40.600	41.660	11	7	−4	中国统计	☹
57	人均当年新增造林面积	公顷/万人	正	53.976	64.079	77.053	10	8	−2	中国统计	☹
58	工业二氧化硫去除率	%	正	69.716	66.344	64.810	21	15	−6	环境年鉴	☹
59	工业废水化学需氧量去除率	%	正	80.853	83.973	84.250	15	14	−1	环境年鉴	☹
60	工业氮氧化物去除率	%	正	26.237	22.477	17.920	23	15	−8	环境年鉴	☹
61	工业废水氨氮去除率	%	正	76.487	85.968	86.513	9	8	−1	环境年鉴	☹
62	突发环境事件次数	次	逆	92	92	240	8	12	4	中国统计	☺

年鉴说明：中国统计——《中国统计年鉴2015》；城市——《中国城市统计年鉴2015》；环境年鉴——《中国环境统计年鉴2015》；工业经济——《中国工业经济统计年鉴2015》；wind——wind数据库。

四川绿色发展“体检”表

序号	指标名称	单　位	指标属性	2014年测评均值	2014年四川数值	2013年四川数值	2014年四川排名	2013年四川排名	排名变化	2014年数据来源	进退脸谱
1	人均地区生产总值	元/人	正	51 459.013	35 128.096	32 454.000	23	24	1	中国统计	☺
2	单位地区生产总值能耗	吨标准煤/万元	逆	1.531	1.436	1.003	12	12	0	中国统计；wind	
3	非化石能源消费量占能源消费量的比重		正	NA	NA	NA	NA	NA			
4	单位地区生产总值二氧化碳排放量		逆	NA	NA	NA	NA	NA			
5	单位地区生产总值二氧化硫排放量	吨/万元	逆	483.307	358.320	244.757	17	16	−1	中国统计	☹
6	单位地区生产总值化学需氧量排放量	吨/万元	逆	343.629	234.623	162.257	13	14	1	中国统计	☺
7	单位地区生产总值氮氧化物排放量	吨/万元	逆	0.996	0.998	0.997	22	23	1	中国统计	☺
8	单位地区生产总值氨氮排放量	吨/万元	逆	3 056.227	2 117.865	1 458.702	10	11	1	中国统计	☺
9	技术市场成交额占GDP的比重	%	正	0.012	0.007	0.006	13	14	1	中国统计	☺
10	人均城镇生活消费用电	千瓦时/人	逆	0.005	0.006	0.006	22	23	1	城市	☺
11	第一产业劳动生产率	万元/人	正	2.659	3.611	1.736	4	21	17	省(市、区)统计年鉴；统计公报等	☺
12	土地产出率	亿元/千公顷	正	0.375	0.318	0.300	17	17	0	中国统计	
13	节灌率	%	正	50.431	55.211	55.859	16	12	−4	中国统计；环境年鉴	☹
14	有效灌溉面积占耕地面积比重	%	正	52.087	39.590	27.024	16	26	10	中国统计；环境年鉴	☺
15	第二产业劳动生产率	万元/人	正	15.880	11.130	10.917	25	25	0	省(市、区)统计年鉴；统计公报等	
16	单位工业增加值水耗	立方米/元	逆	313.440	264.997	198.673	19	16	−3	中国统计	☹
17	规模以上单位工业增加值能耗		逆	NA	NA	NA	NA	NA			
18	工业固体废物综合利用率	%	正	63.999	36.181	41.265	29	30	1	中国统计	☺
19	工业用水重复利用率	%	正	76.094	73.542	81.600	22	18	−4	环境年鉴	☹
20	六大高载能行业产值占工业总产值比重	%	逆	60.686	71.421	70.500	25	25	0	工业经济	

续表

序号	指标名称	单位	指标属性	2014 年测评均值	2014 年四川数值	2013 年四川数值	2014 年四川排名	2013 年四川排名	排名变化	2014 年数据来源	进退脸谱
21	第三产业劳动生产率	万元/人	正	10.479	6.872	5.820	26	26	0	省(市、区)统计年鉴;统计公报等	
22	第三产业增加值比重	%	正	44.082	38.698	35.200	22	25	3	中国统计	☺
23	第三产业就业人员比重	%	正	38.681	34.310	33.359	23	22	−1	省(市、区)统计年鉴;统计公报等	☹
24	人均水资源量	立方米/人	正	1 804.122	3 148.470	3 052.882	9	10	1	中国统计	☺
25	人均森林面积	公顷/人	正	0.202	0.210	0.210	11	11	0	中国统计	
26	森林覆盖率	%	正	33.061	35.220	35.220	17	17	0	中国统计	
27	自然保护区面积占辖区面积比重	%	正	9.319	17.139	18.540	4	2	−2	中国统计;环境年鉴	☹
28	湿地面积占辖区面积的比重	%	正	9.228	3.610	3.610	22	22	0	中国统计	
29	人均活立木总蓄积量	立方米/人	正	11.844	21.859	21.904	5	5	0	中国统计	
30	单位土地面积二氧化碳排放量		逆	NA	NA	NA	NA	NA			
31	人均二氧化碳排放量		逆	NA	NA	NA	NA	NA			
32	单位土地面积二氧化硫排放量	吨/平方公里	逆	0.485	0.608	0.593	26	25	−1	中国统计	☹
33	人均二氧化硫排放量	吨/人	逆	86.502	102.004	99.076	23	22	−1	中国统计	☹
34	单位土地面积化学需氧量排放量	吨/平方公里	逆	0.505	0.398	0.393	24	24	0	中国统计	
35	人均化学需氧量排放量	吨/人	逆	64.224	66.791	65.680	17	18	1	中国统计	☺
36	单位土地面积氮氧化物排放量	吨/平方公里	逆	93.644	98.791	98.710	28	28	0	中国统计	
37	人均氮氧化物排放量	吨/人	逆	0.982	0.993	0.992	29	30	1	中国统计	☺
38	单位土地面积氨氮排放量	吨/平方公里	逆	5.548	3.592	3.532	23	23	0	中国统计	
39	人均氨氮排放量	吨/人	逆	590.331	602.898	590.472	20	20	0	中国统计	
40	单位耕地面积化肥施用量	万吨/千公顷	逆	25.913	26.919	38.559	20	25	5	中国统计	☺
41	单位耕地面积农药使用量	吨/千公顷	逆	0.122	0.113	0.161	19	23	4	中国统计;环境年鉴	☺
42	人均公路交通氮氧化物排放量	吨/万人	逆	0.023	0.040	0.039	30	30	0	中国统计	
43	环境保护支出占财政支出比重	%	正	2.765	2.482	2.571	15	16	1	中国统计	☺

续表

序号	指标名称	单位	指标属性	2014年测评均值	2014年四川数值	2013年四川数值	2014年四川排名	2013年四川排名	排名变化	2014年数据来源	进退脸谱
44	环境污染治理投资占地区生产总值比重	%	正	1.545	1.010	0.891	23	26	3	环境年鉴	☺
45	农村人均改水、改厕的政府投资	元/人	正	38.104	23.965	45.099	21	12	-9	环境年鉴	☹
46	单位耕地面积退耕还林投资完成额	万元/千公顷	正	19.699	46.790	46.345	3	4	1	环境年鉴；中国统计	☺
47	科教文卫支出占财政支出比重	%	正	28.044	27.343	27.898	19	16	-3	中国统计	☹
48	城市人均绿地面积	公顷/人	正	0.003	0.001	0.001	26	23	-3	中国统计	☹
49	城市用水普及率	%	正	97.499	91.120	91.760	30	30	0	中国统计	
50	城市污水处理率	%	正	88.267	85.400	83.200	25	25	0	环境年鉴	
51	城市生活垃圾无害化处理率	%	正	91.211	95.370	95.000	15	13	-2	中国统计	☹
52	城市每万人拥有公交车辆	标台	正	12.728	14.223	14.590	8	5	-3	中国统计	☹
53	人均城市公共交通运营线路网长度	公里/人	正	0.000	0.000	0.000	23	23	0	中国统计	
54	农村累计已改水受益人口占农村人口比重	%	正	96.117	95.414	94.369	19	21	2	环境年鉴	☺
55	人均互联网宽带接入端口	个/人	正	0.301	0.270	0.219	18	20	2	中国统计	☺
56	建成区绿化覆盖率	%	正	39.188	37.510	38.410	23	16	-7	中国统计	☹
57	人均当年新增造林面积	公顷/万人	正	53.976	12.091	15.595	23	24	1	中国统计	☺
58	工业二氧化硫去除率	%	正	69.716	64.296	59.176	25	24	-1	环境年鉴	☹
59	工业废水化学需氧量去除率	%	正	80.853	84.776	83.541	14	15	1	环境年鉴	☺
60	工业氮氧化物去除率	%	正	26.237	22.422	13.949	24	19	-5	环境年鉴	☹
61	工业废水氨氮去除率	%	正	76.487	91.212	93.111	2	1	-1	环境年鉴	☹
62	突发环境事件次数	次	逆	92	101	237	12	8	-4	中国统计	☹

年鉴说明：中国统计——《中国统计年鉴2015》；城市——《中国城市统计年鉴2015》；环境年鉴——《中国环境统计年鉴2015》；工业经济——《中国工业经济统计年鉴2015》；wind——wind数据库。

贵州绿色发展“体检”表

序号	指标名称	单　位	指标属性	2014 年测评均值	2014 年贵州数值	2013 年贵州数值	2014 年贵州排名	2013 年贵州排名	排名变化	2014 年数据来源	进退脸谱
1	人均地区生产总值	元/人	正	51 459.013	26 436.651	22 922.000	29	30	1	中国统计	☺
2	单位地区生产总值能耗	吨标准煤/万元	逆	1.531	0.954	0.583	6	4	−2	中国统计；wind	☹
3	非化石能源消费量占能源消费量的比重		正	NA	NA	NA	NA	NA			
4	单位地区生产总值二氧化碳排放量		逆	NA	NA	NA	NA	NA			
5	单位地区生产总值二氧化硫排放量	吨/万元	逆	483.307	100.092	54.098	2	2	0	中国统计	
6	单位地区生产总值化学需氧量排放量	吨/万元	逆	343.629	283.664	162.616	19	15	−4	中国统计	☹
7	单位地区生产总值氮氧化物排放量	吨/万元	逆	0.996	0.995	0.990	7	5	−2	中国统计	☹
8	单位地区生产总值氨氮排放量	吨/万元	逆	3 056.227	2 438.289	1 394.786	15	9	−6	中国统计	☹
9	技术市场成交额占GDP的比重	%	正	0.012	0.002	0.002	21	22	1	中国统计	☺
10	人均城镇生活消费用电	千瓦时/人	逆	0.005	0.005	0.004	18	16	−2	城市	☹
11	第一产业劳动生产率	万元/人	正	2.659	1.089	0.869	30	30	0	省(市、区)统计年鉴；统计公报等	
12	土地产出率	亿元/千公顷	正	0.375	0.240	0.185	25	29	4	中国统计	☺
13	节灌率	%	正	50.431	31.339	32.837	21	20	−1	中国统计；环境年鉴	☹
14	有效灌溉面积占耕地面积比重	%	正	52.087	21.588	17.196	30	30	0	中国统计；环境年鉴	
15	第二产业劳动生产率	万元/人	正	15.880	13.882	12.912	15	18	3	省(市、区)统计年鉴；统计公报等	☺
16	单位工业增加值水耗	立方米/元	逆	313.440	113.564	99.420	6	3	−3	中国统计	☹
17	规模以上单位工业增加值能耗		逆	NA	NA	NA	NA	NA			
18	工业固体废物综合利用率	%	正	63.999	46.814	50.769	21	26	5	中国统计	☺
19	工业用水重复利用率	%	正	76.094	77.036	80.700	21	19	−2	环境年鉴	☹
20	六大高载能行业产值占工业总产值比重	%	逆	60.686	55.435	53.681	8	8	0	工业经济	

续表

序号	指标名称	单 位	指标属性	2014年测评均值	2014年贵州数值	2013年贵州数值	2014年贵州排名	2013年贵州排名	排名变化	2014年数据来源	进退脸谱
21	第三产业劳动生产率	万元/人	正	10.479	9.519	9.121	15	12	−3	省(市、区)统计年鉴;统计公报等	☹
22	第三产业增加值比重	%	正	44.082	44.553	46.600	10	6	−4	中国统计	☹
23	第三产业就业人员比重	%	正	38.681	23.420	22.537	30	30	0	省(市、区)统计年鉴;统计公报等	
24	人均水资源量	立方米/人	正	1 804.122	3 461.120	2 174.151	6	13	7	中国统计	☺
25	人均森林面积	公顷/人	正	0.202	0.186	0.187	14	14	0	中国统计	
26	森林覆盖率	%	正	33.061	37.090	37.090	15	15	0	中国统计	
27	自然保护区面积占辖区面积比重	%	正	9.319	5.051	5.010	25	23	−2	中国统计;环境年鉴	☹
28	湿地面积占辖区面积的比重	%	正	9.228	1.190	1.190	29	29	0	中国统计	
29	人均活立木总蓄积量	立方米/人	正	11.844	9.810	9.819	12	12	0	中国统计	
30	单位土地面积二氧化碳排放量		逆	NA	NA	NA	NA	NA			
31	人均二氧化碳排放量		逆	NA	NA	NA	NA	NA			
32	单位土地面积二氧化硫排放量	吨/平方公里	逆	0.485	0.190	0.179	12	12	0	中国统计	
33	人均二氧化硫排放量	吨/人	逆	86.502	37.861	35.412	6	5	−1	中国统计	☹
34	单位土地面积化学需氧量排放量	吨/平方公里	逆	0.505	0.539	0.537	25	25	0	中国统计	
35	人均化学需氧量排放量	吨/人	逆	64.224	107.299	106.448	28	29	1	中国统计	☺
36	单位土地面积氮氧化物排放量	吨/平方公里	逆	93.644	97.212	96.836	20	19	−1	中国统计	☹
37	人均氮氧化物排放量	吨/人	逆	0.982	0.986	0.984	16	16	0	中国统计	
38	单位土地面积氨氮排放量	吨/平方公里	逆	5.548	4.635	4.604	24	24	0	中国统计	
39	人均氨氮排放量	吨/人	逆	590.331	922.314	913.026	29	29	0	中国统计	
40	单位耕地面积化肥施用量	万吨/千公顷	逆	25.913	44.900	55.340	27	29	2	中国统计	☺
41	单位耕地面积农药使用量	吨/千公顷	逆	0.122	0.339	0.400	29	29	0	中国统计;环境年鉴	
42	人均公路交通氮氧化物排放量	吨/万人	逆	0.023	0.031	0.034	25	27	2	中国统计	☺
43	环境保护支出占财政支出比重	%	正	2.765	2.409	2.155	18	22	4	中国统计	☺

续表

序号	指标名称	单　位	指标属性	2014 年测评均值	2014 年贵州数值	2013 年贵州数值	2014 年贵州排名	2013 年贵州排名	排名变化	2014 年数据来源	进退脸谱
44	环境污染治理投资占地区生产总值比重	%	正	1.545	1.840	1.370	8	17	9	环境年鉴	☺
45	农村人均改水、改厕的政府投资	元/人	正	38.104	43.433	72.271	9	5	−4	环境年鉴	☹
46	单位耕地面积退耕还林投资完成额	万元/千公顷	正	19.699	24.987	31.055	9	7	−2	环境年鉴；中国统计	☹
47	科教文卫支出占财政支出比重	%	正	28.044	29.336	28.298	12	15	3	中国统计	☺
48	城市人均绿地面积	公顷/人	正	0.003	0.001	0.001	21	19	−2	中国统计	☹
49	城市用水普及率	%	正	97.499	94.470	92.860	26	28	2	中国统计	☺
50	城市污水处理率	%	正	88.267	94.800	94.000	4	5	1	环境年鉴	☺
51	城市生活垃圾无害化处理率	%	正	91.211	93.260	92.200	16	17	1	中国统计	☺
52	城市每万人拥有公交车辆	标台	正	12.728	10.615	9.599	23	26	3	中国统计	☺
53	人均城市公共交通运营线路网长度	公里/人	正	0.000	0.000	0.000	30	27	−3	中国统计	☹
54	农村累计已改水受益人口占农村人口比重	%	正	96.117	86.473	87.660	30	29	−1	环境年鉴	☹
55	人均互联网宽带接入端口	个/人	正	0.301	0.166	0.141	29	30	1	中国统计	☺
56	建成区绿化覆盖率	%	正	39.188	33.970	34.460	28	27	−1	中国统计	☹
57	人均当年新增造林面积	公顷/万人	正	53.976	91.295	97.333	4	5	1	中国统计	☺
58	工业二氧化硫去除率	%	正	69.716	77.211	64.672	7	16	9	环境年鉴	☺
59	工业废水化学需氧量去除率	%	正	80.853	65.280	68.185	28	28	0	环境年鉴	
60	工业氮氧化物去除率	%	正	26.237	26.045	20.721	14	11	−3	环境年鉴	☹
61	工业废水氨氮去除率	%	正	76.487	93.218	92.659	1	2	1	环境年鉴	☺
62	突发环境事件次数	次	逆	92	105	242	22	15	−7	中国统计	☹

年鉴说明：中国统计——《中国统计年鉴 2015》；城市——《中国城市统计年鉴 2015》；环境年鉴——《中国环境统计年鉴 2015》；工业经济——《中国工业经济统计年鉴 2015》；wind— wind 数据库。

云南绿色发展"体检"表

序号	指标名称	单 位	指标属性	2014 年测评均值	2014 年云南数值	2013 年云南数值	2014 年云南排名	2013 年云南排名	排名变化	2014 年数据来源	进退脸谱
1	人均地区生产总值	元/人	正	51 459.013	27 263.635	25 083.000	28	28	0	中国统计	
2	单位地区生产总值能耗	吨标准煤/万元	逆	1.531	1.226	0.861	9	9	0	中国统计；wind	
3	非化石能源消费量占能源消费量的比重		正	NA	NA	NA	NA	NA			
4	单位地区生产总值二氧化碳排放量		逆	NA	NA	NA	NA	NA			
5	单位地区生产总值二氧化硫排放量	吨/万元	逆	483.307	201.271	131.041	8	8	0	中国统计	
6	单位地区生产总值化学需氧量排放量	吨/万元	逆	343.629	240.053	158.786	16	13	−3	中国统计	☹
7	单位地区生产总值氮氧化物排放量	吨/万元	逆	0.996	0.996	0.994	13	11	−2	中国统计	☹
8	单位地区生产总值氨氮排放量	吨/万元	逆	3 056.227	2 268.621	1 496.876	11	14	3	中国统计	☺
9	技术市场成交额占GDP的比重	%	正	0.012	0.004	0.004	17	16	−1	中国统计	☹
10	人均城镇生活消费用电	千瓦时/人	逆	0.005	0.007	0.007	24	27	3	城市	☺
11	第一产业劳动生产率	万元/人	正	2.659	1.241	1.166	28	28	0	省(市、区)统计年鉴；统计公报等	
12	土地产出率	亿元/千公顷	正	0.375	0.251	0.229	23	25	2	中国统计	☺
13	节灌率	%	正	50.431	39.854	38.410	19	18	−1	中国统计；环境年鉴	☹
14	有效灌溉面积占耕地面积比重	%	正	52.087	27.476	23.227	27	28	1	中国统计；环境年鉴	☺
15	第二产业劳动生产率	万元/人	正	15.880	13.630	12.746	17	19	2	省(市、区)统计年鉴；统计公报等	☺
16	单位工业增加值水耗	立方米/元	逆	313.440	158.585	149.162	12	12	0	中国统计	
17	规模以上单位工业增加值能耗		逆	NA	NA	NA	NA	NA			
18	工业固体废物综合利用率	%	正	63.999	41.693	52.456	24	24	0	中国统计	
19	工业用水重复利用率	%	正	76.094	85.878	38.300	16	28	12	环境年鉴	☺
20	六大高载能行业产值占工业总产值比重	%	逆	60.686	46.237	46.978	6	5	−1	工业经济	☹

续表

序号	指标名称	单　位	指标属性	2014 年测评均值	2014 年云南数值	2013 年云南数值	2014 年云南排名	2013 年云南排名	排名变化	2014 年数据来源	进退脸谱
21	第三产业劳动生产率	万元/人	正	10.479	5.855	5.537	29	28	−1	省(市、区)统计年鉴;统计公报等	☹
22	第三产业增加值比重	%	正	44.082	43.253	41.800	15	10	−5	中国统计	☹
23	第三产业就业人员比重	%	正	38.681	33.108	31.332	24	25	1	省(市、区)统计年鉴;统计公报等	☺
24	人均水资源量	立方米/人	正	1 804.122	3 673.280	3 652.243	4	7	3	中国统计	☺
25	人均森林面积	公顷/人	正	0.202	0.407	0.408	4	4	0	中国统计	
26	森林覆盖率	%	正	33.061	50.030	50.030	7	7	0	中国统计	
27	自然保护区面积占辖区面积比重	%	正	9.319	7.187	7.450	17	14	−3	中国统计;环境年鉴	☹
28	湿地面积占辖区面积的比重	%	正	9.228	1.430	1.430	28	28	0	中国统计	
29	人均活立木总蓄积量	立方米/人	正	11.844	39.895	40.007	3	3	0	中国统计	
30	单位土地面积二氧化碳排放量		逆	NA	NA	NA	NA	NA			
31	人均二氧化碳排放量		逆	NA	NA	NA	NA	NA			
32	单位土地面积二氧化硫排放量	吨/平方公里	逆	0.485	0.602	0.578	25	24	−1	中国统计	☹
33	人均二氧化硫排放量	吨/人	逆	86.502	73.824	70.470	14	14	0	中国统计	
34	单位土地面积化学需氧量排放量	吨/平方公里	逆	0.505	0.718	0.700	26	26	0	中国统计	
35	人均化学需氧量排放量	吨/人	逆	64.224	88.049	85.391	27	27	0	中国统计	
36	单位土地面积氮氧化物排放量	吨/平方公里	逆	93.644	98.698	98.633	26	26	0	中国统计	
37	人均氮氧化物排放量	吨/人	逆	0.982	0.989	0.989	23	25	2	中国统计	☺
38	单位土地面积氨氮排放量	吨/平方公里	逆	5.548	6.784	6.601	26	26	0	中国统计	
39	人均氨氮排放量	吨/人	逆	590.331	832.105	804.975	28	28	0	中国统计	
40	单位耕地面积化肥施用量	万吨/千公顷	逆	25.913	27.417	32.640	21	20	−1	中国统计	☹
41	单位耕地面积农药使用量	吨/千公顷	逆	0.122	0.109	0.130	18	21	3	中国统计;环境年鉴	☺
42	人均公路交通氮氧化物排放量	吨/万人	逆	0.023	0.023	0.023	15	17	2	中国统计	☺
43	环境保护支出占财政支出比重	%	正	2.765	2.453	2.570	16	17	1	中国统计	☺

续表

序号	指标名称	单　位	指标属性	2014年测评均值	2014年云南数值	2013年云南数值	2014年云南排名	2013年云南排名	排名变化	2014年数据来源	进退脸谱
44	环境污染治理投资占地区生产总值比重	%	正	1.545	1.190	1.682	18	11	−7	环境年鉴	☹
45	农村人均改水、改厕的政府投资	元/人	正	38.104	45.547	40.413	7	17	10	环境年鉴	☺
46	单位耕地面积退耕还林投资完成额	万元/千公顷	正	19.699	19.241	17.321	11	14	3	环境年鉴；中国统计	☺
47	科教文卫支出占财政支出比重	%	正	28.044	25.388	26.620	23	21	−2	中国统计	☹
48	城市人均绿地面积	公顷/人	正	0.003	0.001	0.001	20	20	0	中国统计	
49	城市用水普及率	%	正	97.499	97.850	97.920	16	16	0	中国统计	
50	城市污水处理率	%	正	88.267	91.100	92.100	12	8	−4	环境年鉴	☹
51	城市生活垃圾无害化处理率	%	正	91.211	92.470	87.600	20	21	1	中国统计	☺
52	城市每万人拥有公交车辆	标台	正	12.728	12.363	11.614	15	16	1	中国统计	☺
53	人均城市公共交通运营线路网长度	公里/人	正	0.000	0.000	0.001	17	11	−6	中国统计	☹
54	农村累计已改水受益人口占农村人口比重	%	正	96.117	90.767	93.448	28	22	−6	环境年鉴	☹
55	人均互联网宽带接入端口	个/人	正	0.301	0.157	0.157	30	29	−1	中国统计	☹
56	建成区绿化覆盖率	%	正	39.188	38.140	37.760	20	19	−1	中国统计	☹
57	人均当年新增造林面积	公顷/万人	正	53.976	85.177	112.210	6	4	−2	中国统计	☹
58	工业二氧化硫去除率	%	正	69.716	81.515	58.355	2	25	23	环境年鉴	☺
59	工业废水化学需氧量去除率	%	正	80.853	77.826	74.756	22	26	4	环境年鉴	☺
60	工业氮氧化物去除率	%	正	26.237	18.732	7.096	26	27	1	环境年鉴	☺
61	工业废水氨氮去除率	%	正	76.487	89.108	88.202	5	6	1	环境年鉴	☺
62	突发环境事件次数	次	逆	92	105	249	22	26	4	中国统计	☺

年鉴说明：中国统计——《中国统计年鉴2015》；城市——《中国城市统计年鉴2015》；环境年鉴——《中国环境统计年鉴2015》；工业经济——《中国工业经济统计年鉴2015》；wind——wind数据库。

陕西绿色发展"体检"表

序号	指标名称	单　位	指标属性	2014 年测评均值	2014 年陕西数值	2013 年陕西数值	2014 年陕西排名	2013 年陕西排名	排名变化	2014 年数据来源	进退脸谱
1	人均地区生产总值	元/人	正	51 459.013	46 928.395	42 692.000	14	13	－1	中国统计	☹
2	单位地区生产总值能耗	吨标准煤/万元	逆	1.531	1.576	1.182	14	19	5	中国统计；wind	☺
3	非化石能源消费量占能源消费量的比重		正	NA	NA	NA	NA	NA			
4	单位地区生产总值二氧化碳排放量		逆	NA	NA	NA	NA	NA			
5	单位地区生产总值二氧化硫排放量	吨/万元	逆	483.307	226.517	139.158	9	9	0	中国统计	
6	单位地区生产总值化学需氧量排放量	吨/万元	逆	343.629	350.354	216.043	22	21	－1	中国统计	☹
7	单位地区生产总值氮氧化物排放量	吨/万元	逆	0.996	0.996	0.993	11	9	－2	中国统计	☹
8	单位地区生产总值氨氮排放量	吨/万元	逆	3 056.227	3 037.583	1 883.526	22	18	－4	中国统计	☹
9	技术市场成交额占GDP的比重	%	正	0.012	0.036	0.033	2	2	0	中国统计	
10	人均城镇生活消费用电	千瓦时/人	逆	0.005	0.004	0.004	14	15	1	城市	☺
11	第一产业劳动生产率	万元/人	正	2.659	2.083	1.937	18	17	－1	省(市、区)统计年鉴；统计公报等	☹
12	土地产出率	亿元/千公顷	正	0.375	0.439	0.402	8	10	2	中国统计	☺
13	节灌率	%	正	50.431	69.352	68.154	6	5	－1	中国统计；环境年鉴	☹
14	有效灌溉面积占耕地面积比重	%	正	52.087	30.724	28.342	24	24	0	中国统计；环境年鉴	
15	第二产业劳动生产率	万元/人	正	15.880	29.000	28.729	2	2	0	省(市、区)统计年鉴；统计公报等	
16	单位工业增加值水耗	立方米/元	逆	313.440	570.028	545.425	27	26	－1	中国统计	☹
17	规模以上单位工业增加值能耗		逆	NA	NA	NA	NA	NA			
18	工业固体废物综合利用率	%	正	63.999	55.899	63.516	18	20	2	中国统计	☺
19	工业用水重复利用率	%	正	76.094	90.039	89.400	12	12	0	环境年鉴	
20	六大高载能行业产值占工业总产值比重	%	逆	60.686	63.437	63.650	14	15	1	工业经济	☺

续表

序号	指标名称	单 位	指标属性	2014 年测评均值	2014 年陕西数值	2013 年陕西数值	2014 年陕西排名	2013 年陕西排名	排名变化	2014 年数据来源	进退脸谱
21	第三产业劳动生产率	万元/人	正	10.479	12.952	12.018	8	8	0	省(市、区)统计年鉴;统计公报等	
22	第三产业增加值比重	%	正	44.082	37.014	34.900	27	27	0	中国统计	
23	第三产业就业人员比重	%	正	38.681	31.840	30.141	26	26	0	省(市、区)统计年鉴;统计公报等	
24	人均水资源量	立方米/人	正	1 804.122	932.844	941.258	19	21	2	中国统计	☺
25	人均森林面积	公顷/人	正	0.202	0.226	0.227	8	8	0	中国统计	
26	森林覆盖率	%	正	33.061	41.420	41.420	10	10	0	中国统计	
27	自然保护区面积占辖区面积比重	%	正	9.319	5.499	5.670	22	20	−2	中国统计;环境年鉴	☹
28	湿地面积占辖区面积的比重	%	正	9.228	1.500	1.500	27	27	0	中国统计	
29	人均活立木总蓄积量	立方米/人	正	11.844	11.252	11.269	9	9	0	中国统计	
30	单位土地面积二氧化碳排放量		逆	NA	NA	NA	NA	NA			
31	人均二氧化碳排放量		逆	NA	NA	NA	NA	NA			
32	单位土地面积二氧化硫排放量	吨/平方公里	逆	0.485	0.249	0.242	15	15	0	中国统计	
33	人均二氧化硫排放量	吨/人	逆	86.502	48.269	46.623	9	9	0	中国统计	
34	单位土地面积化学需氧量排放量	吨/平方公里	逆	0.505	0.386	0.375	23	23	0	中国统计	
35	人均化学需氧量排放量	吨/人	逆	64.224	74.657	72.383	23	23	0	中国统计	
36	单位土地面积氮氧化物排放量	吨/平方公里	逆	93.644	96.377	96.104	15	15	0	中国统计	
37	人均氮氧化物排放量	吨/人	逆	0.982	0.981	0.980	11	10	−1	中国统计	☹
38	单位土地面积氨氮排放量	吨/平方公里	逆	5.548	3.345	3.271	21	21	0	中国统计	
39	人均氨氮排放量	吨/人	逆	590.331	647.280	631.052	23	23	0	中国统计	
40	单位耕地面积化肥施用量	万吨/千公顷	逆	25.913	17.342	17.662	11	1	−10	中国统计	☹
41	单位耕地面积农药使用量	吨/千公顷	逆	0.122	0.312	0.328	28	28	0	中国统计;环境年鉴	
42	人均公路交通氮氧化物排放量	吨/万人	逆	0.023	0.022	0.021	13	12	−1	中国统计	☹
43	环境保护支出占财政支出比重	%	正	2.765	2.839	2.995	11	13	2	中国统计	☺

续表

序号	指标名称	单 位	指标属性	2014 年测评均值	2014 年陕西数值	2013 年陕西数值	2014 年陕西排名	2013 年陕西排名	排名变化	2014 年数据来源	进退脸谱
44	环境污染治理投资占地区生产总值比重	%	正	1.545	1.610	1.382	10	16	6	环境年鉴	☺
45	农村人均改水、改厕的政府投资	元/人	正	38.104	51.750	81.447	6	2	−4	环境年鉴	☹
46	单位耕地面积退耕还林投资完成额	万元/千公顷	正	19.699	37.011	35.612	6	6	0	环境年鉴；中国统计	
47	科教文卫支出占财政支出比重	%	正	28.044	28.906	30.169	14	9	−5	中国统计	☹
48	城市人均绿地面积	公顷/人	正	0.003	0.001	0.001	27	27	0	中国统计	
49	城市用水普及率	%	正	97.499	96.310	96.520	23	20	−3	中国统计	☹
50	城市污水处理率	%	正	88.267	91.600	89.000	10	15	5	环境年鉴	☺
51	城市生活垃圾无害化处理率	%	正	91.211	95.780	96.400	13	10	−3	中国统计	☹
52	城市每万人拥有公交车辆	标台	正	12.728	15.847	16.274	3	3	0	中国统计	
53	人均城市公共交通运营线路网长度	公里/人	正	0.000	0.000	0.000	24	24	0	中国统计	
54	农村累计已改水受益人口占农村人口比重	%	正	96.117	91.233	91.233	26	24	−2	环境年鉴	☹
55	人均互联网宽带接入端口	个/人	正	0.301	0.284	0.250	14	14	0	中国统计	
56	建成区绿化覆盖率	%	正	39.188	40.460	40.190	12	11	−1	中国统计	☹
57	人均当年新增造林面积	公顷/万人	正	53.976	88.966	91.520	5	6	1	中国统计	☺
58	工业二氧化硫去除率	%	正	69.716	65.756	59.359	22	23	1	环境年鉴	☺
59	工业废水化学需氧量去除率	%	正	80.853	76.867	78.242	23	22	−1	环境年鉴	☹
60	工业氮氧化物去除率	%	正	26.237	37.772	39.035	4	1	−3	环境年鉴	☹
61	工业废水氨氮去除率	%	正	76.487	76.993	77.956	21	21	0	环境年鉴	
62	突发环境事件次数	次	逆	92	26	133	2	3	1	中国统计	☺

年鉴说明：中国统计——《中国统计年鉴 2015》；城市——《中国城市统计年鉴 2015》；环境年鉴——《中国环境统计年鉴 2015》；工业经济——《中国工业经济统计年鉴 2015》；wind——wind 数据库。

甘肃绿色发展"体检"表

序号	指标名称	单位	指标属性	2014年测评均值	2014年甘肃数值	2013年甘肃数值	2014年甘肃排名	2013年甘肃排名	排名变化	2014年数据来源	进退脸谱
1	人均地区生产总值	元/人	正	51 459.013	26 432.916	24 296.000	30	29	−1	中国统计	☹
2	单位地区生产总值能耗	吨标准煤/万元	逆	1.531	0.909	0.713	5	7	2	中国统计；wind	☺
3	非化石能源消费量占能源消费量的比重		正	NA	NA	NA	NA	NA			
4	单位地区生产总值二氧化碳排放量		逆	NA	NA	NA	NA	NA			
5	单位地区生产总值二氧化硫排放量	吨/万元	逆	483.307	118.767	82.097	5	5	0	中国统计	
6	单位地区生产总值化学需氧量排放量	吨/万元	逆	343.629	183.180	121.693	5	5	0	中国统计	
7	单位地区生产总值氮氧化物排放量	吨/万元	逆	0.996	0.994	0.990	5	6	1	中国统计	☺
8	单位地区生产总值氨氮排放量	吨/万元	逆	3 056.227	1 792.658	1 177.838	5	5	0	中国统计	
9	技术市场成交额占GDP的比重	%	正	0.012	0.017	0.016	6	6	0	中国统计	
10	人均城镇生活消费用电	千瓦时/人	逆	0.005	0.008	0.010	28	29	1	城市	☺
11	第一产业劳动生产率	万元/人	正	2.659	2.020	0.981	21	29	8	省(市、区)统计年鉴；统计公报等	☺
12	土地产出率	亿元/千公顷	正	0.375	0.280	0.266	19	19	0	中国统计	
13	节灌率	%	正	50.431	64.530	61.255	8	8	0	中国统计；环境年鉴	
14	有效灌溉面积占耕地面积比重	%	正	52.087	24.114	30.898	28	22	−6	中国统计；环境年鉴	☹
15	第二产业劳动生产率	万元/人	正	15.880	12.115	11.882	24	22	−2	省(市、区)统计年鉴；统计公报等	☹
16	单位工业增加值水耗	立方米/元	逆	313.440	177.320	170.317	14	14	0	中国统计	
17	规模以上单位工业增加值能耗		逆	NA	NA	NA	NA	NA			
18	工业固体废物综合利用率	%	正	63.999	43.139	55.866	22	21	−1	中国统计	☹
19	工业用水重复利用率	%	正	76.094	94.574	94.800	2	2	0	环境年鉴	
20	六大高载能行业产值占工业总产值比重	%	逆	60.686	34.995	35.188	2	2	0	工业经济	

续表

序号	指标名称	单　位	指标属性	2014 年测评均值	2014 年甘肃数值	2013 年甘肃数值	2014 年甘肃排名	2013 年甘肃排名	排名变化	2014 年数据来源	进退脸谱
21	第三产业劳动生产率	万元/人	正	10.479	8.100	7.052	20	22	2	省(市、区)统计年鉴；统计公报等	☺
22	第三产业增加值比重	%	正	44.082	44.021	41.000	12	14	2	中国统计	☺
23	第三产业就业人员比重	%	正	38.681	25.310	24.689	29	29	0	省(市、区)统计年鉴；统计公报等	
24	人均水资源量	立方米/人	正	1 804.122	766.995	1 042.331	20	19	−1	中国统计	☹
25	人均森林面积	公顷/人	正	0.202	0.196	0.197	13	13	0	中国统计	
26	森林覆盖率	%	正	33.061	11.280	11.280	26	26	0	中国统计	
27	自然保护区面积占辖区面积比重	%	正	9.319	20.188	16.420	2	3	1	中国统计；环境年鉴	☺
28	湿地面积占辖区面积的比重	%	正	9.228	3.730	3.730	21	21	0	中国统计	
29	人均活立木总蓄积量	立方米/人	正	11.844	9.300	9.316	13	13	0	中国统计	
30	单位土地面积二氧化碳排放量		逆	NA	NA	NA	NA	NA			
31	人均二氧化碳排放量		逆	NA	NA	NA	NA	NA			
32	单位土地面积二氧化硫排放量	吨/平方公里	逆	0.485	0.584	0.598	24	26	2	中国统计	☺
33	人均二氧化硫排放量	吨/人	逆	86.502	44.932	45.907	8	8	0	中国统计	
34	单位土地面积化学需氧量排放量	吨/平方公里	逆	0.505	0.900	0.886	28	28	0	中国统计	
35	人均化学需氧量排放量	吨/人	逆	64.224	69.300	68.048	19	20	1	中国统计	☺
36	单位土地面积氮氧化物排放量	吨/平方公里	逆	93.644	98.755	98.682	27	27	0	中国统计	
37	人均氮氧化物排放量	吨/人	逆	0.982	0.984	0.983	13	12	−1	中国统计	☹
38	单位土地面积氨氮排放量	吨/平方公里	逆	5.548	8.813	8.580	27	27	0	中国统计	
39	人均氨氮排放量	吨/人	逆	590.331	678.192	658.616	26	26	0	中国统计	
40	单位耕地面积化肥施用量	万吨/千公顷	逆	25.913	55.111	43.885	28	27	−1	中国统计	☹
41	单位耕地面积农药使用量	吨/千公顷	逆	0.122	0.069	0.053	15	5	−10	中国统计；环境年鉴	☹
42	人均公路交通氮氧化物排放量	吨/万人	逆	0.023	0.021	0.021	12	13	1	中国统计	☺
43	环境保护支出占财政支出比重	%	正	2.765	2.881	3.023	10	12	2	中国统计	☺

续表

序号	指标名称	单 位	指标属性	2014 年测评均值	2014 年甘肃数值	2013 年甘肃数值	2014 年甘肃排名	2013 年甘肃排名	排名变化	2014 年数据来源	进退脸谱
44	环境污染治理投资占地区生产总值比重	%	正	1.545	2.100	2.811	6	4	−2	环境年鉴	☹
45	农村人均改水、改厕的政府投资	元/人	正	38.104	32.590	44.476	13	13	0	环境年鉴	
46	单位耕地面积退耕还林投资完成额	万元/千公顷	正	19.699	37.246	44.567	5	5	0	环境年鉴；中国统计	
47	科教文卫支出占财政支出比重	%	正	28.044	26.607	26.950	21	20	−1	中国统计	☹
48	城市人均绿地面积	公顷/人	正	0.003	0.001	0.001	28	28	0	中国统计	
49	城市用水普及率	%	正	97.499	94.950	93.680	25	27	2	中国统计	☺
50	城市污水处理率	%	正	88.267	85.000	81.300	26	27	1	环境年鉴	☺
51	城市生活垃圾无害化处理率	%	正	91.211	62.600	42.300	28	30	2	中国统计	☺
52	城市每万人拥有公交车辆	标台	正	12.728	9.673	10.359	26	23	−3	中国统计	☹
53	人均城市公共交通运营线路网长度	公里/人	正	0.000	0.000	0.000	25	25	0	中国统计	
54	农村累计已改水受益人口占农村人口比重	%	正	96.117	97.606	97.094	15	16	1	环境年鉴	☺
55	人均互联网宽带接入端口	个/人	正	0.301	0.183	0.178	28	28	0	中国统计	
56	建成区绿化覆盖率	%	正	39.188	30.810	32.070	30	28	−2	中国统计	☹
57	人均当年新增造林面积	公顷/万人	正	53.976	82.748	67.628	8	10	2	中国统计	☺
58	工业二氧化硫去除率	%	正	69.716	81.058	81.905	3	2	−1	环境年鉴	☹
59	工业废水化学需氧量去除率	%	正	80.853	54.406	54.388	29	29	0	环境年鉴	
60	工业氮氧化物去除率	%	正	26.237	27.753	17.994	11	14	3	环境年鉴	☺
61	工业废水氨氮去除率	%	正	76.487	36.690	47.950	29	29	0	环境年鉴	
62	突发环境事件次数	次	逆	92	86	240	6	12	6	中国统计	☺

年鉴说明：中国统计——《中国统计年鉴 2015》；城市——《中国城市统计年鉴 2015》；环境年鉴——《中国环境统计年鉴 2015》；工业经济——《中国工业经济统计年鉴 2015》；wind——wind 数据库。

青海绿色发展“体检”表

序号	指标名称	单　位	指标属性	2014年测评均值	2014年青海数值	2013年青海数值	2014年青海排名	2013年青海排名	排名变化	2014年数据来源	进退脸谱
1	人均地区生产总值	元/人	正	51 459.013	39 671.033	36 510.000	19	20	1	中国统计	☺
2	单位地区生产总值能耗	吨标准煤/万元	逆	1.531	0.577	0.481	2	2	0	中国统计；wind	
3	非化石能源消费量占能源消费量的比重		正	NA	NA	NA	NA	NA			
4	单位地区生产总值二氧化碳排放量		逆	NA	NA	NA	NA	NA			
5	单位地区生产总值二氧化硫排放量	吨/万元	逆	483.307	149.299	90.693	7	7	0	中国统计	
6	单位地区生产总值化学需氧量排放量	吨/万元	逆	343.629	219.341	137.450	10	7	−3	中国统计	☹
7	单位地区生产总值氮氧化物排放量	吨/万元	逆	0.996	0.994	0.991	6	7	1	中国统计	☺
8	单位地区生产总值氨氮排放量	吨/万元	逆	3 056.227	2 348.939	1 468.836	13	12	−1	中国统计	☹
9	技术市场成交额占GDP的比重	%	正	0.012	0.013	0.013	7	7	0	中国统计	
10	人均城镇生活消费用电	千瓦时/人	逆	0.005	0.003	0.004	10	12	2	城市	☺
11	第一产业劳动生产率	万元/人	正	2.659	1.855	1.792	24	20	−4	省(市、区)统计年鉴；统计公报等	☹
12	土地产出率	亿元/千公顷	正	0.375	0.260	0.249	21	21	0	中国统计	
13	节灌率	%	正	50.431	63.728	56.934	9	11	2	中国统计；环境年鉴	☺
14	有效灌溉面积占耕地面积比重	%	正	52.087	31.025	33.627	23	20	−3	中国统计；环境年鉴	☹
15	第二产业劳动生产率	万元/人	正	15.880	16.990	16.352	10	10	0	省(市、区)统计年鉴；统计公报等	
16	单位工业增加值水耗	立方米/元	逆	313.440	398.859	331.228	23	22	−1	中国统计	☹
17	规模以上单位工业增加值能耗		逆	NA	NA	NA	NA	NA			
18	工业固体废物综合利用率	%	正	63.999	39.159	54.924	27	23	−4	中国统计	☹
19	工业用水重复利用率	%	正	76.094	48.207	48.200	26	25	−1	环境年鉴	☹
20	六大高载能行业产值占工业总产值比重	%	逆	60.686	33.346	36.356	1	3	2	工业经济	☺

续表

序号	指标名称	单 位	指标属性	2014 年测评均值	2014 年青海数值	2013 年青海数值	2014 年青海排名	2013 年青海排名	排名变化	2014 年数据来源	进退脸谱
21	第三产业劳动生产率	万元/人	正	10.479	6.733	5.600	27	27	0	省(市、区)统计年鉴;统计公报等	
22	第三产业增加值比重	%	正	44.082	37.037	32.800	26	29	3	中国统计	☺
23	第三产业就业人员比重	%	正	38.681	40.529	39.722	7	7	0	省(市、区)统计年鉴;统计公报等	
24	人均水资源量	立方米/人	正	1 804.122	4 323.672	4 307.588	1	3	2	中国统计	☺
25	人均森林面积	公顷/人	正	0.202	0.700	0.703	2	2	0	中国统计	
26	森林覆盖率	%	正	33.061	5.630	5.630	29	29	0	中国统计	
27	自然保护区面积占辖区面积比重	%	正	9.319	29.982	30.130	1	1	0	中国统计;环境年鉴	
28	湿地面积占辖区面积的比重	%	正	9.228	11.270	11.270	5	5	0	中国统计	
29	人均活立木总蓄积量	立方米/人	正	11.844	8.413	8.451	14	14	0	中国统计	
30	单位土地面积二氧化碳排放量		逆	NA	NA	NA	NA	NA			
31	人均二氧化碳排放量		逆	NA	NA	NA	NA	NA			
32	单位土地面积二氧化硫排放量	吨/平方公里	逆	0.485	4.164	4.100	30	30	0	中国统计	
33	人均二氧化硫排放量	吨/人	逆	86.502	37.634	36.726	5	6	1	中国统计	☺
34	单位土地面积化学需氧量排放量	吨/平方公里	逆	0.505	6.118	6.214	30	30	0	中国统计	
35	人均化学需氧量排放量	吨/人	逆	64.224	55.290	55.661	10	11	1	中国统计	☺
36	单位土地面积氮氧化物排放量	吨/平方公里	逆	93.644	99.791	99.794	30	30	0	中国统计	
37	人均氮氧化物排放量	吨/人	逆	0.982	0.977	0.977	5	5	0	中国统计	
38	单位土地面积氨氮排放量	吨/平方公里	逆	5.548	65.521	66.406	30	30	0	中国统计	
39	人均氨氮排放量	吨/人	逆	590.331	592.104	594.811	17	21	4	中国统计	☺
40	单位耕地面积化肥施用量	万吨/千公顷	逆	25.913	60.391	56.714	29	30	1	中国统计	☺
41	单位耕地面积农药使用量	吨/千公顷	逆	0.122	0.312	0.278	27	27	0	中国统计;环境年鉴	
42	人均公路交通氮氧化物排放量	吨/万人	逆	0.023	0.018	0.017	9	9	0	中国统计	
43	环境保护支出占财政支出比重	%	正	2.765	4.210	5.438	3	1	−2	中国统计	☹

续表

序号	指标名称	单位	指标属性	2014 年测评均值	2014 年青海数值	2013 年青海数值	2014 年青海排名	2013 年青海排名	排名变化	2014 年数据来源	进退脸谱
44	环境污染治理投资占地区生产总值比重	%	正	1.545	1.300	1.747	15	9	−6	环境年鉴	☹
45	农村人均改水、改厕的政府投资	元/人	正	38.104	78.935	81.019	3	3	0	环境年鉴	
46	单位耕地面积退耕还林投资完成额	万元/千公顷	正	19.699	75.839	62.106	1	1	0	环境年鉴；中国统计	
47	科教文卫支出占财政支出比重	%	正	28.044	20.854	18.270	30	30	0	中国统计	
48	城市人均绿地面积	公顷/人	正	0.003	0.003	0.001	10	22	12	中国统计	☺
49	城市用水普及率	%	正	97.499	99.710	99.080	7	9	2	中国统计	☺
50	城市污水处理率	%	正	88.267	59.200	61.600	30	30	0	环境年鉴	
51	城市生活垃圾无害化处理率	%	正	91.211	86.270	77.800	26	27	1	中国统计	☺
52	城市每万人拥有公交车辆	标台	正	12.728	14.404	14.468	7	6	−1	中国统计	☹
53	人均城市公共交通运营线路网长度	公里/人	正	0.000	0.000	0.001	18	16	−2	中国统计	☹
54	农村累计已改水受益人口占农村人口比重	%	正	96.117	91.490	88.140	25	28	3	环境年鉴	☺
55	人均互联网宽带接入端口	个/人	正	0.301	0.230	0.204	22	22	0	中国统计	
56	建成区绿化覆盖率	%	正	39.188	31.560	31.200	29	30	1	中国统计	☺
57	人均当年新增造林面积	公顷/万人	正	53.976	227.425	265.439	1	2	1	中国统计	☺
58	工业二氧化硫去除率	%	正	69.716	50.663	14.043	28	30	2	环境年鉴	☺
59	工业废水化学需氧量去除率	%	正	80.853	45.757	51.606	30	30	0	环境年鉴	
60	工业氮氧化物去除率	%	正	26.237	8.114	2.249	30	30	0	环境年鉴	
61	工业废水氨氮去除率	%	正	76.487	26.504	32.525	30	30	0	环境年鉴	
62	突发环境事件次数	次	逆	92	102	249	14	26	12	中国统计	☺

年鉴说明：中国统计——《中国统计年鉴 2015》；城市——《中国城市统计年鉴 2015》；环境年鉴——《中国环境统计年鉴 2015》；工业经济——《中国工业经济统计年鉴 2015》；wind——wind 数据库。

宁夏绿色发展"体检"表

序号	指标名称	单位	指标属性	2014年测评均值	2014年宁夏数值	2013年宁夏数值	2014年宁夏排名	2013年宁夏排名	排名变化	2014年数据来源	进退脸谱
1	人均地区生产总值	元/人	正	51 459.013	41 833.811	39 420.000	15	15	0	中国统计	
2	单位地区生产总值能耗	吨标准煤/万元	逆	1.531	0.556	0.439	1	1	0	中国统计；wind	
3	非化石能源消费量占能源消费量的比重		正	NA	NA	NA	NA	NA			
4	单位地区生产总值二氧化碳排放量		逆	NA	NA	NA	NA	NA			
5	单位地区生产总值二氧化硫排放量	吨/万元	逆	483.307	72.989	39.186	1	1	0	中国统计	
6	单位地区生产总值化学需氧量排放量	吨/万元	逆	343.629	125.206	68.813	2	1	−1	中国统计	☹
7	单位地区生产总值氮氧化物排放量	吨/万元	逆	0.996	0.985	0.971	1	1	0	中国统计	
8	单位地区生产总值氨氮排放量	吨/万元	逆	3 056.227	1 653.826	894.309	2	1	−1	中国统计	☹
9	技术市场成交额占GDP的比重	%	正	0.012	0.001	0.001	25	28	3	中国统计	☺
10	人均城镇生活消费用电	千瓦时/人	逆	0.005	0.013	0.012	30	30	0	城市	
11	第一产业劳动生产率	万元/人	正	2.659	2.597	1.334	14	26	12	省(市、区)统计年鉴；统计公报等	☺
12	土地产出率	亿元/千公顷	正	0.375	0.219	0.213	28	27	−1	中国统计	☹
13	节灌率	%	正	50.431	55.301	37.156	15	19	4	中国统计；环境年鉴	☺
14	有效灌溉面积占耕地面积比重	%	正	52.087	38.943	39.424	17	13	−4	中国统计；环境年鉴	☹
15	第二产业劳动生产率	万元/人	正	15.880	22.206	21.568	4	5	1	省(市、区)统计年鉴；统计公报等	☺
16	单位工业增加值水耗	立方米/元	逆	313.440	195.566	188.523	15	15	0	中国统计	
17	规模以上单位工业增加值能耗		逆	NA	NA	NA	NA	NA			
18	工业固体废物综合利用率	%	正	63.999	72.767	73.177	13	14	1	中国统计	☺
19	工业用水重复利用率	%	正	76.094	92.088	91.800	8	8	0	环境年鉴	
20	六大高载能行业产值占工业总产值比重	%	逆	60.686	37.019	34.913	3	1	−2	工业经济	☹

续表

序号	指标名称	单 位	指标属性	2014 年测评均值	2014 年宁夏数值	2013 年宁夏数值	2014 年宁夏排名	2013 年宁夏排名	排名变化	2014 年数据来源	进退脸谱
21	第三产业劳动生产率	万元/人	正	10.479	9.644	8.818	14	14	0	省(市、区)统计年鉴;统计公报等	
22	第三产业增加值比重	%	正	44.082	43.380	42.000	14	9	−5	中国统计	☹
23	第三产业就业人员比重	%	正	38.681	36.450	35.241	18	18	0	省(市、区)统计年鉴;统计公报等	
24	人均水资源量	立方米/人	正	1 804.122	152.979	175.255	26	27	1	中国统计	☺
25	人均森林面积	公顷/人	正	0.202	0.094	0.094	20	20	0	中国统计	
26	森林覆盖率	%	正	33.061	11.890	11.890	25	25	0	中国统计	
27	自然保护区面积占辖区面积比重	%	正	9.319	10.290	10.290	10	9	−1	中国统计;环境年鉴	☹
28	湿地面积占辖区面积的比重	%	正	9.228	4.000	4.000	19	19	0	中国统计	
29	人均活立木总蓄积量	立方米/人	正	11.844	1.326	1.334	25	25	0	中国统计	
30	单位土地面积二氧化碳排放量		逆	NA	NA	NA	NA	NA			
31	人均二氧化碳排放量		逆	NA	NA	NA	NA	NA			
32	单位土地面积二氧化硫排放量	吨/平方公里	逆	0.485	0.121	0.117	5	5	0	中国统计	
33	人均二氧化硫排放量	吨/人	逆	86.502	17.447	16.697	1	1	0	中国统计	
34	单位土地面积化学需氧量排放量	吨/平方公里	逆	0.505	0.207	0.205	16	16	0	中国统计	
35	人均化学需氧量排放量	吨/人	逆	64.224	29.929	29.320	3	3	0	中国统计	
36	单位土地面积氮氧化物排放量	吨/平方公里	逆	93.644	91.111	90.376	6	6	0	中国统计	
37	人均氮氧化物排放量	吨/人	逆	0.982	0.939	0.933	1	1	0	中国统计	
38	单位土地面积氨氮排放量	吨/平方公里	逆	5.548	2.732	2.662	18	18	0	中国统计	
39	人均氨氮排放量	吨/人	逆	590.331	395.332	381.055	2	1	−1	中国统计	☹
40	单位耕地面积化肥施用量	万吨/千公顷	逆	25.913	32.296	31.304	23	19	−4	中国统计	☹
41	单位耕地面积农药使用量	吨/千公顷	逆	0.122	0.495	0.469	30	30	0	中国统计;环境年鉴	
42	人均公路交通氮氧化物排放量	吨/万人	逆	0.023	0.009	0.008	2	2	0	中国统计	
43	环境保护支出占财政支出比重	%	正	2.765	3.458	3.570	6	7	1	中国统计	☺

续表

序号	指标名称	单　位	指标属性	2014年测评均值	2014年宁夏数值	2013年宁夏数值	2014年宁夏排名	2013年宁夏排名	排名变化	2014年数据来源	进退脸谱
44	环境污染治理投资占地区生产总值比重	%	正	1.545	2.860	2.823	4	3	−1	环境年鉴	☹
45	农村人均改水、改厕的政府投资	元/人	正	38.104	38.715	55.340	10	8	−2	环境年鉴	☹
46	单位耕地面积退耕还林投资完成额	万元/千公顷	正	19.699	39.049	51.896	4	3	−1	环境年鉴；中国统计	☹
47	科教文卫支出占财政支出比重	%	正	28.044	21.553	21.031	27	28	1	中国统计	☺
48	城市人均绿地面积	公顷/人	正	0.003	0.004	0.003	6	7	1	中国统计	☺
49	城市用水普及率	%	正	97.499	97.260	96.510	19	21	2	中国统计	☺
50	城市污水处理率	%	正	88.267	92.400	94.400	8	4	−4	环境年鉴	☹
51	城市生活垃圾无害化处理率	%	正	91.211	93.250	92.500	17	16	−1	中国统计	☹
52	城市每万人拥有公交车辆	标台	正	12.728	13.165	13.192	12	10	−2	中国统计	☹
53	人均城市公共交通运营线路网长度	公里/人	正	0.000	0.001	0.001	5	8	3	中国统计	☺
54	农村累计已改水受益人口占农村人口比重	%	正	96.117	95.104	95.695	20	19	−1	环境年鉴	☹
55	人均互联网宽带接入端口	个/人	正	0.301	0.273	0.230	16	17	1	中国统计	☺
56	建成区绿化覆盖率	%	正	39.188	37.980	38.490	21	15	−6	中国统计	☹
57	人均当年新增造林面积	公顷/万人	正	53.976	127.976	155.443	3	3	0	中国统计	
58	工业二氧化硫去除率	%	正	69.716	75.663	63.779	9	20	11	环境年鉴	☺
59	工业废水化学需氧量去除率	%	正	80.853	69.977	74.301	26	27	1	环境年鉴	☺
60	工业氮氧化物去除率	%	正	26.237	23.975	33.737	18	2	−16	环境年鉴	☹
61	工业废水氨氮去除率	%	正	76.487	85.017	86.306	12	9	−3	环境年鉴	☹
62	突发环境事件次数	次	逆	92	101	248	12	23	11	中国统计	☺

年鉴说明：中国统计——《中国统计年鉴2015》；城市——《中国城市统计年鉴2015》；环境年鉴——《中国环境统计年鉴2015》；工业经济——《中国工业经济统计年鉴2015》；wind——wind数据库。

新疆绿色发展“体检”表

序号	指标名称	单　位	指标属性	2014 年测评均值	2014 年新疆数值	2013 年新疆数值	2014 年新疆排名	2013 年新疆排名	排名变化	2014 年数据来源	进退脸谱
1	人均地区生产总值	元/人	正	51 459.013	40 648.378	37 181.000	16	18	2	中国统计	☺
2	单位地区生产总值能耗	吨标准煤/万元	逆	1.531	0.621	0.613	3	5	2	中国统计；wind	☺
3	非化石能源消费量占能源消费量的比重		正	NA	NA	NA	NA	NA			
4	单位地区生产总值二氧化碳排放量		逆	NA	NA	NA	NA	NA			
5	单位地区生产总值二氧化硫排放量	吨/万元	逆	483.307	108.718	72.229	4	3	−1	中国统计	☹
6	单位地区生产总值化学需氧量排放量	吨/万元	逆	343.629	138.359	89.100	3	2	−1	中国统计	☹
7	单位地区生产总值氮氧化物排放量	吨/万元	逆	0.996	0.991	0.985	2	2	0	中国统计	
8	单位地区生产总值氨氮排放量	吨/万元	逆	3 056.227	2 018.688	1 287.984	8	6	−2	中国统计	☹
9	技术市场成交额占GDP的比重	%	正	0.012	0.000	0.000	29	30	1	中国统计	☺
10	人均城镇生活消费用电	千瓦时/人	逆	0.005	0.001	0.002	6	5	−1	城市	☹
11	第一产业劳动生产率	万元/人	正	2.659	3.012	2.940	9	7	−2	省(市、区)统计年鉴；统计公报等	☹
12	土地产出率	亿元/千公顷	正	0.375	0.354	0.347	13	13	0	中国统计	
13	节灌率	%	正	50.431	71.641	65.916	5	7	2	中国统计；环境年鉴	☺
14	有效灌溉面积占耕地面积比重	%	正	52.087	93.638	91.512	2	1	−1	中国统计；环境年鉴	☹
15	第二产业劳动生产率	万元/人	正	15.880	21.933	22.383	5	4	−1	省(市、区)统计年鉴；统计公报等	☹
16	单位工业增加值水耗	立方米/元	逆	313.440	239.914	236.637	17	19	2	中国统计	☺
17	规模以上单位工业增加值能耗		逆	NA	NA	NA	NA	NA			
18	工业固体废物综合利用率	%	正	63.999	41.599	51.858	25	25	0	中国统计	
19	工业用水重复利用率	%	正	76.094	10.871	9.900	30	30	0	环境年鉴	
20	六大高载能行业产值占工业总产值比重	%	逆	60.686	42.787	45.008	5	4	−1	工业经济	☹

续表

序号	指标名称	单　位	指标属性	2014 年测评均值	2014 年新疆数值	2013 年新疆数值	2014 年新疆排名	2013 年新疆排名	排名变化	2014 年数据来源	进退脸谱
21	第三产业劳动生产率	万元/人	正	10.479	8.906	8.100	17	17	0	省(市、区)统计年鉴;统计公报等	
22	第三产业增加值比重	%	正	44.082	40.825	37.400	19	20	1	中国统计	☺
23	第三产业就业人员比重	%	正	38.681	38.646	37.521	10	11	1	省(市、区)统计年鉴;统计公报等	☺
24	人均水资源量	立方米/人	正	1 804.122	3 186.914	4 251.885	8	4	−4	中国统计	☹
25	人均森林面积	公顷/人	正	0.202	0.306	0.308	5	5	0	中国统计	
26	森林覆盖率	%	正	33.061	4.240	4.240	30	30	0	中国统计	
27	自然保护区面积占辖区面积比重	%	正	9.319	11.883	11.740	7	7	0	中国统计;环境年鉴	
28	湿地面积占辖区面积的比重	%	正	9.228	2.380	2.380	26	26	0	中国统计	
29	人均活立木总蓄积量	立方米/人	正	11.844	16.954	17.085	7	7	0	中国统计	
30	单位土地面积二氧化碳排放量		逆	NA	NA	NA	NA	NA			
31	人均二氧化碳排放量		逆	NA	NA	NA	NA	NA			
32	单位土地面积二氧化硫排放量	吨/平方公里	逆	0.485	1.116	1.148	29	29	0	中国统计	
33	人均二氧化硫排放量	吨/人	逆	86.502	26.746	27.109	3	3	0	中国统计	
34	单位土地面积化学需氧量排放量	吨/平方公里	逆	0.505	1.420	1.416	29	29	0	中国统计	
35	人均化学需氧量排放量	吨/人	逆	64.224	34.038	33.441	4	4	0	中国统计	
36	单位土地面积氮氧化物排放量	吨/平方公里	逆	93.644	99.094	99.068	29	29	0	中国统计	
37	人均氮氧化物排放量	吨/人	逆	0.982	0.962	0.961	3	3	0	中国统计	
38	单位土地面积氨氮排放量	吨/平方公里	逆	5.548	20.721	20.465	29	29	0	中国统计	
39	人均氨氮排放量	吨/人	逆	590.331	496.622	483.411	8	8	0	中国统计	
40	单位耕地面积化肥施用量	万吨/千公顷	逆	25.913	21.775	25.651	17	14	−3	中国统计	☹
41	单位耕地面积农药使用量	吨/千公顷	逆	0.122	0.170	0.245	24	26	2	中国统计;环境年鉴	☺
42	人均公路交通氮氧化物排放量	吨/万人	逆	0.023	0.008	0.008	1	1	0	中国统计	
43	环境保护支出占财政支出比重	%	正	2.765	2.136	2.249	22	21	−1	中国统计	☹

续表

序号	指标名称	单　位	指标属性	2014 年测评均值	2014 年新疆数值	2013 年新疆数值	2014 年新疆排名	2013 年新疆排名	排名变化	2014 年数据来源	进退脸谱
44	环境污染治理投资占地区生产总值比重	%	正	1.545	4.240	3.812	1	1	0	环境年鉴	
45	农村人均改水、改厕的政府投资	元/人	正	38.104	83.124	54.581	2	9	7	环境年鉴	☺
46	单位耕地面积退耕还林投资完成额	万元/千公顷	正	19.699	12.238	12.647	17	19	2	环境年鉴；中国统计	☺
47	科教文卫支出占财政支出比重	%	正	28.044	26.650	26.346	20	23	3	中国统计	☺
48	城市人均绿地面积	公顷/人	正	0.003	0.020	0.018	1	1	0	中国统计	
49	城市用水普及率	%	正	97.499	98.150	98.080	14	15	1	中国统计	☺
50	城市污水处理率	%	正	88.267	86.200	87.800	23	19	−4	环境年鉴	☹
51	城市生活垃圾无害化处理率	%	正	91.211	81.870	78.100	27	26	−1	中国统计	☹
52	城市每万人拥有公交车辆	标台	正	12.728	15.537	14.353	4	7	3	中国统计	☺
53	人均城市公共交通运营线路网长度	公里/人	正	0.000	0.000	0.003	19	1	−18	中国统计	☹
54	农村累计已改水受益人口占农村人口比重	%	正	96.117	96.748	91.166	17	25	8	环境年鉴	☺
55	人均互联网宽带接入端口	个/人	正	0.301	0.319	0.278	9	9	0	中国统计	
56	建成区绿化覆盖率	%	正	39.188	36.830	36.400	24	23	−1	中国统计	☹
57	人均当年新增造林面积	公顷/万人	正	53.976	66.335	73.136	9	9	0	中国统计	
58	工业二氧化硫去除率	%	正	69.716	61.607	53.339	26	27	1	环境年鉴	☺
59	工业废水化学需氧量去除率	%	正	80.853	68.683	75.225	27	25	−2	环境年鉴	☹
60	工业氮氧化物去除率	%	正	26.237	25.195	3.565	16	29	13	环境年鉴	☺
61	工业废水氨氮去除率	%	正	76.487	88.664	90.537	7	4	−3	环境年鉴	☹
62	突发环境事件次数	次	逆	92	103	241	19	14	−5	中国统计	☹

年鉴说明：中国统计——《中国统计年鉴 2015》；城市——《中国城市统计年鉴 2015》；环境年鉴——《中国环境统计年鉴 2015》；工业经济——《中国工业经济统计年鉴 2015》；wind—— wind 数据库。

附录五

城市绿色发展“体检”表

城市绿色发展“体检”表包含了中国城市绿色发展指数38个测评城市45个绿色发展三级指标的指标序号、指标名称、单位、指标口径、指标属性、38个城市测评均值、2014年该城市指标数值、2013年该城市指标数值、2014年该城市指标排名、2013年该城市指标排名、前后两年排名变化、数据来源及“进退脸谱”等多项内容。其中，指标序号、指标名称、单位、指标口径、指标属性、38个城市测评均值及数据来源这七项内容在每个城市绿色发展“体检”表中都是相同的，反映的是整个中国城市绿色发展指数45个绿色发展三级指标的具体情况；2014年该城市指标数值、2013年该城市指标数值、2014年该城市指标排名、2013年该城市指标排名及前后两年排名变化这五项内容在每个表中均不同，反映每个测评城市三级指标的原始数据及其相应的排名、变化；而最后的“进退脸谱”则是根据指标排名变化而制作的，若2014年指标数值排名较2013年有所进步，即给该项指标一个笑脸，以表示鼓励；若2014年指标数值排名较2013年有所退步，则给该项指标一个哭脸，以表示激励；若该项指标排名两年基本没有变化，则无脸谱表示。若该项指标在统计年鉴中没有数据，则用NA表示，待日后补全。城市绿色发展“体检”表全面地反映了每个测评城市在绿色发展各个方面的具体表现。

北京绿色发展“体检”表

序号	指标名称	单　位	口　径	指标属性	2014 年测评均值	2014 年北京数值	2013 年北京数值	2014 年北京排名	2013 年北京排名	排名变化	2014 年数据来源	进退脸谱
1	人均地区生产总值	元/人	全市	正	65 266.020	99 995.000	93 213.000	14	13	−1	城市	☹
2	单位地区生产总值能耗	吨标煤/万元	全市	逆	0.702	0.078	0.122	3	4	1	统计局	☺
3	人均城镇生活消费用电	千瓦时/人	全市	逆	456.822	1 242.656	1 169.979	96	95	−1	城市	☹
4	单位地区生产总值二氧化碳排放量			逆	NA	NA	NA	NA	NA			
5	单位地区生产总值二氧化硫排放量	吨/亿元	全市	逆	38.751	3.679	5.951	4	5	1	城市；环境年报	☺
6	单位地区生产总值化学需氧量排放量	吨/亿元	全市	逆	30.653	7.522	6.561	6	8	2	城市；环境年报	☺
7	单位地区生产总值氮氧化物排放量	吨/亿元	全市	逆	26.708	3.662	6.131	6	7	1	城市；环境年报	☺
8	单位地区生产总值氨氮排放量	吨/亿元	全市	逆	3.393	0.855	0.993	3	4	1	城市；环境年报	☺
9	第一产业劳动生产率	万元/人	全市	正	1 297.954	50.284	57.083	93	94	1	城市	☺
10	第二产业劳动生产率	万元/人	全市	正	39.710	28.162	26.425	74	84	10	城市	☺
11	单位工业增加值水耗	万吨/万元	全市	逆	0.005	0.002	91.694	34	33	−1	环境年报	☹
12	单位工业增加值能耗		全市	逆	NA	NA	NA	NA	NA			
13	工业固体废物综合利用率	%	全市	正	82.610	87.670	86.580	63	64	1	城市	☺
14	工业用水重复利用率	%	全市	正	84.798	95.609	93.664	10	29	19	环境年报	☺
15	第三产业劳动生产率	万元/人	全市	正	38.431	28.449	26.653	66	69	3	城市	☺
16	第三产业增加值比重	%	全市	正	42.925	77.950	76.850	1	1	0	城市	
17	第三产业就业人员比重	%	全市	正	47.327	78.412	77.635	1	1	0	城市	
18	人均水资源量	立方米/人	全市	正	1 040.361	152.842	189.839	90	86	−4	统计局	☹
19	单位土地面积二氧化碳排放量			逆	NA	NA	NA	NA	NA			
20	人均二氧化碳排放量			逆	NA	NA	NA	NA	NA			
21	单位土地面积二氧化硫排放量	吨/平方公里	全市	逆	8.311	4.782	5.302	34	36	2	城市；环境年报	☺
22	人均二氧化硫排放量	吨/万人	全市	逆	227.564	59.231	66.576	9	11	2	城市；环境年报	☺
23	单位土地面积化学需氧量排放量	吨/平方公里	全市	逆	5.072	5.377	5.845	73	76	3	城市；环境年报	☺
24	人均化学需氧量排放量	吨/万人	全市	逆	90.513	66.605	73.397	32	34	2	城市；环境年报	☺
25	单位土地面积氮氧化物排放量	吨/平方公里	全市	逆	7.088	4.760	5.462	44	46	2	城市；环境年报	☺

续表

序号	指标名称	单 位	口 径	指标属性	2014 年测评均值	2014 年北京数值	2013 年北京数值	2014 年北京排名	2013 年北京排名	排名变化	2014 年数据来源	进退脸谱
26	人均氮氧化物排放量	吨/万人	全市	逆	167.921	58.955	68.588	19	22	3	城市；环境年报	☺
27	单位土地面积氨氮排放量	吨/平方公里	全市	逆	0.819	0.853	0.885	76	77	1	城市；环境年报	☺
28	人均氨氮排放量	吨/万人	全市	逆	15.080	10.567	11.110	32	35	3	城市；环境年报	☺
29	空气质量达到二级以上天数占全年比重	%	市辖区	正	64.123	46.027	57.140	88	70	−18	环境年鉴	☹
30	首要污染物可吸入颗粒物天数占全年比重	%	市辖区	逆	93.900	100.000	100.000	55	55	0	环境年鉴	
31	可吸入细颗粒物(PM2.5)浓度年均值	微克/立方米	市辖区	逆	62.790	86.000	108.000	90	20	−70	环境年鉴	☹
32	环境保护支出占财政支出比重	%	全市	正	2.897	4.715	3.310	11	29	18	城市；统计局	☺
33	城市环境基础设施建设投资占全市固定资产投资比重	%	全市	正	0.862	7.130	5.792	1	2	1	城市；住建部	☺
34	科教文卫支出占财政支出比重	%	全市	正	29.481	33.394	32.266	24	28	4	城市；统计局	☺
35	人均绿地面积	平方米/人	市辖区	正	29.747	58.215	49.076	11	11	0	城市	
36	建成区绿化覆盖率	%	市辖区	正	41.509	47.400	47.100	7	6	−1	城市建设	☹
37	用水普及率	%	市辖区	正	98.575	100.000	100.000	1	1	0	城市建设	
38	城镇生活污水处理率	%	市辖区	正	90.122	86.110	84.600	82	84	2	城市建设	☺
39	生活垃圾无害化处理率	%	市辖区	正	93.223	99.590	99.300	46	55	9	城市建设	☺
40	互联网宽带接入用户数	万户	市辖区	正	146.080	553.000	535.000	5	2	−3	城市	☹
41	每万人拥有公共汽车	辆	市辖区	正	11.487	18.760	18.950	10	6	−4	城市	☹
42	工业二氧化硫去除率	%	全市	正	66.135	70.370	66.853	46	52	6	城市；环境年报	☺
43	工业废水化学需氧量去除率	%	全市	正	82.184	89.957	90.016	27	24	−3	城市；环境年报	☹
44	工业氮氧化物去除率	%	全市	正	26.396	34.694	20.000	23	52	29	城市；环境年报	☺
45	工业废水氨氮去除率	%	全市	正	73.954	86.151	86.520	29	27	−2	城市；环境年报	☹

年鉴说明：城市——《中国城市统计年鉴 2015》；环境年报——《中国环境统计年报 2014》；环境年鉴——《中国环境统计年鉴 2015》；城市建设——《中国城市建设统计年鉴 2014》；统计局——国家统计局；住建部——住房和城乡建设部。

天津绿色发展"体检"表

序号	指标名称	单　位	口　径	指标属性	2014 年测评均值	2014 年天津数值	2013 年天津数值	2014 年天津排名	2013 年天津排名	排名变化	2014 年数据来源	进退脸谱
1	人均地区生产总值	元/人	全市	正	65 266.020	105 231.000	99 607.000	11	9	−2	城市	☹
2	单位地区生产总值能耗	吨标煤/万元	全市	逆	0.702	0.518	0.762	47	53	6	统计局	☺
3	人均城镇生活消费用电	千瓦时/人	全市	逆	456.822	772.959	752.786	89	87	−2	城市	☹
4	单位地区生产总值二氧化碳排放量			逆	NA	NA	NA	NA	NA			
5	单位地区生产总值二氧化硫排放量	吨/亿元	全市	逆	38.751	13.274	18.716	26	25	−1	城市；环境年报	☹
6	单位地区生产总值化学需氧量排放量	吨/亿元	全市	逆	30.653	13.594	9.593	18	19	1	城市；环境年报	☺
7	单位地区生产总值氮氧化物排放量	吨/亿元	全市	逆	26.708	14.403	22.124	40	37	−3	城市；环境年报	☹
8	单位地区生产总值氨氮排放量	吨/亿元	全市	逆	3.393	1.554	1.641	12	15	3	城市；环境年报	☺
9	第一产业劳动生产率	万元/人	全市	正	1 297.954	390.883	348.981	62	61	−1	城市	☹
10	第二产业劳动生产率	万元/人	全市	正	39.710	46.882	44.355	28	40	12	城市	☺
11	单位工业增加值水耗	万吨/万元	全市	逆	0.005	0.004	135.404	49	44	−5	环境年报	☹
12	单位工业增加值能耗		全市	逆	NA	NA	NA	NA	NA			
13	工业固体废物综合利用率	%	全市	正	82.610	98.910	99.390	11	7	−4	城市	☹
14	工业用水重复利用率	%	全市	正	84.798	96.032	95.708	6	11	5	环境年报	☺
15	第三产业劳动生产率	万元/人	全市	正	38.431	57.464	52.646	13	17	4	城市	☺
16	第三产业增加值比重	%	全市	正	42.925	49.340	48.050	22	20	−2	城市	☹
17	第三产业就业人员比重	%	全市	正	47.327	44.549	45.113	60	54	−6	城市	☹
18	人均水资源量	立方米/人	全市	正	1 040.361	112.541	146.605	97	93	−4	统计局	☹
19	单位土地面积二氧化碳排放量			逆	NA	NA	NA	NA	NA			
20	人均二氧化碳排放量			逆	NA	NA	NA	NA	NA			
21	单位土地面积二氧化硫排放量	吨/平方公里	全市	逆	8.311	17.518	18.188	93	95	2	城市；环境年报	☺
22	人均二氧化硫排放量	吨/万人	全市	逆	227.564	206.639	217.056	72	71	−1	城市；环境年报	☹
23	单位土地面积化学需氧量排放量	吨/平方公里	全市	逆	5.072	9.124	9.323	89	89	0	城市；环境年报	
24	人均化学需氧量排放量	吨/万人	全市	逆	90.513	107.620	111.256	73	71	−2	城市；环境年报	☹
25	单位土地面积氮氧化物排放量	吨/平方公里	全市	逆	7.088	19.008	21.500	94	95	1	城市；环境年报	☺

续表

序号	指标名称	单 位	口 径	指标属性	2014 年测评均值	2014 年天津数值	2013 年天津数值	2014 年天津排名	2013 年天津排名	排名变化	2014 年数据来源	进退脸谱
26	人均氮氧化物排放量	吨/万人	全市	逆	167.921	224.208	256.580	78	80	2	城市；环境年报	☺
27	单位土地面积氨氮排放量	吨/平方公里	全市	逆	0.819	1.608	1.595	92	91	−1	城市；环境年报	☹
28	人均氨氮排放量	吨/万人	全市	逆	15.080	18.968	19.036	82	80	−2	城市；环境年报	☹
29	空气质量达到二级以上天数占全年比重	%	市辖区	正	64.123	47.945	21.430	83	91	8	环境年鉴	☺
30	首要污染物可吸入颗粒物天数占全年比重	%	市辖区	逆	93.900	91.670	91.670	24	24	0	环境年鉴	
31	可吸入细颗粒物(PM2.5)浓度年均值	微克/立方米	市辖区	逆	62.790	83.000	150.000	87	91	4	环境年鉴	☺
32	环境保护支出占财政支出比重	%	全市	正	2.897	2.008	1.900	72	79	7	城市；统计局	☺
33	城市环境基础设施建设投资占全市固定资产投资比重	%	全市	正	0.862	1.506	0.901	14	54	40	城市；住建部	☺
34	科教文卫支出占财政支出比重	%	全市	正	29.481	28.953	28.544	60	58	−2	城市；统计局	☹
35	人均绿地面积	平方米/人	市辖区	正	29.747	25.049	23.229	30	30	0	城市	
36	建成区绿化覆盖率	%	市辖区	正	41.509	34.930	34.930	99	96	−3	城市建设	☹
37	用水普及率	%	市辖区	正	98.575	100.000	100.000	1	1	0	城市建设	
38	城镇生活污水处理率	%	市辖区	正	90.122	91.040	90.030	59	60	1	城市建设	☺
39	生活垃圾无害化处理率	%	市辖区	正	93.223	96.230	96.800	62	66	4	城市建设	☺
40	互联网宽带接入用户数	万户	市辖区	正	146.080	1014.000	188.000	1	20	19	城市	☺
41	每万人拥有公共汽车	辆	市辖区	正	11.487	13.410	11.770	25	35	10	城市	☺
42	工业二氧化硫去除率	%	全市	正	66.135	77.059	85.428	21	9	−12	城市；环境年报	☹
43	工业废水化学需氧量去除率	%	全市	正	82.184	79.167	82.913	74	62	−12	城市；环境年报	☹
44	工业氮氧化物去除率	%	全市	正	26.396	41.033	28.286	12	21	9	城市；环境年报	☺
45	工业废水氨氮去除率	%	全市	正	73.954	47.305	60.966	94	76	−18	城市；环境年报	☹

年鉴说明：城市——《中国城市统计年鉴 2015》；环境年报——《中国环境统计年报 2014》；环境年鉴——《中国环境统计年鉴 2015》；城市建设——《中国城市建设统计年鉴 2014》；统计局——国家统计局；住建部——住房和城乡建设部。

石家庄绿色发展“体检”表

序号	指标名称	单　位	口　径	指标属性	2014 年测评均值	2014 年石家庄数值	2013 年石家庄数值	2014 年石家庄排名	2013 年石家庄排名	排名变化	2014 年数据来源	进退脸谱
1	人均地区生产总值	元/人	全市	正	65 266.020	48 970.000	46 574.000	67	64	−3	城市	☹
2	单位地区生产总值能耗	吨标煤/万元	全市	逆	0.702	0.551	0.695	52	43	−9	统计局	☹
3	人均城镇生活消费用电	千瓦时/人	全市	逆	456.822	264.552	167.824	44	25	−19	城市	☹
4	单位地区生产总值二氧化碳排放量			逆	NA	NA	NA	NA	NA			
5	单位地区生产总值二氧化硫排放量	吨/亿元	全市	逆	38.751	33.183	44.473	60	60	0	城市；环境年报	
6	单位地区生产总值化学需氧量排放量	吨/亿元	全市	逆	30.653	36.962	10.853	72	26	−46	城市；环境年报	☹
7	单位地区生产总值氮氧化物排放量	吨/亿元	全市	逆	26.708	32.059	47.197	72	73	1	城市；环境年报	☺
8	单位地区生产总值氨氮排放量	吨/亿元	全市	逆	3.393	2.302	1.877	35	20	−15	城市；环境年报	☹
9	第一产业劳动生产率	万元/人	全市	正	1 297.954	2 459.919	2 060.870	16	15	−1	城市	☹
10	第二产业劳动生产率	万元/人	全市	正	39.710	68.966	69.261	5	7	2	城市	☺
11	单位工业增加值水耗	万吨/万元	全市	逆	0.005	0.008	343.533	76	81	5	环境年报	☺
12	单位工业增加值能耗		全市	逆	NA	NA	NA	NA	NA			
13	工业固体废物综合利用率	%	全市	正	82.610	95.100	98.610	41	14	−27	城市	☹
14	工业用水重复利用率	%	全市	正	84.798	94.609	94.020	23	26	3	环境年报	☺
15	第三产业劳动生产率	万元/人	全市	正	38.431	36.849	35.387	42	40	−2	城市	☹
16	第三产业增加值比重	%	全市	正	42.925	43.810	41.440	43	47	4	城市	☺
17	第三产业就业人员比重	%	全市	正	47.327	63.838	63.243	9	6	−3	城市	☹
18	人均水资源量	立方米/人	全市	正	1 040.361	175.504	1 296.372	87	33	−54	统计局	☹
19	单位土地面积二氧化碳排放量			逆	NA	NA	NA	NA	NA			
20	人均二氧化碳排放量			逆	NA	NA	NA	NA	NA			
21	单位土地面积二氧化硫排放量	吨/平方公里	全市	逆	8.311	13.087	12.058	82	72	−10	城市；环境年报	☹
22	人均二氧化硫排放量	吨/万人	全市	逆	227.564	168.184	190.297	59	61	2	城市；环境年报	☺
23	单位土地面积化学需氧量排放量	吨/平方公里	全市	逆	5.072	2.947	2.943	43	44	1	城市；环境年报	☺
24	人均化学需氧量排放量	吨/万人	全市	逆	90.513	37.873	46.438	5	8	3	城市；环境年报	☺
25	单位土地面积氮氧化物排放量	吨/平方公里	全市	逆	7.088	12.644	12.797	85	82	−3	城市；环境年报	☹

续表

序号	指标名称	单 位	口 径	指标属性	2014年测评均值	2014年石家庄数值	2013年石家庄数值	2014年石家庄排名	2013年石家庄排名	排名变化	2014年数据来源	进退脸谱
26	人均氮氧化物排放量	吨/万人	全市	逆	167.921	162.489	201.954	66	76	10	城市；环境年报	☺
27	单位土地面积氨氮排放量	吨/平方公里	全市	逆	0.819	0.490	0.509	46	46	0	城市；环境年报	
28	人均氨氮排放量	吨/万人	全市	逆	15.080	6.299	8.033	5	8	3	城市；环境年报	☺
29	空气质量达到二级以上天数占全年比重	%	市辖区	正	64.123	26.575	14.290	98	95	−3	环境年鉴	☹
30	首要污染物可吸入颗粒物天数占全年比重	%	市辖区	逆	93.900	92.860	92.860	27	27	0	环境年鉴	
31	可吸入细颗粒物(PM2.5)浓度年均值	微克/立方米	市辖区	逆	62.790	124.000	305.000	100	100	0	环境年鉴	
32	环境保护支出占财政支出比重	%	全市	正	2.897	6.237	5.228	3	13	10	城市；统计局	☺
33	城市环境基础设施建设投资占全市固定资产投资比重	%	全市	正	0.862	0.571	1.224	53	38	−15	城市；住建部	☹
34	科教文卫支出占财政支出比重	%	全市	正	29.481	33.799	34.851	22	15	−7	城市；统计局	☹
35	人均绿地面积	平方米/人	市辖区	正	29.747	11.205	9.207	70	78	8	城市	☺
36	建成区绿化覆盖率	%	市辖区	正	41.509	44.050	42.990	18	23	5	城市建设	☺
37	用水普及率	%	市辖区	正	98.575	100.000	100.000	1	1	0	城市建设	
38	城镇生活污水处理率	%	市辖区	正	90.122	95.600	94.460	21	24	3	城市建设	☺
39	生活垃圾无害化处理率	%	市辖区	正	93.223	71.980	81.560	93	95	2	城市建设	☺
40	互联网宽带接入用户数	万户	市辖区	正	146.080	214.000	192.000	17	19	2	城市	☺
41	每万人拥有公共汽车	辆	市辖区	正	11.487	11.680	18.040	37	11	−26	城市	☹
42	工业二氧化硫去除率	%	全市	正	66.135	76.471	73.993	24	31	7	城市；环境年报	☺
43	工业废水化学需氧量去除率	%	全市	正	82.184	85.531	82.786	46	63	17	城市；环境年报	☺
44	工业氮氧化物去除率	%	全市	正	26.396	40.959	17.012	14	61	47	城市；环境年报	☺
45	工业废水氨氮去除率	%	全市	正	73.954	67.538	51.067	70	88	18	城市；环境年报	☺

年鉴说明：城市——《中国城市统计年鉴2015》；环境年报——《中国环境统计年报2014》；环境年鉴——《中国环境统计年鉴2015》；城市建设——《中国城市建设统计年鉴2014》；统计局——国家统计局；住建部——住房和城乡建设部。

太原绿色发展“体检”表

序号	指标名称	单　位	口　径	指标属性	2014 年测评均值	2014 年太原数值	2013 年太原数值	2014 年太原排名	2013 年太原排名	排名变化	2014 年数据来源	进退脸谱
1	人均地区生产总值	元/人	全市	正	65 266.020	59 023.000	56 547.000	49	50	1	城市	☺
2	单位地区生产总值能耗	吨标煤/万元	全市	逆	0.702	0.687	0.923	61	63	2	统计局	☺
3	人均城镇生活消费用电	千瓦时/人	全市	逆	456.822	748.663	709.318	87	85	－2	城市	☹
4	单位地区生产总值二氧化碳排放量			逆	NA	NA	NA	NA	NA			
5	单位地区生产总值二氧化硫排放量	吨/亿元	全市	逆	38.751	47.271	65.276	78	79	1	城市；环境年报	☺
6	单位地区生产总值化学需氧量排放量	吨/亿元	全市	逆	30.653	8.831	8.231	9	14	5	城市；环境年报	☺
7	单位地区生产总值氮氧化物排放量	吨/亿元	全市	逆	26.708	39.405	54.837	83	81	－2	城市；环境年报	☹
8	单位地区生产总值氨氮排放量	吨/亿元	全市	逆	3.393	1.691	1.888	17	21	4	城市；环境年报	☺
9	第一产业劳动生产率	万元/人	全市	正	1 297.954	174.871	154.400	86	86	0	城市	
10	第二产业劳动生产率	万元/人	全市	正	39.710	19.630	19.159	93	95	2	城市	☺
11	单位工业增加值水耗	万吨/万元	全市	逆	0.005	0.011	493.987	89	99	10	环境年报	☺
12	单位工业增加值能耗		全市	逆	NA	NA	NA	NA	NA			
13	工业固体废物综合利用率	%	全市	正	82.610	55.250	54.510	88	85	－3	城市	☹
14	工业用水重复利用率	%	全市	正	84.798	95.893	96.172	8	5	－3	环境年报	☹
15	第三产业劳动生产率	万元/人	全市	正	38.431	29.314	29.428	65	59	－6	城市	☹
16	第三产业增加值比重	%	全市	正	42.925	58.470	54.800	7	10	3	城市	☺
17	第三产业就业人员比重	%	全市	正	47.327	52.242	46.144	33	47	14	城市	☺
18	人均水资源量	立方米/人	全市	正	1 040.361	121.831	127.145	96	96	0	统计局	
19	单位土地面积二氧化碳排放量			逆	NA	NA	NA	NA	NA			
20	人均二氧化碳排放量			逆	NA	NA	NA	NA	NA			
21	单位土地面积二氧化硫排放量	吨/平方公里	全市	逆	8.311	17.122	17.528	91	92	1	城市；环境年报	☺
22	人均二氧化硫排放量	吨/万人	全市	逆	227.564	324.598	333.504	84	85	1	城市；环境年报	☺
23	单位土地面积化学需氧量排放量	吨/平方公里	全市	逆	5.072	1.778	2.210	22	30	8	城市；环境年报	☺
24	人均化学需氧量排放量	吨/万人	全市	逆	90.513	33.714	42.055	2	3	1	城市；环境年报	☺
25	单位土地面积氮氧化物排放量	吨/平方公里	全市	逆	7.088	14.273	14.725	87	86	－1	城市；环境年报	☹

续表

序号	指标名称	单 位	口 径	指标属性	2014 年测评均值	2014 年太原数值	2013 年太原数值	2014 年太原排名	2013 年太原排名	排名变化	2014 年数据来源	进退脸谱
26	人均氮氧化物排放量	吨/万人	全市	逆	167.921	270.586	280.169	85	83	−2	城市；环境年报	☹
27	单位土地面积氨氮排放量	吨/平方公里	全市	逆	0.819	0.477	0.507	43	45	2	城市；环境年报	☺
28	人均氨氮排放量	吨/万人	全市	逆	15.080	9.036	9.648	21	24	3	城市；环境年报	☺
29	空气质量达到二级以上天数占全年比重	%	市辖区	正	64.123	53.973	28.570	75	87	12	环境年鉴	☺
30	首要污染物可吸入颗粒物天数占全年比重	%	市辖区	逆	93.900	71.430	71.430	6	6	0	环境年鉴	
31	可吸入细颗粒物(PM2.5)浓度年均值	微克/立方米	市辖区	逆	62.790	72.000	157.000	72	94	22	环境年鉴	☺
32	环境保护支出占财政支出比重	%	全市	正	2.897	3.961	2.513	18	56	38	城市；统计局	☺
33	城市环境基础设施建设投资占全市固定资产投资比重	%	全市	正	0.862	4.689	3.852	2	3	1	城市；住建部	☺
34	科教文卫支出占财政支出比重	%	全市	正	29.481	29.511	27.968	55	61	6	城市；统计局	☺
35	人均绿地面积	平方米/人	市辖区	正	29.747	34.737	30.515	23	23	0	城市	
36	建成区绿化覆盖率	%	市辖区	正	41.509	40.500	39.880	58	65	7	城市建设	☺
37	用水普及率	%	市辖区	正	98.575	100.000	100.000	1	1	0	城市建设	
38	城镇生活污水处理率	%	市辖区	正	90.122	85.850	85.000	84	82	−2	城市建设	☹
39	生活垃圾无害化处理率	%	市辖区	正	93.223	100.000	100.000	2	1	−1	城市建设	☹
40	互联网宽带接入用户数	万户	市辖区	正	146.080	151.000	133.000	29	31	2	城市	☺
41	每万人拥有公共汽车	辆	市辖区	正	11.487	10.680	9.910	44	49	5	城市	☺
42	工业二氧化硫去除率	%	全市	正	66.135	76.338	75.028	26	24	−2	城市；环境年报	☹
43	工业废水化学需氧量去除率	%	全市	正	82.184	83.766	83.322	54	59	5	城市；环境年报	☺
44	工业氮氧化物去除率	%	全市	正	26.396	15.455	20.661	84	48	−36	城市；环境年报	☹
45	工业废水氨氮去除率	%	全市	正	73.954	75.977	81.240	50	45	−5	城市；环境年报	☹

年鉴说明：城市——《中国城市统计年鉴 2015》；环境年报——《中国环境统计年报 2014》；环境年鉴——《中国环境统计年鉴 2015》；城市建设——《中国城市建设统计年鉴 2014》；统计局——国家统计局；住建部——住房和城乡建设部。

呼和浩特绿色发展“体检”表

序号	指标名称	单位	口径	指标属性	2014 年测评均值	2014 年呼和浩特数值	2013 年呼和浩特数值	2014 年呼和浩特排名	2013 年呼和浩特排名	排名变化	2014 年数据来源	进退脸谱
1	人均地区生产总值	元/人	全市	正	65 266.020	95 961.000	90 941.000	19	16	−3	城市	☹
2	单位地区生产总值能耗	吨标煤/万元	全市	逆	0.702	1.017	1.323	81	78	−3	统计局	☹
3	人均城镇生活消费用电	千瓦时/人	全市	逆	456.822	660.949	626.609	80	82	2	城市	☺
4	单位地区生产总值二氧化碳排放量			逆	NA	NA	NA	NA	NA			
5	单位地区生产总值二氧化硫排放量	吨/亿元	全市	逆	38.751	34.841	47.986	62	64	2	城市；环境年报	☺
6	单位地区生产总值化学需氧量排放量	吨/亿元	全市	逆	30.653	45.339	13.615	85	34	−51	城市；环境年报	☹
7	单位地区生产总值氮氧化物排放量	吨/亿元	全市	逆	26.708	36.060	63.377	80	88	8	城市；环境年报	☺
8	单位地区生产总值氨氮排放量	吨/亿元	全市	逆	3.393	1.664	1.656	15	16	1	城市；环境年报	☺
9	第一产业劳动生产率	万元/人	全市	正	1 297.954	339.464	264.118	66	71	5	城市	☺
10	第二产业劳动生产率	万元/人	全市	正	39.710	74.245	76.334	4	2	−2	城市	☹
11	单位工业增加值水耗	万吨/万元	全市	逆	0.005	0.007	139.692	74	45	−29	环境年报	☹
12	单位工业增加值能耗		全市	逆	NA	NA	NA	NA	NA			
13	工业固体废物综合利用率	%	全市	正	82.610	39.640	35.740	92	93	1	城市	☺
14	工业用水重复利用率	%	全市	正	84.798	90.231	90.443	51	43	−8	环境年报	☹
15	第三产业劳动生产率	万元/人	全市	正	38.431	63.942	65.684	8	7	−1	城市	☹
16	第三产业增加值比重	%	全市	正	42.925	66.360	63.050	3	4	1	城市	☺
17	第三产业就业人员比重	%	全市	正	47.327	71.483	72.127	3	3	0	城市	
18	人均水资源量	立方米/人	全市	正	1 040.361	526.483	535.330	52	53	1	统计局	☺
19	单位土地面积二氧化碳排放量			逆	NA	NA	NA	NA	NA			
20	人均二氧化碳排放量			逆	NA	NA	NA	NA	NA			
21	单位土地面积二氧化硫排放量	吨/平方公里	全市	逆	8.311	5.867	5.845	43	39	−4	城市；环境年报	☹
22	人均二氧化硫排放量	吨/万人	全市	逆	227.564	427.254	432.775	92	91	−1	城市；环境年报	☹
23	单位土地面积化学需氧量排放量	吨/平方公里	全市	逆	5.072	1.995	1.658	28	14	−14	城市；环境年报	☹
24	人均化学需氧量排放量	吨/万人	全市	逆	90.513	145.278	122.792	93	82	−11	城市；环境年报	☹
25	单位土地面积氮氧化物排放量	吨/平方公里	全市	逆	7.088	6.072	7.719	55	64	9	城市；环境年报	☺

续表

序号	指标名称	单　位	口　径	指标属性	2014 年测评均值	2014 年呼和浩特数值	2013 年呼和浩特数值	2014 年呼和浩特排名	2013 年呼和浩特排名	排名变化	2014 年数据来源	进退脸谱
26	人均氮氧化物排放量	吨/万人	全市	逆	167.921	442.199	571.586	96	97	1	城市；环境年报	☺
27	单位土地面积氨氮排放量	吨/平方公里	全市	逆	0.819	0.207	0.202	8	8	0	城市；环境年报	
28	人均氨氮排放量	吨/万人	全市	逆	15.080	15.084	14.931	69	61	−8	城市；环境年报	☹
29	空气质量达到二级以上天数占全年比重	%	市辖区	正	64.123	65.753	50.000	44	76	32	环境年鉴	☺
30	首要污染物可吸入颗粒物天数占全年比重	%	市辖区	逆	93.900	69.230	69.230	5	5	0	环境年鉴	
31	可吸入细颗粒物(PM2.5)浓度年均值	微克/立方米	市辖区	逆	62.790	46.000	146.000	17	89	72	环境年鉴	☺
32	环境保护支出占财政支出比重	%	全市	正	2.897	3.265	3.148	29	35	6	城市；统计局	☺
33	城市环境基础设施建设投资占全市固定资产投资比重	%	全市	正	0.862	1.704	2.223	12	6	−6	城市；住建部	☹
34	科教文卫支出占财政支出比重	%	全市	正	29.481	21.896	21.522	92	92	0	城市；统计局	
35	人均绿地面积	平方米/人	市辖区	正	29.747	34.814	36.820	22	16	−6	城市	☹
36	建成区绿化覆盖率	%	市辖区	正	41.509	40.270	29.180	61	99	38	城市建设	☺
37	用水普及率	%	市辖区	正	98.575	98.350	98.350	74	74	0	城市建设	
38	城镇生活污水处理率	%	市辖区	正	90.122	81.020	80.740	93	94	1	城市建设	☺
39	生活垃圾无害化处理率	%	市辖区	正	93.223	98.740	98.740	54	60	6	城市建设	☺
40	互联网宽带接入用户数	万户	市辖区	正	146.080	45.000	45.000	81	76	−5	城市	☹
41	每万人拥有公共汽车	辆	市辖区	正	11.487	20.680	29.250	4	2	−2	城市	☹
42	工业二氧化硫去除率	%	全市	正	66.135	76.904	75.953	22	19	−3	城市；环境年报	☹
43	工业废水化学需氧量去除率	%	全市	正	82.184	79.416	76.821	73	78	5	城市；环境年报	☺
44	工业氮氧化物去除率	%	全市	正	26.396	40.000	20.958	16	37	21	城市；环境年报	☺
45	工业废水氨氮去除率	%	全市	正	73.954	78.839	97.204	45	7	−38	城市；环境年报	☹

年鉴说明：城市——《中国城市统计年鉴 2015》；环境年报——《中国环境统计年报 2014》；环境年鉴——《中国环境统计年鉴 2015》；城市建设——《中国城市建设统计年鉴 2014》；统计局——国家统计局；住建部——住房和城乡建设部。

沈阳绿色发展"体检"表

序号	指标名称	单　位	口　径	指标属性	2014 年测评均值	2014 年沈阳数值	2013 年沈阳数值	2014 年沈阳排名	2013 年沈阳排名	排名变化	2014 年数据来源	进退脸谱
1	人均地区生产总值	元/人	全市	正	65 266.020	85 816.000	86 850.000	23	20	－3	城市	☹
2	单位地区生产总值能耗	吨标煤/万元	全市	逆	0.702	0.178	0.226	9	7	－2	统计局	☹
3	人均城镇生活消费用电	千瓦时/人	全市	逆	456.822	579.351	578.851	77	79	2	城市	☺
4	单位地区生产总值二氧化碳排放量			逆	NA	NA	NA	NA	NA			
5	单位地区生产总值二氧化硫排放量	吨/亿元	全市	逆	38.751	19.476	23.877	40	35	－5	城市；环境年报	☹
6	单位地区生产总值化学需氧量排放量	吨/亿元	全市	逆	30.653	32.717	5.770	61	5	－56	城市；环境年报	☹
7	单位地区生产总值氮氧化物排放量	吨/亿元	全市	逆	26.708	11.631	14.510	21	18	－3	城市；环境年报	☹
8	单位地区生产总值氨氮排放量	吨/亿元	全市	逆	3.393	2.757	2.442	46	40	－6	城市；环境年报	☹
9	第一产业劳动生产率	万元/人	全市	正	1 297.954	1 029.678	627.103	40	44	4	城市	☺
10	第二产业劳动生产率	万元/人	全市	正	39.710	49.748	62.705	25	13	－12	城市	☹
11	单位工业增加值水耗	万吨/万元	全市	逆	0.005	0.001	174.325	14	59	45	环境年报	☺
12	单位工业增加值能耗		全市	逆	NA	NA	NA	NA	NA			
13	工业固体废物综合利用率	%	全市	正	82.610	90.200	92.690	60	51	－9	城市	☹
14	工业用水重复利用率	%	全市	正	84.798	87.647	97.369	61	1	－60	环境年报	☹
15	第三产业劳动生产率	万元/人	全市	正	38.431	39.545	40.088	37	33	－4	城市	☹
16	第三产业增加值比重	%	全市	正	42.925	45.530	43.840	38	33	－5	城市	☹
17	第三产业就业人员比重	%	全市	正	47.327	53.318	53.364	30	25	－5	城市	☹
18	人均水资源量	立方米/人	全市	正	1 040.361	194.102	436.581	82	61	－21	统计局	☹
19	单位土地面积二氧化碳排放量			逆	NA	NA	NA	NA	NA			
20	人均二氧化碳排放量			逆	NA	NA	NA	NA	NA			
21	单位土地面积二氧化硫排放量	吨/平方公里	全市	逆	8.311	10.750	11.176	74	71	－3	城市；环境年报	☹
22	人均二氧化硫排放量	吨/万人	全市	逆	227.564	189.645	199.809	67	64	－3	城市；环境年报	☹
23	单位土地面积化学需氧量排放量	吨/平方公里	全市	逆	5.072	1.755	2.701	21	38	17	城市；环境年报	☺
24	人均化学需氧量排放量	吨/万人	全市	逆	90.513	30.959	48.283	1	12	11	城市；环境年报	☺
25	单位土地面积氮氧化物排放量	吨/平方公里	全市	逆	7.088	6.420	6.792	60	55	－5	城市；环境年报	☹

续表

序号	指标名称	单 位	口 径	指标属性	2014年测评均值	2014年沈阳数值	2013年沈阳数值	2014年沈阳排名	2013年沈阳排名	排名变化	2014年数据来源	进退脸谱
26	人均氮氧化物排放量	吨/万人	全市	逆	167.921	113.257	121.424	47	44	−3	城市；环境年报	☹
27	单位土地面积氨氮排放量	吨/平方公里	全市	逆	0.819	1.013	1.143	82	82	0	城市；环境年报	
28	人均氨氮排放量	吨/万人	全市	逆	15.080	17.869	20.435	76	84	8	城市；环境年报	☺
29	空气质量达到二级以上天数占全年比重	%	市辖区	正	64.123	52.055	14.290	77	95	18	环境年鉴	☺
30	首要污染物可吸入颗粒物天数占全年比重	%	市辖区	逆	93.900	71.430	71.430	6	6	0	环境年鉴	
31	可吸入细颗粒物(PM2.5)浓度年均值	微克/立方米	市辖区	逆	62.790	74.000	129.000	75	86	11	环境年鉴	☺
32	环境保护支出占财政支出比重	%	全市	正	2.897	2.154	2.084	65	76	11	城市；统计局	☺
33	城市环境基础设施建设投资占全市固定资产投资比重	%	全市	正	0.862	0.365	0.922	68	52	−16	城市；住建部	☹
34	科教文卫支出占财政支出比重	%	全市	正	29.481	22.323	23.848	91	86	−5	城市；统计局	☹
35	人均绿地面积	平方米/人	市辖区	正	29.747	39.402	40.247	15	13	−2	城市	☹
36	建成区绿化覆盖率	%	市辖区	正	41.509	41.780	42.220	44	34	−10	城市建设	☹
37	用水普及率	%	市辖区	正	98.575	100.000	100.000	1	1	0	城市建设	
38	城镇生活污水处理率	%	市辖区	正	90.122	95.110	95.000	26	22	−4	城市建设	☹
39	生活垃圾无害化处理率	%	市辖区	正	93.223	100.000	100.000	2	1	−1	城市建设	☹
40	互联网宽带接入用户数	万户	市辖区	正	146.080	161.000	151.000	24	24	0	城市	
41	每万人拥有公共汽车	辆	市辖区	正	11.487	10.550	10.500	45	45	0	城市	
42	工业二氧化硫去除率	%	全市	正	66.135	46.311	40.332	92	93	1	城市；环境年报	☺
43	工业废水化学需氧量去除率	%	全市	正	82.184	78.324	76.324	76	79	3	城市；环境年报	☺
44	工业氮氧化物去除率	%	全市	正	26.396	3.614	1.190	95	100	5	城市；环境年报	☺
45	工业废水氨氮去除率	%	全市	正	73.954	56.933	54.706	83	83	0	城市；环境年报	

年鉴说明：城市——《中国城市统计年鉴2015》；环境年报——《中国环境统计年报2014》；环境年鉴——《中国环境统计年鉴2015》；城市建设——《中国城市建设统计年鉴2014》；统计局——国家统计局；住建部——住房和城乡建设部。

大连绿色发展“体检”表

序号	指标名称	单　位	口　径	指标属性	2014 年测评均值	2014 年大连数值	2013 年大连数值	2014 年大连排名	2013 年大连排名	排名变化	2014 年数据来源	进退脸谱
1	人均地区生产总值	元/人	全市	正	65 266.020	109 939.000	110 600.000	8	7	−1	城市	☹
2	单位地区生产总值能耗	吨标煤/万元	全市	逆	0.702	0.212	0.273	13	10	−3	统计局	☹
3	人均城镇生活消费用电	千瓦时/人	全市	逆	456.822	491.189	480.946	71	71	0	城市	
4	单位地区生产总值二氧化碳排放量			逆	NA	NA	NA	NA	NA			
5	单位地区生产总值二氧化硫排放量	吨/亿元	全市	逆	38.751	14.416	19.244	28	27	−1	城市；环境年报	☹
6	单位地区生产总值化学需氧量排放量	吨/亿元	全市	逆	30.653	22.718	11.866	41	30	−11	城市；环境年报	☹
7	单位地区生产总值氮氧化物排放量	吨/亿元	全市	逆	26.708	12.723	16.679	32	26	−6	城市；环境年报	☹
8	单位地区生产总值氨氮排放量	吨/亿元	全市	逆	3.393	1.893	1.667	22	18	−4	城市；环境年报	☹
9	第一产业劳动生产率	万元/人	全市	正	1 297.954	807.987	758.095	48	41	−7	城市	☹
10	第二产业劳动生产率	万元/人	全市	正	39.710	54.186	59.393	16	16	0	城市	
11	单位工业增加值水耗	万吨/万元	全市	逆	0.005	0.002	50.086	29	15	−14	环境年报	☹
12	单位工业增加值能耗		全市	逆	NA	NA	NA	NA	NA			
13	工业固体废物综合利用率	%	全市	正	82.610	83.660	90.330	72	57	−15	城市	☹
14	工业用水重复利用率	%	全市	正	84.798	49.729	43.435	95	96	1	环境年报	☺
15	第三产业劳动生产率	万元/人	全市	正	38.431	61.088	59.347	10	10	0	城市	
16	第三产业增加值比重	%	全市	正	42.925	45.930	42.890	37	36	−1	城市	☹
17	第三产业就业人员比重	%	全市	正	47.327	47.575	43.695	50	58	8	城市	☺
18	人均水资源量	立方米/人	全市	正	1 040.361	185.023	901.845	84	45	−39	统计局	☹
19	单位土地面积二氧化碳排放量			逆	NA	NA	NA	NA	NA			
20	人均二氧化碳排放量			逆	NA	NA	NA	NA	NA			
21	单位土地面积二氧化硫排放量	吨/平方公里	全市	逆	8.311	8.777	9.488	63	64	1	城市；环境年报	☺
22	人均二氧化硫排放量	吨/万人	全市	逆	227.564	186.146	201.902	64	65	1	城市；环境年报	☺
23	单位土地面积化学需氧量排放量	吨/平方公里	全市	逆	5.072	5.957	5.850	79	77	−2	城市；环境年报	☹
24	人均化学需氧量排放量	吨/万人	全市	逆	90.513	126.330	124.493	84	83	−1	城市；环境年报	☹
25	单位土地面积氮氧化物排放量	吨/平方公里	全市	逆	7.088	7.746	8.224	71	69	−2	城市；环境年报	☹

续表

序号	指标名称	单位	口径	指标属性	2014年测评均值	2014年大连数值	2013年大连数值	2014年大连排名	2013年大连排名	排名变化	2014年数据来源	进退脸谱
26	人均氮氧化物排放量	吨/万人	全市	逆	167.921	164.282	174.992	67	62	−5	城市；环境年报	☹
27	单位土地面积氨氮排放量	吨/平方公里	全市	逆	0.819	0.857	0.822	77	73	−4	城市；环境年报	☹
28	人均氨氮排放量	吨/万人	全市	逆	15.080	18.179	17.486	79	74	−5	城市；环境年报	☹
29	空气质量达到二级以上天数占全年比重	%	市辖区	正	64.123	75.616	71.430	24	58	34	环境年鉴	☺
30	首要污染物可吸入颗粒物天数占全年比重	%	市辖区	逆	93.900	42.860	42.860	1	1	0	环境年鉴	
31	可吸入细颗粒物(PM2.5)浓度年均值	微克/立方米	市辖区	逆	62.790	53.000	85.000	30	9	−21	环境年鉴	☹
32	环境保护支出占财政支出比重	%	全市	正	2.897	1.588	0.973	88	100	12	城市；统计局	☺
33	城市环境基础设施建设投资占全市固定资产投资比重	%	全市	正	0.862	0.160	0.342	91	87	−4	城市；住建部	☹
34	科教文卫支出占财政支出比重	%	全市	正	29.481	21.227	21.313	93	93	0	城市；统计局	
35	人均绿地面积	平方米/人	市辖区	正	29.747	30.934	30.971	26	22	−4	城市	☹
36	建成区绿化覆盖率	%	市辖区	正	41.509	44.840	44.750	14	11	−3	城市建设	☹
37	用水普及率	%	市辖区	正	98.575	100.000	100.000	1	1	0	城市建设	
38	城镇生活污水处理率	%	市辖区	正	90.122	91.420	95.960	58	13	−45	城市建设	☹
39	生活垃圾无害化处理率	%	市辖区	正	93.223	81.560	100.000	87	1	−86	城市建设	☹
40	互联网宽带接入用户数	万户	市辖区	正	146.080	132.000	130.000	35	33	−2	城市	☹
41	每万人拥有公共汽车	辆	市辖区	正	11.487	16.940	16.720	16	16	0	城市	
42	工业二氧化硫去除率	%	全市	正	66.135	61.475	57.639	68	77	9	城市；环境年报	☺
43	工业废水化学需氧量去除率	%	全市	正	82.184	76.042	72.573	80	86	6	城市；环境年报	☺
44	工业氮氧化物去除率	%	全市	正	26.396	17.391	17.886	77	57	−20	城市；环境年报	☹
45	工业废水氨氮去除率	%	全市	正	73.954	92.306	60.564	13	77	64	城市；环境年报	☺

年鉴说明：城市——《中国城市统计年鉴2015》；环境年报——《中国环境统计年报2014》；环境年鉴——《中国环境统计年鉴2015》；城市建设——《中国城市建设统计年鉴2014》；统计局——国家统计局；住建部——住房和城乡建设部。

长春绿色发展“体检”表

序号	指标名称	单　位	口　径	指标属性	2014 年测评均值	2014 年长春数值	2013 年长春数值	2014 年长春排名	2013 年长春排名	排名变化	2014 年数据来源	进退脸谱
1	人均地区生产总值	元/人	全市	正	65 266.020	70 891.000	66 286.000	31	33	2	城市	☺
2	单位地区生产总值能耗	吨标煤/万元	全市	逆	0.702	0.218	0.283	14	12	−2	统计局	☹
3	人均城镇生活消费用电	千瓦时/人	全市	逆	456.822	261.389	262.508	43	41	−2	城市	☹
4	单位地区生产总值二氧化碳排放量			逆	NA	NA	NA	NA	NA			
5	单位地区生产总值二氧化硫排放量	吨/亿元	全市	逆	38.751	11.857	14.887	21	15	−6	城市；环境年报	☹
6	单位地区生产总值化学需氧量排放量	吨/亿元	全市	逆	30.653	32.135	10.067	60	21	−39	城市；环境年报	☹
7	单位地区生产总值氮氧化物排放量	吨/亿元	全市	逆	26.708	18.269	22.252	50	38	−12	城市；环境年报	☹
8	单位地区生产总值氨氮排放量	吨/亿元	全市	逆	3.393	2.468	1.926	40	22	−18	城市；环境年报	☹
9	第一产业劳动生产率	万元/人	全市	正	1 297.954	282.353	295.200	74	67	−7	城市	☹
10	第二产业劳动生产率	万元/人	全市	正	39.710	44.693	51.736	37	26	−11	城市	☹
11	单位工业增加值水耗	万吨/万元	全市	逆	0.005	0.003	125.087	38	43	5	环境年报	☺
12	单位工业增加值能耗		全市	逆	NA	NA	NA	NA	NA			
13	工业固体废物综合利用率	%	全市	正	82.610	99.920	99.790	4	6	2	城市	☺
14	工业用水重复利用率	%	全市	正	84.798	94.571	94.669	25	19	−6	环境年报	☹
15	第三产业劳动生产率	万元/人	全市	正	38.431	35.214	33.223	49	48	−1	城市	☹
16	第三产业增加值比重	%	全市	正	42.925	41.120	40.220	56	53	−3	城市	☹
17	第三产业就业人员比重	%	全市	正	47.327	49.582	49.033	41	38	−3	城市	☹
18	人均水资源量	立方米/人	全市	正	1 040.361	300.823	441.044	71	60	−11	统计局	☹
19	单位土地面积二氧化碳排放量			逆	NA	NA	NA	NA	NA			
20	人均二氧化碳排放量			逆	NA	NA	NA	NA	NA			
21	单位土地面积二氧化硫排放量	吨/平方公里	全市	逆	8.311	3.076	3.135	19	19	0	城市；环境年报	
22	人均二氧化硫排放量	吨/万人	全市	逆	227.564	84.055	85.572	20	20	0	城市；环境年报	
23	单位土地面积化学需氧量排放量	吨/平方公里	全市	逆	5.072	2.118	2.120	34	28	−6	城市；环境年报	☹
24	人均化学需氧量排放量	吨/万人	全市	逆	90.513	57.892	57.864	20	19	−1	城市；环境年报	☹
25	单位土地面积氮氧化物排放量	吨/平方公里	全市	逆	7.088	4.739	4.686	43	40	−3	城市；环境年报	☹

续表

序号	指标名称	单位	口径	指标属性	2014年测评均值	2014年长春数值	2013年长春数值	2014年长春排名	2013年长春排名	排名变化	2014年数据来源	进退脸谱
26	人均氮氧化物排放量	吨/万人	全市	逆	167.921	129.512	127.908	54	47	−7	城市；环境年报	☹
27	单位土地面积氨氮排放量	吨/平方公里	全市	逆	0.819	0.415	0.405	37	35	−2	城市；环境年报	☹
28	人均氨氮排放量	吨/万人	全市	逆	15.080	11.345	11.068	41	34	−7	城市；环境年报	☹
29	空气质量达到二级以上天数占全年比重	%	市辖区	正	64.123	65.479	35.710	49	85	36	环境年鉴	☺
30	首要污染物可吸入颗粒物天数占全年比重	%	市辖区	逆	93.900	78.570	78.570	10	10	0	环境年鉴	
31	可吸入细颗粒物(PM2.5)浓度年均值	微克/立方米	市辖区	逆	62.790	68.000	130.000	65	87	22	环境年鉴	☺
32	环境保护支出占财政支出比重	%	全市	正	2.897	5.358	3.718	9	24	15	城市；统计局	☺
33	城市环境基础设施建设投资占全市固定资产投资比重	%	全市	正	0.862	0.662	0.721	44	64	20	城市；住建部	☺
34	科教文卫支出占财政支出比重	%	全市	正	29.481	23.283	25.701	87	76	−11	城市；统计局	☹
35	人均绿地面积	平方米/人	市辖区	正	29.747	21.292	14.212	38	60	22	城市	☺
36	建成区绿化覆盖率	%	市辖区	正	41.509	38.840	27.180	81	100	19	城市建设	☺
37	用水普及率	%	市辖区	正	98.575	99.460	99.460	60	60	0	城市建设	
38	城镇生活污水处理率	%	市辖区	正	90.122	92.080	81.430	51	92	41	城市建设	☺
39	生活垃圾无害化处理率	%	市辖区	正	93.223	98.400	85.630	55	92	37	城市建设	☺
40	互联网宽带接入用户数	万户	市辖区	正	146.080	135.000	121.000	33	36	3	城市	☺
41	每万人拥有公共汽车	辆	市辖区	正	11.487	12.980	12.980	28	30	2	城市	☺
42	工业二氧化硫去除率	%	全市	正	66.135	58.209	58.215	78	73	−5	城市；环境年报	☹
43	工业废水化学需氧量去除率	%	全市	正	82.184	82.660	83.139	61	60	−1	城市；环境年报	☹
44	工业氮氧化物去除率	%	全市	正	26.396	29.412	15.929	35	64	29	城市；环境年报	☺
45	工业废水氨氮去除率	%	全市	正	73.954	63.852	63.061	74	71	−3	城市；环境年报	☹

年鉴说明：城市——《中国城市统计年鉴2015》；环境年报——《中国环境统计年报2014》；环境年鉴——《中国环境统计年鉴2015》；城市建设——《中国城市建设统计年鉴2014》；统计局——国家统计局；住建部——住房和城乡建设部。

哈尔滨绿色发展“体检”表

序号	指标名称	单　位	口　径	指标属性	2014 年测评均值	2014 年哈尔滨数值	2013 年哈尔滨数值	2014 年哈尔滨排名	2013 年哈尔滨排名	排名变化	2014 年数据来源	进退脸谱
1	人均地区生产总值	元/人	全市	正	65 266.020	53 872.000	50 435.000	60	57	－3	城市	☹
2	单位地区生产总值能耗	吨标煤/万元	全市	逆	0.702	0.901	1.000	72	67	－5	统计局	☹
3	人均城镇生活消费用电	千瓦时/人	全市	逆	456.822	381.959	312.076	59	49	－10	城市	☹
4	单位地区生产总值二氧化碳排放量			逆	NA	NA	NA	NA	NA			
5	单位地区生产总值二氧化硫排放量	吨/亿元	全市	逆	38.751	22.468	25.076	45	38	－7	城市；环境年报	☹
6	单位地区生产总值化学需氧量排放量	吨/亿元	全市	逆	30.653	55.124	20.135	95	53	－42	城市；环境年报	☹
7	单位地区生产总值氮氧化物排放量	吨/亿元	全市	逆	26.708	20.374	23.560	52	41	－11	城市；环境年报	☹
8	单位地区生产总值氨氮排放量	吨/亿元	全市	逆	3.393	3.700	3.275	63	58	－5	城市；环境年报	☹
9	第一产业劳动生产率	万元/人	全市	正	1 297.954	125.432	94.138	88	90	2	城市	☺
10	第二产业劳动生产率	万元/人	全市	正	39.710	36.083	34.653	51	60	9	城市	☺
11	单位工业增加值水耗	万吨/万元	全市	逆	0.005	0.005	124.296	64	42	－22	环境年报	☹
12	单位工业增加值能耗		全市	逆	NA	NA	NA	NA	NA			
13	工业固体废物综合利用率	%	全市	正	82.610	98.070	93.850	21	43	22	城市	☺
14	工业用水重复利用率	%	全市	正	84.798	93.323	94.098	34	25	－9	环境年报	☹
15	第三产业劳动生产率	万元/人	全市	正	38.431	35.549	32.933	48	49	1	城市	☺
16	第三产业增加值比重	%	全市	正	42.925	54.860	53.540	15	12	－3	城市	☹
17	第三产业就业人员比重	%	全市	正	47.327	61.031	59.415	12	12	0	城市	
18	人均水资源量	立方米/人	全市	正	1 040.361	1374.256	1 297.265	28	32	4	统计局	☺
19	单位土地面积二氧化碳排放量			逆	NA	NA	NA	NA	NA			
20	人均二氧化碳排放量			逆	NA	NA	NA	NA	NA			
21	单位土地面积二氧化硫排放量	吨/平方公里	全市	逆	8.311	2.261	2.186	12	12	0	城市；环境年报	
22	人均二氧化硫排放量	吨/万人	全市	逆	227.564	121.036	116.652	37	31	－6	城市；环境年报	☹
23	单位土地面积化学需氧量排放量	吨/平方公里	全市	逆	5.072	1.712	1.755	19	19	0	城市；环境年报	
24	人均化学需氧量排放量	吨/万人	全市	逆	90.513	91.676	93.666	51	51	0	城市；环境年报	
25	单位土地面积氮氧化物排放量	吨/平方公里	全市	逆	7.088	2.050	2.054	17	17	0	城市；环境年报	

续表

序号	指标名称	单 位	口 径	指标属性	2014年测评均值	2014年哈尔滨数值	2013年哈尔滨数值	2014年哈尔滨排名	2013年哈尔滨排名	排名变化	2014年数据来源	进退脸谱
26	人均氮氧化物排放量	吨/万人	全市	逆	167.921	109.753	109.599	43	39	−4	城市；环境年报	☹
27	单位土地面积氨氮排放量	吨/平方公里	全市	逆	0.819	0.261	0.285	17	20	3	城市；环境年报	☺
28	人均氨氮排放量	吨/万人	全市	逆	15.080	13.976	15.234	62	66	4	城市；环境年报	☺
29	空气质量达到二级以上天数占全年比重	%	市辖区	正	64.123	66.027	21.430	43	91	48	环境年鉴	☺
30	首要污染物可吸入颗粒物天数占全年比重	%	市辖区	逆	93.900	100.000	100.000	55	55	0	环境年鉴	
31	可吸入细颗粒物(PM2.5)浓度年均值	微克/立方米	市辖区	逆	62.790	72.000	119.000	72	28	−44	环境年鉴	☹
32	环境保护支出占财政支出比重	%	全市	正	2.897	1.481	1.418	92	92	0	城市；统计局	
33	城市环境基础设施建设投资占全市固定资产投资比重	%	全市	正	0.862	0.663	1.206	43	39	−4	城市；住建部	☹
34	科教文卫支出占财政支出比重	%	全市	正	29.481	25.189	25.098	78	80	2	城市；统计局	☺
35	人均绿地面积	平方米/人	市辖区	正	29.747	13.570	13.408	65	65	0	城市	
36	建成区绿化覆盖率	%	市辖区	正	41.509	35.500	36.100	97	93	−4	城市建设	☹
37	用水普及率	%	市辖区	正	98.575	100.000	100.000	1	1	0	城市建设	
38	城镇生活污水处理率	%	市辖区	正	90.122	89.300	90.470	71	55	−16	城市建设	☹
39	生活垃圾无害化处理率	%	市辖区	正	93.223	86.000	87.290	84	90	6	城市建设	☺
40	互联网宽带接入用户数	万户	市辖区	正	146.080	163.000	156.000	23	22	−1	城市	☹
41	每万人拥有公共汽车	辆	市辖区	正	11.487	13.230	12.650	26	31	5	城市	☺
42	工业二氧化硫去除率	%	全市	正	66.135	47.368	44.079	89	92	3	城市；环境年报	☺
43	工业废水化学需氧量去除率	%	全市	正	82.184	94.436	95.396	6	3	−3	城市；环境年报	☹
44	工业氮氧化物去除率	%	全市	正	26.396	20.721	14.000	63	69	6	城市；环境年报	☺
45	工业废水氨氮去除率	%	全市	正	73.954	96.950	97.457	7	5	−2	城市；环境年报	☹

年鉴说明：城市——《中国城市统计年鉴2015》；环境年报——《中国环境统计年报2014》；环境年鉴——《中国环境统计年鉴2015》；城市建设——《中国城市建设统计年鉴2014》；统计局——国家统计局；住建部——住房和城乡建设部。

上海绿色发展"体检"表

序号	指标名称	单 位	口 径	指标属性	2014 年测评均值	2014 年上海数值	2013 年上海数值	2014 年上海排名	2013 年上海排名	排名变化	2014 年数据来源	进退脸谱
1	人均地区生产总值	元/人	全市	正	65 266.020	97 370.000	90 092.000	17	17	0	城市	
2	单位地区生产总值能耗	吨标煤/万元	全市	逆	0.702	0.470	0.609	41	39	−2	统计局	☹
3	人均城镇生活消费用电	千瓦时/人	全市	逆	456.822	1 185.885	1 434.247	95	96	1	城市	☺
4	单位地区生产总值二氧化碳排放量			逆	NA	NA	NA	NA	NA			
5	单位地区生产总值二氧化硫排放量	吨/亿元	全市	逆	38.751	7.967	11.240	9	10	1	城市；环境年报	☺
6	单位地区生产总值化学需氧量排放量	吨/亿元	全市	逆	30.653	9.273	10.347	10	23	13	城市；环境年报	☺
7	单位地区生产总值氮氧化物排放量	吨/亿元	全市	逆	26.708	10.512	14.866	19	19	0	城市；环境年报	
8	单位地区生产总值氨氮排放量	吨/亿元	全市	逆	3.393	1.879	2.200	21	33	12	城市；环境年报	☺
9	第一产业劳动生产率	万元/人	全市	正	1 297.954	36.205	100.607	97	89	−8	城市	☹
10	第二产业劳动生产率	万元/人	全市	正	39.710	31.941	30.427	67	70	3	城市	☺
11	单位工业增加值水耗	万吨/万元	全市	逆	0.005	0.002	99.319	35	34	−1	环境年报	☹
12	单位工业增加值能耗		全市	逆	NA	NA	NA	NA	NA			
13	工业固体废物综合利用率	%	全市	正	82.610	97.510	97.120	25	28	3	城市	☺
14	工业用水重复利用率	%	全市	正	84.798	90.837	91.049	49	42	−7	环境年报	☹
15	第三产业劳动生产率	万元/人	全市	正	38.431	36.765	41.726	43	30	−13	城市	☹
16	第三产业增加值比重	%	全市	正	42.925	64.820	62.240	5	5	0	城市	
17	第三产业就业人员比重	%	全市	正	47.327	64.019	58.713	8	13	5	城市	☺
18	人均水资源量	立方米/人	全市	正	1 040.361	328.527	196.069	67	84	17	统计局	☺
19	单位土地面积二氧化碳排放量			逆	NA	NA	NA	NA	NA			
20	人均二氧化碳排放量			逆	NA	NA	NA	NA	NA			
21	单位土地面积二氧化硫排放量	吨/平方公里	全市	逆	8.311	29.616	34.045	99	99	0	城市；环境年报	
22	人均二氧化硫排放量	吨/万人	全市	逆	227.564	130.801	150.984	41	47	6	城市；环境年报	☺
23	单位土地面积化学需氧量排放量	吨/平方公里	全市	逆	5.072	29.685	31.338	98	98	0	城市；环境年报	
24	人均化学需氧量排放量	吨/万人	全市	逆	90.513	131.107	138.979	86	88	2	城市；环境年报	☺
25	单位土地面积氮氧化物排放量	吨/平方公里	全市	逆	7.088	39.075	45.027	100	100	0	城市；环境年报	

续表

序号	指标名称	单位	口径	指标属性	2014年测评均值	2014年上海数值	2013年上海数值	2014年上海排名	2013年上海排名	排名变化	2014年数据来源	进退脸谱
26	人均氮氧化物排放量	吨/万人	全市	逆	167.921	172.577	199.688	70	73	3	城市；环境年报	☺
27	单位土地面积氨氮排放量	吨/平方公里	全市	逆	0.819	6.504	6.665	99	99	0	城市；环境年报	
28	人均氨氮排放量	吨/万人	全市	逆	15.080	28.726	29.558	94	92	−2	城市；环境年报	☹
29	空气质量达到二级以上天数占全年比重	%	市辖区	正	64.123	76.164	100.000	23	1	−22	环境年鉴	☹
30	首要污染物可吸入颗粒物天数占全年比重	%	市辖区	逆	93.900	100.000	100.000	55	55	0	环境年鉴	
31	可吸入细颗粒物(PM2.5)浓度年均值	微克/立方米	市辖区	逆	62.790	52.000	84.000	27	8	−19	环境年鉴	☹
32	环境保护支出占财政支出比重	%	全市	正	2.897	1.570	1.246	90	96	6	城市；统计局	☺
33	城市环境基础设施建设投资占全市固定资产投资比重	%	全市	正	0.862	1.363	1.364	19	32	13	城市；住建部	☺
34	科教文卫支出占财政支出比重	%	全市	正	29.481	26.586	27.410	71	67	−4	城市；统计局	☹
35	人均绿地面积	平方米/人	市辖区	正	29.747	87.594	86.944	9	8	−1	城市	☹
36	建成区绿化覆盖率	%	市辖区	正	41.509	38.430	38.360	86	81	−5	城市建设	☹
37	用水普及率	%	市辖区	正	98.575	100.000	100.000	1	1	0	城市建设	
38	城镇生活污水处理率	%	市辖区	正	90.122	89.720	87.120	69	78	9	城市建设	☺
39	生活垃圾无害化处理率	%	市辖区	正	93.223	95.000	90.580	66	82	16	城市建设	☺
40	互联网宽带接入用户数	万户	市辖区	正	146.080	672.000	511.000	3	3	0	城市	
41	每万人拥有公共汽车	辆	市辖区	正	11.487	11.780	12.250	36	33	−3	城市	☹
42	工业二氧化硫去除率	%	全市	正	66.135	67.641	67.922	59	50	−9	城市；环境年报	☹
43	工业废水化学需氧量去除率	%	全市	正	82.184	89.621	89.000	29	28	−1	城市；环境年报	☹
44	工业氮氧化物去除率	%	全市	正	26.396	17.921	20.365	73	51	−22	城市；环境年报	☹
45	工业废水氨氮去除率	%	全市	正	73.954	81.388	80.837	40	46	6	城市；环境年报	☺

年鉴说明：城市——《中国城市统计年鉴2015》；环境年报——《中国环境统计年报2014》；环境年鉴——《中国环境统计年鉴2015》；城市建设——《中国城市建设统计年鉴2014》；统计局——国家统计局；住建部——住房和城乡建设部。

南京绿色发展“体检”表

序号	指标名称	单 位	口 径	指标属性	2014 年测评均值	2014 年南京数值	2013 年南京数值	2014 年南京排名	2013 年南京排名	排名变化	2014 年数据来源	进退脸谱
1	人均地区生产总值	元/人	全市	正	65 266.020	107 545.000	98 011.000	10	11	1	城市	☺
2	单位地区生产总值能耗	吨标煤/万元	全市	逆	0.702	0.411	0.558	36	36	0	统计局	
3	人均城镇生活消费用电	千瓦时/人	全市	逆	456.822	940.382	1054.132	92	93	1	城市	☺
4	单位地区生产总值二氧化碳排放量			逆	NA	NA	NA	NA	NA			
5	单位地区生产总值二氧化硫排放量	吨/亿元	全市	逆	38.751	11.989	17.827	22	23	1	城市；环境年报	☺
6	单位地区生产总值化学需氧量排放量	吨/亿元	全市	逆	30.653	11.047	13.358	14	33	19	城市；环境年报	☺
7	单位地区生产总值氮氧化物排放量	吨/亿元	全市	逆	26.708	11.836	17.507	22	27	5	城市；环境年报	☺
8	单位地区生产总值氨氮排放量	吨/亿元	全市	逆	3.393	1.800	2.318	20	36	16	城市；环境年报	☺
9	第一产业劳动生产率	万元/人	全市	正	1 297.954	1 224.824	601.765	34	46	12	城市	☺
10	第二产业劳动生产率	万元/人	全市	正	39.710	32.237	38.090	66	53	−13	城市	☹
11	单位工业增加值水耗	万吨/万元	全市	逆	0.005	0.005	242.114	60	67	7	环境年报	☺
12	单位工业增加值能耗		全市	逆	NA	NA	NA	NA	NA			
13	工业固体废物综合利用率	%	全市	正	82.610	91.900	91.200	53	52	−1	城市	☹
14	工业用水重复利用率	%	全市	正	84.798	85.299	70.364	67	85	18	环境年报	☺
15	第三产业劳动生产率	万元/人	全市	正	38.431	45.106	47.970	27	20	−7	城市	☹
16	第三产业增加值比重	%	全市	正	42.925	56.490	54.380	10	11	1	城市	☺
17	第三产业就业人员比重	%	全市	正	47.327	50.030	48.991	39	39	0	城市	
18	人均水资源量	立方米/人	全市	正	1 040.361	476.211	370.115	58	69	11	统计局	☺
19	单位土地面积二氧化碳排放量			逆	NA	NA	NA	NA	NA			
20	人均二氧化碳排放量			逆	NA	NA	NA	NA	NA			
21	单位土地面积二氧化硫排放量	吨/平方公里	全市	逆	8.311	16.054	17.066	89	91	2	城市；环境年报	☺
22	人均二氧化硫排放量	吨/万人	全市	逆	227.564	163.725	175.429	57	56	−1	城市；环境年报	☹
23	单位土地面积化学需氧量排放量	吨/平方公里	全市	逆	5.072	12.159	12.788	95	94	−1	城市；环境年报	☹
24	人均化学需氧量排放量	吨/万人	全市	逆	90.513	124.002	131.449	82	85	3	城市；环境年报	☺
25	单位土地面积氮氧化物排放量	吨/平方公里	全市	逆	7.088	15.849	16.760	91	88	−3	城市；环境年报	☹

续表

序号	指标名称	单　位	口　径	指标属性	2014 年测评均值	2014 年南京数值	2013 年南京数值	2014 年南京排名	2013 年南京排名	排名变化	2014 年数据来源	进退脸谱
26	人均氮氧化物排放量	吨/万人	全市	逆	167.921	161.635	172.285	64	61	－3	城市；环境年报	☹
27	单位土地面积氨氮排放量	吨/平方公里	全市	逆	0.819	2.138	2.220	95	95	0	城市；环境年报	
28	人均氨氮排放量	吨/万人	全市	逆	15.080	21.801	22.815	87	89	2	城市；环境年报	☺
29	空气质量达到二级以上天数占全年比重	%	市辖区	正	64.123	51.507	28.570	78	87	9	环境年鉴	☺
30	首要污染物可吸入颗粒物天数占全年比重	%	市辖区	逆	93.900	100.000	100.000	55	55	0	环境年鉴	
31	可吸入细颗粒物(PM2.5)浓度年均值	微克/立方米	市辖区	逆	62.790	74.000	137.000	75	88	13	环境年鉴	☺
32	环境保护支出占财政支出比重	%	全市	正	2.897	3.514	3.546	24	26	2	城市；统计局	☺
33	城市环境基础设施建设投资占全市固定资产投资比重	%	全市	正	0.862	2.618	2.859	5	5	0	城市；住建部	
34	科教文卫支出占财政支出比重	%	全市	正	29.481	29.599	28.480	52	59	7	城市；统计局	☺
35	人均绿地面积	平方米/人	市辖区	正	29.747	136.351	134.390	4	3	－1	城市	☹
36	建成区绿化覆盖率	%	市辖区	正	41.509	44.140	44.060	17	14	－3	城市建设	☹
37	用水普及率	%	市辖区	正	98.575	99.980	99.980	52	52	0	城市建设	
38	城镇生活污水处理率	%	市辖区	正	90.122	95.320	94.220	24	30	6	城市建设	☺
39	生活垃圾无害化处理率	%	市辖区	正	93.223	92.200	90.830	77	80	3	城市建设	☺
40	互联网宽带接入用户数	万户	市辖区	正	146.080	227.000	215.000	16	15	－1	城市	☹
41	每万人拥有公共汽车	辆	市辖区	正	11.487	12.540	10.800	31	42	11	城市	☺
42	工业二氧化硫去除率	%	全市	正	66.135	80.266	78.258	14	15	1	城市；环境年报	☺
43	工业废水化学需氧量去除率	%	全市	正	82.184	87.950	87.930	34	35	1	城市；环境年报	☺
44	工业氮氧化物去除率	%	全市	正	26.396	35.802	34.911	22	15	－7	城市；环境年报	☹
45	工业废水氨氮去除率	%	全市	正	73.954	92.019	90.863	15	17	2	城市；环境年报	☺

年鉴说明：城市——《中国城市统计年鉴 2015》；环境年报——《中国环境统计年报 2014》；环境年鉴——《中国环境统计年鉴 2015》；城市建设——《中国城市建设统计年鉴 2014》；统计局——国家统计局；住建部——住房和城乡建设部。

苏州绿色发展“体检”表

序号	指标名称	单位	口径	指标属性	2014年测评均值	2014年苏州数值	2013年苏州数值	2014年苏州排名	2013年苏州排名	排名变化	2014年数据来源	进退脸谱
1	人均地区生产总值	元/人	全市	正	65 266.020	129 925.000	123 209.000	4	5	1	城市	☺
2	单位地区生产总值能耗	吨标煤/万元	全市	逆	0.702	0.382	0.503	31	32	1	统计局	☺
3	人均城镇生活消费用电	千瓦时/人	全市	逆	456.822	701.760	801.927	84	89	5	城市	☺
4	单位地区生产总值二氧化碳排放量			逆	NA	NA	NA	NA	NA			
5	单位地区生产总值二氧化硫排放量	吨/亿元	全市	逆	38.751	12.266	16.002	23	20	−3	城市；环境年报	☹
6	单位地区生产总值化学需氧量排放量	吨/亿元	全市	逆	30.653	5.540	6.151	3	6	3	城市；环境年报	☺
7	单位地区生产总值氮氧化物排放量	吨/亿元	全市	逆	26.708	12.166	17.513	29	28	−1	城市；环境年报	☹
8	单位地区生产总值氨氮排放量	吨/亿元	全市	逆	3.393	1.033	1.277	5	10	5	城市；环境年报	☺
9	第一产业劳动生产率	万元/人	全市	正	1 297.954	3 577.411	4 290.000	1	4	3	城市	☺
10	第二产业劳动生产率	万元/人	全市	正	39.710	30.182	43.985	71	42	−29	城市	☹
11	单位工业增加值水耗	万吨/万元	全市	逆	0.005	0.003	150.507	44	50	6	环境年报	☺
12	单位工业增加值能耗		全市	逆	NA	NA	NA	NA	NA			
13	工业固体废物综合利用率	%	全市	正	82.610	96.700	97.900	32	21	−11	城市	☹
14	工业用水重复利用率	%	全市	正	84.798	89.672	89.472	53	48	−5	环境年报	☹
15	第三产业劳动生产率	万元/人	全市	正	38.431	87.666	103.058	4	1	−3	城市	☹
16	第三产业增加值比重	%	全市	正	42.925	48.430	45.730	25	29	4	城市	☺
17	第三产业就业人员比重	%	全市	正	47.327	24.228	25.774	96	95	−1	城市	☹
18	人均水资源量	立方米/人	全市	正	1 040.361	691.795	314.705	48	75	27	统计局	☺
19	单位土地面积二氧化碳排放量			逆	NA	NA	NA	NA	NA			
20	人均二氧化碳排放量			逆	NA	NA	NA	NA	NA			
21	单位土地面积二氧化硫排放量	吨/平方公里	全市	逆	8.311	19.497	19.528	96	96	0	城市；环境年报	
22	人均二氧化硫排放量	吨/万人	全市	逆	227.564	256.709	254.696	79	78	−1	城市；环境年报	☹
23	单位土地面积化学需氧量排放量	吨/平方公里	全市	逆	5.072	6.265	7.507	82	84	2	城市；环境年报	☺
24	人均化学需氧量排放量	吨/万人	全市	逆	90.513	82.494	97.906	45	59	14	城市；环境年报	☺
25	单位土地面积氮氧化物排放量	吨/平方公里	全市	逆	7.088	19.338	21.372	96	94	−2	城市；环境年报	☹

续表

序号	指标名称	单　位	口　径	指标属性	2014 年测评均值	2014 年苏州数值	2013 年苏州数值	2014 年苏州排名	2013 年苏州排名	排名变化	2014 年数据来源	进退脸谱
26	人均氮氧化物排放量	吨/万人	全市	逆	167.921	254.617	278.742	82	82	0	城市；环境年报	
27	单位土地面积氨氮排放量	吨/平方公里	全市	逆	0.819	1.388	1.558	90	90	0	城市；环境年报	
28	人均氨氮排放量	吨/万人	全市	逆	15.080	18.277	20.324	80	83	3	城市；环境年报	☺
29	空气质量达到二级以上天数占全年比重	%	市辖区	正	64.123	62.192	64.290	61	66	5	环境年鉴	☺
30	首要污染物可吸入颗粒物天数占全年比重	%	市辖区	逆	93.900	100.000	100.000	55	55	0	环境年鉴	
31	可吸入细颗粒物(PM2.5)浓度年均值	微克/立方米	市辖区	逆	62.790	66.000	97.000	55	14	−41	环境年鉴	☹
32	环境保护支出占财政支出比重	%	全市	正	2.897	3.569	3.734	23	23	0	城市；统计局	
33	城市环境基础设施建设投资占全市固定资产投资比重	%	全市	正	0.862	0.858	0.568	28	72	44	城市；住建部	☺
34	科教文卫支出占财政支出比重	%	全市	正	29.481	30.013	29.703	45	49	4	城市；统计局	☺
35	人均绿地面积	平方米/人	市辖区	正	29.747	32.846	32.752	25	21	−4	城市	☹
36	建成区绿化覆盖率	%	市辖区	正	41.509	42.180	42.060	37	38	1	城市建设	☺
37	用水普及率	%	市辖区	正	98.575	100.000	100.000	1	1	0	城市建设	
38	城镇生活污水处理率	%	市辖区	正	90.122	95.740	95.490	18	16	−2	城市建设	☹
39	生活垃圾无害化处理率	%	市辖区	正	93.223	100.000	100.000	2	1	−1	城市建设	☹
40	互联网宽带接入用户数	万户	市辖区	正	146.080	296.000	273.000	10	9	−1	城市	☹
41	每万人拥有公共汽车	辆	市辖区	正	11.487	12.740	13.500	30	27	−3	城市	☹
42	工业二氧化硫去除率	%	全市	正	66.135	73.709	72.505	36	39	3	城市；环境年报	☺
43	工业废水化学需氧量去除率	%	全市	正	82.184	88.970	88.213	32	33	1	城市；环境年报	☺
44	工业氮氧化物去除率	%	全市	正	26.396	32.389	30.651	28	17	−11	城市；环境年报	☹
45	工业废水氨氮去除率	%	全市	正	73.954	75.790	75.162	51	54	3	城市；环境年报	☺

年鉴说明：城市——《中国城市统计年鉴 2015》；环境年报——《中国环境统计年报 2014》；环境年鉴——《中国环境统计年鉴 2015》；城市建设——《中国城市建设统计年鉴 2014》；统计局——国家统计局；住建部——住房和城乡建设部。

杭州绿色发展“体检”表

序号	指标名称	单 位	口 径	指标属性	2014 年测评均值	2014 年杭州数值	2013 年杭州数值	2014 年杭州排名	2013 年杭州排名	排名变化	2014 年数据来源	进退脸谱
1	人均地区生产总值	元/人	全市	正	65 266.020	103 813.000	94 566.000	13	12	−1	城市	☹
2	单位地区生产总值能耗	吨标煤/万元	全市	逆	0.702	0.221	0.298	15	14	−1	统计局	☹
3	人均城镇生活消费用电	千瓦时/人	全市	逆	456.822	1 020.259	1 016.535	93	92	−1	城市	☹
4	单位地区生产总值二氧化碳排放量			逆	NA	NA	NA	NA	NA			
5	单位地区生产总值二氧化硫排放量	吨/亿元	全市	逆	38.751	8.759	12.058	12	12	0	城市；环境年报	
6	单位地区生产总值化学需氧量排放量	吨/亿元	全市	逆	30.653	10.328	10.445	12	24	12	城市；环境年报	☺
7	单位地区生产总值氮氧化物排放量	吨/亿元	全市	逆	26.708	6.771	9.823	11	11	0	城市；环境年报	
8	单位地区生产总值氨氮排放量	吨/亿元	全市	逆	3.393	1.359	1.376	8	12	4	城市；环境年报	☺
9	第一产业劳动生产率	万元/人	全市	正	1 297.954	1 946.390	1 769.333	23	21	−2	城市	☹
10	第二产业劳动生产率	万元/人	全市	正	39.710	24.557	23.748	86	88	2	城市	☺
11	单位工业增加值水耗	万吨/万元	全市	逆	0.005	0.003	118.146	41	40	−1	环境年报	☹
12	单位工业增加值能耗		全市	逆	NA	NA	NA	NA	NA			
13	工业固体废物综合利用率	%	全市	正	82.610	91.100	94.000	56	42	−14	城市	☹
14	工业用水重复利用率	%	全市	正	84.798	85.252	83.761	68	70	2	环境年报	☺
15	第三产业劳动生产率	万元/人	全市	正	38.431	38.748	34.533	38	43	5	城市	☺
16	第三产业增加值比重	%	全市	正	42.925	55.250	52.930	14	13	−1	城市	☹
17	第三产业就业人员比重	%	全市	正	47.327	45.508	45.654	58	53	−5	城市	☹
18	人均水资源量	立方米/人	全市	正	1 040.361	2 291.977	2 006.167	12	18	6	统计局	☺
19	单位土地面积二氧化碳排放量			逆	NA	NA	NA	NA	NA			
20	人均二氧化碳排放量			逆	NA	NA	NA	NA	NA			
21	单位土地面积二氧化硫排放量	吨/平方公里	全市	逆	8.311	4.859	4.980	36	31	−5	城市；环境年报	☹
22	人均二氧化硫排放量	吨/万人	全市	逆	227.564	113.376	117.473	32	33	1	城市；环境年报	☺
23	单位土地面积化学需氧量排放量	吨/平方公里	全市	逆	5.072	4.052	4.314	59	60	1	城市；环境年报	☺
24	人均化学需氧量排放量	吨/万人	全市	逆	90.513	94.548	101.759	58	64	6	城市；环境年报	☺
25	单位土地面积氮氧化物排放量	吨/平方公里	全市	逆	7.088	3.756	4.057	35	37	2	城市；环境年报	☺

续表

序号	指标名称	单　位	口　径	指标属性	2014 年测评均值	2014 年杭州数值	2013 年杭州数值	2014 年杭州排名	2013 年杭州排名	排名变化	2014 年数据来源	进退脸谱
26	人均氮氧化物排放量	吨/万人	全市	逆	167.921	87.648	95.701	35	34	−1	城市；环境年报	☹
27	单位土地面积氨氮排放量	吨/平方公里	全市	逆	0.819	0.546	0.568	51	51	0	城市；环境年报	
28	人均氨氮排放量	吨/万人	全市	逆	15.080	12.736	13.407	56	58	2	城市；环境年报	☺
29	空气质量达到二级以上天数占全年比重	%	市辖区	正	64.123	59.178	57.140	69	70	1	环境年鉴	☺
30	首要污染物可吸入颗粒物天数占全年比重	%	市辖区	逆	93.900	100.000	100.000	55	55	0	环境年鉴	
31	可吸入细颗粒物(PM2.5)浓度年均值	微克/立方米	市辖区	逆	62.790	65.000	106.000	51	17	−34	环境年鉴	☹
32	环境保护支出占财政支出比重	%	全市	正	2.897	3.123	2.307	39	62	23	城市；统计局	☺
33	城市环境基础设施建设投资占全市固定资产投资比重	%	全市	正	0.862	0.346	0.506	72	76	4	城市；住建部	☺
34	科教文卫支出占财政支出比重	%	全市	正	29.481	34.438	34.265	16	16	0	城市；统计局	
35	人均绿地面积	平方米/人	市辖区	正	29.747	25.852	24.262	29	28	−1	城市	☹
36	建成区绿化覆盖率	%	市辖区	正	41.509	40.570	40.230	57	60	3	城市建设	☺
37	用水普及率	%	市辖区	正	98.575	100.000	100.000	1	1	0	城市建设	
38	城镇生活污水处理率	%	市辖区	正	90.122	95.610	95.500	20	15	−5	城市建设	☹
39	生活垃圾无害化处理率	%	市辖区	正	93.223	100.000	100.000	2	1	−1	城市建设	☹
40	互联网宽带接入用户数	万户	市辖区	正	146.080	279.000	339.000	13	8	−5	城市	☹
41	每万人拥有公共汽车	辆	市辖区	正	11.487	16.490	18.300	18	10	−8	城市	☹
42	工业二氧化硫去除率	%	全市	正	66.135	47.368	52.035	89	87	−2	城市；环境年报	☹
43	工业废水化学需氧量去除率	%	全市	正	82.184	96.432	96.693	2	2	0	城市；环境年报	
44	工业氮氧化物去除率	%	全市	正	26.396	16.216	25.556	82	26	−56	城市；环境年报	☹
45	工业废水氨氮去除率	%	全市	正	73.954	76.099	83.329	49	38	−11	城市；环境年报	☹

年鉴说明：城市——《中国城市统计年鉴 2015》；环境年报——《中国环境统计年报 2014》；环境年鉴——《中国环境统计年鉴 2015》；城市建设——《中国城市建设统计年鉴 2014》；统计局——国家统计局；住建部——住房和城乡建设部。

宁波绿色发展“体检”表

序号	指标名称	单　位	口　径	指标属性	2014 年测评均值	2014 年宁波数值	2013 年宁波数值	2014 年宁波排名	2013 年宁波排名	排名变化	2014 年数据来源	进退脸谱
1	人均地区生产总值	元/人	全市	正	65 266.020	98 362.000	93 176.000	15	14	－1	城市	☹
2	单位地区生产总值能耗	吨标煤/万元	全市	逆	0.702	0.492	0.432	44	27	－17	统计局	☹
3	人均城镇生活消费用电	千瓦时/人	全市	逆	456.822	510.667	553.441	72	75	3	城市	☺
4	单位地区生产总值二氧化碳排放量			逆	NA	NA	NA	NA	NA			
5	单位地区生产总值二氧化硫排放量	吨/亿元	全市	逆	38.751	15.752	24.803	33	37	4	城市；环境年报	☺
6	单位地区生产总值化学需氧量排放量	吨/亿元	全市	逆	30.653	7.917	8.409	8	15	7	城市；环境年报	☺
7	单位地区生产总值氮氧化物排放量	吨/亿元	全市	逆	26.708	21.350	38.729	54	59	5	城市；环境年报	☺
8	单位地区生产总值氨氮排放量	吨/亿元	全市	逆	3.393	1.717	1.949	19	24	5	城市；环境年报	☺
9	第一产业劳动生产率	万元/人	全市	正	1 297.954	5 008.949	4 606.667	4	3	－1	城市	☹
10	第二产业劳动生产率	万元/人	全市	正	39.710	35.758	32.669	52	68	16	城市	☺
11	单位工业增加值水耗	万吨/万元	全市	逆	0.005	0.004	396.605	52	89	37	环境年报	☺
12	单位工业增加值能耗		全市	逆	NA	NA	NA	NA	NA			
13	工业固体废物综合利用率	%	全市	正	82.610	90.760	90.060	59	59	0	城市	
14	工业用水重复利用率	%	全市	正	84.798	82.696	46.362	72	95	23	环境年报	☺
15	第三产业劳动生产率	万元/人	全市	正	38.431	55.749	53.240	15	15	0	城市	
16	第三产业增加值比重	%	全市	正	42.925	44.070	43.640	41	35	－6	城市	☹
17	第三产业就业人员比重	%	全市	正	47.327	35.574	34.573	88	86	－2	城市	☹
18	人均水资源量	立方米/人	全市	正	1 040.361	1381.533	1323.045	26	30	4	统计局	☺
19	单位土地面积二氧化碳排放量			逆	NA	NA	NA	NA	NA			
20	人均二氧化碳排放量			逆	NA	NA	NA	NA	NA			
21	单位土地面积二氧化硫排放量	吨/平方公里	全市	逆	8.311	12.212	13.932	81	82	1	城市；环境年报	☺
22	人均二氧化硫排放量	吨/万人	全市	逆	227.564	205.974	236.243	71	73	2	城市；环境年报	☺
23	单位土地面积化学需氧量排放量	吨/平方公里	全市	逆	5.072	4.504	4.723	65	64	－1	城市；环境年报	☹
24	人均化学需氧量排放量	吨/万人	全市	逆	90.513	75.972	80.090	43	42	－1	城市；环境年报	☹
25	单位土地面积氮氧化物排放量	吨/平方公里	全市	逆	7.088	16.553	21.755	92	96	4	城市；环境年报	☺

续表

序号	指标名称	单 位	口 径	指标属性	2014年测评均值	2014年宁波数值	2013年宁波数值	2014年宁波排名	2013年宁波排名	排名变化	2014年数据来源	进退脸谱
26	人均氮氧化物排放量	吨/万人	全市	逆	167.921	279.175	368.881	86	88	2	城市；环境年报	☺
27	单位土地面积氨氮排放量	吨/平方公里	全市	逆	0.819	1.064	1.095	83	81	−2	城市；环境年报	☹
28	人均氨氮排放量	吨/万人	全市	逆	15.080	17.948	18.565	77	78	1	城市；环境年报	☺
29	空气质量达到二级以上天数占全年比重	%	市辖区	正	64.123	82.740	71.430	13	58	45	环境年鉴	☺
30	首要污染物可吸入颗粒物天数占全年比重	%	市辖区	逆	93.900	100.000	100.000	55	55	0	环境年鉴	
31	可吸入细颗粒物(PM2.5)浓度年均值	微克/立方米	市辖区	逆	62.790	46.000	86.000	17	11	−6	环境年鉴	☹
32	环境保护支出占财政支出比重	%	全市	正	2.897	1.906	1.575	78	88	10	城市；统计局	☺
33	城市环境基础设施建设投资占全市固定资产投资比重	%	全市	正	0.862	0.540	0.597	55	67	12	城市；住建部	☺
34	科教文卫支出占财政支出比重	%	全市	正	29.481	29.371	27.894	57	62	5	城市；统计局	☺
35	人均绿地面积	平方米/人	市辖区	正	29.747	19.570	18.837	45	42	−3	城市	☹
36	建成区绿化覆盖率	%	市辖区	正	41.509	38.280	38.280	88	82	−6	城市建设	☹
37	用水普及率	%	市辖区	正	98.575	100.000	100.000	1	1	0	城市建设	
38	城镇生活污水处理率	%	市辖区	正	90.122	92.350	90.320	50	57	7	城市建设	☺
39	生活垃圾无害化处理率	%	市辖区	正	93.223	100.000	100.000	2	1	−1	城市建设	☹
40	互联网宽带接入用户数	万户	市辖区	正	146.080	281.000	250.000	12	12	0	城市	
41	每万人拥有公共汽车	辆	市辖区	正	11.487	19.670	19.570	8	5	−3	城市	☹
42	工业二氧化硫去除率	%	全市	正	66.135	77.481	76.667	18	17	−1	城市；环境年报	☹
43	工业废水化学需氧量去除率	%	全市	正	82.184	92.588	91.577	16	19	3	城市；环境年报	☺
44	工业氮氧化物去除率	%	全市	正	26.396	29.870	26.552	34	25	−9	城市；环境年报	☹
45	工业废水氨氮去除率	%	全市	正	73.954	97.091	97.024	5	9	4	城市；环境年报	☺

年鉴说明：城市——《中国城市统计年鉴2015》；环境年报——《中国环境统计年报2014》；环境年鉴——《中国环境统计年鉴2015》；城市建设——《中国城市建设统计年鉴2014》；统计局——国家统计局；住建部——住房和城乡建设部。

合肥绿色发展“体检”表

序号	指标名称	单　位	口　径	指标属性	2014 年测评均值	2014 年合肥数值	2013 年合肥数值	2014 年合肥排名	2013 年合肥排名	排名变化	2014 年数据来源	进退脸谱
1	人均地区生产总值	元/人	全市	正	65 266.020	67 689.000	61 555.000	39	43	4	城市	☺
2	单位地区生产总值能耗	吨标煤/万元	全市	逆	0.702	0.162	0.290	5	13	8	统计局	☺
3	人均城镇生活消费用电	千瓦时/人	全市	逆	456.822	331.415	423.172	53	60	7	城市	☺
4	单位地区生产总值二氧化碳排放量			逆	NA	NA	NA	NA	NA			
5	单位地区生产总值二氧化硫排放量	吨/亿元	全市	逆	38.751	8.646	15.730	11	17	6	城市；环境年报	☺
6	单位地区生产总值化学需氧量排放量	吨/亿元	全市	逆	30.653	22.170	19.587	39	51	12	城市；环境年报	☺
7	单位地区生产总值氮氧化物排放量	吨/亿元	全市	逆	26.708	12.048	24.961	26	45	19	城市；环境年报	☺
8	单位地区生产总值氨氮排放量	吨/亿元	全市	逆	3.393	1.950	2.395	24	39	15	城市；环境年报	☺
9	第一产业劳动生产率	万元/人	全市	正	1 297.954	2 839.542	2 060.000	11	16	5	城市	☺
10	第二产业劳动生产率	万元/人	全市	正	39.710	32.434	33.745	65	65	0	城市	
11	单位工业增加值水耗	万吨/万元	全市	逆	0.005	0.004	152.651	57	52	－5	环境年报	☹
12	单位工业增加值能耗		全市	逆	NA	NA	NA	NA	NA			
13	工业固体废物综合利用率	%	全市	正	82.610	93.020	93.270	50	47	－3	城市	☹
14	工业用水重复利用率	%	全市	正	84.798	95.959	94.308	7	21	14	环境年报	☺
15	第三产业劳动生产率	万元/人	全市	正	38.431	36.622	34.527	45	44	－1	城市	☹
16	第三产业增加值比重	%	全市	正	42.925	39.880	39.420	61	58	－3	城市	☹
17	第三产业就业人员比重	%	全市	正	47.327	39.377	38.567	79	78	－1	城市	☹
18	人均水资源量	立方米/人	全市	正	1 040.361	697.697	414.065	47	68	21	统计局	☺
19	单位土地面积二氧化碳排放量			逆	NA	NA	NA	NA	NA			
20	人均二氧化碳排放量			逆	NA	NA	NA	NA	NA			
21	单位土地面积二氧化硫排放量	吨/平方公里	全市	逆	8.311	3.913	3.861	24	21	－3	城市；环境年报	☹
22	人均二氧化硫排放量	吨/万人	全市	逆	227.564	62.890	62.156	10	10	0	城市；环境年报	
23	单位土地面积化学需氧量排放量	吨/平方公里	全市	逆	5.072	4.660	4.808	68	66	－2	城市；环境年报	☹
24	人均化学需氧量排放量	吨/万人	全市	逆	90.513	74.881	77.396	41	39	－2	城市；环境年报	☹
25	单位土地面积氮氧化物排放量	吨/平方公里	全市	逆	7.088	5.453	6.128	51	50	－1	城市；环境年报	☹

续表

序号	指标名称	单 位	口 径	指标属性	2014 年测评均值	2014 年合肥数值	2013 年合肥数值	2014 年合肥排名	2013 年合肥排名	排名变化	2014 年数据来源	进退脸谱
26	人均氮氧化物排放量	吨/万人	全市	逆	167.921	87.634	98.636	34	35	1	城市；环境年报	☺
27	单位土地面积氨氮排放量	吨/平方公里	全市	逆	0.819	0.582	0.588	55	53	−2	城市；环境年报	☹
28	人均氨氮排放量	吨/万人	全市	逆	15.080	9.345	9.464	23	22	−1	城市；环境年报	☹
29	空气质量达到二级以上天数占全年比重	%	市辖区	正	64.123	41.370	57.140	89	70	−19	环境年鉴	☹
30	首要污染物可吸入颗粒物天数占全年比重	%	市辖区	逆	93.900	100.000	100.000	55	55	0	环境年鉴	
31	可吸入细颗粒物(PM2.5)浓度年均值	微克/立方米	市辖区	逆	62.790	83.000	115.000	87	25	−62	环境年鉴	☹
32	环境保护支出占财政支出比重	%	全市	正	2.897	2.669	4.038	48	18	−30	城市；统计局	☹
33	城市环境基础设施建设投资占全市固定资产投资比重	%	全市	正	0.862	0.786	0.825	31	57	26	城市；住建部	☺
34	科教文卫支出占财政支出比重	%	全市	正	29.481	27.452	27.626	68	64	−4	城市；统计局	☹
35	人均绿地面积	平方米/人	市辖区	正	29.747	22.748	22.264	35	32	−3	城市	☹
36	建成区绿化覆盖率	%	市辖区	正	41.509	45.200	41.880	12	40	28	城市建设	☺
37	用水普及率	%	市辖区	正	98.575	99.780	99.780	55	55	0	城市建设	
38	城镇生活污水处理率	%	市辖区	正	90.122	98.900	98.800	3	4	1	城市建设	☺
39	生活垃圾无害化处理率	%	市辖区	正	93.223	100.000	100.000	2	1	−1	城市建设	☹
40	互联网宽带接入用户数	万户	市辖区	正	146.080	111.000	103.000	40	39	−1	城市	☹
41	每万人拥有公共汽车	辆	市辖区	正	11.487	17.320	16.010	15	18	3	城市	☺
42	工业二氧化硫去除率	%	全市	正	66.135	66.667	66.274	61	56	−5	城市；环境年报	☹
43	工业废水化学需氧量去除率	%	全市	正	82.184	83.276	88.999	57	29	−28	城市；环境年报	☹
44	工业氮氧化物去除率	%	全市	正	26.396	38.000	28.571	18	20	2	城市；环境年报	☺
45	工业废水氨氮去除率	%	全市	正	73.954	85.451	91.099	32	16	−16	城市；环境年报	☹

年鉴说明：城市——《中国城市统计年鉴 2015》；环境年报——《中国环境统计年报 2014》；环境年鉴——《中国环境统计年鉴 2015》；城市建设——《中国城市建设统计年鉴 2014》；统计局——国家统计局；住建部——住房和城乡建设部。

福州绿色发展"体检"表

序号	指标名称	单　位	口　径	指标属性	2014 年测评均值	2014 年福州数值	2013 年福州数值	2014 年福州排名	2013 年福州排名	排名变化	2014 年数据来源	进退脸谱
1	人均地区生产总值	元/人	全市	正	65 266.020	69 995.000	64 045.000	36	37	1	城市	☺
2	单位地区生产总值能耗	吨标煤/万元	全市	逆	0.702	0.426	0.569	37	37	0	统计局	
3	人均城镇生活消费用电	千瓦时/人	全市	逆	456.822	544.208	556.497	74	76	2	城市	☺
4	单位地区生产总值二氧化碳排放量			逆	NA	NA	NA	NA	NA			
5	单位地区生产总值二氧化硫排放量	吨/亿元	全市	逆	38.751	11.081	19.674	18	29	11	城市；环境年报	☺
6	单位地区生产总值化学需氧量排放量	吨/亿元	全市	逆	30.653	20.084	18.535	34	50	16	城市；环境年报	☺
7	单位地区生产总值氮氧化物排放量	吨/亿元	全市	逆	26.708	13.768	18.363	38	30	－8	城市；环境年报	☹
8	单位地区生产总值氨氮排放量	吨/亿元	全市	逆	3.393	2.995	2.523	53	41	－12	城市；环境年报	☹
9	第一产业劳动生产率	万元/人	全市	正	1 297.954	1 849.412	1 915.714	25	18	－7	城市	☹
10	第二产业劳动生产率	万元/人	全市	正	39.710	27.321	24.355	78	87	9	城市	☺
11	单位工业增加值水耗	万吨/万元	全市	逆	0.005	0.001	28.520	9	10	1	环境年报	☺
12	单位工业增加值能耗		全市	逆	NA	NA	NA	NA	NA			
13	工业固体废物综合利用率	%	全市	正	82.610	95.970	94.320	35	40	5	城市	☺
14	工业用水重复利用率	%	全市	正	84.798	79.431	79.793	82	77	－5	环境年报	☹
15	第三产业劳动生产率	万元/人	全市	正	38.431	40.253	38.665	35	36	1	城市	☺
16	第三产业增加值比重	%	全市	正	42.925	46.450	45.800	35	28	－7	城市	☹
17	第三产业就业人员比重	%	全市	正	47.327	40.296	41.464	77	71	－6	城市	☹
18	人均水资源量	立方米/人	全市	正	1 040.361	1 468.666	1 341.166	23	29	6	统计局	☺
19	单位土地面积二氧化碳排放量			逆	NA	NA	NA	NA	NA			
20	人均二氧化碳排放量			逆	NA	NA	NA	NA	NA			
21	单位土地面积二氧化硫排放量	吨/平方公里	全市	逆	8.311	4.384	5.918	29	41	12	城市；环境年报	☺
22	人均二氧化硫排放量	吨/万人	全市	逆	227.564	85.466	117.977	22	34	12	城市；环境年报	☺
23	单位土地面积化学需氧量排放量	吨/平方公里	全市	逆	5.072	5.413	5.575	74	73	－1	城市；环境年报	☹
24	人均化学需氧量排放量	吨/万人	全市	逆	90.513	105.530	111.145	71	70	－1	城市；环境年报	☹
25	单位土地面积氮氧化物排放量	吨/平方公里	全市	逆	7.088	5.447	5.523	50	47	－3	城市；环境年报	☹

续表

序号	指标名称	单 位	口 径	指标属性	2014年测评均值	2014年福州数值	2013年福州数值	2014年福州排名	2013年福州排名	排名变化	2014年数据来源	进退脸谱
26	人均氮氧化物排放量	吨/万人	全市	逆	167.921	106.191	110.114	42	40	−2	城市；环境年报	☹
27	单位土地面积氨氮排放量	吨/平方公里	全市	逆	0.819	0.740	0.759	70	69	−1	城市；环境年报	☹
28	人均氨氮排放量	吨/万人	全市	逆	15.080	14.436	15.127	63	63	0	城市；环境年报	
29	空气质量达到二级以上天数占全年比重	%	市辖区	正	64.123	84.932	92.860	12	20	8	环境年鉴	☺
30	首要污染物可吸入颗粒物天数占全年比重	%	市辖区	逆	93.900	100.000	100.000	55	55	0	环境年鉴	
31	可吸入细颗粒物(PM2.5)浓度年均值	微克/立方米	市辖区	逆	62.790	34.000	64.000	4	5	1	环境年鉴	☺
32	环境保护支出占财政支出比重	%	全市	正	2.897	2.320	1.400	60	94	34	城市；统计局	☺
33	城市环境基础设施建设投资占全市固定资产投资比重	%	全市	正	0.862	0.311	0.739	76	63	−13	城市；住建部	☹
34	科教文卫支出占财政支出比重	%	全市	正	29.481	33.971	30.869	20	34	14	城市；统计局	☺
35	人均绿地面积	平方米/人	市辖区	正	29.747	14.967	14.876	62	55	−7	城市	☹
36	建成区绿化覆盖率	%	市辖区	正	41.509	42.920	42.700	31	29	−2	城市建设	☹
37	用水普及率	%	市辖区	正	98.575	99.990	99.990	50	50	0	城市建设	
38	城镇生活污水处理率	%	市辖区	正	90.122	87.730	86.370	75	80	5	城市建设	☺
39	生活垃圾无害化处理率	%	市辖区	正	93.223	99.490	98.970	47	58	11	城市建设	☺
40	互联网宽带接入用户数	万户	市辖区	正	146.080	208.000	197.000	18	18	0	城市	
41	每万人拥有公共汽车	辆	市辖区	正	11.487	18.670	22.130	11	3	−8	城市	☹
42	工业二氧化硫去除率	%	全市	正	66.135	75.758	68.315	28	49	21	城市；环境年报	☺
43	工业废水化学需氧量去除率	%	全市	正	82.184	92.890	93.825	15	14	−1	城市；环境年报	☹
44	工业氮氧化物去除率	%	全市	正	26.396	40.336	39.496	15	10	−5	城市；环境年报	☹
45	工业废水氨氮去除率	%	全市	正	73.954	74.564	84.113	54	34	−20	城市；环境年报	☹

年鉴说明：城市——《中国城市统计年鉴2015》；环境年报——《中国环境统计年报2014》；环境年鉴——《中国环境统计年鉴2015》；城市建设——《中国城市建设统计年鉴2014》；统计局——国家统计局；住建部——住房和城乡建设部。

厦门绿色发展“体检”表

序号	指标名称	单　位	口　径	指标属性	2014 年测评均值	2014 年厦门数值	2013 年厦门数值	2014 年厦门排名	2013 年厦门排名	排名变化	2014 年数据来源	进退脸谱
1	人均地区生产总值	元/人	全市	正	65 266.020	86 832.000	81 572.000	21	22	1	城市	☺
2	单位地区生产总值能耗	吨标煤/万元	全市	逆	0.702	0.398	0.525	33	34	1	统计局	☺
3	人均城镇生活消费用电	千瓦时/人	全市	逆	456.822	2 250.790	2 049.330	99	99	0	城市	
4	单位地区生产总值二氧化碳排放量			逆	NA	NA	NA	NA	NA			
5	单位地区生产总值二氧化硫排放量	吨/亿元	全市	逆	38.751	4.943	7.206	6	6	0	城市；环境年报	
6	单位地区生产总值化学需氧量排放量	吨/亿元	全市	逆	30.653	11.979	10.335	15	22	7	城市；环境年报	☺
7	单位地区生产总值氮氧化物排放量	吨/亿元	全市	逆	26.708	2.769	4.547	4	5	1	城市；环境年报	☺
8	单位地区生产总值氨氮排放量	吨/亿元	全市	逆	3.393	2.229	2.158	32	32	0	城市；环境年报	
9	第一产业劳动生产率	万元/人	全市	正	1 297.954	118.441	115.556	89	88	−1	城市	☹
10	第二产业劳动生产率	万元/人	全市	正	39.710	16.402	16.624	99	99	0	城市	
11	单位工业增加值水耗	万吨/万元	全市	逆	0.005	0.002	70.191	25	20	−5	环境年报	☹
12	单位工业增加值能耗		全市	逆	NA	NA	NA	NA	NA			
13	工业固体废物综合利用率	%	全市	正	82.610	97.950	94.180	22	41	19	城市	☺
14	工业用水重复利用率	%	全市	正	84.798	90.934	92.637	48	35	−13	环境年报	☹
15	第三产业劳动生产率	万元/人	全市	正	38.431	41.771	41.398	32	31	−1	城市	☹
16	第三产业增加值比重	%	全市	正	42.925	54.670	51.600	16	15	−1	城市	☹
17	第三产业就业人员比重	%	全市	正	47.327	34.033	30.800	90	91	1	城市	☺
18	人均水资源量	立方米/人	全市	正	1 040.361	491.154	685.663	55	49	−6	统计局	☹
19	单位土地面积二氧化碳排放量			逆	NA	NA	NA	NA	NA			
20	人均二氧化碳排放量			逆	NA	NA	NA	NA	NA			
21	单位土地面积二氧化硫排放量	吨/平方公里	全市	逆	8.311	10.287	12.243	71	78	7	城市；环境年报	☺
22	人均二氧化硫排放量	吨/万人	全市	逆	227.564	80.865	99.319	19	25	6	城市；环境年报	☺
23	单位土地面积化学需氧量排放量	吨/平方公里	全市	逆	5.072	16.559	17.559	96	97	1	城市；环境年报	☺
24	人均化学需氧量排放量	吨/万人	全市	逆	90.513	130.170	142.445	85	91	6	城市；环境年报	☺
25	单位土地面积氮氧化物排放量	吨/平方公里	全市	逆	7.088	5.764	7.725	53	65	12	城市；环境年报	☺

续表

序号	指标名称	单 位	口 径	指标属性	2014年测评均值	2014年厦门数值	2013年厦门数值	2014年厦门排名	2013年厦门排名	排名变化	2014年数据来源	进退脸谱
26	人均氮氧化物排放量	吨/万人	全市	逆	167.921	45.307	62.671	12	17	5	城市；环境年报	☺
27	单位土地面积氨氮排放量	吨/平方公里	全市	逆	0.819	3.499	3.667	97	97	0	城市；环境年报	
28	人均氨氮排放量	吨/万人	全市	逆	15.080	27.510	29.747	93	93	0	城市；环境年报	
29	空气质量达到二级以上天数占全年比重	%	市辖区	正	64.123	94.247	100.000	6	1	−5	环境年鉴	☹
30	首要污染物可吸入颗粒物天数占全年比重	%	市辖区	逆	93.900	100.000	100.000	55	55	0	环境年鉴	
31	可吸入细颗粒物(PM2.5)浓度年均值	微克/立方米	市辖区	逆	62.790	37.000	62.000	10	4	−6	环境年鉴	☹
32	环境保护支出占财政支出比重	%	全市	正	2.897	0.997	2.164	97	72	−25	城市；统计局	☹
33	城市环境基础设施建设投资占全市固定资产投资比重	%	全市	正	0.862	1.366	1.550	18	25	7	城市；住建部	☺
34	科教文卫支出占财政支出比重	%	全市	正	29.481	27.728	25.381	67	77	10	城市；统计局	☺
35	人均绿地面积	平方米/人	市辖区	正	29.747	91.194	90.722	7	6	−1	城市	☹
36	建成区绿化覆盖率	%	市辖区	正	41.509	41.870	41.840	42	41	−1	城市建设	☹
37	用水普及率	%	市辖区	正	98.575	100.000	100.000	1	1	0	城市建设	
38	城镇生活污水处理率	%	市辖区	正	90.122	93.380	91.620	42	45	3	城市建设	☺
39	生活垃圾无害化处理率	%	市辖区	正	93.223	99.900	99.200	43	57	14	城市建设	☺
40	互联网宽带接入用户数	万户	市辖区	正	146.080	146.000	137.000	31	28	−3	城市	☹
41	每万人拥有公共汽车	辆	市辖区	正	11.487	21.360	19.720	3	4	1	城市	☺
42	工业二氧化硫去除率	%	全市	正	66.135	70.370	65.237	46	61	15	城市；环境年报	☺
43	工业废水化学需氧量去除率	%	全市	正	82.184	93.245	94.254	12	9	−3	城市；环境年报	☹
44	工业氮氧化物去除率	%	全市	正	26.396	72.727	55.556	1	4	3	城市；环境年报	☺
45	工业废水氨氮去除率	%	全市	正	73.954	87.281	84.013	26	35	9	城市；环境年报	☺

年鉴说明：城市——《中国城市统计年鉴2015》；环境年报——《中国环境统计年报2014》；环境年鉴——《中国环境统计年鉴2015》；城市建设——《中国城市建设统计年鉴2014》；统计局——国家统计局；住建部——住房和城乡建设部。

南昌绿色发展“体检”表

序号	指标名称	单　位	口　径	指标属性	2014 年测评均值	2014 年南昌数值	2013 年南昌数值	2014 年南昌排名	2013 年南昌排名	排名变化	2014 年数据来源	进退脸谱
1	人均地区生产总值	元/人	全市	正	65 266.020	70 373.000	64 678.000	34	36	2	城市	☺
2	单位地区生产总值能耗	吨标煤/万元	全市	逆	0.702	0.355	0.450	28	29	1	统计局	☺
3	人均城镇生活消费用电	千瓦时/人	全市	逆	456.822	389.006	615.961	60	81	21	城市	☺
4	单位地区生产总值二氧化碳排放量			逆	NA	NA	NA	NA	NA			
5	单位地区生产总值二氧化硫排放量	吨/亿元	全市	逆	38.751	10.255	14.822	16	14	－2	城市；环境年报	☹
6	单位地区生产总值化学需氧量排放量	吨/亿元	全市	逆	30.653	22.790	17.673	42	47	5	城市；环境年报	☺
7	单位地区生产总值氮氧化物排放量	吨/亿元	全市	逆	26.708	4.651	6.824	7	8	1	城市；环境年报	☺
8	单位地区生产总值氨氮排放量	吨/亿元	全市	逆	3.393	2.682	2.741	43	47	4	城市；环境年报	☺
9	第一产业劳动生产率	万元/人	全市	正	1 297.954	253.396	195.280	78	81	3	城市	☺
10	第二产业劳动生产率	万元/人	全市	正	39.710	27.041	28.959	81	78	－3	城市	☹
11	单位工业增加值水耗	万吨/万元	全市	逆	0.005	0.001	50.620	19	16	－3	环境年报	☹
12	单位工业增加值能耗		全市	逆	NA	NA	NA	NA	NA			
13	工业固体废物综合利用率	%	全市	正	82.610	95.910	97.800	36	22	－14	城市	☹
14	工业用水重复利用率	%	全市	正	84.798	81.207	79.871	78	76	－2	环境年报	☹
15	第三产业劳动生产率	万元/人	全市	正	38.431	32.630	30.744	54	54	0	城市	
16	第三产业增加值比重	%	全市	正	42.925	40.570	39.820	59	57	－2	城市	☹
17	第三产业就业人员比重	%	全市	正	47.327	37.479	38.008	83	79	－4	城市	☹
18	人均水资源量	立方米/人	全市	正	1 040.361	1 407.861	642.043	25	51	26	统计局	☺
19	单位土地面积二氧化碳排放量			逆	NA	NA	NA	NA	NA			
20	人均二氧化碳排放量			逆	NA	NA	NA	NA	NA			
21	单位土地面积二氧化硫排放量	吨/平方公里	全市	逆	8.311	5.082	5.593	38	38	0	城市；环境年报	
22	人均二氧化硫排放量	吨/万人	全市	逆	227.564	73.195	81.330	13	18	5	城市；环境年报	☺
23	单位土地面积化学需氧量排放量	吨/平方公里	全市	逆	5.072	6.572	6.668	85	83	－2	城市；环境年报	☹
24	人均化学需氧量排放量	吨/万人	全市	逆	90.513	94.665	96.970	59	55	－4	城市；环境年报	☹
25	单位土地面积氮氧化物排放量	吨/平方公里	全市	逆	7.088	2.305	2.575	22	20	－2	城市；环境年报	☹

续表

序号	指标名称	单 位	口 径	指标属性	2014 年测评均值	2014 年南昌数值	2013 年南昌数值	2014 年南昌排名	2013 年南昌排名	排名变化	2014 年数据来源	进退脸谱
26	人均氮氧化物排放量	吨/万人	全市	逆	167.921	33.195	37.442	6	6	0	城市；环境年报	
27	单位土地面积氨氮排放量	吨/平方公里	全市	逆	0.819	0.904	1.034	80	80	0	城市；环境年报	
28	人均氨氮排放量	吨/万人	全市	逆	15.080	13.015	15.041	57	62	5	城市；环境年报	☺
29	空气质量达到二级以上天数占全年比重	%	市辖区	正	64.123	80.548	50.000	18	76	58	环境年鉴	☺
30	首要污染物可吸入颗粒物天数占全年比重	%	市辖区	逆	93.900	100.000	100.000	55	55	0	环境年鉴	
31	可吸入细颗粒物(PM2.5)浓度年均值	微克/立方米	市辖区	逆	62.790	52.000	116.000	27	26	−1	环境年鉴	☹
32	环境保护支出占财政支出比重	%	全市	正	2.897	0.842	1.064	100	99	−1	城市；统计局	☹
33	城市环境基础设施建设投资占全市固定资产投资比重	%	全市	正	0.862	0.587	1.259	50	36	−14	城市；住建部	☹
34	科教文卫支出占财政支出比重	%	全市	正	29.481	29.594	28.718	53	57	4	城市；统计局	☺
35	人均绿地面积	平方米/人	市辖区	正	29.747	20.399	19.666	41	37	−4	城市	☹
36	建成区绿化覆盖率	%	市辖区	正	41.509	42.080	42.410	38	32	−6	城市建设	☹
37	用水普及率	%	市辖区	正	98.575	98.850	98.850	68	68	0	城市建设	
38	城镇生活污水处理率	%	市辖区	正	90.122	91.980	90.970	54	52	−2	城市建设	☹
39	生活垃圾无害化处理率	%	市辖区	正	93.223	100.000	99.990	2	50	48	城市建设	☺
40	互联网宽带接入用户数	万户	市辖区	正	146.080	120.000	116.000	38	37	−1	城市	☹
41	每万人拥有公共汽车	辆	市辖区	正	11.487	13.990	15.390	24	19	−5	城市	☹
42	工业二氧化硫去除率	%	全市	正	66.135	57.471	54.716	79	84	5	城市；环境年报	☺
43	工业废水化学需氧量去除率	%	全市	正	82.184	91.732	88.498	20	30	10	城市；环境年报	☺
44	工业氮氧化物去除率	%	全市	正	26.396	29.167	29.630	37	19	−18	城市；环境年报	☹
45	工业废水氨氮去除率	%	全市	正	73.954	66.294	83.115	73	40	−33	城市；环境年报	☹

年鉴说明：城市——《中国城市统计年鉴 2015》；环境年报——《中国环境统计年报 2014》；环境年鉴——《中国环境统计年鉴 2015》；城市建设——《中国城市建设统计年鉴 2014》；统计局——国家统计局；住建部——住房和城乡建设部。

济南绿色发展“体检”表

序号	指标名称	单　位	口　径	指标属性	2014年测评均值	2014年济南数值	2013年济南数值	2014年济南排名	2013年济南排名	排名变化	2014年数据来源	进退脸谱
1	人均地区生产总值	元/人	全市	正	65 266.020	82 052.000	74 994.000	26	26	0	城市	
2	单位地区生产总值能耗	吨标煤/万元	全市	逆	0.702	0.749	0.892	63	57	−6	统计局	☹
3	人均城镇生活消费用电	千瓦时/人	全市	逆	456.822	550.983	551.248	76	74	−2	城市	☹
4	单位地区生产总值二氧化碳排放量			逆	NA	NA	NA	NA	NA			
5	单位地区生产总值二氧化硫排放量	吨/亿元	全市	逆	38.751	16.856	22.472	35	33	−2	城市；环境年报	☹
6	单位地区生产总值化学需氧量排放量	吨/亿元	全市	逆	30.653	18.129	7.490	28	12	−16	城市；环境年报	☹
7	单位地区生产总值氮氧化物排放量	吨/亿元	全市	逆	26.708	11.893	16.063	23	24	1	城市；环境年报	☺
8	单位地区生产总值氨氮排放量	吨/亿元	全市	逆	3.393	1.420	1.124	11	7	−4	城市；环境年报	☹
9	第一产业劳动生产率	万元/人	全市	正	1 297.954	3 342.096	2 996.842	8	8	0	城市	
10	第二产业劳动生产率	万元/人	全市	正	39.710	32.636	29.219	64	74	10	城市	☺
11	单位工业增加值水耗	万吨/万元	全市	逆	0.005	0.006	156.906	67	53	−14	环境年报	☹
12	单位工业增加值能耗		全市	逆	NA	NA	NA	NA	NA			
13	工业固体废物综合利用率	%	全市	正	82.610	99.560	98.720	7	13	6	城市	☺
14	工业用水重复利用率	%	全市	正	84.798	95.408	95.431	15	13	−2	环境年报	☹
15	第三产业劳动生产率	万元/人	全市	正	38.431	42.470	38.874	29	35	6	城市	☺
16	第三产业增加值比重	%	全市	正	42.925	55.780	55.300	13	9	−4	城市	☹
17	第三产业就业人员比重	%	全市	正	47.327	52.824	51.614	32	33	1	城市	☺
18	人均水资源量	立方米/人	全市	正	1 040.361	128.118	346.041	95	72	−23	统计局	☹
19	单位土地面积二氧化碳排放量			逆	NA	NA	NA	NA	NA			
20	人均二氧化碳排放量			逆	NA	NA	NA	NA	NA			
21	单位土地面积二氧化硫排放量	吨/平方公里	全市	逆	8.311	12.162	13.111	79	79	0	城市；环境年报	
22	人均二氧化硫排放量	吨/万人	全市	逆	227.564	157.548	175.401	54	55	1	城市；环境年报	☺
23	单位土地面积化学需氧量排放量	吨/平方公里	全市	逆	5.072	4.250	4.370	62	62	0	城市；环境年报	
24	人均化学需氧量排放量	吨/万人	全市	逆	90.513	55.059	58.458	18	20	2	城市；环境年报	☺
25	单位土地面积氮氧化物排放量	吨/平方公里	全市	逆	7.088	8.581	9.371	75	73	−2	城市；环境年报	☹

续表

序号	指标名称	单 位	口 径	指标属性	2014年测评均值	2014年济南数值	2013年济南数值	2014年济南排名	2013年济南排名	排名变化	2014年数据来源	进退脸谱
26	人均氮氧化物排放量	吨/万人	全市	逆	167.921	111.158	125.375	45	45	0	城市；环境年报	
27	单位土地面积氨氮排放量	吨/平方公里	全市	逆	0.819	0.657	0.656	65	62	−3	城市；环境年报	☹
28	人均氨氮排放量	吨/万人	全市	逆	15.080	8.512	8.773	14	15	1	城市；环境年报	☺
29	空气质量达到二级以上天数占全年比重	%	市辖区	正	64.123	29.315	21.430	97	91	−6	环境年鉴	☹
30	首要污染物可吸入颗粒物天数占全年比重	%	市辖区	逆	93.900	92.860	92.860	27	27	0	环境年鉴	
31	可吸入细颗粒物(PM2.5)浓度年均值	微克/立方米	市辖区	逆	62.790	87.000	199.000	91	99	8	环境年鉴	☺
32	环境保护支出占财政支出比重	%	全市	正	2.897	2.580	2.051	53	77	24	城市；统计局	☺
33	城市环境基础设施建设投资占全市固定资产投资比重	%	全市	正	0.862	1.439	1.722	16	17	1	城市；住建部	☺
34	科教文卫支出占财政支出比重	%	全市	正	29.481	29.518	30.157	54	41	−13	城市；统计局	☹
35	人均绿地面积	平方米/人	市辖区	正	29.747	21.602	21.037	37	35	−2	城市	☹
36	建成区绿化覆盖率	%	市辖区	正	41.509	39.740	39.000	72	74	2	城市建设	☺
37	用水普及率	%	市辖区	正	98.575	100.000	100.000	1	1	0	城市建设	
38	城镇生活污水处理率	%	市辖区	正	90.122	98.000	98.790	6	5	−1	城市建设	☹
39	生活垃圾无害化处理率	%	市辖区	正	93.223	100.000	94.820	2	72	70	城市建设	☺
40	互联网宽带接入用户数	万户	市辖区	正	146.080	203.000	176.000	20	21	1	城市	☺
41	每万人拥有公共汽车	辆	市辖区	正	11.487	14.130	13.090	23	29	6	城市	☺
42	工业二氧化硫去除率	%	全市	正	66.135	73.123	69.619	39	46	7	城市；环境年报	☺
43	工业废水化学需氧量去除率	%	全市	正	82.184	92.507	93.291	17	15	−2	城市；环境年报	☹
44	工业氮氧化物去除率	%	全市	正	26.396	31.579	24.742	31	30	−1	城市；环境年报	☹
45	工业废水氨氮去除率	%	全市	正	73.954	96.996	97.342	6	6	0	城市；环境年报	

年鉴说明：城市——《中国城市统计年鉴2015》；环境年报——《中国环境统计年报2014》；环境年鉴——《中国环境统计年鉴2015》；城市建设——《中国城市建设统计年鉴2014》；统计局——国家统计局；住建部——住房和城乡建设部。

青岛绿色发展“体检”表

序号	指标名称	单　位	口　径	指标属性	2014 年测评均值	2014 年青岛数值	2013 年青岛数值	2014 年青岛排名	2013 年青岛排名	排名变化	2014 年数据来源	进退脸谱
1	人均地区生产总值	元/人	全市	正	65 266.020	96 524.000	89 797.000	18	18	0	城市	
2	单位地区生产总值能耗	吨标煤/万元	全市	逆	0.702	0.171	0.232	8	8	0	统计局	
3	人均城镇生活消费用电	千瓦时/人	全市	逆	456.822	430.823	408.849	66	59	−7	城市	☹
4	单位地区生产总值二氧化碳排放量			逆	NA	NA	NA	NA	NA			
5	单位地区生产总值二氧化硫排放量	吨/亿元	全市	逆	38.751	10.480	13.735	17	13	−4	城市；环境年报	☹
6	单位地区生产总值化学需氧量排放量	吨/亿元	全市	逆	30.653	16.499	4.690	22	4	−18	城市；环境年报	☹
7	单位地区生产总值氮氧化物排放量	吨/亿元	全市	逆	26.708	6.977	9.600	12	10	−2	城市；环境年报	☹
8	单位地区生产总值氨氮排放量	吨/亿元	全市	逆	3.393	1.399	0.969	10	3	−7	城市；环境年报	☹
9	第一产业劳动生产率	万元/人	全市	正	1 297.954	2 489.650	2 202.500	14	14	0	城市	
10	第二产业劳动生产率	万元/人	全市	正	39.710	45.648	44.413	32	39	7	城市	☺
11	单位工业增加值水耗	万吨/万元	全市	逆	0.005	0.001	43.607	13	13	0	环境年报	
12	单位工业增加值能耗		全市	逆	NA	NA	NA	NA	NA			
13	工业固体废物综合利用率	%	全市	正	82.610	95.650	94.870	38	38	0	城市	
14	工业用水重复利用率	%	全市	正	84.798	81.758	82.620	74	73	−1	环境年报	☹
15	第三产业劳动生产率	万元/人	全市	正	38.431	70.400	71.766	6	5	−1	城市	☹
16	第三产业增加值比重	%	全市	正	42.925	51.220	50.120	19	18	−1	城市	☹
17	第三产业就业人员比重	%	全市	正	47.327	44.114	40.963	61	74	13	城市	☺
18	人均水资源量	立方米/人	全市	正	1 040.361	161.734	181.842	88	89	1	统计局	☺
19	单位土地面积二氧化碳排放量			逆	NA	NA	NA	NA	NA			
20	人均二氧化碳排放量			逆	NA	NA	NA	NA	NA			
21	单位土地面积二氧化硫排放量	吨/平方公里	全市	逆	8.311	8.074	8.583	55	55	0	城市；环境年报	
22	人均二氧化硫排放量	吨/万人	全市	逆	227.564	117.201	125.498	35	35	0	城市；环境年报	
23	单位土地面积化学需氧量排放量	吨/平方公里	全市	逆	5.072	2.906	2.930	42	43	1	城市；环境年报	☺
24	人均化学需氧量排放量	吨/万人	全市	逆	90.513	42.179	42.848	8	5	−3	城市；环境年报	☹
25	单位土地面积氮氧化物排放量	吨/平方公里	全市	逆	7.088	5.376	5.999	49	48	−1	城市；环境年报	☹

续表

序号	指标名称	单　位	口　径	指标属性	2014年测评均值	2014年青岛数值	2013年青岛数值	2014年青岛排名	2013年青岛排名	排名变化	2014年数据来源	进退脸谱
26	人均氮氧化物排放量	吨/万人	全市	逆	167.921	78.034	87.718	29	30	1	城市；环境年报	☺
27	单位土地面积氨氮排放量	吨/平方公里	全市	逆	0.819	0.603	0.605	58	59	1	城市；环境年报	☺
28	人均氨氮排放量	吨/万人	全市	逆	15.080	8.759	8.853	19	18	−1	城市；环境年报	☹
29	空气质量达到二级以上天数占全年比重	%	市辖区	正	64.123	64.658	28.570	53	87	34	环境年鉴	☺
30	首要污染物可吸入颗粒物天数占全年比重	%	市辖区	逆	93.900	57.140	57.140	3	3	0	环境年鉴	
31	可吸入细颗粒物(PM2.5)浓度年均值	微克/立方米	市辖区	逆	62.790	58.000	106.000	36	17	−19	环境年鉴	☹
32	环境保护支出占财政支出比重	%	全市	正	2.897	1.176	6.338	95	7	−88	城市；统计局	☹
33	城市环境基础设施建设投资占全市固定资产投资比重	%	全市	正	0.862	0.391	1.092	64	44	−20	城市；住建部	☹
34	科教文卫支出占财政支出比重	%	全市	正	29.481	26.735	25.211	70	78	8	城市；统计局	☺
35	人均绿地面积	平方米/人	市辖区	正	29.747	37.063	36.297	18	17	−1	城市	☹
36	建成区绿化覆盖率	%	市辖区	正	41.509	44.710	44.710	15	12	−3	城市建设	☹
37	用水普及率	%	市辖区	正	98.575	100.000	100.000	1	1	0	城市建设	
38	城镇生活污水处理率	%	市辖区	正	90.122	94.930	94.380	31	29	−2	城市建设	☹
39	生活垃圾无害化处理率	%	市辖区	正	93.223	100.000	100.000	2	1	−1	城市建设	☹
40	互联网宽带接入用户数	万户	市辖区	正	146.080	697.000	228.000	2	14	12	城市	☺
41	每万人拥有公共汽车	辆	市辖区	正	11.487	17.580	16.860	13	15	2	城市	☺
42	工业二氧化硫去除率	%	全市	正	66.135	77.305	73.736	19	34	15	城市；环境年报	☺
43	工业废水化学需氧量去除率	%	全市	正	82.184	89.307	90.303	30	22	−8	城市；环境年报	☹
44	工业氮氧化物去除率	%	全市	正	26.396	49.565	50.000	7	5	−2	城市；环境年报	☹
45	工业废水氨氮去除率	%	全市	正	73.954	79.292	82.115	43	44	1	城市；环境年报	☺

年鉴说明：城市——《中国城市统计年鉴2015》；环境年报——《中国环境统计年报2014》；环境年鉴——《中国环境统计年鉴2015》；城市建设——《中国城市建设统计年鉴2014》；统计局——国家统计局；住建部——住房和城乡建设部。

郑州绿色发展“体检”表

序号	指标名称	单　位	口　径	指标属性	2014 年测评均值	2014 年郑州数值	2013 年郑州数值	2014 年郑州排名	2013 年郑州排名	排名变化	2014 年数据来源	进退脸谱
1	人均地区生产总值	元/人	全市	正	65 266.020	72 991.000	68 073.000	30	32	2	城市	☺
2	单位地区生产总值能耗	吨标煤/万元	全市	逆	0.702	0.312	0.513	25	33	8	统计局	☺
3	人均城镇生活消费用电	千瓦时/人	全市	逆	456.822	544.728	599.761	75	80	5	城市	☺
4	单位地区生产总值二氧化碳排放量			逆	NA	NA	NA	NA	NA			
5	单位地区生产总值二氧化硫排放量	吨/亿元	全市	逆	38.751	15.456	26.666	31	42	11	城市；环境年报	☺
6	单位地区生产总值化学需氧量排放量	吨/亿元	全市	逆	30.653	12.855	8.789	16	16	0	城市；环境年报	
7	单位地区生产总值氮氧化物排放量	吨/亿元	全市	逆	26.708	17.389	30.658	49	53	4	城市；环境年报	☺
8	单位地区生产总值氨氮排放量	吨/亿元	全市	逆	3.393	1.688	2.041	16	26	10	城市；环境年报	☺
9	第一产业劳动生产率	万元/人	全市	正	1 297.954	482.166	554.717	58	48	−10	城市	☹
10	第二产业劳动生产率	万元/人	全市	正	39.710	30.942	33.793	70	64	−6	城市	☹
11	单位工业增加值水耗	万吨/万元	全市	逆	0.005	0.003	79.680	39	23	−16	环境年报	☹
12	单位工业增加值能耗		全市	逆	NA	NA	NA	NA	NA			
13	工业固体废物综合利用率	%	全市	正	82.610	76.770	73.550	74	76	2	城市	☺
14	工业用水重复利用率	%	全市	正	84.798	93.279	89.600	35	47	12	环境年报	☺
15	第三产业劳动生产率	万元/人	全市	正	38.431	38.492	34.910	39	41	2	城市	☺
16	第三产业增加值比重	%	全市	正	42.925	46.370	41.670	36	43	7	城市	☺
17	第三产业就业人员比重	%	全市	正	47.327	42.526	41.339	71	72	1	城市	☺
18	人均水资源量	立方米/人	全市	正	1 040.361	192.593	188.214	83	87	4	统计局	☺
19	单位土地面积二氧化碳排放量			逆	NA	NA	NA	NA	NA			
20	人均二氧化碳排放量			逆	NA	NA	NA	NA	NA			
21	单位土地面积二氧化硫排放量	吨/平方公里	全市	逆	8.311	14.067	15.861	86	87	1	城市；环境年报	☺
22	人均二氧化硫排放量	吨/万人	全市	逆	227.564	134.253	152.365	42	48	6	城市；环境年报	☺
23	单位土地面积化学需氧量排放量	吨/平方公里	全市	逆	5.072	4.559	5.228	66	69	3	城市；环境年报	☺
24	人均化学需氧量排放量	吨/万人	全市	逆	90.513	43.509	50.219	9	13	4	城市；环境年报	☺
25	单位土地面积氮氧化物排放量	吨/平方公里	全市	逆	7.088	15.827	18.235	90	91	1	城市；环境年报	☺

续表

序号	指标名称	单 位	口 径	指标属性	2014 年测评均值	2014 年郑州数值	2013 年郑州数值	2014 年郑州排名	2013 年郑州排名	排名变化	2014 年数据来源	进退脸谱
26	人均氮氧化物排放量	吨/万人	全市	逆	167.921	151.045	175.177	61	63	2	城市；环境年报	☺
27	单位土地面积氨氮排放量	吨/平方公里	全市	逆	0.819	1.136	1.214	85	84	−1	城市；环境年报	☹
28	人均氨氮排放量	吨/万人	全市	逆	15.080	10.838	11.661	36	39	3	城市；环境年报	☺
29	空气质量达到二级以上天数占全年比重	%	市辖区	正	64.123	36.986	21.430	92	91	−1	环境年鉴	☹
30	首要污染物可吸入颗粒物天数占全年比重	%	市辖区	逆	93.900	100.000	100.000	55	55	0	环境年鉴	
31	可吸入细颗粒物(PM2.5)浓度年均值	微克/立方米	市辖区	逆	62.790	88.000	171.000	92	96	4	环境年鉴	☺
32	环境保护支出占财政支出比重	%	全市	正	2.897	3.065	3.145	41	36	−5	城市；统计局	☹
33	城市环境基础设施建设投资占全市固定资产投资比重	%	全市	正	0.862	0.775	0.760	34	61	27	城市；住建部	☺
34	科教文卫支出占财政支出比重	%	全市	正	29.481	24.315	27.372	81	68	−13	城市；统计局	☹
35	人均绿地面积	平方米/人	市辖区	正	29.747	19.440	17.345	46	48	2	城市	☺
36	建成区绿化覆盖率	%	市辖区	正	41.509	40.200	38.000	63	86	23	城市建设	☺
37	用水普及率	%	市辖区	正	98.575	100.000	100.000	1	1	0	城市建设	
38	城镇生活污水处理率	%	市辖区	正	90.122	95.890	95.860	15	14	−1	城市建设	☹
39	生活垃圾无害化处理率	%	市辖区	正	93.223	95.000	89.720	66	83	17	城市建设	☺
40	互联网宽带接入用户数	万户	市辖区	正	146.080	208.000	204.000	18	17	−1	城市	☹
41	每万人拥有公共汽车	辆	市辖区	正	11.487	11.810	11.110	35	39	4	城市	☺
42	工业二氧化硫去除率	%	全市	正	66.135	71.651	65.544	45	59	14	城市；环境年报	☺
43	工业废水化学需氧量去除率	%	全市	正	82.184	73.739	77.987	83	73	−10	城市；环境年报	☹
44	工业氮氧化物去除率	%	全市	正	26.396	25.641	20.710	50	47	−3	城市；环境年报	☹
45	工业废水氨氮去除率	%	全市	正	73.954	66.696	66.560	72	67	−5	城市；环境年报	☹

年鉴说明：城市——《中国城市统计年鉴 2015》；环境年报——《中国环境统计年报 2014》；环境年鉴——《中国环境统计年鉴 2015》；城市建设——《中国城市建设统计年鉴 2014》；统计局——国家统计局；住建部——住房和城乡建设部。

武汉绿色发展"体检"表

序号	指标名称	单　位	口　径	指标属性	2014 年测评均值	2014 年武汉数值	2013 年武汉数值	2014 年武汉排名	2013 年武汉排名	排名变化	2014 年数据来源	进退脸谱
1	人均地区生产总值	元/人	全市	正	65 266.020	98 000.000	89 000.000	16	19	3	城市	☺
2	单位地区生产总值能耗	吨标煤/万元	全市	逆	0.702	0.626	0.962	59	65	6	统计局	☺
3	人均城镇生活消费用电	千瓦时/人	全市	逆	456.822	745.104	825.243	86	91	5	城市	☺
4	单位地区生产总值二氧化碳排放量			逆	NA	NA	NA	NA	NA			
5	单位地区生产总值二氧化硫排放量	吨/亿元	全市	逆	38.751	8.910	16.811	13	22	9	城市；环境年报	☺
6	单位地区生产总值化学需氧量排放量	吨/亿元	全市	逆	30.653	13.526	17.126	17	44	27	城市；环境年报	☺
7	单位地区生产总值氮氧化物排放量	吨/亿元	全市	逆	26.708	8.483	15.850	16	23	7	城市；环境年报	☺
8	单位地区生产总值氨氮排放量	吨/亿元	全市	逆	3.393	1.643	2.300	13	35	22	城市；环境年报	☺
9	第一产业劳动生产率	万元/人	全市	正	1 297.954	950.802	871.169	42	37	−5	城市	☹
10	第二产业劳动生产率	万元/人	全市	正	39.710	46.410	43.272	29	43	14	城市	☺
11	单位工业增加值水耗	万吨/万元	全市	逆	0.005	0.006	214.660	69	65	−4	环境年报	☹
12	单位工业增加值能耗		全市	逆	NA	NA	NA	NA	NA			
13	工业固体废物综合利用率	%	全市	正	82.610	98.710	95.000	12	37	25	城市	☺
14	工业用水重复利用率	%	全市	正	84.798	96.207	80.615	4	74	70	环境年报	☺
15	第三产业劳动生产率	万元/人	全市	正	38.431	50.895	46.341	20	21	1	城市	☺
16	第三产业增加值比重	%	全市	正	42.925	49.000	47.720	23	22	−1	城市	☹
17	第三产业就业人员比重	%	全市	正	47.327	48.439	48.293	44	43	−1	城市	☹
18	人均水资源量	立方米/人	全市	正	1 040.361	476.416	499.209	56	55	−1	统计局	☹
19	单位土地面积二氧化碳排放量			逆	NA	NA	NA	NA	NA			
20	人均二氧化碳排放量			逆	NA	NA	NA	NA	NA			
21	单位土地面积二氧化硫排放量	吨/平方公里	全市	逆	8.311	10.470	12.164	73	76	3	城市；环境年报	☺
22	人均二氧化硫排放量	吨/万人	全市	逆	227.564	108.791	125.709	29	36	7	城市；环境年报	☺
23	单位土地面积化学需氧量排放量	吨/平方公里	全市	逆	5.072	11.372	12.392	93	93	0	城市；环境年报	
24	人均化学需氧量排放量	吨/万人	全市	逆	90.513	118.159	128.063	77	84	7	城市；环境年报	☺
25	单位土地面积氮氧化物排放量	吨/平方公里	全市	逆	7.088	9.968	11.469	80	79	−1	城市；环境年报	☹

续表

序号	指标名称	单 位	口 径	指标属性	2014 年测评均值	2014 年武汉数值	2013 年武汉数值	2014 年武汉排名	2013 年武汉排名	排名变化	2014 年数据来源	进退脸谱
26	人均氮氧化物排放量	吨/万人	全市	逆	167.921	103.572	118.525	40	42	2	城市；环境年报	☺
27	单位土地面积氨氮排放量	吨/平方公里	全市	逆	0.819	1.528	1.664	91	92	1	城市；环境年报	☺
28	人均氨氮排放量	吨/万人	全市	逆	15.080	15.876	17.198	72	73	1	城市；环境年报	☺
29	空气质量达到二级以上天数占全年比重	%	市辖区	正	64.123	48.493	42.860	82	81	−1	环境年鉴	☹
30	首要污染物可吸入颗粒物天数占全年比重	%	市辖区	逆	93.900	100.000	100.000	55	55	0	环境年鉴	
31	可吸入细颗粒物(PM2.5)浓度年均值	微克/立方米	市辖区	逆	62.790	82.000	124.000	86	84	−2	环境年鉴	☹
32	环境保护支出占财政支出比重	%	全市	正	2.897	1.859	1.746	79	83	4	城市；统计局	☺
33	城市环境基础设施建设投资占全市固定资产投资比重	%	全市	正	0.862	1.593	1.314	13	34	21	城市；住建部	☺
34	科教文卫支出占财政支出比重	%	全市	正	29.481	25.936	23.104	75	90	15	城市；统计局	☺
35	人均绿地面积	平方米/人	市辖区	正	29.747	22.649	21.773	36	34	−2	城市	☹
36	建成区绿化覆盖率	%	市辖区	正	41.509	39.210	38.210	78	83	5	城市建设	☺
37	用水普及率	%	市辖区	正	98.575	100.000	100.000	1	1	0	城市建设	
38	城镇生活污水处理率	%	市辖区	正	90.122	95.260	95.400	25	17	−8	城市建设	☹
39	生活垃圾无害化处理率	%	市辖区	正	93.223	100.000	100.000	2	1	−1	城市建设	☹
40	互联网宽带接入用户数	万户	市辖区	正	146.080	390.000	369.000	9	7	−2	城市	☹
41	每万人拥有公共汽车	辆	市辖区	正	11.487	15.080	14.820	20	21	1	城市	☺
42	工业二氧化硫去除率	%	全市	正	66.135	69.455	67.467	51	51	0	城市；环境年报	
43	工业废水化学需氧量去除率	%	全市	正	82.184	80.895	84.745	66	53	−13	城市；环境年报	☹
44	工业氮氧化物去除率	%	全市	正	26.396	46.154	15.044	9	66	57	城市；环境年报	☺
45	工业废水氨氮去除率	%	全市	正	73.954	70.971	59.497	64	80	16	城市；环境年报	☺

年鉴说明：城市——《中国城市统计年鉴 2015》；环境年报——《中国环境统计年报 2014》；环境年鉴——《中国环境统计年鉴 2015》；城市建设——《中国城市建设统计年鉴 2014》；统计局——国家统计局；住建部——住房和城乡建设部。

长沙绿色发展"体检"表

序号	指标名称	单位	口径	指标属性	2014 年测评均值	2014 年长沙数值	2013 年长沙数值	2014 年长沙排名	2013 年长沙排名	排名变化	2014 年数据来源	进退脸谱
1	人均地区生产总值	元/人	全市	正	65 266.020	107 683.000	99 570.000	9	10	1	城市	☺
2	单位地区生产总值能耗	吨标煤/万元	全市	逆	0.702	0.066	0.119	2	3	1	统计局	☺
3	人均城镇生活消费用电	千瓦时/人	全市	逆	456.822	697.114	740.006	83	86	3	城市	☺
4	单位地区生产总值二氧化碳排放量			逆	NA	NA	NA	NA	NA			
5	单位地区生产总值二氧化硫排放量	吨/亿元	全市	逆	38.751	2.952	5.263	3	4	1	城市；环境年报	☺
6	单位地区生产总值化学需氧量排放量	吨/亿元	全市	逆	30.653	14.149	16.419	19	37	18	城市；环境年报	☺
7	单位地区生产总值氮氧化物排放量	吨/亿元	全市	逆	26.708	1.815	3.612	3	3	0	城市；环境年报	
8	单位地区生产总值氨氮排放量	吨/亿元	全市	逆	3.393	1.646	2.037	14	25	11	城市；环境年报	☺
9	第一产业劳动生产率	万元/人	全市	正	1 297.954	2 941.214	2 455.000	9	9	0	城市	
10	第二产业劳动生产率	万元/人	全市	正	39.710	67.916	65.783	6	9	3	城市	☺
11	单位工业增加值水耗	万吨/万元	全市	逆	0.005	0.000	5.155	2	2	0	环境年报	
12	单位工业增加值能耗		全市	逆	NA	NA	NA	NA	NA			
13	工业固体废物综合利用率	%	全市	正	82.610	85.500	85.670	68	65	−3	城市	☹
14	工业用水重复利用率	%	全市	正	84.798	40.084	41.576	96	97	1	环境年报	☺
15	第三产业劳动生产率	万元/人	全市	正	38.431	47.753	43.415	23	27	4	城市	☺
16	第三产业增加值比重	%	全市	正	42.925	41.810	40.700	54	50	−4	城市	☹
17	第三产业就业人员比重	%	全市	正	47.327	51.938	52.613	36	28	−8	城市	☹
18	人均水资源量	立方米/人	全市	正	1 040.361	1 644.431	1 311.773	19	31	12	统计局	☺
19	单位土地面积二氧化碳排放量			逆	NA	NA	NA	NA	NA			
20	人均二氧化碳排放量			逆	NA	NA	NA	NA	NA			
21	单位土地面积二氧化硫排放量	吨/平方公里	全市	逆	8.311	1.955	1.992	10	9	−1	城市；环境年报	☹
22	人均二氧化硫排放量	吨/万人	全市	逆	227.564	34.623	35.574	4	3	−1	城市；环境年报	☹
23	单位土地面积化学需氧量排放量	吨/平方公里	全市	逆	5.072	5.440	6.214	75	79	4	城市；环境年报	☺
24	人均化学需氧量排放量	吨/万人	全市	逆	90.513	96.349	110.971	61	69	8	城市；环境年报	☺
25	单位土地面积氮氧化物排放量	吨/平方公里	全市	逆	7.088	1.202	1.367	7	8	1	城市；环境年报	☺

续表

序号	指标名称	单 位	口 径	指标属性	2014 年测评均值	2014 年长沙数值	2013 年长沙数值	2014 年长沙排名	2013 年长沙排名	排名变化	2014 年数据来源	进退脸谱
26	人均氮氧化物排放量	吨/万人	全市	逆	167.921	21.291	24.411	3	5	2	城市；环境年报	☺
27	单位土地面积氨氮排放量	吨/平方公里	全市	逆	0.819	0.713	0.771	68	70	2	城市；环境年报	☺
28	人均氨氮排放量	吨/万人	全市	逆	15.080	12.637	13.770	54	59	5	城市；环境年报	☺
29	空气质量达到二级以上天数占全年比重	%	市辖区	正	64.123	61.370	64.290	63	66	3	环境年鉴	☺
30	首要污染物可吸入颗粒物天数占全年比重	%	市辖区	逆	93.900	100.000	100.000	55	55	0	环境年鉴	
31	可吸入细颗粒物(PM2.5)浓度年均值	微克/立方米	市辖区	逆	62.790	74.000	94.000	75	12	−63	环境年鉴	☹
32	环境保护支出占财政支出比重	%	全市	正	2.897	3.359	3.061	28	39	11	城市；统计局	☺
33	城市环境基础设施建设投资占全市固定资产投资比重	%	全市	正	0.862	0.782	0.965	32	49	17	城市；住建部	☺
34	科教文卫支出占财政支出比重	%	全市	正	29.481	25.355	26.187	77	73	−4	城市；统计局	☹
35	人均绿地面积	平方米/人	市辖区	正	29.747	15.235	14.525	59	58	−1	城市	☹
36	建成区绿化覆盖率	%	市辖区	正	41.509	40.130	38.980	64	75	11	城市建设	☺
37	用水普及率	%	市辖区	正	98.575	100.000	100.000	1	1	0	城市建设	
38	城镇生活污水处理率	%	市辖区	正	90.122	96.900	96.540	10	10	0	城市建设	
39	生活垃圾无害化处理率	%	市辖区	正	93.223	100.000	100.000	2	1	−1	城市建设	☹
40	互联网宽带接入用户数	万户	市辖区	正	146.080	153.000	143.000	27	26	−1	城市	☹
41	每万人拥有公共汽车	辆	市辖区	正	11.487	18.180	13.890	12	25	13	城市	☺
42	工业二氧化硫去除率	%	全市	正	66.135	53.488	55.890	85	81	−4	城市；环境年报	☹
43	工业废水化学需氧量去除率	%	全市	正	82.184	68.177	69.273	93	91	−2	城市；环境年报	☹
44	工业氮氧化物去除率	%	全市	正	26.396	41.667	42.857	11	8	−3	城市；环境年报	☹
45	工业废水氨氮去除率	%	全市	正	73.954	56.822	52.562	84	87	3	城市；环境年报	☺

年鉴说明：城市——《中国城市统计年鉴 2015》；环境年报——《中国环境统计年报 2014》；环境年鉴——《中国环境统计年鉴 2015》；城市建设——《中国城市建设统计年鉴 2014》；统计局——国家统计局；住建部——住房和城乡建设部。

广州绿色发展"体检"表

序号	指标名称	单位	口径	指标属性	2014 年测评均值	2014 年广州数值	2013 年广州数值	2014 年广州排名	2013 年广州排名	排名变化	2014 年数据来源	进退脸谱
1	人均地区生产总值	元/人	全市	正	65 266.020	128 478.000	119 695.000	5	6	1	城市	☺
2	单位地区生产总值能耗	吨标煤/万元	全市	逆	0.702	0.329	0.892	26	58	32	统计局	☺
3	人均城镇生活消费用电	千瓦时/人	全市	逆	456.822	1 731.488	1 549.672	97	97	0	城市	
4	单位地区生产总值二氧化碳排放量			逆	NA	NA	NA	NA	NA			
5	单位地区生产总值二氧化硫排放量	吨/亿元	全市	逆	38.751	3.793	4.830	5	3	−2	城市；环境年报	☹
6	单位地区生产总值化学需氧量排放量	吨/亿元	全市	逆	30.653	10.330	9.716	13	20	7	城市；环境年报	☺
7	单位地区生产总值氮氧化物排放量	吨/亿元	全市	逆	26.708	3.156	4.323	5	4	−1	城市；环境年报	☹
8	单位地区生产总值氨氮排放量	吨/亿元	全市	逆	3.393	1.346	1.421	7	13	6	城市；环境年报	☺
9	第一产业劳动生产率	万元/人	全市	正	1 297.954	897.335	953.750	44	36	−8	城市	☹
10	第二产业劳动生产率	万元/人	全市	正	39.710	44.743	37.679	36	54	18	城市	☺
11	单位工业增加值水耗	万吨/万元	全市	逆	0.005	0.001	21.910	7	7	0	环境年报	
12	单位工业增加值能耗		全市	逆	NA	NA	NA	NA	NA			
13	工业固体废物综合利用率	%	全市	正	82.610	94.470	95.170	44	36	−8	城市	☹
14	工业用水重复利用率	%	全市	正	84.798	69.481	67.382	91	89	−2	环境年报	☹
15	第三产业劳动生产率	万元/人	全市	正	38.431	54.415	53.356	16	14	−2	城市	☹
16	第三产业增加值比重	%	全市	正	42.925	65.230	64.620	4	3	−1	城市	☹
17	第三产业就业人员比重	%	全市	正	47.327	62.871	60.181	11	10	−1	城市	☹
18	人均水资源量	立方米/人	全市	正	1 040.361	1 000.119	985.737	37	43	6	统计局	☺
19	单位土地面积二氧化碳排放量			逆	NA	NA	NA	NA	NA			
20	人均二氧化碳排放量			逆	NA	NA	NA	NA	NA			
21	单位土地面积二氧化硫排放量	吨/平方公里	全市	逆	8.311	8.523	8.608	61	56	−5	城市；环境年报	☹
22	人均二氧化硫排放量	吨/万人	全市	逆	227.564	75.666	77.353	15	15	0	城市；环境年报	
23	单位土地面积化学需氧量排放量	吨/平方公里	全市	逆	5.072	17.162	17.318	97	96	−1	城市；环境年报	☹
24	人均化学需氧量排放量	吨/万人	全市	逆	90.513	152.351	155.615	96	98	2	城市；环境年报	☺
25	单位土地面积氮氧化物排放量	吨/平方公里	全市	逆	7.088	7.092	7.705	67	63	−4	城市；环境年报	☹

续表

序号	指标名称	单 位	口 径	指标属性	2014年测评均值	2014年广州数值	2013年广州数值	2014年广州排名	2013年广州排名	排名变化	2014年数据来源	进退脸谱
26	人均氮氧化物排放量	吨/万人	全市	逆	167.921	62.957	69.232	20	23	3	城市；环境年报	☺
27	单位土地面积氨氮排放量	吨/平方公里	全市	逆	0.819	2.548	2.533	96	96	0	城市；环境年报	
28	人均氨氮排放量	吨/万人	全市	逆	15.080	22.616	22.762	89	88	−1	城市；环境年报	☹
29	空气质量达到二级以上天数占全年比重	%	市辖区	正	64.123	77.260	100.000	20	1	−19	环境年鉴	☹
30	首要污染物可吸入颗粒物天数占全年比重	%	市辖区	逆	93.900	100.000	100.000	55	55	0	环境年鉴	
31	可吸入细颗粒物(PM2.5)浓度年均值	微克/立方米	市辖区	逆	62.790	49.000	72.000	23	6	−17	环境年鉴	☹
32	环境保护支出占财政支出比重	%	全市	正	2.897	0.848	1.233	99	97	−2	城市；统计局	☹
33	城市环境基础设施建设投资占全市固定资产投资比重	%	全市	正	0.862	0.357	0.298	71	89	18	城市；住建部	☺
34	科教文卫支出占财政支出比重	%	全市	正	29.481	29.641	29.928	51	45	−6	城市；统计局	☹
35	人均绿地面积	平方米/人	市辖区	正	29.747	158.166	158.883	2	2	0	城市	
36	建成区绿化覆盖率	%	市辖区	正	41.509	41.500	41.010	47	53	6	城市建设	☺
37	用水普及率	%	市辖区	正	98.575	99.710	99.710	57	57	0	城市建设	
38	城镇生活污水处理率	%	市辖区	正	90.122	98.720	91.380	4	48	44	城市建设	☺
39	生活垃圾无害化处理率	%	市辖区	正	93.223	86.800	87.050	83	91	8	城市建设	☺
40	互联网宽带接入用户数	万户	市辖区	正	146.080	645.000	766.000	4	1	−3	城市	☹
41	每万人拥有公共汽车	辆	市辖区	正	11.487	19.580	18.950	9	6	−3	城市	☹
42	工业二氧化硫去除率	%	全市	正	66.135	86.230	85.832	6	8	2	城市；环境年报	☺
43	工业废水化学需氧量去除率	%	全市	正	82.184	87.435	88.453	36	31	−5	城市；环境年报	☹
44	工业氮氧化物去除率	%	全市	正	26.396	48.000	46.729	8	7	−1	城市；环境年报	☹
45	工业废水氨氮去除率	%	全市	正	73.954	77.447	79.896	48	48	0	城市；环境年报	

年鉴说明：城市——《中国城市统计年鉴2015》；环境年报——《中国环境统计年报2014》；环境年鉴——《中国环境统计年鉴2015》；城市建设——《中国城市建设统计年鉴2014》；统计局——国家统计局；住建部——住房和城乡建设部。

深圳绿色发展“体检”表

序号	指标名称	单　位	口　径	指标属性	2014年测评均值	2014年深圳数值	2013年深圳数值	2014年深圳排名	2013年深圳排名	排名变化	2014年数据来源	进退脸谱
1	人均地区生产总值	元/人	全市	正	65 266.020	149 495.000	136 948.000	2	2	0	城市	
2	单位地区生产总值能耗	吨标煤/万元	全市	逆	0.702	0.052	0.067	1	2	1	统计局	☺
3	人均城镇生活消费用电	千瓦时/人	全市	逆	456.822	3 704.871	3 475.062	100	100	0	城市	
4	单位地区生产总值二氧化碳排放量			逆	NA	NA	NA	NA	NA			
5	单位地区生产总值二氧化硫排放量	吨/亿元	全市	逆	38.751	0.327	0.683	1	1	0	城市；环境年报	
6	单位地区生产总值化学需氧量排放量	吨/亿元	全市	逆	30.653	5.600	6.747	4	10	6	城市；环境年报	☺
7	单位地区生产总值氮氧化物排放量	吨/亿元	全市	逆	26.708	0.930	1.531	2	2	0	城市；环境年报	
8	单位地区生产总值氨氮排放量	吨/亿元	全市	逆	3.393	0.893	1.100	4	6	2	城市；环境年报	☺
9	第一产业劳动生产率	万元/人	全市	正	1 297.954	70.081	69.333	90	92	2	城市	☺
10	第二产业劳动生产率	万元/人	全市	正	39.710	23.135	28.402	89	80	−9	城市	☹
11	单位工业增加值水耗	万吨/万元	全市	逆	0.005	0.000	3.837	1	1	0	环境年报	
12	单位工业增加值能耗		全市	逆	NA	NA	NA	NA	NA			
13	工业固体废物综合利用率	%	全市	正	82.610	99.810	78.690	6	73	67	城市	☺
14	工业用水重复利用率	%	全市	正	84.798	17.779	25.875	100	100	0	环境年报	
15	第三产业劳动生产率	万元/人	全市	正	38.431	56.190	55.796	14	12	−2	城市	☹
16	第三产业增加值比重	%	全市	正	42.925	57.390	56.540	8	7	−1	城市	☹
17	第三产业就业人员比重	%	全市	正	47.327	36.451	34.925	84	85	1	城市	☺
18	人均水资源量	立方米/人	全市	正	1 040.361	669.468	842.528	49	47	−2	统计局	☹
19	单位土地面积二氧化碳排放量			逆	NA	NA	NA	NA	NA			
20	人均二氧化碳排放量			逆	NA	NA	NA	NA	NA			
21	单位土地面积二氧化硫排放量	吨/平方公里	全市	逆	8.311	2.623	4.222	14	26	12	城市；环境年报	☺
22	人均二氧化硫排放量	吨/万人	全市	逆	227.564	16.303	28.188	2	2	0	城市；环境年报	
23	单位土地面积化学需氧量排放量	吨/平方公里	全市	逆	5.072	41.796	41.682	100	100	0	城市；环境年报	
24	人均化学需氧量排放量	吨/万人	全市	逆	90.513	259.777	278.301	100	100	0	城市；环境年报	
25	单位土地面积氮氧化物排放量	吨/平方公里	全市	逆	7.088	7.454	9.457	70	75	5	城市；环境年报	☺

续表

序号	指标名称	单位	口径	指标属性	2014年测评均值	2014年深圳数值	2013年深圳数值	2014年深圳排名	2013年深圳排名	排名变化	2014年数据来源	进退脸谱
26	人均氮氧化物排放量	吨/万人	全市	逆	167.921	46.327	63.139	13	19	6	城市；环境年报	☺
27	单位土地面积氨氮排放量	吨/平方公里	全市	逆	0.819	7.049	6.797	100	100	0	城市；环境年报	
28	人均氨氮排放量	吨/万人	全市	逆	15.080	43.810	45.382	99	99	0	城市；环境年报	
29	空气质量达到二级以上天数占全年比重	%	市辖区	正	64.123	95.342	100.000	3	1	−2	环境年鉴	☹
30	首要污染物可吸入颗粒物天数占全年比重	%	市辖区	逆	93.900	92.860	92.860	27	27	0	环境年鉴	
31	可吸入细颗粒物(PM2.5)浓度年均值	微克/立方米	市辖区	逆	62.790	34.000	61.000	4	3	−1	环境年鉴	☹
32	环境保护支出占财政支出比重	%	全市	正	2.897	6.391	8.397	2	3	1	城市；统计局	☺
33	城市环境基础设施建设投资占全市固定资产投资比重	%	全市	正	0.862	1.028	0.427	25	83	58	城市；住建部	☺
34	科教文卫支出占财政支出比重	%	全市	正	29.481	29.679	33.154	49	22	−27	城市；统计局	☹
35	人均绿地面积	平方米/人	市辖区	正	29.747	303.274	323.293	1	1	0	城市	
36	建成区绿化覆盖率	%	市辖区	正	41.509	45.080	45.070	13	10	−3	城市建设	☹
37	用水普及率	%	市辖区	正	98.575	100.000	100.000	1	1	0	城市建设	
38	城镇生活污水处理率	%	市辖区	正	90.122	96.600	96.220	13	11	−2	城市建设	☹
39	生活垃圾无害化处理率	%	市辖区	正	93.223	100.000	98.360	2	61	59	城市建设	☺
40	互联网宽带接入用户数	万户	市辖区	正	146.080	442.000	433.000	8	6	−2	城市	☹
41	每万人拥有公共汽车	辆	市辖区	正	11.487	94.370	98.530	1	1	0	城市	
42	工业二氧化硫去除率	%	全市	正	66.135	88.636	85.874	3	7	4	城市；环境年报	☺
43	工业废水化学需氧量去除率	%	全市	正	82.184	71.000	77.348	88	77	−11	城市；环境年报	☹
44	工业氮氧化物去除率	%	全市	正	26.396	53.333	35.714	5	14	9	城市；环境年报	☺
45	工业废水氨氮去除率	%	全市	正	73.954	73.677	77.001	60	52	−8	城市；环境年报	☹

年鉴说明：城市——《中国城市统计年鉴2015》；环境年报——《中国环境统计年报2014》；环境年鉴——《中国环境统计年鉴2015》；城市建设——《中国城市建设统计年鉴2014》；统计局——国家统计局；住建部——住房和城乡建设部。

珠海绿色发展“体检”表

序号	指标名称	单位	口径	指标属性	2014年测评均值	2014年珠海数值	2013年珠海数值	2014年珠海排名	2013年珠海排名	排名变化	2014年数据来源	进退脸谱
1	人均地区生产总值	元/人	全市	正	65 266.020	116 537.000	104 786.000	7	8	1	城市	☺
2	单位地区生产总值能耗	吨标煤/万元	全市	逆	0.702	0.390	0.340	32	22	−10	统计局	☹
3	人均城镇生活消费用电	千瓦时/人	全市	逆	456.822	1 805.859	1 565.409	98	98	0	城市	
4	单位地区生产总值二氧化碳排放量			逆	NA	NA	NA	NA	NA			
5	单位地区生产总值二氧化硫排放量	吨/亿元	全市	逆	38.751	11.247	15.225	19	16	−3	城市；环境年报	☹
6	单位地区生产总值化学需氧量排放量	吨/亿元	全市	逆	30.653	16.882	14.652	23	35	12	城市；环境年报	☺
7	单位地区生产总值氮氧化物排放量	吨/亿元	全市	逆	26.708	23.031	27.561	56	49	−7	城市；环境年报	☹
8	单位地区生产总值氨氮排放量	吨/亿元	全市	逆	3.393	2.368	2.391	38	38	0	城市；环境年报	
9	第一产业劳动生产率	万元/人	全市	正	1 297.954	62.730	60.280	92	93	1	城市	☺
10	第二产业劳动生产率	万元/人	全市	正	39.710	19.396	18.093	95	97	2	城市	☺
11	单位工业增加值水耗	万吨/万元	全市	逆	0.005	0.001	67.425	21	19	−2	环境年报	☹
12	单位工业增加值能耗		全市	逆	NA	NA	NA	NA	NA			
13	工业固体废物综合利用率	%	全市	正	82.610	94.890	92.810	42	49	7	城市	☺
14	工业用水重复利用率	%	全市	正	84.798	81.210	78.777	77	82	5	环境年报	☺
15	第三产业劳动生产率	万元/人	全市	正	38.431	34.243	34.453	50	45	−5	城市	☹
16	第三产业增加值比重	%	全市	正	42.925	47.370	46.330	30	26	−4	城市	☹
17	第三产业就业人员比重	%	全市	正	47.327	35.636	33.302	86	88	2	城市	☺
18	人均水资源量	立方米/人	全市	正	1 040.361	1 378.428	1 966.543	27	19	−8	统计局	☹
19	单位土地面积二氧化碳排放量			逆	NA	NA	NA	NA	NA			
20	人均二氧化碳排放量			逆	NA	NA	NA	NA	NA			
21	单位土地面积二氧化硫排放量	吨/平方公里	全市	逆	8.311	12.181	13.676	80	81	1	城市；环境年报	☺
22	人均二氧化硫排放量	吨/万人	全市	逆	227.564	191.956	210.725	68	68	0	城市；环境年报	
23	单位土地面积化学需氧量排放量	吨/平方公里	全市	逆	5.072	12.058	13.160	94	95	1	城市；环境年报	☺
24	人均化学需氧量排放量	吨/万人	全市	逆	90.513	190.019	202.783	99	99	0	城市；环境年报	
25	单位土地面积氮氧化物排放量	吨/平方公里	全市	逆	7.088	24.944	24.755	99	98	−1	城市；环境年报	☹

续表

序号	指标名称	单 位	口 径	指标属性	2014年测评均值	2014年珠海数值	2013年珠海数值	2014年珠海排名	2013年珠海排名	排名变化	2014年数据来源	进退脸谱
26	人均氮氧化物排放量	吨/万人	全市	逆	167.921	393.080	381.450	91	89	−2	城市；环境年报	☹
27	单位土地面积氨氮排放量	吨/平方公里	全市	逆	0.819	2.034	2.148	94	94	0	城市；环境年报	
28	人均氨氮排放量	吨/万人	全市	逆	15.080	32.059	33.098	97	96	−1	城市；环境年报	☹
29	空气质量达到二级以上天数占全年比重	%	市辖区	正	64.123	87.945	100.000	10	1	−9	环境年鉴	☹
30	首要污染物可吸入颗粒物天数占全年比重	%	市辖区	逆	93.900	100.000	100.000	55	55	0	环境年鉴	
31	可吸入细颗粒物(PM2.5)浓度年均值	微克/立方米	市辖区	逆	62.790	34.000	59.000	4	2	−2	环境年鉴	☹
32	环境保护支出占财政支出比重	%	全市	正	2.897	2.662	6.424	49	6	−43	城市；统计局	☹
33	城市环境基础设施建设投资占全市固定资产投资比重	%	全市	正	0.862	0.676	0.433	40	82	42	城市；住建部	☺
34	科教文卫支出占财政支出比重	%	全市	正	29.481	29.857	30.053	48	43	−5	城市；统计局	☹
35	人均绿地面积	平方米/人	市辖区	正	29.747	77.998	76.236	10	9	−1	城市	☹
36	建成区绿化覆盖率	%	市辖区	正	41.509	57.190	57.130	1	1	0	城市建设	
37	用水普及率	%	市辖区	正	98.575	99.660	99.660	59	59	0	城市建设	
38	城镇生活污水处理率	%	市辖区	正	90.122	90.130	88.520	65	70	5	城市建设	☺
39	生活垃圾无害化处理率	%	市辖区	正	93.223	100.000	100.000	2	1	−1	城市建设	☹
40	互联网宽带接入用户数	万户	市辖区	正	146.080	73.000	66.000	56	54	−2	城市	☹
41	每万人拥有公共汽车	辆	市辖区	正	11.487	16.550	17.850	17	13	−4	城市	☹
42	工业二氧化硫去除率	%	全市	正	66.135	68.182	74.830	55	26	−29	城市；环境年报	☹
43	工业废水化学需氧量去除率	%	全市	正	82.184	82.787	80.127	60	69	9	城市；环境年报	☺
44	工业氮氧化物去除率	%	全市	正	26.396	0.000	16.327	98	62	−36	城市；环境年报	☹
45	工业废水氨氮去除率	%	全市	正	73.954	74.111	73.159	58	58	0	城市；环境年报	

年鉴说明：城市——《中国城市统计年鉴2015》；环境年报——《中国环境统计年报2014》；环境年鉴——《中国环境统计年鉴2015》；城市建设——《中国城市建设统计年鉴2014》；统计局——国家统计局；住建部——住房和城乡建设部。

南宁绿色发展“体检”表

序号	指标名称	单　位	口　径	指标属性	2014 年测评均值	2014 年南宁数值	2013 年南宁数值	2014 年南宁排名	2013 年南宁排名	排名变化	2014 年数据来源	进退脸谱
1	人均地区生产总值	元/人	全市	正	65 266.020	43 303.000	38 994.000	76	80	4	城市	☺
2	单位地区生产总值能耗	吨标煤/万元	全市	逆	0.702	0.166	0.322	7	19	12	统计局	☺
3	人均城镇生活消费用电	千瓦时/人	全市	逆	456.822	421.640	372.003	65	55	−10	城市	☹
4	单位地区生产总值二氧化碳排放量			逆	NA	NA	NA	NA	NA			
5	单位地区生产总值二氧化硫排放量	吨/亿元	全市	逆	38.751	12.943	22.917	25	34	9	城市；环境年报	☺
6	单位地区生产总值化学需氧量排放量	吨/亿元	全市	逆	30.653	37.077	47.266	73	92	19	城市；环境年报	☺
7	单位地区生产总值氮氧化物排放量	吨/亿元	全市	逆	26.708	12.092	19.777	27	33	6	城市；环境年报	☺
8	单位地区生产总值氨氮排放量	吨/亿元	全市	逆	3.393	4.100	5.068	71	85	14	城市；环境年报	☺
9	第一产业劳动生产率	万元/人	全市	正	1 297.954	268.622	230.197	76	75	−1	城市	☹
10	第二产业劳动生产率	万元/人	全市	正	39.710	33.116	34.150	62	62	0	城市	
11	单位工业增加值水耗	万吨/万元	全市	逆	0.005	0.005	243.117	66	68	2	环境年报	☺
12	单位工业增加值能耗		全市	逆	NA	NA	NA	NA	NA			
13	工业固体废物综合利用率	%	全市	正	82.610	95.820	94.640	37	39	2	城市	☺
14	工业用水重复利用率	%	全市	正	84.798	92.213	51.026	42	92	50	环境年报	☺
15	第三产业劳动生产率	万元/人	全市	正	38.431	28.267	26.100	67	71	4	城市	☺
16	第三产业增加值比重	%	全市	正	42.925	48.510	47.890	24	21	−3	城市	☹
17	第三产业就业人员比重	%	全市	正	47.327	57.334	58.653	18	14	−4	城市	☹
18	人均水资源量	立方米/人	全市	正	1 040.361	2 088.033	2 066.759	13	17	4	统计局	☺
19	单位土地面积二氧化碳排放量			逆	NA	NA	NA	NA	NA			
20	人均二氧化碳排放量			逆	NA	NA	NA	NA	NA			
21	单位土地面积二氧化硫排放量	吨/平方公里	全市	逆	8.311	1.832	1.879	9	7	−2	城市；环境年报	☹
22	人均二氧化硫排放量	吨/万人	全市	逆	227.564	56.050	58.127	8	9	1	城市；环境年报	☺
23	单位土地面积化学需氧量排放量	吨/平方公里	全市	逆	5.072	3.644	3.875	51	53	2	城市；环境年报	☺
24	人均化学需氧量排放量	吨/万人	全市	逆	90.513	111.482	119.886	75	79	4	城市；环境年报	☺
25	单位土地面积氮氧化物排放量	吨/平方公里	全市	逆	7.088	1.711	1.621	13	11	−2	城市；环境年报	☹

续表

序号	指标名称	单 位	口 径	指标属性	2014年测评均值	2014年南宁数值	2013年南宁数值	2014年南宁排名	2013年南宁排名	排名变化	2014年数据来源	进退脸谱
26	人均氮氧化物排放量	吨/万人	全市	逆	167.921	52.363	50.164	16	11	−5	城市；环境年报	☹
27	单位土地面积氨氮排放量	吨/平方公里	全市	逆	0.819	0.398	0.415	36	36	0	城市；环境年报	
28	人均氨氮排放量	吨/万人	全市	逆	15.080	12.177	12.854	48	51	3	城市；环境年报	☺
29	空气质量达到二级以上天数占全年比重	%	市辖区	正	64.123	80.000	71.430	19	58	39	环境年鉴	☺
30	首要污染物可吸入颗粒物天数占全年比重	%	市辖区	逆	93.900	100.000	100.000	55	55	0	环境年鉴	
31	可吸入细颗粒物(PM2.5)浓度年均值	微克/立方米	市辖区	逆	62.790	49.000	119.435	23	29	6	环境年鉴	☺
32	环境保护支出占财政支出比重	%	全市	正	2.897	1.906	1.823	77	81	4	城市；统计局	☺
33	城市环境基础设施建设投资占全市固定资产投资比重	%	全市	正	0.862	2.026	2.105	7	10	3	城市；住建部	☺
34	科教文卫支出占财政支出比重	%	全市	正	29.481	30.184	28.253	44	60	16	城市；统计局	☺
35	人均绿地面积	平方米/人	市辖区	正	29.747	54.761	56.122	12	10	−2	城市	☹
36	建成区绿化覆盖率	%	市辖区	正	41.509	49.360	42.100	4	37	33	城市建设	☺
37	用水普及率	%	市辖区	正	98.575	96.810	96.810	84	84	0	城市建设	
38	城镇生活污水处理率	%	市辖区	正	90.122	87.100	81.210	78	93	15	城市建设	☺
39	生活垃圾无害化处理率	%	市辖区	正	93.223	93.670	100.000	71	1	−70	城市建设	☹
40	互联网宽带接入用户数	万户	市辖区	正	146.080	178.000	156.000	22	22	0	城市	
41	每万人拥有公共汽车	辆	市辖区	正	11.487	10.080	9.690	48	50	2	城市	☺
42	工业二氧化硫去除率	%	全市	正	66.135	74.194	73.980	34	32	−2	城市；环境年报	☹
43	工业废水化学需氧量去除率	%	全市	正	82.184	92.395	91.866	18	17	−1	城市；环境年报	☹
44	工业氮氧化物去除率	%	全市	正	26.396	24.490	25.532	53	27	−26	城市；环境年报	☹
45	工业废水氨氮去除率	%	全市	正	73.954	60.752	60.009	80	79	−1	城市；环境年报	☹

年鉴说明：城市——《中国城市统计年鉴2015》；环境年报——《中国环境统计年报2014》；环境年鉴——《中国环境统计年鉴2015》；城市建设——《中国城市建设统计年鉴2014》；统计局——国家统计局；住建部——住房和城乡建设部。

海口绿色发展“体检”表

序号	指标名称	单位	口径	指标属性	2014 年测评均值	2014 年海口数值	2013 年海口数值	2014 年海口排名	2013 年海口排名	排名变化	2014 年数据来源	进退脸谱
1	人均地区生产总值	元/人	全市	正	65 266.020	49 943.000	41 955.000	65	74	9	城市	☺
2	单位地区生产总值能耗	吨标煤/万元	全市	逆	0.702	0.441	0.031	38	1	−37	统计局	☹
3	人均城镇生活消费用电	千瓦时/人	全市	逆	456.822	659.312	557.408	79	77	−2	城市	☹
4	单位地区生产总值二氧化碳排放量			逆	NA	NA	NA	NA	NA			
5	单位地区生产总值二氧化硫排放量	吨/亿元	全市	逆	38.751	1.846	2.347	2	2	0	城市；环境年报	
6	单位地区生产总值化学需氧量排放量	吨/亿元	全市	逆	30.653	17.246	9.340	24	18	−6	城市；环境年报	☹
7	单位地区生产总值氮氧化物排放量	吨/亿元	全市	逆	26.708	0.017	0.022	1	1	0	城市；环境年报	
8	单位地区生产总值氨氮排放量	吨/亿元	全市	逆	3.393	4.396	4.995	80	82	2	城市；环境年报	☺
9	第一产业劳动生产率	万元/人	全市	正	1 297.954	16.531	14.525	100	100	0	城市	
10	第二产业劳动生产率	万元/人	全市	正	39.710	19.887	20.588	91	92	1	城市	☺
11	单位工业增加值水耗	万吨/万元	全市	逆	0.005	0.000	22.331	4	8	4	环境年报	☺
12	单位工业增加值能耗		全市	逆	NA	NA	NA	NA	NA			
13	工业固体废物综合利用率	%	全市	正	82.610	100.000	93.760	1	44	43	城市	☺
14	工业用水重复利用率	%	全市	正	84.798	23.778	64.987	99	90	−9	环境年报	☹
15	第三产业劳动生产率	万元/人	全市	正	38.431	22.979	19.513	88	95	7	城市	☺
16	第三产业增加值比重	%	全市	正	42.925	74.850	69.590	2	2	0	城市	
17	第三产业就业人员比重	%	全市	正	47.327	66.442	76.203	4	2	−2	城市	☹
18	人均水资源量	立方米/人	全市	正	1 040.361	1 983.567	1 730.296	14	20	6	统计局	☺
19	单位土地面积二氧化碳排放量			逆	NA	NA	NA	NA	NA			
20	人均二氧化碳排放量			逆	NA	NA	NA	NA	NA			
21	单位土地面积二氧化硫排放量	吨/平方公里	全市	逆	8.311	0.882	0.785	3	3	0	城市；环境年报	
22	人均二氧化硫排放量	吨/万人	全市	逆	227.564	12.264	11.139	1	1	0	城市；环境年报	
23	单位土地面积化学需氧量排放量	吨/平方公里	全市	逆	5.072	3.384	3.123	48	45	−3	城市；环境年报	☹
24	人均化学需氧量排放量	吨/万人	全市	逆	90.513	47.036	44.329	14	7	−7	城市；环境年报	☹
25	单位土地面积氮氧化物排放量	吨/平方公里	全市	逆	7.088	0.008	0.007	1	1	0	城市；环境年报	

续表

序号	指标名称	单　位	口　径	指标属性	2014 年测评均值	2014 年海口数值	2013 年海口数值	2014 年海口排名	2013 年海口排名	排名变化	2014 年数据来源	进退脸谱
26	人均氮氧化物排放量	吨/万人	全市	逆	167.921	0.116	0.105	1	1	0	城市；环境年报	
27	单位土地面积氨氮排放量	吨/平方公里	全市	逆	0.819	1.640	1.670	93	93	0	城市；环境年报	
28	人均氨氮排放量	吨/万人	全市	逆	15.080	22.795	23.707	90	90	0	城市；环境年报	
29	空气质量达到二级以上天数占全年比重	%	市辖区	正	64.123	94.795	100.000	4	1	−3	环境年鉴	☹
30	首要污染物可吸入颗粒物天数占全年比重	%	市辖区	逆	93.900	100.000	100.000	55	55	0	环境年鉴	
31	可吸入细颗粒物(PM2.5)浓度年均值	微克/立方米	市辖区	逆	62.790	23.000	47.000	1	1	0	环境年鉴	
32	环境保护支出占财政支出比重	%	全市	正	2.897	1.819	2.106	82	75	−7	城市；统计局	☹
33	城市环境基础设施建设投资占全市固定资产投资比重	%	全市	正	0.862	0.197	0.534	86	73	−13	城市；住建部	☹
34	科教文卫支出占财政支出比重	%	全市	正	29.481	28.620	31.269	62	32	−30	城市；统计局	☹
35	人均绿地面积	平方米/人	市辖区	正	29.747	34.967	28.768	20	24	4	城市	☺
36	建成区绿化覆盖率	%	市辖区	正	41.509	42.790	42.500	33	30	−3	城市建设	☹
37	用水普及率	%	市辖区	正	98.575	99.680	99.680	58	58	0	城市建设	
38	城镇生活污水处理率	%	市辖区	正	90.122	85.070	89.000	85	67	−18	城市建设	☹
39	生活垃圾无害化处理率	%	市辖区	正	93.223	100.000	100.000	2	1	−1	城市建设	☹
40	互联网宽带接入用户数	万户	市辖区	正	146.080	55.000	53.000	74	69	−5	城市	☹
41	每万人拥有公共汽车	辆	市辖区	正	11.487	9.160	9.950	54	47	−7	城市	☹
42	工业二氧化硫去除率	%	全市	正	66.135	0.000	10.100	100	98	−2	城市；环境年报	☹
43	工业废水化学需氧量去除率	%	全市	正	82.184	86.498	64.692	40	95	55	城市；环境年报	☺
44	工业氮氧化物去除率	%	全市	正	26.396	26.396	20.860	48	38	−10	城市；环境年报	☹
45	工业废水氨氮去除率	%	全市	正	73.954	54.682	39.598	85	95	10	城市；环境年报	☺

年鉴说明：城市——《中国城市统计年鉴 2015》；环境年报——《中国环境统计年报 2014》；环境年鉴——《中国环境统计年鉴 2015》；城市建设——《中国城市建设统计年鉴 2014》；统计局——国家统计局；住建部——住房和城乡建设部。

重庆绿色发展"体检"表

序号	指标名称	单　位	口　径	指标属性	2014 年测评均值	2014 年重庆数值	2013 年重庆数值	2014 年重庆排名	2013 年重庆排名	排名变化	2014 年数据来源	进退脸谱
1	人均地区生产总值	元/人	全市	正	65 266.020	47 850.000	42 795.000	69	73	4	城市	☺
2	单位地区生产总值能耗	吨标煤/万元	全市	逆	0.702	0.602	1.086	56	71	15	统计局	☺
3	人均城镇生活消费用电	千瓦时/人	全市	逆	456.822	313.015	311.171	50	48	－2	城市	☹
4	单位地区生产总值二氧化碳排放量			逆	NA	NA	NA	NA	NA			
5	单位地区生产总值二氧化硫排放量	吨/亿元	全市	逆	38.751	36.959	60.218	65	75	10	城市；环境年报	☺
6	单位地区生产总值化学需氧量排放量	吨/亿元	全市	逆	30.653	27.047	29.702	51	77	26	城市；环境年报	☺
7	单位地区生产总值氮氧化物排放量	吨/亿元	全市	逆	26.708	16.709	27.762	48	50	2	城市；环境年报	☺
8	单位地区生产总值氨氮排放量	吨/亿元	全市	逆	3.393	3.584	4.341	61	73	12	城市；环境年报	☺
9	第一产业劳动生产率	万元/人	全市	正	1 297.954	28.855	26.830	98	98	0	城市	
10	第二产业劳动生产率	万元/人	全市	正	39.710	15.807	16.538	100	100	0	城市	
11	单位工业增加值水耗	万吨/万元	全市	逆	0.005	0.003	152.452	45	51	6	环境年报	☺
12	单位工业增加值能耗		全市	逆	NA	NA	NA	NA	NA			
13	工业固体废物综合利用率	%	全市	正	82.610	84.490	84.000	71	68	－3	城市	☹
14	工业用水重复利用率	%	全市	正	84.798	81.108	79.122	80	81	1	环境年报	☺
15	第三产业劳动生产率	万元/人	全市	正	38.431	13.645	11.274	100	100	0	城市	
16	第三产业增加值比重	%	全市	正	42.925	46.780	41.530	32	45	13	城市	☺
17	第三产业就业人员比重	%	全市	正	47.327	52.165	52.000	34	32	－2	城市	☹
18	人均水资源量	立方米/人	全市	正	1 040.361	1 908.572	1 415.571	17	27	10	统计局	☺
19	单位土地面积二氧化碳排放量			逆	NA	NA	NA	NA	NA			
20	人均二氧化碳排放量			逆	NA	NA	NA	NA	NA			
21	单位土地面积二氧化硫排放量	吨/平方公里	全市	逆	8.311	6.399	6.649	46	45	－1	城市；环境年报	☹
22	人均二氧化硫排放量	吨/万人	全市	逆	227.564	156.567	163.441	53	54	1	城市；环境年报	☺
23	单位土地面积化学需氧量排放量	吨/平方公里	全市	逆	5.072	3.229	3.279	46	47	1	城市；环境年报	☺
24	人均化学需氧量排放量	吨/万人	全市	逆	90.513	79.014	80.615	44	43	－1	城市；环境年报	☹
25	单位土地面积氮氧化物排放量	吨/平方公里	全市	逆	7.088	2.893	3.065	27	25	－2	城市；环境年报	☹

续表

序号	指标名称	单　位	口　径	指标属性	2014 年测评均值	2014 年重庆数值	2013 年重庆数值	2014 年重庆排名	2013 年重庆排名	排名变化	2014 年数据来源	进退脸谱
26	人均氮氧化物排放量	吨/万人	全市	逆	167.921	70.782	75.349	27	24	－3	城市；环境年报	☹
27	单位土地面积氨氮排放量	吨/平方公里	全市	逆	0.819	0.472	0.479	42	41	－1	城市；环境年报	☹
28	人均氨氮排放量	吨/万人	全市	逆	15.080	11.542	11.781	44	40	－4	城市；环境年报	☹
29	空气质量达到二级以上天数占全年比重	%	市辖区	正	64.123	67.397	42.860	40	81	41	环境年鉴	☺
30	首要污染物可吸入颗粒物天数占全年比重	%	市辖区	逆	93.900	100.000	100.000	55	55	0	环境年鉴	
31	可吸入细颗粒物(PM2.5)浓度年均值	微克/立方米	市辖区	逆	62.790	65.000	106.000	51	17	－34	环境年鉴	☹
32	环境保护支出占财政支出比重	%	全市	正	2.897	3.193	3.741	36	22	－14	城市；统计局	☹
33	城市环境基础设施建设投资占全市固定资产投资比重	%	全市	正	0.862	0.584	1.007	51	47	－4	城市；住建部	☹
34	科教文卫支出占财政支出比重	%	全市	正	29.481	23.923	23.150	83	89	6	城市；统计局	☺
35	人均绿地面积	平方米/人	市辖区	正	29.747	15.747	14.361	58	59	1	城市	☺
36	建成区绿化覆盖率	%	市辖区	正	41.509	40.600	41.660	56	44	－12	城市建设	☹
37	用水普及率	%	市辖区	正	98.575	96.250	96.250	87	87	0	城市建设	
38	城镇生活污水处理率	%	市辖区	正	90.122	92.990	93.950	43	34	－9	城市建设	☹
39	生活垃圾无害化处理率	%	市辖区	正	93.223	99.250	99.430	48	54	6	城市建设	☺
40	互联网宽带接入用户数	万户	市辖区	正	146.080	540.000	505.000	6	5	－1	城市	☹
41	每万人拥有公共汽车	辆	市辖区	正	11.487	4.450	6.760	97	73	－24	城市	☹
42	工业二氧化硫去除率	%	全市	正	66.135	66.336	96.483	62	1	－61	城市；环境年报	☹
43	工业废水化学需氧量去除率	%	全市	正	82.184	83.973	84.250	53	56	3	城市；环境年报	☺
44	工业氮氧化物去除率	%	全市	正	26.396	22.259	17.881	59	58	－1	城市；环境年报	☹
45	工业废水氨氮去除率	%	全市	正	73.954	85.968	86.514	30	28	－2	城市；环境年报	☹

年鉴说明：城市——《中国城市统计年鉴 2015》；环境年报——《中国环境统计年报 2014》；环境年鉴——《中国环境统计年鉴 2015》；城市建设——《中国城市建设统计年鉴 2014》；统计局——国家统计局；住建部——住房和城乡建设部。

成都绿色发展“体检”表

序号	指标名称	单　位	口　径	指标属性	2014 年测评均值	2014 年成都数值	2013 年成都数值	2014 年成都排名	2013 年成都排名	排名变化	2014 年数据来源	进退脸谱
1	人均地区生产总值	元/人	全市	正	65 266.020	70 019.000	63 977.000	35	38	3	城市	☺
2	单位地区生产总值能耗	吨标煤/万元	全市	逆	0.702	0.516	0.706	46	45	−1	统计局	☹
3	人均城镇生活消费用电	千瓦时/人	全市	逆	456.822	475.335	436.965	70	63	−7	城市	☹
4	单位地区生产总值二氧化碳排放量			逆	NA	NA	NA	NA	NA			
5	单位地区生产总值二氧化硫排放量	吨/亿元	全市	逆	38.751	5.550	8.620	7	7	0	城市；环境年报	
6	单位地区生产总值化学需氧量排放量	吨/亿元	全市	逆	30.653	18.265	17.400	29	45	16	城市；环境年报	☺
7	单位地区生产总值氮氧化物排放量	吨/亿元	全市	逆	26.708	4.681	6.982	8	9	1	城市；环境年报	☺
8	单位地区生产总值氨氮排放量	吨/亿元	全市	逆	3.393	2.094	2.111	28	30	2	城市；环境年报	☺
9	第一产业劳动生产率	万元/人	全市	正	1 297.954	239.942	234.684	80	74	−6	城市	☹
10	第二产业劳动生产率	万元/人	全市	正	39.710	27.897	26.368	76	85	9	城市	☺
11	单位工业增加值水耗	万吨/万元	全市	逆	0.005	0.001	48.714	20	14	−6	环境年报	☹
12	单位工业增加值能耗		全市	逆	NA	NA	NA	NA	NA			
13	工业固体废物综合利用率	%	全市	正	82.610	97.440	99.000	26	9	−17	城市	☹
14	工业用水重复利用率	%	全市	正	84.798	87.808	88.890	60	51	−9	环境年报	☹
15	第三产业劳动生产率	万元/人	全市	正	38.431	21.817	21.709	92	83	−9	城市	☹
16	第三产业增加值比重	%	全市	正	42.925	51.620	50.220	18	17	−1	城市	☹
17	第三产业就业人员比重	%	全市	正	47.327	55.553	61.279	23	8	−15	城市	☹
18	人均水资源量	立方米/人	全市	正	1 040.361	1 296.372	1 296.372	30	33	3	统计局	☺
19	单位土地面积二氧化碳排放量			逆	NA	NA	NA	NA	NA			
20	人均二氧化碳排放量			逆	NA	NA	NA	NA	NA			
21	单位土地面积二氧化硫排放量	吨/平方公里	全市	逆	8.311	4.605	4.692	32	29	−3	城市；环境年报	☹
22	人均二氧化硫排放量	吨/万人	全市	逆	227.564	46.535	48.218	6	7	1	城市；环境年报	☺
23	单位土地面积化学需氧量排放量	吨/平方公里	全市	逆	5.072	9.250	9.471	90	90	0	城市；环境年报	
24	人均化学需氧量排放量	吨/万人	全市	逆	90.513	93.476	97.329	54	58	4	城市；环境年报	☺
25	单位土地面积氮氧化物排放量	吨/平方公里	全市	逆	7.088	3.883	3.800	38	33	−5	城市；环境年报	☹

续表

序号	指标名称	单　位	口　径	指标属性	2014 年测评均值	2014 年成都数值	2013 年成都数值	2014 年成都排名	2013 年成都排名	排名变化	2014 年数据来源	进退脸谱
26	人均氮氧化物排放量	吨/万人	全市	逆	167.921	39.245	39.052	10	7	－3	城市；环境年报	☹
27	单位土地面积氨氮排放量	吨/平方公里	全市	逆	0.819	1.106	1.149	84	83	－1	城市；环境年报	☹
28	人均氨氮排放量	吨/万人	全市	逆	15.080	11.181	11.811	38	41	3	城市；环境年报	☺
29	空气质量达到二级以上天数占全年比重	%	市辖区	正	64.123	59.178	35.710	69	85	16	环境年鉴	☺
30	首要污染物可吸入颗粒物天数占全年比重	%	市辖区	逆	93.900	100.000	100.000	55	55	0	环境年鉴	
31	可吸入细颗粒物(PM2.5)浓度年均值	微克/立方米	市辖区	逆	62.790	77.000	150.000	82	91	9	环境年鉴	☺
32	环境保护支出占财政支出比重	%	全市	正	2.897	1.858	1.411	80	93	13	城市；统计局	☺
33	城市环境基础设施建设投资占全市固定资产投资比重	%	全市	正	0.862	1.156	0.311	23	88	65	城市；住建部	☺
34	科教文卫支出占财政支出比重	%	全市	正	29.481	23.904	26.036	84	74	－10	城市；统计局	☹
35	人均绿地面积	平方米/人	市辖区	正	29.747	16.472	16.162	56	50	－6	城市	☹
36	建成区绿化覆盖率	%	市辖区	正	41.509	35.860	40.170	96	61	－35	城市建设	☹
37	用水普及率	%	市辖区	正	98.575	98.330	98.330	75	75	0	城市建设	
38	城镇生活污水处理率	%	市辖区	正	90.122	94.640	89.010	33	66	33	城市建设	☺
39	生活垃圾无害化处理率	%	市辖区	正	93.223	100.000	100.000	2	1	－1	城市建设	☹
40	互联网宽带接入用户数	万户	市辖区	正	146.080	288.000	257.000	11	11	0	城市	
41	每万人拥有公共汽车	辆	市辖区	正	11.487	19.680	18.010	7	12	5	城市	☺
42	工业二氧化硫去除率	%	全市	正	66.135	65.068	55.138	66	83	17	城市；环境年报	☺
43	工业废水化学需氧量去除率	%	全市	正	82.184	89.948	87.345	28	37	9	城市；环境年报	☺
44	工业氮氧化物去除率	%	全市	正	26.396	28.571	30.159	40	18	－22	城市；环境年报	☹
45	工业废水氨氮去除率	%	全市	正	73.954	84.977	95.289	33	10	－23	城市；环境年报	☹

年鉴说明：城市——《中国城市统计年鉴 2015》；环境年报——《中国环境统计年报 2014》；环境年鉴——《中国环境统计年鉴 2015》；城市建设——《中国城市建设统计年鉴 2014》；统计局——国家统计局；住建部——住房和城乡建设部。

贵阳绿色发展“体检”表

序号	指标名称	单位	口径	指标属性	2014 年测评均值	2014 年贵阳数值	2013 年贵阳数值	2014 年贵阳排名	2013 年贵阳排名	排名变化	2014 年数据来源	进退脸谱
1	人均地区生产总值	元/人	全市	正	65 266.020	55 018.000	46 479.000	56	66	10	城市	☺
2	单位地区生产总值能耗	吨标煤/万元	全市	逆	0.702	0.983	1.412	78	80	2	统计局	☺
3	人均城镇生活消费用电	千瓦时/人	全市	逆	456.822	1 116.244	1 129.931	94	94	0	城市	
4	单位地区生产总值二氧化碳排放量			逆	NA	NA	NA	NA	NA			
5	单位地区生产总值二氧化硫排放量	吨/亿元	全市	逆	38.751	43.070	65.963	73	80	7	城市；环境年报	☺
6	单位地区生产总值化学需氧量排放量	吨/亿元	全市	逆	30.653	18.096	20.715	27	55	28	城市；环境年报	☺
7	单位地区生产总值氮氧化物排放量	吨/亿元	全市	逆	26.708	11.935	19.742	24	32	8	城市；环境年报	☺
8	单位地区生产总值氨氮排放量	吨/亿元	全市	逆	3.393	2.299	2.973	34	52	18	城市；环境年报	☺
9	第一产业劳动生产率	万元/人	全市	正	1 297.954	555.662	428.947	56	56	0	城市	
10	第二产业劳动生产率	万元/人	全市	正	39.710	18.336	17.439	96	98	2	城市	☺
11	单位工业增加值水耗	万吨/万元	全市	逆	0.005	0.007	276.473	75	74	−1	环境年报	☹
12	单位工业增加值能耗		全市	逆	NA	NA	NA	NA	NA			
13	工业固体废物综合利用率	%	全市	正	82.610	48.860	60.750	91	82	−9	城市	☹
14	工业用水重复利用率	%	全市	正	84.798	94.653	95.305	22	16	−6	环境年报	☹
15	第三产业劳动生产率	万元/人	全市	正	38.431	29.839	27.916	64	65	1	城市	☺
16	第三产业增加值比重	%	全市	正	42.925	56.570	55.400	9	8	−1	城市	☹
17	第三产业就业人员比重	%	全市	正	47.327	47.868	46.010	47	48	1	城市	☺
18	人均水资源量	立方米/人	全市	正	1 040.361	0.144	0.119	100	99	−1	统计局	☹
19	单位土地面积二氧化碳排放量			逆	NA	NA	NA	NA	NA			
20	人均二氧化碳排放量			逆	NA	NA	NA	NA	NA			
21	单位土地面积二氧化硫排放量	吨/平方公里	全市	逆	8.311	13.373	13.191	84	80	−4	城市；环境年报	☹
22	人均二氧化硫排放量	吨/万人	全市	逆	227.564	282.302	281.568	82	80	−2	城市；环境年报	☹
23	单位土地面积化学需氧量排放量	吨/平方公里	全市	逆	5.072	4.631	4.142	67	58	−9	城市；环境年报	☹
24	人均化学需氧量排放量	吨/万人	全市	逆	90.513	97.770	88.421	63	47	−16	城市；环境年报	☹
25	单位土地面积氮氧化物排放量	吨/平方公里	全市	逆	7.088	3.706	3.948	34	36	2	城市；环境年报	☺

续表

序号	指标名称	单 位	口 径	指标属性	2014年测评均值	2014年贵阳数值	2013年贵阳数值	2014年贵阳排名	2013年贵阳排名	排名变化	2014年数据来源	进退脸谱
26	人均氮氧化物排放量	吨/万人	全市	逆	167.921	78.231	84.270	31	29	－2	城市；环境年报	☹
27	单位土地面积氨氮排放量	吨/平方公里	全市	逆	0.819	0.646	0.595	63	56	－7	城市；环境年报	☹
28	人均氨氮排放量	吨/万人	全市	逆	15.080	13.633	12.692	61	49	－12	城市；环境年报	☹
29	空气质量达到二级以上天数占全年比重	%	市辖区	正	64.123	82.466	71.430	14	58	44	环境年鉴	☺
30	首要污染物可吸入颗粒物天数占全年比重	%	市辖区	逆	93.900	84.620	84.620	13	13	0	环境年鉴	
31	可吸入细颗粒物(PM2.5)浓度年均值	微克/立方米	市辖区	逆	62.790	48.000	85.000	22	9	－13	环境年鉴	☹
32	环境保护支出占财政支出比重	%	全市	正	2.897	3.647	3.152	21	34	13	城市；统计局	☺
33	城市环境基础设施建设投资占全市固定资产投资比重	%	全市	正	0.862	0.062	0.805	97	59	－38	城市；住建部	☹
34	科教文卫支出占财政支出比重	%	全市	正	29.481	29.956	28.878	46	55	9	城市；统计局	☺
35	人均绿地面积	平方米/人	市辖区	正	29.747	33.925	33.925	24	19	－5	城市	☹
36	建成区绿化覆盖率	%	市辖区	正	41.509	43.500	43.500	24	18	－6	城市建设	☹
37	用水普及率	%	市辖区	正	98.575	94.430	94.430	93	93	0	城市建设	
38	城镇生活污水处理率	%	市辖区	正	90.122	95.700	95.010	19	20	1	城市建设	☺
39	生活垃圾无害化处理率	%	市辖区	正	93.223	99.650	95.430	45	70	25	城市建设	☺
40	互联网宽带接入用户数	万户	市辖区	正	146.080	105.000	94.000	42	41	－1	城市	☹
41	每万人拥有公共汽车	辆	市辖区	正	11.487	12.370	10.030	33	46	13	城市	☺
42	工业二氧化硫去除率	%	全市	正	66.135	60.773	59.656	71	71	0	城市；环境年报	
43	工业废水化学需氧量去除率	%	全市	正	82.184	65.598	66.743	94	92	－2	城市；环境年报	☹
44	工业氮氧化物去除率	%	全市	正	26.396	37.778	18.919	19	54	35	城市；环境年报	☺
45	工业废水氨氮去除率	%	全市	正	73.954	90.822	83.301	18	39	21	城市；环境年报	☺

年鉴说明：城市——《中国城市统计年鉴 2015》；环境年报——《中国环境统计年报 2014》；环境年鉴——《中国环境统计年鉴 2015》；城市建设——《中国城市建设统计年鉴 2014》；统计局——国家统计局；住建部——住房和城乡建设部。

昆明绿色发展“体检”表

序号	指标名称	单　位	口　径	指标属性	2014 年测评均值	2014 年昆明数值	2013 年昆明数值	2014 年昆明排名	2013 年昆明排名	排名变化	2014 年数据来源	进退脸谱
1	人均地区生产总值	元/人	全市	正	65 266.020	56 236.000	52 094.000	53	54	1	城市	☺
2	单位地区生产总值能耗	吨标煤/万元	全市	逆	0.702	0.515	0.679	45	41	－4	统计局	☹
3	人均城镇生活消费用电	千瓦时/人	全市	逆	456.822	443.239	449.978	68	64	－4	城市	☹
4	单位地区生产总值二氧化碳排放量			逆	NA	NA	NA	NA	NA			
5	单位地区生产总值二氧化硫排放量	吨/亿元	全市	逆	38.751	17.734	37.730	37	52	15	城市；环境年报	☺
6	单位地区生产总值化学需氧量排放量	吨/亿元	全市	逆	30.653	7.767	4.571	7	3	－4	城市；环境年报	☹
7	单位地区生产总值氮氧化物排放量	吨/亿元	全市	逆	26.708	12.277	24.335	30	43	13	城市；环境年报	☺
8	单位地区生产总值氨氮排放量	吨/亿元	全市	逆	3.393	1.700	1.697	18	19	1	城市；环境年报	☺
9	第一产业劳动生产率	万元/人	全市	正	1 297.954	605.218	506.567	53	51	－2	城市	☹
10	第二产业劳动生产率	万元/人	全市	正	39.710	28.014	26.616	75	83	8	城市	☺
11	单位工业增加值水耗	万吨/万元	全市	逆	0.005	0.005	179.196	65	60	－5	环境年报	☹
12	单位工业增加值能耗		全市	逆	NA	NA	NA	NA	NA			
13	工业固体废物综合利用率	%	全市	正	82.610	36.870	40.900	94	91	－3	城市	☹
14	工业用水重复利用率	%	全市	正	84.798	91.582	92.913	47	32	－15	环境年报	☹
15	第三产业劳动生产率	万元/人	全市	正	38.431	26.842	24.251	75	75	0	城市	
16	第三产业增加值比重	%	全市	正	42.925	53.670	50.030	17	19	2	城市	☺
17	第三产业就业人员比重	%	全市	正	47.327	59.806	55.163	15	21	6	城市	☺
18	人均水资源量	立方米/人	全市	正	1 040.361	1 210.862	10 750.321	32	1	－31	统计局	☹
19	单位土地面积二氧化碳排放量			逆	NA	NA	NA	NA	NA			
20	人均二氧化碳排放量			逆	NA	NA	NA	NA	NA			
21	单位土地面积二氧化硫排放量	吨/平方公里	全市	逆	8.311	3.134	5.089	20	32	12	城市；环境年报	☺
22	人均二氧化硫排放量	吨/万人	全市	逆	227.564	120.005	196.170	36	62	26	城市；环境年报	☺
23	单位土地面积化学需氧量排放量	吨/平方公里	全市	逆	5.072	1.007	0.617	6	4	－2	城市；环境年报	☹
24	人均化学需氧量排放量	吨/万人	全市	逆	90.513	38.554	23.766	6	1	－5	城市；环境年报	☹
25	单位土地面积氮氧化物排放量	吨/平方公里	全市	逆	7.088	2.170	3.282	20	29	9	城市；环境年报	☺

续表

序号	指标名称	单　位	口　径	指标属性	2014 年测评均值	2014 年昆明数值	2013 年昆明数值	2014 年昆明排名	2013 年昆明排名	排名变化	2014 年数据来源	进退脸谱
26	人均氮氧化物排放量	吨/万人	全市	逆	167.921	83.080	126.527	33	46	13	城市；环境年报	☺
27	单位土地面积氨氮排放量	吨/平方公里	全市	逆	0.819	0.246	0.229	14	11	−3	城市；环境年报	☹
28	人均氨氮排放量	吨/万人	全市	逆	15.080	9.429	8.822	24	17	−7	城市；环境年报	☹
29	空气质量达到二级以上天数占全年比重	%	市辖区	正	64.123	95.890	85.710	2	41	39	环境年鉴	☺
30	首要污染物可吸入颗粒物天数占全年比重	%	市辖区	逆	93.900	100.000	100.000	55	55	0	环境年鉴	
31	可吸入细颗粒物(PM2.5)浓度年均值	微克/立方米	市辖区	逆	62.790	35.000	82.000	8	7	−1	环境年鉴	☹
32	环境保护支出占财政支出比重	%	全市	正	2.897	3.799	5.261	19	11	−8	城市；统计局	☹
33	城市环境基础设施建设投资占全市固定资产投资比重	%	全市	正	0.862	0.097	0.150	95	99	4	城市；住建部	☺
34	科教文卫支出占财政支出比重	%	全市	正	29.481	23.995	25.211	82	79	−3	城市；统计局	☹
35	人均绿地面积	平方米/人	市辖区	正	29.747	28.318	26.357	27	26	−1	城市	☹
36	建成区绿化覆盖率	%	市辖区	正	41.509	40.360	39.400	60	70	10	城市建设	☺
37	用水普及率	%	市辖区	正	98.575	99.110	99.110	63	63	0	城市建设	
38	城镇生活污水处理率	%	市辖区	正	90.122	94.890	98.000	32	7	−25	城市建设	☹
39	生活垃圾无害化处理率	%	市辖区	正	93.223	100.000	89.000	2	84	82	城市建设	☺
40	互联网宽带接入用户数	万户	市辖区	正	146.080	132.000	133.000	35	31	−4	城市	☹
41	每万人拥有公共汽车	辆	市辖区	正	11.487	19.730	17.760	6	14	8	城市	☺
42	工业二氧化硫去除率	%	全市	正	66.135	84.750	77.704	7	16	9	城市；环境年报	☺
43	工业废水化学需氧量去除率	%	全市	正	82.184	68.297	81.614	92	65	−27	城市；环境年报	☹
44	工业氮氧化物去除率	%	全市	正	26.396	0.000	2.857	98	95	−3	城市；环境年报	☹
45	工业废水氨氮去除率	%	全市	正	73.954	71.661	83.806	63	36	−27	城市；环境年报	☹

年鉴说明：城市——《中国城市统计年鉴 2015》；环境年报——《中国环境统计年报 2014》；环境年鉴——《中国环境统计年鉴 2015》；城市建设——《中国城市建设统计年鉴 2014》；统计局——国家统计局；住建部——住房和城乡建设部。

西安绿色发展“体检”表

序号	指标名称	单位	口径	指标属性	2014 年测评均值	2014 年西安数值	2013 年西安数值	2014 年西安排名	2013 年西安排名	排名变化	2014 年数据来源	进退脸谱
1	人均地区生产总值	元/人	全市	正	65 266.020	63 794.000	56 988.000	44	49	5	城市	☺
2	单位地区生产总值能耗	吨标煤/万元	全市	逆	0.702	0.101	0.182	4	5	1	统计局	☺
3	人均城镇生活消费用电	千瓦时/人	全市	逆	456.822	860.757	812.206	91	90	−1	城市	☹
4	单位地区生产总值二氧化碳排放量			逆	NA	NA	NA	NA	NA			
5	单位地区生产总值二氧化硫排放量	吨/亿元	全市	逆	38.751	16.896	25.094	36	39	3	城市；环境年报	☺
6	单位地区生产总值化学需氧量排放量	吨/亿元	全市	逆	30.653	19.824	23.967	32	63	31	城市；环境年报	☺
7	单位地区生产总值氮氧化物排放量	吨/亿元	全市	逆	26.708	7.956	13.030	14	17	3	城市；环境年报	☺
8	单位地区生产总值氨氮排放量	吨/亿元	全市	逆	3.393	2.365	3.490	37	62	25	城市；环境年报	☺
9	第一产业劳动生产率	万元/人	全市	正	1 297.954	913.882	691.429	43	43	0	城市	
10	第二产业劳动生产率	万元/人	全市	正	39.710	27.216	27.155	79	82	3	城市	☺
11	单位工业增加值水耗	万吨/万元	全市	逆	0.005	0.001	33.452	12	11	−1	环境年报	☹
12	单位工业增加值能耗		全市	逆	NA	NA	NA	NA	NA			
13	工业固体废物综合利用率	%	全市	正	82.610	92.400	95.430	51	34	−17	城市	☹
14	工业用水重复利用率	%	全市	正	84.798	68.877	70.280	92	86	−6	环境年报	☹
15	第三产业劳动生产率	万元/人	全市	正	38.431	26.124	24.576	77	74	−3	城市	☹
16	第三产业增加值比重	%	全市	正	42.925	56.140	52.180	12	14	2	城市	☺
17	第三产业就业人员比重	%	全市	正	47.327	60.829	57.842	13	17	4	城市	☺
18	人均水资源量	立方米/人	全市	正	1 040.361	270.250	235.434	75	82	7	统计局	☺
19	单位土地面积二氧化碳排放量			逆	NA	NA	NA	NA	NA			
20	人均二氧化碳排放量			逆	NA	NA	NA	NA	NA			
21	单位土地面积二氧化硫排放量	吨/平方公里	全市	逆	8.311	9.191	8.764	65	58	−7	城市；环境年报	☹
22	人均二氧化硫排放量	吨/万人	全市	逆	227.564	114.420	110.412	34	29	−5	城市；环境年报	☹
23	单位土地面积化学需氧量排放量	吨/平方公里	全市	逆	5.072	8.095	8.371	88	88	0	城市；环境年报	
24	人均化学需氧量排放量	吨/万人	全市	逆	90.513	100.765	105.453	69	67	−2	城市；环境年报	☹
25	单位土地面积氮氧化物排放量	吨/平方公里	全市	逆	7.088	4.328	4.551	41	39	−2	城市；环境年报	☹

续表

序号	指标名称	单　位	口　径	指标属性	2014 年测评均值	2014 年西安数值	2013 年西安数值	2014 年西安排名	2013 年西安排名	排名变化	2014 年数据来源	进退脸谱
26	人均氮氧化物排放量	吨/万人	全市	逆	167.921	53.875	57.331	17	12	−5	城市；环境年报	☹
27	单位土地面积氨氮排放量	吨/平方公里	全市	逆	0.819	1.185	1.219	87	85	−2	城市；环境年报	☹
28	人均氨氮排放量	吨/万人	全市	逆	15.080	14.756	15.356	65	68	3	城市；环境年报	☺
29	空气质量达到二级以上天数占全年比重	%	市辖区	正	64.123	47.123	14.290	86	95	9	环境年鉴	☺
30	首要污染物可吸入颗粒物天数占全年比重	%	市辖区	逆	93.900	100.000	100.000	55	55	0	环境年鉴	
31	可吸入细颗粒物(PM2.5)浓度年均值	微克/立方米	市辖区	逆	62.790	77.000	189.000	82	98	16	环境年鉴	☺
32	环境保护支出占财政支出比重	%	全市	正	2.897	2.714	2.536	46	54	8	城市；统计局	☺
33	城市环境基础设施建设投资占全市固定资产投资比重	%	全市	正	0.862	0.739	0.580	37	70	33	城市；住建部	☺
34	科教文卫支出占财政支出比重	%	全市	正	29.481	24.401	26.391	80	72	−8	城市；统计局	☹
35	人均绿地面积	平方米/人	市辖区	正	29.747	20.684	19.633	39	39	0	城市	
36	建成区绿化覆盖率	%	市辖区	正	41.509	42.500	42.200	36	35	−1	城市建设	☹
37	用水普及率	%	市辖区	正	98.575	100.000	100.000	1	1	0	城市建设	
38	城镇生活污水处理率	%	市辖区	正	90.122	93.500	91.500	41	46	5	城市建设	☺
39	生活垃圾无害化处理率	%	市辖区	正	93.223	93.480	99.860	73	53	−20	城市建设	☹
40	互联网宽带接入用户数	万户	市辖区	正	146.080	278.000	267.000	14	10	−4	城市	☹
41	每万人拥有公共汽车	辆	市辖区	正	11.487	13.230	14.000	26	24	−2	城市	☹
42	工业二氧化硫去除率	%	全市	正	66.135	61.111	57.736	69	75	6	城市；环境年报	☺
43	工业废水化学需氧量去除率	%	全市	正	82.184	71.691	75.763	87	80	−7	城市；环境年报	☹
44	工业氮氧化物去除率	%	全市	正	26.396	30.435	23.913	33	31	−2	城市；环境年报	☹
45	工业废水氨氮去除率	%	全市	正	73.954	74.978	72.756	53	60	7	城市；环境年报	☺

年鉴说明：城市——《中国城市统计年鉴 2015》；环境年报——《中国环境统计年报 2014》；环境年鉴——《中国环境统计年鉴 2015》；城市建设——《中国城市建设统计年鉴 2014》；统计局——国家统计局；住建部——住房和城乡建设部。

兰州绿色发展"体检"表

序号	指标名称	单　位	口　径	指标属性	2014 年测评均值	2014 年兰州数值	2013 年兰州数值	2014 年兰州排名	2013 年兰州排名	排名变化	2014 年数据来源	进退脸谱
1	人均地区生产总值	元/人	全市	正	65 266.020	54 771.000	48 852.000	57	60	3	城市	☺
2	单位地区生产总值能耗	吨标煤/万元	全市	逆	0.702	0.804	1.118	65	74	9	统计局	☺
3	人均城镇生活消费用电	千瓦时/人	全市	逆	456.822	404.958	376.333	63	56	－7	城市	☹
4	单位地区生产总值二氧化碳排放量			逆	NA	NA	NA	NA	NA			
5	单位地区生产总值二氧化硫排放量	吨/亿元	全市	逆	38.751	37.175	54.060	67	68	1	城市；环境年报	☺
6	单位地区生产总值化学需氧量排放量	吨/亿元	全市	逆	30.653	23.001	25.312	43	69	26	城市；环境年报	☺
7	单位地区生产总值氮氧化物排放量	吨/亿元	全市	逆	26.708	34.399	55.683	78	83	5	城市；环境年报	☺
8	单位地区生产总值氨氮排放量	吨/亿元	全市	逆	3.393	4.155	5.232	73	88	15	城市；环境年报	☺
9	第一产业劳动生产率	万元/人	全市	正	1 297.954	582.496	310.323	54	65	11	城市	☺
10	第二产业劳动生产率	万元/人	全市	正	39.710	26.866	29.140	82	75	－7	城市	☹
11	单位工业增加值水耗	万吨/万元	全市	逆	0.005	0.003	166.402	40	56	16	环境年报	☺
12	单位工业增加值能耗		全市	逆	NA	NA	NA	NA	NA			
13	工业固体废物综合利用率	%	全市	正	82.610	98.460	97.400	15	27	12	城市	☺
14	工业用水重复利用率	%	全市	正	84.798	81.516	87.832	75	55	－20	环境年报	☹
15	第三产业劳动生产率	万元/人	全市	正	38.431	31.698	28.906	57	60	3	城市	☺
16	第三产业增加值比重	%	全市	正	42.925	56.150	51.050	11	16	5	城市	☺
17	第三产业就业人员比重	%	全市	正	47.327	53.822	53.198	28	27	－1	城市	☹
18	人均水资源量	立方米/人	全市	正	1 040.361	519.751	9 960.498	54	2	－52	统计局	☹
19	单位土地面积二氧化碳排放量			逆	NA	NA	NA	NA	NA			
20	人均二氧化碳排放量			逆	NA	NA	NA	NA	NA			
21	单位土地面积二氧化硫排放量	吨/平方公里	全市	逆	8.311	5.684	6.080	41	42	1	城市；环境年报	☺
22	人均二氧化硫排放量	吨/万人	全市	逆	227.564	231.369	247.468	74	76	2	城市；环境年报	☺
23	单位土地面积化学需氧量排放量	吨/平方公里	全市	逆	5.072	3.001	2.847	44	41	－3	城市；环境年报	☹
24	人均化学需氧量排放量	吨/万人	全市	逆	90.513	122.162	115.870	81	75	－6	城市；环境年报	☹
25	单位土地面积氮氧化物排放量	吨/平方公里	全市	逆	7.088	5.260	6.262	48	51	3	城市；环境年报	☺

续表

序号	指标名称	单位	口径	指标属性	2014年测评均值	2014年兰州数值	2013年兰州数值	2014年兰州排名	2013年兰州排名	排名变化	2014年数据来源	进退脸谱
26	人均氮氧化物排放量	吨/万人	全市	逆	167.921	214.093	254.899	77	79	2	城市；环境年报	☺
27	单位土地面积氨氮排放量	吨/平方公里	全市	逆	0.819	0.603	0.588	57	54	−3	城市；环境年报	☹
28	人均氨氮排放量	吨/万人	全市	逆	15.080	24.545	23.951	91	91	0	城市；环境年报	
29	空气质量达到二级以上天数占全年比重	%	市辖区	正	64.123	67.671	64.290	38	66	28	环境年鉴	☺
30	首要污染物可吸入颗粒物天数占全年比重	%	市辖区	逆	93.900	100.000	100.000	55	55	0	环境年鉴	
31	可吸入细颗粒物(PM2.5)浓度年均值	微克/立方米	市辖区	逆	62.790	61.000	153.000	40	93	53	环境年鉴	☺
32	环境保护支出占财政支出比重	%	全市	正	2.897	3.453	3.404	26	27	1	城市；统计局	☺
33	城市环境基础设施建设投资占全市固定资产投资比重	%	全市	正	0.862	2.331	1.718	6	18	12	城市；住建部	☺
34	科教文卫支出占财政支出比重	%	全市	正	29.481	30.714	29.838	38	47	9	城市；统计局	☺
35	人均绿地面积	平方米/人	市辖区	正	29.747	20.286	18.787	42	43	1	城市	☺
36	建成区绿化覆盖率	%	市辖区	正	41.509	28.000	34.520	100	97	−3	城市建设	☹
37	用水普及率	%	市辖区	正	98.575	95.070	95.070	91	91	0	城市建设	
38	城镇生活污水处理率	%	市辖区	正	90.122	84.130	76.650	89	95	6	城市建设	☺
39	生活垃圾无害化处理率	%	市辖区	正	93.223	19.150	95.620	100	69	−31	城市建设	☹
40	互联网宽带接入用户数	万户	市辖区	正	146.080	73.000	65.000	56	55	−1	城市	☹
41	每万人拥有公共汽车	辆	市辖区	正	11.487	11.510	10.910	39	40	1	城市	☺
42	工业二氧化硫去除率	%	全市	正	66.135	57.233	57.055	80	79	−1	城市；环境年报	☹
43	工业废水化学需氧量去除率	%	全市	正	82.184	84.418	86.631	50	45	−5	城市；环境年报	☹
44	工业氮氧化物去除率	%	全市	正	26.396	37.143	11.111	20	76	56	城市；环境年报	☺
45	工业废水氨氮去除率	%	全市	正	73.954	36.327	72.557	97	61	−36	城市；环境年报	☹

年鉴说明：城市——《中国城市统计年鉴2015》；环境年报——《中国环境统计年报2014》；环境年鉴——《中国环境统计年鉴2015》；城市建设——《中国城市建设统计年鉴2014》；统计局——国家统计局；住建部——住房和城乡建设部。

西宁绿色发展“体检”表

序号	指标名称	单　位	口　径	指标属性	2014 年测评均值	2014 年西宁数值	2013 年西宁数值	2014 年西宁排名	2013 年西宁排名	排名变化	2014 年数据来源	进退脸谱
1	人均地区生产总值	元/人	全市	正	65 266.020	46 762.000	43 346.000	71	71	0	城市	
2	单位地区生产总值能耗	吨标煤/万元	全市	逆	0.702	2.146	2.617	98	98	0	统计局	
3	人均城镇生活消费用电	千瓦时/人	全市	逆	456.822	525.270	435.314	73	62	−11	城市	☹
4	单位地区生产总值二氧化碳排放量			逆	NA	NA	NA	NA	NA			
5	单位地区生产总值二氧化硫排放量	吨/亿元	全市	逆	38.751	70.614	108.612	88	89	1	城市；环境年报	☺
6	单位地区生产总值化学需氧量排放量	吨/亿元	全市	逆	30.653	39.988	44.139	78	89	11	城市；环境年报	☺
7	单位地区生产总值氮氧化物排放量	吨/亿元	全市	逆	26.708	46.031	74.847	88	92	4	城市；环境年报	☺
8	单位地区生产总值氨氮排放量	吨/亿元	全市	逆	3.393	4.145	5.622	72	91	19	城市；环境年报	☺
9	第一产业劳动生产率	万元/人	全市	正	1 297.954	325.295	267.407	70	70	0	城市	
10	第二产业劳动生产率	万元/人	全市	正	39.710	34.346	32.939	56	67	11	城市	☺
11	单位工业增加值水耗	万吨/万元	全市	逆	0.005	0.009	261.213	83	70	−13	环境年报	☹
12	单位工业增加值能耗		全市	逆	NA	NA	NA	NA	NA			
13	工业固体废物综合利用率	%	全市	正	82.610	96.830	97.580	30	26	−4	城市	☹
14	工业用水重复利用率	%	全市	正	84.798	94.233	92.440	27	37	10	环境年报	☺
15	第三产业劳动生产率	万元/人	全市	正	38.431	25.080	22.450	78	80	2	城市	☺
16	第三产业增加值比重	%	全市	正	42.925	46.700	43.730	33	34	1	城市	☺
17	第三产业就业人员比重	%	全市	正	47.327	55.702	56.375	22	19	−3	城市	☹
18	人均水资源量	立方米/人	全市	正	1 040.361	761.290	465.899	45	56	11	统计局	☺
19	单位土地面积二氧化碳排放量			逆	NA	NA	NA	NA	NA			
20	人均二氧化碳排放量			逆	NA	NA	NA	NA	NA			
21	单位土地面积二氧化硫排放量	吨/平方公里	全市	逆	8.311	9.839	10.324	70	69	−1	城市；环境年报	☹
22	人均二氧化硫排放量	吨/万人	全市	逆	227.564	373.494	349.725	89	86	−3	城市；环境年报	☹
23	单位土地面积化学需氧量排放量	吨/平方公里	全市	逆	5.072	4.292	4.196	63	59	−4	城市；环境年报	☹
24	人均化学需氧量排放量	吨/万人	全市	逆	90.513	162.920	142.124	98	90	−8	城市；环境年报	☹
25	单位土地面积氮氧化物排放量	吨/平方公里	全市	逆	7.088	6.414	7.115	59	58	−1	城市；环境年报	☹

续表

序号	指标名称	单　位	口　径	指标属性	2014年测评均值	2014年西宁数值	2013年西宁数值	2014年西宁排名	2013年西宁排名	排名变化	2014年数据来源	进退脸谱
26	人均氮氧化物排放量	吨/万人	全市	逆	167.921	243.469	241.005	80	77	−3	城市；环境年报	☹
27	单位土地面积氨氮排放量	吨/平方公里	全市	逆	0.819	0.529	0.534	48	48	0	城市；环境年报	
28	人均氨氮排放量	吨/万人	全市	逆	15.080	20.099	18.101	85	76	−9	城市；环境年报	☹
29	空气质量达到二级以上天数占全年比重	%	市辖区	正	64.123	71.507	14.290	31	95	64	环境年鉴	☺
30	首要污染物可吸入颗粒物天数占全年比重	%	市辖区	逆	93.900	100.000	100.000	55	55	0	环境年鉴	
31	可吸入细颗粒物(PM2.5)浓度年均值	微克/立方米	市辖区	逆	62.790	63.000	163.000	46	95	49	环境年鉴	☺
32	环境保护支出占财政支出比重	%	全市	正	2.897	6.074	10.325	5	1	−4	城市；统计局	☹
33	城市环境基础设施建设投资占全市固定资产投资比重	%	全市	正	0.862	0.368	0.439	67	81	14	城市；住建部	☺
34	科教文卫支出占财政支出比重	%	全市	正	29.481	23.451	24.565	86	84	−2	城市；统计局	☹
35	人均绿地面积	平方米/人	市辖区	正	29.747	16.864	14.194	53	61	8	城市	☺
36	建成区绿化覆盖率	%	市辖区	正	41.509	37.920	37.760	90	89	−1	城市建设	☹
37	用水普及率	%	市辖区	正	98.575	99.990	99.990	50	50	0	城市建设	
38	城镇生活污水处理率	%	市辖区	正	90.122	72.110	71.400	97	99	2	城市建设	☺
39	生活垃圾无害化处理率	%	市辖区	正	93.223	94.160	83.450	70	94	24	城市建设	☺
40	互联网宽带接入用户数	万户	市辖区	正	146.080	42.000	39.000	83	83	0	城市	
41	每万人拥有公共汽车	辆	市辖区	正	11.487	20.360	15.210	5	20	15	城市	☺
42	工业二氧化硫去除率	%	全市	正	66.135	51.449	49.050	88	90	2	城市；环境年报	☺
43	工业废水化学需氧量去除率	%	全市	正	82.184	38.547	38.229	98	99	1	城市；环境年报	☺
44	工业氮氧化物去除率	%	全市	正	26.396	11.321	1.852	90	97	7	城市；环境年报	☺
45	工业废水氨氮去除率	%	全市	正	73.954	20.638	38.609	99	96	−3	城市；环境年报	☹

年鉴说明：城市——《中国城市统计年鉴2015》；环境年报——《中国环境统计年报2014》；环境年鉴——《中国环境统计年鉴2015》；城市建设——《中国城市建设统计年鉴2014》；统计局——国家统计局；住建部——住房和城乡建设部。

银川绿色发展“体检”表

序号	指标名称	单位	口径	指标属性	2014年测评均值	2014年银川数值	2013年银川数值	2014年银川排名	2013年银川排名	排名变化	2014年数据来源	进退脸谱
1	人均地区生产总值	元/人	全市	正	65 266.020	65 942.000	62 437.000	42	41	−1	城市	☹
2	单位地区生产总值能耗	吨标煤/万元	全市	逆	0.702	1.153	1.890	87	92	5	统计局	☺
3	人均城镇生活消费用电	千瓦时/人	全市	逆	456.822	287.131	455.877	47	66	19	城市	☺
4	单位地区生产总值二氧化碳排放量			逆	NA	NA	NA	NA	NA			
5	单位地区生产总值二氧化硫排放量	吨/亿元	全市	逆	38.751	53.029	129.075	81	93	12	城市；环境年报	☺
6	单位地区生产总值化学需氧量排放量	吨/亿元	全市	逆	30.653	31.198	25.998	59	71	12	城市；环境年报	☺
7	单位地区生产总值氮氧化物排放量	吨/亿元	全市	逆	26.708	50.588	112.189	91	95	4	城市；环境年报	☺
8	单位地区生产总值氨氮排放量	吨/亿元	全市	逆	3.393	4.218	7.053	77	96	19	城市；环境年报	☺
9	第一产业劳动生产率	万元/人	全市	正	1 297.954	43.393	51.060	95	95	0	城市	
10	第二产业劳动生产率	万元/人	全市	正	39.710	43.348	48.408	39	29	−10	城市	☹
11	单位工业增加值水耗	万吨/万元	全市	逆	0.005	0.004	308.492	55	76	21	环境年报	☺
12	单位工业增加值能耗		全市	逆	NA	NA	NA	NA	NA			
13	工业固体废物综合利用率	%	全市	正	82.610	90.940	84.780	58	67	9	城市	☺
14	工业用水重复利用率	%	全市	正	84.798	88.209	91.174	56	41	−15	环境年报	☹
15	第三产业劳动生产率	万元/人	全市	正	38.431	15.315	28.737	99	61	−38	城市	☹
16	第三产业增加值比重	%	全市	正	42.925	42.170	42.280	51	39	−12	城市	☹
17	第三产业就业人员比重	%	全市	正	47.327	72.637	55.565	2	20	18	城市	☺
18	人均水资源量	立方米/人	全市	正	1 040.361	73.322	73.808	99	98	−1	统计局	☹
19	单位土地面积二氧化碳排放量			逆	NA	NA	NA	NA	NA			
20	人均二氧化碳排放量			逆	NA	NA	NA	NA	NA			
21	单位土地面积二氧化硫排放量	吨/平方公里	全市	逆	8.311	8.159	10.866	56	70	14	城市；环境年报	☺
22	人均二氧化硫排放量	吨/万人	全市	逆	227.564	422.473	577.198	91	94	3	城市；环境年报	☺
23	单位土地面积化学需氧量排放量	吨/平方公里	全市	逆	5.072	1.980	2.189	27	29	2	城市；环境年报	☺
24	人均化学需氧量排放量	吨/万人	全市	逆	90.513	102.509	116.260	70	76	6	城市；环境年报	☺
25	单位土地面积氮氧化物排放量	吨/平方公里	全市	逆	7.088	7.784	9.445	72	74	2	城市；环境年报	☺

续表

序号	指标名称	单 位	口 径	指标属性	2014年测评均值	2014年银川数值	2013年银川数值	2014年银川排名	2013年银川排名	排名变化	2014年数据来源	进退脸谱
26	人均氮氧化物排放量	吨/万人	全市	逆	167.921	403.029	501.689	92	95	3	城市；环境年报	☺
27	单位土地面积氨氮排放量	吨/平方公里	全市	逆	0.819	0.587	0.594	56	55	−1	城市；环境年报	☹
28	人均氨氮排放量	吨/万人	全市	逆	15.080	30.405	31.541	95	95	0	城市；环境年报	
29	空气质量达到二级以上天数占全年比重	%	市辖区	正	64.123	69.863	14.290	34	95	61	环境年鉴	☺
30	首要污染物可吸入颗粒物天数占全年比重	%	市辖区	逆	93.900	50.000	50.000	2	2	0	环境年鉴	
31	可吸入细颗粒物(PM2.5)浓度年均值	微克/立方米	市辖区	逆	62.790	53.000	118.000	30	27	−3	环境年鉴	☹
32	环境保护支出占财政支出比重	%	全市	正	2.897	3.507	2.343	25	61	36	城市；统计局	☺
33	城市环境基础设施建设投资占全市固定资产投资比重	%	全市	正	0.862	0.745	0.588	36	68	32	城市；住建部	☺
34	科教文卫支出占财政支出比重	%	全市	正	29.481	18.242	19.023	99	95	−4	城市；统计局	☹
35	人均绿地面积	平方米/人	市辖区	正	29.747	48.801	43.632	13	12	−1	城市	☹
36	建成区绿化覆盖率	%	市辖区	正	41.509	40.460	41.060	59	52	−7	城市建设	☹
37	用水普及率	%	市辖区	正	98.575	98.940	98.940	67	67	0	城市建设	
38	城镇生活污水处理率	%	市辖区	正	90.122	94.260	99.400	37	3	−34	城市建设	☹
39	生活垃圾无害化处理率	%	市辖区	正	93.223	100.000	87.560	2	88	86	城市建设	☺
40	互联网宽带接入用户数	万户	市辖区	正	146.080	44.000	39.000	82	83	1	城市	☺
41	每万人拥有公共汽车	辆	市辖区	正	11.487	15.190	18.790	19	8	−11	城市	☹
42	工业二氧化硫去除率	%	全市	正	66.135	82.872	73.684	9	35	26	城市；环境年报	☺
43	工业废水化学需氧量去除率	%	全市	正	82.184	84.470	84.855	49	52	3	城市；环境年报	☺
44	工业氮氧化物去除率	%	全市	正	26.396	23.333	7.692	57	83	26	城市；环境年报	☺
45	工业废水氨氮去除率	%	全市	正	73.954	94.181	94.556	10	11	1	城市；环境年报	☺

年鉴说明：城市——《中国城市统计年鉴2015》；环境年报——《中国环境统计年报2014》；环境年鉴——《中国环境统计年鉴2015》；城市建设——《中国城市建设统计年鉴2014》；统计局——国家统计局；住建部——住房和城乡建设部。

乌鲁木齐绿色发展“体检”表

序号	指标名称	单　位	口　径	指标属性	2014 年测评均值	2014 年乌鲁木齐数值	2013 年乌鲁木齐数值	2014 年乌鲁木齐排名	2013 年乌鲁木齐排名	排名变化	2014 年数据来源	进退脸谱
1	人均地区生产总值	元/人	全市	正	65 266.020	70 428.000	64 695.000	33	35	2	城市	☺
2	单位地区生产总值能耗	吨标煤/万元	全市	逆	0.702	0.697	1.029	62	68	6	统计局	☺
3	人均城镇生活消费用电	千瓦时/人	全市	逆	456.822	693.847	575.269	82	78	－4	城市	☹
4	单位地区生产总值二氧化碳排放量			逆	NA	NA	NA	NA	NA			
5	单位地区生产总值二氧化硫排放量	吨/亿元	全市	逆	38.751	31.696	47.496	57	63	6	城市；环境年报	☺
6	单位地区生产总值化学需氧量排放量	吨/亿元	全市	逆	30.653	9.897	11.541	11	28	17	城市；环境年报	☺
7	单位地区生产总值氮氧化物排放量	吨/亿元	全市	逆	26.708	37.983	67.760	82	90	8	城市；环境年报	☺
8	单位地区生产总值氨氮排放量	吨/亿元	全市	逆	3.393	2.179	3.099	31	54	23	城市；环境年报	☺
9	第一产业劳动生产率	万元/人	全市	正	1 297.954	25.776	24.579	99	99	0	城市	
10	第二产业劳动生产率	万元/人	全市	正	39.710	38.110	36.815	46	56	10	城市	☺
11	单位工业增加值水耗	万吨/万元	全市	逆	0.005	0.008	451.160	79	95	16	环境年报	☺
12	单位工业增加值能耗		全市	逆	NA	NA	NA	NA	NA			
13	工业固体废物综合利用率	%	全市	正	82.610	93.660	87.640	47	63	16	城市	☺
14	工业用水重复利用率	%	全市	正	84.798	94.105	94.488	30	20	－10	环境年报	☹
15	第三产业劳动生产率	万元/人	全市	正	38.431	33.905	31.465	51	51	0	城市	
16	第三产业增加值比重	%	全市	正	42.925	62.080	59.080	6	6	0	城市	
17	第三产业就业人员比重	%	全市	正	47.327	64.930	64.010	6	5	－1	城市	☹
18	人均水资源量	立方米/人	全市	正	1 040.361	385.311	433.948	62	62	0	统计局	
19	单位土地面积二氧化碳排放量			逆	NA	NA	NA	NA	NA			
20	人均二氧化碳排放量			逆	NA	NA	NA	NA	NA			
21	单位土地面积二氧化硫排放量	吨/平方公里	全市	逆	8.311	5.658	5.868	40	40	0	城市；环境年报	
22	人均二氧化硫排放量	吨/万人	全市	逆	227.564	294.519	310.703	83	83	0	城市；环境年报	
23	单位土地面积化学需氧量排放量	吨/平方公里	全市	逆	5.072	1.191	1.426	8	11	3	城市；环境年报	☺
24	人均化学需氧量排放量	吨/万人	全市	逆	90.513	62.009	75.497	26	37	11	城市；环境年报	☺
25	单位土地面积氮氧化物排放量	吨/平方公里	全市	逆	7.088	6.781	8.371	63	70	7	城市；环境年报	☺

续表

序号	指标名称	单 位	口 径	指标属性	2014 年测评均值	2014 年乌鲁木齐数值	2013 年乌鲁木齐数值	2014 年乌鲁木齐排名	2013 年乌鲁木齐排名	排名变化	2014 年数据来源	进退脸谱
26	人均氮氧化物排放量	吨/万人	全市	逆	167.921	352.945	443.260	90	92	2	城市；环境年报	☺
27	单位土地面积氨氮排放量	吨/平方公里	全市	逆	0.819	0.361	0.383	31	33	2	城市；环境年报	☺
28	人均氨氮排放量	吨/万人	全市	逆	15.080	18.801	20.275	81	82	1	城市；环境年报	☺
29	空气质量达到二级以上天数占全年比重	%	市辖区	正	64.123	55.342	14.290	72	95	23	环境年鉴	☺
30	首要污染物可吸入颗粒物天数占全年比重	%	市辖区	逆	93.900	100.000	100.000	55	55	0	环境年鉴	
31	可吸入细颗粒物(PM2.5)浓度年均值	微克/立方米	市辖区	逆	62.790	61.000	146.000	40	89	49	环境年鉴	☺
32	环境保护支出占财政支出比重	%	全市	正	2.897	5.850	5.677	7	8	1	城市；统计局	☺
33	城市环境基础设施建设投资占全市固定资产投资比重	%	全市	正	0.862	3.927	8.855	3	1	−2	城市；住建部	☹
34	科教文卫支出占财政支出比重	%	全市	正	29.481	23.162	23.765	88	87	−1	城市；统计局	☹
35	人均绿地面积	平方米/人	市辖区	正	29.747	97.890	93.994	6	5	−1	城市	☹
36	建成区绿化覆盖率	%	市辖区	正	41.509	38.500	37.930	84	87	3	城市建设	☺
37	用水普及率	%	市辖区	正	98.575	99.950	99.950	53	53	0	城市建设	
38	城镇生活污水处理率	%	市辖区	正	90.122	84.900	84.810	88	83	−5	城市建设	☹
39	生活垃圾无害化处理率	%	市辖区	正	93.223	92.420	91.490	76	78	2	城市建设	☺
40	互联网宽带接入用户数	万户	市辖区	正	146.080	92.000	86.000	45	43	−2	城市	☹
41	每万人拥有公共汽车	辆	市辖区	正	11.487	17.520	16.160	14	17	3	城市	☺
42	工业二氧化硫去除率	%	全市	正	66.135	74.643	66.719	33	53	20	城市；环境年报	☺
43	工业废水化学需氧量去除率	%	全市	正	82.184	91.051	88.207	25	34	9	城市；环境年报	☺
44	工业氮氧化物去除率	%	全市	正	26.396	22.034	20.860	61	38	−23	城市；环境年报	☹
45	工业废水氨氮去除率	%	全市	正	73.954	98.273	98.251	3	3	0	城市；环境年报	

年鉴说明：城市——《中国城市统计年鉴 2015》；环境年报——《中国环境统计年报 2014》；环境年鉴——《中国环境统计年鉴 2015》；城市建设——《中国城市建设统计年鉴 2014》；统计局——国家统计局；住建部——住房和城乡建设部。

克拉玛依绿色发展"体检"表

序号	指标名称	单 位	口 径	指标属性	2014 年测评均值	2014 年克拉玛依数值	2013 年克拉玛依数值	2014 年克拉玛依排名	2013 年克拉玛依排名	排名变化	2014 年数据来源	进退脸谱
1	人均地区生产总值	元/人	全市	正	65 266.020	153 084.000	149 127.000	1	1	0	城市	
2	单位地区生产总值能耗	吨标煤/万元	全市	逆	0.702	1.817	2.034	96	97	1	统计局	☺
3	人均城镇生活消费用电	千瓦时/人	全市	逆	456.822	753.584	687.751	88	83	−5	城市	☹
4	单位地区生产总值二氧化碳排放量			逆	NA	NA	NA	NA	NA			
5	单位地区生产总值二氧化硫排放量	吨/亿元	全市	逆	38.751	39.205	59.315	69	74	5	城市；环境年报	☺
6	单位地区生产总值化学需氧量排放量	吨/亿元	全市	逆	30.653	4.167	3.902	1	1	0	城市；环境年报	
7	单位地区生产总值氮氧化物排放量	吨/亿元	全市	逆	26.708	41.336	53.056	85	78	−7	城市；环境年报	☹
8	单位地区生产总值氨氮排放量	吨/亿元	全市	逆	3.393	0.295	0.249	1	1	0	城市；环境年报	
9	第一产业劳动生产率	万元/人	全市	正	1 297.954	1 297.954	1 051.745	32	34	2	城市	☺
10	第二产业劳动生产率	万元/人	全市	正	39.710	52.602	54.883	19	24	5	城市	☺
11	单位工业增加值水耗	万吨/万元	全市	逆	0.005	0.011	329.651	90	80	−10	环境年报	☹
12	单位工业增加值能耗		全市	逆	NA	NA	NA	NA	NA			
13	工业固体废物综合利用率	%	全市	正	82.610	98.610	90.270	13	58	45	城市	☺
14	工业用水重复利用率	%	全市	正	84.798	95.413	97.326	14	2	−12	环境年报	☹
15	第三产业劳动生产率	万元/人	全市	正	38.431	41.237	23.899	34	77	43	城市	☺
16	第三产业增加值比重	%	全市	正	42.925	23.910	22.490	98	97	−1	城市	☹
17	第三产业就业人员比重	%	全市	正	47.327	29.709	27.820	94	94	0	城市	
18	人均水资源量	立方米/人	全市	正	1 040.361	416.961	447.090	59	58	−1	统计局	☹
19	单位土地面积二氧化碳排放量			逆	NA	NA	NA	NA	NA			
20	人均二氧化碳排放量			逆	NA	NA	NA	NA	NA			
21	单位土地面积二氧化硫排放量	吨/平方公里	全市	逆	8.311	4.296	5.357	28	37	9	城市；环境年报	☺
22	人均二氧化硫排放量	吨/万人	全市	逆	227.564	863.195	1096.190	96	98	2	城市；环境年报	☺
23	单位土地面积化学需氧量排放量	吨/平方公里	全市	逆	5.072	0.335	0.352	2	2	0	城市；环境年报	
24	人均化学需氧量排放量	吨/万人	全市	逆	90.513	67.210	72.111	34	33	−1	城市；环境年报	☹
25	单位土地面积氮氧化物排放量	吨/平方公里	全市	逆	7.088	4.530	4.792	42	42	0	城市；环境年报	

续表

序号	指标名称	单　位	口　径	指标属性	2014 年测评均值	2014 年克拉玛依数值	2013 年克拉玛依数值	2014 年克拉玛依排名	2013 年克拉玛依排名	排名变化	2014 年数据来源	进退脸谱
26	人均氮氧化物排放量	吨/万人	全市	逆	167.921	910.104	980.529	99	99	0	城市；环境年报	
27	单位土地面积氨氮排放量	吨/平方公里	全市	逆	0.819	0.020	0.022	1	1	0	城市；环境年报	
28	人均氨氮排放量	吨/万人	全市	逆	15.080	4.083	4.598	1	1	0	城市；环境年报	
29	空气质量达到二级以上天数占全年比重	%	市辖区	正	64.123	49.041	95.970	81	14	−67	环境年鉴	☹
30	首要污染物可吸入颗粒物天数占全年比重	%	市辖区	逆	93.900	100.000	100.000	55	55	0	环境年鉴	
31	可吸入细颗粒物(PM2.5)浓度年均值	微克/立方米	市辖区	逆	62.790	42.000	119.435	15	29	14	环境年鉴	☺
32	环境保护支出占财政支出比重	%	全市	正	2.897	2.620	2.815	52	44	−8	城市；统计局	☹
33	城市环境基础设施建设投资占全市固定资产投资比重	%	全市	正	0.862	1.976	2.128	9	9	0	城市；住建部	
34	科教文卫支出占财政支出比重	%	全市	正	29.481	39.044	37.984	6	7	1	城市；统计局	☺
35	人均绿地面积	平方米/人	市辖区	正	29.747	116.987	109.974	5	4	−1	城市	☹
36	建成区绿化覆盖率	%	市辖区	正	41.509	43.040	42.930	29	25	−4	城市建设	☹
37	用水普及率	%	市辖区	正	98.575	100.000	100.000	1	1	0	城市建设	
38	城镇生活污水处理率	%	市辖区	正	90.122	95.100	93.870	27	35	8	城市建设	☺
39	生活垃圾无害化处理率	%	市辖区	正	93.223	98.980	98.950	51	59	8	城市建设	☺
40	互联网宽带接入用户数	万户	市辖区	正	146.080	12.000	12.000	98	97	−1	城市	☹
41	每万人拥有公共汽车	辆	市辖区	正	11.487	12.900	13.530	29	26	−3	城市	☹
42	工业二氧化硫去除率	%	全市	正	66.135	81.667	75.172	10	23	13	城市；环境年报	☺
43	工业废水化学需氧量去除率	%	全市	正	82.184	95.283	99.056	3	1	−2	城市；环境年报	☹
44	工业氮氧化物去除率	%	全市	正	26.396	10.256	20.860	91	38	−53	城市；环境年报	☹
45	工业废水氨氮去除率	%	全市	正	73.954	99.861	99.834	1	1	0	城市；环境年报	

年鉴说明：城市——《中国城市统计年鉴 2015》；环境年报——《中国环境统计年报 2014》；环境年鉴——《中国环境统计年鉴 2015》；城市建设——《中国城市建设统计年鉴 2014》；统计局——国家统计局；住建部——住房和城乡建设部。

附录六

城市绿色发展公众满意度调查方案及组织实施情况[①]

>>一、关于公众满意度调查问卷的说明<<

2016 年城市绿色发展公众满意度调查仍然主要了解居民对所居住城市的环境、基础设施和政府绿色行动的各项评价。其中，城市环境评价包括城市街道卫生、城市饮用水、河流湖泊受污染程度、空气质量和近三年城市环境变化五项指标；城市基础设施评价包括城市绿化情况、公共休闲娱乐场所的数量和分布、生活垃圾处理、公共交通便利程度和交通畅通情况五项指标；政府绿色行动评价包括垃圾分类设施的配置情况、日常食品放心程度、企业排污治理成效、环境污染突发事件处理效果、环境投诉知晓度和政府环保工作重视程度六项指标（详见调查问卷）。这三个部分的问题与 2013—2015 年完全对应和一致。

>>二、抽样及调查方法说明<<

调查采用电话调查方式即利用计算机辅助电话（CATI）[②]系统进行调查，采用电话号码随机抽样方法抽取调查对象。调查对象为城市年满 18 周岁并且在该城市居住满半年及以上的城区居民。调查范围仍为全国 38 个重点城市，其中东部地区有 16 个城市，分别是北京、天津、石家庄、上海、南京、苏州、杭州、宁波、福州、厦门、济南、青岛、广州、深圳、珠海和海口；中部地区有 6 个城市，分别是太原、合肥、南昌、郑州、武汉和长沙；西部地区有 12 个城市，分别是呼和浩特、南宁、重庆、成都、贵阳、昆明、西安、兰州、西宁、银川、乌鲁木齐和克拉玛依；东北地区有 4 个城市，分别是沈阳、大连、长春和哈尔滨。调查设计样本量为每个直辖市 1 000 个，其他城市均为 700 个，共计 27 800 个样本。

① 国家统计局中国经济景气监测中心的宋倩、常炜和贾德刚参与了调查组织实施工作，常炜还负责了数据处理等工作。

② CATI(Computer Assisted Telephone Interviewing)系统是计算机辅助电话调查系统的简称。CATI 系统作为一种先进的计算机辅助调查工具已经被广泛应用于众多研究工作中。CATI 系统通常的工作形式是：访问员坐在计算机前，面对屏幕上的问卷，向电话对面的受访者读出问题，并将受访者回答的结果通过鼠标或键盘记录到计算机中去；督导在另一台计算机前借助局域网和电话交换机的辅助对整个访问工作进行现场监控。通过该系统，调查者可以更短的时间、更少的费用，得到更加优质的访问数据，导出的数据能够被各种统计软件直接使用。

>>三、调查样本情况说明<<

调查结果显示，本次调查实际共完成有效样本量为 27 946 个，各城市样本量均达到或略超过设计值。调查样本的构成为：分居住年限看，超九成(90.7%)受访者在本城市居住超过三年，居住一到三年和半年到一年的分别占 6.5%和 2.8%(见图附录 6-1)。分年龄看，受访者年龄多在 18～40 岁，占 49.8%；41～60 岁和 61 岁及以上的分别占 25.5%和 24.7%。分性别看，受访者中女性多于男性，男性和女性分别占 44.0%和 56.0%。分教育程度看，超六成(61.1%)受访者的教育程度为大专及以上学历，高中、中专学历占 23.8%，初中及以下占 15.1%。分收入水平看，受访者家庭的平均月收入[①]在 3 000 元以下的占 16.0%，3 000～7 000 元的占 42.9%，7 000～12 000 元的占 20.1%，12 000 元以上的占 16.8%，仅有 4.2%拒绝回答收入。调查样本分布基本合理，对不同地区和群体的城市居民有较好的代表性。

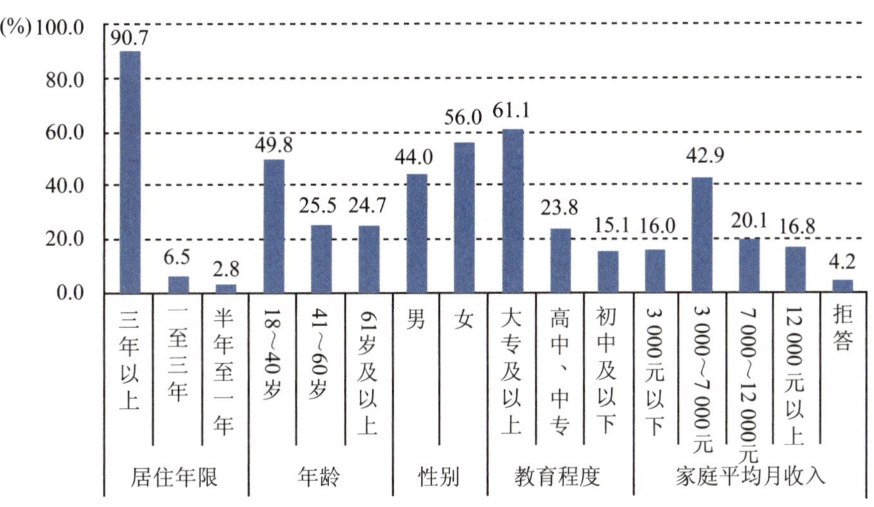

图附录 6-1　调查样本结构

>>四、关于公众满意度测算方法的说明<<

2016 年满意度的测算方法与 2013—2015 年保持一致，参与计算的指标也完全对应和一致。具体方法如下。

第一，测算问卷中每个问题的得分：对于问卷答案分三级的问题，从“好(干净、满意)”到“不好(不干净、不满意)”分别赋值为 1、0、－1。每个问题的得分的计算方法为：令 $X_1=1$，$X_2=0$，$X_3=-1$，则每个问题的得分 Q_j 计算公式为：

$$Q_j=(N_1\cdot X_1+N_2\cdot X_2+N_3\cdot X_3)/N$$

式中，N_i 为选择 X_i 的人数，N 为答题总人数；X_i 为各选项的赋值。

问卷答案分三级以上的回答以及对城市总体评价的回答，不计入满意度测算，如 Q_5、Q_{12} 和 Q_{19} 等，仅作为深入分析研究的参考指标。

第二，问卷调查中城市环境满意度、基础设施满意度及政府绿色行动满意度这三大部分的评分方法是：城市环境、城市基础设施和政府绿色行动指数的满意度，分别等于问卷相应部分

① 包括所有家庭成员的薪水和其他收入。

的问题得分的算术平均数。即：

$$城市环境满意度=(Q_1+Q_2+Q_3+Q_4+Q_6)/5$$

$$城市基础设施满意度=(Q_7+Q_8+Q_9+Q_{10}+Q_{11})/5$$

$$政府绿色行动满意度=(Q_{13}+Q_{14}+Q_{15}+Q_{16}+Q_{17}+Q_{18})/6$$

第三，城市绿色发展综合满意度等于以上三项构成指数满意度的算术平均数，其得分在－1～1之间，0为临界值。得分为正表示“满意”，越趋近于1满意程度越高；反之表示“不满意”，越趋近于－1满意程度越低。

>>五、关于调查的组织与实施<<

本次调查由国家统计局中国经济景气监测中心统一组织，分别由其下属的社情民意调查处以及河南省的统计机构和重庆立信市场研究有限公司负责具体实施。景气监测中心在组织全国性专项调查方面具有显著的优势和丰富的实践经验，特别是在全国31个省(区、市)级统计机构建立了电话访问中心，形成了覆盖全国的电话调查网络系统。多年来，景气监测中心承担了大量来自党政机关、有关部委的委托调查项目，在调查组织实施中，坚持科学制定调查方案，规范组织实施流程，严格控制调查质量，确保调查数据的准确和客观，得到了委托单位的广泛好评。

此次调查中，景气监测中心制定了详细的调查执行方案，严格规定了执行单位进行访问员培训、问卷调查、问卷复核、数据上报和质量检查的标准。为保证调查数据质量，执行过程中特别加强了对访问员的培训以及调查录音的核查。调查完成后，执行机构在提交调查数据的同时还提交了每份调查样本的录音，使每个调查结果都可追溯、可核查。为保证调查的客观和公正，景气监测中心将38个城市的调查任务分配给三个调查机构，并采取回避的原则：一是调查机构仅知道其负责调查的城市及样本量，并不了解其他城市由谁来执行；二是调查机构不负责其所在城市的调查任务，北京市的调查任务由重庆立信公司完成，郑州市和重庆市的调查任务由景气监测中心社情民意调查处完成等，保证了调查的独立性和权威性。

>>六、城市绿色发展公众满意度调查问卷<<

2016年城市绿色发展公众满意度调查问卷

甄别信息

A1　请问您的年龄是？

①18岁以下(停止访问，其他选项继续)　　②18～40岁

③41～60岁　　④61岁及以上

A2　请问您的居住地是城市吗？

①是(继续访问)　　②否(停止访问)

A3　请问您在所在城市的居住年限是？

①半年以下(停止访问，其他选项继续)　　②半年至一年

③一至三年　　④三年以上

第一部分：城市环境评价

Q1　您感觉城市街道卫生环境怎么样？

①干净　　②一般　　③不干净

Q2 您对您所在城市饮用水质量是否满意？

①满意 ②一般 ③不满意

Q3 您认为您所在城市的河流、湖泊受污染的程度是？

①没有污染 ②有点污染 ③严重污染 ④不清楚或不关注

Q4 您认为您所在城市的空气质量怎么样？

①好 ②一般 ③不好

Q5 您所在城市下列哪些方面的污染最严重(最多选三项)？

①机动车尾气 ②饮食业油烟污染 ③工厂排污 ④生活垃圾

⑤农业污染 ⑥电磁辐射污染 ⑦塑料袋或塑料餐盒污染

⑧噪声污染(交通噪声、建筑施工、娱乐场所噪声等)

Q6 您认为您所在城市近三年城市环境有什么变化？

①变好了 ②没变化 ③变差了

第二部分：城市基础设施评价

Q7 您所在城市的绿化情况怎么样？

①好 ②一般 ③不好

Q8 您对您所在城市公园、广场等公共休闲娱乐场所的数量和分布是否满意？

①满意 ②一般 ③不满意

Q8.1 不满意的最主要原因是：

①数量太少 ②分布不合理 ③其他，请注明________

Q9 您对您周边的生活垃圾处理情况是否满意？

①满意 ②一般 ③不满意

Q10 您认为所在城市的公共交通便利程度如何？

①方便 ②一般 ③不方便

Q11 您所在城市的交通畅通情况如何？

①畅通 ②一般 ③拥堵

Q12 您日常出行主要采用的交通方式是？

①自驾(汽车或摩托车) ②公共交通(公交或地铁) ③出租车

④自行车、电动车或步行 ⑤其他

第三部分：政府的绿色行动

Q13 您对所在城市的垃圾分类设施的配置情况是否满意？

①满意 ②一般 ③不满意

Q14 您对日常所食用的食品是否放心？

①放心 ②一般 ③不放心

Q15 您认为所在城市企业排污治理的成效怎么样？

①成效很大 ②成效一般 ③成效很小 ④不清楚或不关注

Q16 您对所在城市环境污染突发事件处理效果是否满意？

①满意 ②一般 ③不满意 ④不清楚或不关注

Q17 您是否了解您所在城市环境投诉方式(网站或电话等)？

①完全了解 ②听过，但不记得了 ③完全不知道(跳 Q18)

Q17.1　您是否进行过环境投诉？

①是　　②否(跳 Q18)

Q17.2　您对投诉处理结果是否满意？

①满意　　②一般　　③不满意

Q18　您觉得所在城市政府是否重视城市环保工作？

①重视　　②一般　　③不重视

第四部分：总体判断

Q19　总体而言，您对居住在这个城市是否满意？

①满意　　②一般　　③不满意

受访者基本信息

城市(访问员填写，无须询问受访者)：________

A4　受访者性别(访问员填写，无须询问受访者)：①男　　②女

A5　请问您的教育程度是？

①大专及以上　　②高中、中专　　③初中及以下

A6　请问您家庭的平均月收入是(包括所有家庭成员的薪水和其他收入)？

①3 000元以下　　②3 000～7 000元　　③7 000～12 000元　　④12 000元以上

⑤拒答

附录七

UNIDO-UNEP 绿色产业平台中国办公室简介

过去 30 多年间，中国经济发展令人瞩目；新常态下，坚持绿色发展，是中华民族实现永续发展的客观要求。改变增长方式，走绿色发展、循环发展和低碳发展之路，已成为构建开放型经济新体制的基本原则，成为中国企业实现转型发展的磅礴动力。在这一历史的大变革中，绿色产业异军突起，肩负神圣使命，承载着民族的美好未来。我们希望能够通过绿色产业平台的建设促进中国产业健康发展，形成中国绿色产业的国际影响力。

我们希望在践行创新、协调、绿色、开放、共享五大发展理念的征程上，与更多有担当、有远见的领先企业一道，凝心聚力、携手并肩，为中国奉献出一批卓越的企业，为民族经济的发展做出应有的贡献。

一、平台背景

2012 年 6 月在“里约＋20”峰会上，由联合国工业发展组织（UNIDO）和联合国环境规划署（UNEP）联合倡议的“绿色产业平台”（GIP）正式成立，平台旨在通过搭建伙伴关系，推动各国绿色产业发展。平台秘书处设在 UNIDO 维也纳总部。由 UNIDO 环境司负责平台建设。

2014 年 3 月 7 日，北京师范大学经济与资源管理研究院与联合国工业发展组织合作成立 UNIDO-UNEP 绿色产业平台中国办公室，成为 UNIDO-UNEP 绿色产业平台在中国设立的执行机构。

平台中国办公室依托北京师范大学经济与资源管理研究院强大的绿色科研资源及专家团队，旨在推动中国绿色产业发展，促进 UNIDO-UNEP 绿色产业平台在中国的推广与实践。

平台中国办公室已建立起完备的组织结构与工作团队。李晓西教授担任中国办公室名誉主任，关成华教授担任中国办公室主任。依托北京师范大学经济与资源管理研究院，聘请专职人员负责平台中国办公室的日常工作。

二、平台功能

政策资讯与研究评估

依托北京师范大学经济与资源管理研究院专业资源开展绿色产业调研和统计、收集和发布相关信息，为会员提供最新的金融、投资、人才、技术、产品供求、政策法规等方面的绿色产业行业资讯。

积极组织和参与绿色产业相关产品、技术、质量等标准的制定、修订和推广，探索建立中国绿色产业标准评估体系。对在发展绿色产业方面做出突出贡献者给予奖励和表彰。

交流合作与融资支持

发展成立绿色产业联盟，促进平台企业间交流合作，推动优势互补，搭建形成绿色产业上下游产业链。整合现有资源，与地区政府、企业等合作对接，打造形成具有一定规模和影响力的绿色产业示范园区。

整合平台会员企业和外部资源，推动设立绿色产业基金，为平台会员绿色发展提供多方融资渠道，促进中国绿色产业健康发展。

经验推广与人才培育

研究总结会员在发展绿色产业方面的先进经验，鼓励中国绿色企业走出去，特别是在"一带一路"国家，推广中国绿色产业经验，推动形成中国绿色产业的国际影响力。

依托北京师范大学等教育资源，针对国内企业绿色发展现状，同联合国工业发展组织及欧洲高校合作，开发培训课程，实现多地联合培养办学模式，培育一批有远见、有担当的绿色产业人才。

联系我们

北京市海淀区新街口外大街 19 号北京师范大学后主楼 1728 室

Room1728，New Main Building，Beijing Normal University

19 Xinjiekouwai St，Haidian，Beijing

Tel：010-58808047

Fax：010-58805462

E-mail：gipcco@163. om

微信号：GIPCCO

绿色产业平台中国办公室

附录八

华盛绿色工业基金会简介

华盛绿色工业基金会(China Green Industry Foundation)，简称CGIF，业务主管单位为中华人民共和国工业和信息化部，是经中华人民共和国国务院、民政部批准成立，专门支持绿色工业清洁生产及环境保护事业的全国性非公募慈善公益组织。

华盛绿色工业基金会的宗旨：在工业系统内搭建绿色产业、清洁化生产平台；促进工业企业持续提升创新能力，弥补研发活动与市场推广之间的鸿沟，在政府与市场之间架起桥梁，实现工业经济转型升级；构建国家制造绿色创新网络，用统一度量衡将所有创新制造集群和联盟联系起来，为全社会精准配置科技资源提供公共服务平台；促进政企良性互动，促进工业企业持续提升创新能力，推广企业最佳实践，推进企业转型升级，推动信息化与工业化融合，实现我国工业经济转型升级和工业经济绿色可持续发展。围绕军工经济发展和军民融合产业示范基地建设，深入推动军民高科技技术成果双向转化；支持社会公益慈善事业，建立专项支助基金及大学生创业就业计划渠道。

华盛绿色工业基金会的主要业务范围：

(一)主要聚焦探索走出一条发展与环境相得益彰、发展质量与效益不断提高的新路，探讨和支持从技术创新、管理创新、政策创新等方面推动绿色工业发展，探索绿色工业发展途径和模式。按照国家工业转型升级、战略性新兴产业、企业技术创新能力、重大专项等方面的支持、指导目录确定的产业、发展方向、细分产品和服务，重点支持促进工业绿色低碳发展的相关研发、技术、工程、产业化项目。

(二)面向重点产业的创新需求，依托海内外一流高校院所，推动创新资源集聚，以创新资源的集聚带动产业集聚，促进创新要素与产业要素紧密结合，探索战略性新兴产业培育、促进传统产业优化升级的有效途径，并围绕军工经济发展和军民融合产业示范基地建设，深入推动军民高新技术成果双向转化。

(三)充分发挥市场机制在产业发展方向和创新需求选择上的基础性作用，进一步调动高校院所科研人员围绕企业需求开展前瞻性研发的积极性，引导企业主动与高校院所的学科团队合作创新并推动产业向高端攀升。

(四)国际交流与合作，参加联合国工业发展组织(UNIDO)、联合国环境规划署(UNEP)等国际机构开展的与绿色经济、绿色产业发展相关的活动。

(五)围绕具有战略意义的重大产品、亟待突破的产业重大关键技术和装备，整合国际国内创新资源，组织产学研联合攻关，突破一批制约行业发展的重大关键技术，开发一批产业带动作用强、市场规模大、技术水平高并具有行业标志性意义的重大战略产品(装备或系统)，建设绿色工业产业创新示范园区，显著提升相关特色支柱产业在国内外的影响力和竞争力。

（六）受中华人民共和国工业和信息化部委托，评审奖励工业和信息化部与中国绿色经济发展密切相关的绿色科技创新、管理创新、政策创新成果，并组织优秀成果的推广；交流和推广地方工业、科技主管部门、有关企业在推进工业节能、清洁生产、循环经济、绿色金融、合同能源管理等方面的先进经验。

（七）构建国家制造绿色创新网络，积极支持安全稳定、高效可靠、可管可控的新一代互联网建设，扶持绿色、安全的物联网、智慧城市、智能社区的应用推广，为科技资源全社会精准配置提供公共服务平台。

（八）致力于支持绿色工业和环保产业的创新、更新，支持大学生的创业、就业计划，开展绿色维权行动，支持社会公益慈善事业，建立专项支助基金及渠道。

参考文献

1. A. Charnes, W. W. Cooper, Q. L. Wei. Cone Ratio Data Envelopment Analysis and Multi-objective Programming. International Journal of Systems Science, 1989, 20(7).

2. ADB & IGES. Towards Resource-Efficient Economies in Asia and the Pacific. Asian Development Bank & Institute for Global Environmental Strategies, 2008.

3. Dasgupta P. Economics: A Very Short Introduction. London: Oxford University Press, 2007.

4. H. Fukuyama, W. L. Weber. A Directional Slacks-based Measure of Technical Inefficiency. Socio-Economic Planning Sciences, 2009, 43(4).

5. Hsu, A. et al. 2016 Environmental Performance Index. New Haven, CT: Yale University, 2016. Available: www. epi. yale. edu.

6. International Resource Panel. Decoupling Natural Resources Use and Environmental Impacts from Economic Growth. 2011.

7. J. X. Zhang, N. Cai. Study on the Green Transformation of China's Industry. Contemporary Asian Economy Research, 2014, 5(1).

8. K. Tone. A Slacks Based Measure of Efficiency in Data Envelopment Analysis. European Journal of Operational Research, 2001, 130.

9. OECD. Extended Producer Responsibility—A Guidance Manual for Governments. OECD, Paris, 2001.

10. R. D. Banker, A. Charnes, W. W. Cooper. Some Models for Estimating Technical and Scale Inefficiencies in Data Envelopment Analysis. Management Science, 1984, 30(9).

11. R. Fare, S. Grosskopf, C. A. Knox Lovell, S. Yaisawarng. Derivation of Shadow Prices for Undesirable Outputs: A Distance Function Approach. The Review of Economics and Statistics, 1993, 75(2).

12. The World Bank Group. World Development Indicators. World Bank, 2012.

13. UNDESA. National Sustainable Development Strategies—The Global Picture. Unpublished Briefing Note. United Nations Department of Economic and Social Affairs, 2012.

14. UNEP. Planning For Change—Guidelines for National Programmes on Sustainable Consumption and Production, 2008.

15. UNIDO & UNEP. Enterprise-Level Indicators for Resource Productivity and Pollution Intensity: A Primer for Small and Medium-Sized Enterprises, 2011.

16. UNIDO & UNEP. Good Organization, Management and Governance Practices: A Primer for Providers of Services in Resource Efficient and Cleaner Production (RECP), April 2010.

17. UNIDO & UNEP. Taking Stock and Moving Forward: The UNIDO-UNEP National Cleaner Production Centres. Austria, April 2010.

18. UNIDO. A Greener Footprint for Industry: Opportunities and Challenges of Sustainable

Industrial Development. Vienna，2010.

19. UNIDO. Energy and Climate Change：Greening the Industrial Agenda. Vienna，2009.

20. UNIDO. Enterprise Benefits from Resource Efficient and Cleaner Production：Successes from Kenya/Peru/Sri Lanka，2011.

21. UNIDO. Industrial Policy for Prosperity：UNIDO's Strategic Support，2011.

22. UNIDO. Joint UNIDO-UNEP Programme on Resource Efficient and Cleaner Production in Developing and Transition Countries，2010.

23. UNIDO. Policy Framework for Supporting the Greening of Industries，April 2011.

24. UNIDO. UNIDO Green Industry：Policies for Supporting Green Industry. Vienna，May 2011.

25. World Bank. Cost of Pollution in China：Economic Estimates of Physical Damages. Conference edition. Washington DC，2007.

26. Y. H. Chung，R. Färe，S. Grosskopf. Productivity and Undesirable Outputs：A Directional Distance Function Approach. Journal of Environmental Management，1997，51.

27. 2015 年中国新能源行业发展前景分析. 中国产业信息网. http://www. chyxx. com/industry/201506/323832. html，2015-06-22.

28. 北京师范大学经济与资源管理研究院，西南财经大学发展研究院. 2014 人类绿色发展报告. 北京：北京师范大学出版社，2014.

29. 北京师范大学科学发展观与经济可持续发展研究基地，等. 2010 中国绿色发展指数年度报告——省际比较. 北京：北京师范大学出版社，2010.

30. 北京师范大学科学发展观与经济可持续发展研究基地，等. 2011 中国绿色发展指数报告——区域比较. 北京：北京师范大学出版社，2011.

31. 北京师范大学科学发展观与经济可持续发展研究基地，等. 2012 中国绿色发展指数报告——区域比较. 北京：北京师范大学出版社，2012.

32. 北京师范大学科学发展观与经济可持续发展研究基地，等. 2013 中国绿色发展指数报告——区域比较. 北京：北京师范大学出版社，2013.

33. 北京师范大学经济与资源管理研究院，等. 2014 中国绿色发展指数报告——区域比较. 北京：北京师范大学出版社，2014.

34. 北京师范大学经济与资源管理研究院，等. 2015 中国绿色发展指数报告——区域比较. 北京：北京师范大学出版社，2015.

35. 蔡昉，都阳，王美艳. 经济发展方式转变与节能减排内在动力. 经济研究，2008(6).

36. 曹东，赵学涛，杨威杉. 中国绿色经济发展和机制政策创新研究. 中国人口·资源与环境，2012(5).

37. 曹荣湘. 全球大变暖：气候经济、政治与伦理. 北京：社会科学文献出版社，2010.

38. 城市绿色发展科技战略研究北京市重点实验室. 2014—2015 城市绿色发展科技战略研究报告. 北京：北京师范大学出版社，2016.

39. 迟全华. 从政治高度深刻认识绿色发展理念重大意义——学习习近平总书记关于绿色发展新理念新思想. 光明日报，2016-04-10.

40. 第二次全国土地调查：人多地少基本国情不变. 国土资源部网站. http://www. mlr. gov. cn/xwdt/mtsy/people/201312/t20131231_1298980. htm，2013-12-31.

41. 国合会. 中国绿色经济的发展机制与政策创新，2011.

42. 国家统计局，环境保护部. 中国环境统计年鉴 2008—2015. 北京：中国统计出版社，

2008—2015.

43. 国家统计局. 中国统计年鉴 2009—2015. 北京：中国统计出版社，2009—2015.

44. 国家统计局城市社会经济调查司. 中国城市统计年鉴 2015. 北京：中国统计出版社，2015.

45. 国家统计局工业统计司. 中国工业统计年鉴 2015. 北京：中国统计出版社，2015.

46. 国家统计局国民经济综合统计司. 新中国六十年统计资料汇编. 北京：中国统计出版社，2009.

47. 国家统计局国民经济综合统计司. 中国区域经济统计年鉴 2015. 北京：中国统计出版社，2015.

48. 韩晶，陈超凡，施发启. 中国制造业环境效率、行业异质性与最优规制强度. 统计研究，2014(3).

49. 韩晶. 中国工业绿色转型的障碍与发展战略研究. 福建论坛，2011(8).

50. 韩晶，蓝庆新. 中国工业绿化度测算及影响因素研究. 中国人口·资源与环境，2012(5).

51. 韩晶，王赟，陈超凡. 中国工业碳排放绩效的区域差异及影响因素研究——基于省域数据的空间计量分析. 经济社会体制比较，2015(1).

52. 韩晶，张新闻. 绿色增长是影响官员晋升的主要因素么？经济社会体制比较，2016(5).

53. 胡鞍钢，周绍杰. 绿色发展：功能界定、机制分析与发展战略. 中国人口·资源与环境，2014(1).

54. 胡鞍钢. 中国创新绿色发展. 北京：中国人民大学出版社，2012.

55. 环境保护部. 2014 中国环境统计年报. 北京：中国环境科学出版社，2014.

56. 环境保护部. 2015 中国环境状况公报，2016.

57. 环境保护部，国土资源部. 全国土壤污染状况调查公报，2014-04-17.

58. 环境保护部发布 2016 年上半年全国空气和地表水环境质量状况. 环境保护部网站. http://www.mep.gov.cn/gkml/hbb/qt/201607/t20160717_360820.htm，2016-07-17.

59. 蒋南平，向仁康. 中国经济绿色发展的若干问题. 当代经济研究，2013(5).

60. 李建平，李闽榕，王金南. 中国省域环境竞争力发展报告 2009—2010. 北京：社会科学文献出版社，2011.

61. 李伟. 创新与绿色如何引领新常态. 新经济导刊，2016(5).

62. 李晓西.《中国绿色发展指数报告》发布六周年小记. 中国环境管理，2016(1).

63. 李晓西，刘一萌，宋涛. 人类绿色发展指数的测算. 中国社会科学，2014(6).

64. 李晓西. 绿色经济与绿色发展测度. 全球化，2016(4).

65. 李晓西. “绿色化”突出了绿色发展的三个新特征. 光明日报，2015-05-20.

66. 李子豪，刘辉煌. 腐败加剧了中国的环境污染吗——基于省级数据的检验. 山西财经大学学报，2013(7).

67. 李佐军. “十三五”我国绿色发展的途径与制度保障. 环境保护，2016(11).

68. 联合国环境规划署. 中国绿色长征，2013.

69. 马骏. 绿色金融体系已经成为国家战略. 中国人民银行，2015-11-29.

70. 马胜杰，姚晓艳. 中国循环经济综合评价研究. 北京：中国经济出版社，2009.

71. 努尔·白克力. 走中国特色能源发展道路. 求是，2016(11).

72. 邱寿丰. 探索循环经济规划之道：循环经济规划的生态效率方法及应用. 上海：同济大学出版社，2009.

73. 强化应对气候变化行动——中国国家自主贡献. 国务院新闻办公室网站. http://www.scio.gov.cn/xwfbh/xwbfbh/wqfbh/2015/20151119/xgbd33811/Document/1455864/1455864.htm，2015-11-18.

74. 任理宣. 坚持绿色发展——“五大发展理念”解读之三. 人民日报，2015-12-22.

75. 首都科技发展战略研究院. 2012 首都科技创新发展报告. 北京：科学出版社，2012.

76. 首都科技发展战略研究院. 2013 首都科技创新发展报告. 北京：科学出版社，2013.

77. 首都科技发展战略研究院. 2014 首都科技创新发展报告. 北京：科学出版社，2014.

78. 水利部. 2015 中国水利统计年鉴. 北京：中国水利水电出版社，2015.

79. 水利部：全国近 2/3 城市不同程度缺水　水资源承载力预警机制将建. 人民网. http://legal.people.com.cn/n/2015/1109/c188502-27795031.html，2015-11-09.

80. 司建楠. 加快推进工业转型　着力提质增效升级. 中国工业报，2014-01-21.

81. 宋涛，荣婷婷. 人力资本的集聚和溢出效应对绿色生产的影响分析. 江淮论坛，2016(3).

82. 宋涛. 中国可持续发展的双轮驱动模式——绿色工业化与绿色. 北京：经济日报出版社，2015.

83. 唐宇红. 联合国环境规划署(UNEP)的角色演进. 环境科学与管理，2008(5).

84. 田红娜. 中国资源型城市创新体系营建. 北京：经济科学出版社，2009.

85. 王兵，黄人杰. 中国区域绿色发展效率与绿色全要素生产率：2000—2010——基于参数共同边界的实证研究. 产经评论，2014(1).

86. 王金南，等. 绿色国民经济核算. 北京：中国环境科学出版社，2009.

87. 王玲玲，张艳国. “绿色发展”内涵探微. 社会主义研究，2012(5).

88. 王庆华，王忱，我国节能环保产业的特征、现状及发展趋势. 国家信息中心，2016-03-09.

89. 王秋艳. 中国绿色发展报告. 北京：中国时代经济出版社，2009.

90. 我国新能源汽车发展现状及趋势. 搜狐网. http://auto.sohu.com/20160329/n442771240.shtml，2016-03-29.

91. 吴正. 中国沙漠及其治理. 北京：科学出版社，2009.

92. 习近平在气候变化巴黎大会开幕式上的讲话(全文). 新华网. http://news.xinhuanet.com/world/2015-12/01/c_1117309642.htm，2015-12-01.

93. 习近平总书记谈绿色. 人民网. http://env.people.com.cn/n1/2016/0303/c1010-28166910.html，2016-03-03.

94. 谢雄标，吴越，严良，数字化背景下企业绿色发展路径及政策建议. 生态经济，2015(11).

95. 严耕. 中国省域生态文明建设评价报告 ECI 2011. 北京：社会科学文献出版社，2011.

96. 杨东平. 中国环境发展报告 2010. 北京：社会科学文献出版社，2010.

97. 姚伊乐，李军. 提高森林生态补偿标准. 中国环境报，2014-03-11.

98. 曾少军. 碳减排：中国经验：基于清洁发展机制的考察. 北京：社会科学文献出版社，2010.

99. 张高丽. 大力推进生态文明　努力建设美丽中国. 求是，2013(24).

100. 张录强. 广义循环经济的生态学基础——自然科学与社会科学的整合. 北京：人民出版社，2007.

101. 张庆丰，罗伯特·克鲁克斯. 迈向环境可持续的未来：中华人民共和国国家环境分析. 北京：中国财政经济出版社，2012.

102. 张世钢. 联合国环境规划署的前世今生. 世界环境，2012(5).

103. 赵峥，倪鹏飞，我国城镇化可持续发展：失衡问题与均衡路径. 学习与实践，2012(8).

104. 中国电子信息产业发展研究院. 2015年中国工业节能减排发展形势预测分析. 中国电力网. http://www.chinapower.com.cn/newsarticle/1232/new1232524.asp，2015-04-14.

105. 中国科学院可持续发展战略研究组. 2012中国可持续发展战略报告——全球视野下的中国可持续发展. 北京：科学出版社，2012.

106. 中国科学院可持续发展战略研究组. 2013中国可持续发展战略报告——未来10年的生态文明之路. 北京：科学出版社，2013.

107. 中国绿色转型发展所面临的压力. 中国经济时报. http://cj.gw.com.cn/news/news/2016/0603/428433486.shtml，2016-06-03.

108. 中国人民银行货币政策分析小组. 中国货币政策执行报告(2016年第一季度). 中国人民银行，2016-05-06.

109. 中国社会科学院《城镇化质量评估与提升路径研究》创新项目组. 中国城镇化质量综合评价报告，2013.

110. 周鲁宏. 联合国环境规划署(UNEP)行动研究. 环境科学与管理，2012(9).

111. 朱小静，等. 哥斯达黎加森林生态服务补偿机制演进及启示. 世界林业研究，2012(12).

112. 住房和城乡建设部. 中国城市建设统计年鉴2015. 北京：中国城市建设出版社，2015.

各章主要执笔人

部　分	章　数	撰　稿　人
总　论		关成华、李晓西、潘建成
第一篇	第一章	蔡宁
	第二章	韩晶、陈超凡
第二篇	第三章	施发启、裴文、高铭
	第四章	赵军利、宋涛、刘远
	第五章	江明清 、酒二科、毛渊龙
第三篇	第六章	王有捐、张新闻、詹妮
	第七章	陈小龙、刘俊博、高铭
	第八章	毛玉如、张江雪、徐阳
第四篇	第九章	潘建成、赵军利、贾德刚
第五篇	第十章	关成华、潘浩然、汪嘉倩
第六篇	第十一章	涂勤、韩晶
附　录	附录一	施发启、江明清、陈超凡、高铭
	附录二	王有捐、赵军利、陈小龙、陈超凡、酒二科、刘远、高铭
	附录三	陈浩
	附录四	詹妮、楚啸原、刘远
	附录五	詹妮、王嘉实、毛渊龙
	附录六	潘建成、赵军利、贾德刚
	附录七	程碧如
	附录八	程碧如

后 记

《2016中国绿色发展指数报告——区域比较》经过数易其稿，终于编写完成，即将出版。编撰过程，得到了北京师范大学、西南财经大学和国家统计局中国经济景气监测中心三家单位的大力支持。在此，首先要特别感谢国家统计局宁吉喆局长，北京师范大学刘川生书记、董奇校长，西南财经大学赵德武书记、张宗益校长，给予鼓励和信任，并为本书作序。

厉以宁、张卓元、魏礼群、辜胜阻、陈锡文、潘岳、徐庆华、卢迈等23位国内相关领域资深专家，参与了专业评审，提出了宝贵意见。潘建成、王有捐、施发启、赵军利、江明清、陈小龙、毛玉如、呼锦平、蔡宁等业内专家，参与了指标审核、数据的提供及处理、测算结果的探讨、各章定稿等工作。在此，对以上专家学者的热情支持和辛勤付出，表示由衷的敬意和诚挚的感谢。

北京师范大学经济与资源管理研究院的老师积极支持和参与中国绿色发展指数的研究，韩晶教授作为执行负责人参与了报告的全过程研究；陈浩教授对于纵向比较提出了新颖且科学的研究方法；涂勤教授提出了绿色发展的战略对策；潘浩然教授为课题组贡献了绿色企业评价标准的相关研究；张江雪副教授、宋涛副教授参与了绿色指数的写作，并提出了很多好的建议。博士研究生陈超凡、酒二科担任课题协调人，在测算写作过程中协调各方、组织会议，对课题研究提出了重要的建议。博士研究生楚啸原、毛渊龙、刘远，硕士研究生张新闻、王嘉实、刘俊博、詹妮、高铭、裴文参与了数据录入、测算和报告写作。王颖老师、杨柳老师、徐佳佳老师在课题的后勤保障方面给予了大力支持。范丽娜老师将6年来专家建议逐条梳理，并进行回复。石翊龙、岳鸿飞提供了绿色指数历年的研究资料，并多次参与讨论。在此，对辛勤工作的老师和同学们，一并表示感谢。

本报告的出版，得到了北京师范大学出版集团的积极支持。董事长杨耕教授、总编辑李艳辉老师、策划编辑马洪立、责任编辑戴轶和王艳平等老师高度重视，悉心安排出版与推广事宜。在此，我非常感动，致敬并感谢。

中国实现绿色发展是一个长期的过程，需要社会各界共同努力、坚持不懈。我们开展这项研究，希望能够有助于这一目标早日实现。由于主客观条件的限制，本报告还有诸多不足之处，亟待改进与完善。期待各界人士能够予以关注、参与探讨，共同推进我国绿色发展指数研究，为实现可持续发展、建设美丽中国做出积极贡献。我们将与各位关注绿色发展的同仁一起迎接绿色中国的美好明天！

2016年8月15日